그림으로 보는
# 세계 문화 상징 사전

진 쿠퍼/이윤기 옮김

까치

AN ILLUSTRATED ENCYCLOPEDIA OF TRADITIONAL SYMBOLS

by J. C. Cooper

Copyright © 1978 Thames and Hudson Ltd. London
All rights reserved.
This Korean edition was published by Kachi Publishing Co., Ltd. in 2007 by arrangement with Thames & Hudson Ltd. through KCC(Korea Copyright Center Inc.), Seoul.

이 책은 (주)한국저작권센터(KCC)를 통한 저작권자와의 독점계약으로 까치글방에서 출간되었습니다. 저작권법에 의해 한국 내에서 보호를 받는 저작물이므로 무단전재와 복제를 금합니다.

역자 이윤기(李潤基)
소설가, 번역가.
성결교 신학대학 기독교학과를 수료했으며, 1977년 중앙일보 신춘문예에 단편소설 "하얀 헬리콥터"가 당선되면서 문단에 나와 같은 해부터 소설 쓰기와 번역에 종사했다. 저서에는 중단편 소설집「하얀 헬리콥터」와 「외길보기 두길보기」, 그리스 신화 해설서 「뮈토스」(전3권) 등이 있고, 역서에는 「샤마니즘」, 「신화의 힘」, 「천의 얼굴을 가진 영웅」, 「메타모르포시스」, 「그리스-로마 신화」, 「장미의 이름」 등 120여 권이 있다.

그림으로 보는 세계문화상징사전

저자 / 진 쿠퍼
역자 / 이윤기
발행처 / 까치글방
발행인 / 박후영
주소 / 서울시 용산구 서빙고로 67, 파크타워 103동 1003호
전화 / 02・735・8998, 736・7768
팩시밀리 / 02・723・4591
홈페이지 / www.kachibooks.co.kr
전자우편 / kachibooks@gmail.com
등록번호 / 1-528
등록일 / 1977. 8. 5
초판 1쇄 발행일 / 1994. 5. 5
　　16쇄 발행일 / 2023. 6. 30

값 / 뒤표지에 쓰여 있음

ISBN 978-89-7291-065-7　93380

## 일러두기

1. 표제어는 영어의 알파벳 순으로 하고 책 뒤에 우리말 표제어 색인을 실었다.
2. 굵은 글씨 뒤에 쌍점(:)을 찍은 것은 상징이 쓰이는 지역이나 종교를 나타낸다.
3. 화살표(→)는 참조할 항목을 나타낸다.
4. 〈 〉 표시는 원서에서 대문자로 강조한 것이다.
5. 홑따옴표는 원서에서 홑따옴표로 강조한 것이다.
6. 책명은 「 」로, 편명은 " "로 표시하였다.
7. 같은 신이 두 가지 이름을 가질 때는 이름들 사이에 사선(/) 표시를 하였다.
8. 외래어 표기는 문교부 고시(1986. 1. 7) "외래어 표기법"에 따랐으나 그리스 어와 라틴 어는 예외로 하였다.

17세기 연금술서인 「우울한 소우주」에 있는 이 그림에는 이 책에서 논의하고 설명한 상징이 23개 이상이나 들어 있다. 이미 잘 아는 태양, 삼각형, 독수리, 사자, 비둘기, 어린 양과 같은 상징 이외에도 공작, 펠리컨, 대장간, 헤르메스의 지팡이, 거위, 배船를 비롯한 연금술의 변용 단계와 과정을 상징적으로 묘사한 다른 많은 상징들이 있다.

# 차례

서문　7

세계문화상징사전　10

용어집　421

참고문헌　431

역자후기　447

우리말 표제어 색인　445

# 서문

 상징체계의 공부는 단순한 공부가 아니다. 상징체계의 공부는 스스로의 모습에 대한 인류의 앎과 연관된다. 상징체계는 앎의 도구이자, 가장 유서 깊고 가장 근본되는 표현 방식이다. 이 표현 방식은 다른 표현 양식을 통해서는 도저히 드러낼 수 없는 인간 존재의 측면을 드러내는 것까지 가능하게 한다.
 상징이 지니는 풍부하고 경이로운 의미는 백과사전이나 문자 언어 같은 한정된 공간에는 싸잡힐 수도 갇힐 수도 없는 것이다. 그러나, 그럼에도 불구하고 상징에는, 온 시대를 뛰어넘으면서 인류의 보편적인 전통이 되어왔고, 여느 소통 방법의 한계를 초월해서 국제적인 언어를 구성하는 거대한 상징 체계가 들어 있다. 상징을 어떤 의미나 정의로 묶어내는 것은 불가능한 일이기는 하지만 상징을 통해서 마음과 정신의 영역을 향한, 내재적인 동시에 초월적이고, 수평적인 동시에 수직적인 차원인 내면의 심연과 외면의 절정을 향한, 탐색의 왕복 여행, 혹은 원정의 순간을 암시하거나 드러내는 것은 얼마든지 가능하다. 상징의 매개체이기도 한 상징적인 어법을 이용하면 어떤 사물에 대한 이해에 바로, 그리고 반듯하게 이르는 것도 가능해진다.
 상징 체계는 국가는 물론이고 시대도 뛰어넘는다. "상징에는, 몇줄의 상투적인 표현에 통시대적인 사상과 인류의 꿈을 싸잡아내는 힘이 있다. 상징은 우리 상상력에 불을 붙이고, 언어를 초월해 있는 생각의 영역으로 우리를 인도한다."(린유탕林語堂) 여기에서 말하는 생각은 개인의 에고가 아니다. 상징은 인위적으로 창조될 수도 없는 것이고, 순전히 개인적인 해석이나 조작없는 생각을 통해서 고안될 수도 없는 것이다. 상징은 개인을 뛰어넘어 보편을 지향하는 것, 정신의 삶에서 고유한 것이라고 할 수 있다. 상징은 상징화한 고급한 의미의 외면적인, 혹은 저급한 표현이다. 상징은 상징이 아니고는 언어의 한계 때문에 그 의미가 모호해질 수밖에 없거나, 적당한 표현법을 찾아내기에는 지나치게 복잡한 어떤 실재의 모습을 소통시키는 수단이다. 따라서 상징은 기호처럼 단순한 형태를 취할 수도 없는 것이고, 상징의 토양이 되는 종교적인, 문화적인, 혹은 형이상학적인 배경이라고 하는 문맥을 통하지 않고는 이해될 수도 없는 것이다. 상징은 상징 자체보다 크고 깊은 영역, 상징을 사용하는 인간 자체보다도 더 크고 깊은 영역으로 들어가는 열쇠이다. 콜리지의 말마따나, "상징은……항상 그 상징을 통해서 드러나는 〈실재〉와 함께 한다. 상징은 그 상징이 드러내는 〈개체〉의 살아 있는 수족 노릇을 하는 동시에 그 〈개체〉의 전모를 드러내기도 한다."

상징은 사물의 단순한 등식만은 아니다. 상징은 반드시, 그 사물의 이해에 길잡이가 될 수 있는 본질적인 부분을 드러내야 한다. 상징은 끊임없이 확장되는 광범위한 가능성의 영역을 안고 있어야 하는 동시에, 표면적으로는 그 형태나 외양이 달라보이는 것들의 본질적인 관계의 이해를 가능하게 하지 않으면 안 된다.

엠블렘emblem(표지標識)과 알레고리allegory(비유)도 삶과 진실의 어떤 측면 혹은 경험을 드러내거나 구체화시킴으로써 그 드러나는 것 이상의 어떤 것을 암시하기도 하지만, 엄밀하게 말해서 상징은 엠블렘과 알레고리와는 다르다. 서로 가깝게 이웃해 있는 상징과 엠블렘 및 알레고리가 지배하는 점이영역漸移領域의 변경은 제대로 정의되어 있지 않아서 사람들은 이 둘을 혼동하기도 하고, 이 둘을 건너다니는 것을 가능하게 하는 어떤 다리 같은 것을 상정하기도 한다. 그러나 이 둘은 같지 않다. 상징은 객체의 추상성을 파악하여 그 의미를 통합시킨 연후에 이것을 효과적인 문맥 안에 배치한다. 상징은 한 가지 이상의 차원에서 동시에 유효할 수도 있다. 엠블렘, 혹은 어트리뷰트attribute(表象的 附隨物)는 구체적인 것을 그려낸다. 그러나 이런 것들 역시 상징적인 특질을 표현하고 있다. 따라서 어떤 신성神性의 엠블렘이나 어트리뷰트 역시 우주와, 우주의 법칙과 기능의 상징이라고 할 수도 있다. 그런데 여기에서 제설諸說의 통합으로 인한 정의상의 혼란이 발생한다. 상징이라고 하는 것은 반드시 어느 한 원천에서만 솟아오를 필요는 없다. 상징은 서로 다른 시대, 서로 다른 종교, 서로 다른 제식祭式, 서로 다른 문화를 옹용雍容하기도 하고 거기에 반응하기도 한다. 배타성이라고 하는 것은 원시성과 미성숙의 특징인데, 상징은 배타적이지도 원시적이지도 않다. 상징은 포괄적이고 개방적이다. 상징의 세계에서는 같은 상징이 여러 가지로 적용될 수도 있고, 상반되는 의미로 해석될 수도 있다. 그래서 그 부차적인 관계에 따라서 똑같은 상징이 양면적으로 혹은 다의적多義的으로 해석되기도 하는 것이다. 상징은 또 내재적인 동시에 외재적인 의미를 지니기도 한다. 따라서 상징의 자의적인 해석, 통상적 해석이 완벽한 최종적 해석일 수는 없다. 해석은 진실의 반을 드러낼 뿐이다. 상징은 드러내는 동시에 감추기도 하는 것이다.

상징 체계의 대부분은 이원론적인 표상계表象界의 서로 대립하는 세력의 극적인 상호작용에 직접적인 관심을 표명한다. 상징 체계는 또한 이원론적인 표상계의 상호 갈등하는 동시에 상호 보충하고 보상하는 특징에 관심을 두고, 남녀추니와 성혼聖婚으로 암시되는 종국적인 통합의 원리에 관심을 표명하는데, 이것이야말로 모든 문화 전통이 지니는 상징 체계의 으뜸가는 의미인, 삶의 통합 원리의 표현이다. 우리 삶의 축이 되고, 우리 삶을 통합하며, 늘 푸른 동시에 끊임없이 재생되는 〈생명의 나무〉가 낙원의 중심에 서고, 그 뿌리에서 솟는 샘이 〈생명의 강〉을 지어내듯이, 신화와 상징으로 드러나는 인간의 생각이나 열망 역시 통합과 삶을 그 중심으로 삼는 것이다.

대부분의 문화권의 전통적인 상징 체계는, 천상계는 원초적인 것이고, 지상계는 천상계의 반영 아니면 그 그림자임을 암시하며 높은 것이 낮은 것의 의미를 포괄하고 있음을 암시한다. 천상계는 원초적일 뿐만 아니라 영원한 것이기도 하다. 천상계는 상징에 영원불멸하는 어떤 힘을 부여하는데, 초시대적으로 유효했던 이 힘은 앞으로도 끊임없이 유효해서 마침내 성성聖性에 대한 느낌을 촉발시키고, 그 너머의 어떤 힘의 존재를 상정하게 만들기에 이른다.

상징체계는 인류가 공유하는 마음의 바탕이다. 이것을 부인하면 심각한 장애가 온다. 상징 체계는 사유의 바탕이고, 완벽한 상징은, 가령 정신과 지성과 감정 같은, 인간의 모든 측면을 만족시킬 수 있어야 한다. 모든 종교의 의례에는 나름의 상징적인 의미와 특질이 있다. 이것을 이해하지 못하면 그 종교 의례는 공허하고 '미신적인' 굿판이 되고 만다. 〈무드라印契舞〉가 그런 것처럼, 모든 의례에는 광범위한 몸가짐과 마음가짐의 상징 체계가 있다. 여기에는 기도와 예배를 통한, 소리와 동작을 통한 탄원과 복종의 마음가짐이 스며 있다. 이 모든 상징의 형식은 지극히 의미심장한 것으로서, 인간의 본성과 필요라고 하는 섬유로 정교하게 상호 교직되어 있다. 영국의 수석사제 잉의 말마따나 '많은 사람들의 생각과는 달리, 상징에 대한 무관심은 개화의 증거證左도 아니요, 정신성의 징표도 아니다. 사실 상징에 대한 무관심은 불건강의 징후일 뿐'인 것이다. 미르치아 엘리아데는 상징 체계의 회복을, '문화적인 국지주의, 특히 역사적, 실존적 상대주의로부터 현대인을 구원하는' 기회로 파악한다.

이 사전은, 먼저 상징 해석이 일반적으로 혹은 보편적으로 어떻게 수용되고 있는가를 살피고, 그 다음으로는 상징 해석이 문화적으로 지리적으로 다양한 문화 전통에서 어떻게 적용되고 있는가를 살피는 것을 본보기로 좇는다. 문화 전통의 주체가 명시되지 않은 경우는 특정 상징이 일반적으로 받아들여지는 의미를 나타낸다.

어차피 완벽한 상징 체계 사전의 완성은 불가능하다. 상징이라고 하는 것은 살아 있는 것, 끊임없이 발전하는 것이므로.

# A

**A → ALPHA**

**Ablutions** 세정洗淨  세정은 정화, 이니시에이션(initiation, 곧 성년식成年式은 청년 남녀에게 씨족 또는 종교, 주술 단체 등의 성원으로서 가입할 자격을 주기 위하여 행하는 미개인들의 공공행사나 훈련을 말한다)이라는 뜻으로 사용된다. **연금술**: 〈대작업〉에서 영혼이 씻김을 통해서 정화되어 검은 색에서 갈색으로 그리고 흰색으로 변화됨을 뜻한다. **불교**: 승려가 되는 입문식에서 행하는 관정灌頂은 속인으로서의 과거를 씻어낸다는 뜻이다. **크리스트 교**: 무구無垢의 뜻이다. 세수식洗手式, 즉 미사에서 사제가 손을 씻는 의식을 거행하는 것은 '손을 씻어서 나를 깨끗이 한다'("시편" 26:6)라는 의미이다. **이슬람 교**: 세정(타하라[예배 전의 정화의식])은 중요한 의식으로 인간이 원초적 순수성으로 돌아가는 것을 뜻한다.

**Abnormality** 이상異常  이상은 대립되는 두 가지 뜻이 있는데, 일반적으로 이상한 것이란 마술, 마신(여러 가지 지하 신)의 의미와 결합된다. 꼽추나 난쟁이는 행운을 가져다주는 긍정적인 힘이 있는 반면, 사팔뜨기는 불길하다. 밤에 수탉의 울음소리가 들리거나 대낮에 부엉이가 우는 것이나 제철이 아닌데도 꽃이 피는 것은 불길함을 상징한다.

**Abyss** 심연深淵  심연에는 심원함과 영락零落, 또는 열등함이라는 상반되는 두 가지 뜻이 있다. 깊은 해저는 우주의 시원始源을 상징한다. 심연은 〈태모신太母神〉, 지하 세계를 나타낸다. 그노시스주의의 상징체계에서는 〈지고존재至高存在〉를 의미한다. 여기에서 아이온이 태어났다.

**Acacia** 아카시아  지중해 국가에서는 아카시아가 생명, 불사不死, 플라토닉한 사랑, 은둔을 나타낸다. 아카시아 꽃의 색에는 홍색과 흰색의 두 가지가 있는데 생과 사, 죽음과 재생을 뜻한다. 아카시아의 가시는 초승달의 뾰족한 양끝을 의미한다. **크리스트 교**: 불사와 도덕적 생활을 나타낸다. 예수의 가시 면류관이 아카시아로 만들어졌다는 전설이 있는데, 여기에는 모멸과 유대 교의 성목聖木으로 만들었다는 두 가지 뜻이 담겨 있다. **이집트**: 태양신, 재생, 불사, 이니시에이션, 순결을 나타낸다. 태양신 네이드가 사는 장소를 가리키기도 한다. **유대 교**: 아카시아는 '성막聖幕Tabernacle'(유대 인들이 이집트에서 팔레스타인까지 운반해온 이동식 임시 신전)을 만드는 데 쓴 성목, 즉 〈시타Shittah의 나무〉("출애굽기" 26:15)이다. 불사, 도덕적 생활, 무구의 상징이고 장례식에서 죽은 자에 대한 애도의 뜻을 나타내기도 한다.

**Acanthus** 아칸서스  아칸서스는 지중해 연안 국가에서 생명, 불사不死, 초승달의 뾰족한 양끝, 예술 숭앙을 나타낸다. 크리스트 교에서 아칸서스 가시는 고통, 죄악, 죄에 대한 벌을 의미한다.

**Aconite** 바곳  **그리스·로마**: 바곳은 범죄, 언어의 해독, 차가움을 상징한다. 크로노스/사투르누스(농경의 신)에 대한 신앙을 의미하기도 한다. 지옥을 지키는, 머리가 셋 달린 개 케르베로스의 침이 떨어진 곳에서 생겨서 자랐다고 한다.(「메타모르포시스」 7. 416-24) (테사리아의) 마녀의 꽃이다.

**Acorn** 도토리  도토리는 북유럽과 켈트

어권語圈에서는 생명, 다산多産, 불사不死의 상징이다. 도토리(정확하게는 떡갈나무)는 게르만의 천둥신 토르에게 바쳤고 남성적인 동시에 여성적이다.

**Adder** 독사  크리스트 교: 독사는 악의 상징이다. 성 아우구스티누스에 따르면 악마의 네 가지 양상 중 하나로 귀머거리 독사는 생명의 말씀과 교의에 귀를 막고 있는 죄인의 모습을 나타낸다고 한다.("시편" 58:4-6)

**Aegis** 아이기스(제우스 신의 방패)  아이기스(원래 제우스의 방패였으나 후에 제우스의 딸 아테나가 사용했음)는 보호, 비호, 다산多産을 나타낸다. 보통 방패는 손에 들지만 아이기스는 옷처럼 입는 방패이다. 원래 아이기스는 신 제우스/유피테르가 지니는 것이었는데 크레타 섬의 디크테 산에서 어린 제우스에게 젖을 먹여주었던 염소의 가죽으로 만들어진 것이다. 아이기스는 여신 아테나/미네르바와 이집트 바스트 여신의 표지이다. 또한 영웅 아킬레우스도 아이기스를 몸에 지녔다고 한다.→ SHIELD

**Aerolite** 석질운석石質隕石  석질운석은 계시, 영靈의 강림, 천상으로부터의 진인 傳言, 천의天衣 등을 나타낸다.

**Agate** 마노瑪瑙 →JEWELS

**Agriculture** 농경農耕  농경을 상징하는 것으로는 보리 이삭을 쥐고 있는 〈곡물의 여신〉, 쟁기, 풍요의 뿔(→CORNUCOPIA), 싹이 튼 가지 등이 있다.

**Alb** 앨브(미사 때 사제가 제복 밑에 입는 삼베로 된 흰 사제복)  크리스트 교: 앨브는 신에 대한 헌신을 나타내는 의복으로 헤롯 왕이 예수에게 입혔던 흰 옷을 의미하는 것이다. 흰 아마포가 청순과 정절을 상징하고 있는 것은 '저를 순결하게 하소

아테나가 염소의 가죽으로 된 아이기스를 몸에 두르고 있다. 아이기나 신전에 있는 기원전 480년경의 오래된 상이다.

Albatross

서'라는 사제의 말에서도 잘 드러난다.

**Albatross** 신천옹信天翁 신천옹/앨버트로스는 쉬지 않고 계속되는 먼 거리의 비상, 아주 먼 바다의 상징이다. 악천후와 강풍의 전조이고 죽은 선원의 혼을 나타내기도 하므로 신천옹을 죽이면 불길하다.

**Alcohol** 알콜 연금술: 알콜은 불과 물이 결합한 생명의 물이다. 상반되는 것의 결합, 일치를 상징한다. 창조와 파괴 두 가지 상태를 모두 가지는 남성과 여성, 능동과 수동을 나타낸다.

**Alder** 오리나무 오리나무는 죽음, 대장간의 불, 증발력과 결합되어 쓰인다. 켈트: 오리나무는 요정의 나무로 예견, 부활의 상징이다. 그리스: 오리나무는 목신牧神 판의 표지이다. 〈봄과 불의 축제〉에 연관된다.

**Alloy** 합금 합금은 결혼, 남성과 여성, 불과 물의 결합을 상징한다.

**Almond** 편도扁桃 편도는 처녀성, 자기생식自己生殖, 요니(→YONI), 결혼의 행복을 상징한다. 편도는 또한 타원형 후광(→VESICA PISCIS)으로 처녀인 〈하늘의 여왕〉을 에워싸고 있다. 〈만돌라〉(→MANDORLA)도 편도 모양의 후광을 가지고 있다. 일년 중에 가장 먼저 피는 꽃인 편도꽃은 '잠을 깨우는 자'이다. 그래서 편도에는 조심스러움이라는 뜻이 내포되어 있다. 감미로움, 매력, 섬세함을 나타낸다. **고대 근동**: 프뤼기아에서 편도는 만물의 신, 봄의 상징이다. 편도가 식물신 아티스의 탄생과 결합되는 이유는 아티스가 남녀추니인 자연의 여신 퀴벨레의 남성 성기에서 태어났기 때문이다.(통설로는 퀴벨레가 사크로를 가슴에 품고 아티스를 잉태했다고 한다.) **중국**: 편도는 여성의 아름다움으로, 슬픔을 견디는 인내, 주의 깊음 등을 나타낸다. **크리스트 교**: 편도는 신의 호의, 시인, 성모 마리아의 순결을 상징한다. **유대 교**: 편도는 헤브루 어로 '쇠케드shaked'인데 '지키다'는 뜻의 쇼케드shāked와 어원이 같다.("예레미야" 1:11-12) **이란**: 편도는 〈하늘의 나무〉이다.

**Aloe** 알로에 알로에는 쓴맛, 정직, 지혜의 상징으로 제우스/유피테르에게 바친다.

**Alpha** 알파(그리스 어 알파벳의 첫번째 문자 A, α) 알파는 시원始源, 만물을 생성시킨 〈제1원리〉를 상징한다. 알파와 오메가(Ω, ω)는 전체성, 처음과 끝을 나타낸다. 또한 힌두 교의 옴AUM(→OM)과 마찬가지로 음역音域 전체 혹은 무한성을 나타낸다. 때로 알파와 오메가는 독수리와 올빼미, 낮과 밤으로 묘사되기도 한다. 기독교에서 알파와 오메가는 십자가와 〈X와 P〉즉 Chi-Rho(→LABARUM)와 함께 나타난다.

**Alsirat** 앨시라트(종교의 정도正道)→BRIDGE

**Altar** 제단 제단은 신의 재림, 제물, 희생을 통해서 얻을 수 있는 신에게로의 회귀, 통합, 감사를 나타낸다. 제단은 사원, 성당, 교회의 동쪽 끝에 설치되는데, 그것은 태양 또는 낙원을 향해서 예배드리는 위치를 나타낸다. 제단이 관의 모습을 하고 있는 것은 죽음에서 삶으로, 한정된 시간에서 영원으로 빠져나감을 상징한다. 제단으로 올라가는 계단은 의식儀式의 상승上昇을 나타낸다. 돌로 만들어진 제단과 성역(→STONE)은 신의 불멸성과 영원성을 상징한다. 흔히 〈나무〉—— 돌과 상보적인 성격인 변화와 재생의 상징—— 와 결합되어 사용된다. **아스텍**: 신관神官은 신전의 제단에서 태양신, 비의 신 등을 위해서 사람을 제물로 바쳤다. **불교**: 불교에서 숭배의 중심은 제단이라기보다는 사원 자체이다. 제단은 성상聖像, 경전, 성물, 부처에게 바치는 제물을 놓기 위해서 사용한다. 그렇지만 제물을 바치기 위한 관습화된 의식이라고 생각하지는 않는다. **크리스트 교**: 제단은 무덤과 부활을 모두 의미한다. 삶이 변화한 모습인 죽음, 〈성찬식〉에서 제물로서의 예수, 〈의로운 해(태양)〉로서의 예수("말라기" 4:2) 등을 나타낸다. 나무는 십자가, 돌은 골고다 언덕의 바위, 높이 솟은 제단은 승천과 골고다 언덕에서의 예수의 고난을 의미한다. 제단 앞에 있는 방책은 〈대사제〉만이 발을 들여놓을 수 있는 〈지성소至聖所〉의 경계를 나타낸다. 제단에 있는 3단의 계단은 〈삼위일체〉를, 7단의 계단은 〈성령〉의 7 가지 선물(지혜, 총명, 지식, 강건, 현명, 효, 경외── "이사야" 11:2)을 상징한다. 또한 제단 위에 깔려 있는 아마포는 수의壽衣를 가리키며 호화롭게 장식된 옷은 왕좌의 영광을 나타낸다. **유대 교**: 〈분향하는 제단〉("출애굽기" 30:1)은 '은총이 이 세상에 나타나는 것'(고대 유대의 철학자 필론)을 의미한다. **힌두 교**: 「베다」의 (적층식) 〈불의 제단火檀〉은 그 수직 구조로 세계의 중심을 상징한다. 또한 제단은 세계상imago mundi이자 우주의 창조, '지상 맨 끝'(「리그 베다」)을 나타낸다. 제단의 소재로 사용되는 점토는 땅을 가리키고, 점토에 섞여 있는 물은 원초의 바다를 가리키며 불의 제단의 벽면은 대기 또는 대지를 둘러싸고 있는 바다를 가리킨다. 불의 제단의 토대는 기포와 같은 작은 구멍이 뚫려 있는 3개의 원형 벽돌 혹은 돌로 되어 있는데, 그것은 3개의 세계를 겹쳐놓은 형상을 나타내며, 한편 세계의 빛인 불의 신 아그니, 바람의 신 바야, 태양신 아디트야의 무리를 상징한다. 3개의 돌 중 제일 밑에 있는 돌은 「베다」 신화

성모 마리아와 아기 예수를 편도 모양의 타원형 후광(→VESICA PISCIS) 속에 넣어 묘사한 크리벨리의 작품으로 "축복받은 가브리엘의 환상"이다. 후광은 두개의 원이 교차되는 형상인데 이 두 개의 원은 각각 성모 마리아와 예수의 완전성을 상징한다.

희생을 상징하는 제단은 1540년대에 프랑크푸르트의 출판인 크리스티안 에겐올프가 출판사의 트레이드 마크로 사용했다.

에 나오는 아그니의 불, 가운데 돌은 중간의 세계, 맨 위의 돌은 '눈目,' 또는 천계로 열린 창이다. 중심부에 수직으로 뚫려 있는 공간은 불이 올라가는 길인 동시에 죽음에서 불사不死로, 어둠에서 빛으로, 보다 고차적인 세계로 통하는 길이기도 하다. 또한 불의 제단은 연年, 일日의 구체적인 이미지이다. 360개의 벽돌은 1년을 이루는 날수를 나타낸다. 제단에 바치는 제물은 원초의 통일을 회복한다는 뜻이며, 제단을 동쪽과 일출을 향해서 설치함은 끝없는 신생新生을 상징하는 것이다.

**Amaranth** 애머랜스  애머랜스는 영원히 시들지 않는다는 가상의 꽃이다. 불사不死, 신앙, 충실, 변하지 않는 사랑을 상징한다. 중국에서는 〈달의 축제拜月〉(음력 보름날 밤) 때 붉은 애머랜스(비름속屬 식물로 알려진 맨드라미)를 달에 사는 토끼에게 바쳤다.

**Amber** 호박琥珀  호박은 태양의 황금빛의 투명함, 응축된 빛을 상징한다. 중국에서는 호박이 '호랑이의 혼'(호백虎魄은 중국어에서 호박과 음이 같음)으로 용기를 뜻한다. 호박은 사람에게 마력을 주고 죽은 자를 도와준다. 아폴론/헬리오스에게 바친다.(파에톤이 추락사했을 때 헬리오스의 딸들이 흘린 눈물이 호박이 되었다.) 여신 프레이야가 영웅 스비프다크를 위해서 흘린 눈물이 호박이 되어 떨어졌다.(정확하게는 프레이야가 행방불명이 된 아버지 오즈를 위해서 흘린 눈물은 "붉은 황금"이 되었다.)

**Amice** 개두포蓋頭布  크리스트 교: 로마 황제의 근위병에게 잡힌 예수의 눈을 가릴 때("누가복음" 22:64) 사용된 아마포이며, 또한 전쟁에 나간 크리스트 교도가 쓰는 투구를 가리키기도 한다.

**Ampulla** 앰풀러(성유聖油 등을 넣는 데 사용하는 단지)  크리스트 교: 앰풀러는 캔터베리(영국 국교회의 중심지)로 순례를 다녀왔다는 것을 나타낸다.

**Anadem** 화관花冠→GARLAND

**Anchor** 닻  닻은 희망, 지조, 안정, 평정의 상징이다. 〈엉클어진 닻Foul anchor〉은 배와 돛대를 나타내기도 한다. 이 경우에는 여자(보호자로서 달 모양의 배)와 남자(남근 모양인 막대기나 돛대)의 결합이라는 의미를 가진다. 일설에는 이집트에서는 돛대 주위에 생명의 큰 뱀을 감아서 상징의 의미를 한층 강하게 했다고 한다. 〈닻과 돌고래〉의 상징에서는 닻은 느림, 돌고래는 빠름을 나타내며, 이 둘은 함께 중용의 덕 또는 '빨리 하되 차근차근히 하라'라는 의미를 나타낸다. 크리스트 교: 닻은 구원, 지조가 굳음("히브리서" 6:19), 진실한 신앙을 상징한다. 로마의 성 클레멘트와 미라의 성 니콜라스(산타 클로스)의 표지이다. 닻과 돌고래는 십자가에 못박힌 예수를 나타내는 데 사용된다. 초기 크리스트 교 미술에서는 닻이 십자가를 위장한 형태로서 희망을 나타내기도 했다. 해양국에서는 닻이 안전, 무사함, 행운의 상징이다.

**Androgyne** 남녀추니  남녀추니는 원초의 완전성, 완전체, 반대물의 합일, 무제한적인 상태, 자율성, 되찾은 낙원, 남녀의 원초적 힘이 재결합됨을 의미한다. 하늘과 땅, 또는 왕과 여왕이 결합하여 둘이 하나로, 즉 모든 아버지와 모든 어머니가 된다. 연금술에서 이야기하는 〈대작업〉이란 완전한 남녀추니, 완전성을 회복한 인간을 만드는 것이다. 남녀추니는 남녀의 모습, 또는 왕의 얼굴과 여왕의 얼굴이 같이 붙은 두 얼굴의 모습, 붉은 색의 남편과 흰색의 아내 등으로 상징된다. 신들 사이에서 이러한 결합상태는 페르시아의 〈무한시간의 신〉인 남녀추니 체르바인에 의해서 상징된다. 그리스 신화에서 〈혼돈〉과 〈암흑〉은 중성이며, 제우스 신과 헤라클레스 신은 흔히 여장을 하곤 한다. 키프로스에는 수염이 난 여신 아프로디테가 있다. 남신 디오뉘소스는 여성적인 특징을 가진다. 중국의 〈밤과 낮의 신〉은 남녀추니이다. 또한 남녀추니의 완전성을 나타내는 것으로 음양의 상징인 태극(461쪽 그림 참조), '영적인 동물'인 〈용〉, 〈봉황〉, 〈기린〉 등이 사용되었다. 이 동물들은 음양 어느 쪽도 될 수 있고 때로는 음양을 모두 갖출 수도 있다. 힌두 교에서는 샤크타-샤크티 shakta-shakti(여성의 생식력을 상징함)가 있으며 특정한 신들, 특히 우리에게 잘 알려져 있는 시바는 몸의 반쪽은 남성, 반쪽은 여성의 모습으로 묘사되어 있다. 샤마니즘과 이니시에이션 의례에서는 옷 도착증(→ TRANSVESTISM)을 사용한다. 바알 신(고대 셈 족의 신, 태양신)과 여신인 아스타르테(페니키아 인이 숭배한 풍요와 생식의 여신)는 남녀추니이다. 초기의 '미드라심Midrashim'(「구약성서」에 붙인 유대 교의 주석)에 따르면 아담은 남녀추니로 되어 있다. 또한 플라톤의 「향연」에서는 인간이 원래 남녀 한몸이었다고 적혀 있다. 그밖에 남녀추니의 상징으로는 연蓮, 야자나무, 십자, 화살, 닻, 원의 중심점, 옷 도착증, 뱀, 스카라베 scarabaeus, 수염난 여자 등이 있다. 〈원초의 어머니〉, 즉 텔루스(로마 신화에 나오는 대지의 신)는 〈태모신〉이라고 불리기 이전에는 성性이 없는 남녀추니였다.

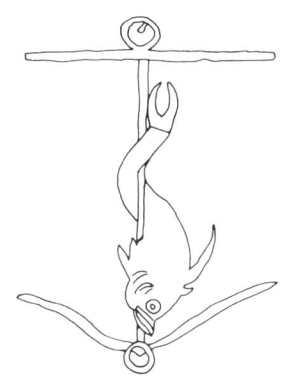

닻에 감겨 있는 북아프리카의 돌고래.

미리우스의 17세기 연금술서 「철학의 개혁」 속에 들어 있는 남녀추니의 그림으로 여기에 묘사된 여성원리와 남성원리의 합체는 연금술의 목표, 즉 인간이 끝없이 정진하는 노력의 목표라고 할 수 있다.

**Anemone** 아네모네 아네모네는 포기, 비애의 상징이다. **크리스트 교**: 비애, 예수의 수난을 의미한다. 아네모네 꽃의 붉은 점은 예수의 피, 3개의 잎은 〈삼위일체〉를 나타낸다. **그리스**: 비애, 죽음이며, 여신 아프로디테와 남신 헤르메스의 상징이다. 아네모네 꽃으로 만든 꽃침대에서 죽은 아도니스(그리스 신화에 나오는 미소년)의 피를 상징하기도 한다.

**Angels** 천사   천사는 신의 사자, 신과 인간, 천국과 지상 세계의 중개자이다. 눈에 보이지 않는 세계의 영적 존재, 광명을 뜻한다. 천사에는 아홉 위계(치품천사熾品天使, 지품천사智品天使, 좌품천사座品天使, 주품천사主品天使, 역품천사力品天使, 능품천사能品天使, 권품천사權品天使, 대천사大天使, 천사天使)가 있다. 힌두 교의 앙기리스(반신반인의 성선聖仙 리스)도 신과 인간을 중개하는 사자使者이다. 이슬람교의 상징체계에서는 여덟 천사가 알라의 왕좌를 옹위하는데, 이것은 4기본 방위(동, 서, 남, 북)와 중간 방위(북동, 동남, 남서, 서북)를 나타낸다.(「코란」 69:17) 천사의 상징은 불타오르는 칼, 트럼펫, 홀忽, 향로, 악기, 백합이다.

**Anger** 분노   분노를 상징하는 것은 타오르는 불꽃, 멧돼지, 창으로 찌르기, 천둥과 번개, 옷을 찢는 행위 등이다.

**Angling** 낚시   **중국**: 통치기술, 경국제민經國濟民의 올바른 방법을 상징한다. '미숙한 낚시꾼은 고기를 낚지 못한다. 책략이 없는 지배자는 민심을 얻지 못한다.' **크리스트 교**: 개종자를 교회의 신도로 받아들이는 것으로 '사람을 낚는 어부'로서의 사도를 나타낸다.("마태복음" 4:19)

**Animals** 동물   동물은 본능적 생활, 풍요와 다산多産, 인간이 영적 영역으로 들어가기 위해서 반드시 넘어야 할 본능적이고 감정적인 욕구, 수동적 참가를 나타낸다. 인간 속에 있는 동물적 본성으로 '어떤 동물도 사람과 닮지 않은 것은 없다.' 그리스의 신플라톤주의자 포르퓌리오스의 말에 따르면, 〈테리오모르피즘Theriomorphism〉은 '신들이 여러 가지 생물의 형상을 하고서 계시하는 우주의 힘을 이집트 인이 동물의 형태로 판단하고 숭배하는 것'이라고 한다. 동물과의 우정, 의사소통 능력은 낙원 상태, 〈황금시대〉를 회복하거나 그곳으로 돌아가는 것을 상징한다. 모험을 하는 사람과 동행하거나 그를 도와주는 동물은 인간성의 여러 측면, 즉 지성, 의지, 이성과는 다른 본능적이며 직관적인 갖가지 힘들을 나타낸다. 신화나 전설에서 반드시 죽임을 당하거나 길들여져야 하는 동물들은 인간의 제어된 동물 본능을 나타낸다. 인간과 동물의 싸움은 악이나 병을 예방한다는 의미가 있다. 동물의 가죽이나 가면을 쓰는 행위는 인간과 동물이 서로를 이해하고 말을 알아들을 수 있는 이상향, 낙원의 상태를 재현하고 동물적, 본능적 지혜에 가까워짐을 의미한다. 앞발로 사냥감을 누르는 사자나 개처럼, 매장에 관련된 동물은 모든 것을 집어삼키는 죽음을 상징한다. 태양과 달처럼 서로 대비되는(예를 들면 사자와 일각수, 황소나 멧돼지와 곰) 동물들은 우주의 경합하는 힘들, 긍정과 부정, 남과 여를 나타낸다. 그러나 멧돼지와 곰과 같이, 상황에 따라 태양과 달처럼 서로 맞바꿀 수 있는 동물들도 있다. 마오리족에게는 동물이 '조상'이다. 〈태모신太母神〉은 항상 〈짐승들의 여왕〉이었다. 파수파티Pasupati로서의 시바 신은 〈동물의 왕〉이며, 그 신들의 상도 동물의 모습으로 묘사되어 있다.

**Ankh** 앵크   앵크는 이집트에서는 생명의 상징이다. 우주, 인간과 신 둘 다를 포함한 모든 생명체, 신비와 숨겨진 지혜를 밝혀내는 지식의 열쇠, 힘, 권위, 서약을 뜻한다. 앵크의 형상은 신 오시리스를 나타내는 남성 상징과 여신 이시스의 여성 상징이 결합된 모양이며, 두 가지 생성원리인 하늘과 대지의 결합을 나타낸다. 앵크는 불사不死, '내세,' '미래'를 상징하기도 한다. 일설에는 앵크가 〈생명의 나무〉 형태로 타원 부분은 영원, 십자는 종횡으로의 확장, 즉 시간과 공간의 무한성을 나타낸다고 한다. 또 지평선에 떠오르는 태양의 모습이라고 한다.(보통은 샌들을 묶는 끈의 모양, 또는 일종의 부적이라고 추측된다.) 〈진리의 여신〉 마트는 손에 앵크를 들고 있다.

신의 사자使者이자 포고자인 천사 가브리엘이 포고의 트럼펫을 불고 있다. 14세기 이슬람의 세밀화.

**Anointing** 부유傅油  부유는 성화聖化, 성별聖別하기, 번영, 기쁨, 신의 은총을 불어넣음을 뜻한다.

**Anonymity** 무명無名, 익명  무명은 특히 힌두 교의 도상체계圖像體系에서 아이덴티티의 상실을 의미하며, 동시에 신적인 것으로 동화됨을 상징한다.

**Ant** 개미  개미는 근면을 나타낸다. **중국**: '정의의 곤충'(개미를 나타내는 한자 蟻와 義는 발음이 비슷함), 질서 바름, 덕, 소국애, 복종을 상징한다. **그리스**: 여신 데메테르의 부수물이다. **힌두 교**: 현세의 덧없음을 나타낸다.

사제인 국왕이 마트 상을 손으로 받들고 있다. 마트는 진리와 세계 질서의 여신으로 손에 앵크를 들고 있다.

**Antelope** 영양羚羊  **아프리카 부시먼 족**: 신이 영양의 모습을 띠고 나타날 수 있다. **고대 근동**: 신 에아와 마르둑은 영양과 염소의 모습을 하고 있었다. 신 에아-오아네스는 '지중해의 영양,' '신들의 아버지 압수의 영양,' '창조의 영양'이다. 이 신의 하반신은 물고기 형상이었고 용과도 비슷했는데 황소, 물소, 또는 암소의 모습이라고도 여겨진다. 달에 속하는 영양은 여신 아스타르테에게 바친다. **소아시아와 유럽**: 영양은 달에 속하는 동물로 〈태모신太母神〉과 결합된다. **이집트**: 영양은 악신 세트에게 바치는 동물인데 특히 세트의 적인 신 오시리스와 태양신 호루스를 나타내기도 한다. **문장紋章**: 맹수, 강함, 위험성을 나타낸다. 영양은 머리는 문장화된 호랑이, 몸은 수사슴, 그리고 꼬리는 일각수로 묘사되어 있다. **힌두 교**: 시바 신의 표지이다. 달의 신 찬드라와 소마의 전차는 영양이 끈다. 바람의 신 파바나는 영양을 타고 달린다.

**Antlers 가지친 뿔** 가지친 뿔은 〈뿔을 가진 신들〉의 부수물인데 고대 메소포타미아의 신들인 에아와 마르둑은 머리 위에 이 가지친 뿔이 있었다. 가지친 뿔은 에아의 상징인 물고기의 꼬리를 가진 염소의 몸과 결합되기도 한다. 가지친 뿔은 자연계의 풍요, 인간과 동물의 다산多産, 초자연적인 힘을 상징한다. 완전히 가지를 친 뿔은 샤만의 표지로 사용된다.

**Anvil 모루** 모루는 우주의 창조, 시원始源의 노爐, 대지, 물질을 뜻한다. 망치와 모루가 함께 사용되면 남자와 여자가 가진 자연의 형성력, 능동과 수동, 음과 양을 상징한다. 대장장이의 신 헤파이스토스/불카누스, 천둥신 토르, 그밖에 폭풍의 신들의 표지이다. 크리스트 교에서는 모루가 성 아드리아누스와 성 엘기우스의 표지이다. 여신 유노가 땅, 물, 불, 바람의 4대 원소 중에서 바람(공기)을 상징할 때 우주를 떠다니는 모루 위에 서 있는 모습으로 묘사된다.(호메로스「일리아드」15:18-21)

**Ape 원숭이 중국**: 못된 장난, 이간질, 흉내내기를 나타낸다. **크리스트 교**: 악의, 교활, 정욕, 죄, 볼썽사나움, 경솔, 사치, 사탄(악마)을 나타낸다. 〈신의 말씀〉을 왜곡하는 자, 우상숭배를 나타내기도 한다. 쇠사슬에 묶인 원숭이는 극복된 죄를 나타내고, 입에 사과를 넣고 있는 원숭이는 〈타락〉을 나타낸다. **힌두 교**: 은혜, 고상함, 원숭이 신 하누만의 표지이다.

**Apple 사과** 사과는 풍요, 사랑, 즐거움, 지식, 예지, 예견, 호사를 나타내지만 다른 한편 기만, 죽음을 상징하기도 한다. 〈황금시대〉에는 사과가 금단의 과실이었다. 둥근 생김새 때문에 전체성, 일체성을 나타내며 석류열매와는 대립되는 뜻을 가진다. 또한 여신 이두마가 신들에게 준 〈생명나무〉의 열매이다. 여신 에리스는 불화를 초래하는 사과를 신들 사이에 던진다. 헤스페리데스의 정원의 사과와 여신 프레이야의 정원의 사과(보통 여신 이두마가 자신의 상자 속에 담아서 가두어놓던 사과를 뜻함)는 불사不死의 상징이다. 사과를 주면 사랑한다는 고백이다. 사과꽃은 오렌지와 마찬가지로 풍요의 상징이며 신부 치장에 자주 사용된다. **켈트**: 사과는 (흰 꽃이 피어 있는) 〈은 가지銀枝〉를 나타낸다. 사과에는 마력과 지하의 영이 머물러 있다. 〈다른 세계〉의 나무 열매, 풍요, 결혼을 뜻한다. 사과축제인 만성제萬聖祭(모든 성인을 기리는 축제 전날밤. 10월 31일)는 묵은 해가 지나간다는 뜻과 연관된다. **중국**: 평화와 화합을 뜻한다. **크리스트 교**: 사과에는 대립되는 두 가지 의미가 있다. 악(라틴어로 사과는 malum [악은 malus]), 유혹, 〈타락〉의 죄를 상징하는 과실이다. 그러나 예수 또는 성모 마리아와 함께 묘사된 사과는 〈새로운 아담〉, 구원의 의미를 가진다. 사과를 입에 물고 있는 원숭이는 〈타락〉의 상징이다. **그리스**: 사랑과 욕망의 여신인 아프로디테에게 바치는 헌상품, 봉헌물이다. 혼례의 상징, 혼인 예물이다. 트로이의 왕자 파리스가 아프로디테에게 준 사과는 '불화의 사과'이다. 사과가지는 복수의 여신 네메시스와 달의 여신 아르테미스의 표지로 아르테미스의 의식에서 사용된다. 〈달 처녀〉의 경주에서 승자에게 올리브 가지를 주듯이 〈태양 신랑〉 경주에서 승자에게 수여되는 상품은 사과가지이다. 신 디오뉘소스의 사과는 마르멜로 열매이다. 사과나무는 건강, 불사와 결합되며 신 아폴로에게 바친다. 사과꽃은 중국에서는 평화와 미를 상징한다.

**Apricot** 살구  살구는 자가수정하는 식물이기 때문에 남녀추니의 상징이다. **중국**: 죽음, 소심함을 뜻한다.

**Apron** 앞치마  앞치마에는 장인匠人 정신, 풍요, 성적 능력이라는 뜻도 있다. **중국**: 천자 우禹의 시대 이후 희생의 왕권이라는 표지의 일부로 사용된다.(십이장十二章 중의 불黻) 순진무구, 우정의 질긴 끈을 상징한다. 또한 인체를 고귀한 상반신과 비천한 하반신의 둘로 나누는 것이다.

**Aquamarine** 아쿠아마린, 남옥藍玉→JEWELS

**Aquarius** 보병궁寶瓶宮, 물병자리→ZODIAC

**Arc** 호弧  호는 원에 가까운 것으로 강하고 활동적인 생명과 성장을 상징한다.

**Arch** 아치  아치는 속이 비어 있는 둥근 천장이며 요니(→YONI)를 나타내기도 한다. 이니시에이션 의식에서 아치를 통과하는 것은 과거의 껍질(성질)을 벗고 다시 태어나는 것이다. 그리스・로마의 상징체계에서 아치는 하늘의 신 제우스/유피테르를 나타낸다. 로마의 개선문에서는 아치가 전승기념의 뜻으로 사용된다.

**Archangels** 대천사  대천사는 천사(→ANGELS)의 계급 중 하나이다. 신의 판결을 전달하는 사자인 대천사 미카엘은 칼을

가이라사 산을 운반하는 하누만. 「라마야나」의 "전투편戰鬪編."

18세기의 프리메이슨의 앞치마. 이것은 의식용 복장의 일부로 쓰였다. 장식의 중간에 그려진 경건한 펠리컨은 모든 프리메이슨이 행해야 하는 선행의 맹세를 암시하는 것이다.

가진 전사로 묘사되어 있다. 신의 자비를 전달하는 대천사 가브리엘은 "수태고지受胎告知"의 그림에서 백합을 손에 들고 있다.(197쪽 그림 참조) 신의 치유와 수호를 전달하는 대천사 라파엘은 호리병과 지팡이를 들고 있는 순례자의 모습이다. 대천사 우리엘은 신의 불, 예언, 지혜를 나타내는데 두루마리와 책을 가지고 있다. 대천사 카무엘은 신의 예언자, 요피엘은 신의 아름다움, 샤티엘은 신의 정의를 전달한다. 이슬람 교에는 4명의 대천사가 있는데 신의 〈왕좌〉 밑에 있는 하늘에 살고 있다.

**Archer** 사수→ARROW

**Aries** 백양궁白羊宮, 양자리→ZODIAC

**Ark** 방주方舟, 계약의 궤  방주는 달과 바다의 상징이다. 대개 초승달의 모양으로 묘사된다. 여성원리, 생명을 낳는 자, 자궁, 재생, 운명의 배, 생명원리를 나르고 전달하는 물건, 보존을 뜻한다. 바다에 떠 있는 방주는 우주공간이라는 바다 위를 항해하는 지구이다. 무지개와 함께 있는 방주는 하늘의 바다와 지상의 바다의 물의 힘이 합쳐져 하나로 완성됨을 의미하며 세계의 재생을 상징한다. 전세계적으로 퍼져 있는 신화인 방주와 홍수 이야기는 두 가지 형태의 상징체계를 가지고 있다. 하나는 힌두 교에 나오는 것으로 마누의 명령을 받아 사티야브라타가 방주를 건설해서 방주가 생명의 씨앗을 전파했다고 한다.(「파가바타 프라나」 8. 24) 다른 하나는 「구약성서」에 나오는 것으로 이스라엘의 신 여호와(야훼)의 명령으로 노아가 방주를 만들어 인간과 동물들을 태웠다고 한다.("창세기" 6-8) 양쪽에 공통되는 요소는 생명, 연속성, 안정성이다. 방주 자체는 인체의 모습과 비슷하게 만들어져 소우주의 상징으로 생각된다. **고대 근동**: 바빌로니아에서는 대홍수를 대비해서 거대한 상자 모양의 배를 만들었다는 홍수 전설이 있다. **크리스트교**: 방주는 그 속에서 인간이 구원되고 생명이라는 바다를 안전하게 건널 수 있는 〈교회〉를 나타낸다. 방주 속에 실은 순결한 동물들과 불순한 동물들은 각기 성인과 죄인을 상징한다. 또한 방주는 인류의 구세주 예수를 의미하며, 예수를 낳은 성모 마리아를 나타낸다. 건축에서 방주의 상징은 〈교회〉의 본당이다. 성 토마스 아퀴나스에 의하면 〈계약의 궤Ark of the Covenant〉("출애굽기" 25:10-16)는 예수의 상징이며 그 상자 속에 칠해져 있는 금은 예수의 예지와 은총(→CHARITY)을 나타내며 (만나를 담는 그릇인) 금 항아리는 예수의 혼, 아론의 지팡이("민수기" 17:10)는 예수의 사제로서의 위엄을, 〈율법을 새긴 석판〉("출애굽기" 25:16)은 율법 수여자로서의 예수의 역할을 나타낸다.("히브리서" 9:4-5) 성 보나벤투라에게 방주는 〈성찬식〉을 나타낸다고 한다. 성 암브로시우스에게 방주는 율법의 상속인이 그 속에 들어 있는 그릇으로서 성모 마리아를 의미한다. **이집트**: 여신 이시스의 상자는 생명을 잉태하는 〈어머니〉의 자궁을 상징한다. **유대 교**: 〈계약의 궤〉(혹은 〈토라〉의 두루마리를 바치는 성단聖檀── "출애굽기" 25:10-16)는 〈신의 재림〉, 신의 자리를 나타내며, 유대 교에서 가장 신성한 상징이다. 〈계약의 궤〉는 썩지 않는 나무로 만들어지며 금칠을 해서 선한 힘을 나타낸다. 고대 유대 인 철학자 필론은 〈계약의 궤〉가 〈지知〉를 상징하며 그에 비해서 열두 개의 빵이 놓여 있는 테이블은 감각으로 감지할 수 있는 현현顯現 세계를 의미한다고 했다.

**Arm** 팔  들어올린 팔은 애원, 기도, 항

복을 의미한다. 힌두 교와 불교의 도상체계圖像體系에서 신과 여신(예컨대 천수관음千手觀音)이 가진 여러 개의 팔은 자비심 깊은 가호加護를 나타낸다. 팔에 여러 가지 부수물이 붙어 있는 경우에는 흔히 보편적인 힘과 역할을 나타내지만 그 신이 가지고 있는 특수한 힘과 역할을 의미하기도 한다. 두 개의 팔은 (그리스 철학에 나오는) 〈소피아Sophia〉와 〈뒤나미스Dynamis〉 즉 지혜와 행동이다. 크리스트 교에서 〈주主〉의 팔은 지고의 힘, 즉 〈신〉의 의지를 행사하는 수단이다.("시편" 98:1) 삼위일체에서 팔은 〈아버지〉를 나타낸다. 팔은 복수의 상징이기도 하다. 오란트가 들어올린 팔은 신에 대한 경건한 마음을 나타내며, 장송예술葬送藝術에서는 죽은 자의 혼이다. 한쪽만 든 팔은 증언 혹은 선서의 표시이다.

**Armour** 갑옷 갑옷은 기사도, 방위를 뜻한다. 크리스트 교에서는 악으로부터의 보호("에베소서" 6:11-13)의 상징이다.

**Arrow** 화살 화살은 찌르는 힘으로서 남성원리, 관통, 남근상징, 번개, 비, 다산多産, 남성다움, 힘, 전쟁을 나타낸다. 날아가는 화살은 천계로의 상승을 상징한다. 활시위를 벗어난 화살은 되돌릴 수 없는 행위의 결과를 나타낸다. 화살은 특히 긴 창이나 칼과 마찬가지로 태양광선을 나타내며 전사가 지니는 물건이다. 뱀을 관통한 화살은 습윤원리濕潤原理로서의 먹구름을 꿰뚫는 태양빛이다. 굵은 화살촉(붓꽃→Fleur-De-Lis)은 (영국에서) 왕실의 소유물을 나타낸다. **아메리카 인디언**: 태양빛을 뜻한다. **크리스트 교**: 순교, 고난, 십자가에 박힌 못을 뜻한다. 화살을 표지로 삼는 것으로는 성 크리스티나, 성 에드문트, 성 자일스, 성 세바스티아누스, 성 우르

나타라자(〈무용의 왕〉)인 시바 신의 팔은 하나하나가 각기 의미를 가진다. 오른쪽 위팔은 창조의 리듬을 연주하는 북을 가지고 있으며, 왼쪽 위팔이 들고 있는 파괴의 불과 균형을 이룬다. 오른쪽 아래팔은 축복을 보증하는 몸짓을 나타내며, 왼쪽 아래팔은 고난에서 해방시켜주겠다는 약속이다.

400년경의 스페인 타라고나 공동묘지의 묘석에 새겨진, 두 팔을 들고 기도하는 여자의 모습이다.

술라가 있다. **이집트**: 방패 위에 교차하는 두 개의 화살은 전쟁의 여신 네이드의 표장이다. **그리스**: 신 아폴론의 화살은 태양빛을 나타내는데, 풍요를 베푸는 의미와 함께 사물을 태우고 시들게 해서 해를 끼치는 뜻도 있다. 신 에로스의 화살은 심장을 관통하는 사랑의 화살이다. 화살에 관통된 심장은 합일을 나타낸다. 화살은 빛의 여신 아르테미스의 부수물이다. 호메로스는 화살을 고통과 질병의 상징으로 사용했지만, 이 경우는 신들, 특히 아폴론이 인간들에게 쏜 화살이다.(호메로스 「일리아드」 1. 43-52) **힌두 교**: 화살은 대지와 번개, 바람의 신 루드라의 부수물이다. 이 신은 인간과 동물을 죽이고 고통과 재난을 일으키지만, 풍요와 치유의 비를 가져오기도 한다. 화살은 천공신 인드라의 소유물이다. 인드라의 화살은 태양빛과 번개의 두 가지 뜻을 모두 가진다. **이슬람 교**: 신이 그 적에게 내리는 분노와 벌이다. **미트라 교**: 빛의 신 미트라의 표장이다.(대개 수렵을 하고 바위를 쏘는 미트라의 부수물이다.) **샤마니즘**: 깃털이 달린 화살은 하늘로 승천하는 새의 비상, 지상 상태의 초월을 나타낸다.

**Artemisia** 쑥  **아메리카 인디언**: 여성, 달, 밤에 속하는 생명원리이다. 남성, 태양, 낮의 원리인 크리소탐누스(황금나무)(→CHRYSOTAMNUS)와는 대립한다. **중국**: 위엄을 나타낸다. 〈팔보八寶〉 중의 하나이다. **그리스**: 아르테미스 여신에게 바치는 것이다.

**Ascension** 상승  상승은 초월, 단순한 인간적 상태를 벗어나 새로운 존재의 경지로 뚫고 나가는 것, 〈실재實在〉와 〈절대〉를 향한 길, 재통합, 혼이 신성神性과 결합하는 것, 영혼의 고양, 지상에서 천국으로, 암흑에서 광명으로 빠져나가는 것, 자유를 뜻한다. 상승은 흔히 명계冥界로 하강한 후에 일어난다. 상승의 상징은 〈낙원〉 회복을 나타내기 위해서 사용된다. 왜냐하면 영적 자유와 계시를 발견하기 위해서는 중심에 도달해야 하며, 동시에 지상의 제약을 초월해야 하기 때문이다.

**Ash** 물푸레나무  물푸레나무는 북유럽의 성스러운 〈우주수宇宙樹〉, 즉 이그드라실(→YGGDRASIL)이다. 이것은 제우스/유피테르 신에게 바친다. 또한 물푸레나무는 순응성, 사려 깊음, 겸손의 상징이다. 우라노스 신이 거세당할 때 흘린 피에서 자랐다. 멜리아에는 물푸레나무의 정령精靈들이다.

**Asherah** 아세라  아세라는 셈 족에서 신의 여성적 측면과 결부된 상징적인 나무이다. 특히 아슈토레스(아스타르테) 여신과 연관된다. 대개 아세라는 (오월제의 기둥과 같이) 신에게 바치는 나무 기둥으로 표현된다. 또한 남근의 상징, 또는 나무의 신의 표지로 암시된다.

**Ashes** 재災  재는 인생의 덧없음, 썩어 없어지는 육신("창세기" 3:19), 죽음을 면할 수 없는 운명을 뜻한다. 재는 상복喪服과 함께 비참한 굴욕과 슬픔을 나타낸다. 회개, 뉘우침("아가" 3:16, "에스겔" 4:1)을 뜻한다. 일부 의식儀式에서는 정화력을 가진 물건으로 취급되기도 한다.

**Ashlar** 다듬은 돌  **이집트**: 완전성을 실현하기 위해서 창조의 손길이 가해진 소재素材이다. 다듬어지지 않은 거친 돌은 거듭나지 못한 인간, 완전히 다듬어진 돌은 영적으로 완성된 인간을 나타낸다.

**Asp** 독사  **크리스트 교**: 악, 독의 의미이다. **이집트**: 태양, 왕권, 지배와 권력이다. **그리스**: 보호와 은혜를 베푸는 힘이다.

**Aspen** 사시나무  사시나무는 공포, 불

안, 비탄을 나타내는 나무이다.

**Asperges** 성수 살포식(미사에 앞서 제단이나 신자들에게 성수를 뿌리는 의식) 성수를 뿌리는 것은 정화淨化("시편" 51:7), 성스러움, 사악한 힘을 몰아내는 것이다.

**Asphodel** 아스포델(무릇란 속의 수선의 일종) **그리스·로마**: 아스포델은 〈낙원〉, 〈축복받은 자들의 섬〉, 〈엘뤼시온의 뜰〉을 나타낸다. 이 때문에 후에 장례에서 죽음과 애도의 표지가 되었고, 묘지, 폐허와 결부되었다. 명계의 왕비 페르세포네와 디오뉘소스 신과 연관된다. 또한 성모 마리아와도 연관된다.

기원전 9세기경의 사르디니아 청동상으로 활과 화살을 든 전사이다.

**Ass** 당나귀 당나귀는 겸허, 인내, 평화, 우둔, 고집, 음란, 풍요를 상징한다. 당나귀의 머리는 풍요의 근원으로 생각되었다. 짐 운반용 동물인 당나귀는 가난한 사람을 나타낸다. **크리스트 교**: 예수의 탄생, 이집트로의 피난, 예루살렘 입성("마태복음" 2: 13-20; 21:1-11) 장면에서 당나귀가 묘사된다. 또한 당나귀는 유대 인과 시나고그를 묘사하는 데 사용되며, 사탄의 의미를 함축하기도 한다. 성 게르마누스의 표지이다. **이집트**: 괴물 티폰으로 나타나는 악신惡神 세트(짐승 머리를 한 암흑과 밤의 신)의 상징, 우둔한 힘, 악이다. **그리스**: 나태, 게으름, 성적性的 탐닉, 디오뉘소스 신의 동물적인 면을 나타낸다. 거친 날씨('당나귀의 숨'이라는 별명을 가진 사막의 열풍)의 신은 티폰 신(세트)이다. 당나귀는 출산 원리의 상징인 프리아포스(남성 생식력의 신), 그리고 크로노스에게 바치는 짐승이다. 반수신半獸神 실레노스는 당나귀에 타고 있는 모습으로 묘사되기도 한다. **유대 교**: 고집스러움의 상징이다. 왕, 예언자, 사사士師(이스라엘의 지도자)는 흰 당나귀에 올라타고 있다. **힌두 교**: 나찰羅刹(악귀)

예수의 예루살렘 입성을 그린 16세기의 크레타의 아이콘.(그리스 정교회에서 모시는 예수, 성모, 성도, 순교자의 초상) 예수가 탄 당나귀는 비천함의 상징으로서, 나중에 예수가 〈유대인의 왕〉이라고 주장하는 것과 대조를 이룬다.

의 왕 라바나가 라마의 처 시타를 유괴할 때 하늘을 달리는 라바나의 전차를 끈 것은 당나귀였다. **사산조 페르시아**: 다리가 셋 달린 당나귀는 순결을 뜻하며, 악에 대항하는 힘이다. 또한 달의 세 가지 상으로서 달에 속한다.

**Aster** 애스터(국화 비슷한 작은 꽃을 피우는 탱알속屬의 식물) **중국**: 미, 매혹, 우아를 뜻한다. **그리스**: 애스터는 사랑을 나타내는 식물이다. 여신 아프로디테에게 바치는 꽃이다.

**Aureole** 후광→NIMBUS

**Aurochs** 유럽 들소  유럽 들소는 아시리아와 바빌로니아에서 비바람과 번개를 지배하는 신 아다드를 상징한다.

**Axe** 도끼  도끼는 천공신의 태양상징으로 힘, 번개, 천공신이 내리는 비의 다산성多産性, 오류의 극복, 희생, 지원, 도움을 뜻한다.

양날을 가진 도끼는 하늘의 신과 대지의 여신의 성스러운 결합을 상징한다. 천둥번개를 나타내기도 한다. **아프리카**: 요루바족의 양날도끼는 바람의 신의 마력과 천둥번개이다. **고대 근동**: 농경 목축의 신 타무즈의 표지이다. 히타이트 인들의 양날도끼는 〈천주天主〉이며 기후의 신인 테슈브의 부수물이며, 왕권을 나타낸다. **불교**: 삶과 죽음의 순환의 고리인 윤회는 도끼에 의해서 끊어진다. **켈트**: 도끼는 신적 존재, 족장族長, 전사戰士를 나타낸다. **중국**: 정의, 재판, 권위, 형벌을 뜻한다. 십이장十二章 중의 하나인 도끼는 광명을 알지 못하는 감각적인 인간의 죽음을 나타낸다. **크리스트교**: 순교, 파괴를 뜻하며, 세례 요한, 사도 마태, 사도 맛디야, 성 프로클루스의 표지이다. **이집트**: 태양의 상징이다. **그리스**: 제우스 신의 표지, 에게 해에 있는 섬 테네도스의 디오뉘소스 신의 상징이다. **힌두 교**: 나무와 풀무와 함께 불의 신 아그니의 표지이다. 비슈누(보존을 관장하는 힌두 교 3대 신의 하나) 신은 도끼로 〈윤회〉의 나무 —— 즉 이원적인 지식의 나무 —— 를 자른다. **미노아 문명**: 고대 크레타의 양날도끼는 기원을 알 수 없다. 왕권, 신의 힘과 재림을 상징한 것으로 추측된다. 일설에 의하면 크레타에서 양날도끼는 신의 상징이라기보다는 신 자체를 나타내는 이미지였으며, 초자연적인 힘을 띤다고 한다. 천둥과 번개의 신으로서의 제우스 라브라인데우스의 표지이다. 또한 수렵자로서의 〈어머니〉의 표지이기도 하다. **오세아니아**: 인체를 상징하는 도끼는 신적인 힘을 가진다고 생각되었다. **북유럽**: 신적 존재, 족장, 전사 등이 가지고 다녔다.

**Axis** 축(성스러운 에너지가 현현顯現되는 장소, 창조가 시작되는 점은 세계의 중심으로서 〈세계의 배꼽〉이라고 불린다. 이점을 상하로 관통하는 수직축이 우주축[세계축]Axis Mundi이다.) 〈우주축〉은 시간과 공간의 중심점, 만물을 떠받치는 최고점, 만물이 그 주위를 회전하는 축, 규범, 모든 존재의 본질이다. 〈우주축〉을 상징하는 것으로는 〈우주수宇宙樹〉, 성산聖山, 하늘의 빛, 기둥, 장대, 방추紡錘, 창, 장창長槍, 화살, 지팡이, 탯줄로 꼰 실, 전차의 차축, 못, 열쇠 등이 있다.

**Azalea** 진달래  진달래는 덧없음, 하루살이처럼 단명함을 뜻한다. **중국**: 여성적 우아함, 위대한 능력을 뜻한다. 또한 진달래는 악독한 계모에 의해서 뻐꾸기로 변한 소년이 흘린 피눈물에서 자라난 비극적인 꽃이다.(진달래와 뻐꾸기는 모두 두견杜鵑이라고 불린다.)

# B

**Ba** 바 **이집트**: 새, 또는 인간의 머리를 한 새의 모습으로 묘사되는 (인간의) 혼이다.

**Baboon** 비비 **이집트**: '새벽에 환호하는 자'이다. 양손을 들어올린 비비는 솟아오르는 해를 환호하며 맞이하는 지혜를 나타내며, 토트 신과 하피 신의 상징이다.

**Badger** 오소리 **중국**: 달에 속하는 음陰의 동물로 초자연적 힘의 상징이다. 오소리는 또한 해로움과 나쁜 장난을 나타낸다. **유럽**: 서투름, 날씨를 예언하는 자, 오소리는 〈탐욕〉을 전달한다. **일본**: 오소리(너구리)는 초자연의 존재로 파타 모르가나(신기루), 도깨비불(여우불)을 만드는 자이다.

**Baetylic Stones/Bethels** 성석聖石/성지聖地 → STONES

**Bag** 자루, 주머니  자루는 비밀, 포용, 은닉, 바람을 뜻한다. 그리스 신화에서 바람의 신 아이올로스는 바람 주머니를 가지고 있다. 켈트의 바다의 신 마난난의 자루에는 온 세상의 보물이 모두 들어 있다.

**Balance** 천칭  천칭은 정의, 공평무사, 재판, 사람의 공과功過를 가리는 일, 복수의 여신 네메시스, 남녀추니(→ ANDROGYNE)이다. 천칭궁(→ LIBRA)에 대해서는 ZODIAC 참조.

**Baldacchino** 천개天蓋(제단이나 무덤의 위에 금속, 목재, 돌 따위로 만든 덮개)  천개는 영계靈界와 속계俗界의 권위를 나타낸다.

**Ball** 구球  구는 태양의 상징이자 달의 상징이며, 구기球技는 태양과 달의 축제나

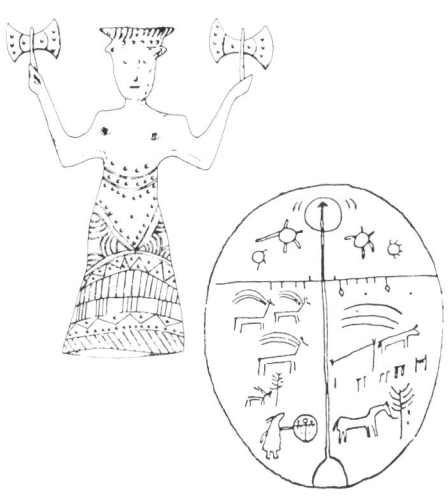

왼쪽의 미노아 문명의 〈태모신太母神〉이 들고 있는 양날도끼는 단위생식적인 풍요를 나타내는 남근적 표지이다. 오른쪽의 시베리아 샤먼의 북에서 화살은 우주축으로 하늘의 궁륭을 덮어서 가리는 현상계를 꿰뚫는다.

1647년에 빈첸조 카르타리가 그린, 천칭을 든 정의의 신.

의식과 결부된다. 구기는 하늘에서 신들이 천체, 운석, 항성을 이리저리 던지는 힘을 상징한다. 황금 공은 여자의 머리를 한 괴조怪鳥 하르퓌아이의 부수물이며 미라의 성 니콜라스(산타 클로스)의 표지이다.

**Balm/Balsam** 향유香油/발삼 나무 향유는 사랑, 공감, 회춘回春을 뜻한다.

**Bamboo** 대나무 대나무는 우아함, 정조, 휘기는 하지만 오래 버티는 힘, 유연성, 훌륭한 교육, 오래 지속되는 우정(항상 푸르기 때문)을, 장수와 건강한 노년 등을 뜻한다. 또한 폭풍이 몰려오면 머리를 숙이지만 다시 일어서는 완전한 인간을 나타낸다. **중국**: 장수, 자식의 효도, 〈겨울의 세 벗三友〉으로 소나무, 매화와 함께 겨울을 나타낸다. 부처의 표지이다. 대나무는 품행이 바르고 성정이 곧으며 속마음은 겸허한 군자의 상징이다. 일곱 마디 대나무는 이니시에이션과 강령의 7단계를 상징한다. 대나무와 참새는 우정을, 대나무와 학은 장수와 행복을 뜻한다. **일본**: 헌신, 솔직(대쪽처럼 곧은 성품)을 뜻한다.

**Banner** 기旗 기는 정복, 승리를 나타낸다. 왕이나 왕자의 문장이 들어 있는 기는 싸움터에서 군사들이 모이는 집결 장소를 나타내는 데 쓰인다. **불교**: 〈법법의 기〉를 세우는 것은 〈지고至高의 법〉을 선언하는 것이다. **크리스트 교**: 승리를 나타낸다. 십자가 또는 라바룸(→LABARUM) 모양이 들어 있는 기는 죄, 죽음, 박해 등에 대한 승리의 표시이다. 기는 성 안사노, 카파도키아의 성 게오르기우스, 브리우드의 성 율리아누스, 성 레파라타, 성 우르술라, 성 벤체슬라우스의 표지이다. **힌두 교**: 인도에서는 기, 즉 '케투Ketu'(계도計都)가 한 줄기 빛, 빛을 내는 것, 현현顯現, 암흑에 대한 승리를 나타낸다.

**Baptism** 세례 세례는 이니시에이션, 죽음과 재생, 신생, 갱생을 뜻한다. 인간이 신에게 등을 돌렸던 거인족 같은 본성을 죽이고, 물, 불, 바람에서 다시 태어나 신적인 것으로 되는 것이다. 세례는 미분화된 상태로 퇴행하는 것, 형태가 분열되어 형체를 띠기 이전의 상태로 재통합됨과 생명의 바다를 걷는 것을 의미한다. 물 속에 들어갔다 다시 나오는 행위는 재생과 부활을 의미한다. 불의 세례는 불순한 것을 태워 정화시키는 것, 바람의 세례는 알곡을 골라내고 쭉정이를 까불러서 날려보내는 것을 상징한다. 세례는 하나의 통과의례로 자궁의 암흑에서 바깥의 광명으로 나오는 것을 나타내며, 또한 혼이 물질에서 영으로 전이하는 것을 나타낸다. →IMMERSION

**Barley** 보리 모든 곡물은 생명의 갱생, 부활, 풍요의 상징이다. 오시리스(저승과 죽은 자를 지배하는 이집트의 신)의 사체에 뿌려져 싹을 틔운 보리는 '사후의 신생'을 나타낸다. '오시리스의 침대'는 물이 스며 있는 천, 또는 그릇에서 간신히 자라나는 무덤가에 있는 보리이다. 오시리스의 이미지는 땅과 보리로 형성되며, 보리의 성장은 오시리스의 부활과 대지에 봄이 돌아오는 것을 상징한다. 그리스 〈엘레우시스 밀의密儀〉에서 보리 이삭은 풍요와 풍작을 표현하는 데 사용된다. 보리는 코레/데메테르 여신, 그리고 〈하얀 여신〉과 결부된다. →CORN

**Basil** 나륵풀(박하 비슷한 차조기과科의 일년초. 향기 나는 잎을 가짐) 나륵풀은 악마를 쫓는 힘을 가진 약초로, 장례식이나 죽은 자를 위한 의식에서 사용된다.

**Basilisk** 바실리스크→FABULOUS BEASTS

**Basket** 바구니  바구니는 〈계절〉(→SEASONS)을 암시하는 부수물이며, 봉납물로 바치는 햇과일의 상징이다. 풍요와 신성神性, 또한 여성적인 포용원리를 나타낸다. 가득 찬 바구니는 풍요로운 결실, 풍부, 그해에 수확한 햇과일을 의미한다. 장송예술에서 바구니는 영원한 생명의 과일을 나타낸다. 바구니 속에 담긴 것을 엎는 일은 결실의 계절이 끝났음을 나타낸다. 바구니 속에 놓여 있는 상태는 재생 내지 죽음을 면함을 나타낸다. 빵 바구니는 성찬용 식사를 나타낸다.("마태복음" 15:32-39) **불교**: '3개의 바구니'를 뜻하는 삼장三藏은 불교의 성전을 집성한 것으로 경장經藏, 율장律藏, 논장論藏의 세 종류로 구성된다. 이것은 부처의 가르침을 담은 바구니인 〈경전經典〉과 계율의 바구니인 〈율전律典〉, 부처의 가르침에 대한 해설과 설명의 바구니인 〈논전論典〉을 말한다. **중국**: 꽃바구니는 장수長壽를 뜻한다. 결실이 풍부한 노년이다. **이집트**: 일설에 의하면 바구니는 고양이의 머리를 가진 바스트 여신의 부수물이다.(이시스 여신[그리스·로마 시대]과 연관된다.) **그리스**: 담쟁이 덩굴로 덮인 바구니는 디오뉘소스 신의 수수께끼와 연관되며, 데메테르 여신의 표지가 되었다. 그리스의 키箕 리크논liknon은 밀의 密儀에 사용되던 바구니로, 과일과 가려진 남근(디오뉘소스의 풍요와 죽음의 힘과 삶의 힘을 상징한다)을 넣어두는 데에 사용되었다.

**Bat** 박쥐  **아프리카**: 박쥐는 상반된 두 가지 의미를 가진다. 즉 명민함과 동시에 암흑, 몽매를 의미한다. **연금술**: 박쥐는 새와 쥐의 성질을 모두 가지는 남녀추니(→ANDROGYNE)를 나타낸다. **아메리카 인디언**: 박쥐는 비를 부르는 자이다. **불교**: 박

12세기의 「시편」(윈체스터)의 삽화로 예수가 세례 요한에게 세례를 받는 모습이다. 옆에서 기다리는 천사가 손에 받쳐든 옷은 세례를 통한 예수의 '새로운 생명'을 상징한다.

오시리스 신상의 주형鑄型으로 투탄카멘 왕의 묘에서 발굴되었다. 젊은 파라오가 매장될 때 이 주형상은 나일 강의 진흙으로 채워졌으며, 진흙에는 보리의 씨앗이 박혀 있었다. 보리가 싹을 틔우면 부활의 상징이 된다.

쥐는 몽매를 의미한다. 중국: 밤의 동물로 음陰에 속하지만 박쥐를 나타내는 한자 편복蝙蝠의 蝠자는 행복을 나타내는 福과 동음이자同音異字이기 때문에 박쥐는 행복, 행운, 부, 장수, 평화를 나타낸다. 한 쌍의 박쥐는 행복의 기원을 나타내며, 장수의 신 〈수성壽星〉의 상징이다. 다섯 마리의 박쥐가 한데 모여 있는 모습은 오복五福(장수, 부유, 무병식재無病息災, 도덕적으로 사는 것, 천수를 누리는 것〔또는 子孫衆多〕)을 나타낸다. 크리스트 교: 박쥐는 '악마 사탄의 새,' '암흑의 왕'의 화신이다. 사탄은 박쥐의 날개를 가진 모습으로 묘사된다. 박쥐는 새와 쥐의 혼혈로 이중성과 위선을 나타낸다. 폐허나 외딴 곳에서 자주 출몰한다는 점에서 우울의 상징이기도 하다. 유럽: 흑마술(악마의 힘을 빌려 나쁜 목적을 위해서 행하는 마법), 요술과 연관된다. 지혜, 교활, 복수를 나타낸다. 유대 교: 부정不淨, 우상숭배("레위기" 11:19)를 나타낸다. 일본: 혼돈 상태, 어두운 불안을 뜻한다.

**Bathing** 목욕 →ABLUTIONS

**Baton** 지휘봉  지휘봉은 권위를 나타낸다. 아메리카 인디언의 상징체계에서는 벌罰 또는 고통을 나타낸다.

**Bay** 월계수  월계수는 갱생, 불사不死를 나타낸다. 또한 참월계수(→LAUREL)와 같은 상징적 의미를 가진다. 중국: 승리, 문인文人으로서의 명성을 뜻한다. 로마: 부활, 갱생, 영광과 명예를 뜻하며 아폴론 신의 표지이다.

**Beacon** 봉화烽火  봉화는 경고, 의사소통을 뜻한다.

**Beads** 구슬, 염주  고리 모양으로 구슬을 엮어놓은 염주는 연속, 영속永續, 끝없이 계속됨을 나타낸다. →ROSARY

**Bean** 콩  콩은 불사不死, 변형, 마력魔力(마녀의 보물은 콩나무), 남근상징이다. 로마: 숲의 신 실바누스에게 바치는 헌상품이다. 게르만: 호색好色, 성적 쾌락과 결부된다.

**Bear** 곰  곰은 (봄이 되면 그동안 새로 태어난 새끼 곰과 함께 동면을 하던 굴에서 나오기 때문에) 부활, 신생을 나타내며, 그 때문에 이니시에이션을 의미하며 통과 의례와 연관된다. 영웅 신화에서 곰은 태양에 속하지만, 홍수 신화에서는 달에 속하며, 아르테미스나 디아나와 같은 달의 여신과 연관될 때에도 달에 속한다. 페르시아 왕국과 러시아의 표지이다. 연금술: 〈제1질료〉의 〈흑화黑化〉이다. 아메리카 인디언: 초자연적인 힘, 강함, 꿋꿋함, 회오리바람이다. 켈트: 달에 속하는 힘이다. 이 상징은 스위스의 수도 베른에 있는 곰의 여신상(아르테미스 여신)에서 볼 수 있다. 중국: 용감함, 강한 힘이다. 크리스트 교: 악마, 사탄, 사악, 잔혹, 탐욕, 육욕肉慾이다. 새끼 곰은 일정한 모습이 없다가 나중에 어미 곰에 의해서 곰의 형상을 가지게 된다고 생각되었기 때문에, 곰은 크리스트 교가 이교도를 변모시켜 다시 태어나게 하는 힘의 상징이다. 곰은 성 블란디나, 성 가루스, 성 플로렌티누스, 토리노의 성 막시무스의 표지이다. 다윗과 곰의 싸움은 예수와 악마 사탄의 싸움을 상징한다. ("사무엘 상" 17:34-36) 그리스: 달의 여신인 아르테미스에게 바치는 동물이며, 달리기와 사냥에 능한 여자 사냥꾼 아탈란타와 에우페미아의 부수물이다. 아르테미스의 의식에 참가하는 소녀는 '곰'이라고 불리며, 노란 옷을 입고 곰의 모습을 흉내낸다. 헤라 여신은 정령인 칼리스토를 곰의 모습으로 변하게 했다.(「메타모르포시스」 2. 466-95) **일본**: 은혜, 지혜, 힘 (웅담熊膽은 약)을 뜻한다. 곰은 아이누 족에게는 문화 영웅이며, 신의 사자이다.(이오만데熊祭) **북유럽·게르만**: 토르 신(보통은 베스불)에게 바치는 동물이다. 암곰 아틀라는 여성원리, 수곰 아틀리는 남성원리를 나타낸다. **샤머니즘**: 곰은 숲의 정령의 사자使者이다.

**Beard** 턱수염, 수염  수염은 힘, 남자다움, 왕권을 나타낸다. 서양에서는 성인 남자를, 동양에서는 노년을 나타낸다. 제우스/유피테르와 같은 천공신의 턱수염은 지상에 내려쪼이는 태양빛, 만물을 생육하는 비 등, 여러 가지로 해석된다. 아슈토레스 여신과 베누스 밀리타(이슈타르 여신의 별명)처럼 턱수염을 가진 여신은 이중의 성性을 가진 남녀추니를 나타낸다.(→ANDROGYNE)

**Beasts** 짐승→FABULOUS BEASTS

**Beating** 두들기기, 치기  가슴이나 넓적다리를 연달아 두들기는 행위는 고뇌, 비탄, 후회의 표현이다. 이마를 두들기는 것은 슬픔, 수치, 놀라움을 나타낸다→FLOGGING

**Beaver** 비버  비버는 근면을 뜻한다. '비버처럼 열심히 일한다'라는 말이 있다. 크리스트 교에서는 정결, 금욕주의자를 나타내는데, 이것은 비버가 쫓길 때 자신의 생식기를 거세한다고 생각했기 때문이다.(플리니우스 「박물지博物誌」 8. 47) 불침번, 평안을 뜻한다.

**Bee** 꿀벌  꿀벌은 불사不死, 재생, 근면, 질서, 순결, 혼을 나타낸다. 꿀벌은 단성생식을 한다고 믿었기 때문에 처녀성과 정조의 상징이다. 꿀벌은 천상계와 결부되며, 지고의 신들에게 바치는 헌상품이다. 흔히 꿀벌은 별을 나타내며, 또한 영의 세계에

기원전 4500년경 빈카 문화에서 곰의 모습으로 나타난, 아이를 안은 여신.

소식을 전하는 날개 달린 사자使者이다. 죽음을 비롯한 중요한 사건을 '꿀벌에게 이야기하는 것'은 내세 혹은 영의 세계에 메시지를 전하는 의미이다. 꿀벌은 오크의 신과 천둥신의 사자이다. 묘지에 새겨진 꿀벌은 불사를 나타낸다. **켈트**: 일설에 의하면 다른 세계에서 가져온 비밀의 지혜를 말한다. **중국**: 근면, 검약을 뜻한다. **크리스트 교**: 부지런함, 정돈된 질서, 정조, 순결한 처녀, 용기, 절약, 사려, 사냥의 힘獵力, 감미로움, 종교적 웅변을 뜻한다. 꿀벌은 질서 있는 경건한 공동체로서 '자손을 낳고, 자손에 대해서 기뻐하면서도 처녀성을 지키는 것'("부활 찬송Exultet Roll")을 뜻한다. 꿀벌은 벌꿀로 상징되는 예수를 낳은 성모 마리아의 처녀성을 상징한다. 벌은 결코 잠을 자지 않는다고 생각되었기 때문에 크리스트 교도들의 불침번, 열의를 나타낸다. 하늘을 나는 꿀벌은 〈천국〉으로 들어가는 혼이다. 또 꿀벌은 크리스트 교도를, 벌집은 교회를 나타낸다. 꿀벌은 성 암브로시우스, 클레르보의 성 베르나르도의 표지이다. **이집트**: 꿀벌은 '생명을 주는 자'로서 탄생, 죽음, 부활을 나타낸다. 근면, 순결, 화합의 생활, 왕의 위엄, 하이집트(이집트 북부, 나일 강 하류의 델타 지역)의 파라오의 표지이다. 태양신 라의 눈물이 땅에 떨어져 움직이는 벌이 되었다고 한다.(또한 꿀벌은 네이드 여신, 하토르 여신과 연관된다.) **에세네 파**: 에세네 파(유대교의 금욕주의적 결사[기원전 2000년경-기원전 200년경])에서 '왕벌'은 성직자들을 뜻한다. **그리스**: 근면, 번영, 불사(죽은 자의 혼이 꿀벌 속으로 들어가기 때문에), 순결을 뜻한다. 대지의 여신 데메테르는 '순결한 〈어머니 꿀벌〉'이다. 또한 〈태모 太母〉는 여왕벌, 태모의 여사제들은 멜리사Melissae 즉 (그리스 어로) 〈꿀벌〉이라고 불렀다. 그리스 미술에서 〈태모〉는 또한 꿀벌을 동반한 사자의 모습으로 묘사되었다. 델포이의 아폴론 신전의 여사제는 〈델포이의 벌〉이라고 불렀다. 엘레우시스의 사제들도 〈꿀벌〉이라고 했다. 꿀벌은 '뮤즈의 새'로서 웅변과 노래를 주는 자이다. 꿀벌의 출현은 낯선 자의 출현을 의미한다. 데메테르 여신, 퀴벨레 여신,아르테미스 여신의 표지로서의 꿀벌은 달에 속하는 처녀를 나타낸다. 목신 판과 프리아포스 신은 꿀벌의 보호자, 꿀벌을 지키는 자이다. (케레스들이 지킨) 크레타 섬의 제우스는 꿀벌의 동굴에서 태어나, 꿀벌들의 손에서 자랐다. 또한 꿀벌은 에페소스의 아르테미스 여신의 부수물이다.꿀벌은에로스의 주위를 날아다니며, 에로스는 벌에 쏘인다. **힌두 교**: 연꽃 위에 앉은 꿀벌은 비슈누 신을 나타낸다. 이마에 앉은 푸른 벌은 크리슈나 신과 〈허공〉을 나타낸다. 삼각형의 꼭지점에 올라앉은 꿀벌은 시바 신(통상 비슈누 신), '부드러운 것,' 마데리 Madheri('마데'는 산스크리트 어로 '꿀'임)이다. 꿀의 감미로움과 침의 고통을 함께 가진 꿀벌은 사랑의 신 카마의 활의 현을 이루며, 카마의 뒤에는 벌들이 따른다. 꿀벌은 사자와 함께 묘사되기도 한다. 달로서의 소마 신은 꿀벌이라고 불린다. **이슬람 교**: 신앙이 깊은 자, 지성, 예지, 무해이다. 꿀벌은 '꽃이 열매를 맺게 하고, 유익한 행동을 하며, 낮에 일하고, 사람들이 먹을 수 있는 식량을 먹지 않으며, 더러움과 악취를 싫어하고, 지배자를 따른다. 무분별한 어두움, 의심스러운 구름, 반역의 폭풍, 금단의 연기, 불필요하게 많은 물, 정욕의 불꽃을 혐오한다.'(이라크의 역사가 이븐 알-아티르) **미트라 교**: 혼, 황소-(거세된) 수소-뼈-꿀벌의 네 가지가 결합된 속에서 황소로부터 나오는 생명원리이다. 꿀벌과 (거세된) 수소는 자웅雌雄 어느 쪽에도 속하지 않는 남녀추니로 취급된다. 헤르메스의 지팡이(→CADUCEUS)와 함께 묘사되는 꿀벌은 혼을 인도하는 메르쿠리우스를 나타내며, 꿀벌은 영혼을 상징한다. **로마**: 꿀벌떼는 불운을 의미한다. 머리가 없는 꿀벌은 머리 없는 개구리와 마찬가지로 악마의 눈邪視(이런 눈을 가진 자가 응시하면 재앙을 만난다고 함)을 막는다. 꼭대기에 벌집이 달린 지팡이는 멜로니아 여신, 난토스벨타 여신(게르만 기원의 로마 여신)의 표지이다. 시인 베르길리우스에 의하면 꿀벌은 '귀중한 것'이다. 그리스의 신플라톤주의자 포르퓌리오스는 꿀벌을 정의와 냉정과 동일시하였고, 철학자 세네카는 군주제와 동일시하였다.

**Beech Tree** 너도밤나무 너도밤나무는 번영, 예견을 나타낸다. 제우스 신에게 바치는 공물이고 덴마크의 표지이다.

**Beehive** 벌집 벌집은 웅변, '꿀처럼 감미로운 말,' 질서 있는 공동체를 뜻한다. 꿀벌(→BEE)과 벌통(→HIVE) 참조. 그리스에서는 묘지가 벌집의 모양을 하고 있는 경우가 많은데, 이것은 벌집이 불사不死를 상징하기 때문이다.

**Beetle** 딱정벌레, 풍뎅이→SCARAB

**Behemoth** 비히모스→FABULOUS BEASTS

**Bell** 종, 방울 종은 성별聖別, 4대 원소(地,水,火,風)의 움직임, 마신의 파괴력을 막는 힘을 가진 부적을 뜻한다. 종을 울리는 것은 선과 악, 죽음과 불사不死의 양극단을 나타낸다. 종의 형태는 궁륭穹隆의 모습이다. 미풍에도 흔들려 소리를 내는 작은 방울은 〈낙원〉의 감미로운 소리를

기원전 5세기의 에페수스의 동전으로 여왕벌이 그려져 있다. 여왕벌은 에페수스 시를 나타내는 표이며, 또한 〈태모太母〉의 표지이다. 〈태모〉의 여사제들은 벌이라는 뜻의 멜리사라고 불렸다.

기원전 1500년경 크레타의 꿀벌의 여신.

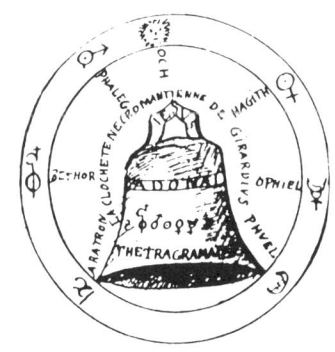

18세기 마법의 종.

상징한다. 종소리는 부름(소환)과 경고의 두 가지 의미를 모두 가진다. **불교**: 완전한 지혜般若의 교리가 울리는 깨끗한 소리이다. 탄트라 불교에서 종은 여성원리이며, 이에 대응하는 남성원리는 도제(→ DORJE)이다. **중국**: 존경, 숭앙, 순종, 충실한 신하, 공훈을 세운 용사를 의미한다. 종은 악마의 눈을 막고, 악령을 쫓는다. 의례에 사용되는 종은 인간과 하늘의 조화를 상징한다. **크리스트 교**: 종(〈거룩하시다, 거룩하시다, 거룩하시다〉를 노래할 때 울린다)은 미사에서 예수가 함께 계심을 알리는 것이다. 교회의 종은 신자들을 부르고, 신앙심을 북돋으며, 악령을 쫓고, 폭풍을 진정시킨다. 종의 구멍과 추는 설교자의 입과 혀에 해당한다. **그리스·로마**: 종은 프리아포스 신의 상像에 함께 등장하며, 디오뉘소스/바쿠스 신의 의식에서는 남근과 연관되어 사용된다. **유대 교**: 제복祭服을 뜻한다. 방울이 석류와 함께 사제의 에포드(사제의 법의, 정확하게는 에포드 [→EPHOD] 밑에 입는 푸른 옷["출애굽기" 28:31-34])에 달리는 경우에, 석류는 4대 원소를, 방울은 〈제5원소〉를 나타낸다. 석류와 종은 천둥과 번개의 상징이기도 하다. 또한 방울은 결혼 전의 여성이 몸에 지니고 다니는 것으로 처녀성을 나타낸다.("이사야" 3:16) **힌두 교**: 계급, 위엄을 뜻한다. (원하는 것은 무엇이든 나온다는) 성스러운 소 난디는 목에 방울이나 사슬이 걸려 있는 모습으로 자주 묘사된다. 종은 요니(→YONI)로서의 처녀성을 나타낸다. **게르만**: 매hawk-방울은 고귀의 상징이다.

**Belly** 배腹 배는 서양에서는 대식大食을 나타내며, 동양에서는 생명이 머무는 자리이다. 고래, 괴물, 그리고 거대한 물고기의 배는 〈지옥〉, 황천黃泉의 나라 시올 Sheol, 명계冥界, 저승으로 떨어짐을 나타낸다. 또한 배는 우주의 밤, 존재의 맹아단계, 죽음과 재생, 자궁으로의 퇴행과 재생, 현현顯現 이전의 상태로 돌아가는 것, 시간의 종말 등을 뜻한다. 또한 이니시에이션 의식의 죽음과 부활에서 심오한, 또는 성스러운 지식을 획득하는 것이다. 이런 상태에서 나타나는 영웅은 흔히 머리털이 없는데, 이것은 신생아에게 머리털이 없는 것을 상징한다. 연금술에서 뱃속의 어두움은 물질의 성질을 바꾸는 실험실이다. 중국의 부富의 신(포대布袋)과 힌두 교의 행운의 신 가네샤의 뚱뚱한 배는 포식을 나타내며, 마찬가지 이유로 번영을 뜻한다. 또한 배는 생명의 중심이다. 일본에서 배는 육체의 중심이고 하라はら는 생명이 거하는 자리이므로 하라키리はらきり(할복)는 생명의 중심을 가르는 것이다.

**Belt** 허리띠 허리띠는 사람을 권력과 직무에 붙들어매는 속박을 의미한다. 헌신, 성취, 승리, 미덕, 강한 힘의 뜻이다. 천둥신 토르의 허리띠는 그의 힘을 두 배로 증가시킨다.

**Beryl** 녹주석綠柱石→JEWELS

**Bethel/Baetyl** 성지聖地/성석聖石→STONES

**Birch Tree** 자작나무 자작자무는 풍요, 빛을 뜻한다. 자작나무는 마녀로부터 보호하고 악령을 쫓는 힘이 있다. 따라서 중죄인과 미치광이를 자작나무 가지로 때린다. **북유럽·게르만**: 천둥신 토르, 도나르 신, 프리가 여신(여성, 가정의 여신)에게 바친다. 세계 최후의 전쟁은 한 그루의 자작나무 둘레에서 벌어진다.(북유럽 신화에서 세계 종말의 날에 벌어졌던 마지막 전투[라그나뢰크]는 나무 둘레에서가 아니라 위그리스 평야에서 치러진 것이라고 한다.) **샤마니즘** : 자작나무는 샤마니즘의 〈우주수宇宙樹〉이며, 샤만(무당 혹은 마술사)은 이 나무 줄기, 또는 자작나무로 만든 기둥에 나 있는 일곱 단 또는 아홉 단의 팬자리를 올라가는데, 이것은 하늘을 지나 지고至高의 영靈에게 도달하는 것을 상징한다. 에스토니아의 표지이다.

**Birds** 새 초월, 혼, 영靈, 신神의 현현顯現이다. (4대 원소의 하나인) 공기의 정령, 죽은 자의 영, 승천, 신과의 교류 그리고 의식의 고양 상태에 이르는 능력을 뜻한다. 사고, 상상력이다. 큰 새는 흔히 태양신, 천둥신, 바람의 신과 동일시되며, 큰 새의 혀는 번개이다. 새는 나무의 상징체계의 한 요소로 나무와 그것이 상징하는 기둥에 신적 힘이 강림한 것을 나타낸다.

한 그루의 나무에 앉은 두 마리의 새는 ── 특히 한 마리는 어두운 색이고, 한 마리는 밝은 색인 경우에 ── 이원성, 즉 빛과 어두움, 밤과 낮, 잠재와 현현, 양반구兩半球를 나타낸다. 뿌리에 뱀이 있는 〈생명의 나무生命樹〉의 가지에는 흔히 뱀의 모습이 함께 묘사된다. 새와 뱀의 결합은 공기와 불의 결합을 나타낸다. 그러나 새와 뱀이 싸우는 것은 태양에 속하는 신들과 지하에 속하는 신들 사이의 싸움을 나타낸다. 또한 가공架空의 새는 지하에 사는 뱀과 대립하기 때문에, 천계와 지상의 신들을 나타낸다. 새는 〈영웅〉이 용을 죽이는 탐험 여행에 자주 동행하며('작은 새가 내게 가르쳐주었다 a little bird told me'── 이런 말은 거의 관용구처럼 쓰인다) 비밀의 충고를 해준다. 영웅은 새의 말을 알아들을 수 있다. 새의 이러한 능력이 상징하는 것은 하늘과의 의사소통, 예를 들면 천사처럼 하늘에 사는 존재로부터 얻을 수

녹옥綠玉으로 만든 18세기 중국의 종. 악을 쫓아버리는 힘은 측면에 새겨진 수호의 〈용〉(→DRAGON)과 가운데 〈괘상卦像〉(→TRIGRAMS)으로 강화된다.

19세기경 아라파호 인디언이 유령 춤을 출 때 입었던 복장. 새 모양은 의식중에 무희가 접촉하기를 바라며, 가르침과 힘을 주는 정령을 상징한다.

기원전 13세기 무렵 이집트의 파피루스에 그려진 영혼의 새 바. 바는 내세로 날아가기 전에 미라의 위를 떠다닌다.

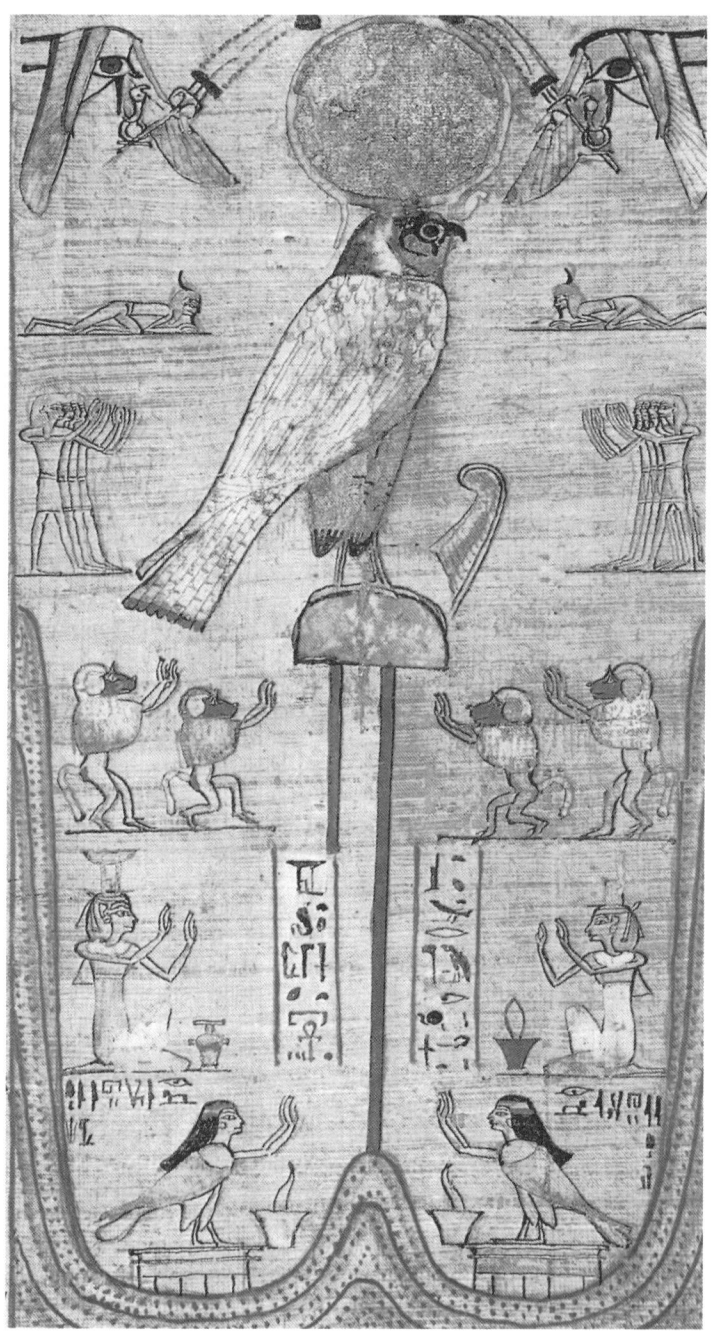

파피루스에 그려진 이집트 19왕조의 그림으로, 가운데에서 새 모양의 히에로그리프가 해를 받치고 있고 위에서 날개를 접은 두 마리의 호루스가 해를 지키며 아래에서는 여러 신들이 예배한다.

왼쪽부터 차례로 기원전 15000-기원전 12000년경의 프랑스의 새 모양의 샤만의 지팡이, 기원전 450년경의 비둘기를 든 페르세포네, 12세기의 마리아의 홀 위에 있는 새, 1432년 얀 반 아이크와 후베르트가 그린 "신비의 어린양"에 있는 수태고지의 비둘기.

이집트 말기 왕조 시대의 새 모양의 건축 장식.

있는 도움이다. 기둥에 앉은 새는 영과 물질의 결합 또는 태양신의 상징이다. 플라톤에 따르면 새장은 정신을 나타낸다고 한다.(「파이드로스」 249D) 새들의 무리는 신들과 영웅들이 결합된 마술적, 초자연적인 힘을 나타낸다. 새의 발톱은 〈태모太母〉의 파괴적인 어두운 면의 상징으로서 괴조怪鳥 하르퓌아이를 나타낸다. **연금술** : 싸우는 두 마리의 새는 메르쿠리우스 — 철학자의 수은水銀 즉 누스 — 가 가진 이중성을 나타낸다. 올라가는 새와 내려가는 새로 동일한 것을 나타내기도 한다. **불교** : 새는 부처의 상징이다. 또한 길조를 나타낸다. **켈트** : 새는 예를 들면 큰까마귀나 굴뚝새에 의해서 신성과 낙원, 마력과 악의 같은 양면 가치적인 의미를 가진다. 투아타는 중요한 사항을 예고할 때에는 반짝반짝 빛나는 깃털을 가진 새의 모습으로 출현하는데, 이때 그는 황금의 사슬에 묶여서 나타난다. **중국** : 대부분의 새 — 특히 수탉, 황새, 공작 — 는 양陽이며, 태양에 속하며, 장수, 행운을 상징한다. **크리스트 교** : 새는 날개를 가진 혼魂, 영적인 것, 〈낙원〉에 사는 혼이다. 어린 예수는 종종 새를 손에 잡고 있는 모습으로 나타난다. **이집트** : 인간의 머리를 한 새(바)는 혼이 육체에서 자유롭게 빠져나오는 능력을 상징한다. 영조靈鳥 베누는 오시리스의 혼이 육화된 것(또는 태양신의 화신)이며, 특히 불사조(→PHOENIX)와 동일시된다. 베누는 창조원리, 〈우주란宇宙卵〉(→EGG)을 낳는 새이다. 고대 이집트에서는 사람들이 죽을 때, 혼이 새의 모습을 하고서 육체를 떠난다고 생각했다. **힌두 교** : 새는 지성이며, '지성이 가장 빠른 새이다.'(「리그베다」) 또한 '이해하는 자는 날개를 가진다.'(「판카빔카 브라마난」) 성조聖鳥 가루다는 생명, 하늘,

태양, 승리의 새이며, 만물의 창조자이며 파괴자이다. 또한 비슈누 신의 수레이며, 불사조와 동일시되기도 한다. **이슬람 교** : 새는 〈생명의 나무〉 위에 사는 독실한 신자의 혼이다. 믿음이 없는 자의 혼은 맹금류에 들어 있다. **일본**(신도神道) : 새는 창조원리이다. **마오리 족** : 〈새鳥 인간〉은 신, 즉 만물을 꿰뚫는 자, 전지한 존재이며, 또한 강함과 무용武勇을 나타낸다. **북유럽** : 새는 육체에서 해방된 영이며, 예지를 나타낸다.→RAVEN **샤머니즘** : 샤머니즘에서 새는 천계상승, 강령술降靈術이나 주술 과정을 뜻한다. 샤만은 의례를 행할 때 새의 옷이나 깃털을 몸에 두른다. 또한 혼은 새의 모습을 하고 날아간다. **도교** : 다리가 세 개인 붉은 까마귀는 태양에 속하는 양의 원리이다. 이 새는 태양에 살면서 〈삼재三才〉— 우주의 세 가지 힘인 〈천天〉, 〈지地〉, 〈인人〉— 를 상징하기도 한다.(「역경」 "계사하전繫辭下傳" 10장)→COCK, EAGLE, PHOENIX, RAVEN

**Bit and Bridle** 말 다루기와 고삐  고삐는 통제, 인내, 절제의 상징이다. 크리스트 교 미술에서 말 다루기와 고삐는 〈절제〉를 나타내는 조각에 함께 표현된다.

**Black** 검은 색→COLOURS

**Blackbird** 흑조黑鳥  **크리스트 교** : 흑조는 (그 유혹적인 노래와 검은 깃털에서) 고기의 유혹을 나타낸다. 누르시아의 성 베네딕투스를 유혹할 때 악마가 흑조의 모습으로 나타났다.

**Blindness/Blindfolding** 맹목성/눈가리개  맹목성과 눈가리개는 무지, 죄, 의무를 게을리 함, 빛과 바른 길을 찾을 수 없음, 분별력이 없거나 이성적이지 못한 사람('맹목적인 격정激情')을 나타낸다. '눈가리개'를 하는 것은 속임수, 길을 잘못 듦을

나타낸다. 불교에서 〈존재의 바퀴〉(→ROUND OF EXISTENCE)에 나타나는 눈먼 노파는 지식의 부재, 죽음에 이르는 무지 몽매함을 나타낸다. 눈가리개를 한 큐피드는 세속적인 맹목성을 나타낸다. 크리스트교 미술에서 시나고그는 눈가리개를 한 모습으로 나타낸다.

**Blood** 피 피는 생명원리, 영혼, 강함의 상징이다. 젊음을 되찾는 힘도 상징하기 때문에 피의 공양이 행해진다. 피는 붉은 태양 에너지이다. 피와 포도주는 서로 바꾸어 쓸 수 있다.("마태복음" 26:27-29) 중국의 상징체계에서 피(일반적으로는 불)와 물은 상보적인 관계에 있으며, 양과 음의 원리를 나타낸다. 크리스트교 상징체계에서 십자가 형刑에서 나타나는 피와 물("요한복음" 19:34)은 육체의 생명과 영의 생명을 뜻한다. 피를 넘어가면 풍요가 약속된다. 예를 들면 중동에서는 신랑이 제물인 양의 피를 지나간다. 튀로스 산産의 조개껍데기에서 나오는 〈티리언 퍼플Tyrian purple〉은 '최고의 영광'(로마의 박물학자 플리니우스)이며, 응고된 피의 색을 띤 '자주색 피'(호메로스)이기도 하다. 피를 마시는 것은 보통 적의의 상징이며, 적의 힘을 흡수해서 사후에도 해를 끼치지 않도록 하기 위함이다.

**Blue** 푸른 색 → COLOURS

**Bo Tree** 인도보리수 인도보리수는 〈성스러운 무화과나무Ficus religiosa〉, 완전함, 관조, 명상을 나타낸다. 부처의 성수聖樹로, 부처는 이 나무 아래에서 깨달음을 얻었다.

**Boar** 멧돼지 멧돼지는 태양에도 달에도 속하는 것으로, 상반되는 두 가지 의미를 가진다. 태양에 속하는 것으로서는 남성원리이지만, 백멧돼지는 달에 속하며,

스트라스부르의 주교구 성당에 있는 시나고그의 우의적寓意的인 조각. 눈을 가린 것은 맹목성을 상징하며, 예수가 가르치는 진리를 '보지' 못하는 유대 인이 영적으로 눈이 멀었음을 나타낸다.

조반니 벨리니의 유화 "속죄하는 주의 피." 예수의 피를 천사가 받고 있는 그림은 '생명의 액체'에 들어 있는 힘과 에너지를 극적으로 표현한다.

물의 원리로서 소택지에 살기 때문에 여성이기도 하다. 멧돼지는 또한 대담함, 육욕肉慾, 대식大食을 나타낸다. **고대 근동**: 일설에 따르면 날개 달린 멧돼지가 농경신 타무즈를 살해했다고 한다. 멧돼지는 신들의 사자使者이기도 하다. **켈트**: 성스러운 동물이며, 초자연적인 존재이다. 예언, 마법, 전쟁, 전사戰士에 대한 수호, 환대를 뜻한다. 신들, 마신과 관계가 있다. 나무, 수레바퀴, 큰까마귀, 인간의 머리와도 관계가 있다. 일설에 의하면 여신 데르가에게 바쳐진다. 공양의 불은 〈숲의 멧돼지〉이다. 멧돼지 머리는 건강, 위험으로부터의 보호, 생명력, 머리에 있는 활력이다. 따라서 다음해의 풍요와 행운을 나타낸다. 멧돼지와 곰을 함께 놓으면 영적 권위와 세속 권력을 뜻한다. **중국**: 멧돼지는 숲속의 부를 나타낸다. **크리스트 교**: 수성獸性, 광포한 분노, 악, 육욕의 죄, 잔인한 군주나 지배자이다. **드루이드 교**: 드루이드 교의 사제는 자기를 〈멧돼지〉라고 부른다. 숲속에서 은둔생활을 하는 것으로 알려져 있다. **이집트**: 멧돼지(또는 돼지)는 악을 나타낸다. 태풍으로 나타나는 악신 세트가 〈낮日의 신〉의 눈(또는 호루스 신의 눈)을 다치게 한 속성을 나타낸다. **그리스·로마**: 군신 아레스/마르스의 성스러운 동물이며, 파괴와 투쟁을 의미한다. 태양의 힘으로서 아도니스와 아티스를 죽인 〈겨울〉의 상징이다. 아도니스를 죽인 멧돼지는 여신 아프로디테/베누스에게 바치는 제물이다. 고대 그리스의 도시 칼리돈에서 멧돼지를 죽이는 풍습은 〈봄〉에 찾아오는 태양의 힘이 〈겨울〉을 죽이는 것을 표현한다. 멧돼지는 여신 데메테르/케레스와 여자 사냥꾼 아탈란타의 상징물이다. 영웅 헤라클레스는 에리만투스 산의 멧돼지를 잡았다. **유대 교**: 포도나무를 먹어치운 이스라엘의 적이다. ("시편" 80:13) **문장紋章**: 문장에서 사용하는 4마리 수렵동물 중의 한 가지이다. **힌두교**: 멧돼지는 비슈누 신의 세번째 화신 바라히(멧돼지)로서, 멧돼지의 모습을 하고서 혼돈의 바다에서 대지를 (어금니로) 건져내고, 최초로 토지를 경작했던 파르자파티(창조주)이다. 수멧돼지(생명과 풍요의 원천)는 새벽의 여신이며 〈하늘의 여왕〉인 바즈라브라히를 나타낸다. **이란**: 「젠드 아베스타」(조로아스터 교의 경전. 기도어, 의례, 찬가, 신화 등을 모은 것)에는 '빛나는 멧돼지'가 나오며 태양과 연관된다. **일본**: 백멧돼지는 달, 용기, 정복, 전사가 지녀야 하는 성격을 나타낸다.(백멧돼지는 대년신大年神에게 바친다.〔고어습유古語拾遺〕 멧돼지 무사는 돌진만 하며 물러설 줄 모르는 무사이다.) **뮈케나이 문명**: 전사는 멧돼지의 어금니로 만든 투구를 쓴다. **북유럽·게르만**: 풍요, 수확, 폭풍의 동물, 장례를 뜻한다. 동지제 율(→YULE)에서 신 프레이에게 바치는 제물로, 멧돼지를 타고 다니는 신 —— 신 오딘/보탄, 신 프레이와 여신 프레이야 —— 의 성스러운 동물이다. 전사는 멧돼지의 가면이나 투구를 쓰고 프레이나 프레이야의 가호를 받는다. 프레이의 멧돼지 걸리버스틴의 황금 강모剛毛는 태양광선을 나타낸다. **시베리아**: 용기, 굳은 지조, 정복, 전사의 성질을 뜻한다.

**Boat** 배→SHIP

**Bonds** 속박 속박은 인간을 묶거나 얽어매는 도구 —— 밧줄, 끈, 차꼬, 수갑, 매듭, 올가미, 고삐, 덫, 그물, 사슬, 실 등 —— 로서 상징된다. 이런 것들은 '속박의 신'이나 장례의 신들이 가지고 다닌다. 이 신들은 묶고 풀어주는 힘, 살리거나 죽이는 힘이 있으며, 또한 죽은 자를 재판하고,

죄인을 묶거나 그물로 잡으며, 의인은 풀어준다. 묶고 풀어주는 행위는 혼돈chaos을 우주cosmos로, 갈등을 법과 질서로 변화시키는 것이기도 하다. 달에 속한 〈태모太母들〉은 모두 실잣는 자(→SPIDER), 베짜는 자, 묶는 자로서 운명, 시간, 제약, 필연(반드시 일어나는 '속박')을 상징한다. 태모들은 신비롭고 마술적인 주문으로 얽매는 힘이 있다.

그물이나 매듭 등은 묶고 풀어주는 신들의 힘처럼 상반되는 두 가지 의미를 가진다. 병이나 죽음을 상징하기도 하지만, 질병 예방이나 죽음으로부터의 구제를 상징하기도 한다. 결혼식에서는 혼인을 지켜주기도 하지만 첫날밤을 방해하기도 한다. 출산을 도울 때도 있지만, 장애물도 되며, 플러스와 마이너스의 의미, 은혜와 위해危害, 공격과 방어 중 어느 쪽도 될 수 있다. 그물이나 매듭은 인간을 그 운명이나 존재 상황에 묶어놓는 반면에, 창조주나 신들과의 연결통로를 마련해주기도 하며, 인간을 과거에 묶어놓지만 운명의 베를 짜는 자와 연결시켜주기도 한다. 또한 제약을 더하면서 묶기도 한다. 묶는 행위나 매듭을 짓는 것은 복종, 노예, 신하나 죄수가 됨을 의미한다. 은 실은 인간이 살아 있는 동안에는 혼을 육체에 묶어놓지만 죽으면 실이 끊어져서 혼이 해방된다.("전도서" 12:6) 해군이나 육군들의 끈, 줄무늬, 꼰 끈, 계급을 나타내는 띠, 사슬 등은 임무에 묶여 있음을 상징한다. **고대 근동**: 바빌로니아에서 그물이나 매듭은 만물을 통합하는 우주원리, 만물을 유지하며 묶어주는 법을 나타낸다. 신 타무즈는 '그물의 주인'이다. 신 마르둑은 올가미, 덫, 그물을 이용해서 묶는 데에 명인이다. 신 샤마시는 덫과 끈을 지니고 다니며, 신 에아는 마력을 사용해

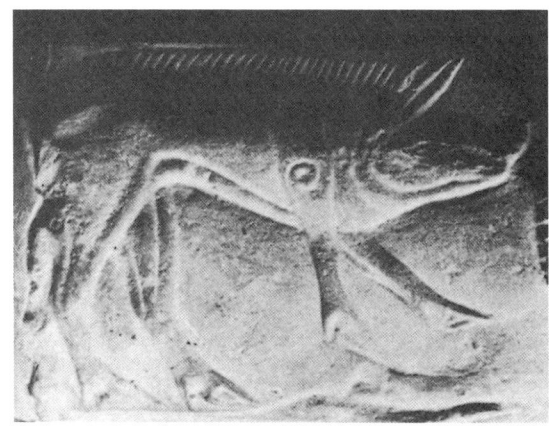

신상에 새겨진 기원전 1세기의 켈트의 멧돼지.

신 프레이와 여신 프레이야의 가호를 받기 위해서 멧돼지 투구를 쓴 북유럽의 병사들.

서 묶고, 여신 니사바는 병마를 묶는다. 신 에닐과 그의 처 닌쿠르사크는 달에 속하는 신이며, 그물로 죄인을 포박한다. 신 니누르타는 '포위망의 주인'이다. **불교**: 밧줄이나 끈은 죄인을 결박함을 상징한다. 죽음을 주재하는 신 야마(염마閻魔)는 속박의 신이다. **중국**: 복희(풍씨風氏이며, 그물을 만들었다는 전설상의 천자)는 바람과 그물의 신이다. **크리스트 교**: 죄와 죽음에 의한 속박을 뜻한다. 신은 궁극적으로는 사탄을 묶어 내쫓는다.("요한계시록" 12:9) **그리스**: 신 우라노스는 경쟁자들을 결박했으며, 또한 숙명을 나타낸다. 시간의 신 크로노스는 차꼬를 가지고 다녔다. 〈운명의 세 여신〉은 모두 베를 짜서 인간을 얽어맨다. **유대 교**: 야훼는 죄인을 벌하는 죽음의 그물과 덫을 지닌다. **힌두 교**: 올가미는 지식과 지력, 잡아서 포박하는 힘을 상징하며, 또한 죽음도 나타낸다. '속박의 주인'인 신 바루나는 마력을 사용해서 결박하며, 어깨에 밧줄을 가지고 다니면서 죄인을 묶는다. 밧줄은 또한 인간을 미망에 사로잡히게 하는 죄를 상징한다. 바루나 신은 달에 속하며, 현현顯現하지 않는 존재이며, 혼돈의 바다를 가두어 묶어버렸다. 사마蛇魔의 신 브리트라와 죽음의 여신 니르티도 마력으로 묶으며 '속박의 주인'이다. 신 인드라는 강물을 해방시켰는데 속박하고 풀어주는 힘을 가지고 있다. 죽음을 주재하는 신 야마는 죽음의 포승을 잡고 있으며, 밧줄을 가지고 다닌다. **이란**: 거짓말의 주인이며 암흑의 힘을 상징하는 신 아흐리만은 덫을 가지고 있다. **일본**: 밧줄(견삭羅索은 부동명왕不動明王이 가진 것으로, 양쪽 끝에 금강저의 반형이 달려 있음)은 부동명왕의 상징물인데 왼손에 들고서 불교에 적대적인 사람들을 결박한다.(또한 견삭에서 부처, 보살은 중생衆生을 섭취한다.) **오세아니아**: 바에루아와 아캉가는 그물과 끈의 신이며, 죽은 자를 결박한다. **로마**: 신 사투르누스는 혼돈이 풀려나오는 〈사투르날리아 제祭〉때 외에는 차꼬를 차고 있다. **북유럽**: 신 오딘/보탄은 마력을 가진 '결박의 신'이다. **게르만**: 왕을 결박하는 의식이 있었다.

**Bones 뼈** 뼈는 불멸의 생명원리, 본질, 부활과 동시에 죽음과 모든 생명의 덧없음을 나타낸다. 뼈를 부수는 것은 부활을 방해하는 것으로 생각되기도 한다.

**Bonfire 모닥불** 모닥불은 특히 하지와 동지 때 태양의 힘을 강력하게 하고, 빛과 선을 권장한다.

**Book 책** 책은 우주 즉 세계의 책liber mundi이며, 생명의 문서liber vitae이다. 펼쳐져 있는 책은 생명의 문서, 학문, 예지의 영, 계시, 성전의 지혜를 나타낸다. 책은 나무의 상징체계와 연관되며, 〈책〉과 〈나무〉로써 우주 전체를 나타낸다. 〈성배聖杯〉전설 상징체계에서 책은 〈탐구〉, 즉 잃어버린 〈말씀〉의 〈탐구〉이다. **불교**: 책은 완벽한 지혜나 말씀, 표현을 나타낸다. 다라보살多羅菩薩은 깨닫는 지혜의 책(「반야경般若經」)을 가지고 영적인 연꽃 위에서 쉬고 있다. **중국**: 학식을 뜻한다. 책의 페이지는 〈우주수宇宙樹〉의 잎, 우주에 있는 모든 존재 즉 '만물'을 상징한다. 책은 중국 불교계의 팔보八寶에 속한다. **크리스트 교**: 책은 세계 백성을 구하는 사도이며 성 아우구스티누스와 카르타고의 성 키프리아누스의 표지이다. 예수는 종종 책을 가진 모습으로 그려진다. **이슬람 교**: '우주는 광대한 책이다.'(신비사상가 이븐 아라비) 펜과 함께 있을 때 책은 창조의 소재, 정적 질료이며 펜은 동적인 창조원리이다. 〈성스러운 문서〉는 〈신의 이름〉, 진리, 자비를 내포한다.

**Bottle** 병  병은 자궁상징, 포함과 포위의 원리이다. 불교에서 병은 불성佛性의 태胎가 들어 있는 자궁이다. 크리스트 교에서는 구원을 나타내며, 성 대야곱의 표지이다.

**Bough/Branch** 가지/잔가지  나무의 상징체계와 연관된다.(→TREE) 〈생명의 나무〉와 풍요는 한 개의 가지로 나타낼 수 있기 때문에 신부의 상징이다. 집의 입구를 가지로 장식하는 것이나 '산사나무의 가지를 가지고 돌아옴,' 즉 5월 1일에 숲에서 산사나무의 가지를 가지고 돌아오는 것은 봄에 치르는 풍요의례(〈오월제〉)이다. 〈황금가지Golden Bough〉는 현세와 내세를 잇는 것, 천계로 가는 여권, 이니시에이션, 마법의 가지이며, 그 가지 때문에 영웅 아이네이아스는 명계를 빠져나와서 살아남을 수 있었다.(베르길리우스 「아이네이스」 6. 136-144) 로마의 네미 호수에 사는 여신 디아나의 성림聖林의 사제는 〈황금가지〉를 이용해서 전임자를 죽이고 왕의 지위를 차지했다. 켈트의 〈은가지〉, 즉 능금 나무 가지는 현세와 요정 세계──〈영원히 젊은 나라〉──를 이어준다. 굵은 가지를 자르는 것은 왕의 죽음을 의미한다. 굵은 가지는 또한 지팡이, 막대기, 노櫂의 상징과 연관된다. **켈트**: 회춘을 뜻한다. **드루이드 교**: 황금가지는 겨우살이식물(→ MISTLETOE)이다. **유대 교**: 성목聖木 아카시아는 황금가지로 불리기도 한다.

**Boundary** 경계 →THRESHOLD

**Bow** 활  상징적으로 활은 남성도 되며 여성도 된다. 용맹함과, 또한 화살(남성상징)을 쏘아보내는 것으로서는 남성이며, 초승달로서는 여성이다. **고대 근동**: 활은

11세기 그리스의 모자이크에 나타난 전능한 지배자로서 예수가 들고 있는 덮인 책은 생명과 운명을 다룬 문서이다.

이슈타르/이난나가 생명의 나무 아래에 서서 활을 들고 있는 모습이 새겨져 있는 기원전 700년경의 돌도장.

전쟁의 여신 이슈타르/이난나의 무기이다. **불교**: 활은 의지의 힘, 오감으로써 화살을 쏘아보내는 정신이다. **중국**: 활과 화살이 함께 있으면 풍요, 자손을 상징한다. 활시위를 당기는 것은 남자다운 용기를 나타낸다. **크리스트 교**: 활은 이 세계의 힘이다. ("예레미야" 49:35) **그리스·로마**: 초승달은 여신 아르테미스/디아나의 활이다. 활과 화살을 상징물로 하는 신은 아폴론/아폴로, 에로스/큐피드이고 여신은 아르테미스/디아나이며, 활과 화살통을 부수물로 하는, 거인이며 미남인 사냥꾼은 오리온이다. **힌두 교**: 활은 (불교의 경우와 마찬가지로) 의지의 힘이다. 꿀의 '달콤한 고통'으로 이루어진 사랑의 신 카마의 활줄은 벌꿀로 만들어진다. **이슬람 교**: 신의 힘을 뜻한다. 활의 가운데 부분을 잡는 것은 알라와 무하마드의 결합을 나타낸다.("코란" 53.9) **도교**: 활과 화살은 높은 것은 내리고 낮은 것은 올려주며, 남는 것에서는 덜어내며 모자라는 것은 보충하는 〈도〉를 상징한다.("노자" 77장)

**Bowels** 내장 → INTESTINES

**Bower** 규방, 내실  규방, 내실은 여성원리, 피난처, 보호의 의미로 크리스트 교에서는 성모 마리아의 상징이다.

**Bowl** 그릇  물 그릇은 여성적인 수용원리와 풍요를 나타낸다. 시주 그릇은 현실 생활로부터의 단절, 체념, 자아의 방기를 뜻한다. **불교**: 탁발용托鉢用 사발은 비구나 비구니의 부수물이다. 성스러운 곳에 있는 일곱 개의 작은 그릇은 빈객賓客에게 바치는 일곱 가지 물건 —— 음료수, 세숫물, 꽃, 등불, 선향線香, 향수, 음식물 —— 이다. **힌두 교**: 그릇은 행운의 여신 가네샤의 부수물이다.

**Box** 상자  상자는 여성적인 포함의 원리, 에워쌈, 자궁을 뜻한다. 회양목은 상록수이며, 불사不死, 젊음, 활력, 생기, 영속성을 나타낸다.

**Bread** 빵  빵은 생명, 육체와 혼의 음식물, 눈으로 볼 수 있는 모양을 가진 생명이다. 빵은 단일한 물질의 수많은 곡물 알갱이들의 결합의 상징이며, 이것을 다시 나누어먹음으로써 하나의 생명을 나눔을 의미한다. 성찬식에서 사용하는 빵은 대개 작고 둥근 모양인데, 커다란 빵을 잘라서 나눈 것이다. 성찬식에 쓰는 빵에는 십자형의 표지를 넣기도 하는데 이것은 고대 근동 지역에서, 그리고 미트라 교와 크리스트 교 의식에서 사용된다. 빵과 포도주를 함께 갖추면 포도주는 성스러운 황홀, 빵은 죽음에서 소생한 영혼이 눈에 보이는 모양으로 현현顯現한 것이다. 빵과 포도주는 또한 인간과 성성聖性의 결합, 농사에서 인간의 기술과 노력이 조화를 이룬 산물을 나타낸다. 포도주는 남성, 빵은 여성인데 액체와 고체의 쌍으로서 남녀추니를 뜻하기도 한다. 빵과 포도주는 장례식이나 묘지 앞에서 치르는 의식에서 사용될 때도 있다. 빵을 자르는 것은 공양물로 바쳐진 제물의 죽음을 의미하며, 또한 공유나 영적인 교제를 의미한다. **고대 근동**: 빵을 자르는 것은 죽은 자의 혼에게 먹을 것을 주는 것, 영적인 교제를 나타낸다. 영생의 빵과 물은 천공신 아누가 하늘에 쌓아놓는다. **크리스트 교**: 빵은 생명을 지탱해주며, 신의 섭리를 나타낸다. 예수는 '생명의 빵(떡)'("요한복음" 6:35)이며, 빵은 '그리스도의 몸'("누가복음" 22:19)이다. 빵과 포도주는 예수의 두 가지 본질, 즉 성찬식에서 예수의 몸과 피를 의미한다.("마태복음" 26:26-29)

**Breaking** 파괴, 분할  달의 신들이나 죽어서 소생하는 신, 이니시에이션을 받은 인간을 자르거나 찢는 것은 달의 분할원리를 상징한다. 초승달은 이들 신들의 표상이며, 죽음과 재생, 〈하나〉로부터 살아난 여럿을 나타낸다. 거울을 깨뜨리는 것은 인간 행복의 덧없음을 상징한다. 명판銘板을 부수면 계약이나 제휴를 해약함, 부채를 말소함을 나타낸다. 죽은 자가 사용했던 물건을 부수는 까닭은 물건을 '죽여' 그것의 혼을 풀어주어서 죽은 자가 저 세상에서도 그것을 가질 수 있도록 하기 위해서이다.→DISMEMBERMENT

**Breastplate** (갑옷의) 가슴받이  가슴받이는 보호, 보존, 전쟁의 여신 아테나/미네르바의 부수물이다. 유대 인의 제복 에포드(→EPHOD)의 중앙에 있는 가슴받이는 〈우주의 중심〉을 나타낸다.

**Breasts** 유방, 가슴  가슴은 모성, 양육, 보호, 사랑의 상징이며, 양육자로서의 〈태모太母〉를 뜻한다. 유방이 여러 개인 여신은 양육, 풍부, 풍요를 나타낸다. 맨가슴은 겸허, 슬픔, 회개, 참회를 뜻한다. 가슴을 치는 것은 슬픔, 회개의 몸짓이다.("누가복음" 18:13)

**Breath** 호흡  호흡은 생명, 혼, 생명을 주는 힘, 세계 정신, 영의 힘이다. 숨쉬기는 또한 인생무상, 비현실적임, 이해하기 어려움을 나타낸다. 숨을 들이쉬고 내쉬는 것은 생과 사의 교차 리듬, 보이는 세상의 뒤에 있는 우주에서 일어나는 호흡의 반복을 상징한다. 크리스트 교에서 사람이나 물건에 숨을 불어넣는 것은 〈성령〉이 미침과, 악령을 쫓아냄을 의미한다.("요한복음" 20:22)

**Bridge** 다리  다리는 천계와 지상처럼 두 가지 영역을 잇는 것, 인간과 신의 결합을 나타낸다. 통과의례(→PASSAGE)에서

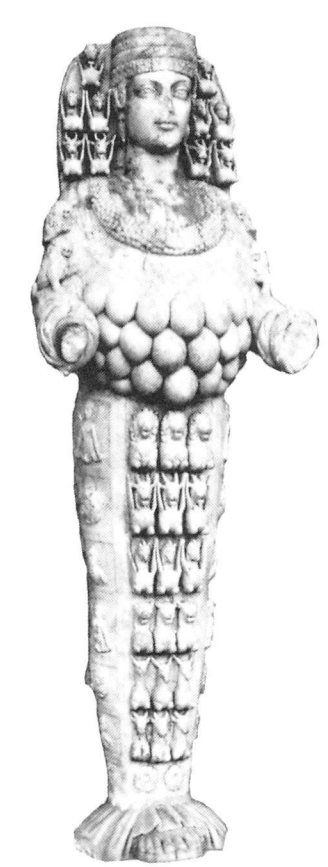

에페소스의 여신 아르테미스의 상.(1세기) 여러 개의 유방은 처녀인 여신의 한없는 은혜, 영원한 풍요, 구원의 상징이다.

다리는 차원 사이의 이행을 상징하며 진실에 이르는 길을 의미하기도 한다. 시원 상태나 〈황금시대〉에는 인간들이 죽음이 존재하지 않는 내세로 연결되는 다리를 자유롭게 건너다닐 수 있었다. 그러나 이제 다리를 건너는 것은 죽을 때, 신비적 상태에 있을 때, 이니시에이션 의례 때에만 가능하거나 태양에 속한 영웅만이 할 수 있게 되었다. 인간은 이 위험한 다리를 건넘으로써 그가 정령이 되어서, 잃어버린 〈낙원〉에 되돌아왔음을 증명한다. 현세와 내세를 잇는 나무나 다리는 무지개, 하늘의 용이나 하늘의 뱀으로 상징된다. 이 다리는 〈좁은 문〉이나 칼이 놓인 사다리와 연관되기도 한다.("마태복음" 7:13) 다리를 사이에 두고 있는 두 개의 언덕은 산 자와 죽은 자의 세계, 불사와 생명의 세계를 나타낸다. 이 다리는 죽음에서 영원한 생명으로, 거짓의 세계에서 참된 세계로 넘어가는 통로이다.

좁은 다리 —— 면도날로 이루어진 다리나 칼 다리 등 —— 는 대립물 사이에 있는 좁은 간격, 초자연의 영역에는 빈 곳이 없음을 나타낸다. 또한 「우파니샤드」나 〈성배聖杯〉 전설에서처럼 일상적인 신체적 경험이나 감각으로는 가까이 갈 수 없으며, 정신과 영에 의해서 육체적인 것을 초월했을 때만이 도달할 수 있는 길 —— '면도칼의 예리한 날, 넘어가기 어려움, 곤란한 길'(「우파니샤드」 문헌) —— 을 상징한다. 이슬람 교의 다리(〈최후의 재판〉을 받은 사람들이 건너는 다리[수라도])는 '머리카락보다도 가늘다.' 예지와 지성의 상징인 민첩함과 재빠름을 가진 인간은 빠르고 안전하게 다리를 건널 수 있으며, 둔중하고 무지하고 우매한 자는 다리를 부서뜨리고 지옥으로 떨어지거나 밑에서 기다리는 악마나 괴물(죄나 무지의 상징)에게 떨어진다. 〈위험한 다리〉도 광명으로 가는 길, 현세와는 다른 세계에서 일어나는 분열과 죽음에 맞선 승리의 길을 상징한다. 강은 배나 뗏목으로 또는 여울목을 통해서 건너갈 수 있다. 이란(조로아스터 교)에서 신바트 다리는 현세와 내세를 분리하는 가로장이며, 오직 죽은 자의 영만이 이 다리를 건널 수 있다. 이 다리를 건너면 〈판단의 산〉이 있는데 두 마리의 개가 다리를 지키고 있다. 다리는 그밖에도 중개자인 인간, 하늘과 땅 사이의 중점이나 중축 등을 상징한다. 고대 그리스의 〈밀의사제密儀司祭Hierophant〉(종교의 깊은 뜻을 가르쳐주는 사제)나 고대 로마의 〈대신관Pontifex〉(다리pons를 놓는 facio가 어원)이라는 말은 여기서 나왔다.

**Bridle** 고삐  고삐는 억제, 조절을 뜻하며 복수의 여신 네메시스와 운명의 여신 포르투나의 부수물이다. 크리스트 교 미술에서는 〈절제〉를 암시하기도 한다.

**Broom** 싸리비→BRUSH

**Broom Plant** 금작화  **유럽**: 비하, 열의를 뜻한다.

**Brothers** 형제  서로 싸우는 형제는 빛과 어둠, 건조와 습윤처럼 반목하는 두 힘을 나타내며, 유목생활과 농경생활을 나타내기도 한다. 형제는 최초로 도시를 설립하는 경우도 있으며, 대립자의 쌍으로 나타나는 경우가 많다. 예를 들면 조로아스터 교의 선신善神 오르무즈드와 악령 아흐리만, 힌두 교의 뱀신 브리트라와 신 인드라(이복형제), 이집트의 신 오시리스와 악신 세트, 로마 신화의 쌍둥이 로물루스와 레무스, 성경의 카인과 아벨 그것이다. 동남부 유럽의 민화에서 신과 사탄은 형제이다. 이런 예들에서는 현현顯現 세계의

이원성으로 대립물의 발생이 필연적임을 나타낸다.→TWINS

**Brown** 갈색→COLOURS

**Brush** 싸리비 중국: 싸리비는 지혜, 통찰력을 나타내며, 고민과 곤란함을 없애준다. 일본: 봄에 (궁중) 의례에서 사용되는 풀비는 정화를 뜻한다.(비에는 신이 머무르므로, 거기 걸터앉거나 그것을 짓밟는 것은 죄가 된다. 비는 출산의 신도 되며, 임신부의 배를 비로 쓸어주면 순산을 하게 된다.)

**Bucentaur** 부센타우르→FABULOUS BEASTS

**Buckle** 버클 버클은 보호, 자기 방어의 의미이다. 이집트: 여신 이시스의 버클이나 허리띠는 이시스의 가호를 나타낸다. 힘이나 강건함의 상징, 이시스와 이시스의 아들인 호루스의 호의를 증명하는 이시스의 피를 나타내기도 한다.

**Buddhist Symbols** 불교의 상징물 〈팔길상인八吉祥印〉은 고둥法螺, 우산寶傘, 천개天蓋(白蓋)(또는 여의주), 신비의 매듭盤腸, 물고기金魚, 연꽃, 단지寶瓶, 법륜法輪이다. 그밖의 불교의 상징물에는 두루마리, 도끼, 막대기, 창, 그물, 탁발 8 시발, 공양 그릇, 부채, 활과 화살, 향로, 염주, 불자拂子(승려들이 가지는 불구佛具의 하나로 막대 끝에 말총 다발 따위를 매었음), 수탉과 태양, 토끼와 달, 악기, 호리병이 있다. 〈불족석佛足石〉에 있는 표지(칠묘상七妙相)는 卍, 천폭륜天輻輪, 고둥, 물고기, 금강장, 범천왕梵天王(제석천과 함께 부처를 좌우에서 모시는 불법 수호의 신)의 관冠, 화병이다.

**Buffalo** 물소 아메리카 인디언: 물소나 들소는 초자연적인 힘, 강건함, 인내, 회오리바람을 나타낸다. 불교: 죽음을 담당하

왼손에 고삐를 든 복수의 여신 네메시스로 1501-03년경의 동판이다.

물소를 타고 있는 노자의 상으로 '서쪽'을 향하여 돌아올 수 없는 여행을 떠날 때에, 그가 자기 안의 동물성에 맞서는 궁극적인 승리를 거두었음을 상징한다. 17세기 중국의 청동상.

는 신 야마(즉 염마閻魔)는 머리가 수소나 황소의 모습으로 그려지기도 한다. **도교**: 노자는 물소나 황소를 타고 다녔는데 그가 〈서쪽〉으로 사라질 때에는 녹색 물소를 타고 있었다. 물소를 타는 것은 인간 내면의 동물성을 지배함을 뜻한다. 물소는 '십우도十牛圖'의 소로 대치되기도 한다. 이때 첫번째 그림의 물소는 미개한 본성을 나타내기 때문에 전신이 검은 색이며, 길들여지는 과정에서 점차 흰색이 되고, 열번째 그림(다른 설에서는 여덟번째 그림)에서는 물소가 완전히 사라진다.

**Bull** 황소 황소는 상반되는 두 가지 의미를 포함한다. 일반적으로 자연에서는 남성원리이며, 모든 천공신天空神에게 바치는 태양의 생성력이다. 풍요, 남성적 출산력, 왕의 위엄, 왕을 나타낸다. 그러나 달에 속하며, 여신 아스타르테나 여신 에우로파 같은 달의 여신을 태우면 대지, 자연의 습윤력을 상징한다. 이때의 황소는 남성적이며, 동물적인 본성이 길들여졌음을 나타낸다. 누군가를 태우는 황소나 전차를 끄는 황소는 태양에 속하는 전사의 상징이며, 천공신, 폭풍의 신, 태양신과 연관된다. 황소의 울음소리는 벼락, 비, 풍요를 뜻한다.

황소는 생산력의 구체적인 형상으로서 태양, 비, 폭풍, 벼락, 번개를 가져오는 힘과 관련되기 때문에 건조와 습윤의 두 원리와 관계를 맺는다. 황소의 모습을 한 천공신과 기후의 신이 아주 오래전부터 기록되었고, 배우자인 여신이 함께 나타나는 경우가 많다. 황소를 제물로 바치는 것이나 황소 공양은 아티스 신과 미트라 신 숭배에서 행하며, 고대의 신년제新年祭에서도 있었다. 수메르와 셈에서 치러지는 모든 제사와 의례에서 황소의 상징적 의미는 일관되게 나타난다. 황소 인간은 대개 중심과 보물, 문지방을 지키는 수호자이며, 악을 쫓고, 액을 막아준다. 황소의 머리(부활원리가 들어 있는 가장 중요한 부분)는 희생과 죽음을 의미한다. 신년에 황소를 잡는 것은 겨울의 죽음과 창조적 생명력의 탄생을 의미한다. **고대 근동**: 하늘의 황소는 공중에 있는 커다란 고랑을 간다. 신 아슈르와 신 아다드는 황소를 타고 다니며 '하늘의 황소'라고도 부른다. 신 마르둑(히브리 어로는 메로다케)은 '빛의 황소'이며 신 구디비르와 동일시된다. 공기의 신 에닐은 '하늘과 땅의 용감한 황소'이다. 달의 신인 신Sin도 황소의 모습을 하며, 히타이트의 기후신 테슈브도 마찬가지이다. 황소는 마술의 주인인 에아의 모습이며, 메소포타미아 미술에서는 문기둥을 들고 있는 모습으로 그려지는 경우가 많다. 시리아와 페니키아의 신 바알 또는 벨은 흙과 가축의 풍요를 약속하는 태양신인데 황소로서 상징된다. 아카드의 '지도하는 황소'는 황도십이궁에서 일년의 시작을 나타낸다. 날개 달린 황소는 수호령이다. **불교**: 황소는 도덕적인 자기 자신, 자아이며, 죽은 자의 신인 야마(염마閻魔)의 상징물로, 야마는 황소나 수소의 머리를 하고 있기도 하다. **켈트**: 황소의 신들은 신성한 힘이나 강건함을 나타낸다. 드루이드 교에서 황소는 태양, 암소는 대지이다. **중국**: 십이지十二支 중 하나(축丑)이다. **크리스트 교**: 황소는 동물적인 힘을 나타낸다. 청동靑銅 황소에게 찔려서 순교한 성 에우스타키우스의 표지이다. 황소에 묶여서 죽은 성 테클라의 표지이기도 하다. **이집트**: 성스러운 황소 아피스는 신 오시리스의 화신이며, '신 프타가 환생한 것으로 프타의 하인이다.' 므느베스Mnves(이집트 어로는 Merwer)로서 숭배받는 황소는 태양신 라의 성스러운 동물이다. 라는 〈하늘의 황소〉라고 불리며, 매일 하늘의 여신인 누트를 잉태시킨다. 대지의 신 네브도 하늘의 여신의 황소이다. 황소의 넓적다리는 악신 세트(황소)의 앞다리이며, 풍요, 힘, 〈북극〉을 나타낸다.(고대 이집트 종교에서 북두칠성은 황소의 넓적다리, 즉 세트 신의 넓적다리로 생각했다.) **그리스**: 황소는 하늘의 신 제우스의 부수물이다. 또한 신 디오뉘소스는 남성원리로서 뿔이 있다. 디오뉘소스는 황소의 머리를 하고 있을 때도 있어서, 황소는 디오뉘소스의 부수물도 된다. 황소는 신 포세이돈의 성스러운 동물이며, 에페소스에서는 포세이돈의 술 배달꾼들을 '황소'라고 부른다. 습윤한 힘의 상징으로서 황소는 여신 아프로디테에게 바친다. **유대 교**: 일설에 따르면 야훼는 '이스라엘의 황소'이며, 황소는 야훼의 위대한 힘을 나타내기도 한다. **힌두 교**: 황소는 힘, 속력, 풍요, 자연의 생식력이다. 황소 난딘은 시바 신이 타고 다니며, 황소를 탄 시바 신은 〈서쪽〉의 수호자이다. 황소는 '강력한 황소'라고 부르는 신 아그니의 부수물이고, 신 인드라의 풍요신으로서의 모습이며 만물을 품는 여신 이디티의 생명의 숨이다. 신 소마의 힘은 황소의 힘과 동일하게 여겨지기도 한다. 신 루드라는 황소 여신과 합체合體한다. **이란**: 황소의 영은 세계령世界靈이다. 황소의 생산력은 달이나 비구름과 연관되며, 풍요를 뜻한다. 황소는 가장 먼저 창조된 동물이며, 악령 아흐리만에 의해서 살해되었다. 그 황소의 영으로 인해서 모든 창조가 시작되었다. **미노아 문명**: 황소는 〈위대한 신〉이다. 황소는 대지와 지진의 신에게 제물로 바친다 — '〈대지를 흔드는 신〉은 황소를 좋아한다.'(호메로스) 어떤 지방에서는 황소가 자신의 사나운 뿔로써 대지를 들이받아서

고대 크레타의 황소 춤을 추는 무희들은 이 미노아의 얼룩 마노瑪瑙 인장印章에 그려진 무용수처럼 황소로 상징되는 〈위대한 신〉 즉 〈대지를 흔드는 신〉의 힘에 굴복하며 또한 도전한다.

Bullroarer

지진이 일어난다고 생각하며, 따라서 그때 황소의 울음소리도 함께 들린다고 한다. 크레타 섬에서 황소는 자연의 번식력을 나타내는 것이다. **미트라 교**: 태양신이다. 황소를 제물로 바치는 것은 미트라 신앙의 중심적인 의식이다. 이것은 또한 인간의 동물적인 본성과 생명을 죽여서 얻는 극복의 상징이다. 일설에 의하면 황소와 사자는 함께 죽음을 상징한다고 한다. **로마**: 황소는 하늘의 신 유피테르의 부수물이고 군신 마르스의 성스러운 동물이다. 달의 여신인 베누스와 에우로파와 연관된다. 새벽을 나타내는 에우로파는 태양의 황소에 실려서 공중을 지나간다. **북유럽**: 황소는 신 토르와 관련되며(토르는 황소의 머리를 미끼로 해서 낚시질을 한다) 여신 프레이야의 성스러운 동물이다. **황도십이궁**: 금우궁 金牛宮 즉 황소자리는 태양의 상징이며, 봄의 창조적 부활을 뜻한다.

**Bullroarer** 소리나는 판(가느다란 끈을 꿴 판으로, 돌리면 소의 울음소리와 비슷한 소리를 냄) 소리나는 판은 벼락, 바람을 나타낸다. 소리나는 판을 울리는 것은 신을 기도로 불러내는 것이다. 소리나는 판은 디오뉘소스의 밀의密儀, 석기시대 문명, 오세아니아 원주민의 이니시에이션과 기우제에서 사용된다. 아메리카 인디언들은 〈위대한 영靈〉을 기도로 불러내기 위해서 이것을 사용하며, 이것은 부족의 〈주신 主神/최고신〉을 나타내는 외면적인 표지이다.

**Burning Bush** 불타는 나무 불타는 나무는 신의 현현顯現, 존재의 드러냄을 상징한다.("출애굽기" 3:2-5) 「베다」에서 불타는 나무는 신 아그니의 불에 관한 상징체계에서 〈우주수宇宙樹〉가 된다.

**Buttercup** 미나리아재비 **그리스·로마**: 비웃음, 악의, 광기를 나타낸다. 신 아레스/마르스의 표장이다.

**Butterfly** 나비 나비는 혼, 영원한 생명을 나타낸다. 나비는 지상에 사는 애벌레에서 용화踊化 단계를 거쳐서 하늘에 사는 날개 달린 나비로 변신하므로 재생,부활을 상징한다. 또한 양날도끼(→AXE)와 함께 있으면 〈태모신太母神〉을 상징한다. **켈트**: 혼, 불이다. **중국**: 불멸성, 풍요로우며 안일한 생활, 기쁨을 뜻한다. 국화와 나비는 노년의 아름다움을 뜻하고 매화와 나비는 장수를 뜻한다. **크리스트 교**: 부활을 뜻한다. 나비는 생→사→부활을 거치며 성장한다. 어린 예수는 나비를 손에 잡고 있는 모습으로 그려지기도 한다. **그리스**: 영원한 생명, 혼, 마음을 뜻한다. 그리스 미술에서 (에로스가 잡아서 죽인) 나비는 프쉬케(사랑에 사로잡힌 마음)의 상징이다. **일본**: 물장사하는 여자, 바람기 있고 변덕이 심한 여자를 나타낸다. 한 쌍의 나비는 결혼의 행복을 뜻하고 흰 나비는 죽은 자의 영혼을 나타낸다. **마오리 족**: 혼을 뜻한다.

**Buttons** 단추 **중국**: 예복에는 태양과 달을 상징하는 커다란 단추와 별을 나타내는 작은 단추가 달려 있다.

# C

**Caduceus** 뱀지팡이, 헤르메스의 지팡이 지팡이 손잡이 부분에 달린 날개는 초월, 공기를 상징한다. 지팡이는 힘을 상징한다. 마주 보는 두 마리의 뱀은 궁극적으로 통합되는 이원적인 대립물을 상징한다. 또한 두 마리의 뱀은 각각 치료와 독을 의미하고 질병과 건강을 나타낸다. 이 뱀들은 헤르메스 사상에도 나타나며, 유사요법類似療法('자연은 자연으로써 물리친다')을 나타내기도 한다. 우주에 작용하는 두 가지 힘의 상호 보완적 성격, 남녀 양성의 합체를 의미한다. 두 마리의 뱀은 결합력과 해체력, 선과 악, 불과 물, 상승과 하강을 나타내며 평형, 지혜, 풍부함을 상징하기도 한다. 연금술에서 두 마리의 뱀은 남성인 황과 여성인 수은, 변신력變身力, 잠드는 것과 깨어남을 뜻한다. 〈대작업〉에서의 용해와 응고, 대립물의 통합과 천상계와 하계下界를 매개하는 초월적인 기능을 나타낸다.

지팡이 중에서도 특히 전령傳令이 사용하는 지팡이는 〈우주축宇宙軸〉(→AXIS)을 의미하며, 전령신傳令神은 이 축으로 하늘과 땅 사이를 왕래한다. 지팡이는 사자使者가 평화와 보호의 상징으로 가지고 다니며, 사자의 부수물 중에서도 아주 중요하다. 이집트의 신 아누비스, 그리스·로마의 전령신 헤르메스/메르쿠리우스(이 신이 손에 든 뱀지팡이도 건강과 젊음의 상징), 페니키아의 신 바알, 이집트의 여신 이시스와 바빌로니아의 여신 이슈타르도 뱀지팡이를 들고 다닌다. 뱀지팡이는 '3개의 꽃잎이 달려 있는 행복과 부를 나타내는 황금지팡이'(호메로스)나, 태양과 달의 상징을 떠받치고 있는 지팡이로 나타나기도 한다. 뱀지팡이는 뿌리 있는 구球로 표현되기도 하는데 이것은 페니키아와 히타이트에서는 태양의 상징이 된다. 뱀지팡이는 인도에서도 볼 수 있다. 뱀지팡이는 점성술에서 헤르메스/메르쿠리우스를 나타내는 기호(☿)이다.

**Cakes 과자, 떡** 윗부분에 십자형의 금을 넣어 제사에 올리는 떡이나 롤빵은 달의 둥근 모양과 그것의 사등분을 상징한다.

뮈케나이에서 출토된 기원전 1500년경의 나비 모티프는 〈태모太母〉를 의미한다. 나비는 〈태모〉처럼 몸 안에, 그전에 거쳐온 모든 변용變容과 앞으로 약속되어 있는 탄생을 내포하고 있다. 나비의 날개에서 미노아 문명에 속하는 양날도끼(→AXE)의 영향이 보인다.

15세기에 쓰여진 연금술 책의 삽화. 메르쿠리우스가 손에 든 뱀지팡이는 대립물이 조화를 이루어서 화해하는 통합을 상징한다. 이러한 통일이 이상적으로 실현된 것이 메르쿠리우스 자신이다.

**Calabash, Gourd** 호리병, 표주박  아메리카 인디언 : 여인의 유방, 자양분을 뜻한다. 중국 : 연단술鍊丹術(중국의 연금술)에서 호리병은 우주의 축도縮圖로 생각된다. 자연의 창조원리, 태초의 부모가 본래는 한몸이었음을 뜻한다. 두 개의 호리병은 음陰과 양陽의 결합을 뜻한다.

**Calf** 송아지  공양물로 쓰이는 송아지는 죄가 없는 것으로 크리스트 교 도상학圖像學에서는 예수를 상징한다. 「베다」의 상징체계에서 송아지는 아디티 신의 정신이며, 아디티 신의 생명의 호흡으로서의 암소, 만물을 품는 자를 나타낸다.

**Calumet** 캘루멧, 평화의 파이프  캘루멧은 아메리카 인디언의 평화를 뜻하는 담뱃대이다. 화해, 조정調停, 겸허, 희생과 정화를 뜻한다. 개인이 〈전체〉에 결합됨, 〈위대한 신령〉의 불꽃과 하나로 됨을 나타낸다. 담뱃대의 연초를 담는 둥근 머리 부분은 우주의 중심, 심장이다. 연기는 상징적인 의미에서 하늘로 올라간다. 담뱃대의 설대(긴 파이프 관)는 척추를 상징하고 관에 뚫려 있는 구멍은 생기를 상징한다.

**Camel** 낙타  크리스트 교 : 낙타는 절제, 왕권, 위엄, 순종, 지구력의 상징이다. 동방박사 세 사람과 낙타의 털옷을 입었던 세례 요한과 연관된다. 낙타는 무릎을 꿇고서 짐을 등에 싣기 때문에 겸허와 공손함을 뜻한다. **이란** : 낙타는 용-뱀과 결부된다. **로마** : 화폐에 새겨진 낙타는 아라비아를 의인화한 것이다.

**Camellia** 동백나무  동백나무는 의지가 굳음을 의미한다. **중국** : 아름다움, 건강, 육체적이고 정신적인 강인함을 의미한다. **일본** : 급사急死를 뜻한다.(왜냐하면 머리가 잘려나가는 것처럼 갑자기 꽃이 떨어지기 때문이다. 또한 이 나무의 굵은 가지로 다가오는 봄의 일을 점치기도 한다.)

**Camphor** 장뇌樟腦  장뇌는 장뇌처럼 타고 난 후에 아무것도 남기지 않는 감각(오감五感)의 상징이다.

**Cancer** 거해궁巨蟹宮, 큰게자리 →ZODIAC

**Candle** 촛불, 촛대  촛불은 인생의 어둠 속의 빛, 광명, 태양의 생명력, 또는 쉽게 사라져버릴 수 있는 생명의 불확실함, 덧없음을 뜻한다. 임종시에 켜는 양초는 죽음의 어둠을 밝혀주며, 내세의 빛을 상징한다. 촛불 켜기는 가톨릭 교와 대부분의 동양식 장례에서 행해진다. **크리스트 교** : 이 세상을 밝히는 신의 빛, 영적인 기쁨, 변용의 빛 안에서 죽음으로부터 되살아난 예수, 사랑의 빛을 마음에 가지고 있는 경건한 사람, 예수의 신성神性과 인성人性의 이중성을 뜻한다. 그리스 정교회에서 함께 켜져 있는 세 개의 촛불은 〈성 삼위일체〉를 나타내며, 두 개가 켜져 있을 때는 예수의 이중성을 의미한다. 예수는 세계의 빛이다.→PASCHAL TAPER, TENEBRAE **유대 교** : 모세의 일곱 개의 가지가 달린 촛대인 〈메노라Menorah〉("출애굽기" 25 : 31-40)는 신이 있음을 나타낸다.(동물의 기름으로 만든 양초는 야훼에게 바치는 것이다.) 촛대의 대는 〈우주수宇宙樹〉이며 〈우주축宇宙軸〉(→AXIS)으로도 여겨진다. 유대 인 역사가 요세푸스에 따르면, 촛대의 일곱 개의 가지는 태양과 달과 혹성, 일주일 안의 칠일, 북두칠성, 세계에 존재하는 일곱 개의 주기나 힘을 나타낸다. 고대의 유대 인 철학자 필론에 따르면 〈메노라〉는 천상적인 모든 사물에게 내려지는 은총을 뜻한다. 카발라에서 세 개의 가지가 있는 촛대나 세 개의 양초는 세피로스(→SEPHIROTH)의 예지와 엄격함을 뜻하고 그 아름다움을 나타낸다고 한다.

**Cannibalism** 캐니벌리즘 사람의 고기를 먹으면 그 사람의 생명력을 흡수하게 된다.

**Canoe** 카누 카누는 달에 속하는 작은 배로, 초승달을 뜻한다. 마오리 족의 상징체계에서 카누는 〈부족의 어머니〉이다.

**Canopic Jars** 카노푸스의 단지(미라의 내장을 담은 단지→NUMBERS의 FOUR) 이집트 : 카노푸스의 단지는 죽은 자의 신(4명이 있음)의 가호를 뜻한다. 이 4명의 신은 무덤의 네 귀퉁이에 놓인 단지의 뚜껑으로 표현된 비비, 자칼, 매, 사람의 머리 모양으로 상징된다.

**Canopy** 천개天蓋 천개는 왕권을 나타내며 지극히 높은 권력을 뜻한다. 불교 : 〈깨달음의 성스러운 나무〉이고 〈팔길상인 八吉祥印〉(→BUDDHIST SYMBOLS) 중 하나이다. 흰색 천개는 〈법法〉을 받은 인간을 지키는 정결한 정신이다. 중국 : 왕권, 지고의 권력, 비호庇護이다. 힌두 교 : 영계靈界와 속계俗界의 권력을 나타내며, 사각형 천개는 제사용이고, 원형의 천개는 왕을 위한 것이다.

**Cap** (차양이 없는) 모자 모자는 고귀함, 자유를 뜻한다.(노예들은 모자를 쓰지 않기 때문이다.) 그리스·로마 : 쌍둥이 디오스쿠로이(→EGG)의 돔 모양의 모자는 바로 그들이 태어났던 레다의 알의 두 반쪽이며, 또한 두 개의 반구半球를 상징한다. 유대 교 : 파란 색의 의식용 모자는 하늘을 의미한다. 샤머니즘 : 권력을 의미하는 모자는 샤만의 중요한 부수물 중 한 가지이다. 게르만 : 고귀함, 힘을 뜻한다. '숨는 모자 Tarn-kappe'(우리나라의 도깨비 감투)나 '안개모자Nebel-kappe'의 뜻도 있다.→PHRYGIAN CAP

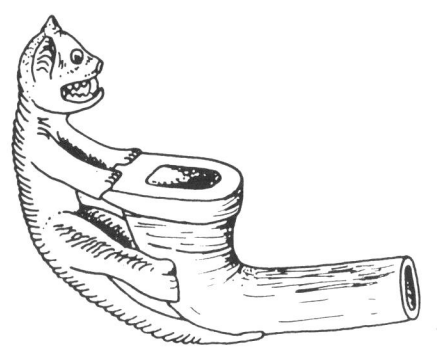

17세기 북아메리카의 캘루멧.

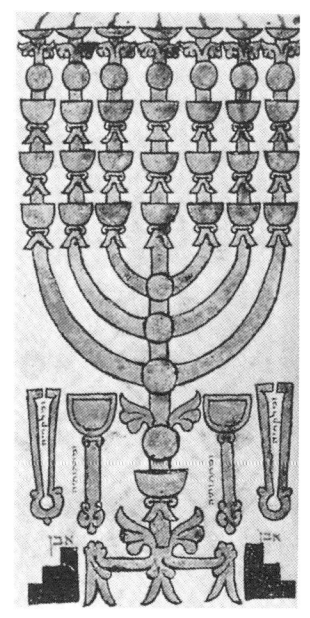

유대 교의 〈메노라〉의 일곱 개의 촛대는 혼돈의 어둠과 삶의 불확실성 속에서 빛나는 태양, 달, 혹성을 상징한다. 그림은 12세기에 쓰여진 「성서」의 삽화이다.

**Cap and Bells** 모자와 방울→FOOL

**Capricorn** 마갈궁摩羯宮, 염소자리→ZODIAC, FABULOUS BEAST

**Carbuncle** 홍옥紅玉(사파이어 같은 진한 홍색 돌) 크리스트 교: 예수의 수난과 희생을 상징한다. 십자형으로 놓인 5개의 홍옥은 십자가에 못박혔던 예수의 5개의 상처를 의미한다.

**Cardinal Points** 기본 방위(동서남북)→DIRECTION OF SPACE

**Cards** 카드, 카드 놀이 한 벌에 52장으로 이루어지는 카드는 일 년을 이루는 52주를 상징하며, 한 가지 무늬에 들어 있는 13장의 카드는 태음력의 일 년을 이루는 13달을 뜻한다. 네 가지의 색은 네 가지 세계, 4대 원소, 4방위, 4방향의 바람, 사계, 4개의 계급(카스트 제도), 사원寺院의 네 모퉁이 등을 뜻한다.

빨간 색 카드는 따뜻한 계절과 빛이 가진 힘을 의미하고 검은 색 카드는 추운 계절과 어둠의 힘을 의미한다. 카드에 그려진 4 종류의 무늬(다이아몬드, 하트, 스페이드, 클로버)는 생명을 상징한다. 스페이드는 나뭇잎과 〈우주수宇宙樹〉, 하트는 생명의 중심과 세계의 중심, 다이아몬드(여성의 성기 모양에서)는 여성원리, 클로버(남성 음부의 모양에서)는 남성원리를 나타낸다. 그밖에 에이스는 〈모나드〉를 뜻한다. 킹은 정신, 본질, 아버지를 뜻하고, 퀸은 영혼, 성격, 어머니를 뜻하며, 잭은 자아, 활력, 사자使者를 뜻한다. 킹, 퀸, 잭이 함께 모이면 영적인 〈삼인조三人組〉가 된다. 조커는 제5원소, 비물질적인 세계, 연금술의 제5원소, 힌두 교에서는 허공을 가리킨다. 스페이드: 본래는 칼이며, 이것이 상징하는 것은 현상을 꿰뚫는 지성, 원이나 구, 용감무쌍함, 행동, 표현, 공기, 기체로 존재하는 물질, 별들의 세계, 천둥과 번개, 죽음을 의미한다. 스페이드의 킹은 대지의 왕, 사투르누스 신, 명계의 왕 플루톤, 이스라엘의 왕 다윗을 나타낸다. 퀸은 전쟁, 번개, 여신 팔라스(아테나), 이집트의 여신 네이드이다. 잭은 메르쿠리우스 신과 아스클레피오스 신을 의미한다. 하트: 술잔 모양이다. 지식, 정신, 창조하며 형形을 만들어내는 세계, 창조의 바다, 액체, 성배聖杯, 은으로 만든 초승달 등을 상징한다. 하트의 킹은 물의 왕, 바다의 신 포세이돈/넵투누스, 신성 로마 제국의 샤를마뉴 대제를 가리킨다. 퀸은 사랑, 장미, 이집트의 여신 하토르, 여신 세크헤트, 아시리아의 여왕 세미라미스, 여신 아프로디테/베누스, 미녀 헬레네를 가리킨다. 잭은 전쟁과 농업의 신 아레스/마르스, 비슈누 신의 제6화신 파라수라마이다. 다이아몬드: 옛날 동전의 모양, 마름모형, 감각의 세계, 물질적인 의미에서의 땅, 사물의 외형, 식량, 금전, 고체, 육면체나 사각형을 가리킨다. 다이아몬드의 킹은 불의 왕, 로마 황제 케사르와 화살촉을 가리킨다. 퀸은 불과 연료, 명계의 왕비 페르세포네, 이집트의 여신 네프티스이다. 잭은 전사戰士를 뜻한다. 클로버: (왕권의 상징으로서 왕이 지니는) 홀笏이나 지팡이로서 의지, 불, 연소되는 물질, 관념, 빛을 발하는 에너지, 원형原型의 세계, 삼각형이나 피라미드를 의미한다. 킹은 천공의 왕 제우스/유피테르, 알렉산더 대왕, 아서 왕이다. 퀸은 하늘의 여왕, 헤라/유노 여신, 아르기니스 여신이다. 잭은 태양신 아폴론/아폴로 영웅 아이네이아스, 중세의 기사 란셀로트이다.

**Carnation** 카네이션 빨간 카네이션은 경외, 결혼, 열렬한 사랑을 뜻한다. 분홍색 카네이션은 성모 마리아의 눈물을 나타내기 때문에 모성을 나타낸다. 흰색 카네이션은 순수한 사랑을 의미하며 노란 색 카네이션은 거절을 의미한다.

**Carnival** 사육제→ORGY

**Carp** 잉어 중국 : 문학적인 명성, 고난을 굳게 참고 견디는 의지, 용기를 뜻한다. 잉어는 불굴의 노력을 기울여 마침내는 '⟨용문龍門⟩에 들어서' 용이 되었다고 한다. 이런 고사에서 문관시험(과거)에 합격한 학자를 가리켜서 '⟨용문⟩에 든 잉어'라고 한다. 서로 마주 보는 잉어는 사랑하는 남녀의 결합을 의미한다. **일본** : 잉어는 사무라이의 표장으로, 용기를 의미한다. 잉어는 또한 위엄, 운명의 감수, 인내심, 행운을 뜻한다.(잉어가 폭포를 거슬러오르는 것처럼 활기찬 생명력) 잉어는 코이こい(사랑이라는 뜻)와 동음이의어이기 때문에 사랑을 상징한다.

**Cask** 단지, 그릇 단지, 그릇은 수용과 포용의 여성적인 원리이다. 밑이 빠진 단지는 무분별하고 아무런 이득이 없는 노동을 의미한다.

**Cassia** 계피 중국 : 계피는 불사不死, ⟨낙원의 생명의 나무⟩, 월계수, 행운, 입신출세를 뜻한다.

**Castanets** 캐스터네츠, 음양판陰陽板 도교 : 음양판은 우주에서 대립하는 두 힘으로 도교의 ⟨팔선八仙⟩ 중의 한 사람인 조국구曹國舅의 표지이다.

**Caste** 카스트 제도 4계급은 사각형으로 상징되며 우주의 원형을 나타낸다. 대립물의 쌍들, 4계급의 기본 방위(동서남북)를 나타내며, 또한 사계, 4대 원소, 상징적인 4가지 색과 연관된다. 성직자 계급인 브라만Brahman은 극지極地, ⟨겨울⟩과 ⟨북쪽⟩을 의미한다. 왕족과 전사의 계급인 크샤트리아Kshatriya는 떠오르는 해, ⟨봄⟩

스페이드의 잭은 의술의 신 아스클레피오스를 뜻한다. 그림은 에피다우로스 신전에서 출토된 로마시대의 아스클레피오스 조각상이다.

과 태양이 떠오르는 〈동쪽〉을 의미한다. 상업과 농업을 하는 계급인 바이샤Vaishya는 지는 태양(자오선 고도를 지난 태양, '다시 태어난 사람')을 나타내고 〈여름〉과 〈남쪽〉을 의미한다. 노예계급인 수드라Sudra는 암흑과 불명료, 〈가을〉과, 〈서쪽〉을 의미한다.

**Castle** 성城 성은 에워싸인 장소나, 벽으로 방비되는 도시와 동일한 상징적 의미를 지니며, 복잡한 것, 영적靈的인 시련을 뜻한다. 성 안에는 대개 갇혀 있는 사람과 보석이 있으며, 그 보석을 손에 넣고, 갇혀 있는 사람을 풀어주기 위해서는 그곳에 사는 괴물이나 악한을 정복해야만 한다. 보물이나 갇혀 있는 사람은 비의적秘義的 지식이나 영적인 달성을 상징한다. 성을 둘러싸고 있는 도랑을 건너서 성에 들어가는 것에는 다리(→BRIDGE)의 상징적 의미가 포함된다.

**Castration** 거세去勢 거세는 신이나 영웅이 가지고 있는 풍요의 능력이 없어짐, 인신人身 공양의 상징이다. 곡식을 자르는 것은 거세를 상징하며, 일식이 일어날 때 태양이 달의 여신의 영역에 들어가는 것과 동일한 의미이다. 거세된 우라노스/크로노스의 피에서 불화不和의 여신 에리뉘에스들, 거인족(기간테스), 요정 멜리아스들이 태어났다. 또한 바다의 거품 위에 떨어진 거세된 크로노스의 피에서 아프로디테/베누스 여신이 태어났다. 〈보리의 왕〉과 〈떡갈나무의 왕〉은 그들의 치세가 끝나면 의례적으로 거세를 당했다. 악신 세트는 호루스에게 거세당했다. 거세를 상징하는 것은 큰 낫이나 낫, 절름발이이다.

**Cat** 고양이 눈이 여러 가지 모양으로 변하기 때문에 고양이는 태양의 변용력, 달의 차고 이지러짐과 밤의 광채를 의미한다. 또한 인내, 욕망, 자유를 뜻한다. 검은 고양이는 달, 악, 죽음을 의미한다. 검은 고양이가 행운을 상징하게 된 것은 근대에 이르러서이다. **아메리카 인디언**: 들고양이는 인내를 상징한다. **켈트**: 고양이는 지하에 사는 신을 의미하며 장례식과 관계된다. **중국**: 고양이는 밤에 속하는 음陰의 동물이며, 마력과, 변신할 수 있는 능력이 있다. 낯선 고양이는 불길한 조짐이다. 검은 고양이는 불운, 질병을 상징한다. **크리스트교**: 고양이는 사탄, 암흑, 색욕, 게으름을 의미한다. **이집트**: 고양이는 달에 속하며, 일설에는 암흑의 신인 악신 세트에게 바쳐지는 성스러운 동물이었다.(고양이는 아포피 뱀을 퇴치한 태양신 라의 화신) 고양이는 달에 속하며, 여신 이시스나 달의 여신 바스트의 속성으로 달을 뜻한다. 고양이는 임신한 여성을 상징하기도 한다. 왜냐하면 자궁 속의 씨를 달의 힘이 키워준다고 생각하기 때문이다. **그리스·로마**: 달의 여신 아르테미스/디아나는 고양이가 변신한 것이다.("메타모르포시스" 5. 330) 자유를 표현한 조각의 발치에는 고양이가 있다. **일본**: 요괴로 변하는 힘(고양이 탈 ― "도연초徒然草" 89), 평화와 안락함을 뜻한다. **북유럽**: 여신 프레이야의 상징물로서 여신의 전차를 끈다. **마술**: 고양이는 마녀의 사자使者이며, 마녀는 고양이로 변신한다. 마녀의 사자인 검은 고양이는 악과 불운을 뜻한다. 마녀의 사자로서 고양이와 개는 비를 내리게 한다.(영어에는 It rains cats and dogs[장대비가 쏟아진다]라는 표현이 있다.)

**Cauldron** 가마솥 가마솥은 자양분, 생명을 유지시켜주는 물질, 풍부함, 풍요로움, 수용과 양육이라는 여성원리를 뜻한다. 마법의 가마솥은 다산多産, 여성적 변용력,

생과 사, 부활과 재생을 상징한다. 가마솥은 〈성배聖杯〉와 동일시된다. 마녀의 가마솥은 마술의 주력呪力을 뜻한다. **켈트**: 풍부함, (〈풍요의 뿔〉에서 얻을 수 있는) 한없이 나오는 음식물, 소생력, 대지의 번식력, 재생, 전사戰士를 회생시키는 것을 나타낸다. 여신 케리드웬의 요술 가마솥은 영원히 바닥나지 않음, 신생新生과 영감靈感의 세 가지 마력이 있다. 브란 신과 다그다 신의 부수물이다. **크리스트 교**: 가마솥은 성 파우스타, 성 펠리시타, 사도 요한, 끓는 가마솥에서 고문을 당한 성 비투스의 표지이다. **북유럽**: '으르렁거리는 가마솥'은 모든 강의 근원이다.

**Cave 동굴** 동굴은 '우주의 상징'(신플라톤주의자인 포르퓌리오스), 옴팔로스(→OMPHALOS), 세계의 중심, 심장, 〈자기 Self〉와 자아ego가 합일되는 곳이다. 동굴은 신성神性과 인간성이 만나는 곳이기도 하기 때문에 죽었다가 소생한 신이나 구세주는 모두 동굴에서 태어난다. 동굴은 안에 감추어진 밀교적 지식, 숨겨진 것, 이니시에이션과 제2의 탄생이 이루어지는 장소이다. 동굴은 여성원리도 된다. 〈대지모신大地母神〉의 자궁과 그것을 비호하는 자로서의 면을 가리킨다. 동굴은 매장과 재생의 장소이며, 신비와 증식과 부활의 장소도 되기 때문에 인간은 이곳에서 출현해서 죽은 후에는 돌무덤에 묻혀서 이곳으로 되돌아오게 된다. 이렇게 인간은 동굴 속에서 태어났기 때문에 동굴은 〈우주란宇宙卵〉(→EGG)과 연관된다. 대우주와 소우주에 영적靈的으로 들어가기 위한 중심으로서 심장(→HEART)의 상징체계와 깊은 관련이 있다. 동굴과 심장은 모두 여성 음부의 모양이며 역삼각형으로 나타낸다. 산은 (남근과 동일하게) 튀어나와서 눈에

아비도스에서 출토된 고양이의 미라. 고대 이집트인들에게 이런 미라가 상징하는 것은 〈태모신太母神〉인 이시스나, 고양이의 머리를 한 달의 여신 바스트가 베푸는 변함없는 가호와 호의이다.

군데스트룹에서 출토된 가마솥. 이 가마솥에는 신들과 인간이 교역하는 모습을 장식했으며, 한 개의 그릇으로 신의 파괴력과 재생력을 명백하게 상징한다.

보이는 존재로서 남성원리이며, 위쪽을 향하고 있는 삼각형으로 상징된다. 산 속에 있는 동굴은 은밀하게 닫혀 있는 여성원리이다. 산과 동굴은 우주의 중심이다. 동굴은 산의 일부로서, 산이 가지는 축軸으로서의 상징적 의미를 포함한다.

이니시에이션 의례는 동굴에서 이루어지는 경우가 많은데, 이것은 재생과 광명에 앞선 죽음으로서의 명계와 분묘가 동굴에 의해서 상징되기 때문이다. 이니시에이션이 치러지는 장소인 동굴은 비밀의 장소이며 입구는 미로와 위험한 통로로 되어 있으며 속인俗人들에게는 감추어져 있다. 입구는 때로 괴물이나 초자연적인 인간이 지키며, 그 힘을 이겨내야지만 안으로 들어갈 수 있다. 동굴에 들어가는 것은 동굴매장의 경우와 마찬가지로 〈대지모신大地母神〉의 자궁으로 회귀하는 것이다. 동굴을 빠져나가는 것은 사회적 신분의 변화를 의미하는데, 사회적 신분의 변화는 위험한 힘을 극복했을 때에도 성취할 수 있다. 동굴은 종종 하늘과 땅, 왕과 여왕 등의 성스러운 결혼, 즉 성혼聖婚이 치러지는 장소이다. **아메리카 인디언**: 세계는 하나로 연결되어 있는 동굴이 쌓여 있는 것으로 상징된다. **켈트**: 동굴은 다른 세계로 들어가는 입구이다. **중국**: 산은 양陽의 장소인 데 대해서 동굴은 음陰의 장소이며 여성원리를 뜻한다. **힌두 교**: 심장, 중심으로, '심장의 동굴'은 아트만이 사는 곳이다. **미트라 교**: 경배와 이니시에이션이 치러지는 곳은 〈만물의 아버지요 창조자〉인 미트라 신에게 바쳐지는 꽃과 샘이 있는 동굴이다. 동굴은 미트라가 창조한 우주의 모형이다. **플라톤주의**: 동굴은 어둡고 환영만이 보이는 현실세계를 가리킨다.(플라톤 "국가" 제7권 514A-521B)

**Cedar** 삼나무 삼나무는 강함, 고귀함, 부패하지 않음을 나타내고, 레바논의 표지("시편" 104:16)이다. **크리스트 교**: 왕자의 위엄, 당당한 모습, 아름다움, 예수("에스겔" 17:22)를 뜻한다. **유대 교**: 솔로몬 신전의 성스러운 숲이다.("열왕기 상" 7:2) **고대 근동**:〈우주수宇宙樹〉,〈생명의 나무〉로 삼나무는 마술적 성질을 가진다. 삼나무 숲은 괴물 타무즈가 지킨다.

**Censer** 향로 향로는 신에게 기도를 바치는 것을 나타낸다. **크리스트 교**: 신에게 올리는 기도이다.("시편" 141, 142) 성 라우렌티우스, 성 마우루스, 성 스테파노의 표장이다.→INCENSE

**Centauros** 켄타우로스 반은 사람이고 반은 말인 켄타우로스는 덕성과 판단력이라는 인간의 고귀한 본성과 연관된 인간의 저열한 본성, 동물성을 상징한다. 자연의 흉포함과 우수함, 또는 이처럼 대립되는 두 가지 사이의 갈등을 나타낸다. 켄타우로스의 몸에서 말馬(→HORSE)의 부분은 태양에 속하는 남성적인 힘을 나타내며, 이 힘을 다스리는 정신이 상반신을 이루는 사람 부분에 있다. 켄타우로스는 맹목적인 힘과 이것을 지도하는 정신의 상징이다. **크리스트 교**: 켄타우로스는 관능성, 정념, 간음, 짐승 같은 힘, 선과 악, 동물성과 인간성의 사이에서 분열된 인간, 이단자, 악마의 화신을 뜻한다. 켄타우로스의 활과 화살은 악마의 불타는 활과 화살이다. **그리스**: 영웅 아킬레우스를 가르친 켄타우로스족의 키론은 지혜의 화신이다. 켄타우로스족은 신 디오뉘소스/바쿠스의 수행자이기도 하다.

**Centre** 중심 중심은 전체성, 완전체, 절대적 실재, 순수한 존재, 만물의 기원, 은밀한 존재를 상징한다. 또한 우주축宇宙軸,

극極, 모든 사물이 그 주위를 도는 한 점, 〈낙원〉, 잠재하는 것, 모든 가능성을 합한 점, 성스러운 공간, 공간 속에 찢어진 눈目으로서 하늘, 땅, 지하의 세 종류의 세계를 통과하며 연결시키는 점이며, 시간과 공간을 초월하는 곳이다. 수직적이며 수평적인 우주를 하나로 만드는 축이다. 소우주와 대우주의 교차점, 우주의 질서, '법요法要 Pivot of the Law'(도추道樞), 모든 대립물이 사라지는 화해의 점, 〈영원한 순간의 지금〉, '정지점靜止点' 아리스토텔레스가 말한 '부동不動의 동動'이다. 중심은 출발하는 시작점이며, 도착점이기 때문에 모든 것은 이 점에서 나가고 이 점을 축으로 회전하며, 원심과 구심이라는 상호 보완적인 두 가지 운동을 통해서 제자리로 되돌아온다. 이 두 가지의 운동은 또한 날숨과 들숨이나 심장에서 나가는 피의 순환으로도 상징된다. 중심에서 주변으로 운동하는 것은 현현顯現과 다양성을 향해서 움직이는 것이다. 그 반대 방향으로 하는 운동은 영적靈的인 중심과 통일성과 〈유일자維一者〉로 향하는 움직임이다. 중심은 또한 우주가 만들어진 점이며 운동이 시작되고, 형形이 생겨나는 점이다. 중심은 다양성으로 향하는 팽창점이며, 동시에 다양성을 통일성, 조화, 지식, 계시로 끌어당기는 수축점도 된다.

심장이 '내부 장소'로서 인간의 중심인 것처럼 태양은 우주의 중심이다. 모든 범주는 인간들의 왕국처럼 적절한 상징적 중심을 가지는데, 금속 중에는 태양, 즉 금이 중심이며, 돌 중에는 보석, 식물 중에는 연꽃과 백합이나 장미, 동물 중에는 사자, 새 중에는 독수리, 물고기 중에는 돌고래, 그리고 생물 전체 중에서는 인간이 중심이다. 집에서는 난로, 절이나 사원에서는 제

켄타우로스.

차크라는 몸의 영적 중심이다.

단이 중심이다. 중심의 부동성不動性은 영원성과 모든 사물의 동시성을 상징한다. 중심이 튀어나온 것, 예를 들면 고대 어루쇠(금속 거울)에 있는 중앙장식돌기(215쪽 그림 참조), 돔의 꼭대기에 있는 원형창 등은 모두 〈태양의 문〉이나 〈하늘의 문〉, 우주의 정점頂點, 세계축世界軸의 위쪽 끝, 천지天地의 접촉점을 표시하는 것이다. 중심돌기의 상징은 동양의 전통에 많은데, 예전에는 크리스트 교에서도 흔히 볼 수 있었다. 중심을 상징하는 것은 기둥, 〈우주수宇宙樹〉, 〈성산聖山〉, 심장, 불의 제단, 봄 또는 생명의 샘, 난로, 나선, 미로, 피라미드, 그밖의 모든 성스러운 장소이다. 십자의 중심은 동시에 보석이나 꽃으로 나타내기도 한다. **아메리카 인디언**: 〈위대한 신령〉은 중심에 있으며, 동시에 어느 곳에나 존재한다. **불교**: 〈순수한 존재〉, 깨달음, 열반을 뜻한다. **중국**: 완벽한 평화, 신이 우주에 내재함, 정숙, 〈하늘〉의 의지와 하나가 됨, '법요法要,' 변하지 않는 중용이다. **유대 교**: 세키나Shekinah, 즉 〈신〉의 중심 자리, 〈성역聖域〉, 〈신〉이 사는 〈깊숙한 궁전〉, 〈유일자〉, 존재의 시원始源, 사념思念이다. **힌두 교**: 〈순수한 존재〉, 통일성, 창조주 이시바라, 제약이 없는 곳, 브라만 Brahman, '모든 빛의 어두운 근원,' 시간을 초월한 지점, 〈내부의 지혜〉를 뜻한다. 차크라(→CHAKRA)는 몸 속의 영적 중심을 상징한다. **이슬람 교**: 〈기점基點〉, '신이 머무는 장소,' 조화와 평형과 질서의 '신적 계단,' 비밀스러운 중심, 말씀이 전달되지 않음, '마음의 눈'이다. **도교**: 〈도道〉, 〈순수한 존재〉, '이도 저도 아닌 무한한 것'(「장자莊子」 "제물론齊物論")이다.

**Cerberos** 케르베로스→FABULOUS BEASTS

**Chain** 사슬  사슬에는 직무, 위엄, 통일성이라는 의미가 들어 있는 동시에 속박, 노예 상태라는 의미도 들어 있다. 예를 들면 시장市長이나 중국의 관리가 두른 사슬은 직무, 역할, 권능에 사람을 묶음을 나타낸다. 사슬을 연결한 고리는 뜻이 통함, 결혼의 상징이다. 불교에서 사슬을 연결한 고리는 지속되는 현상계에서 인간을 속박하는 것을 상징한다. 크리스트 교에서 사슬은 성 발비나, 성 레오나르도의 표장이다. 이슬람 교에서 〈존재의 사슬〉은 우주에 존재하는 만물의 계급질서를 뜻한다.→BONDS

**Chakra** 차크라  차크라는 (요가나 신체 생리학에 나오는) 존재에서의 영적이며 심적心的인 중심이며, 연꽃과 수레바퀴로 상징된다. 중심이 깨어나면 연꽃이 피고, 회전하게 된다. 다른 중심을 가진 연꽃은 꽃잎의 수가 달라진다.

**Chalcedony** 옥수玉髓→JEWELS

**Chalice** 성작聖爵  성작은 영원히 마르지 않는 자양분의 근원, 풍부함을 뜻한다. 성작은 생명의 피를 담는 것이며, 그리고 심장의 상징과 연관된다. 성작 속에 담는 생명의 피는 포도주인데, 이와 같은 경우 포도주는 피와 동일한 효력을 가진다. 성작은 성배(→GRAIL)와 연관된다. **켈트**: 결혼의 의미이다. **크리스트 교**: 성작은 예수의 피와 「신약」을 상징한다.("마가복음" 14:23-24) 구원의 그릇, 〈성찬식〉, 신앙을 뜻한다. 성작은 성 바바라, 성 토마스 아퀴나스, 그리고 성 보나벤투라의 표장이다. →CUP

**Chameleon** 카멜레온  카멜레온은 4대 원소 중의 공기의 상징이다.(카멜레온은 바람을 먹고 산다고 여겨졌다.) 크리스트 교에서 카멜레온은 사탄을 나타내는데, 그것은 사탄이 여러 가지 모습으로 변해서 사람을 속인다고 여겼기 때문이다. 아프리카의 어떤 부족에서는 카멜레온이 비를 내리게 한다고 생각한다.

**Chariot** 전차(고대의 이륜차) 말은 태양에 속하는 영적靈的인 탈것이며, 전차는 인간에게 속하는 육적肉的인 탈것이다. 백마나 금색 말(특히 그뤼폰)이 끄는 전차는 하늘을 가로질러가며 태양의 전차를 모는 천공신天空神의 부수물이다. 불의 전차는 정령이나 신들, 성인들의 승천을 상징한다.("열왕기 하" 2:11) 싸움의 승자나 영웅이 전차를 모는 모습으로 나타날 때, 전차는 전투를 상징한다. 전차를 모는 어자御者의 성격이나 목적은 전차를 끄는 동물에 의해서 상징적으로 나타난다. 예를 들면 백마는 영성靈性, 청순함 또는 태양의 속성을 나타내며, 고양이가 끄는 프레이야 여신의 전차는 달의 속성, 마력을 상징한다. 전차를 모는 어자는 정신과 육체를 다스리는 지성이나 영혼을 나타낸다. 전차에 달려 있는 두 개의 바퀴는 하늘과 땅을 의미한다. **켈트**: 맹수와 야생 동물의 여신인 플리다스는 사슴이 끄는 전차를 탄다. 태양의 전차는 한 마리나 여러 마리의 백조들이 끈다. **불교**: 태양의 전차에 해당하는 것은 〈위대한 수레〉(대승大乘)이다. **크리스트 교**: 전차, 차, 화물차나 방주는 특별히 신앙심이 깊은 사람들을 천국까지 실어나르는 〈교회〉를 상징한다. 전차의 두 개의 바퀴는 단테의 말에 의하면 욕망과 의지, 은총(→CHARITY)과 사려 깊음을 뜻한다. **그리스·로마**: 태양신들은 모두 태양에 속하는 백마가 끄는 전차를 탄다. 백마는 태양에 속하거나 습윤원리를 상징하는데, 하늘을 가로지르며 태양이나 달을 실어나른다. 예를 들면 태양신 아폴론/아폴로의

예수를 십자가에 못박은 세 개의 못을 배경으로 천사들이 떠받치고 있는 것은 예수의 피를 받은 성작聖爵이다. 성작의 크기는 자비, 구원, 속죄가 큼을 나타낸다. 15세기에 그려진 세밀화.

고대 북유럽에서 보이는 태양의 전차. 지상적인 동물인 말이 천상적이며 영적인 태양 원반과 결합되어 있다.

백마는 태양에 속하며, 바다의 신 포세이돈/넵투누스의 백마는 물의 속성을 띤 원소에 속한다. 전차와 말은 군신 아레스/마르스의 부수물이다. 퀴벨레 여신의 전차는 사자가 끈다. 고둥을 부는 바다의 신 트리톤은 포세이돈의 전차를 끈다. 신 사바지오스는 태양의 전차를 끈다. 유피테르 돌리케누스(시리아의 도시 돌리케에서 숭배하는 유피테르)의 전차는 고삐를 맨 두 마리의 수소가 끈다. 비둘기는 여신 아프로디테/베누스의 전차를 끌고, 수사슴은 여신 아르테미스/디아나, 공작은 여신 헤라/유노, 개는 신 헤파이스토스/불카누스, 독수리는 신 제우스/유피테르, 산양이나 표범은 신 디오뉘소스/바쿠스와 신 에로스/큐피드, 흑마黑馬는 명계冥界의 왕 플루톤의 전차를 끈다. **힌두 교** : 전차ratha는 현현顯現한 영적 존재가 타는 '수레'이다. 이때 전차를 모는 어자는 말에게 지시를 내리는 아트만이다. 이것을 상징하는 영웅 크리슈나는 자기 자신이 전차를 몰지만 주위에서 벌어지는 전쟁에는 관여하지 않는다. 말은 육체적인 생명력, 채찍은 말을 모는 어자의 지성과 의지, 차축은 세계축, 전차의 두 바퀴는 세계축과 연결된 하늘과 땅, 바퀴의 회전은 눈으로 볼 수 있는 주기이다. 신 사비트리는 빛나는 말이 끄는 전차를 몬다.("리그 베다" I. 35. [2]) 소마 신에게 달에 속한 세 개의 바퀴가 달린 전차가 있는데 얼룩영양이나 열 마리의 백마가 끈다. 아스빈 신(쌍둥이의 신)은 세 개의 바퀴가 달린 전차를 탄다. 〈새벽〉의 여신 우샤는 수소나 붉은 말이 끄는 전차를 몬다. 신 인드라는 황금색 전차를 타고 다니고 시바 신은 달에 속하는 가젤gazell이나 영양이 끄는 전차를 타고 다닌다. **이란** : 마기의 전차는 사두마차인데 네 마리의 말은 4대 원소를 상징하며, 각 원소의 신에게 제물로 바쳐진다. 아나히타 여신은 4마리의 백마(바람, 비, 구름, 우박)가 끄는 전차를 타며, 태양신 미즈라(미트라 신의 기원이 된 신)와 함께 나타난다. **북유럽 · 게르만** : 토르 신의 전차는 태양에 속하는 산양과 어린 양이 끌며, 프레이야 여신의 전차는 달에 속하는 고양이가 끈다.

**Charity** 은총　크리스트 교 미술에서 〈은총〉은 아이들에게 둘러싸인 여자로 나타나거나 혹은 대부분의 경우에 아이를 돌보거나 젖을 물리고 있는 여인으로 그려진다. 크리스트 교에서의 〈은총〉을 표현하는 그림의 주인공은 심장이나 꽃을 들고 있는 경우가 많다. 여성상女性像말고도 심장, 어린 양이나, 자신의 가슴에서 흐르는 피로 새끼를 기르는 펠리컨도 은총을 상징하고, 아이를 맡거나 돌보는 사람의 그림도 은총을 상징한다. 또한 예수의 바늘 땀이 없는 긴 옷도 은총의 상징이다.

**Chasuble** 제의祭衣(사제가 미사를 드릴 때 입는 겉옷)　**크리스트 교** : 은총(→CHARITY)을 나타내는 예수의 바늘 땀이 없는 긴 옷이다. 옷의 등쪽에 있는 십자가는 예수가 골고다 언덕으로 지고 간 십자가이며, 십자가에 못박혔을 때 예수의 팔이 이룬 Y자 모양이다. 제의 앞쪽의 줄무늬는 채찍을 맞은 기둥("요한복음" 19 : 1)을 의미한다. 제의가 옷을 덮는 것은 은총의 가호를 의미한다. 제의는 '유대 인의 왕' 예수("요한복음" 19 : 3)가 입고 왕권을 나냈던 자주색의 긴 옷도 된다.

**Chequers** 체크 무늬　현현顯現 세계의 이원성에서 만들어진 다양성, 빛과 어둠, 낮과 밤 등을 뜻한다. 체크 무늬 판에 관해서는 체스(→CHESS) 참조.

**Cherry** 벚나무　벚나무는 잎보다 꽃을

먼저 피우기 때문에 아무것도 가지지 않고 벌거숭이로 세상에 태어났다가 다시 벌거숭이로 흙으로 돌아가는 인간을 상징한다. **중국** : 벚꽃은 봄, 희망, 젊음, 남성다움, 여성의 아름다움, 여성원리를 가리킨다. **크리스트 교** : 벚꽃은 〈낙원〉과 축복받은 자의 열매, 선행, 달콤함을 뜻하며 어린 예수와 함께 그려지기도 한다. **일본** : 번영, 부, 일본의 국화國花이다.(꽃이 떨어질 때의 모습 때문에 무사도를 상징한다.)

**Cherubim** 지품천사智品天使 '지품천사에게는 날개가 달려 있는데 그 모습은 인간이 지금까지 보아왔던 어떤 생물과도 닮지 않았다.'(유대 인 역사가 요세푸스) 지품천사는 신성神性이 임하는 것을 나타내며, 성스러움과 문지방의 수호자이다. 테트라모프(→TETRAMORPHS)로서의 지품천사는 〈낙원〉의 중심을 지키는 4명의 신적 존재 중의 하나이며, 신을 알지 못하는 인간은 그곳에 접근할 수가 없다.("창세기" 3 : 24) 지품천사는 황소(황소자리), 사자(사자자리), 독수리(전갈자리), 인간(물병자리)을 연결시킨다. 이 4명은 4대 원소, 대지의 네 귀퉁이 그리고 크리스트 교에서는 4복음서를 쓴 사람들을 상징한다. 지품천사는 9계급으로 나뉘는 천사 중에서 가장 높은 치품천사熾品天使(→ANGELS, SERAPHIM)의 다음 계급이다. 문장紋章에서 지품천사는 한 쌍의 날개(영적인 성질) 사이에 어린 아이의 얼굴(청순과 무구)로서 그려진다. 야훼는 '지품천사의 윗자리에 계신다.'(실제 성경에는 '그룹 사이에 계신'으로 되어 있다.)("사무엘 상" 4 : 4) 예루살렘 신전의 〈지성소至聖所〉 가운데에 있는 왕좌에는 두 명의 지품천사가 좌우에 자리잡고 있으며, 천사의 날개로 왕좌의 형상을 이루고 있다.

안드레아 델 사르토의 "은총." 이 그림은 성모자상을 그린 것과 아주 비슷한데 은총과 모성적인 사랑, 양육, 돌봄 사이에는 전통적이고 보편적인 동일성이 있음을 알 수 있다.

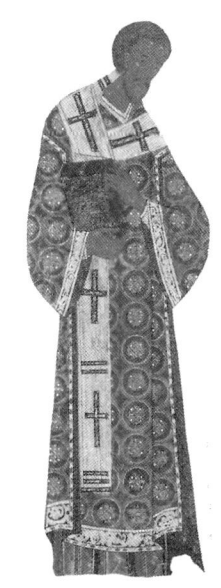

사제의 제의.

# Chess

**Chess** 체스  체스는 왕과 왕이 싸우는 게임이다. 빛의 영과 암흑의 영의 갈등, 선한 영과 악한 영, 세계를 지배하기 위해서 벌이는 천사와 악마의 싸움, 적대적인 힘이 서로 겨루고 있는 싸움터로서의 현실 세계를 뜻한다. 현현顯現과 비현현非顯現으로의 회귀이다. 흑색과 백색이나 홍색과 백색으로 이루어진 체크 무늬 판은 현현 세계에 존재하는 기본적인 이원 요소나 상보적 요소— 음과 양, 밤과 낮, 태양과 달, 남자와 여자, 모호함과 명확함, 달의 어두운 부분과 밝은 부분, 시간과 공간 등 — 가 서로 밀어냄을 상징한다. 흑백, 홍백의 체크 무늬 판은 또한 선과 악, 행운과 불운이 뒤바뀌며 펼쳐지는 인생의 교착 상태를 뜻한다. 체크 무늬 판에 그려진 64개의 칸은 시바 신이 변신한 모습의 만다라(→MANDALA)이며, 사원이나 도시의 기본적인 형태인 8×8이라는 4배수의 상징에 근거를 둔 것으로 우주의 모든 가능성과 우주와 인간을 움직이는 지배력을 나타낸다. 그래서 체크 무늬 판에는 우주의 완전함이라는 의미도 있다. 인도의 둥근 체스 판은 〈무한無限〉과 〈생사生死의 순환〉을 상징한다. 체스의 한 번의 승부는 한 시대를 뜻하고, 말을 치우는 것은 비현현의 시기를 상징한다. 말의 움직임은 현현 세계와 그 속에서 개인이 가지는 모든 가능성의 실현을 상징한다. 어떤 말을 움직일 것인지 선택은 자유이지만, 말을 움직임으로써 일어나는 일련의 피할 수 없는 결과에 대해서는 책임을 져야 한다. 즉 여기에는 자유 의지와 운명이 모두 들어 있는 것이다. 영혼만이 〈진리〉이며, 인간은 영혼 안에서만 자유롭고, 영혼 밖에서는 운명의 노예가 된다.

〈킹King〉(왕)은 태양, 심장, 법과 질서의 힘을 뜻한다. 킹의 움직임은 볼 수 있으므로 제약을 받는다. 〈퀸Queen〉(여왕) 혹은 〈비지어Vizier〉(대신大臣)는 정신精神, 〈의지에 따라서 움직이는 자〉, 달을 뜻한다. 〈비숍Bishop〉(주교) 혹은 〈엘리펀트Elephant〉(코끼리)는 영계의 지배자를 상징하며 그 움직임은 삼각형에 기초한다. 말이 흰 칸을 지나서 움직이는 것은 지적知的이고 긍정적인 길이며, 붉거나 검은 칸으로 움직이는 것은 헌신의 길, 부정적인 길이다. 비스듬히 움직이는 것은 현세적이며, 여성적인 것을 나타내며 유피테르의 지배를 받는 것이다. 〈룩Rook〉 즉 〈캐슬Castle〉(성城) — 때로는 〈채리어트Chariot〉(전차戰車) — 은 세속의 권력이나 현실의 지배자를 뜻하며 사각형을 기본으로 움직이는데, 이 사각형은 물질과 대지를 상징한다. 축 방향으로 흑백 칸을 가로지르며 움직이는 것은 남성적인 힘의 강력함을 나타내며, 이것은 사투르누스 신(유피테르 이전 시대의 주신主神)에게 지배당한다. 〈나이트Knight〉(기사)는 이니시에이션을 받으려고 하는 새로운 참가자이며, 지성의 길과 헌신의 두 길을 이용하며 나아가지만 영적인 힘을 갖추지 못했다. 〈나이트〉가 칸을 뛰어넘는 움직임은 직관에 의한 도약을 나타내며, 또한 비밀스럽게 빠져나오는 길을 나타낸다. 또한 〈나이트〉는 성당기사단Templar(미국에서는 프리메이슨 계열의 비밀결사)처럼 비밀결사와 군사적, 기사도적으로 연결이 되어 있다. 〈나이트〉는 '방랑자'(→WANDERER)나 '떠돌이 기사'이며, 군신 마르스의 지배를 받는다. 〈폰Pawn〉(보병)은 보통 인간이다. 판을 한 칸씩 전진하며 이니시에이션의 7단계를 통과하여 신참자의 목표인 8번째의 칸에 도달하려고 한다. 8번째 칸에 도달하는 것은 〈낙원 회복〉, 인식, 깨달음, 〈의지로서 움직이는 자〉가 됨을 의미한다. 〈폰〉은 한 쌍의 연인인 베누스 여신과 메르쿠리우스 신의 지배를 받는다.

아라비아와 스페인 식의 체스에서 격파 checkmate(샤마트)(shàh[왕] màt[죽는 것])는 반드시 〈킹〉이 죽음만이 아니라, 불명예를 당하거나, 패배하여 왕위를 물러남을 의미한다. 〈캐슬〉 즉 〈룩〉(스페인 어로는 로케 roque)은 신드바드가 만났던 끔찍한 태양의 커다란 새 로크 Roc도 되며, 이것은 전차를 의미하는 말도 되기 때문에, 직진하는 움직임, 전진을 나타낸다. 〈비숍〉(스페인 어로는 el alfil, 아랍 어로는 al-fil, 즉 코끼리)은 동양의 장기에서와 마찬가지로 코끼리의 모양을 하고 있다. 동양의 장기에는 〈퀸〉이 없으며, 그 대신에 비스듬히 한 칸씩 나아갈 수 있는 〈사士〉가 있다.(이 말은 영국 중세 시인 초서가 Fers라고 불렀다. 아랍 어로는 al-firzán이라고 불렀다.) 체스 판은 64개 칸에서 100개 칸이 있는 것까지 몇개의 종류가 있으며, 또한 16×12개의 칸이 있는 판에서는 한꺼번에 두 경기를 할 수 있다. 〈대大체스 Grand Chess〉(Great Chess라고도 함)의 판에는 144개의 칸, 12개의 말과 12개의 〈폰〉이 있으며, 말을 놓는 법은 〈킹〉 옆에 〈그리핀 Griffin〉, 다음에는 〈카커트리스 Cockatrice〉, 〈지라프 Giraffe〉, 〈유니콘 Unicorn〉, 〈라이온 Lion〉, 〈룩〉의 순서이다.

**Chestnut** 밤나무 **크리스트 교**: 가시(→THORN)에 둘러싸여 있지만 가시에 찔리지 않는 미덕, 은총(→CHARITY)을 뜻한다. 유혹에 대한 승리를 나타낸다.

**Child/Children** 어린이 어린이는 잠재력의 구체화, 미래의 가능성, 단순함, 순진무구를 나타낸다. 어린이나 자식은 개성을 지양하고 변용, 변화와 재생을 거쳐서 완

"체스를 두는 크리스트 교도와 이슬람 교도."(13세기 스페인 그림) 제한된 하나의 싸움터에서 힘과 힘이 맞부딪치는 전쟁을 체스의 상징으로 간결하지만 분명하게 나타냈다.

성에 도달함을 상징한다. 어린이(대부분 소년)는 4계절(→SEASONS)을 상징하는 것이다. 즉 와투로 감싸인 어린이들은 겨울, 꽃과 나뭇잎으로 감싸인 어린이들은 봄, 곡물의 이삭을 가지고 있는 어린이들은 여름, 열매를 가지고 있는 어린이들은 가을을 상징한다. 어린이는 〈대해大海〉의 지배자인 〈태모太母〉의 태胎 안에 잉태된다. 그래서 전설에서는 어린이들은 황새처럼 물고기를 잡아먹는 동물이나, 개구리 같은 양서류가 데려오거나, 나무 아래나 동굴 속에서 〈대지모신大地母神〉으로부터 태어난다고 한다. 이집트의 상징체계에서 손가락을 빠는 어린이들은 어린 호루스 신인데, 그리스에서는 이것을 오해해서 침묵을 상징하게 되었다. 연금술에서 왕관을 쓴 어린이는 〈철학자의 돌〉(→REBIS)을 상징한다. 크리스트 교에서 등이나 어깨에 어린이를 태우는 것은 성 크리스토퍼스, 어린이를 가슴에 안는 것은 성 빈센트 드 폴, 아기 예수를 가슴에 안는 것은 파두아의 성 안토니우스이다. 어린이에게 젖을 물린 여자는 크리스트 교에서 은총(→CHARITY)을 상징한다.

**Chimaera** 키마이라→FABULOUS BEAST

**Chimney** 굴뚝  사원이나 아메리카 인디언의 티피 오두막, 천막집 등의 지붕에 있는 굴뚝이나 열린 창은 하늘로 탈출하는 통로, 태양으로 가는 문이다. 순간에서 영원으로, 공간에서 무한으로의 탈출을 나타낸다. 산타 클로스가 지상의 문이나 입구 대신에 굴뚝을 타고 내려와서 주는 선물은 하늘에서 직접 가져온 선물을 상징한다.

**Chi-Rho** 키-로, X와 P→LABARUM

**Chisel** 끌  성스러운 건축학에서 끌은 능동적인 남성원리로 수동적인 여성의 원리와 대립관계에 있다. 쇠망치나 나무망치와 함께 있는 끌은 의지, 차별, 구별을 상징한다. 끌은 여성으로서의 〈제1 질료〉의 모양을 남성적인 예리한 조형造形의 도구에 의해서 결정함을 나타낸다. 끌은 또한 교육, 이니시에이션에 의해서 얻는 지식, 실수를 없앰을 나타낸다.

**Chörten** 쇠르텐(→STUPA) 쇠르텐은 티베트 불교에서 볼 수 있는 공양탑이나 불탑이며, 스투파에 비하면 규모가 작다.

**Christrmas Tree** 크리스마스 트리  크리스마스 트리는 상록수로서 〈동지冬至〉, 신년新年, 새로운 시작을 상징한다. 크리스마스 트리는 재생과 불사不死의 나무로, 밤에는 빛을 내며 선물과 촛불을 주는 〈낙원의 나무〉이다. 트리에 달려 있는 촛불 하나하나는 영혼을 상징하며, 또한 〈우주수宇宙樹〉의 가지에서 빛나는 태양, 달과 별을 뜻한다. 아티스 신, 아타르가티스 여신, 퀴벨레 여신에게 제물로 바치는 성스러운 나무인 소나무에는 금과 은의 장식물이나 종 등이 달려 있으며, 가지에는 성스러운 새가, 뿌리에는 공물이 드려진다. 나무는 제사가 끝나면 태운다. 크리스마스 계절 Yuletide의 나무(→YULE, TREE)는 오딘/보탄 신에게 바치는 전나무이다.

**Chrysalis** 번데기  번데기는 변신, 변화를 뜻한다.

**Chrysanthemum** 국화  중국 : 가을, 은둔, 편안함, 차가운 광채, 학식, 양기陽氣, 수확, 부, 장수, (차가운 기운을) 이기고 살아남음을 뜻한다. **일본** : 장수長壽(마시면 장수한다는 국수菊水〔국화꽃을 흐르는 물 위에 띄운 것〕), 행복(국화주〔음력 9월 9일에 액운을 막기 위해서 마시는 술〕)을 뜻한다. 일본을 상징하는 꽃(국화는 황실의 문장)이다.

**Chrysothamnus** 크리소탐누스, 황금나무

**아메리카 인디언**: 황금의 나무는 남성, 태양, 낮에 속하는 생명원리이며, 이것과 대립하는 〈쑥〉(→ARTEMISIA)은 여성, 달, 밤에 속하는 생명원리의 상징이다.

**Churning 교반攪拌** 교반은 천지창조의 상징이다. 예를 들면 힌두 교에서는 〈우주축〉(→AXIS)이 바다를 휘저어 천지창조가 이루어졌다고 한다. 창과 같은 남근 상징에 의해서 원초의 바다가 교반되는 경우도 있다.

**Cicada 매미** 매미는 빛과 어둠의 영, 빛과 어둠의 순환 주기를 상징한다. **중국**: 부활, 불사不死, 영원한 젊음, 행복, 색욕과 악덕의 억제를 뜻한다. 옥매미(唅蟬: 장례 때 죽은 사람의 입에 집어넣는, 매미 모양의 옥)는 불사를 보증한다. **그리스**: 불사의 뜻이다.(매미는 피를 흘리지 않으며 이슬을 먹고 산다고 생각했기 때문이다.) 아폴론 신에게 바치는 제물이다. 또한 (새벽의 여신 에오스가 준) 불사의 생명을 얻었지만 영원한 젊음을 얻지 못함으로써 늙어가면서 점점 쇠약해져서 결국에는 매미가 되어버린 트로이아의 왕자 티토노스의 표장("메타모르포시스" 9. 421-22)이다.

**Cinnabar 진사辰砂**(붉은 빛이 도는 황화수은) **연금술**: 진사는 '살아 있는 금'이 된다. 〈유황〉(남성원리, 고체, 열)과 〈수은〉(여성원리, 액체, 차가움)이 〈대작업〉에 의해서 생산적으로 반응하여 산출된 것이 진사이다.

**Circle 원** 원은 보편적인 상징으로서, 전체성, 완전성, 동시성, 원초의 완전함을 뜻한다. 원은 가장 자연스러운 모양으로 신성한 것이다. 자기 충족, 〈자기自己〉, 비현현非顯現, 무한, 영원, 공간을 둘러싼 시간을 나타내며, 동시에 시작도 끝도 없는 무시간, 위와 아래가 없는 무공간을 나타

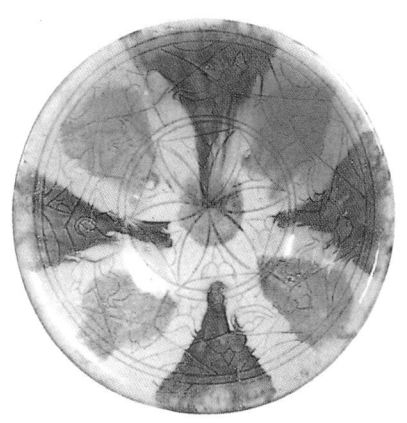

무한을 상징하는 1100-50년의 이탈리아의 원 모양의 그릇.

아스텍의 달력으로 쓰인 돌로서 여기에서 원은 하늘의 통일성, 태양의 순환을 나타낸다.

12세기 성녀聖女 힐데가르트 폰 빈겐의 주제에 의한 세계 원으로 가장 큰 원은 창공, 중간은 공기층, 작은 원은 지구를 나타낸다.

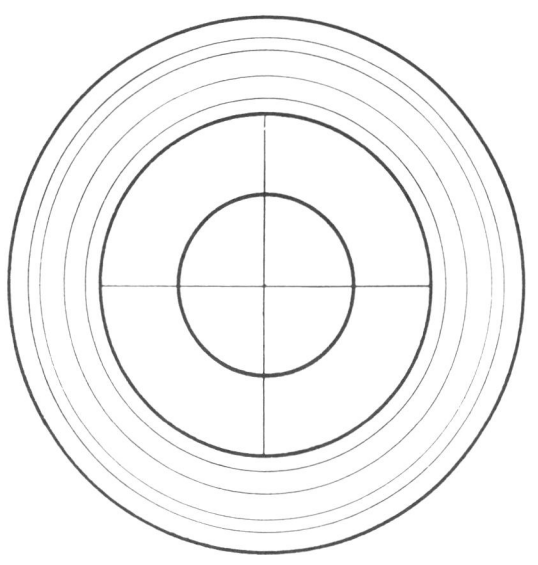

우주 원리를 나타내는 만다라의 기본 모양은 사각형을 둘러싼 원이다.

# Circle

낸다. 원은 원형과 구형球形으로서 시간과 공간을 소멸시키지만, 회귀도 의미한다. 원은 하늘의 통일성, 태양의 순환, 모든 원형운동, 역동, 무한운동, 완성, 성취, 〈신〉을 상징한다. '〈신〉은 원이며, 그 중심은 어디에나 있지만 원의 둘레는 어느 곳에도 없다.'(헤르메스 트리스메기스투스) 원은 태양으로서는 남성적인 힘을 뜻하지만 영혼이나 마음으로서, 또는 대지를 둘러싸고 있는 바다로서는 어머니인 여성원리이기도 하다. 또한 원 또는 '무한'이 상징하는 여성적인 것은, '한정되고' 직선적이고 남성적이며 부성적父性的인 창조력에 대립한다. 원은 또한 〈귀중한 진주〉(보석인 진주) 또는 〈값비싼 진주〉(→ PEARL)를 뜻한다. 공양 그릇에 그려진 몇개의 작은 원은 종종 공양하는 성찬이나 빵을 상징한다. 원은 중심에는 1을 가지고 원주에는 9를 가진 10(→NUMBERS)으로서 나타낸다. 원은 유목민의 천막과 야영지의 모양을 나타내며, 이 모양은 농경 생활을 하는 정착민들의 집이나 땅이나 도시를 나타내는 사각형에 대립하며, 동적이며 끝나지 않는 운동을 상징한다. 꽃들 중에서는 고귀한 연꽃, 장미, 백합과 연관되며 많은 의미를 공유한다.

중심점이 찍혀 있는 원(◉)은 완전한 주기, 둥근 고리의 완전함, 존재하는 모든 가능성의 해결을 뜻하며. 이 원은 점성술에서는 태양을, 연금술에서는 태양과 금을 뜻하며, 또는 모든 태양신을 상징하기도 한다. 동심원은 태양과 달의 양쪽에 관계하며, 허공, 하늘을 뜻한다. 또한 현상계에서 차별되는 계급이나 차이가 나는 정도를 뜻한다. 삼중 동심원三重同心圓은 과거·현재·미래의 3 가지 시간, 하늘·땅·물의 3 가지 영역, 천국·지상·지옥의 3 가지 세계, 달의 3 가지 모양, 떠오르는 태양·한낮의 태양·지는 태양, 그밖에 또한 대립물의 화해의 운동을 상징한다. 사각형과 함께 있는 원은 하늘과 땅, 통합, 연금술적 결합을 상징하며, 원과 사각형은 서로 상대방을 시간과 공간으로 생각한다. 원을 사각형으로 만드는 것은 하늘의 구형을 사원, 교회 등에서 볼 수 있는 지상적地上的인 사각형으로 변화시키는 것을 뜻하며, 하늘을 지상에 만들어내는 것은 4대 원소를 결합해서 원초의 순일純一 상태로 되돌리는 것이다. 팔각형은 원이 사각형으로 변하는 중간 형태이다. 원의 아래 반원은 〈지상의 바다〉와 방주이며, 위의 반원은 〈천상의 바다〉와 무지개를 의미한다. 이 두 가지가 붙는 것은 완전함, 〈우주란宇宙卵〉(→EGG), 현현顯現 주기의 완결을 상징한다.

날개가 있는 원은 〈원초적인 우주의 한 짝〉, 즉 창조적인 하늘과 풍요의 대지를 뜻한다. 그것은 또한 하늘에서 내려오는 힘, 태양신과 태양의 힘을 상징한다.(→DISK) 쌍둥이 원은 남성과 여성, 사랑과 지식, 쌍둥이인 디오스쿠로이(→ TWINS)이다. 세 개의 원과 하나로 들러붙은 세 개의 원은 모두 〈삼인조〉를 이루며, 삼위일체를 이루는 세 사람의 풀어지지 않는 통일을 나타낸다. 생명, 운동, 긴장된 원동력의 상징이다. 중심의 원에 의해서 십자형으로 만들어진 4개의 원(⊕)은 지혜, 불안, 지식, 희망을 뜻한다. 태양을 중심으로 겹쳐진 일곱 개의 원은 〈전지자〉, 완전함, 7개의 하늘을 상징한다. **연금술** : 중심에 점이 있는 원(◉)은 태양과 금의 상징이다. **아메리카 인디언** : 깃털로 만든 태양(→FEATHERED SUN)으로서 안쪽과 바깥쪽에서 광선이 뻗어나가는 원은 우주를 상징한다. 원형의 야영촌이나 원형의 티피는 우주를 본뜬 것으로 원의 북쪽은 하늘, 남쪽은 땅을 뜻한다. **고대 근동**: 날개 달린 원은 태양신의 상징이며, 신성, 태양의 힘을 뜻한다. **점성술**: 중심에 점이 있는 원은 태양을 상징한다. **불교**: 원은 현상계의 모든 것을 포함하는 존재의 바퀴(→ROUND OF EXITENCE)를 뜻한다. 삼각형을 이루는 세 개의 원(⊛)은, 불佛, 법法, 승僧의 〈삼보三寶〉를 상징한다. 선禪에서 비어 있는 원은 깨달음을 상징한다. **중국**: 사각형은 대지, 원은 하늘을 가리킨다. 예를 들면 중국의 동굴에 남아 있는 옛날 동전의 형태(◎)가 그것이다. 중심에 사각형이 있는 원의 형태는 하늘과 땅, 음과 양의 통합을 상징하며 그래서 군자를 의미한다. 그것은 대지라는 움직이지 않는 사각형의 둘레를 도는 움직이는 하늘이기도 하다. **크리스트 교**: 원은 〈보편 교회church universal〉를 뜻한다. 삼중 동심원이나 삼각형을 이루는 3개의 원(⊛)은 〈삼위일체〉를 나타낸다. 2개의 동심원은 단테가 말한 지성과 의지를 나타낸다. 사랑과 지식을 의미하는 쌍둥이 원은 예수를 나타내며, (신의 아들이면서 인간인) 예수의 이중성을 나타내기도 한다. **이집트**: 날개 달린 원은 떠오르는 태양, 태양신 라를 상징한다. 부활(→DISK)의 뜻이 있다. **그리스(오르페우스 교)**: 〈우주란宇宙卵〉(→EGG)을 감싸고 있는 우로보로스의 원은 크로노스라고 부르는데, 피타고라스의 정의定義라고 부르는 우주의 마음이다. 크로노스는 동시에 우주를 둘러싸고 있는 〈필연必然〉의 지배자이며, 따라서 〈시간〉과 〈운명〉은 함께 원이 된다. **힌두 교**: 원은 현상계의 〈존재의 바퀴〉를 가리킨다. 불타는 원은 프라크리티prakriti(근본물질)가 '전개되고, 생산되고, 태어나는 것'

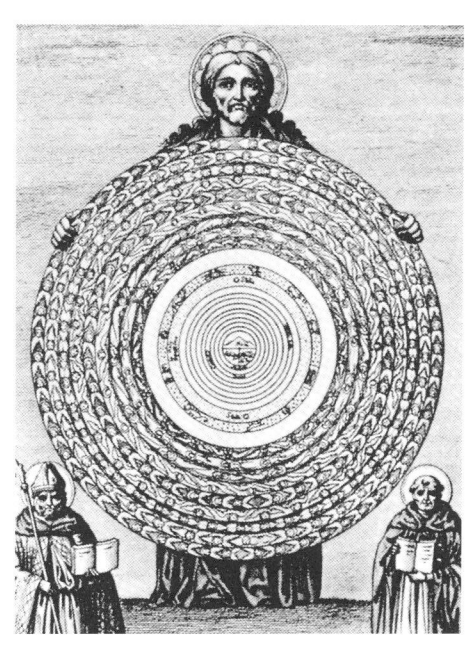

피에로 디 푸치오가 그린 밑그림(1400년경, 피사의 캄포 산토)에 새긴 판화版畫. 점성술의 기본 도형으로서의 원을 나타내고 있다. 바깥쪽의 아홉 개의 원은 천사의 아홉 계급을 나타내며, 그 안쪽에는 4대 원소(흙地, 물水, 공기風, 불火)의 세계를 중심에 둔 혹성권惑星圈이 있다. 우주 전체는 신이 손으로 떠받치고 있다.

중세의 대성당이 있는 도시인 옛 사룸Sarum을 둘러싸고 있는 대지의 원. 자궁의 모양으로, 창조적이고 재생적인 '어머니로서의 교회'의 상징성을 강조하고 있다.

의 상징이다. **이슬람 교**: 돔, 하늘의 궁륭穹窿, 신성한 빛이다. **플라톤주의**: '움직이지 않는 영원의 움직이는 모습'이다. **도교**: 중심에 점이 있는 원(태극)은 지고의 영적 존재, 즉 〈도道〉이다. 원은 또한 〈귀중한 진주〉(→PEARL)이다.

십자 모양이 안에 들어가 있는 원(⊕)은 〈낙원〉과 그 중심에 있는 〈생명의 나무〉에서 동서남북으로 흘러나오는 4개의 강("창세기" 2 : 10-14)을 나타낸다. 이중二重 십자가를 둘러싸는 원(✥)은 '〈바람의 장미〉'이며, 동서남북과 그 중간의 네 방위(북동, 동남, 남서, 서북)를 나타낸다. 십자가가 안에 그려진 원은 〈우주의 태양 바퀴〉이며, '우주에 생기를 부여하는 활성원리,' (크리스트 교 철학자 프로클루스) 대지의 4부분, 우주를 이루는 원의 사분할, 일년의 사계, 인생의 시대이기도 하다. 태양의 수레바퀴-십자(유럽의 여름 축제에 등장하는 불을 붙인 수레바퀴)는 항상 행운과 변화를 상징한다. 십자 위에 있는 원(우)은 남성적 생명원리와 여성적 생명원리의 인간적이고도 신적인 결합이며, 이집트(앵크[→ANKH]로서), 시리아, 페니키아와, 또 한 이집트의 신 세라피스의 신전에서 찾아볼 수 있으며, 중국이나 티베트, 라플랜드, 스웨덴과 덴마크에서도 볼 수 있다. 점성술에서는 금성金星의 상징이다. 북아메리카 인디언들의 오두막(→LODGE)의 원 안에 새겨진 십자는 성스러운 공간을 상징하며, 〈우주의 중심〉이다. 하늘의 원에서 나타나는 공간적인 네 방위는 〈위대한 영靈〉의 완전성을 상징한다. 멕시코 북부에서는 〈성스러운 선인장〉으로 알려진 페요테peyote(선인장 종류로서 알칼로이드의 환각제 성분을 포함함으로써 날로 먹으면 아주 화려한 색깔로 펼쳐지는 환상작용을 일으킴)를 원과 십자형과 함께 짝을 이루어서 표상한다. 비잔틴 교회들 중에는 안에 5개의 원(영광의 상징)을 십자형으로 놓고, 그것을 기초로 해서 그 위에 대응되는 돔의 원형을 각각 세워서 건축한 것들이 있다. 크리스트 교 교회는 원형의 경내 가운데에 교회당이 십자형을 이루도록 건축된 경우가 많다.

**Circumambulation 순행巡行** 순행을 함으로써 사원이나 교회 같은 특정한 성소聖所에 세계축(→AXIS)이 고정된다. 순행은 정지와 움직임, 〈지고至高의 실재實在〉와 현현顯現의 관계와 조화를 나타낸다. 순행은 성聖과 속俗의 경계를 결정한다. 이것은 태양이 운행하는 궤도의 모형도 된다. 의식의 제사에서 행하는 순행은 〈큰곰자리〉의 회전, 즉 사계절을 나타내며, 사계절의 변화를 지배하는 순환과 연관된다. 힌두 교나 불교에서 성물聖物을 오른손으로만 돌리면서 순행시키는 것, 즉 우요右繞는 〈자기〉 안에 있는 〈전체〉인 세계를 순례하는 것을 상징한다. 이슬람 교에서 카바 신전의 순례자가 시계 반대 방향으로 신전을 일곱 바퀴 도는 것(회순回巡)은 신의 7 가지 속성(생명, 지식, 의지, 능력, 청력, 시력, 언어)을 상징한다.

**Circumcision 할례割禮** 할례는 이니시에이션, 헌신, 청순함을 뜻하는데 종단宗團이나 종족의 일원이 되기 위한 의식이다.

**Circumference 원주圓周** 원주는 한정, 현현顯現하는 세계, 에워싸인 장소, 순환, 운동을 뜻한다. 원주는 수학에서 9(→NUMBERS)로 나타낸다.

**Citadel 성채, 요새** 성채와 요새는 보호, 지켜지는 것, 방비되는 것, 여성의 비호적, 내포적 측면을 뜻한다.

**Cithern(Cither, Cittern)** 시턴, 시터(기

타와 비슷한 현악기) 그리스 : 이 악기의 형태는 하늘과 땅을 상징하며 현은 존재의 계층을 나타내고 악기 전체는 우주를 나타낸다. 음악의 신 아폴론과, 합창과 무용의 여신 테르프시코레(→MUSES)가 가지고 다니는 물건이다.

**Citron** 레몬, 시트론 중국 : 복숭아, 석류와 함께 〈삼다三多〉(多福, 多壽, 多男子)를 상징하며, '손가락 모양'의 시트론(불수佛手귤나무의 열매는 타원형으로서, 익으면 손가락 모양으로 갈라짐)은 부처의 손을 상징한다. 유대 교·로마 : 시트론은 신혼부부의 침실을 장식하는 것으로서 사랑을 나타낸다.

음악의 신 아폴론은 시턴을 가지고 다닌다. 그림은 기원전 650년경의 그리스 암포라에 그려진, 아폴론과 두 뮤즈들이 아르테미스와 만나는 모습이다.

**Climbing** 올라감→LADDERS

**Cloak** 외투  외투는 위엄과 지위를 나타내는 동시에 그 반대인 위장, 은퇴, 모호함도 포함하고 있다. 어둠, 비밀주의, 끈이 풀어짐, 마술에서는 눈에 보이지 않음을 나타낸다. 보통 튜닉tunic(웃옷)은 그것을 입은 사람을 드러내는 것에 반해서 외투는 인간의 본성을 감추어준다. 어두운 색의 외투는 보호를 뜻할 수 있다. 크리스트 교 : 외투는 성 알바노스와 성 마르티누스의 표장으로, 이 두 사람은 옆의 땅바닥에 외투를 놓아두었다. 외투는 또한 망토를 타고 바다(냇물이라는 설도 있음)를 건넌 성 히야킨투스, 외투를 돛 삼아 배를 나아가게 한 성 레이몬드의 표장이기도 하다. 〈악마〉는 검은 외투를 입는 경우가 많다. 그리스 : 이니시에이션 의례(성인식成人式)에 새로이 참가하는 젊은이의 외투는 검은 색이나 갈색과 같은 상복喪服의 색깔인데, 이는 어린이로서의 죽음과 성인으로서 태어나는 변화를 상징하기 위해서이다. 힌두 교 : 인드라 신은 비를 가리는 파란 색 외투(우비)를 입었다고 한다.→MANTLE

**Clouds** 구름  천사나 인간이 구름 위에 서 있거나, 신의 손이 구름 사이에서 나타날 때에 구름은 공중, 공기, 덧없음, 비 또는 하늘의 상태를 보여준다. 빛나는 구름은 신이 나타남을 뜻한다. '구름 아래'에서 살아간다는 표현은 수치스러운 삶을 뜻한다. **아메리카 인디언**: 풍작豊作을 뜻한다. **중국**: 다산多産, 풍작, 구름의 용雲龍, 비의 은총慈雨, 선행을 뜻한다. 눈으로 볼 수 있는 호흡, 생명력이다. 소생의 비를 내리는 구름은 모든 살아 있는 생물을 감싸주고 보호하는 인애仁愛를 나타낸다. **크리스트 교**: 구름은 하늘에 베일을 친, 눈에 보이지 않는 신을 나타낸다. 또는 시나이 산의 구름이나 구름기둥처럼 구름이 신을 가리기도 한다.("출애굽기" 19:16, 13:21) 구름 속에서 나타나는 한 손이나 양 손은 신의 전능함을 상징한다. **그리스**: 구름은 아폴론 신이 풀어놓은 양떼이다. **북유럽**: 전쟁의 여신 발키리에(오딘의 시녀)의 군마軍馬는 구름으로 나타낸다.

**Clover** 클로버  클로버는 신적 존재의 〈삼인조三人組〉를 나타낸다. 생명의 3가지 모습인 육체, 혼, 정신이다. **중국**: 여름을 나타낸다. **크리스트 교**: 〈삼위일체〉, 아일랜드에서는 성 패트릭의 표지이다.

**Clown** 광대 → FOOL

**Club** 곤봉  곤봉은 강력한 힘, 남근을 나타낸다. **고대 근동**: 셈 족에서 곤봉은 '세계를 짓눌러 부수는 자'로서, 신 바알과 신 니누루타의 부수물이며, 상징적으로는 천공신이 사용하는 천둥 벼락에 대응한다. **켈트**: 다그다 신의 무기이다. 거대한 힘과 식욕을 나타낸다. '위대한 타자打者'나 '기교의 타자'로 불리는 갈리아의 신 수셀로스의 부수물(정확히는 나무망치)이다. **크리스트 교**: 예수에 대한 변절을 뜻하며 성 소야고보, 성 유다의 표장이다. **그리스 · 로마**: 영웅 헤라클레스/헤르쿨레스와 비극의 여신 멜포메네(→MUSES)의 부수물이다.

**Cobra** 코브라 → SERPENT

**Cock** 수탉  수탉은 태양에 속하는 새이며, 태양신의 부수물(북유럽과 켈트의 상징체계는 제외)이다. 남성원리, 〈명성名聲의 새〉, 최고의 권리, 용기, 불침번, 새벽을 나타낸다. 싸우는 두 마리의 수탉은 생명의 전쟁을 나타낸다. 검은 수탉은 악마의 대리자이다. **불교**: 수탉은 돼지, 뱀과 함께 〈존재의 바퀴〉(→ROUND OF EXISTENCE) 중심에 있으며, 이 경우의 수탉은 육욕과 오만함을 상징한다. **켈트**: 수탉은 신이 살고 있는 지하에 속하는 존재이며 명계冥界의 신들의 상징이다. **중국**: 양陽의 원리, 용기, 자비, 무용武勇, 성실을 나타낸다. 붉은 수탉은 태양의 시원적始原的인 모양이며 불에 의한 액막이 부적이며 흰 수탉은 마귀에 의한 액厄을 쫓는 부적이다. 수탉은 〈십이지十二支〉의 열번째 동물로 머리에는 관을 쓰고 있어서 문인文人의 정신을 나타낸다.(冠과 官은 동음同音) 또한 발톱이 나와 있어서 전투적인 성격을 의미한다. 정원에서 암탉과 함께 있는 수탉은 전원생활의 기쁨을 나타낸다. 중국의 이니시에이션 의례에서는 오래된 생명을 죽이고 새로운 생명의 순수성을 보여주기 위해서 흰 수탉을 잡는다. 동음이자同音異字로서 수탉을 나타내는 '공계公鷄cock'는 '공적功績fortunate'과 동일시되며, 그런 이유로 장례에서 수탉은 악령의 힘을 물리치는 데 사용된다. 수탉은 중국에서는 일몰을 나타낸다. 또한 수탉은 공격적이어서 전쟁의 상징도 된다. 점성술에서는 수탉(십이지의 酉)이 일년 중에서 군사를 일으키기에 좋은 10월(9월이라는 설도 있음)에

옻칠을 한 13세기 중국의 합盒에 세공된 구름이다. 구름은 상자 속에 들어 있는 보석을 소중하게 보호하려는 마음을 나타내며, 팔각 모양인 상자의 여덟 변은 길조吉兆, 행운의 상징이다.

존재의 바퀴 중심에 그려진 수탉.

수탉의 머리를 한 여신으로 돈황에서 출토된 비단 위에 그려진 그림이다.

대응하며, 이십팔수二十八宿(중국에서, 황도에 따라 천구를 28개로 구분하여 달과 여러 행성의 소재를 명백히 한 것)에서는 묘성昴星(황소자리 중의 산개성단散開星團), 즉 플레이아데스 성단에 해당한다. 크리스트 교: 수탉은 예수의 태양이 동쪽 하늘에서 떠오를 때, 그 새벽을 맞이한다. 수탉은 악령과 암흑을 쫓아내는 예수를 뜻한다. 수탉은 불침번을 나타내는 것으로서 모든 방향을 경계하며, 악령을 감시하는 풍향계로 사용된다. 태양에 속하는 금색의 수탉은 방울소리가 없는 암흑의 시간에 뾰족탑을 지킨다. 수탉은 암탉과 먹이를 나누어먹는다고 생각했기 때문에 좋은 성격을 의미하며, 또한 크리스트 교 신자들에게는 예수의 새벽이 닥쳐올 것을 알리는 전도자를 나타낸다. 수탉은 '새벽을 기다리며 마음을 가다듬는 사람의 영혼'(영국의 역사가 베데)이다. 수탉은 예수의 수난과 연관되어 부활을 나타내며, 또한 성 베드로와 관련되어 인간의 나약함과 후회를 나타낸다.("누가복음" 22:54-62) 싸우고 있는 수탉은 예수를 위해서 싸우는 크리스트 교 교도들을 뜻한다. 수탉과 사자는 대립하는 것으로 생각되기도 한다. 이집트: 불침번, 선견지명을 나타낸다. 그노시스주의: 부리에 곡식 이삭을 물고 있는 수탉은 풍요로움을 만들어내기 위해서 잠에서 깨어남을 뜻한다. 그리스·로마: 불침번, 호전성好戰性을 나타낸다. 수탉은 신 아폴론/아폴로, 아스클레피오스, 아레스/마르스, 헤르메스/메르쿠리우스, 프리아포스, 여신 아테나/미네르바와 관계되는 성스러운 새이다. 수탉은 회춘으로서, 봄에 땅 위로 돌아오는 여신 페르세포네와 연관된다. 또한 수탉은 봄의 풍요로움으로서 아티스 신에게 제물로 바치며, 라레스 신에게도 바친다.

유대 교: 풍요를 뜻한다. 수탉과 암탉의 쌍은 신혼부부와 연관된다. 문장紋章: 문장에서 수탉은 군인의 용기와 종교적인 열정을 나타낸다. 이란: 수탉은 새의 왕자이며 홀笏 위에 얹힌다. 일본: 수탉은 신도神道의 상징으로, 신사神社에서 행하는 기도에 사람들을 불러모으는 큰북 위에 서 있다.(신의 심부름꾼으로 신사에서 많이 기른다.) 미트라 교: 태양신 미트라에게 바치는 제물이다. 북유럽: 명계冥界의 새로, 수탉의 울음소리는 발할라 궁전에서 잠자던 영웅들을 깨워 최후의 대전쟁에 나가도록 한다. 고대 근동: 셈 족의 신 네르갈은 수탉의 머리를 한 신으로서 그려진다.

**Cockatrice** 코카트리스 코카트리스는 크리스트 교에서 인간에게 독을 푸는 악마 사탄을 가리킨다. →FABULOUS BEASTS

**Cocoon** 고치 고치는 바람의 잠재력, 마력, 나비의 혼이 만들어지는 곳, 둘러싸여 보호받는 혼을 뜻한다.

**Coffer/Coffin** 통桶/관棺 통과 관은 죽어서 소생하는 신이나 구세주가 묻힌 묘지와 같은 의미이다. 〈자궁퇴행子宮退行〉이며, 제2의 탄생을 가져오는 신비한 자궁으로서, 속죄, 부활, 구원을 뜻한다.

**Collar** 깃 깃은 일터를 나타내는 사슬이나 목걸이와 마찬가지로 직무와 위엄을 상징하며, 또한 동시에 노예의 처지와 예속을 나타낸다. 켈트: 깃이나 금속 철사를 비틀어서 만든 팔찌는 케르눈노스 신의 표지이다. 이집트: 깃은 여신 이시스의 표지(또는 여신 바스트의 표지)이며, 이시스의 아들인 신 호루스의 힘을 나타낸다.

**Colours** 색 색깔은 식별이 가능한 것, 눈에 보이는 것, 다양성, 빛의 확증을 상징한다. 빛을 반사하는 색인 오렌지 색이나 노란 색, 빨간 색은 활동적이며 따뜻하고,

전진을 나타내는 색인 데 반해서, 빛을 흡수하는 색인 푸른 색이나, 보라색은 수동적이며 차갑고, 후퇴를 나타내는 색이다. 이 두 가지를 합친 것이 녹색이다. 검은 색과 흰색은 긍정(적극성)과 부정(소극성)을 뜻하며, 모든 대립을 나타낸다. 밝은 색과 어두운 색의 대조는 빛의 물질화를 상징한다. 빛으로서의 신은 색의 근원이다.

1) BLACK 검은 색

세계가 창조되기 이전의 원초의 암흑, 아무것도 보이지 않음, 〈무無〉, 악, 죽음의 어둠, 수치, 절망, 파괴, 부패, 슬픔, 비애, 자기 비하, 방기, 장중함, 지조를 나타낸다. 검은 색은 또한 냉엄하며, 무정하며 부조리한 〈시간〉을 의미하며, 〈태모太母〉 특히 여신 칼리(본래는 칼라Kala 즉 〈시간〉)의 암흑적 요소나, 〈검은 마리아〉와 연관된다. 검은 색이나 군청색은 혼돈의 색이다. 서양에서 검은 색은 죽은 자에 대한 애도와 연관되며, 또한 요술이나 사악한 마술의 불길한 측면과 연관된다. 검은 색은 신 크로노스/사투르누스(〈시간〉의 신이기도 함)의 색이자 숫자 8의 색이다. **연금술**: 검은 색은 무채색, 〈대작업〉의 제1단계, 분해, 발효, 불길함, 지옥으로 떨어짐을 나타낸다. **아메리카 인디언**: 북쪽, 죽은 자에 대한 애도, 낮의 붉은 색에 대립하는 밤의 색이다. **불교**: (삶을 이어주고 맺어주는) 속박(인연)의 어둠이다. **중국**: 북쪽, (양陽의 대립물로) 음陰, 겨울, (오행五行 ─ 木, 火, 土, 金, 水 ─ 중의) 물水, 사신四神의 하나인 〈거북龜〉(현무玄武→TORTOISE)이다. **크리스트 교**: 〈어둠의 왕〉, 〈지옥〉, 죽음, 슬픔, 죽은 자에 대한 애도, 자기 비하, 영혼의 어둠, 절망, 부패, 사악한 마술을 뜻하며 죽은 사람을 위한 미사와 〈성 금요일〉에 드리는 미사에 사용되는 색이다. **이집트**: 재

초기 크리스트 교의 석관石棺을 장식한 수탉. 수탉은 성 베드로가 예수를 부인했던 일과 초대 교황이었던 베드로의 노심초사를 상징한다.

크리스트 교의 세계에서 검은 색은 죽은 자에 대한 애도, 죽음과 연관된 색이다. 여기에 그려진 장례식 광경은 그리마니의 「성무일과서聖務日課書」(1480-1520) 중의 일부이다.

생과 부활을 뜻한다. **유대 교(카발라)** : 〈지성〉, 〈왕국〉의 의미이다.→SEPHIROTH **문장紋章** : 사려 깊음, 지혜의 의미이다. **힌두 교** : 타마스, 감상에 빠져서 하강하는 운동, 〈시간〉, 여신 칼리와 여신 두르가의 어두운 면이다. **마야** : 적의 죽음, 서쪽 방향과 관계 있으며, 네 가지 기본 방위의 신神 중 한 명인 에크 시브 챠크 신을 상징한다.

2) BLUE 푸른 색

진실, 〈지성〉, 계시, 지혜, 충성, 충절, 지조, 정결, 조심성이 많은 애정, 오점 없는 세평世評, 아량, 사려 깊음, 경건, 평안, 명상, 냉정을 뜻한다. 푸른 색은 심해의 색, 여성원리로서의 바다의 색이다. 하늘의 푸른 색은 〈하늘의 여왕〉으로서의 〈태모〉, 천공신이나 하늘에 속하는 영적 존재(〈청룡〉같은)의 색이다. 푸른 색은 또한 〈무無〉이며, 원초의 단순함과 모든 것을 담을 수 있는 무한한 공간이다. 달을 나타내는 색이기도 하다. **아메리카 인디언** : 하늘, 평안을 뜻한다. **아스텍** : 남쪽과 연관되며, 4 기본 방위의 신 중 하나인 위취로포치트리 신의 표지이다. **불교** : 위에 있는 하늘과 아래에 있는 바다의 차가움, 〈법계法界〉의 예지叡智이다. **켈트·드루이드 교** : 일설에 의하면 음유시인이나 시인과 연관된다. **중국** : 천공天空, 구름, (사신四神 중의 하나이며) 〈동쪽〉을 지키는 〈청룡〉, 봄, (오행五行 중의) 나무木이다. **크리스트 교** : 하늘, 하늘의 진리, 영원, 신앙, 충절, 〈하늘의 여왕〉으로서의 성모 마리아를 나타내는 색이다. **그노시스주의** : 물로 베푸는 세례이다. **그리스·로마** : 천공신으로서의 신 제우스/유피테르와 여신 헤라/유노의 색이며, 아프로디테/베누스 여신을 나타내기도 한다. **유대 교(카발라)** : 〈은총〉을 뜻한다. **힌두 교** : 비의 신 인드라의 파란 우비를 나타낸다. **마야** : 적의 죽음을 뜻한다.

3) BROWN 갈색

대지를 의미한다. **중국** : 송 왕조(960-1279)의 색이다. **크리스트 교** : 영혼의 죽음, (수도자들이 몸에 걸치는 옷의 색으로) 현세에 대한 죽음, 방기放棄, 참회, 좌천을 뜻한다. **힌두 교** : 북방 지역을 의미한다.

4) GOLD 황금색

태양, 신의 힘, 광명의 빛, 불사不死, 창조 이전의 빛으로서의 신, 최고 가치, 생명의 질료, 불, 반짝거림, 영광, 지속, 남성원리를 나타낸다. 태양의 금색은 모든 태양신, 곡물신이나 곡물의 여신, 풍작을 상징한다. 제우스의 황금 그물은 만물을 제우스에게로 끌어들인다. 황금 그물은 호메로스의 표현에 의하면 하늘과 땅을 묶어주는 굴레이며,(「일리아드」 8. 18-27) 플라톤에 의하면 태양과 이성理性이다.(「테아이테트스」 153 C-D) 금과 은, 태양과 달은 동일한 우주 실재의 두 가지 모습이다. **연금술** : 금색은 태양의 '본질,' 지상의 태양, 응축된 빛, 영속성, 모든 금속적 성질의 평형상태를 뜻한다. 비금속卑金屬이 금으로 변하는 것은 혼의 변질, 인간성의 원초적인 순수함의 회복을 뜻한다. **아메리카 인디언** : 서쪽이다. **켈트** : 불을 뜻한다. **이집트** : 태양신 라, 황금의 곡물(황금은 신의 몸으로 불림)을 뜻한다. **힌두 교** : 생명, 빛, 진리, 불사, 씨앗, 아그니 신의 불을 뜻한다.

5) GREEN 녹색

생명을 나타내는 싱싱한 녹색과 죽음을 나타내는 검푸른 녹색이 있는데 녹색은 생명과 죽음을 동시에 의미한다. 젊음, 희망, 환희를 뜻하는 동시에 변화, 인생무상, 질투를 의미한다. 녹색은 푸른 색이 나타내는 하늘과 노란 색이 나타내는 땅이 섞인 색으로서 신비의 색이다. 또한 지성을 나타내는 차가운 푸른 색과 노란 색의 태양이 가지는 정서적인 따뜻함이 섞여서 녹색은 평등의 예지叡智, 희망, 생명의 재생과 부활을 만들어낸다. 녹색은 베누스 여신과 메르쿠리우스 신처럼 연인들의 색으로서, 봄, 번식, 환희, 신뢰, 〈자연〉, 〈낙원〉, 넉넉함, 번영, 평화를 뜻한다. 미성숙의 색으로서의 녹색은 경험이 없음을 상징하며, 그래서 어리석음이나 미숙함을 나타낸다. 녹색은 숫자 5와 관계가 있으며, 요정의 색이다. 금색으로 변하는 녹색은 젊은 곡물신이나 녹색의 사자나 녹색의 인간이 익어버린 곡물의 황금색으로 변하기 전의 단계를 나타낸다. 〈녹색의 기사〉(→KNIGHT)는 누구에게나 공평한 자로서 죽음을 의미하며, 또한 젊은이와 미인을 죽이는 반역 행위를 가리킨다. 녹색 깃발은 해상에서의 난파를 뜻한다. 연금술 : 〈녹색의 사자〉나 〈녹색의 용〉은 〈대작업〉의 시작이다. 녹색은 젊은 곡물신, 성장, 희망을 뜻한다. 불교 : 싱싱한 녹색은 생명을 가리키고, 검푸른 녹색은 죽음의 왕국, 시체, 그밖에 죽은 자들의 영역에 속한 모든 것을 나타낸다. 켈트 : 녹색은 〈영원한 젊음의 나라〉, 〈녹색의 섬〉, 대지의 여신 브리지트의 색이다. 중국 : 녹색은 푸른 색과 동일한 상징성을 가지며, 〈용〉, 〈봄〉, 〈동쪽〉, (오행五行 중의) 나무木는 푸른 색이나 녹색으로 나타낼 수 있다. 녹색은 명 왕조(1368-1644)의 색이다. 크리스트 교 : 싱싱한 녹색은 불사, 희망, 인간의 마음속에서 〈성령〉이 자라남, 생명, 죽음을 넘어선 승리, 겨울을 이긴 봄을 뜻한다. 녹색은 또한 이니시에이션, 선행을 나타내며, 중세에는 〈삼위일체〉, 구세주의 탄생일, 복음서를 쓴 성 요한의 색이었다. 검푸른 녹색은 사탄, 악, 죽음과 동일시된다. 이집트 : 오시리스 신은 짧은 시간내에 태양신 라의 금색으로 변하며, 또한 익지 않은 녹색의 곡물을 상징한다. 유대 교(카발라) : 〈승리〉를 뜻한다. 힌두 교 : 불교의 경우와 같다. 이슬람 교 : 녹색은 성스러운 색이다.(또한 예언자 무하마드 일족의 색이다.) 마야 : 세계의 중심을 상징한다.

6) GREY 회색

회색은 중성이며, 죽은 자에 대한 애도, 환멸, 재, 겸손, 참회를 뜻한다. 크리스트 교 : 회색은 육체의 죽음과 혼의 불사不死를 의미한다. 그래서 수도사의 몸을 가리는 색이다. 유대 교(카발라) : 예지叡智를 뜻한다. 문장紋章 : 젊은이가 당하는 시련이다.

7) ORANGE 오렌지 색

불꽃, 불, 사치를 나타낸다. 중국과 일본 : 사랑, 행복을 뜻한다.(중국에서 귤나무 '귤橘'은 축복의 '축祝'과 음이 비슷해서 귤[오렌지]은 복을 부르는 과일로 여긴다. 정월 초이튿날에 먹는다. 일본에서 등자나무 '등橙'〔귤과 비슷한 작은 열매가 열림〕은 '代代'——대대로——와 음이 같아서, 정월의 장식이 된다.) 이 색은 '손가락 모양의 시트론'(불수佛手귤나무의 열매)(→CITRON)으로 상징된다. 유대 교(카발라) : 〈위엄〉의 뜻이다.

8) PURPLE 자주색

왕권, 황제나 고위 성직자의 권력, 위풍, 자존심, 진실, 정의, 절제를 뜻하고 명계冥界의 신들을 위한 의례에 사용하는 색이다. 튀로스 산産의 조개에서 나오는 〈고대古代〉의 자주색은 '최고의 영광'(로마의 박물학자 플리니우스)이라고 하며, 응고된 피의 색이며, '자주색 피'(호메로스)라고도 한다. 아스텍 · 잉카 : 자주색은 위엄, 주권의 뜻을 가진다. 크리스트 교 : 왕권과 고위 성직자의 권력, 〈아버지로서의 신〉, 진실, 겸허, 참회의 뜻이 있다. 사순절과 강림절의 색이다. **로마** : 신 유피테르의 색이다.

9) RED 빨간 색

빨간 색은 색의 극치이며, 태양과 모든 전쟁의 신을 나타낸다. 활동적인 남성원리, 불, 태양, 왕의 위엄, 사랑, 기쁨, 축제의 기분, 열정, 열의, 활력, 광포성, 성적 흥분, 결혼을 나타내는 횃불, 건강, 강함을 나타낸다. 또한 피, 피에 굶주림, 유혈의 범죄, 노여움, 복수, 순교, 인내, 신앙, 야량을 뜻한다. 빨간 색은 또한 사막과 재난을 뜻하기도 한다. 빨갛게 칠하는 것이나 빨간 색으로 염색하는 것은 생명의 재생을 뜻한다. 빨간 색이 흰색과 함께 사용되면 죽음을 나타내며, 흰색과 검은 색과 함께 쓰이면 이니시에이션의 3단계를 나타낸다. 신들은 빨간 색으로 그려지기도 하며, 그것은 초자연적인 힘, 성스러움, 또는 태양에 속하는 힘을 나타낸다. **연금술** : 인간, 남성원리, 〈붉은 사자〉나 〈붉은 용〉, 태양, 유황, 금, 색의 극치, 〈대작업〉의 세번째 단계를 뜻하는 붉은 색의 노예를 나타낸다. **아메리카 인디언** : 기쁨, 풍요, 밤의 검은 색과 대립하는 낮의 붉은 색이다. **고대 근동** : 태양의 신 바알/벨의 색이다. **아스텍** : 피의 색깔로서의 생식력, 사막, 악, 재앙을 뜻한다. 서쪽과 연관되며, 시파 톨테크 신, 미쇼코아틀 신의 표지이다. **불교** : 행동, 창조성, 생명을 뜻한다. **켈트** : 죽음, 붉은 기수騎手, 재해를 나타낸다. **중국** : 태양, 봉황(사신四神 중의 주작), (오행五行 중의) 불火, 여름, 남쪽, 기쁨, 행복을 뜻한다. 색 중에서 최고의 행운을 뜻하는 색이다. **크리스트 교** : 예수의 수난, 골고다 언덕에서 흘렸던 예수의 피("요한 복음" 19 : 34), 사도에게 강림했던 불("사도행전" 2), 신앙의 열의, 사랑, 힘, 위엄, 사제의 힘, 대담함을 뜻한다. 교황의 병사인 추기경의 긴 옷은 빨간 색이다. 빨간 색은 또한 순교와 잔인함의 색으로 쓰이기도 한다. 성인의 축일은 달력에서 빨간 색으로 쓴다. 그래서 축일은 영어로 '빨간 글자의 날red letter days'이라고 한다. 빨간 색과 흰색이 함께 있으면 악마 사탄, 연옥, 죽음을 나타낸다. **그리스** : 자주색이 왕과 연관되며 수동적인 원리인 데 반해서 빨간 색은 활동적인 것과 남성원리를 나타낸다. 빨간 색은 태양신 포에부스, 전쟁의 신 아레스의 색이다. 또한 〈빨간 신〉으로 알려진 프리아포스의 색이다. **유대 교(카발라)** : 〈세피로스〉(→SEPHIROTH)의 게부라(엄격함) 또는 데인(공정함)을 뜻한다. **힌두 교** : 활동성, 창조성, 생명의 활력, 현현顯現하는 팽창으로서의 격질, 남쪽을 뜻한다. **마야** : 승리, 성공, 동쪽 방향과 연관되며 챠크 시브 챠크 신의 표지이다. **오세아니아** : 신성神性과 고귀함을 뜻한다. **로마** : 신성神性을 뜻한다. 신의 얼굴은 대개 빨간 색으로 칠한다. 태양신 아폴로와 전쟁의 신 마르스의 색이다.

10) SILVER 은색

달, 여성원리, 처녀성을 뜻한다. 금색과 은색은 동일한 우주 실재의 두 가지 측면이다. **연금술** : '정화된 감정'으로서의 〈달〉이다.

11) VIOLET 보라색

지성, 지식, 종교적 헌신, 신성神聖, 금주, 겸허, 참회, 비련, 절제, 향수, 비통, 죽은 자에 대한 애도, 노년을 뜻한다. **크리스트 교** : 고위 성직자의 지배와 권위, 진리, 단식, 비애, 애매모호, 참회를 나타내고, 성 막달라 마리아의 색이다. **유대 교(카발라)** : 〈세피로스〉(→SEPHIROTH)의 에스드(토대)이다. **로마** : 신 유피테르의 색이다.

12) WHITE 흰색

흰색은 미분화 상태, 초월적인 완전성,

단순함, 빛, 태양, 대기, 계몽, 순수함, 무구無垢, 정결함을 뜻하며, 성성聖性, 성별聖別된 상태, 속죄, 영적인 권위를 뜻한다. 흰색의 긴 옷은 순수함, 정결, 육체에 대한 영靈의 승리를 의미하며, 고대 오리엔트에서는 죽은 자를 애도하기 위해서 입었으며, 고대 그리스와 로마에서도 상복으로 사용되었다. 흰색은 생명과 사랑, 죽음과 매장의 양쪽과 연관된다. 결혼식에서 흰색은 옛날의 생명은 죽고 새로운 생명으로 탄생하는 것을 상징하며, 장례식에서는 저승에서의 새로운 삶을 의미한다. 여성상女性像에 입혀진 흰 옷은 또한 사랑, 생명, 죽음이라는 의미를 담고 있는데, 예를 들면 델포이의 〈묘지의 아프로디테〉, 북유럽의 여신 프레이야나 프리그, 게르만의 죽음의 여신 헬/프레이야('가장 사랑스러운 자') 등이 그것이다. 흰색은 검은 색과 빨간 색과 함께 있으면 이니시에이션의 3단계를 뜻한다. 흰색과 빨간 색은 죽음을 나타낸다. 흰색 깃발은 항복, 휴전, 우정, 선의의 표지이다. **연금술**: 하얀 여인 즉 〈흰 백합〉은 여성, 여성원리, 달, 은, 수은, 나누어지지 않은 빛의 순수함, 〈대작업〉의 제2단계를 가리킨다. **아메리카 인디언**: 흰색은 성별聖別된 상태를 뜻하며, 동쪽을 나타낸다. **아스텍**: 저물어가는 태양, 밤을 나타낸다. 동쪽 방향과 연관되며 케찰코아틀 신의 표지이다. **불교**: 자제, 속죄의 뜻이다. 〈백다라보살白多羅菩薩〉, 여성을 통한 최고도의 영적 변모, '인간을 이끌어 속박의 어둠에서 해탈하게 하는 여성,' 〈모든 부처의 어머니〉를 뜻한다. **켈트**: 땅의 여신이다. **중국**: (사신四神 중의) 〈백호白虎〉, 서쪽, 가을, (오행五行 중의) 금金, 죽은 자에 대한 애도를 뜻한다. **크리스트 교**: 정화된 영혼, 기쁨, 순수함, 처녀성, 무구無垢,

다른 시대, 다른 문화에서도 흰색은 슬픔을 상징하며, 클레오파라데스의 화가가 항아리에 그린 이 그림(기원전 480년경)에서는 수의를 입은 젊은이가 흰 옷을 입은 애도자들의 시중을 받고 있다.

성스러운 생활, 빛, 성실의 뜻으로 흰색은 성사聖事(세례, 견신堅信, 성찬식, 혼인 성사, 병자 성사)에서 사용되는 의복 색이다. 흰색은 순교하지 않은 성인의 색이며, 처녀의 몸으로 성별聖別된 성녀聖女의 색이며, 또한 부활절, 크리스마스, 주의 현현일顯現日, 〈승천〉의 색이다. 흰색은 빨간 색과 함께 있으면 악마 사탄, 연옥, 죽음을 뜻한다. **드루이드 교**: 제사 때 입는 옷의 색, 또는 세례 때 입는 옷의 색이다. **이집트**: 흰색은 녹색과 함께 있으면 기쁨을 뜻한다. **그리스**: 죽은 자에 대한 애도, 사랑, 삶과 죽음을 나타낸다. **유대 교**: 기쁨("전도서" 9:8), 정화("이사야서" 1:18)의 뜻으로 카발라에서 나오는 〈세피로스〉(→SEPHIROTH)의 케테루(왕관)를 의미한다. **힌두 교**: 순수한 의식意識, 자력에 의한 영적인 깨달음, 빛, 순질純質, 즉 상승운동을 나타낸다. 흰색은 또한 현현顯現, 동쪽을 의미한다. **마오리 족**: 휴전, 항복을 나타낸다. **마야**: 평화, 건강의 의미이며, 북쪽과 연관되어 4 가지 기본 방위 신의 하나인 사크 시브 챠크 신을 나타낸다. **로마**: 길일吉日이나 죽은 자를 애도할 때나 모두 흰색 옷을 몸에 걸친다.

13) YELLOW 노란 색

노란 색은 상반된 두 가지의 의미를 가지고 있다. 즉 밝은 노란 색이나 황금색은 태양에 속하고, 태양빛, 지성, 직관, 신앙, 선을 뜻하며, 어두운 노란 색은 배신, 반역, 질투, 야심, 허욕, 비밀, 변절과 불신을 뜻한다. 노란 색 깃발이나, 검은 색과 노란 색이 함께 있는 깃발은 검역檢疫이나 격리를 나타낸다. 노란 십자가는 전염병의 표지이다. **아메리카 인디언**: 노란 색은 지는 태양을 뜻하며 서쪽을 나타낸다. **불교**: 승려가 입는 장삼의 사프란 색(황색)은 방기放棄, 무욕, 겸허를 상징한다. **중국**: (오행五行 중의) 흙土, (다섯 가지 방위[동東, 남南, 중앙, 서西, 북北] 중의) 중앙, 금속, 달의 산토끼를 나타내며 청나라(1644-1912)를 상징하는 색이다. **크리스트 교**: 황금색은 성성聖性, 신성神性, 계시된 진리, 〈영광의 옷the robe of glory〉("요한계시록" 19:8)을 나타내며, 고해자(순교는 하지 않았으나 박해에 굴하지 않고 신앙을 지킨, 특히 남자 신도, 성인)의 축일에 사용되는 색이다. 칙칙한 황색은 배신, 기만, 유대인, 이단자, 가리옷 유다를 뜻한다. **유대 교(카발라)**: 〈세피로스〉(→SEPHIROTH)의 테이헤레트(미美)를 뜻한다. **힌두 교**: 황금색, 빛, 생명, 진리, 불사不死, 서쪽을 나타낸다. **마야**: 남쪽 방향과 연관되어 칸 시브 챠크 신을 표상한다.

**Comb** 빗   빗은 풍요, 비, 태양 광선, 얽힘, 음악을 나타내며 베누스 여신, 인어, 세이렌(→SIREN)의 부수물이다.

**Comet** 혜성   혜성은 재난이나 전쟁, 화재, 역병 등이 닥쳐옴을 의미하며 태양신의 사자使者를 뜻하기도 한다.

**Compasses** 나침반   나침반은 올바르고 공평한 정의, 생명의 원천인 중심점이 있는 완벽한 원형原型을 뜻한다. 직각자와 나침반은 윤리적인 올바름의 한계와 범위를 확정한다. 성스러운 건축술에서 나침반은 초월적인 지식을 의미한다. 나침반은 또한 모든 작업을 조절하는 원형을 뜻한다. 나침반은 항해술에 능숙한 자를 상징하기도 한다. **중국**: 올바른 행동을 뜻한다. 나침반은 복희씨伏羲氏의 부수물 이다. 복희의 누이(여와女媧)는 직각자를 가지며, 나침반과 직각자는 남성원리와 여성원리, 음양陰陽의 조화를 뜻한다.(보통은 여와가 나침반, 복희씨가 직각자를 가진다.) **그리스**: 구球와 나침반은 천문의 여신 우라니아(→MUSES)의 부수물이다.

**Conch** 고둥 고둥에 나타나는 나선은 떠올랐다가 지는 태양, 달의 차고 이지러짐, 대해大海 등 여러 가지 의미를 가진다. 또한 고둥은 조개貝(→SHELL)와 동일한 상징적 의미를 가진다. **아스텍**: 케찰코아틀 신과 연관되며 비를 상징한다. **불교**: 고둥은 〈법法〉을 설교하는 부처의 목소리, 웅변, 학식, 소리, 〈윤회輪廻〉의 극복의 뜻이며 〈팔길상인八吉祥印〉(→BUDDHIST SYMBOLS)의 하나이다. 흰 고둥은 속세의 권력을 뜻한다. **중국**: 왕권, 순풍만선順風滿船의 뜻이다. **그리스·로마**: 바다의 신 포세이돈/넵투누스와, 반은 인간이고 반은 물고기인 그의 아들 트리톤의 표지이다. 트리톤은 개선하는 포세이돈의 전차를 끌면서 고둥을 분다. **힌두교**: 고둥은 바다의 주인인 비슈누 신에게 바치는 제물로, 고둥에서 최초의 창조를 이룬 말씀인 성음聖音 옴(현현顯現했던 〈말씀〉)이 나온다.(→OM) **이슬람교**: 신의 〈말씀〉을 듣는 귀를 뜻한다. **마야**: 양식화樣式化된 고둥 도장은 마야 숫자 중에서 0을 표시한다.

**Cone(Pine)** 원뿔(솔방울) 원뿔은 남근, 다산多産, 행운의 상징으로, 디오뉘소스 신의 부수물이며, '바쿠스의 심장'이라고 부른다. 사바지오스 신, 세라피스 신, 퀴벨레 여신, 비블로스의 여신 아스타르테, 팜필리아의 여신 아르테미스의 표지이다. 흰 솔방울은 아프로디테 여신의 표지이다. 원뿔 모양을 한 두건이 달린 옷은 수메르와 이집트의 왕과 사제들이 입었다. 일설에 의하면 솔방울의 원뿔 모양과 돌아가는 팽이는 나선이나 소용돌이와 동일한 상징적 의미를 가진다고 한다. 즉 거대한 생성력과 창조력을 뜻한다.

**Convolvulus (서양의) 메꽃** 메꽃은 집착,

케찰코아틀 신은 고둥과 연관된다.

겸허, 불안, 서서히 숨어들어감을 의미한다. **중국**: 사랑과 결혼, 의존, 새벽, 인생무상을 뜻한다.

**Coral** 산호  산호는 〈태모신太母神〉이 바다에서 기르는 나무로 생명을 주는 자로서의 달, 바다의 풍요로움을 뜻하며, 부적이 된다. **중국**: 장수, 출세를 나타낸다. **그리스**: 고르곤 중의 하나인 괴물 메두사의 (잘린 머리의) 피에서 생겼다고 한다.

**Cord** 끈, 그물  끈, 그물은 죽으면 끊어지는 인간의 생명을 나타내며 은실silver cord은 영혼이 육체로 되돌아올 때 혼을 육체에 매달아놓는다. 제우스 신의 〈황금의 그물〉은 우주를 하늘에 매달아놓는다. 이 그물은 만물이 '의존하는' 염주의 매듭을 이어주는 '하늘의 그물'이다. (호메로스 「일리아드」 8. 18-27). 플라톤은 '이성의 성스러운 그물'(「테아이테토스」 153D)이라고 말했다. 그물은 상반되는 두 가지 의미가 있는데 속박, 제한과 함께 무한의 연장과 자유를 나타낸다. 그물은 인간을 앞으로 이끌 수도 있고, 운명에 묶어둘 수도 있다. 이란의 성스러운 끈(조로아스터 교의 이니시에이션 의례에서 새로운 참가자에게 주는 케스테이)은 허리에 세 번 두르며, 이것은 선한 생각, 선한 말, 선한 행동의 세 가지 덕을 상징한다. 힌두 교의 귀의자나 성인들이 몸에 두르는 매듭이 있는 끈은 이들이 행한 많은 수행을 나타낸다. 크리스트 교의 수도사가 허리에 두르는 끈은 수도사를 소명에 묶어두는 것이며, 또한 수도사의 금욕서원禁慾誓願을 상징한다. →KNOT

**Corn** 곡물, 밀, (미국에서는) 옥수수  곡물 특히 밀의 이삭이나 다발은 모든 곡물 신의 부수물이며, 특히 〈그리스 밀의密儀〉에서 두드러진다. 대지의 풍요, 생명의 깨어남, 죽음에서 소생함, 태양의 힘에 의한 발아發芽와 성장, 풍요로움의 상징이다. 황금색 밀의 이삭은 빛나는 태양과 처녀인 대지가 결혼함으로써 태어난 자식이다. 곡물 여신은 처녀궁(처녀자리)과 동일시된다. 밀과 포도주는 빵과 포도주처럼 농사를 짓는 노동의 조화로운 산물과 생명의 양糧을 상징한다. 밀의 분량을 달아보는 것은 풍요와 넉넉함을 나타낸다. 장례식에 사용되는 밀은 내세에서의 풍요로움을 나타낸다. 밀이나 보리를 억지로 심는 일은 많은 장례의식이나 추모식에서 행해진다. 특히 이집트(→BARLEY), 지중해 연안, 페르시아와 중국의 의례나, (그리스 정교의) 〈성주간聖週間〉의 예식에서 행해진다. (예를 들면 이집트에서는 오시리스를 상징하는 나일 강의 흙덩어리 여기저기에 보리 이삭을 꽂는다.) 싹이 팬 곡식은 영웅의 부활이나 봄의 작물을 상징한다. **아메리카 인디언**: 씨와 함께 곡물(옥수수)의 이삭은 우주의 모든 인간과 모든 것을 가리킨다. **고대 근동**: 밀은 퀴벨레 여신에게 바치는 제물이며, 빵은 퀴벨레의 제사에서 성찬으로서의 음식물이다. 밀은 또한 타무즈/두무치 신의 부수물이다. 블레셋/필리스티아의 지고신至高神인 다곤은 아슈켈론과 가자에서는 곡물과 대지의 신이다. **크리스트 교**: 밀의 이삭은 〈성찬식〉의 빵, 즉 예수의 몸을 뜻한다. 넉넉한 은혜, 마음이 의로운 사람들, 신앙이 깊은 사람을 나타낸다. 보리는 포도주와 함께 〈성찬식〉을 상징한다. **이집트**: 옥수수의 이삭은 이시스 여신의 부수물이며, 세라피스 신의 표지이다. **그리스·로마**: 밀은 풍요, 풍년, 죽음에서 소생한 생명, 창조를 나타내며 데메테르/케레스 여신, 가이아 여신, 처녀자리(아스트라이아)의 표지이다. 아르테미스 여신에게 바치는 제물이기도 하다. 밀의 이삭은 〈엘레우시스 밀의密儀〉의 중심적 상징이다. '밀의적 명상의 대상으로 나타나는, 위대하며, 지극히 경외스러우며, 가장 완전한 것은 침묵 속에서 수확된 밀의 이삭이다.'(『철학문제집』) 퀴벨레 숭배에서는 '베어진 밀의 황금색 이삭'은 아티스이다. 로마 인이 무덤에 밀을 심는 이유는 살아남은 자들이 죽은 자들로부터 힘을 얻기 위해서이다. **멕시코**: 벌새와 함께 옥수수는 태양 영웅을 가리키며 놀라운 성장을 뜻한다.

**Cornelian(Carnelian)** 홍옥수紅玉髓→JEWELS

**Cornucopia** 풍요의 뿔   코르누코피아는 〈풍요의 뿔〉을 뜻한다. 풍부함, 무한함, 풍요, 풍작, 대지에서 수확한 열매, '부富를 가져오는 자'인 〈아말테이아(제우스에게 젖을 먹인 염소)의 뿔〉을 가리킨다. 풍요의 뿔은 남근 상징이며, 안이 비어서 물건을 담을 수 있다는 점에서는 여성이다. 풍요의 뿔은 식물신, 술의 신, 숙명의 신의 상징물이며, 그외에 데메테르/케레스(곡식, 풍작의 여신)와 튀케 여신, 포르투나 여신, 알타이아 여신 같은 〈태모신太母神들〉의 부수물이다. 다산多産의 신인 프리아포스도 이 뿔을 가진다.

**Cow** 암소, 젖소   암소는 〈태모太母〉, 기르는 자로서의 모든 달의 여신을 나타내며 대지의 생산력, 풍부, 생식, 모성 본능의 상징이다. 암소의 뿔은 초승달이며, 암소는 달의 여신과 대지의 여신을 나타내는 것으로 하늘에도 속하고, 동시에 지하에도 존재한다. **켈트**: 지하에 사는 암소는 흰 귀에 몸은 붉은 색으로 그려진다. **중국**: 암소는 음陰으로 대지의 원리를 나타내며, 양陽으로 하늘의 원리를 나타내는 말과 대립된다. **이집트**: 암소는 특히 이집트의 〈태모〉

엘레우시스가 〈대밀의大密儀〉를 행하던 성스러운 장소. 그곳은 그림의 부조에 나타난 밀의 이삭(밀의 密儀에서 가장 중심되는 상징)처럼 풍작豊作과 생성生成의 상징들로 가득 차 있다.

마그나 그라에시아의 기원전 3세기의 테라코타에는 밀을 든 데메테르 여신이 조각되어 있다.

인 하토르를 상징한다. 머리가 둘인 암소는 상이집트(이집트 남부)와 하이집트(이집트 북부로 나일 강 하류의 델타 지역)를 나타낸다. 〈하늘의 암소〉이며 〈하늘의 여주인〉인 여신 누트의 다리는 지상의 동서 남북을 나타내며, 아랫배에는 하늘의 별들이 달려 있다. 하토르, 이시스, 누트 등의 여신은 모두 암소의 모습이나 뿔을 가진 모습으로 그려진다. **그리스**: 헤라 여신과 여자인 이오가 변신했던 모습(「메타모르포시스」) 5. 331 및 1. 639-63)이다. **힌두교**: 암소는 성스러운 동물도 된다. 다산多産, 풍부, 대지의 상징이다. 사람의 소원을 이루어주는 소인 난디니는 우유와 〈불로불사의 영약靈藥〉을 준다. 소는 만물을 포괄하는 아디트야 여신이며, 동시에 땅의 신 프리티비이다. 암소는 대지의 상징으로서 하늘의 암소와 함께 그려진다.(「리그베다」 I. 160. [3]) 〈신성한 소〉의 네 다리는 네 계급(카스트 제도)을 나타낸다. 임신하지 못하는 검은 소는 불운과 병의 여신 니르리티에게 바치는 제물이다. **북유럽**: 만물의 〈양육자〉인 원초原初의 암소(아우즈후무라이)는 얼음 덩어리에서 태어났다. 이 암소는 얼음 덩어리를 핥아서 최초의 인간(부리)을 탄생시켰다.

**Cowrie** 자패紫貝  자패는 풍작, 생명을 주는 자, 〈태모太母〉와 여성원리, 분만, 바다의 여성적인 힘, 여성의 음문을 나타낸다. 미술에서 '자패 모양'은 애도나 죽음의 모양이며, 생과 사의 양쪽 편을 뜻한다. 자패는 악마의 눈邪視을 피하는 부적이다.

**Coyote** 코요테  **아메리카 인디언**: 코요테는 변신하는 자, 영웅을 구하는 자, 데미우르고스(조물주)이며, 인간을 위험에서 구출한다. 또한 달에 속하며 홍수를 일으키는 자, 밤의 정령, 서부 산악 지대에 사는 인디언의 마술사(→TRICKSTER)이기도 하다. **아스텍**: 자칼과 함께 제국을 유지하는 전사단戰士團을 표현한다.

**Crab** 게  게는 큰게자리(거해궁巨蟹宮)로서는 하지 이후부터 태양이 기울어져 역행하는 움직임을 나타낸다. 옆으로 걷는 게는 부정직한 사람, 신뢰할 수 없음, 마음이 비뚤어짐, 고리대금업자를 상징한다. **고대 근동**: 일설에 의하면, 게, 바닷가재와 전갈은 〈바다의 여인〉인 니나 여신과 연관된다. **불교**: 죽음의 잠, (生死의 순환에서) 삶과 삶 사이의 기간, 탄생에서 다음 탄생으로의 재생의 뜻이다. **잉카**: 〈태모신太母神〉의 무서운 면, 이지러진 달, 현세의 파괴자의 뜻이다.

**Cradle** 요람  요람은 우주를 상징하는 작은 배, 원초의 대해를 떠다니던 생명의 배, 새로운 생명, 새로운 시작을 뜻한다. 요람은 나무(→WOOD)로 만든 수제품, 인간의 탄생, 생애, 그리고 죽을 때의 피난처가 되어준다.

**Crane** 두루미, 학鶴  두루미, 학은 신의 사자, 신과의 의사소통을 나타내며 고차원의 의식 상태로 들어갈 수 있는 능력을 뜻한다. **켈트**: 두루미는 죽음이나 전쟁을 알려주는 전령(「매버노기언」〔웨일즈 지역의 중세 기사 이야기집〕의 두번째 이야기)으로, 인색함, 비속함, 악녀와 연관된다. **중국**: 두루미는 '〈깃털이 있는 부족의 가부장〉'(우족羽族의 종宗), 신의 사자, 하늘과 땅을 잇는 중개자이다. 두루미는 〈서쪽 낙원〉(서방정토)으로 영혼을 실어나른다. 불사不死, 장수, 보호자로서의 모성, 불침번, 번영, 고위 관직, 행복을 뜻한다. 두루미는 대개 태양과 소나무와 연관된다. 순백색 두루미는 성조聖鳥이며, 〈축복받은 자들의 섬〉(봉래蓬萊)에 산다. **크리스트 교**: 두루미는 불침번, 충성, 선善, 수도 생활의 질서를 나타낸다. **그리스·로마**: 봄과 빛의 사자 아폴론/아폴로 신에게 바치는 제물이다. **일본**: 대신의 지위를 나타내는 〈두루미〉는 중국의 경우와 동일한 의미이다.(은혜 갚은 학부인鶴婦人)

**Crescent 초승달** 초승달은 특히 〈태모太母〉, 〈하늘에서 달의 여왕〉의 상징이며, 또한 모든 달의 여신의 부수물이다. 초승달은 수동적인 여성원리를 나타내며, 〈어머니〉이며 동시에 〈하늘의 처녀〉이다. 항상 모양을 바꾸는 달은 현상 세계의 변화를 상징한다. 초승달은 암소나 수소의 뿔로서 표현되기도 하지만, 작은 배나 술잔의 모습으로 나타나기도 한다. 초승달은 밤하늘을 항해하는 배, '밤바다에 떠 있는 빛의 배'이다. 두 개의 초승달이 서로 등을 대고 있거나, 위아래로 있을 때에는 차오르는 달과 이지러지는 달을 나타낸다. 초승달과 함께 그려져 있는 태양 원반이나 암소의 뿔 사이에 있는 원반은 통일성, 둘이면서 하나임 또는 태양신과 달신의 결합, 남신과 여신의 성혼聖婚을 나타낸다. 빛을 발하는 초승달은 장례식에 사용되며 죽은 자의 신격화를 나타낸다. **켈트**: 초승달이나 등을 마주 대고 있는 두 개의 초승달은 모두 불사不死를 상징하는 것으로 생각된다. **크리스트교**: 〈하늘의 여왕〉인 성모 마리아이다. **이집트**: 〈하늘의 여주인〉, 여신 이시스, 뿔 사이에 태양 원반을 가진 황소로서의 여신 하토르를 나타낸다. **힌두교**: 초승달은 신생, 빠르고 급속한 성장, 〈불로불사不老不死의 영약靈藥〉이 든 잔을 뜻한다. 시바 신의 머리카락에 붙어 있는 초승달은 황소 난디를 상징한다. **이슬람교**: 별과 함께 있는 초승달은 신성神聖, 지고의 왕권을 뜻한다. **마오리 족**: 초승달은

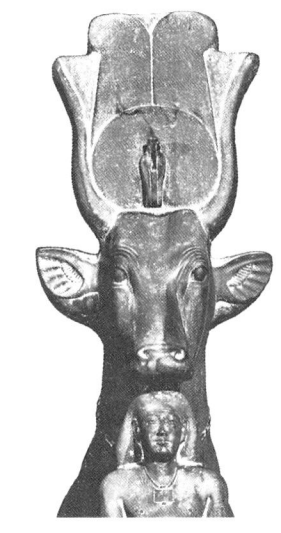

이집트 제26왕조 후기의 프사메티쿠스 1세의 조각상. 왕은 암소로 나타나는 이집트 인의 〈태모太母〉 하토르의 보호를 받는다. 암소의 뿔과 뿔 사이에는 왕의 신성神性을 나타내는 태양 원반이 있다.

16세기 중국의 청자 화병에 그려진 춤추는 흰 두루미 무리. 모든 두루미들처럼 흰 두루미도 장수와 행복의 상징이다. 여기에 있는 두루미는 흰색이어서 〈축복받은 자들의 섬〉에 사는 성조聖鳥도 된다.

암흑에서 생긴 빛이다. **수메르**: 달의 신인 신Sin의 표지이며 비잔티움, 이슬람, 터키 사람의 표지이다.

**Cricket** 귀뚜라미 귀뚜라미는 서양에서 가정의 난로를 상징한다. 중국에서는 여름, 용기를 뜻한다.(한국에서는 가을이 옴을 상징한다.)

**Crocodile** 악어 악어는 탐식하는 자, 죽음을 거쳐 삶에 이르는 필연성을 뜻한다. 입을 벌린 악어는 물의 흐름과 반대 방향으로 나아감을 나타내므로 현실 세계의 제약에서 해방됨을 상징한다. 악어는 파수꾼이기도 하다. 악어는 뭍과 물에서 모두 사는 동물로서 인간의 이원성을 뜻한다. 박물학자 플리니우스는 악어와 도마뱀은 혀가 없다고 생각하여 침묵을 상징한다고 했다. 악어는 또한 강이나 연못의 풍요성 그 자체로 여겨진다. 악어가 삼킨 사람은 지옥으로 떨어진다. 악어는 잔혹성과 악惡의 괴물 티폰의 모습으로 나타나는 악의 신 세트의 표지이다. 세베크 신의 머리는 악어이며, 사악한 정념, 사기, 배신, 본성을 숨김, 위선을 상징한다. 악어가 달(먹이)을 삼키면서 눈물을 흘렸다고 하는 데에서 위선의 눈물, 거짓의 눈물을 '악어의 눈물 crocodile tears'이라고 한다. 악어는 아페피 신, 세라피스 신, 세베크 신의 성스러운 동물이며, 프타 신의 발치에 있는 모습으로 그려진다.

**Cromlech** 크롬렉, 환상열석環狀列石, 환상 구조토環狀構造土(원형으로 배치된 거석군巨石群) 환상열석은 〈태모太母〉에게 바치는 제물이며, 이에 대한 남근원리의 부수물이 멘히르(→MENHIR)이다. 환상열석에는 성스러운 중심(→CENTER)이 가지는 순환의 상징적인 의미도 있다. 또한 환상열석은 원과 순환 주기에 관계되는 태양과도 연관된 상징성을 가지고 있다.

**Crook/Crozier(Crosier)** 목자의 지팡이/끝이 굽은 지팡이 양치기의 지팡이는 권위, 지도, 재판권, 자비, 신앙을 뜻하며, 모든 〈선한 목자〉(→SHEPHERD)의 부수물이다. **고대 근동**: 아시리아와 바빌로니아에서 목자의 지팡이는 왕의 표지 중의 하나이다. **크리스트 교**: 목자의 지팡이는 〈선한 목자〉인 예수("요한 복음" 10:11)와, 사도가 가지는 지팡이를 나타내며, 신도의 무리를 인도하는 목자로서의 사제의 부수물이다. 성 대大그레고리우스, 성 실베스터, 성 제노의 표지이다. **이집트**: 손잡이가 구부러진 지팡이는 죽은 자를 재판하는 신 오시리스의 부수물이며 지고의 권력을 나타내는 도리깨와 함께 그려지는 경우가 많다. 이집트의 왕은 민족을 인도하고 기르는 양치기이며, 왕홀王笏로서 목자의 지팡이를 가진다. **그리스**: 바다의 물고기떼의 목자인 프로테우스, 〈선한 목자〉로서의 오르페우스의 부수물이다. 또한 시와 음악의 신 아폴론, 희극과 목가牧歌의 여신 탈리아(→MUSES), 목신牧神 판, 눈이 백 개나 있는 거인인 아르고스, 눈이 하나인 거인 폴뤼페모스의 부수물이다.

**Crooked Line** 곡선 중국의 상징체계에서 곡선은 불성실한 사람, 인위적인 기준, 요란하고 겉만 번지르르한 우아함을 나타낸다. 여기에 대응하는 직선은 완전한 인간(군자)의 품행 방정함을 뜻한다.

**Cross** 십자十字, 십자가十字架, 십문자十文字 십자는 태고부터 보편적 상징으로서, 특히 우주적인 상징성을 가진다. 십자는 세계의 중심이며, 하늘과 땅이 통하는 점, 우주축宇宙軸(→AXIS)이라는 점에서 우주수宇宙樹, 산, 기둥, 사다리 등과 동일한 상징적 의미를 가진다. 십자는 〈생명의 나무〉, 〈자양분의 나무〉를 뜻한다. 십자는 보편적, 원형적인 인간 — 즉 수평으로도 수직으로도 무한하고 조화롭게 뻗어나갈 수 있는 인간 — 을 상징한다. 이런 경우 수직선은 하늘, 영지靈知, 적극성, 능동, 남성을 나타내며, 수평선은 땅, 이성, 소극성, 수동, 여성이고 십자 전체는 원초의 남녀추니를 나타낸다. 십자는 자연의 이원성, 대립물의 통합이며, 영적 통일을 나타내면서 더불어 충만한 삶을 실현하기 위해서 필요한 인간 영혼의 수직적인 면과 수평적인 면의 통합을 나타낸다. 십자는 〈지고의 아이덴티티〉이다. 십자는 팔을 벌리고 발을 뻗은 인간의 모습을 가리킨다. 또한 영혼이 내려와서 물질 속으로 들어가는 것을 뜻하기도 한다. 십자는 어떤 방향으로도 무한하게 뻗어갈 수 있으므로 영원한 생명을 뜻한다. 〈생명의 나무〉(→TREE)의 근원에서 흘러나오는 〈낙원〉의 네 줄기 강("창세기" 2:10-14)도 십자형을 이룬다. 십자는 네 가지 기본 방위(동서남북), 4대 원소quarternary의 동적動的 측면, 5개의 눈의 모양quincunx(제5점을 〈중심〉으로 히어 연결되는 세계의 4대 원소)으로 이루어져 있다. 우주론에서 십자의 윗부분은 〈천정天頂Jenith〉, 아랫부분은 〈천저天低Nadir〉를 나타낸다. 십자의 남북의 축은 (하지와 동지의) 지축至軸solstitial axis을, 동서의 축은 (춘분과 추분의) 평분축平分軸equinoctial axis을 뜻한다.

1) Crux ansata 위에 타원형의 고리가 붙은 T형 십자(우)(17쪽 그림 참조) : 이집트의 '앵크'(→ANKH)인데, 여성과 남성 각각의 상징이 결합된 것으로 양성兩性의 합체, 천지의 결합, 생명, 불사不死, 영원한 생명, '내세,' '미래,' 감추어진 지혜, 생명과 지식의 신비를 풀어줄 열쇠를 뜻한다.

연못의 풍요를 상징하는 악어가 새겨진 그리스 모자이크.

스톤 헨지의 환상열석環狀列石.

테베의 그림(세네드젬의 묘지 벽화)에서 죽은 자의 재판관인 오시리스가 지도와 통제를 나타내는 끝이 굽은 지팡이를 가지고 있다. 오시리스의 도리깨는 선행과 악행을 구별하여 인간의 혼을 재판하는 지고至高의 권력을 상징한다.

프랑크 족의 십자가에 로마적인 돋을새김을 한 것으로 크리스트 교의 십자는 예수의 희생에 의한 구원을 뜻한다.

십자가에 박힘을 상징하는 그림.

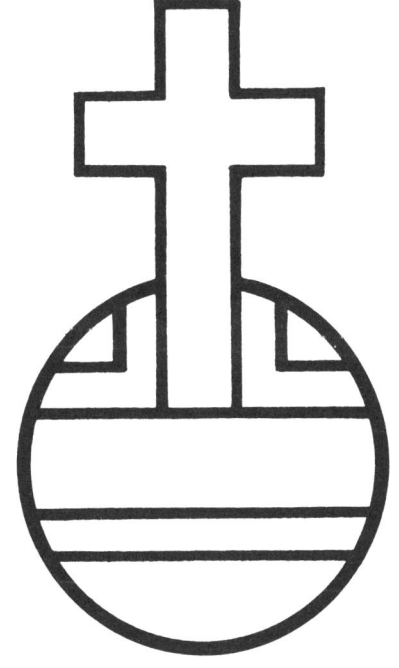

승리의 십자가.

# Cross

이것은 또한 〈생명의 나무〉로도 생각된다. 또는 타원은 영원을, 십자는 길이와 폭이 늘어남을 상징하며, 다시 말해서 무한에서부터 공간까지를 나타내는 듯하다. 또한 지평선 위로 떠오르는 태양을 나타낸다고 생각할 수도 있다.

2) Cross in circle 원 안에 들어가 있는 십자(⊕) : 태양의 동적動的인 성질, 변화의 수레바퀴, 운명의 수레바퀴이다. 크리스트교 교회는 원형의 경내境內의 중심에 십자 형태로 건축되기도 한다. →CIRCLE

3) Cross in square 사각형의 가운데에 들어가 있는 십자(⊞) : 중국에서는 대지, 안정의 상징이다.

4) Cross with wheel at centre 중심에 바퀴가 있는 십자(⊕) : 힌두 교의 〈차크라〉(→CHAKRA)이다. 힘, 위엄, 태양의 상징이다.

5) Cross pattée 평형平型 십자(+) : 펼친 새 날개로 호스피탈레 기사단의 표지이다.

6) Cross saltire X형 십자 : 완전성, 로마 숫자 10, 성 안드레아의 십자가이다.

7) Maltese cross 몰타 십자(✳) : 아시리아의 사대신四大神인 라, 아누, 벨루스, 헤아를 뜻하며 〈몰타 기사단〉의 휘장이다.

8) Rose cross 장미 십자 : 조화, 심장, 중심이다.

9) Tau cross T형 십자(T) : 〈생명의 나무〉, 재생, 감추어진 지혜, 신적인 힘과 지배, 내세來世, 천둥신의 망치, '〈복수하는 자〉,' '〈갈아부수는 자Grinder〉.' 천둥신 토르의 전투용 도끼를 뜻한다.

10) Double cross 이중 십자(⟠) : 하늘의 신 제우스를 나타내는 태양 상징이다. 불교의 스투파(불탑)(→STUPA)를 뜻하며, 칼데아의 천공신이나 아리아 인 신들의 부수물이기도 하다.

11) Cross with hand 손이 그려진 십자 : 고대 악마의 눈에 대한 액막이였다.

12) Cross with crescent 초승달이 그려진 십자 : 초승달은 달 모양의 조각배를 뜻하는 여성적 수용원리이고 십자는 돛대이며 남근 상징이다. 이 두 가지는 남자와 여자, 천지天地의 결합을 뜻한다. 성찬식 때 쓰이는 둥근 빵(호스치아)에는 대개 십자형의 표지가 있다.

**아프리카(부시먼 족과 호텐토트 족)** : 십자는 신성神性을 나타낸다. 분만을 지켜주는 부적이다. **연금술** : 십자는 원소의 자연스러운 질서를 뜻하며, 〈제5원소〉의 중심점이다. **아메리카 인디언** : 십자는 인간의 모양, 비, 별, 산불, 처녀성, 네 가지 기본 방위(동서남북), 네 가지 방향의 바람을 뜻한다. 십자의 북쪽으로 뻗은 팔은 북풍으로, 가장 강한 냉기를 가진다. 그것은 또한 모든 것을 정복한 거인, 두뇌와 지성을 뜻한다. 동쪽으로 뻗은 팔은 동풍과 심장, 생명과 사랑의 원천이다. 서쪽으로 뻗은 팔은 영혼의 나라에서 부는 미풍이며, 마지막 호흡과 미지의 나라로 들어간다. 남풍은 불과 격정의 자리로, 용해와 연소를 뜻한다. 십자의 중심은 신들의 대립이나 바람과 바람이 서로 다투는 힘에 의해서 움직이는 대지와 인간이다. 원 안에 새겨진 오두막 모양의 십자는 성스러운 공간, 우주의 〈중심〉으로 여겨진다. 하늘을 나타내는 원에 있는 공간의 네 차원은 〈위대한 신령〉 그 자체이며 전체성을 상징한다. 십자는 또한 〈우주수宇宙樹〉가 수평, 수직 방향으로 뻗어나감(대지를 덮고, 중심축을 통해서 하늘에 도달함)을 나타낸다. **고대 근동** : 바빌로니아에서 초승달이 그려진 십자는 달의 신들과 함께 그려진다. 아시리아에서 십자는 태양이 비추는 네 가지 기본 방위를 나타내며, 이 태양 십자는 귀족계급들이 몸에 걸치는 펜던트이다. 페니키아에서 십자는 생명과 건강을 의미한다. 칼데아에서 6개의 빛살을 내쏘는 십자는 세계 창조에 필요했던 6일간과 세계 과정의 6단계를 뜻한다. **불교**: 십자는 〈법륜法輪〉의 축, 〈존재의 바퀴〉(→ROUND OF EXISTENCE)의 축이다. **켈트**: 남근, 생명, 다산多産의 의미이다. **중국**: 사각형 안에 들어가 있는 십자는 대지, 원은 하늘을 뜻한다. **크리스트 교**: 십자는 예수의 희생에 의한 구원, 회개, 속죄, 고난, 신앙을 뜻한다. 제의祭衣(→CHASUBLE)에 그려진 Y자형 십자는 십자가의 예수가 벌린 팔과 신 앞에서 '손을 드는 것'("시편" 141 : 2)을 뜻한다. 십자는 또한 죽음이나 고난을 침착하게 받아들이고, 희생하는 것을 나타낸다. 성 안드레아의 십자는 순교, 고난, 자기 비하를 뜻한다. 2개의 가로막대가 있는 교회 십자는 대사제, 총대사제를, 3개의 가로막대가 있는 십자가는 교황을 나타낸다. 가슴에 달거나 목에 거는 십자가는 재판권을 나타낸다. 중세의 상징체계에서 예수의 십자가는 (에덴 동산의) 〈지식의 나무〉로 만들어졌다고 했다. 다시 말하면 〈타락〉의 원인이었기 때문에 속죄의 도구가 된 것이다. 이 나무는 좌우에 선과 악의 과실(선한 도둑과 악한 도둑의 상징도 된다["누가복음" 23 : 39-43])이 달려 있으며, 가운데에는 대립을 통일하는 〈생명의 나무〉의 둥치로서의 예수가 있다. 이 〈생명의 나무〉는 예수가 십자가에 못박혔을 때 골고다 언덕에 세워졌던 3개의 십자가 중에서 가운데에 있던 십자가이다. 십자가의 좌우에 붙어 있는 팔은 자비와 재판을 나타낸다. 크리스트 교 미술에서는 십자가의 좌우에 가끔 태양과 달을 그려서 자비와 재판을 나타내

300-400년의 이집트의 청동 십자.

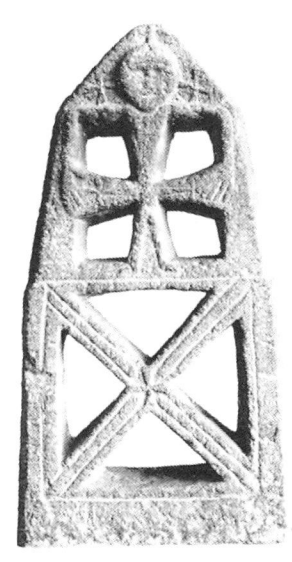

라인란트에서 출토된 7세기의 십자. X자 형(성 안드레아의 십자가) 위의 십자가에 못박힌 예수의 모습을 만들어서 고난과 순교를 나타낸다.

는 동시에 예수의 (신과 인간의) 이중성을 나타낸다. 이 이중성은 또한 하늘로 향하는 십자가의 수직축과 땅을 덮는 수평축으로도 상징된다. 꽃으로 장식된 십자 또는 '클로버형 십자cross botoné'는 아론의 지팡이에서 싹이 트고("민수기" 17 : 8), 소생한 생명으로서 예수의 부활을 나타낸다. **이집트** : 위에 타원형의 고리가 붙은 T형 십자crux ansata(콥트 교회에서 나오는 〈앵크〉의 다른 이름)인 앵크(→ANKH)는 생명, 합일合一, 불사不死, 건강을 뜻한다. 진리의 여신 마트는 이 십자가를 들고 있다. 이 십자는 또한 〈나일 강의 열쇠〉라고 불리는 여신 이시스와 오시리스 신의 결합을 뜻한다.(나일 강이 매년 범람하는 것은 이 신들의 결합으로 일어난다고 생각했다.) 앵크에서 파생된 T형 십자(타우의 홀忽)는 망치, 〈복수하는 자〉, 〈갈아부수는 자Grinder〉를 나타낸다. **그노시스주의** : 십자는 완전성이 가지는 평형을 뜻한다. **그리스** : 에페소스의 여신 아르테미스의 이마를 묘사한 것이다. **유대 교(카발라)** : 6개의 빛살을 내쏘는 십자는 세계 창조에 필요한 6일간, 시간과 세계의 과정의 6단계를 의미한다. **힌두 교** : 십자는 존재의 확장인 격질激質을 나타낸다. 수직축은 천상의 높은 존재인 순질純質을, 수평축은 지상의 낮은 존재인 예질翳質을 나타낸다. 십자는 성스러운 강 갠지스와 또한 아그니 신의 불 막대기와 연관된다. **이슬람 교** : '넓이'나 '높이'의 양쪽에서 존재의 모든 상태가 완전히 통합된다. 십자는 수평과 수직으로 확장되며 〈지고至高의 아이덴티티〉이다. **마니 교** : 〈빛의 십자cross of light〉는 〈고난의 예수〉, 자연을 끝까지 꿰뚫는 빛을 상징한다. **마오리 족** : 달의 여신, 공공의 이익, 행복을 뜻한다. **멕시코** : 고대 멕시코에서는

길이 동서와 남북으로 있었고, 세계는 이렇게 해서 이루어진 십자 위에서 창조되었다. 십자는 세계 통일의 상징이며 또한 케찰코아틀 신은 십자와 연관되기도 한다. **플라톤주의** : 〈창조주〉, '전세계를 반으로 나누어 양쪽을 십자 모양으로 겹침'을 뜻한다. **로마** : 악인에게 정해진 운명의 뜻이다. **북유럽과 튜턴** : T형 십자는 신 토르가 지니는 망치 모양이며, 천둥, 번개, 폭풍, 비, 풍요를 뜻한다. 또한 폭풍의 신들의 힘을 상징한다.

**Crossroads 십자로** 십자로는 선택, 대립물의 통일을 뜻한다. 시간과 공간이 만나는 장소, 마녀나 악령들이 모이는 위험한 마의 장소이다. 자살자, 흡혈귀, 흉악한 범죄인은 십자로에 매장하여 방향 감각을 뒤바꿔놓음으로써, 그들이 살아 있는 사람들의 세계에 다시는 되돌아오지 못하게 한다. 십자로는 여신 헤카테에게 바쳐지는 장소이며, 개는 십자로에서 헤카테 여신에게 희생물로 바쳐진다. 십자로는 가네샤 신과 얼굴이 두 개인 신 야누스와 연관된다.

**Crow 까마귀** **연금술** : 〈대작업〉의 제1단계인 흑화黑化를 뜻한다. **아메리카 인디언** : 어떤 부족에서는 까마귀가 데미우르고스(조물주)의 역할을 한다. **중국** : 검은 까마귀는 악, 악의, 불운, 수지가 맞지 않는 흥정을 뜻하고 붉은 색이나 금색으로 그려진 까마귀는 태양, 효도를 뜻한다. 태양과 연관되어 그려진 까마귀는 오히려 수탉으로 여겨지는데, 그것은 양식화된 동물 그림은 혼동되기가 쉽기 때문이다. 다리가 3개인 까마귀나 수탉은 태양에 산다. 검은 까마귀와 흰 따오기는 음陰과 양陽을 상징한다. **크리스트 교** : 고독을 뜻한다. 까마귀는 눈을 파먹는 새로서 사람을 눈멀게 하여 죄를 저지르게 하는 악마이다. **이집트** :

한 쌍의 까마귀는 결혼의 행복을 나타낸다. **그리스** : (까마귀는 예언의 능력을 가지고 있다고 생각해서, 예언의) 신 아폴론과 여신 아테나의 성조聖鳥이다. **유대 교** : 썩은 고기, 시체를 뜻한다. **힌두 교** : 바루나 신의 상징물이다. **일본** : 까마귀는 보통 흉조凶兆, 불운을 뜻하지만 신도神道의 까마귀는 신들의 사자로서 성조이다.(예를 들면 신무천황神武天皇의 동쪽 정벌 때 팔지조八咫鳥가 활약했다는 신화에서 성조가 되었다.) 신사神社와 연관된다. 까마귀는 태양의 앞쪽에 그려지기도 한다.(야생 곰 신사熊野神社 계통에서는 다리가 3개인 태양 까마귀가 많이 나타난다.)

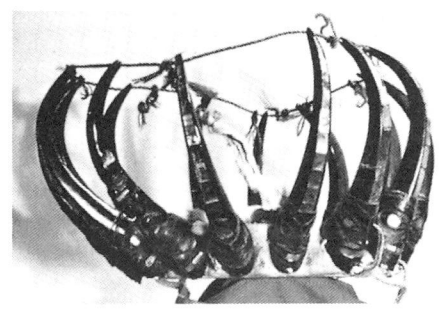

침시언 족 샤만의 관冠. 산악지대에 사는 염소의 뿔로 만들었는데, 이것을 쓰는 자에게는 신들이 사는 높은 곳으로 확실하고 안전하게 갈 수 있는 힘이 생김을 상징한다.

**Crown 관冠** 관은 지고至高의 통치권, 승리, 명예, 위엄, 보수, 최고의 달성, 헌신, 완전성, 한정된 시간, 지속, 끝없는 지속의 원圓을 뜻한다. 빛을 발하는 관은 생명의 본질이 깃들어 있는 머리의 에너지와 힘을 나타낸다. 관은 여러 가지 모습으로 태양신을 상징하며, 태양 원반을 상징한다. 초자연적인 인물이나 성인의 부수물 도 된다. 관에서 위의 뾰족한 부분은 태양광선의 상징이다. 싱록수 가지로 만들어진 관은 생명, 불사不死, 승리를 뜻한다. 발치에 놓인 관은 왕권의 포기를 의미한다. 성벽 위에 솟아 있는 작은 탑과 비슷한 요철凹凸이 있는 관은 신이 거하는 성소의 성벽을 뜻하며, 〈태모太母〉가 이 관을 쓸 때도 있다. **고대 근동** : 깃털로 만든 관은 위엄, 권력, 하늘의 힘을 뜻하며, 마르둑 신과 샤마시 신의 부수물이다. 성벽의 작은 탑과 비슷한 요철이 있는 관은 오히려 중동 지방의 〈태모신들〉이 모두 쓴다. **불교** : 오불보관五佛寶冠(오지원만五智圓滿을 상징하는 다섯 부처가 있는 대일여래大日如來의 보관寶冠)은 5 가지 지혜의 깨달음을 상징한다. 5

가장 화려하게 장식되었다는 이 관은 신성 로마 제국 황제의 관으로 아마도 961년, 오토 1세의 대관식을 위해서 만들어졌을 것이다. 십자(→CROSS)와 아치(→ARCH), 보석(→JEWELS)과 진주(→PEARL) 등, 종교적 권력과 세속적 권력을 나타내는 여러 가지 상징물들이 독특한 집합을 이루고 있다.

개의 잎이 달린 보관은 오불五佛(대일大日, 아축阿閦, 보생寶生, 아미타阿彌陀, 불공성취不空成就)을 나타낸다.(→NUMBERS) **중국**: 관은 황제의 권력, 지고의 지위의 상징이다. (황제의 관을 쓰는 것은) 귀를 덮어서 '중상모략을 듣지 못하게' 함을 나타내며, 또한 관에 진주를 비롯한 보석들을 매달아 흔들리게 해서 눈을 가리는 것은 '볼 가치가 없는 것은 아무것도 보지 않음'이라는 의미가 있다.(「한서漢書」 "동방삭전東方朔傳") **크리스트 교**: 마음이 의로운 자, 축복과 은총, 죽음에 대한 승리, 성취, 순교자에게 주는 보수를 뜻한다. 황금 관은 악덕에 대한 승리를 뜻한다. 〈하늘의 여왕〉인 성모 마리아가 쓰는 관에는 별을 달기도 한다. 교황이 쓰는 세 겹의 관은 〈삼위일체〉를 뜻하며, 전례典禮에 관계없이 중요한 임무(사제司祭, 사목司牧, 신도)에 대한 교황의 삼중三重의 높은 권위를 상징한다.(교황이 전례典禮를 치를 때에는 미트라[사교관司敎冠]를 쓴다.) 관은 헝가리의 성 엘리자베스의 표지이다. 십자가에 못박힌 예수가 쓴 가시관은 로마 황제의 장미관을 풍자한 것이며, 수난과 순교를 뜻하고 또 가시관은 시에나의 성 카트리나, 프랑스의 성 루이(성왕聖王 루이 9세), 막달라의 성 마리아, 성 베로니카의 표지가 되었다. 그리고 장미관은 성 카시미르, 성 세실리아, 성 플라비아의 상징이다. 세 개의 관은 성 샤를 대제, 십자가를 붙이게 되면 성 헬레나의 표장이다. **이집트**: 파라오는 상이집트(나일 강 상류)를 나타내는 흰색 관과, 하이집트(나일 강 하류의 델타 지대)를 나타내는 붉은 색 관을 겹친 이중관을 썼는데 이것은 고차원의 세계와 고차원의 정신, 저차원의 세계와 저차원의 정신을 상징한다. **그리스**: 월계수관은 아폴론 신에게 바치는 제물이며, 피티안 경기대회의 승리자에게 수여했다. 파슬리 관은 제우스 신에게 바치는 제물이며, 네미안 경기대회의 승리자에게 주었으며, 소나무 관은 포세이돈 신에게 바치는 제물로서 이르미안 경기대회의 승리자에게, 야생 올리브 관은 제우스 신에게 바치는 제물로 올림피아 경기대회의 승리자에게 수여되었다.(→WREATH) 튀케 여신은 성벽에 솟은 작은 탑과 비슷한 요철이 있는 관을, 꽃의 여신 플로라는 꽃 관을, 세레스 여신은 밀의 이삭으로 만든 관을 썼다. **힌두 교**: 사원의 중심 기둥의 꼭대기에 씌운 관은 신의 영광을 나타내며 하늘까지의 통로를 나타내며, 지상 세계를 떠나 신의 세계로 들어가는 입구를 보여준다. **로마**: 관은 승리를 뜻한다. 빛을 발하는 관은 태양신, 신성神聖을 나타낸다. 로마 황제는 장미관을 썼다. 운명의 여신 포르투나는 성벽 위에 솟은 작은 탑과 비슷한 요철이 있는 관을 썼다.

**Crozier(Crosier)** 끝이 굽은 지팡이→CROOK

**Crucible** 도가니 **연금술**: 도가니는 여성, 모태母胎, 수용적인 여성원리를 나타내며, 불, 능동, 남성이며, 난로와 비견된다. 도가니는 원질原質을 직접 불에 접촉시키는 '건조'법에 사용되는 녹이는 냄비이다. 도가니는 새로운 생명을 얻어서 재생하기 전의 모든 것들이 되돌아와서 죽는 자궁을 상징한다. 또한 보다 높은 존재로 태어나는 변화에 앞서서 거쳐야 하는 엄격한 시련, 고난, 이니시에이션의 시련의 장소이다. 도가니는 그 안에 원질이 용해되어서, 정화되고, 변질되는 아궁이나 아타노르athanor(스스로 타는 화로.)이다. 도가니는 용기로서 유황과 수은(신생新生의 소금도 집어넣어서), 남성과 여성, 휘발성과 불휘발성처럼 대립하는 시원적인 힘을 내 포하며, 이 상반되는 힘을 용해와 응고 — 즉 용해와 최종적 합일 — 로 합치시키는 결합이다.

**Crutch** 지팡이, 솔방울 지팡이  지팡이는 떠받쳐준다라는 의미 외에 절름발이라는 의미도 포함한다. 즉 도덕적인 결함을 나타낸다. 노년, 걸식을 뜻한다. **크리스트 교**: 은둔 생활을 했던 수도사 성 안토니우스, 성 로마왈드의 표지이다. **그리스 · 로마**: 절름발이 대장장이 신 헤파이스토스/불카누스와 절름발이의 신 사투르누스/크로노스의 부수물이다. **이슬람 교**: 지팡이는 〈수호자〉, 〈도와주는 자〉를 의미하는 알-나시르al-Nasir(「코란」 22 : 78)라는 신 이름과 같은 문자로 쓰인다.

**Crystal** 수정水晶  수정은 청순, 영적 완성과 지식, 스스로 빛나는 자를 뜻한다. 수정이나 유리로 만든 배, 탑, 슬리퍼 등은 새로운 차원으로의 이행, 신분의 변화, 내면 세계로의 이행을 의미한다. 수정은 마력을 가지며, 〈위대한 신령〉의 시원적 상징이다. 또한 수정은 의지의 수동성이며, 이에 반해서 칼은 의지의 능동성을 뜻한다. **불교**: 마음이 투명한 상태, 영적인 지혜의 범위, 맑고 깨끗한 정신, 투철한 통찰력의 뜻이다. 수정은 육체와 정신의 오온五蘊(인간을 성립시키는 5 가지 요소, 즉 색色, 수受, 상想, 행行, 식識)을 상징하는 5 가지 색을 비춘다. **크리스트 교**: 유리나 수정의 구球는 신의 빛의 세계를 뜻한다. **그리스 · 로마**: 달의 여신 셀레네/루나에게 바치는 제물이다. **샤머니즘**: 하늘의 힘과 빛의 의미이다.

**Cube** 정육면체  구球가 시원적 상태 및 순환운동과 그 시작인 데 대해서 정육면체는 순환운동의 끝의 정지 상태를 뜻한다.

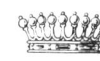

다양한 모양의 관.

상징적으로 정육면체는 원을 사각형으로 만든 것이다. 정육면체는 또한 어느 쪽에서 보아도 같은 모양인 〈진리〉를 상징하며, 완전, 완성, 안정, 정적靜的 완전성, 완벽한 법을 나타낸다. 정육면체는 또한 십자가가 접힌 모양이다. 전통적인 건축물에서 정육면체는 안정의 상징으로서 건물의 기반을 이루는 낮은 위치에 초석礎石으로 사용되었다. 이에 대응하는 원형은 돔으로서 높은 위치에 사용되었다. **연금술** : 정육면체는 유황과 수은의 결정으로 이루어진 소금을 나타낸다. **중국** : 정육면체는 대지의 신성神性으로서, 하늘의 신성인 구球에 대응된다. **유대 교** : 지성소至聖所("레위기" 16 : 33)를 의미한다. **이슬람 교** : 카바 신전은 정육면체이다. 육면체는 안정, 정적靜的인 완전성을 뜻한다. **마야** : 대지, 현세의 뜻이다. 〈생명의 나무〉(→TREE)는 정육면체의 중심에서 생겼다.

**Cuckoo 뻐꾸기**  뻐꾸기는 남유럽에서는 봄을, 북쪽에서는 여름을 상징한다. **고대 근동** : 페니키아에서는 왕홀王笏 위에 장식된 왕의 새이다. **그리스** : 결혼의 뜻이다. 제우스 신이 헤라 여신을 얻기 위해서 변신했던 모습 중 한 가지이다. **일본** : 일본에서는 두견새가 짝사랑과 연관된다.(「고금집古今集」 469) (인간이 내는 소리와 비슷한 울음소리를 내며 명부冥府의 새이다.)

**Cup 컵, 잔**  컵은 입이 벌어져 있으며, 수용적, 수동적, 여성적인 모양이다. 생명의 한모금, 불사不死, 풍부함을 나타낸다. 몇몇 전통적 이니시에이션 의례에서는 〈성스러운 잔〉의 상징이 나타난다. 뒤집힌 컵은 비어 있음을 나타내며, 그래서 허영을 상징한다.→GRAIL  **불교** : →BOWL **켈트** : 심장, 생명을 뜻한다. 나무망치와 함께 수셀로스의 부수물이다. **크리스트 교** : 컵은 겟세마네 동산에서의 예수의 고민("마가복음" 26 : 36-46)을 뜻한다. 안에서 뱀이 나오는 잔은 사도 요한의 표지이며, 깨진 잔은 성 베네딕투스와 성 도나토의 표지이다. **그리스 · 로마** : 영웅 헤라클레스의 부수물이다. **힌두 교** : 베다의 공양용의 4개의 잔은 지상 세계에서 십자형을 이루는 〈낙원〉의 4개의 강을 뜻한다. 같은 4개의 잔은 순환적 발전(연령, 사계, 4 가지 계급 즉 카스트)의 4 가지를 상징한다. 기둥 꼭대기에 놓인 잔은 자신을 하늘에 바쳐 하늘에서 은총과 풍요를 받는 존재를 상징한다. **이슬람 교** : 〈수피sufi〉(이슬람의 신비주의자)들이 들여다보는 잠시 왕의 잔은 세계의 거울을 의미한다.(왕은 페르시아 신화에 나오는 인물이며, 잔 가운데에서 세계를 볼 수 있었다고 한다.)

**Cupola 둥근 천장**  둥근 천장은 하늘의 돔, 하늘의 궁륭, 천상 세계를 뜻한다. 힌두교나 불교에서 스투파(불탑)(→STUPA), 쇠르텐(공양탑)(→CHÖRTEN), 사원 등에 있는 둥근 옥상은 '조그만 장소'이며, 관冠(→CROWN)을 대신하거나 영적 가호나 왕위를 나타내는 우산에 대신하는 상징이다.

**Cyclamen 시클라멘**  **크리스트 교** : 시클라멘은 성모 마리아의 부수물로 꽃잎에 있는 붉은 반점은 마리아의 심장의 피이다. 이 꽃은 또한 '피를 흘리는 수녀'도 된다.

**Cymbals 심벌즈, 바라**  심벌즈는 지구의 양쪽 반구半球, 4대 원소의 움직임을 뜻한다. 오르기(주연酒宴)(→ORGY) — 특히 신 디오뉘소스/바쿠스의 의례나 여신 퀴벨레와 신 아티스의 제의 — 에서는 열광적으로 춤출 때 드럼이나 탬버린과 함께 사용되었다. 퀴벨레와 아티스의 제의에서 새로운 참가자는 탬버린을 그릇으로 삼아서 먹고, 심벌즈를 잔으로 삼아서 마신다. 심벌즈는 퀴벨레의 부수물이다.

**Cypress** 측백나무 측백나무는 남근상징이며, 또한 죽음과 매장의 표지이다. 측백나무는 시체의 부패를 막는 힘이 있다고 생각되어서 묘지에 심었다. 태양이나 달이 꼭대기에 얹힌 측백나무는 남녀추니(→ANDROGYNE)를 나타낸다. **중국**: 은총, 행복, 동시에 또한 죽음을 뜻한다. **크리스트 교**: 인내를 나타내며, 그래서 크리스트교 교도, 미덕의 견지堅持, 의인의 상징이다. 또한 죽은 자에 대한 애도, 죽음의 상징이다. **그리스·로마**: 신 제우스/유피테르, 아폴론/아폴로, 헤르메스/메르쿠리우스, 여신 아프로디테/베누스의 표지로서 생명을 나타낸다. 명계의 신들과 운명의 신의 부수물로서 장례의식과 연관되며, 죽음을 나타낸다. 명계의 왕 하데스/플루톤에게 바치는 제물이다. **고대 근동**: 페니키아의 여신 아스타르테와 신 멜카르에게 바치는 제물, 〈생명의 나무〉(→TREE)이다.

심벌즈를 든 퀴벨레 여신으로 2-3세기의 로마 조각품이다.

# D

**Dagger** 단검短劍 단검은 〈검劍〉(→SWORD)이나 〈창槍〉(→SPEAR) 등과 마찬가지로 남성을 나타낸다. 남근상징으로 군신軍神 마르스, 미트라 신, 비극을 관장하는 시신詩神 멜포메네의 부수물이며 사도 성 토마스, 성 루키아의 부수물이기도 하다.

**Daisy** 데이지 데이지는 서양에서 무구無垢, 순결을 뜻한다. 요정 벨리데스의 표지이다. 원래 '낮의 눈'(태양)에서 유래하는 데이지는 태양에 속한다.

**Dalmatic** 댈매틱(소매가 긴 제복祭服)

크리스트 교 : 부제副祭의 제복으로 사목司牧의 역할을 나타낸다. 구원, 정의를 뜻하며 축제일에 입는 옷이다. 댈매틱의 십자가 모양은 예수의 수난을 상징하며, 성 라우렌티우스, 성 스테파누스, 성 빈첸티우스, 성 레오나르두스(모두 다 부제)의 표지이다. 댈매틱은 그리스 정교의 사코스 sakkos에서 나온 것이지만 영국 국왕의 대관식에도 사용된다.

**Dance/Dancing 춤/무용** 춤은 우주 창조의 에너지, 공간을 시간으로 변화시키는 것, 우주의 리듬을 의미하며 신의 창조 '행위'를 모방하는 것, 힘과 감정 그리고 활동의 강화를 뜻한다. 원무圓舞는 태양의 운행을 모방한 움직임으로, 원의 가운데에 성스러운 공간을 만들기도 한다. 칼춤劍舞과 가장무도는 특히 봄에 태양의 운행을 도와주는 교감 마술交感魔術이다. 어떤 물건의 주위를 춤추며 도는 것은 그 물건을 마법의 동그라미 가운데에 놓이게 하여 보호하고 강화시키는 것이 된다. 윤무輪舞 chain dance(손과 팔을 서로 엇갈리게 잡고 추는 무용)는 남성과 여성, 하늘과 땅을 결합시켜주는 것을 상징한다. 트로이아 무용, 즉 미궁춤迷宮踊(→LABYRINTH)에는 춤추며 돌아가는 원의 중심에 놓인 물건에 힘을 부여하는 동시에 액厄을 제거하는 의미가 있다. 춤의 중심에는 종종 처녀가 놓이는데, 그 경우 처녀를 획득하는 것과 중심에 도달하는 것은 둘 다 이니시에이션이나 〈낙원〉의 회복이라는 목표를 상징한다. 실이나 밧줄을 이용한 무용은 아리아드네의 실뭉치, 즉 미궁으로 들어갔다 나오는 길을 가르쳐주는 비밀의 지식을 상징한다. 또 그 실이나 밧줄은 탯줄을 상징하기도 한다. 힌두 교에서 〈시바 신의 춤〉은 우주의 영구 운동, 우주의 리듬을 나타내며 세계의 창조자, 유지자, 파괴자인 시바 신에 의한 창조 '행위'를 상징한다. 시바 신은 혼돈과 물질에 깃들인 악령을 정복하고 무지를 극복하여, 그것들을 밟고 춤을 춘다. 이 춤은 마야(환영幻影)를 깨뜨린 후에 얻어지는 해방을 상징한다. 가로로 누운 아이들 위에서 시바 신이 춤출 때에 그 발놀림이 가벼워서 발 아래의 아이들은 전혀 다치지 않는다. 또 이 신이 여성과 춤출 때에 진짜 이성간의 춤처럼 무용은 뛰어나고 우아하며 자연스럽다. 그러나 시바 신이 혼자서 춤을 출 때에는 춤은 고독하고 부자연스러운 금욕 생활을 상징하게 되어 황량하고 파괴적인 무용이 된다. 춤은 〈춤의 제왕〉 시바 신과 깊게 연관되어 있지만 시바 신 이외에도 많은 힌두 교의 신들이 춤과 음악에 관련되어 있다. 비슈누 신도 춤을 추며, 영웅신 크리슈나(비슈누 신의 여덟번째 화신)는 뱀 칼리야의 머리 위에서 춤을 춘다. 「베다」이후의 문헌에서 무용은 노화와 죽음에 연관되어 있다. 「우파니샤드」에서 죽음은 일종의 무용이다. 무용은 창조된 순간에 소멸하지만 그것은 곧 죽음과도 유사하게, 해방이기도 하기 때문이다. 신 디오뉘소스/바쿠스의 광란적인 향연에서 춤은 감정의 혼돈을 상징한다. 일신교一神敎에서 원무圓舞 혹은 윤무輪舞는 신의 옥좌 주위를 도는 천사들의 무용을 모방한 것이다. 크리스트 교에서 무용은 성 요한의 〈묵시默示의 환시幻視〉로 보여지는데, 이것은 '무용을 신비라고 불렀던' 예수를 중심으로 12사도가 춤을 추는 원무이다. 이슬람 교의 열광파(신비주의 교단 수도회)에서 무용은 행성의 자전과 공전을 나타낸다. 또 존재의 주기와 그 주기가 〈영靈〉의 힘에 의해서 회전하는 것을 뜻한다.

**Darkness** 암흑  암흑은 태초의 혼돈, 혼돈의 신들, 존재에 대한 이원성의 근원, 태어나기 전의 태아의 상태이며 빛이 나오는 기반으로 본질적으로는 악하지 않다. 이런 의미에서 암흑은 드러나지 않은 비현현非顯現의 빛이다. 우주 창조 이전과 인간 탄생 이전의 암흑은 탄생과 이니시에이션에 선행된다. 또 암흑은 죽음이나 이니시에이션의 경우에 그러하듯 이행 단계와 결부된다. 발생과 창조는 암흑의 가운데에서 일어나고 곧 죽어서 분해되어 암흑으로 되돌아간다. 암흑과 빛은 창조자이면서 파괴자인 〈태모太母〉의 두 가지 면, 즉 탄생과 생명과 사랑, 죽음과 분해 등을 상징한다. 이러한 이면성은 또 〈검은 성모단〉, 음陰과 양陽, 샤크타와 샤크티로 상징된다. **중국** : 음陰, 여성, 수동적 원리이다. **크리스트 교** : 〈암흑의 왕자〉 사탄, 영적 몽매蒙昧, 갇힌 상태를 뜻한다. **힌두 교** : 〈시간〉의 파괴자 칼리의 어두운 속성, 시바의 배우자 신인 두르가의 사악한 성격을 나타낸다. **이란** : 〈거짓의 왕〉이자 〈암흑의 왕〉인 악의 신 아흐리만(앙그라 마이뉴)의 힘이다. **이슬람 교** : 무분별, 무사려의 의미이다.

**Date** 대추야자  대추야자는 풍작, 다산多産의 의미이다. 만다야 교의 상징체계에서 대추야자는 남성의 생식력을 나타내고 포도는 여성의 생식력을 나타낸다.

**Dawn** 새벽  새벽은 광명, 희망의 의미이다. 불교에서 새벽은 〈공空〉의 청명한 빛이다. 크리스트 교에서는 이 세계에 빛을 가져다준 예수의 부활과 재림을 의미한다.

**Days** 일日, 낮  날日은 셈 어족과 더불어 동양에서 종종 쓰인 상징으로, 브라마 Brahma의 낮과 밤이라든지 수메르 인이나 유대 인들이 신의 천지 창조 때 필요로 했다고 생각하는 날의 수처럼 긴 시간의 경

19세기의 아메리카 평원의 인디언이 들소의 가죽에 그린 그림으로 태양춤을 기념하고 있다. 여기서는 천공天空을 가로지르는 태양의 궤도를 재현하고 무용수들을 그 궤도에 합류하게 한다.

이슬람의 열광파들에게 무용은 신과의 합일을 달성하기 위한 습관적인 방법이다. 신의 존재와 은총은 무용수가 들어올린 팔로 들어가 무용수의 정신과 육체를 거친 다음, 무용수의 내려진 팔을 통해 나와서 〈대지〉와 하나로 합쳐진다.

과를 상징한다. 힌두 교에서 낮과 밤은 시바 신이 눈을 떴다 감았다 함으로써 일어난다.

**Death** 죽음  죽음은 생명의 보이지 않는 속성, 전지全知(죽은 자는 모든 것을 보므로)를 가리킨다. 현세에서의 죽음에 뒤이어 영적靈的 재생이 이루어진다. 이니시에이션에서는 새로운 인간의 탄생, 부활, 재통합에 앞서 죽음의 암흑을 경험하게 된다. 죽음은 한 존재 양식에서 다른 양식으로의 변화이며 육체와 땅, 혼과 영靈의 재결합이다. 〈죽음의 왕〉은 칼과 큰 낫, 낫, 모래시계를 가진 해골로서 종종 표현된다. 이 외에 죽음을 상징하는 것으로서는 베일, 뱀, 사자, 전갈, 재灰, 북 치는 사람이 있다. 힌두 교에서 죽음은 무용수로, 때로는 아름다운 소녀로 상징된다. 시바 신은 〈춤과 죽음의 신〉이다.

**Deer** 사슴  사슴은 〈생명의 나무〉로 종종 묘사된다. **아메리카 인디언**: 부드러움, 발 빠름의 상징이다. **불교**: 〈법륜法輪〉의 양 옆에 있는 사슴은 사르나드Sarnath 녹원鹿園에서 있었던 석가모니의 초전법륜初轉法輪을 상징한다. 사슴은 명상, 온유, 너그러움을 상징하지만, 중국 불교에서는 분노의 호랑이, 탐욕의 원숭이와 함께 탐애를 나타내는 '삼독三毒 동물' 가운데 하나이다. **켈트**: 요정의 세계에 사는 초자연적인 동물로 요정이 키우는 가축이거나 신의 사자使者이다. 사슴의 가죽과 뿔은 의례용 의복으로 사용된다. 〈수렵의 여신〉 플리다스의 전차는 사슴이 끌고 있다. **중국**: 장수長壽, 높은 신분, 관리로서의 성공, 부 (鹿은 祿과 동음이의어)를 상징한다. **이집트**: 포키스(리스 중부 지역)에서 사슴은 여신 이시스의 제물이다. **그리스**: 달의 여신인 아르테미스, 아테나, 아프로디테, 그리고 델포이의 신 아폴론에게 바쳐진 제물이다. **일본**: 장수長壽의 신(七福神의 하나인 壽老人)의 부수물이지만 단풍과 결부되면 고독과 우울을 뜻한다. →STAG

**Delta** 델타(Δ)  델타는 여성의 생식력, 생명의 문을 뜻한다.

**Deluge** 대홍수 →FLOOD

**Descent** 하강下降  명계冥界로 내려가는 것이나 명계의 보물을 구하는 것은 신비한 지혜, 재생, 불사不死에 대한 탐구와 같은 뜻이다. 하강은 인간 본성의 어두운 면을 이해하고 그것을 구원하는 것이며, 죽음을 극복하는 일이다. 하강은 자궁퇴행이며, 재생과 갱생 이전에 태초의 암흑으로 내려가는 것, 부활하여 승천하기 전에 지옥으로 내려가는 일이다. 하강은 이니시에이션 의례로 행해지는 여행이며, 죽어서 소생하는 모든 신들이 하는 여행이다.

**Desert** 사막  사막은 황량과 방기放棄의 상징으로 묵상의 장소이며, 고요하여 계시가 내리는 신성한 장소이기도 하다.

**Dew** 이슬  이슬은 새벽의 빛, 영적靈的 소생, 은총, 축복을 뜻한다. 감로는 평화와 번영의 상징이다. 또 이슬은 변화, 환영幻影, 덧없음無常을 나타낸다. 달, 석양, 잠과 연관된다. **켈트**: 드루이드 교 사제들 사이에서 이슬은 물의 가장 성스러운 형태로 여겨졌다. **중국**: 영원 불멸, 불사不死의 뜻이다. 우주축宇宙軸(→AXIS)의 신성한 곤륜산에서 자라는 〈감로수甘露樹〉는 〈생명의 나무生命樹〉(→TREE)의 상징성이 있다. **유대 교(카발라)**: 이슬은 부활을 뜻한다. 〈빛의 이슬〉(주의 이슬은 빛난 이슬이니 —— "이사야" 26:19)은 죽은 자를 살려내는 〈생명의 나무〉에서 생긴다. **멕시코**: 신성한 선인장 페이오틀의 수직 교차점에서 나오는 이슬은 불사의 이슬이다. **신플라**

톤주의 : 이슬은 자연 속에서 영혼을 포함하는 것, 생성의 뜻이다. 로마 : 유피테르 신의 정액이다.(「메타모르포시스」 4. 611)

**Diadem** 왕관   왕관은 왕의 권력, 최고의 통치권, 연속성을 가지는 둥근 테, 무한의 지속을 뜻한다.

**Diamond** 다이아몬드 → JEWELS

**Diamond Mace, Throne, Seat** 다이아몬드 옥홀玉笏, 금강장金剛杖, 금강좌金剛座 〈불족석佛足石〉에 묘사된 금강장은 현세의 인간 정념情念을 내리치는 번개이며, 또 확고한 결심을 상징한다. → VAJRA 〈금강좌〉는 깨달음을 얻는 장소이다.

**Dice/Die** 주사위   주사위를 던지는 것은 〈운명〉, 돌이킬 수 없음, 변덕을 의미한다. 주사위를 둘로 쪼개는 것은 우정을 약속하거나 새로이 하는 것이다. 힌두 교에서는 〈정육면체〉(→CUBE)와 같은 상징성을 가지며, 신성한 수 4의 부동성不動性, 유가Yuga의 순환 등을 의미한다. 크리스트 교에서는 주사위가 예수의 수난을 상징한다.("요한복음" 19 : 23-24)

**Directions of Space** 공간의 방위   〈북〉(→NORTH), 〈남〉(→SOUTH), 〈동〉(→EAST), 〈서〉(→WEST) 각 항목 참조. 중국과 톨텍 족의 천문학에서는 세계의 〈중심〉을 제5방위로 해서 세계를 다섯 방위로 구분한다. 기본 방위는 장례 의식이나 관습에서 중요한 역할을 한다. 수메르-셈 문화권에서는 네 개의 기본 방위에 각각 대응하는 사주四柱의 신이 있다.

**Disk** 원반   원반은 태양, 생명의 부활, 완전성, 신성神性, 힘을 나타낸다. 날개 달린 원반은 하늘에서 내리신 힘으로 여러 의미가 부여되어 있다. 즉 태양신, 하늘에서 내려온 불, 태양에 속하는 매나 독수리 날개와 태양 원반의 결합체, 극極을 축으

삼나무로 새긴 사슴 가면(높이 29cm)으로, 조개껍질을 아로새겼다. 아마도 수렵의 성공을 기원하는 의식 무용에서 샤만이 썼던 것일 듯하다.

16세기 운명 판단서의 한 페이지이다. 세 개의 주사위로 사람의 운명과 앞날을 아는 방법이 나타나 있다. 주사위 눈의 조합이 수점술 혹은 수비학數秘學, 점성술, 연금술을 근거로 해석되어 있다.

로 해서 도는 천구天球의 운동, 신성, 변모, 불사不死, 만물을 길러 생성해내는 자연의 힘, 생명을 부여하고 보호하면서 또 죽음을 부여하는 자연의 이원적인 힘, 액막이 등을 뜻한다. 가운데 구멍이 있는 원반은 중심이 〈공空〉(초월적인 유일자의 〈본질〉)인 우주의 원을 의미한다. 원반의 회전은 우주가 축을 중심으로 회전함을 뜻한다. 초승달이나 뿔 모양의 태양 원반은 통일성, 하나 가운데의 둘, 남신과 여신의 신성한 결혼, 태양신과 달신의 결합을 상징한다. **불교**: 원은 창조된 세계의 순환이고 그 중심은 〈공空〉이다. 원반은 비로자나毘盧遮那(광명을 내비치어 중생을 제도하는 부처)의 부수물이다. **중국**: 태양은 '성스러운 원반'이다. 원반은 하늘, 신성, 영적靈的이고 천상적인 완전성이다. 서로 싸우는 용으로 둘러싸인 원은 〈공〉을 상징한다. **이집트**: 태양신 라의 힘과 명성이다. 상승하는 태양의 원반은 생명의 탄생, 사후의 생, 재생을 상징한다. 날개 원반은 〈천주天主lord the upper regions〉인 〈위대한 신〉을 나타낸다. **유대교**: '의로운 태양이 있고 그 날개에서 치료하는 광선이 발하다.'("말라기" 4 : 2) **힌두교**: 빛을 발하는 원반은 크리슈나 신의 상징물이자, 브라마 신의 원반이다. 회전하며 빛을 내는 원반은 비슈누 신의 무기로, 축을 중심으로 도는 우주의 회전을 의미한다. 또 〈차크라〉(→CHAKRA)의 회전이기도 하다. **이란**: 빛과 빛의 위력을 나타내는 날개 원반은 광명의 선신善神 아후라 마즈다(혹은 오르무즈드)의 상징이다. **고대 근동**: 날개 원반은 최고천에 사는 신(아시리아의 최고신 아슈르와 바빌로니아의 태양신 샤마시)의 상징이며 직접적인 표상이다. **황도십이궁**: 숫양의 뿔 위에 있는 원반은 백양궁白羊宮(양자리)을 상징한다.

**Dismemberment** 사지절단四肢切斷 사지절단은 이니시에이션에서 죽음과 재생의 상징이다. 재통합과 재생에 앞서 자아를 죽여야 하는 필요성, 분해와 재통합의 상보적인 이면을 나타낸다. 사지절단은 또 통일성의 와해, 창조에 의한 다양성과 분해, 〈하나〉에서 비롯된 여럿을 의미하며, 희생과 밀접하게 연관되어 있다. 사지가 절단되어 흩어졌다가 다시 재통합된 신, 예를 들면 오시리스, 자그레우스, 디오뉘소스 등은 창조되어 드러난 현세계의 다양성과 함께 태초의 통일성의 궁극적인 회복을 뜻한다. 비밀 의식에서 사지절단은 샤만, 즉 주술자에 의한 이니시에이션의 요소가 되기도 한다. 아프리카 요루바 족에게서 사지절단은 갈기갈기 찢어졌다가 다시 통합되는 오리샤 신의 경우로 나타난다.

**Distaff** 실 감는 막대, 실톳대 실 감는 막대는 시간, 창조를 의미한다. 방적과 직조의 여신, 운명의 여신이 가지고 다니는 물건으로, 여신 아테나는 방적과 직조의 보호자이다. 운명의 여신 클로토는 실을 잣는 〈방적공〉이다. 실 감는 막대는 여성의 일을 상징한다.→SPIDER, WEAVING

**Djed, Djed-Pillar** 제드, 제드 기둥(악령으로부터 몸을 보호하는 부적. 미라의 부패를 막는다.) **이집트**: 제드는 오시리스 신의 등뼈로, 〈우주축宇宙軸〉, 〈기둥〉이며 안정, 견고, 불변, 보존을 상징한다.(콥트어로 타트[→TAT]라고 한다.)

**Dog** 개 개는 충성, 경계, 고귀를 뜻한다.(개와 매는 귀족의 표지이다.) 플루타르코스는 개가 '보수적이고 조심스러우며 철학적인 생활 신조'를 상징한다고 했다. '텁수룩한 머리를 쳐들고 낯빛이 검은 색과 황금색으로 번갈아 변하는 개는 천상의 신들과 저승의 신들 사이를 왕래하는 사자使

耆이다.'(고대 로마의 시인이자 철학자 아폴레이우스) 개는 현세와 내세의 경계를 지키는 수문장, 통로의 수호자, 저승 세계의 수호자, 죽은 자의 수행인, 영혼을 저승으로 인도하는 자이다. 산토끼나 도마뱀처럼 개가 달에 속하는 동물인 경우 달의 신들 사이의 중개자이다. 극동에서 개는 낮에는 양陽의 동물로 태양에 속하지만, 밤에는 음陰의 동물이다. 이집트나 수메르에서 개는 태양에 속한다. 개는 전령신傳令神과 파괴의 신을 연결시켜주며, 아누비스, 헤르메스/메르쿠리우스의 부수물이다. 개와 수달은 조로아스터 교에서 '청결한' 동물 중에서도 특별한 존재로, 이들을 죽이면 죄가 된다. 저승의 여신 헤카테는 투견鬪犬의 무리를 이끌고 있다. '탐욕스럽게 먹는 자'라고 불리는 북유럽의 가르므르는 때로 개의 형태로 묘사되기도 한다. 스키타이에서는 파괴자인 여신 브리모가 한 마리의 개와 함께 다닌다. 개는 때로 〈선한 목자牧者〉를 뒤따르기도 하지만 보통은 아스클레피오스(아에스쿨라피우스)와 같은 치료의 신, 모든 여자 사냥꾼과 〈태모신太母神〉의 뒤를 따른다. 〈태모신〉은 종종 '암캐'로 불리며 새끼를 낳고 있는 개로 묘사된다. 검은 개는 마술, 마신魔神, 저주받은 자, 죽음이다. 마녀가 주로 이용하는 개와 고양이는 비를 내리는 마녀를 상징한다. 고양이는 큰 비를, 개는 큰 바람을 불러온다고 하여 '비가 억수같이 퍼붓다 raining cats and dogs'라는 표현에 쓰인다.

바람으로서의 개는 겨울 혹은 한발旱魃의 멧돼지를 멀리 쫓아버릴 수 있다. 개의 머리를 한 종족인 퀴노케팔로스는 빛의 적을 죽이거나 감옥에 가두어넣는다. 개는 종종 문화 영웅이며, 어떤 신화에서는 인간의 선조이다. 또 개는 이승에서 인간의

현무암에 새겨진 부조浮彫.(기원전 9세기 님루드에서 출토) 태양 원반(여기서는 날개 달린)과 그 배우자인 달의 가호加護 아래에서 행해지는 신종臣從의식이다. 태양 원반과 달은 각각 순결한 빛과 그 어두운 반사를 나타낸다.

제드 기둥에서 솟아오르는 태양으로 기원전 1250년의 아니의 파피루스 그림이다.

친구여서 사후에도 죽은 자와 저승신들간의 중개자로 통역의 역할을 맡는다. 개는 불을 가져온 자, 불의 지배자로서의 성질을 가진다. 즉 마찰에 의해서 불을 일으키는 방법을 발명했으며, 어떤 문화권에서는 남자가 불을 일으키는 모습을 몰래 관찰하여 그 비법을 여자에게 가르쳐주었다고 한다. 개가 불과 결부되면 성적性的 상징성을 가지는데 이것은 불이 성적인 힘과 연관되어 있기 때문이다. **아프리카** : 개는 종종 문화 영웅이며 불을 일으킨 발명자, 인간에게 불을 가져다준 자이다. **연금술** : 개는 늑대와 같이 메르쿠리우스(철학자의 수은), 〈누스〉의 이원적인 성질을 나타낸다. **아메리카 인디언** : 코요테coyote와 교환이 가능한 존재로서 개는 천둥의 동물, 비를 가져오는 자, 불의 발명자이며, 코요테처럼 문화 영웅, 신화에서 인간의 선조이며 중개자, 사자使者이다. 이로코이 족에게 흰 개는 내세에 기원을 전달하기 위해서 새해에 희생되는 동물이다. **고대 근동** : 메소포타미아(바빌로니아)의 상징체계에서 개는 해롭고 사악하며 악마적 존재인 전갈, 뱀 등의 파충류와 결부된다. 그러나 페니키아의 도상학圖像學에서 개는 태양을 따르며, 〈태모신太母神〉의 한 모습인 〈위대한 의술의 여신〉 갈라의 표지이다. 여신 아카디언 벨리트-일리의 옥좌 곁에는 한 마리의 개가 앉아 있거나, 여러 마리의 개가 옥좌를 지키고 있는데, 개는 이 여신의 표지이기도 하다. 개는 여신 아스타르테의 부수물이기도 하다. **안데스** : 고대 안데스에서 개는 저승으로 가는 사자死者의 길에 함께 동행한다. 죽은 자의 매장 의식에 바쳐지는 경우가 많다. **아스텍** : 〈죽음과 지는 해의 신〉인 엑소틀은 개의 머리 모양을 하고 있고 개의 보호자이다. 개는 죽은 자를 저승으로 인도하고 때로는 죽은 자들의 저승길에 동행하도록 무덤 앞에서 희생되기도 했다. 무시간, 혼돈을 나타내는 〈멕시코 별자리〉의 마지막은 삶과 죽음의 끝이면서 동시에 부활과 재생인 개로 나타낸다. **불교** : 수호자인 〈사자 개Lion Dog〉는 〈법法〉의 심판인으로 거역 없는 순종, 〈법〉에 의한 정념의 억제를 상징한다. 개는 또 〈죽음을 부르는 신〉 야마(염마閻魔, 염라)의 부수물이다. **켈트** : 개는 치료의 강과 결부되며 수렵의 신과 전쟁의 신, 영웅, 치료의 신 노덴을 뒤따르고 있다. 또 신 수셀로스도 개를 데리고 있다. **중국** : 충절, 변함없는 헌신을 뜻한다. 개가 오는 것은 장래의 번영을 의미한다. 붉은 〈하늘의 개〉, 곧 천구天拘는 양陽의 동물로 이랑신二郞神이 악령을 쫓는 것을 돕는다. 그러나 밤의 수호자로서의 개는 음陰이 되어 파괴, 파국을 상징하게 된다. 개가 미치면 혜성이 출현하고, 개가 태양이나 달을 삼키면 일식이나 월식이 일어난다. 중국 미술에서는 부처의 〈사자 개〉가 종종 묘사되고 있다. **크리스트 교** : 충성, 빈틈없는 경계, 부부간의 정절을 뜻한다. 개는 양의 무리를 지키는 수호자로서 〈선한 목자〉인 목사나 사제를 상징한다. 희고 검은 개는 도미니크 수도회를 나타낸다. 개는 성 베르나르도(그의 어머니가 임신했을 때 붉은 강아지를 잉태한 태몽을 꾸었음), 성 로크(개가 가져온 빵을 먹고 병이 나았음), 성 시라, 토비아스, 성 웬델리누스의 표지이다. **이집트** : 옳은 길의 태양을 지키는 매의 머리를 한 태양신의 안내자이다. **그리스·로마** : 그리스 어에서 '퀴니크cynic' 즉 '개와 같은'이라는 말은 경멸의 뜻을 가지며 불손, 아첨꾼을 의미한다. 호메로스에 의하면 개는 수치심이 없지만 영혼의 인도자이며, 전령신이나 정신精神

의 관리자인 헤르메스/메르쿠리우스의 부수물이다. 헤르메스는 선한 목자인 개 시리우스('모든 것을 보는 불면不眠의 경계심')와 동행하는데, 시리우스는 반수반인인 오리온을 따르는 경우도 있다. 의술의 신 아스클레피오스(아에스쿨라피우스)와 결부된 개는 새로운 생명으로 다시 태어남으로써 병에서 치유된다. 개의 충실함은 사후에까지 지속된다. 저승 세계의 개들은 악령이 출몰하는 위험한 마의 시간인 아침 저녁의 여명을 나타낸다. 괴견 케르베로스는 저승의 입구를 지키고 있다.(→FABULOUS BEAST의 CERBERUS) 명계의 여신 헤카테는 투견을 거느리고 있으며, 개는 십자로에서 이 여신에게 제물로 바쳐진다. 또 개는 그리스 해산의 여신 에일레이튀아에게 바쳐지기도 한다. 영웅 헤라클레스, 여신 디아나/아르테미스에게 바치는 동물이다. **유대 교**: 부정不淨의 의미이다. ("사무엘 상 24:14)→뒤의 **고대 근동** 참조. **힌두 교**: 사냥개는 신 인드라의 부수물이며 그와 동행한다. 눈이 넷 달린 개는 〈죽음을 주관하는 신〉 야마를 상징하며 저승의 개와 같은 상징성을 가진다.→앞부분의 **그리스·로마 침고**. **이슬람 교**: 부정을 나타내며 지키는 개로서만 허용된다. **일본**: 수호, 수호자의 뜻이다.(이누하리코[犬張子]는 아기를 보호하고 악귀를 물리친다. 악귀 중의 하나인 이누가미犬神는 귀신 쓴 사람에게 사용된다.) **마야**: 빛을 대신하는 불꽃을 가져온다. **미트라 교**: 영혼의 인도자로서 수소와 함께 제물로 쓰이며 이 경우 뱀이나 전갈과 함께 그려진다. **오세아니아**: 불의 발명자이고 불을 인간에게 가져다준 존재이다. **파시 교**(8세기에 이슬람 교의 박해를 피해서 페르시아에서 인도로 도망간 조로아스터 교의 후손의 종교): 개(페르시아

어로 sag-dig. 황색 눈의 흰 개, 혹은 네 개의 눈을 가진 흰 개)는 확실히 설명되지는 않았지만 아마도 영혼의 안내자일 것이다. 임종 장소에 나타나며 장례 행렬에도 뒤따른다. 임산부가 분만하다 죽으면 두 영혼을 위해서 두 마리의 개가 필요하게 된다. **북유럽**: 신 오딘/보탄은 두 마리 개(여우)와 두 마리의 큰 까마귀를 조언자로 데리고 있다. 괴물 같은 개 가르므르는 저승을 지키는 개이다. **샤머니즘**: 개는 숲의 정령들의 사자使者이다.

**Doll/Dolly** 인형, 제웅 인형은 종종 특정한 인물의 혼을 지닌 상image이며, 교감 마술 交感魔術이나 요술에서는 인형을 통하여 그 인물에게 해를 입히기도 한다. 〈곡물 인형〉이나 〈곡물 처녀〉는 장래 성장하고 수확할 자식과 수확물의 상징이며, 또한 〈곡물 여신〉(〈곡물 태모〉나 〈곡물 처녀〉)의 모습이기도 하다.(→CORN) 〈곡물 인형〉은 수확의 마지막에 얻은 곡식 한 단으로 만들고, 의식이 치러진 후 밭으로 옮긴다. 인형은 종종 사람들의 비탄 속에서 땅으로 내려졌다가 이어 환희의 함성과 함께 높이 들어올려지는데 이것은 곡물신의 죽음과 재생을 의미한다. 낙농에서는 볏짚으로 인형을 만들거나 길가의 사당을 장식한다. 논에 세워진 인형은 다음 수확 때까지 마녀, 요정 그리고 보이지 않는 악의 영향을 퇴치한다.

**Dolmen** 고인돌 고인돌은 여성의 음문 陰門-자궁이며 저승의 입구이다. 남근을 상징하는 기둥인 〈선돌〉(→MENHIR)과 결합되어 피안彼岸과 재생을 상징한다.

**Dolphin** 돌고래 돌고래는 구원자, 영혼을 저승으로 인도하는 자, 저승에 있는 혼의 안내자, 난파선의 구조자, 〈물고기의 왕〉, 바다의 신으로 안전과 날쌤의 상징이다.

등을 대고 서로 반대 방향으로 향해 있는 두 마리의 돌고래는 자연계의 이원성을 상징한다. 돛에 휘감겨 있는 돌고래는 완만과 날쌤을 나타내는데, 이 둘은 하나로서 양극단 사이의 중용中庸, 즉 '차근차근히 빨리 하라'라는 교훈을 뜻한다. **고대 근동**: 에아오아네스 신의 자태를 묘사할 때 돌고래는 물고기를 대신하는 것으로 이용된다. 일설에 따르면 태모신太母神 이슈타르의 부수물이다. 또 물고기는 물과 함께 여신 아타르가티스(성어聖魚가 유프라테스 강에서 보았던 알에서 태어난 풍요의 여신)에게 바쳐지는 제물이다. **켈트**: 돌고래는 샘물 숭배와 강이나 바다의 힘과 결합되어 있다. **크리스트 교**: 돌고래는 영혼의 구원자이며 또 죽음의 바다를 초월해서 혼을 지니는 예수의 상징이다. 배나 돛과 함께 그려진 돌고래는 예수에 의해서 인도되는 〈교회〉를 나타낸다. 크리스트 교 미술에서 돌고래는 구제와 재생을 의미하는 배나 방주를 대신 나타내기도 한다. 삼지창에 몸이 찔려 있거나 돛과 함께 그려진 돌고래는 십자가의 예수를 상징한다. 고래를 대신하여 돌고래는 부활을 의미한다.(→FISH) **이집트**: 여신 이시스(혹은 여신 하토, 메히토)의 부수물이다. **그리스**: 영혼을 〈축복받은 자들의 섬〉으로 인도하는 혼의 안내자로 태양과 달 등과도 밀접한 관계를 가진다. 아폴론 델피노스(델포이의 아폴론)와 연관되어 빛과 태양이지만, 자궁(그리스 어로 delphys)과 음이 유사한 돌고래delphis는 여성원리나 자궁과도 연결된다. '바다에서 탄생한 여인'인 여신 아프로디테나 사랑의 신 에로스와 결부되면 돌고래는 연애에 관련된 상징성을 가진다. 또 돌고래는 바다의 신 포세이돈이나 신 디오뉘소스의 부수물이다.(「메타모르포시스」 3. 597-691) 바다의 여신 테티스는 벌거벗은 채 돌고래에 타고 있다.(「메타모르포시스」 11. 237) **미노아 문명**: 돌고래는 바다의 힘을 상징한다. 아폴론 델피노스와도 결부된다. **미트라 교**: 빛으로서의 신 미트라스와 결합되어 있다. **로마**: 죽음의 바다를 초월하여 〈축복받은 자들의 섬〉으로 향하는 영혼의 여행을 상징한다.

**Donkey** 당나귀  당나귀는 인내, 우둔, 완고를 뜻한다. **중국**: 우둔의 뜻이다. '당나귀의 해年와 말의 달月'은 '결코 오지 않는 시간'을 상징한다.(십이지十二支 중에는 당나귀가 없으므로)→ASS

**Door** 문, 통로  문이나 통로는 희망, 기회, 여는 것, 어떤 정황이나 세계로부터 구별되는 정황이나 세계로 이르는 통로, 신생新生으로의 문, 이니시에이션, 비호자庇護者로서의 〈태모太母〉의 모습이다. 열린 문은 기회와 해방을 상징한다. **크리스트 교**: 문은 예수를 의미한다.('나는 문이다'— "요한복음서" 7 : 9) 주교구의 대성당이나 교회의 세 개의 문은 믿음, 소망, 사랑(→CHARITY)을 의미한다.("고린도 전서" 13 : 13) **힌두 교**: 문 입구 기둥에 새겨진 신들의 상은 〈지고한 존재〉로 들어가는 것이 신을 통하여 실현되는 것을 보여준다. **미트라 교**: 문은 〈낙원〉의 7개 영역의 입구, 혹은 이니시에이션의 동굴 입구이다. **로마**: 두 얼굴의 신 야누스는 문의 신으로 문을 여닫는 힘이 있는 열쇠를 가지고 있다. **황도십이궁**: 거해궁巨蟹宮(큰게자리)에 위치한 하지夏至는 '사람들의 문'으로 태양의 하강과 그 쇠락하는 힘, '하계의 문Janua inferni'을 상징한다. 마갈궁摩羯宮(염소자리)에 위치한 동지는 '신들의 문'으로 태양의 상승과 그 강해지는 힘, '천상의 문Janua coeli'을 상징한다. 이들 문은 이니시에이

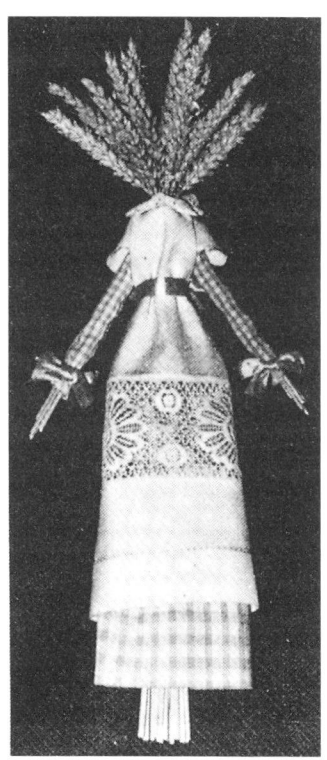

그해 마지막에 수확된 이삭에 〈태모 太母〉의 형상으로 옷을 입힌 곡물 인형. 이것은 다음번 수확 때까지 보관했다가 없애버리는데 곡물신의 탄생, 성장, 죽음, 재생을 상징한다.

목이 긴 곡물 인형.

아테네의 도자기에 새겨진 돌고래.

그리스 사람들에게 돌고래는 〈축복받은 자들의 섬〉으로 영혼을 인도하는 길잡이이다.

션의 동굴 입구와 출구, 영혼의 현세에 나타남과 퇴장에 관계되어 있다. 힌두 교에서 이들 통로를 '신의 길'(천상의 문)과 '부조父祖의 길'(하계의 문)이라고 한다.(오화이도설五火二道說[고대 인도의 윤회설]에서 말하는 두 길)

**Dorje** 도제(도제는 금강저의 티베트 어 이름) 도제는 티베트 불교에서 이용되는 홀笏과 금강저와 '금강석'으로 최고의 힘과 정의, 권위를 상징한다. 여성적이며 수동적인 힘을 나타내는 종鐘과는 반대로 금강저는 활동적이며 남성적인 늠름함을 나타낸다. 이 둘이 함께 〈방편方便〉, 〈반야般若〉, 공감적 행동, 지복至福을 상징한다. 또 7 가지 영원한 미덕의 상징이다. 금강저(금강장金剛杖), '금강석과 같이 견고한 것' 혹은 천둥 번개는 교의를 가진 신적 힘으로서, 초절대적인 진리와 깨달음이다. 금강저는 사악한 정념이나 욕망을 물리치는 것이다. 그 자체는 파괴될 수 없는 것으로, 얼핏 파괴할 수 없는 것처럼 보이는 것을 깨뜨릴 수 있다. 선정불禪定佛에서 불공성취여래不空成就如來는 두 개의 중요한 천둥 번개를 가지는데 그것은 생명의 손바닥, 현상세계에 대한 지배를 상징한다. 두 개가 교차된 금강저는 평형, 조화, 힘을 나타낸다.→ VAJRA

**Dove** 비둘기 비둘기는 생명의 정신, 영혼, 어떤 정황이나 세계로의 이행, 빛의 영혼, 정결(어떤 문화에서는 호색好色의 의미), 무구, 우아함, 평화 따위를 상징하게 된다. 그리고 비둘기는 모든 〈태모太母들〉과 〈하늘의 여왕들〉의 신성한 새로 여성과 모성을 상징하며, 종종 두 마리의 비둘기가 〈태모신들〉을 뒤따른다. 올리브 가지를 물고 있는 비둘기는 평화의 상징이며 또 생명 소생의 상징이다. 비둘기는 여신 아테나의 표지이다. 접시의 물을 먹는 비둘기는 생명의 물을 마시는 〈영혼〉을 나타낸다. 성스러운 비둘기는 장례 의식과 연관되어 있다. **고대 근동**: 비둘기는 신적인 힘을 나타내며 여신 아스타르테의 성조聖鳥이다. 일설에는 〈태모〉로서의 이슈타르의 부수물이다. 비둘기는 바빌로니아 대홍수 제7일째에 〈방주〉에서 날려보내진다. **아라비아**: 이슬람 교 이전의 무도시대無道時代에 세 사람의 〈성처녀〉(아츠[라도], 마나도, 와자의 세 여신[→NUMBERS의 3])는 하늘가에 비둘기를 새긴 돌이나 기둥으로 상징된다. **중국**: 비둘기는 장수長壽, 신의, 질서, 효행, 봄, 호색의 상징이며 또 〈대지모신大地母神〉과 결부된다. **크리스트교**: 성령, 청순, 영감, 평화, 세례, 〈수태고지受胎告知〉, 창조의 바다이다. 일곱 마리의 비둘기는 성령의 7 가지 선물("이사야" 11:1-2)을, 무리 지은 비둘기는 신앙심이 돈독한 사람들을, 올리브 가지를 입에 문 비둘기는 평화, 죄의 허용, 해방을 각각 상징한다. 노아의 방주에서 비둘기는 신과 인간의 화해를 상징하는 올리브의 가지를 가지고 돌아오는데, 비둘기에게 방주 외에 깃을 쉴 장소가 없다는 것은 크리스트 교도들에게도 교회 이외에 안심할 장소가 없음을 나타낸다.("창세기" 8:8-11) 종려나무 가지를 물고 있는 비둘기는 죽음을 뛰어넘은 승리를 상징한다. 흰 비둘기는 구원받은 영혼, 정화된 영혼으로 죄를 상징하는 검은 까마귀와 대립된다. 포도나무에 앉은 비둘기는 예수 안에서 피난처를 구하는 신앙심 깊은 사람들을 나타낸다. 함께 있는 두 마리의 비둘기는 부부애를 상징한다. 성모의 남편인 요셉의 지팡이에 앉은 비둘기는 순결한 처녀의 약혼자임을 상징한다. 비둘기는 〈성배聖杯의 기사〉의 표지이며 또

메르시아의 성 베네딕투스, 성 그레고리우스, 성 스콜라티카의 표지이기도 하다. **이집트**: 비둘기는 무구無垢를 상징한다. 〈생명수生命樹〉의 가지에 머물며, 나무 열매와 생명의 물병과 함께 묘사된다. **그리스·로마**: 비둘기는 사랑, 생명의 회생回生이며 변신한 신 제우스/유피테르의 부수물이다. 올리브 가지와 함께 있는 비둘기는 생명의 회생으로서 여신 아테나/미네르바의 표지이다. 비둘기는 농업신 아도니스, 〈풍요와 사랑 사이에 난 최초의 자식〉인 신 디오뉘소스/바쿠스, 음탕한 여신 베누스의 제물로 바쳐진다. 별과 함께하는 비둘기는 베누스 밀리타(여신 이슈타르의 별명)의 표지이다. **유대교**: 청순을 상징하는 흰 비둘기는 죄를 정화하기 위해서 신전에 바치는 공물供物이 된다. 비둘기는 이스라엘의 상징이다.("호세아서" 7 : 11 참조) 「구약성서」에서 비둘기는 단순, 무해, 무구, 온순, 염치, 부화孵化를 상징한다. 또 죽은 자의 혼은 비둘기가 되어 날아간다. **힌두교**: 죽음의 신 야마(염라)는 부엉이와 비둘기를 전령으로 이용한다. **이슬람교**: 세 성처녀는 비둘기로 둘러싸인 돌이나 기둥으로 표현된다. **일본**: 비둘기는 장수(장수히는 사람이 천자天子에게서 받는 구장鳩杖〔머리 부분에 비둘기 모양이 장식된 지팡이〕), 복종을 의미하며 무가武家의 수호신인 팔번신八幡神의 성조聖鳥이다. 칼을 지닌 비둘기는 전쟁의 종결을 알리기도 한다. **마니교**: 크리스트 교계인 마니 교의 도상체계에서 〈삼위일체三位一體/三一神〉의 제3격第三格은 흰 비둘기로 묘사된다. **미노아 문명**: 미노아 미술에서 〈태모〉와 결부되어 있다. 비둘기와 뱀은 4대 원소 가운데 바람과 땅을 상징하며, 〈태모〉의 부수물이다. **파르시 교**: 〈지고의 존재〉를 뜻한다.

니콜라 푸생의 "수태고지受胎告知." 성모 마리아의 머리 위에서 날고 있는 비둘기는 다산을 가져오는 성령聖靈, 〈태모太母〉나 〈하늘의 여왕〉에게 바치는 성조聖鳥, 성모의 복종적인 무구無垢를 동시에 상징한다.

**Dragon** 용龍  용은 복잡한 의미를 가진 보편적인 상징이다. '날개달린 뱀'인 용은 뱀(물질)과 새(정신)가 결합된 합체이다. 원래 생명을 부여하는 바다(뱀)와 생명의 숨결(새), 둘 다의 현현顯現으로 은혜 가득한 용은, 하늘의 신이나 지상의 그 대리인(결국 황제나 왕)과 동일시된다. 후에 용은 천둥을 동반한 풍작의 비로서, 동시에 번개와 홍수를 일으키는 파괴적인 힘으로서, 상반된 두 의미를 내포하게 되었다. 일반적으로 용은 동양에서는 은혜 깊은 하늘의 존재이지만 서양에서는 지하에 속하는 파괴적인 악이 된다. 용은 태양에 속하기도 하고 달에 속하기도 하며, 남성과 여성, 선과 악 어느것이 되기도 한다. 극동에서 용은 초자연적인 힘, 지혜, 강함, 숨겨진 지식, 생명을 부여하는 강이나 바다의 힘을 상징한다. 용은 〈천자天子〉로서 황제의 표지이며, 또 그를 추종하는 고귀한 현자의 표지도 된다. 일신교에서 용은 악의 상징도 되는데 예외적으로 생명을 빨아들이는 영인 로고스나 전능한 신적 존재로서의 플레로마 原中心柱가 되기도 한다. 〈용〉과 〈뱀〉(→ SERPENT)은 상징으로서는 서로 호환성 互換性을 가지며 비현현非顯現의 존재, 미분화된 것, 혼돈, 잠재성, 길들여지지 않은 자연, 생명원소인 물을 상징한다. 용이 번개를 던지거나 천둥을 두드리는 것은 비현현적인 것의 현현화, 즉 피조물, 형태, 물질을 상징한다. 이 경우에도 용은 두 가지 의미를 가져서 비의 신도 되지만 비가 내리는 것을 방해하여 비의 신의 적이 되기도 한다. 용은 바다, 심연, 산 정상의 구름 그리고 또 태양에 속하는 동방의 나라들과 결부된다.

괴물로서의 용은 지하 세계의 원래 주인으로 '저승의 왕'이며, 지하 세계를 지배하거나 점령하려고 하는 영웅, 정복자, 창조자는 용과 싸우지 않으면 안 된다. 용은 또 보물의 수호자, 비밀의 지식의 문지기이다. 용과 싸우는 것은 영적 지식이라는 보물을 획득하기 위해서 극복해야 하는 고난을 상징적으로 나타낸다. 용을 죽이는 것은 인간이 자기 내부의 어두운 본성을 극복하고 자기 통찰과 제어를 실현함을 뜻한다. 용의 위험으로부터 처녀를 구해서 데리고 나오는 것은 악령을 죽임으로써 순결한 힘을 해방시키는 것을 의미한다. 용은 종종 죽어서 소생한 신의 적수이다. **연금술**: 날개 달린 용은 '휘발성'을 나타낸다. 날개 없는 용은 '불휘발성'이다. 중국의 연단술 鍊丹術에서 용(창룡蒼龍)은 수은과 피와 정액을 상징한다. **고대 근동**: 용은 '적대자,' 악의 힘이다.(예를 들면 신 마르둑에게 대항한 여신 디아마트는 큰 용이었다. 또 이 여신은 전갈의 꼬리를 한 용이나 일곱 갈래로 된 이무기를 만들어 신과 대적했다.) **켈트**: 지고의 통치권, 우두머리를 나타낸다. 〈붉은 용〉은 웰즈의 표지이다. **중국(도교, 불교)**: 중국의 상징체계에서 뱀과 용은 그다지 구별되지 않았다. 용은 지고의 영적 존재, 초자연적인 것, 무한, 변화하는 정신, 변화하고 변신하는 신의 힘, 자연계의 율동, 생성의 법칙, 초자연적 예지, 강력한 힘을 상징한다. 용은 '하늘의 수사슴,' 태양, 빛과 생명, 하늘, 지고의 통치권, 남성적인 양의 힘을 나타낸다. 구름에 올라탄 용은 번개와 풍작의 비, 바다의 물, 봄이다. 하늘색의 용, 즉 〈청룡〉은 최고 위치의 용으로 하늘에 살며 생기, 하늘의 힘, 무한한 초자연력을 나타내지만 지상에서는 하늘에서 위임받은 황제의 권능, 혹은 황제 그 자체를 상징하고 있다. 그뿐만 아니라 〈청룡〉은 〈용왕龍王〉이라고 하는데

중국의 역대 황제를 상징하는, 발이 다섯인 용왕.

여신 아테나의 발 아래에 영웅 이아손을 토해내고 있는 용. 많은 다른 경우에서처럼 이 그림에서도 용이 보물을 수호하고 있어서 영웅은 용과 맞서 싸우지 않으면 안 된다.

명나라 시대 황제의 예복에는 12마리의 용무늬가 예복 전체에 배치되어 있었고, 발이 다섯 개인 용왕이 부하를 사방에 두고 스스로 제5의 방향인 중앙에 위치하고 있는 형상은 황제의 상징으로 이용되었다. 용왕 이외의 용은 네 개까지 다리가 있다.

1140년에 교회 팀파늄에 새겨진 성 미카엘과 용.

다섯 개의 발을 가지며 머리는 남쪽, 꼬리는 북쪽에 두고 있다.(용왕은 부하를 사방에 두고 자신은 제5의 방향인 중앙에 진좌鎭座하여 있으며 발이 다섯이다.) 이 용은 또 동쪽을 나타내며 풍작을 불러오는 비를 상징한다. 보통의 용은 이무기라고 불리며 네 개의 발톱을 가지고 세속적인 힘을 의미한다. 중국 초기의 용은 세 개의 발톱을 가졌는데 이것은 후에 일본의 용이 되었다. 뿔이 없는 이무기는 바다에 살며 심해深海를 지배한다. 이 용은 또 학자의 상징이다. 교룡蛟龍은 산이나 평지에 사는 용으로 정치가의 상징이다. 왕부王符에 의하면 '용을 닮은 아홉 가지'는 '뿔은 수사슴, 머리는 낙타, 두 눈은 토끼, 목은 뱀, 배는 조개, 비늘은 잉어, 발톱은 독수리(또는 매), 발바닥은 호랑이, 귀는 암소'와 비슷한 것이라고 한다. 서로 마주 붙어서 '싸우는 용'은 음양의 이원적인 힘, 모든 반대물과 상보물相補物, 하늘의 신과 땅의 신을 나타낸다. 이 두 용 사이에는 보통 태양이나 '야광 진주'인 달 중 하나가 묘사되어 있다. 등이 붙은 두 용은 음양원리와 영원의 상징이다. 서로 꼬리를 물고 있는 형상을 한 두 마리의 용은 음양 두 힘의 양 방향에서의 창조작용을 상징한다. 용은 때때로 '용의 구슬'(드래곤 볼)이나 '빛나는 진주'와 함께 그려지는데, 이 구슬 혹은 진주는 번개나 비를 다스리는 자인 달(용은 이지러진 달로서의 진주를 삼키고, 머지않아 차게 될 달로서 내뱉음)이라든가 여러 가지로 해석된다. 그러나 도교나 중국 불교에서는 이 진주가 '모든 욕망을 부여하는 진주,' 완전함의 진주, 즉 여의주如意珠로서 예지, 해탈解脫, 우주의 영적靈的 본질을 상징한다. 또 순간적으로 깨달음을 얻은 보살을 의미하기도 한다. 용과 봉황이 결합되면 천지 혹은 황제와 황후의 합일, 모든 대립을 내포하는 신적 잠재력, 대우주와 소우주의 상호작용, 남녀추니가 가지는 두 가지 측면, 신장·수축과 탄생·죽음의 리듬을 상징한다. 이 리듬은 이중나선으로도 표현된다. 노여움이나 적의를 나타내는 호랑이와 함께 그려지는 용은 호색을 의미한다. **크리스트 교** : 용은 뱀과 동일시되어 '옛 뱀'("묵시록" 12 : 9)이라고 하여 악의 힘, 악마 사탄, 〈유혹자〉, 신의 적 등을 의미하게 된다. 또 죽음과 암흑, 이교와 이단을 상징한다. 「구약성서」에서 '용이 사는 곳'("시편" 44 : 19)은 '사망의 그늘'("시편" 44 : 19)과 결부되고, '용의 거주지'("이사야" 35 : 7)인 바다는 황량과 파괴의 장소이다. 용을 퇴치하는 인물은 악령이나 이단에 대한 승리를 나타낸다. 꼬리를 매듭처럼 묶은 용은 패퇴한 악을 의미하는데 그것은 용의 힘이 전갈처럼 꼬리에 모여 있다고 생각되었기 때문이다. 대천사 미카엘이 용을 퇴치한 것은 태양신의 암흑에 대한 승리로, 크리스트 교에 들어온 사탄의 패배를 상징하게 되었다. 용은 성 카도, 메스의 성 클레멘스, 가파도기아의 성 게오르기우스, 성 케네, 안티오기아의 성 마르가레트, 성 마르타, 삼손, 성 실베스텔, 사도 필립의 표지이다. **이집트** : 용(뱀)은 죽은 자의 신인 오시리스의 표지이다. 암흑과 혼돈의 용(뱀)인 아포피스는 〈태양〉의 신 라에 의해서 매일 아침 패퇴한다. **그리스 · 로마** : 용은 괴물 사냥꾼인 헤라클레스/헤르쿨레스의 상징물이다. 용이 여신 케레스의 전차를 끌고 있는 경우도 있다. **유대 교** : 황량, 황야에 사는 것을 뜻한다.("이사야" 13 : 22) **힌두 교** : 용은 구업口業이 지닌 힘의 상징이자 신 소마와 신 바루나의 부수물이다. 신 인드라는 용(사마신蛇魔神 비리토라)을 살해한다. **이란**: 일설에 의하면 신령 하오마(하오마의 신격화)는 금색으로 몸이 빛나고 죽음을 영원하게 하는 것이라고 한다. 이것은 용과 유사한 속성으로 간주된다. **일본**: 세 개의 발톱을 가진 용은 영적 제권帝權으로서 왕을 상징하는 것으로 생각되었다.(바다의 신은 용왕, 용신이라고 불렸으며 그 궁전은 용궁이다. '용권龍卷'이란 용이 거센 회오리바람을 불러일으킨다고 믿기 때문에 나온 것이다.)

**Dragonfly** 잠자리 잠자리는 나비(→BUTTERFLY)와 동일한 상징성을 가지며 불사不死, 신생新生을 나타낸다. **아메리카 인디언**: 회오리바람, 날쌤, 활동성을 의미한다. **중국**: 여름, 안정성, 약함을 의미한다. **일본**: 일본 즉 대화국大和國의 다른 이름인 아키즈시마秋津洲의 아키쓰(蜻蛉)는 잠자리이다. 잠자리는 변덕, 신뢰할 수 없음을 나타낸다.

**Drinking** 음주飮酒 포도주, 인도의 신주神酒 소마, 넥타르, 물, 우유 등의 신성한 액체를 마시는 것은 성스러운 생명의 힘을 흡수하는 것을 상징한다. 같은 잔으로 마시는 것은 하나의 의식으로서 동맹과 결혼, 그리고 독신 생활의 종결을 의미하는 것이다.

**Drowning** 익사溺死 물에 빠지는 것은 미분화 상태를 상징하는 대해大海에서의 자기 혹은 자아의 상실이다.

**Drum** 북 북은 소리, 태초의 소리, 연설, 신성한 진리, 계시, 전통, 우주의 리듬이다. 모든 천둥 신의 부수물로, 북, 심벌즈, 탬버린은 엑스터시를 동반하는 무용에 항상 사용된다. **아프리카**: 심장, 마력의 뜻이다. **불교**: 큰 북은 〈법法〉의 소리, 기쁘게 알림, '이 세계의 암흑 속에서 영원한 것을 두드리는 북'이다. 〈법〉의 북을 두드리는 소리,

성스러운 나무와 동물의 가죽으로 만들어진 북. 시베리아의 샤만들에게 북은 자신들의 신성한 힘을 리듬과 소리로 교환하여 그에게 힘을 주는 정령을 불러들이는 수단이다.

이집트의 난쟁이 신 베스인데 여기에서는 강조하기 위해서 세 명의 신이 묘사되어 있다. 도로나 가도를 수호하는 액막이 신으로, 지하에 속한다. 베스는 그 정체가 확실하지 않고 불길한 성질이 있지만, 여행자들은 눈에 보이지 않는 위험이 닥쳤을 때 베스의 이름을 불러 도움을 구한다.

즉 부처의 가르침은 몽매한 자, 나태한 자를 각성하게 한다. 중국: 하늘의 소리이다. 어고魚鼓(대나무 줄기를 자른 면에 가죽을 붙인 반주용伴奏用 타악기)는 도교의 〈팔선八仙〉 가운데 한 사람인 장과로張果老의 표장이다. 그리스: 음란한 광연狂宴을 상징한다. 엑스터시를 수반하는 무용에 이용된다. 힌두 교: 파괴자인 시바 신과 여신 칼리의 부수물이며 여신 두르가의 부수물이기도 하다. 음악과 예술의 여신 사라스바티는 표지로 북을 가지고 있다. 시바 신의 북은 원시의 창조의 소리를 들려준다. 고대 근동: 프뤼기아의 여신 퀴벨레와 퀴벨레에 대응하는 여신들과 구별되는 〈태모太母〉의 부수물이다. 이 〈태모〉를 예배하는 의식에서 엑스터시를 동반하는 무용에는 북, 심벌즈, 탬버린이 사용되고 있다. 일본: 북은 기도할 수 있도록 사람을 불러모은다. 수탉과도 결부된다. 샤마니즘: 영혼을 불러내는 주술의 힘으로, 북의 소재는 상징적인 의미에서 〈우주수宇宙樹〉(→TREE)이기도 하다.

**Dryness** 건조 건조는 태양이나 불에 속하는 적극적인 남성원리이다.

**Duck** 오리 오리는 수면을 헤엄치는 새로 피상, 천박을 상징한다. 또 수다와 기만을 의미한다. **아메리카 인디언**: 오리는 하늘과 물의 중개자이다. **중국과 일본**: 결혼의 행복과 부부의 정절, 행복, 미를 상징한다. 한 쌍의 오리(원앙 부부)는 사랑하는 남녀의 결합, 상사相思, 믿음을 의미한다. 수탉의 양陽에 대해서 오리는 음陰이다. **이집트**: 여신 이시스와 결부된다. **유대 교**: 불사不死의 의미가 있다.

**Dwarf** 난쟁이 땅의 정령이나 작은 요정 등의 난쟁이는 자연계의 무의식적이며 무도덕적인 힘을 상징한다. **이집트**: 신 베스는 난쟁이의 모습으로 그려져 있다. **그리스·로마**: 신 헤파이스토스/불카누스는 난쟁이의 형상으로 나타내지기도 한다. **힌두 교**: 신 시바가 밟고 있는 난쟁이는 인간의 무지를 상징한다. 신 비슈누는 난쟁이로서 나타나기도 한다. **일본**: 하동河童은 나쁜 난쟁이라고 한다.(4-5세 된 아이 모양을 한 하동은 사람이나 말을 물 속으로 끌어들여 피를 빨아먹는다.) **북유럽**: 네 명의 난쟁이가 대지의 네 모퉁이에 서서 하늘을 받치고 있다.

**Dying Gods** 죽어서 소생하는 신, 재생하는 신 풍양신앙豐穰信仰에서 죽어서 소생하는 신은 주기적으로 찾아드는 죽음과 재생, 식물의 죽음과 재생, 영원히 죽음과 재생을 반복하는 생명을 상징한다. 죽어서 소생하는 신은 식물신의 남성원리와 〈태모신太母神〉(〈수樹〉는 그 상징)의 여성원리를 나타내고 있다. 식물신은 종종 사지가 절단되어 흩어지는데 이는 원래의 통일성이 끝나고 현현顯現과 시간의 세계에서 분화를 시작함을 상징하며 또 창조의 다양성으로 생명을 부여하는 것을 의미하고 있다.

죽어서 소생하는 신이 가지는 상징의 특징은 별에 의해서 탄생이 알려지는 것이나 빛과 결부되어 있는 것으로 동굴에서 처녀로부터 태어나는 것, 특히 현자賢者의 방문을 받는 것, 어린 시절 이미 자신의 선생을 가르치는 일, 자신의 죽음과 재림을 예언하는 일, 나무에 걸려 죽고 삼 일 동안 땅 속으로 내려갔다가(달의 삭朔을 의미) 그로부터 부활하는 일이다. 죽어서 소생하는 신은 보통 아리따운 젊은이나 남녀추니로 그려지는데 결코 성숙에 이르지 못하며 항상 그의 〈아버지〉와 동일시된다. 죽어서 소생하는 신을 모시는 신전은 신의 수난과 희생을 의례적으로 재연하는 장소이며 또 〈왕〉으로 〈희생〉을 한 〈신〉에 대한 찬양의 장소이다. 그리스의 철학자 프로클루스는 오르페우스 비교秘敎 신학에서 죽어서 소생한 신 오르페우스는 자신의 왕국을 건설하기 위해서 되돌아온다고 하며, 비극 작가 에우리피데스는 오르페우스가 그의 죽음을 찬양하는 여성들에 의해서 받들어진다고 했다. 오르페우스는 자신의 운명을 참고 받아들임으로써 육체를 얻어서 인류를 구도한다. 죽어서 소생하는 신은 죄인의 몸이 되어서도, 자신이 하는 일을 알지 못하고 눈이 있어도 보지 못하여 재판관들 앞에서 위엄 있는 침묵을 지킨다. 죽어서 소생하는 신을 섬기는 종교는 어떤 것이라도 이니시에이션과 결부되며 이니시에이션을 받고자 하는 사람들도 또 이 세상에서 죽지 않으면 안 된다. 죽어서 소생하는 신은 오시리스, 디오뉘소스, 타무즈/두무치, 아티스, 제우스 디크타이오스(크레타 섬의 디크테 산에서 숭배된 신 제우스), 티탄(타이탄) 신족, 오르페우스, 미트라, 바알, 발두르, 아도니스, 보탄/오딘 등이다. 북유럽 신화의 발두르는 봄이 되어도 대지에 돌아오지 않고 오래된 질서가 끝나고 새로운 질서가 시작되기를 기다린다. 크리스트 교의 예수는 오직 한번 죽어 승천해서 재림때까지 하늘에 머무른다. 죽어서 소생하는 신의 누이 혹은 부인이 죽은 신을 찾아나서는 것은 메소포타미아의 타무즈(여신 이슈타르가 찾음), 바알(여신 아나도가 찾음), 이집트의 오시리스(여신 이시스가 찾음) 등의 여러 의례에서 공통적으로 보인다. 카나안 또는 바빌로니아의 죽음과 부활의 의례에서는 죽어서 소생하는 신 대신에 새끼 염소가 사용된다.

# E

**Eagle 독수리** 독수리는 태양에 속하며 모든 하늘신天空神의 상징이다. 정오의 태양, 영적 원리, 승천, 영감, 속박으로부터의 해방, 승리, 자만, 관조, 신격화, 왕의 존엄, 권위, 힘, 높음, 4대 원소의 하나로서 공기를 뜻한다. 독수리는 태양을 향해서 비상하여 태양을 직시할 수 있으므로 태양과 하나가 될 수 있다고 여겨져, 하늘을 향하여 비상할 수 있는 인간의 영적 원리를 상징한다. 두 마리의 독수리는 쌍둥이 신의 상징물이며 전능 또는 두 배의 힘을 상징한다. 독수리와 수소, 혹은 독수리와 사자의 싸움에서 승자는 언제나 독수리인데, 이는 육체적 존재에 대한 영적 존재, 또는 지성의 승리를 의미한다.

독수리와 뱀의 싸움이나, 발톱으로 뱀을 부리고 있는 독수리는 영靈의 승리를 상징한다. 독수리는 하늘의 선한 신들을 상징하고, 뱀은 지하계에 속하는 악한 신들을 상징하기 때문이다. 독수리는 또 비현현非顯現의 빛으로, 이에 대응하는 비현현의 암흑은 뱀이다. 이 둘이 함께 있는 것은 전체성, 우주의 통일, 영과 물질의 결합을 의미한다. 지팡이 끝에 앉은 독수리는 암흑에 대한 승리를 가져오는 정복되지 않는 태양인 태양신의 표지이다. **연금술**: 비상하는 독수리는 제1질료의 해방된 영적 부분이다. 두 마리의 독수리는 양성兩性인 수은을 상징한다. 관을 쓴 독수리는 바람과 대지, 수은과 황, 휘발성과 불휘발성의 원리를 나타낸다. **아메리카 인디언**: 독수리의 날개로 만든 머리 장식은 〈천둥새雷鳥〉,

〈우주의 정신宇宙靈〉을 의미한다. 독수리는 계시이며 하늘과 대지의 중개자이다. 또 낮을 상징한다. 흰 독수리는 남성을 상징하고, 갈색 독수리는 여성을 상징하는 경우도 있다. **고대 근동** : 독수리는 정오의 태양이다. 카나안과 바빌로니아에서는 은혜로운 태양이며 전쟁의 신인 니누루타 혹은 닝비수의 부수물로 생각된다. 프뤼기아의 신 사바지오스의 표지가 되는 경우도 있다. 폭풍의 신, 번개와 풍요의 신인 아시리아의 신 아슈르의 성조聖鳥로 생각되기도 한다. 두 마리의 독수리는 여름과 정오의 작열하는 태양인 신 네르갈의 상징으로 간주된다. 두 마리의 독수리는 특히 히타이트 계열의 것으로 태양의 힘과 전능을 상징한다. 이 독수리는 달에 속하는 토끼나 뱀을 발톱에 잡고 있는 경우가 많다. 신 마르둑은 종종 독수리의 모양으로 그려지기도 한다. **오스트레일리아 원주민** : 독수리나 매는 신과 동일시된다. **아스텍** : 하늘의 힘, 빛나는 하늘, 암흑의 뱀을 잡아먹는 떠오르는 아침 해를 뜻한다. **불교** : 부처의 전리품, 불공성취여래不空成就如來의 부수물이다. **켈트** : 치유 능력을 가진 물과 결부된다.(비밀의 호수에서 독수리는 재생한다.) **중국** : 태양, 양陽의 원리, 권위, 전사戰士, 용기, 집착, 예리한 통찰력, 용감무쌍을 뜻한다. 독수리와 큰까마귀는 전쟁신과 관련된다. **크리스트 교** : 성령, 승천, 향상심向上心, 정신적 노력, 〈최후의 심판〉(이때 독수리는 저주받은 자들을 둥지 밖으로 던져버린다), 회춘("시편" 103 : 5)의 뜻이 있다. 독수리는 눈을 감지 않고 태양을 직시할 수 있으므로 신의 영광을 응시하는 예수의 상징이며 또 자신의 아들을 태양으로 인도하며 영혼을 신의 것으로 돌리는 예수이며 바다에서 날아든 물고기를 취하는 것이며 죄의 바다로부터 영혼을 구해내는 예수이다. 독수리는 태양까지 비상하고 바다로 내려와 그 날개를 적셔 새롭게 한다고 생각되므로 부활, 세례에 의한 신생新生의 상징이다. 은총에 의해서 새롭게 변모된 영혼을 상징한다. 또 독수리는 복음서 기록자의 영감을 상징하므로 교회의 성서 낭독대는 독수리를 본따고 있다. 발톱으로 뱀을 붙잡고 있는 독수리는 죄에 대한 승리를 상징하지만 그 먹이를 찢어발기는 독수리는 악마이다. 독수리는 사도 요한, 성 메다드, 성 프리스카, 성 세바티우스의 표지이다. 「묵시록」에 나타나는 네 가지 괴물의 하나이다.(4 : 6-8) 〈4복음서 기록자의 형상〉(→TETRAMORPHS)에서 독수리는 사도 요한을 상징한다.("에스겔" 1 : 10) **이집트** : 독수리는 태양에 속하며 태양신 호루스의 자식들이다. **그리스** : 태양에 속하며 영적인 힘, 왕권, 승리, 호의를 상징한다. 제우스 신의 상징물로 제우스의 벼락을 가진 새로서 독수리는 발톱에 번개를 가지고 있는 경우가 있다. 원래 제우스에게 독수리를 양보한 반수신半獸神 판의 표지이다. 독수리는 가뉘메데스의 표지로 장례 의식에 등장한다. 독수리에게 물을 주는 가뉘메데스는 죽음의 극복을 상징한다. 발톱으로 뱀을 붙들고 있는 독수리는 호메로스(「일리아드」 12 : 200 이하)에 의하면 승리의 상징이다. **유대 교** : 소생("시편" 103 : 5), 동쪽을 뜻한다. **힌두 교** : 비슈누 신이 타고 다니며, 태양에 속하는 성조 聖鳥 가루다(금시조金翅鳥)는 독수리에 해당한다. 또 이것은 인드라 신의 표지이다. 아리아 인의 폭풍구름嵐雲의 새이다. **미트라 교** : 독수리와 매는 태양의 신 미트라의 부수물이다. **로마** : 독수리는 태양에 속하는 폭풍의 새로 유피테르의 천둥을 운반한다. 로마 황제, 권위, 승리, 호의, 민감을 상징한다. 유피테르의 번개를 발톱에 지니고 있다. 인간의 사후 신격화의 상징이며 신격화를 주관하는 자이다. **북유럽**: 지혜의 의미이며 암흑의 뱀과 대립하여 〈이그드라실〉(→YGGDRASIL)의 가지에 빛으로서 나타난다. 신 오딘(게르만의 신 보탄)의 표지이다.(거인으로부터 봉밀주蜂蜜酒를 빼앗아 도망갈 때 독수리로 변신했다.)

5세기경 콘스탄티노플의 모자이크. 독수리와 뱀이 온 힘을 다해서 서로 격렬하게 싸우는 모습이 잘 표현되어 있다. 이 싸움은 인간의 고결함과 비천함, 태양에 속하는 것과 지하계에 속하는 것, 지성과 본능이라고 하는 대립적 관계의 영원한 갈등을 상징하고 있다.

**Ear** 귀 귀는 나선형 혹은 소용돌이 모양의 조개나 태양과 연관된다. 조개는 여성 성기와 결부되어 생명 탄생의 상징이며 조개가 귀에서 탄생한다는 얼핏 기묘하게 여겨지는 관념도 이것으로 설명된다. 힌두교의 태양신 수르야의 아들 카르마는 어머니의 귀에서 태어났다. 조개는 또 순산을 도와주는 부적으로 여겨진다. 귀는 창조의 '말씀'(로고스)을 듣기 때문에 프누마(생명의 호흡)와 결부된다. 이집트의 상징 체계에서 오른쪽 귀는 '생명의 공기'를, 왼쪽 귀는 '죽음의 공기'를 받아들인다. 크리스트교 미술에서 성령은 성모 마리아의 귀에 들어가는 비둘기의 형태로 상징되기도 한다. 여러 신, 왕후, 비를 운반하는 파충류나 동물 등의 귀는 나선형과 관련이 있다. 힌두교, 자이나교, 불교의 성상聖像이나 중국의 조각상에서 볼 수 있는 축 늘어진 귀는 왕의 권위, 영적인 권위나 위대함을 상징한다. 중국에서 길게 늘어진 귀는 길상吉相의 하나이다. 짧은 귀는 목신 판, 사튀로스, 악마와 결부된다. 어릿광대의 모자에는 당나귀 귀가 붙어 있는데 이것은 미다스 왕(『메타모르포시스』 11. 174-79)의 부수물로서 우매함을 상징한다.

**Earth** 땅, 대지 〈태모太母〉, 〈대지모신大地母神〉, 우주의 어머니, 〈양육자〉, 〈간호사〉를 뜻한다. 〈대지모신〉은 다산多產,

기원전 6세기 중엽의 이 그리스 술잔에는 모든 신들의 아버지이며 우두머리인 제우스 신과 독수리가 그려져 있다. 독수리는 제우스가 가진 지고至高의 권능權能, 신들이 사는 하늘의 지배자인 제우스의 태양적 성질, 그리고 그의 신성한 왕권을 상징하고 있다.

무진장의 창조력, 공급을 상징하는 보편적인 원형이다. 〈땅〉과 〈하늘〉은 물질과 정신을 나타낸다. **아메리카 인디언** : 〈대지〉는 〈어머니〉이며, 어스 로지(Earth Lodge : 대지의 작은 집, 흙으로 세운 반지하식의 돔 형태의 거주지)는 옴팔로스(→OMPHALOS), 즉 우주의 중심이다. 로지의 원형 마루는 대지를, 돔형의 지붕은 하늘을 나타내며 네 기둥은 별과 동서남북을 상징한다. **켈트** : 불사不死의 정신을 상징하는 소금에 대립하여 흙은 쉽게 부패하는 육체를 의미한다. 흙은 죽은 사람의 가슴에 뿌려진다. **중국** : 대지는 음의 여성원리로 사각형, 황색, 호랑이에 의해서 상징된다.

**East** 동쪽 떠오르는 해, 여명, 봄, 희망, 어린 시절, 시작되는 생명, 청춘을 뜻한다. 동쪽은 신, 특히 태양신에게 경배할 때 기도하는 방향이다. 동쪽은 중국에서는 청룡, 이집트에서는 신 드암티프(자칼의 머리를 하고 있다) 또는 여신 네이드, 아스텍에서는 악어, 뱀, 물, 운동으로, 티베트에서는 인룡人龍으로 각각 상징된다. 죽음과 부활에 관련된 의식에서는 일출과 생명을 상징하는 동쪽과 일몰과 죽음을 상징하는 서쪽이 강조된다.

**Easter Egg/Rabbit** 부활절의 달걀/토끼 크리스트 교 이전에 부활절의 달걀 혹은 토끼는 춘분에 즈음한 생명의 새로운 탄생과 갱생의 상징이었다. 야생 토끼나 집토끼는 게르만의 여신 오스타라(중세 영국의 에오스트레)의 표지이다. 이 여신의 이름이 아마 부활절 Easter의 어원일 것이다.

**Eating** 식사 식사는 먹은 사람에게 음식물의 성질을 전이하는 것으로 예를 들면 다산多産의 성질을 가진 물고기를 먹으면 다산이 된다. 또한 물고기는 〈태모太母〉를 숭배하는 모든 축제의 음식물로 태모의 날인 금요일에 먹는다. 캐니벌리즘(식인食人의 풍습)에서 용사나 영웅의 살을 먹는 것은 그렇게 하여 용기나 영웅의 기개를 얻기 위함이다. 신의 살코기를 먹으면 신성과 영적인 힘이 얻어진다.

**Echidna** 바늘두더지 바늘두더지는 오스트레일리아 원주민의 상징체계에서 달에 속하는 토끼의 역할을 나타내며 이니시에이션, 죽음, 부활을 상징한다.

**Eden** 에덴 →PARADISE

**Eels** 뱀장어 뱀장어는 남근, 미끄러지기 쉬움을 뜻한다. **중국** : 관능적 사랑, 성애性愛의 뜻이다.

**Egg** 알 〈우주란宇宙卵〉은 타원형이 아닌 원형으로도 나타난다. 〈우주란〉이 상징하는 것은 생명원리, 미분화된 전체성, 잠재성, 창조 세계의 종種, 태초의 모계적 혼돈 세계, 우주를 포함하는 〈큰 원大圓〉, 존재의 숨겨진 기원과 비밀, 우주적 시간과 공간, 시작, 자궁, 모든 발생 초기 상태의 존재, 태초의 부모, 대립물이 통일된 완전 상태, 부활 이전 상태의 유기물질, 부활, 희망을 나타내고 있다. 인도의 힌두 교, 이집트, 중국, 그리스의 상징체계에서는 우주의 기원인 〈우주란〉이 갑자기 산산조각으로 부서졌다. 지금까지 하나로서 전체였던 알은 껍질이라는 한정된 공간 속에 현존재와 가능존재 모두를 간직해왔다. 우주의 기원인 〈우주란〉은 이집트, 페니키아, 인도, 중국, 일본, 그리스, 중앙 아메리카, 피지 제도, 핀란드 등에서 발견된다. 황금의 알은 태양을 상징한다. 알을 빙 돌아 감고 있는 뱀은 우로보로스(→OUROBOROS)이다. 신전, 콥트 교회(고대 이집트의 크리스트 교파), 모스크(이슬람 사원) 등에 달려 있는 타조의 알이나 도자기로 만든 큰 알은 창조, 생명, 부활을 상징하며 동시에 같은 의미의 상징물로서 묘에서도 발견된다. 크리스트 교에서 타조의 알은 처녀 잉태를 의미하기도 한다. **연금술**: 알에서 흰 꽃(銀), 빨간 꽃(金), 파란 꽃(賢者의 꽃)이 자라나온다. 알은 또 〈대작업〉이 그 속에서 완성되는 봉인封印된 연금술 단지이다. 〈철학자들의 알〉은 창조를 상징한다. **고대 근동**: 피조물의 세계는 〈우주란〉으로부터 생성된다. **불교**: 알 껍질은 '무지無知의 껍질'로, 이 껍질을 깨고 나오는 것은 제2의 탄생, 시공을 초월한 깨달음을 얻는 일이다. **중국**: 알은 전체성을 상징한다. 노른자는 천공天空, 흰자는 대지이다.(혼천설渾天說에서는 노른자가 사각의 대지로, 껍질이 하늘로 되어 있다.) 세계가 창조될 때 〈우주란〉은 둘로 나뉘어 반쪽은 땅이 되고 다른 반쪽은 하늘이 되었다. **크리스트 교**: 부활, 재창조, 희망을 뜻한다. **드루이드 교**: 〈우주란〉은 '뱀의 알'로, 성게의 화석에 의해서 상징된다. **이집트**: 태양신 라가 태어난 〈우주란〉은 〈나일 구즈〉(이집트 기러기)가 낳은 것이다. '알은 자라고 나는 성장한다. 알은 살고 나는 산다.'(「사자死者의 글」[고대 이집트 인이 파피루스에 써서 사사와 함께 묻은 장례 주문呪文]) 또 〈뱀〉 크네프는 그 입에서 〈우주란〉을 생산해내는데 이는 로고스의 상징이다. **그리스**: 오르페우스 교에서 알은 삶의 신비, 창조, 부활을 상징한다. 이 알에는 우로보로스의 뱀이 똬리를 틀고 있다. 백조로 변한 제우스가 레다와 교접하여 낳은 알에서 태어난 디오스쿠로이(카스토르와 폴뤼데우케스 쌍둥이 형제)는 알 껍질의 반씩을 둥근 모자처럼 쓰고 있다. 알은 4대 원소를 포함하는 것으로 상징되기도 한다. **힌두 교**: 〈우주란〉은 성조聖鳥가 태초의 바다에 낳은 알이다. 브라마 신은 창조의 황금알에서 태

고대 이집트 인에게 신 프타하는 아버지이신 창조주 〈위대한 장인匠人〉이다. 이 그림은 프타하가 녹로(물레)로 세계의 알을 만들고 있는 모습이다. 프타하 자신의 영혼이 들어간 알은 역시 자신의 창조물인 태양의 알, 달의 알과 결합된다.

두 개의 알을 감싼 뱀(왼쪽)과 알을 품은 새(오른쪽)의 이미지로 왼쪽은 제4황금시대 중반의 것이고 오른쪽은 기원전 1450년의 크레타 미노아 꽃병이다.

어났는데 알의 반은 하늘, 반은 땅이 되었다. '이 거대한 알은 다양한 원소로 만들어져 바다에 떠 있다. 이 알은 브라마 신의 모습을 한 비슈누 신이 살았던 훌륭한 자연의 거처로, 비슈누 신은 그곳에서 ……눈에 보이는 모습을 …… 드러냈다. 이 알에는 대륙, 바다, 산, 천체, 우주의 각 부분, 그리고 신, 아수라阿修羅, 인간이 모두 들어 있다.'(「비슈누 프라나」 1. 2. 53-56) 〈우주란〉은 브라마 신의 알에 대응되며, 세 가지 영역(감각 세계, 천계, 형태가 없는 세계)으로 나뉘어 있다. 알은 또 요니(→YONI)를 의미한다. 〈우주수宇宙樹〉(→TREE)는 혼돈의 바다 위를 부유하는 〈우주란〉에서 자라는 것으로 묘사되기도 한다. **이란**: 창조, 생명원리이다. 조로아스터 교에서 하늘은 번쩍거리는 금속 알의 형태로 창조되었다. **오세아니아**: 일부 섬에서 최초의 인간은 새의 알에서 부화되었다고 한다.

**Elder** 덧나무  유럽에서 덧나무는 요술, 마술, 유령을 의미한다. 발푸르기스의 밤 Walpurgis night(독일 민간 전승에서는 메이 데이의 전야)에 사람들은 덧나무를 몸에 걸친다.

**Elements** 원소  자연계의 수동적인 힘을 뜻한다. 서양에서는 네 가지 원소(흙, 물, 불, 공기)가 있다. 물은 파선波線, 역삼각형, 청색 혹은 녹색으로 나타내지고 습한 성질, 유체성流體性, 점성을 가진다. 불은 불꽃, 광선, 피라미드 혹은 삼각형, 붉은색이나 오렌지 색으로 상징되는데, 열의 성질, 연소성, 역동성이 있다. 흙은 정사각형이나 정육면체, 색으로는 갈색, 검은 색, 황색으로 나타나며 차가운 성질, 고체성, 짐을 질 수 있는 성질을 가진다. 바람이나 공기를 상징하는 것은 하늘의 원, 아치, 청색이나 태양의 금색이며, 공기에는 건조한 성질, 빛, 가동성可動性이 있다. 중국의 상징체계에서 사령四靈이나 사신四神은 원소, 즉 오행五行(木, 火, 土, 金, 水)과 연관되어 있다. 예禮의 규정에 따라서 푸른 옥으로 된 둥근 명판銘板(건축물이나 부지내의 방위판)에 나타난 청색 혹은 녹색의 〈용〉(동쪽에 있는 청룡)은 바람을 상징한다. 〈바람의 용〉 외에도 〈바다의 용〉, 〈땅의 용〉, 〈산의 용〉이 있다. (남쪽의) 〈봉황〉(주작)은 붉은 옥으로 된 명판으로 묘사되어 바람과 불을 결합시킨다. (북쪽의) 〈거북〉(현무)은 검은 옥 혹은 관 모양의 황색옥으로 된 반원형의 명판에 묘사되며 땅과 물을 나타낸다. (서쪽의) 〈백호〉는 백옥의 호랑이로서 표현되며 불과 물을 결합시키고 있다. 바람과 불은 활동적, 남성적으로 양陽이며, 땅과 물은 음陰으로 수동적, 여성적이다.

그리스·로마의 상징체계에서 원소는 보통 여성의 모습이거나 여신의 모습으로 나타난다. 물은 뒤집힌 물병에서 흘러나오는 물이나, 바다의 신 포세이돈/넵투누스와 트리톤, 바다의 요정 네레이드들, 〈돌고래〉, 〈해마〉로 상징된다. 불은 머리가 타고 있는 여성, 불사조, 대장장이 신 헤파이스토스/불카누스로 나타난다. 땅을 상징하는 것으로는 풍양의 여신, 풍요의 뿔(→COR-NUCOPIA), 지하에 속하는 뱀이나 전갈, 또 여신 퀴벨레의 요철 무늬로 된 왕관이 있다. 바람 혹은 공기는 여신 헤라/유노와 그 〈공작〉, 혹은 발에 모루를 달고 공중에 떠 있는 헤라/유노(호메로스의 「일리아드」 15 : 18-21), 카멜레온(공기를 먹고 산다고 함)으로 상징된다. 도교에서 원소는 다섯(木, 火, 土, 金, 水의 오행五行) 가지이며 각각의 원소는 차례로 다른 원소를 이긴다. 즉 수水는 화火를 이기고 화火는 금

金에, 금金은 목木에, 목木은 토土에, 토土는 수水에 이긴다.(오행상극五行相剋) 힌두교와 불교의 상징에서도 원소는 다섯 가지이다.(흙, 물, 불, 바람의 4대에 에테르〔대공大空, 하늘에 가득 찬 영기靈氣〕를 더하여 오대가 된다.) 땅(흙)은 정사각형이거나 정육면체로 나타내며 물은 구나 원으로, 불은 삼각형이나 피라미드 형, 바람은 초승달 모양으로 표시된다. 보석이나 불꽃을 떠받든 초승달은 제5의 원소인 에테르이다.

**Elephant** 코끼리 코끼리는 힘, 충성, 기억의 지속, 인내, 지혜, 행복한 결혼생활을 의미한다. 흰 코끼리는 태양에 속한다. **불교**: 코끼리는 부처의 성수聖獸이다. 흰 코끼리는 부처의 어머니인 마야 부인의 꿈에 나타나 이 세상을 구원할 왕의 탄생을 알려주었다. 흰 코끼리는 〈삼보三寶〉의 하나인〈법法〉, 보살의 탈것, 동정, 사랑, 친절을 상징한다. 코끼리는 아축여래阿閦如來의 탈것이다. 코끼리의 가죽은 무지無知의 상징이다. **중국**: 힘, 총명, 사려, 활력, 지고의 통치권을 뜻한다. **크리스트 교**: 코끼리는 뱀의 적인 예수의 상징이므로 발 밑에 뱀을 밟고 있는 모습으로 묘사된다. 또 정결, 자비의 상징이다. **그리스·로마**: 지성知性을 나타내는 신 헤르메스/메르쿠리우스의 부수물이다. 플리니우스에 의하면 코끼리는 신앙심이 돈독한 동물로 태양과 별을 숭배하며, 초승달이 뜨면 강에서 몸을 씻어 정결히 하고 천국을 부른다고 했다.(「박물지」 8. 1-3) 로마 미술에서는 장수長壽, 불사不死, 죽음에 대한 승리를 상징한다. **힌두 교**: 코끼리는 지혜의 신 가네샤가 타는 것이다.(보통은 가네샤의 모습이 코끼리이고 탈것은 쥐로 되어 있다.) 신성한 예지의 힘, 사려, 왕위, 무적의 힘, 장수, 지성

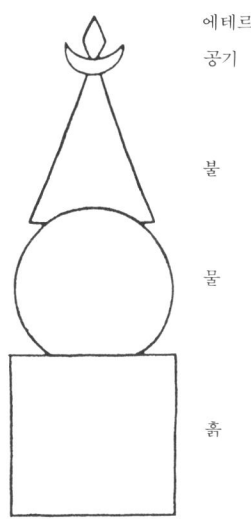

에테르
공기
불
물
흙

세계를 구성하는 5대 원소를 나타낸 그림.

부처의 어머니 마야 부인은 부처를 낳기 전에 코끼리 꿈을 꾸었다. 이 꿈은 기원전 2세기 인도의 부조에 묘사되어 있다. 코끼리는 미래의 왕자 고타마(석가모니의 성姓)의 인내, 지혜, 비상한 기억력과 그가 세계의 대스승 가운데 지고임을 상징한다.

을 뜻한다. 동쪽의 수호자인 인드라 신은 코끼리 아이라바타를 타고 있다. 세계는 코끼리가 떠받치고 있다.

**Elk/Moose** 엘크/말코손바닥사슴  **아메리카 인디언**: 초자연적인 힘, 돌풍을 의미한다.

**Ellipse** 타원  타원은 〈우주란宇宙卵〉(→EGG), 요니(→YONI)를 상징한다. 타원의 양쪽 부분은 하강과 상승, 중심을 향하는 선회와 밖으로 향하는 선회를 의미하는 듯하다.

**Elm** 느릅나무  **크리스트 교**: 권위의 상징이다. 크게 성장하여 큰 나무가 되어 가지를 뻗치는 것은 신자들에게 성서의 강대한 힘을 상징한다.

**Embryo** 배胚, 태아胎兒  배는 점이나 원의 중심점으로 표시된다. 그것은 세계 창조가 시작되는 중심으로 바다, 알, 연꽃과도 동일시된다.

**Emperor/Empress** 황제/여제女帝  황제는 태양신의 화신이며 지상의 대리인이다. 중국에서 황제는 '천자天子'라고 불리며 〈하늘〉의 영력靈力을 상징하고 여제는 대지의 힘을 상징한다. 천자는 또 지고의 완전성, 예지이다. 천자의 표지는 다섯 발을 가진 〈용〉이며 여제의 표지는 〈봉황〉이다. 일본의 황제는 미카도(帝)라고 불리는데 태양 여신인 천조대신天照大神의 자손이라고 한다.

**Enchantress** 여마법사, 마녀  속박하고 파괴하는 여성원리를 상징한다. 생명의 힘을 주문으로 속박하는 힘, 여신 마야의 환영, 자기 망상을 뜻한다.

**Enclosing** 에워쌈  에워싼 형태는 모두 보호나 비호, 양육하는 것으로서의 〈태모太母〉, 자궁을 상징한다. 에워싸고 있는 모양은 동굴, 도시, 사원, 교회, 집, 천막, 대문, 문, 울타리, 묘지, 벽, 상자, 성작聖爵, 술잔 등이 있다. 또 바다와 그 외의 물, 특히 샘은 에워쌈을 상징한다. 자궁과 결부되어 있는 에워쌈은 풍요를 의미한다.

**Ephod** 에포드 제복祭服  **유대 교**: 유대인 역사가 요세푸스에 의하면 에포드 제복은 4대 원소(흙, 물, 불, 공기)로 된 우주의 상징으로, 에포드의 중간 부분에 있는 흉대는 〈우주의 중심〉이다.

**Ermine** 어민, 산족제비  겨울철에 어민의 몸은 희기 때문에 청순, 정결, 무구를 의미하며 정의와도 결부된다. 예복에 새겨진 흰 어민은 교회 혹은 국가의 권위와 높은 지위를 나타낸다. 크리스트 교에서 귀족 출신의 성처녀는 어민을 몸에 안고 있는 모습으로 묘사되는 경우가 많다. 성 우르술라(영국의 전설적 왕녀)는 어민을 안고 있는 잘 알려진 예이다.

**Evaporation** 증발, 기화氣化  증발, 기화는 형태 변환, 지상의 바다에서 하늘의 바다에 이르는 통로이다. 증기는 대립적이고 상보적인 힘으로서 태양, 비, 불, 물의 상징과 연관된다. 증기를 만드는 것으로서의 증발은 북아메리카 인디언의 스웨트 로지(한증막)(→LODGE)의 경우처럼 불과 물에 의한 정화淨化를 상징한다.

**Evergreens** 상록수  불사不死, 영속, 생명력, 젊음과 활력, 영원한 것, 생성력을 나타내며 상록수로 만든 관冠은 불멸의 명성, 성별聖別된 영원성을 의미한다.

**Evil** 악  악은 암흑의 신들, 악령, 악마, 사탄, 귀신의 왕 베엘제불("마태복음" 12 : 24), 사악한 영靈 앙그라 마이누(아흐리만)이다. 악을 상징하는 것은 뱀이나 용(동양에서는 예외), 독사, 전갈, 전갈인간, 허리케인, 모든 맹수와 뿔을 가진 일부 야수, 개미, 거인족 퀴클로프스의 외눈 등이다.

**Ewer** 물항아리(세면용으로 침실에 두는 입구가 넓은 물주전자) 청순, 무구의 물로 손을 씻는 일을 의미한다. 주신酒神 디오뉘소스의 표지이다.

**Excrement** 배설물, 대변 대변은 금과 부에 결부된다. 배설물에는 배설하는 사람의 힘이 배어 있다. 연금술에서 배설물은 흑화이다.

**Eye** 눈 눈은 전지全知, 일체를 꿰뚫어 보는 신성神性, 직감적으로 사물을 보는 능력을 뜻한다. 눈은 모든 태양신의 상징으로 태양을 통해서 만물에 생명을 부여하는 태양신의 풍양豊穣의 힘을 상징한다. 태양신의 힘은 지상의 신인 왕에게 전달된다. 플라톤은 모든 인식 수단 가운데 가장 태양적인 것은 눈이라고 했다. 눈은 또 신비의 눈, 빛, 각성, 지식, 정신, 경계, 보호, 안정, 목적을 나타냄과 동시에 가시적인 것의 한계를 상징하기도 한다. 천 개 혹은 만 개나 되는 태양신의 눈은 별, 즉 밤의 눈으로 모든 것을 앎, 불침번, 오류가 없음을 뜻한다. 신성한 건축물에서 '눈의 창眼窓'은 신전, 교회당, 천막집(→LODGE) 등 전통적으로 성별聖別된 '세계의 중심'의 둥슨 천장 가운데 하늘을 향해서 열린 문이다. 눈의 창은 태양과 결부된 문의 입구로 하늘과 서로 통하게 된다. 그리고 '마음의 눈' 즉 심안心眼은 영적 지각, 광명, 지적 직관을 말한다. 눈은 또 방추형의 여성 상징과 원형의 남성 상징이 조합된 것으로 남녀추니를 상징한다.

외눈은 퀴클로프스 거인족이나 파괴적인 힘을 지닌 괴물에서 보이듯이 악을 상징하지만 반대로 각성의 눈이 하나로 열렸다는 의미에서는 신의 눈, 영원의 눈, 자기 충족을 상징한다. 중심에 눈이 있는 삼각형은 '만물을 꿰뚫는 눈'이며 두루 퍼져 있

"어민을 안은 여인."(레오나르도 다 빈치) 어민은 순결과 청순을 상징하는 것이지만 여기에서의 상징은 다소 모호하여 두 가지로 해석될 수 있다. 그림의 여인은 스포자 가문의 로도비코 일 모로의 정부情婦였으며, 어민은 스포자 가문의 문장紋章이기 때문이다.

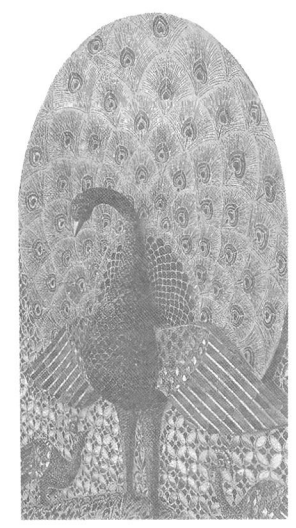

공작의 깃은 눈의 상징성을 가진다.

음과 전지全知를 상징한다. 서양에서 오른쪽 눈은 태양, 즉 낮의 눈으로 미래를 의미하고, 왼쪽 눈은 달, 즉 밤의 눈으로 과거를 상징한다. 동양에서는 이와 반대이다. 공작의 깃은 (눈 모양의 반점이 있기 때문에) 눈과 동일한 상징성을 가지기도 한다. **아메리카 인디언** : '마음의 눈은 모든 것을 볼 수 있다.' 이것은 〈위대한 영靈(아메리카 인디언의 수호신)〉의 눈으로 전지全知를 나타낸다. **고대 근동** : 눈은 '성스러운 눈 聖眼의 주인'인 신 에아(엔키)를 상징하며 지혜, 전지, 불침번을 나타낸다. 페니키아의 시간의 신 크로노스는 네 개의 눈이 있는데, 언제나 두 눈은 뜨고 있고 두 눈은 감고 있다. 이는 끊임없는 경계를 의미한다. **불교** : 눈은 빛, 예지이다. 부처의 제3의 눈은 '빛나는 진주'(부처의 미간에서 빛을 내는 털白毫, 불상에서는 진주를 박아서 나타냄)로 영적 의식, 초월적 예지를 상징한다. **켈트** : 악마의 눈은 악의와 질투의 상징으로 관용과 동정의 선량한 마음과 대립된다. **중국과 일본** : 왼쪽 눈은 태양, 오른쪽 눈은 달이다. **크리스트 교** : 눈은 모든 것을 꿰뚫는 신, 전지, 힘, 빛을 나타낸다. '눈은 몸의 등불이다.'("마태복음" 6 : 22) "요한계시록"(5 : 6)에서의 일곱 눈은 하느님의 일곱 영이다. 삼각형으로 둘러싸인 신의 눈은 신성神性을 상징하고, 또 그 삼각형을 빛나는 원이 둘러싸고 있는 것은 신의 무한한 신성을 상징한다. 좌우 한 쌍의 눈은 성 루키아, 성 오틸리아(오딜리아)의 표지이다. **이집트** : 이집트에서 눈은 매우 복잡한 상징이다. '만물을 꿰뚫는 자'로 불리는 '태양신 호루스의 눈' 혹은 우잣은 북극성의 빛, 정신의 눈 등을 말한다. 신 호루스의 눈과 눈썹은 강대한 힘을 상징한다. 날개를 가진 두 개의 눈은 하늘의 양반구인 남과 북을 상징하고 또 태양과 달, 하늘의 공간을 상징한다. 그 오른쪽 눈은 태양, 신 라, 신 오시리스이다. 라의 눈은 뱀 장식(→URAEUS)이기도 하다. 신 호루스의 눈은 달이나 달의 여러 모양과 결부되기도 한다. 또 신전에서 신들에게 바치는 제물로 상징될 때도 있다. **그리스** : 눈은 '하늘에 속하는 관찰자'로서의 신 아폴론, 즉 태양을 상징하며, 태양은 신 제우스의 눈이다. **힌두 교** : 시바 신의 얼굴 가운데 있는 진주(백호白毫, 즉 소용돌이 모양의 흰 털)는 시바 신의 제3의 눈으로 영적 의식, 초월적 예지를 상징한다. 율법의 신 바루나의 눈은 태양이다. **이란** : 〈착한 목자牧者〉인 이마는 태양의 눈을 가졌고 불사의 비밀을 알고 있다. **이슬람 교** : '마음의 눈'은 영적 중심이며 〈절대 지성〉의 자리이다. 광명을 뜻한다. **일본** : 달의 신(주쿄요미노 미코토月讀命)은 이자나기노 미코토伊邪那岐命의 오른쪽 눈에서 태어났다.(태양 여신天照大神은 왼쪽 눈에서 태어났다.) **오세아니아** : 태양은 '위대한 눈동자'이다. **플라톤주의** : '혼에는 하나의 눈이 있어……〈참된 실제〉는 보통 이 눈에만 보이게 된다.'(「국가」제7권 518A)

# F

**Fabulous Beasts** 상상의 동물들  서로 다른 동물들의 특징이 결합된 상상의 동물은 이 세상에 이미 존재하는 피조물이 다른 모양을 할 수 있다는 가능성이나 다른 존재 형태의 잠재성, 현상 세계를 지배하는 일상적인 원리로부터의 자유를 암시한다. 또한 여러 가지 요소들이 복합된 괴물은 원초의 혼돈이나 무시무시한 자연의 힘을 상징한다. 상상의 동물이나 날개가 달린 동물이 〈생명의 나무生命樹〉(→TREE)의 양쪽에 한 마리씩 그려지는 경우가 있지만, 보통은 문지기나 지하에 있는 보물과 비밀의식秘儀의 파수꾼으로 나타난다. 보기만 해도 끔찍스러운 괴물은 이 세계나 인간의 본성 가운데 존재하는 악과 혼돈의 힘을 뜻하며, 역병이나 파괴적인 힘을 상징하기도 한다. 이런 괴수들과 싸우는 상대는 대개가 신이나 영웅들이다. 예를 들면 〈창조주〉인 마르둑은 원초의 혼돈인 용의 여신 티아마트를 쓰러뜨렸으며, 영웅 테세우스는 머리는 소이고 몸은 사람인 괴물 미노타우로스를 거꾸러뜨렸다. 또 중세의 기사들은 용을 무찔렀다. 이러한 싸움은 각각 혼돈에 맞서는 질서, 악에 대항하는 선, 어둠에 맞서는 빛의 승리를 뜻한다. 크게 벌어진 괴수의 입은 지옥문이나 명계冥界의 입구를 나타낸다.

린넨을 회반죽으로 굳혀 만든 이 원반은 휘포케팔로스(사자의 지팡이)라고 불리며 고대 이집트에서 미라의 머리 밑에 놓였던 물건이다. 죽은 자의 저승길에 동행하는 신 라, 호루스 등의 눈을 상징한다.

1) Amemait아메마이트 —— 사자, 악어, 하마가 합쳐진 동물로 〈뭐든지 먹는 자〉이며, 보복을 뜻한다.

2) Amphisbaena암피스바이나(그리스) —— 바실리스크와 비슷하게 생겼지만 앞뒤에 모두 머리가 달려 있어서, 앞과 뒤를 동시에 볼 수 있다.

3) Anata아나타(힌두 교) —— 우주가 창조되기 이전에는 비슈누 신이 그 위에 누워서 명상을 했다는 거대한 뱀이다.

4) Anzu안쥬 —— 바빌로니아의 폭풍의 새로 전능한 힘을 주는 〈운명의 명판銘板〉을 훔쳤다고 한다.

5) Basilisk/Cockatrice바실리스크/코카트리스(그리스) —— 새와 파충류가 합쳐진 동물이며, 머리와 발톱은 새의 형상이고, 몸통은 뱀의 형상이다.(모양에 대해서는

다른 설이 많다.) 꼬리에 머리가 하나 더 달려 있으면 암피스바이나이다. 크리스트교에서는 악마 사탄과 반反크리스트 교적인 자를 가리키며, 악마 사탄의 4 가지 모습 중의 하나이다.

6) Behemoth비히모스("욥기" 40 : 15-24) ─ 보통 하마라고 생각된다. 리바이어던이 바다의 힘을 상징하고, 커다란 새 지즈가 하늘의 힘을 상징하는 데 반해서 비히모스는 땅의 힘을 뜻한다.

7) Benhu/Bennu벤후/베누 영조靈鳥(이집트) ─ 이 새는 불사조와 동일시된다. 오시리스 신의 혼이 육체로 나타난 것이다.(또는 태양신 라의 화신化身이기도 하다.)

8) Bucentaur부센타우르(그리스) ─ 몸의 반은 황소이고 반은 사람의 모습을 한 괴물로 인간의 이원성二元性을 나타낸다.

9) Capricornus카프리코르누스(山羊魚) ─ 반은 산양이고 반은 물고기 모습을 한 괴물로, 동지冬至를 뜻한다. 바빌로니아의 신으로 '깊은 바다深淵의 주인'인 에아/오아네스의 모습이기도 하다.

10) Celestial Dog 하늘의 개天狗(중국) ─ 하늘의 개는 파괴, 파국, 일식, 월식, 혜성을 뜻한다.

11) Centauros켄타우로스(→CENTAUROS)(그리스) ─ 반인반마半人半馬로, 보통 활시위를 당기고 있는 모습으로 표현된다. 황도십이궁 중의 궁수자리(인마궁人馬宮)를 나타낸다.

12) Cerberos케르베로스(그리스) ─ 머리가 셋 달린 거대한 개로 저승의 삼위일체를 뜻한다. 저승의 문을 지키는 문지기이다.

13) Charybdis카뤼브디스(그리스) ─ 바닷물을 들이마셨다가 내뱉는 괴물 혹은 소용돌이로, 끊임없이 으르렁거리는 소리를 내고 있다. 시칠리아 섬의 (멕시나) 해협에 사는 또 다른 괴물 스퀼라와 함께 지나가기 어려운 통로(→PASSAGE)를 상징한다.

14) Chimaera키마이라(그리스 · 로마) ─ 머리와 갈기, 다리는 사자이고 몸통은 숫양, 꼬리는 용(뱀)의 모습을 한 괴물로 폭풍과 바람, 지상과 바다에서의 위험, 존재하지 않는 것을 상징한다.

15) Cockatrice코카트리스 ─ Basilisk 참조.

16) Dragon용(→DRAGON) ─ 여러 가지의 모습이 있지만, 대부분 서양에서는 초자연적인 악을 나타내고, 동양에서는 인간에게 은혜를 베푸는 존재이다.

17) Epimacos에피마코스(그리스 · 문장紋章) ─ Opinicos 참조.

18) Furia푸리아이 ─ 여자와 뱀이 합쳐서 된 날개 달린 괴물로 복수를 뜻한다.

19) Gargoyles가고일(중세 유럽 건축물에서 빗물을 모아 흘려보내는 홈통에 붙은 기괴한 머리 모양) ─ 기괴한 머리는 인간의 머리일 때도 있으며 동물이나 가공 동물의 머리일 때도 있다. 교회에서 날아 나오는 악령, 악한 영혼의 구체화된 모습, 혹은 악령을 놀라게 하여 교회로 들어오지 못하게 하는 것을 의미한다.

20) Garuda성스러운 새, 가루다(힌두 교) ─ 〈생명의 새〉이며, 불사조와 동일하게 여겨진다. 태양, 하늘, 승리를 뜻하며, 만물의 창조자이자 파괴자인 비슈누 신을 태운다. 가루다는 완전히 자라서 알에서 나오며 소원을 들어주는 〈생명의 나무〉(여의수如意樹)에 둥지를 튼다. 나가蛇 족(가루다의 어머니를 속여서 노예로 삼았음)과는 적대관계에 있다.

21) Gorgon고르곤(그리스) ─ 머리가 셋인 고르곤은 여자의 얼굴을 하고 있으며 머리털은 뱀이다. 파괴자로서의 〈태모太

母)의 끔찍한 모습을 나타낸다. 공포의 상징이다.

22) Grylli그릴리 — 키마이라와 같다.

23) Gryphon그뤼폰(→GRYPHON)(그리스) — 머리는 독수리의 모습이고, 몸통은 사자인 괴물로 태양, 태양의 부富와 힘, 빈틈없는 경계, 보복을 나타낸다. 날개가 없는 것이 수컷이다.

24) Harpy괴조怪鳥, 하르퓌아이(그리스) — 머리와 가슴은 여자이며, 큰 독수리의 발톱을 가졌다. 급사急死와 연관이 있고 회오리 바람과 폭풍, 여성원리 중 파괴적인 면을 나타낸다.

25) Hippogryph히포그뤼프(그리스) — 반은 말의 모습이고 반은 그뤼폰의 모습을 한 괴물이다. 태양신 아폴론의 전차를 끄는 날개 달린 말과 같은 모양으로 아마도 태양에 속하는 듯하다.

26) Hippolectryon히폴레크트리온 — 반은 말의 모습, 반은 수탉의 모습을 한 괴수로 태양에 속한다.

27) Hydra휘드라(그리스) — 머리가 7개인 용 혹은 물뱀이다.(모습은 여러 가지 다른 설이 있다.) 맹목적이며 동물적인 생명력을 뜻한다.

28) Kala-makara칼라-마카라(힌두 교) — 사자와 마카라, 혹은 사자와 악어가 합쳐진 모습으로, 태양에 속하며, 바다의 힘을 상징한다.(칼라는 사원에서 장식에 이용되는 귀신으로 커다란 눈, 날카로운 이빨, 벌어진 입이 특징이다. 바다의 괴물 마카라[→MAKARA]와 함께 그려지는 경우가 많다.)

29) Ky-lin기린(→KY-LIN)(중국) — 음과 양을 뜻하며, 특히 일각수와 동일시된다.(기린麒麟은 본래 뿔이 하나였다.) 남성과 여성의 결합, 완전성, 자연의 청정함,

존재하지 않는 것을 상징하는 에트룰리아의 키마이라.

고대 그리스의 청동 장식판에 있는 암컷 그뤼폰(이 그림에서는 새끼와 함께 있음)은 사자와 독수리의 용맹스러움과 위엄을 조합한 것이다. 그뤼폰은 사자와 악어의 합체이며 사자와 독수리의 태양적인 성질의 합체를 상징한다.

오행五行(木, 火, 土, 金, 水)의 핵심이다.

30) Lamia라미아(그리스) — 라미아(머리와 가슴은 여자, 몸통은 뱀인 괴물)는 야수로 변신한 잔인한 여왕으로, 바다의 마녀 세이렌과 동일시되며, 물고기와 같은 상징성을 가진다.

31) Leogryph레오그리프 — 사자에 뱀이나 그뤼폰이 합쳐진 모습으로, 마야(환영)를 뜻한다. 여신 마야로서 〈태모太母〉의 무서운 면을 상징한다.

32) Leviathan리바이어던 — '날랜 뱀'("욥기" 26:13)이나 거대한 물고기를 나타낸다. 큰 바다와 혼돈을 뜻하는 원초의 괴물이다. 바다의 힘을 뜻하는 뱀으로 땅의 힘을 상징하는 비히모스, 하늘의 힘을 상징하는 거대한 새 지즈와 대립된다.

33) Lindworm악룡惡龍 — 비룡飛龍, 날개 없는 용이며 전쟁, 역병을 상징한다.

34) Makara마카라(힌두 교) — 물고기와 악어, 혹은 물고기와 코끼리가 합쳐진 모습이며, 바다의 신 바루나가 타는 바다의 괴물이다.

35) Marine Monsters바다의 괴수 — 대개는 측정할 수 없을 정도로 깊은 심연을 가리키며, 원초의 혼돈을 상징하거나 또는 신의 힘이 현현顯現하는 것을 뜻한다.

36) Mermaid인어 — 상반신은 여자이며 하반신은 물고기인 바다의 요정이다.

37) Minotauros미노타우로스(→MINOTAUROS)(그리스) — 황소의 머리를 한 인간으로 자연의 야성적인 정념, 퇴폐적인 분위기의 상징이다.

38) Naga나가(힌두 교) — 여러 개의 머리를 가진 뱀으로 보물과 비의秘儀의 파수꾼이다. 뱀의 왕과 왕비, 바다의 생명, 늪과 같은 열정이나 성질을 나타낸다.(→SERPENT의 힌두 교)

39) Opinicos / Epimacos 오피니코스 / 에피마코스(그리스·문장紋章) — 그뤼폰 모양의 괴수로, 몸통과 다리는 사자, 머리와 목과 날개는 독수리, 꼬리는 낙타 모양으로, 날개는 없는 모습으로 그려지기도 한다. 그뤼폰과 같은 상징적 의미를 가진다.

40) Pegasos페가소스(그리스) — 날개 달린 말로서 비속한 성질과 고결한 성품이 섞여 있지만 보다 높은 곳을 희구한다. 태양에 속한다.

41) Phoenix불사조不死鳥(→PHOENIX)(그리스) — 불꽃 속에서 태어난 가공의 새이다. 죽음과 부활, 불에 의한 재생을 상징한다.

42) Roc로크, 거조巨鳥(아라비아) — 거대한 새로 폭풍의 새이다. 바람은 로크가 날개짓하는 것이며, 이 새가 비상하면 번개가 친다. 아라비아의 전설에 의하면 로크는 〈우주축宇宙軸〉(→AXIS)을 뜻하는 카푸 산에만 내려앉는다고 한다. 태양에 속하며 하늘의 상징이다.

43) Salamandros살라만드로스(→SALAMANDROS)(그리스) — 대개는 작고 날개가 없는 용이나 도마뱀으로 나타나지만 불꽃 속에서 뛰쳐나온 개와 비슷한 모습일 때도 있다. 4대 원소 중에서 불을 뜻한다.

44) Scylla스퀼라(그리스) — 카뤼브디스(→앞의 Charybdis)와 함께 멕시나 해협에 사는 바다의 괴수로 원래는 아름다운 요정이었지만 모양이 각기 다른 여섯 개의 머리가 달리고 이빨이 세 줄로 났으며, 목이 긴 괴수로 바뀌었다. 스퀼라와 카뤼브디스는 통과하기 어려운 장소, 바다의 마신魔神을 상징한다.

45) Sermurv/Simurgh세르무르브/시무르그(이란) — 공작, 그뤼폰, 사자, 개가 합쳐진 새로 하늘을 상징하며 두 가지 세

계의 중개자이다.

46) Siren(Seiren)세이렌(→SIREN)(그리스) —— 여자의 머리를 가진 새로 선원을 유혹하고 죽은 자를 유혹하기도 한다. 세이렌의 부수물은 리라와 피리인데 이들 악기는 감상과 환상 세계로의 유혹을 뜻한다.

47) Sphix스핑크스(→SPHINX)(이집트) —— 머리 부분은 남자나 여자의 모습이며 황소의 몸통, 사자의 다리, 독수리의 날개를 가지고 있다. 4대 원소를 모두 합친 것으로 신비, 수수께끼, 태양의 힘을 상징한다.

48) Tengu천구天拘(일본) —— 새의 머리와 날개를 가지고 있으며, 발에는 갈고리처럼 구부러진 발톱이 있는 인간이다.(다른 설에서는 붉은 얼굴과 큰 코에 산속에 엎드린 모습을 한 사나이라고 한다.) 전쟁, 갈등, 위선, 위해를 뜻한다.(교만한 사람은 죽어서 천구가 된다고 한다.)

49) Tiamat여신 티아마트(마야) —— 바다의 괴물로 원초의 혼돈, 대해, 암흑을 뜻한다.

50) Triton바다의 신 트리톤(그리스) —— 남자 인어로서 반은 사람이고 반은 물고기의 모습이다.(바다의 최고신 포세이돈의 아들이다.) 뿔피리나 고둥을 들고 있거나 그것을 불면서 바다의 신들을 관리한다.

51) Unicorn일각수一角獸(→UNICORN) —— 몸통은 말이나 수사슴이며 하나의 뿔을 가지고 있다. 달에 속하며 여성원리, 정결, 청순을 상징한다.

52) Wyvern와이번, 비룡飛龍(문장紋章) —— 날개가 달린 뱀이나 용으로 독수리의 다리와 비슷한 발이 두 개 있다. 전쟁이나 역병을 뜻한다.

53) Ziz지즈(유대 교) —— 하늘의 힘을 상징하는 커다란 새인데 땅의 힘인 비히모스(→위의 Behemoth), 바다의 힘인 리바

캄푸치아의 옛 수도 앙코르 톰의 불상으로 부처는 똬리를 틀고 있는 나가 위에 앉아서 조용히 명상하고 있다. 이것은 부처가 본능을 정복하고, 그것을 자기를 떠받치는 수호자로 변화시켜, 본능 속에 감추어져 잠재되었던 지식을 얻었음을 상징한다.

갓 태어난 잘을 데리고 둥지로 날아가는 시무르그를 그린 18세기 페르시아의 그림.

이어던(→위의 Leviathan)과 대응한다.

54) Zu주 —— 수메르 인에게 전능한 힘을 주는 운명의 명판銘板을 훔친 폭풍의 새이다.

**Face** 얼굴  얼굴은 바깥에 드러난 인격을 나타낸다. 힌두 교의 신상神像에서 볼 수 있는 여러 개의 얼굴은 신이 가진 여러 측면, 신의 근원적인 힘, 신의 업적이나 기능을 뜻한다. 또한 여러 개의 얼굴이 합쳐져서 하나의 신을 이루는 경우도 있다. 시바 신이나 브라마 신의 신상에서 보이는 넷 혹은 다섯의 얼굴은 원소를 뜻한다.

**Falcon** 송골매  송골매는 독수리(→EAGLE)가 가지는 태양 상징을 거의 대부분 공유하기 때문에 독수리와 대치될 수 있다. 송골매는 동경, 승리, 모든 수준을 뛰어넘는 상승을 뜻한다. 또한 자유를 상징하기 때문에 도덕적 혹은 영적인 속박에 묶여 있는 모든 사람들의 희망을 의미한다. **켈트**: 독수리와 마찬가지로 원초에 나타났던 것 중의 하나이며 호색적好色的인 들토끼에 대립되는 의미로 정욕에 대한 승리를 뜻한다. **중국**: 송골매는 태양의 힘인 동시에 전쟁의 파괴적인 힘이어서, 상반된 의미를 가진다. **이집트**: 이집트에서는 〈새의 왕〉, 천상의 원리, 사냥의 새이다. 모든 것을 꿰뚫어볼 수 있는 호루스 신은 송골매의 모습으로, 혹은 송골매의 머리를 하고 나타난다. 〈떠오르는 태양〉인 신 라와 〈지평선〉위에 있는 호루스는 동일시되며, 송골매의 머리를 가진 모습으로 묘사된다. **잉카**: 잉카 제국의 초대 황제 망코 카파크의 상징이며 또 그 수호령이기도 하다. **북유럽**: 신 오딘은 송골매로 변신하여 지상으로 내려온다.(정확하게 이야기하자면 송골매로 변신하여 날아서 아스가루즈[신들의 세계]에 도착한다.) 프리그 여신(보통은 여신 프레이야)의 부수물이며 오딘과 형제인 로키가 불과 결부되었을 때의 모습이다.

**Fall** 낙하, 추락, 타락  〈인간의 타락〉이 상징하는 것에는 물질적이며 개별적인 세계에 휩쓸리는 것, 신의 창조물인 인간이 자신의 기원과 신적인 본성을 망각하는 일, 〈낙원〉의 상실, 인간과 현실 세계에서 보이는 내재적인 이원성 등이 있다.

**Fan** 부채  부채는 움직이는 공기의 정령을 상징하며, 힘, 위엄이기도 하다. 부채의 모양은 인생살이를 상징한다. 나이가 들면서 점차 인생 경험이 풍부해지는 것처럼 부채는 위로 갈수록 넓게 펼쳐지기 때문이다. 부채는 달의 변화, 여성의 변하기 쉬운 마음을 뜻한다. 부채로 부치는 것은 악한 힘을 쫓는 것을 의미한다. **아프리카**: 부채는 왕의 위엄을 상징할 때도 있다. **중국**: 권위, 왕의 위엄, 죽은 자에게 새로운 생명을 불어넣는 바람의 힘, 감정의 미묘함, 관리의 위엄을 나타낸다. '가을날의 부채'는 소박맞은 부인을 의미한다. **힌두 교**: 베다에서 불의 신인 아그니와 비슈누 신의 상징물이다. **일본**: 권위, 힘의 상징이다.(예를 들면 무장武將이 군대 지휘에 사용하는 군부채) 흰 깃털 부채는 바람의 힘이다.(신을 부르는 의복 또는 악기惡氣나 더러움을 떨쳐버리기 위한 제사나 축의 때 사용한다.) **도교**: 부채는 새와 비상飛翔에 연관되는데, 이는 부채가 형식적인 세계에서 벗어나 자유를 얻음으로써 〈선계仙界〉에 들어가는 수단이 되기 때문이다. 도교의 〈팔선八仙〉중의 한 명인 한종리漢鐘離(종리권鐘離權)의 표지이다.

**Fasces** 패시즈(막대나 도끼를 묶어서 만든 것으로 권력의 부수물)  **로마**: 패시즈는 집정권과 사법권을 뜻하며, 처벌의 뜻이 있다. 패시즈의 채찍은 태형笞刑을 의미하고 도끼는 참수형斬首刑을 가리킨다. 채찍과 도끼를 합치면 통합된 힘을 의미한다. 통합의 상징으로서 사랑의 신 큐피드의 부수물이다.

**Fasting** 단식  아리아 권과 켈트 권에서는 불만이 있을 때 사람의 주의를 끌어서 불만을 알리는 방법으로서 단식을 했다.

**Fat** 지방, 기름기 있는 고기  지방은 생명이 깃든 곳으로 여겨지며 육체의 힘은 지방에 저장되고 그곳에서 생명이 생긴다. 기름기 있는 고기는 가장 좋은 부분을 의미한다.

**Father** 아버지  아버지는 태양, 〈영靈〉, 남성원리이자 여성적이고 직관적인 본능의 힘에 대립하는 것이며, 법과 질서의 체제적인 힘이다. 하늘의 신天空神은 주신主神All-Father, 최고신이다. 신화나 전설에서 아버지의 모습은 육체적, 정신적, 영적인 면의 우월성을 상징한다. 〈시간의 영감翁Father Time〉은 크로노스/사투르누스 신과 동일시되며, 농경신으로서 또한 〈시간〉이자 곧 〈수확하는 자〉로서, 손에 작은 낫과 큰 낫을 들고 있다. 모래시계도 〈시간의 영감〉을 나타내는 부수물이다.

**Fawn** 새끼 사슴  새끼 사슴은 바쿠스 신을 섬기는 신도와 오르페우스 교 신도들의 표지이다. 이들은 새끼 사슴의 가죽을 걸치고, 또 그 가죽으로 샌들을 만들어 신는다. 새끼 사슴은 디아나 여신의 뒤를 따른다.

**Feather** 깃털  깃털은 진리(깃털과 마찬가지로 높이 올라감), 가벼움, 건조함, 하늘, 높음, 빠름, 공간, 다른 세상으로 날아감, 영혼의 상징이다. 또한 습윤원리에 대립하는 공기와 바람의 원소이다. 깃털이나 깃털로 만든 머리 장식을 걸치면 새의 힘인 마나를 얻을 수 있다. 또한 깃털을 몸에

송골매 모양으로 만든 기원전 700-기원전 600년의 이집트의 황금 가슴 장식.

13세기 중국의 그릇이다. 유약으로 표면에 드러난 깃털과 나뭇결의 모양은 깃털이 나타내는 가벼움과 우뚝 솟음, 여기에 대립하는 나무의 지상적 활력과 성장을 하나의 상징 속에 결합시켰다. 나뭇결은 생명의 도형이며, 생명의 지도이다.

걸친 사람은 새의 지혜를 얻을 수 있으며 ('작은 새가 가르쳐준다A little bird told me'는 일상표현처럼 새는 비밀의 조언을 해줌), 새가 가진 초월적, 본능적인 지식이나 마력을 얻을 수 있다. 한 쌍을 이룬 두 개의 깃털은 빛과 공기, 양극, 부활을 나타낸다. 3개의 깃털은 붓꽃(FLEUR-DE-LIS)과 연관되며, 영국 황태자의 표지이다. 흰 깃털은 구름, 파도의 거품을 상징한다. 흰 깃털은 또한 겁이 많음을 뜻하는데 이는 싸움닭의 꼬리에 있는 흰 깃털은 잘못 키워졌다는 표지이며, 따라서 전의戰意가 없는 증거라고 생각했던 데서 비롯되었다. 깃털 왕관은 태양광선을 의미한다. **아메리카 인디언**: 독수리의 깃털은 〈천둥새〉, 〈위대한 영靈〉, 우주령宇宙靈과 태양광선을 뜻한다.→FEATHERD SUN **켈트**: 성직자가 걸친 깃털 외투는 다른 세계로의 여행을 나타낸다. 요정들도 깃털로 장식된 외투를 입는다.(W. B. 예이츠의 「아신의 방랑」 참조) **크리스트 교**: 깃털은 명상, 신앙을 가리킨다. **이집트**: 지고至高의 통치권, 진리, 비상, 무겁지 않음, 건조함, 높이를 뜻하며 진리의 여신 마트의 표지이다. 이밖에 깃털을 가지고 다니는 신들은 태양신 아멘 라, 안헤루, 오시리스, 호루스, 슈, 하토르, 암수, 멘투, 네페르티움이다. 저승의 오시리스 신은 죽은 자의 혼(정확하게는 심장)과 진리의 깃털을 천평칭天平秤에 올려놓는다. **남아메리카**: 깃털은 중요한 교역품이며, 주로 귀족들의 장신구, 제례용품으로 가공되었다. 아스텍에서는 이리로 변신한 코요토리나와루를 수호신으로 삼는 깃털세공기술사의 표지이다. **북유럽**: 프레이야 여신은 (매의) 깃털로 만들어진 마법의 긴 옷을 가지고 있으며 이 옷을 입고 공중으로 날아다닌다. **샤마니즘**: 샤만의 깃털로 된 긴 옷은 다른 세상으로 날아가는 힘을 주며, 이것을 사용해서 샤만은 예지를 얻기 위한 여행을 떠난다. **도교**: 깃털은 도사 —— 우사羽士나 우객羽客들을 가리키는 —— 의 상징물이다. 깃털은 내세와의 의사소통을 나타낸다.

**Feathered Sun** 깃털로 만든 태양  아메리카 평원의 인디언은 안쪽과 바깥쪽으로 향하도록 도안된 깃털을 태양을 상징하는 데 사용한다. 안쪽을 향한 깃털은 중심을 나타내고, 바깥쪽을 향한 깃털은 주변을 뜻한다. 이것은 태양의 상징과 독수리의 상징을 결합시켜서 전체 우주를 나타낸다. 〈중심〉, 태양의 힘, 힘이 뻗어나감, 위엄의 상징이다.

**Feet/Foot** 발  발은 자유로운 움직임, 자발적인 봉사, 겸허, 비천함을 뜻한다. 상대편의 발에 입을 맞추거나 발을 닦아주는 것은 철저한 자기 비하나 경의를 의미한다. 발자국은 인간이 지나간 길을 나타낸다.(→FOOTPRINTS) 불의 신처럼 발이 없는 경우는 흔들리는 불꽃의 불안정함을 나타낸다. 또는 (산양어山羊魚의 모습을 한) 에아/오아네스 신의 물고기 몸통처럼 발을 대신하는 것이 있을 때에는 어떤 원소(예를 들면 물)를 다스리는 것, 혹은 그 신의 이원적 속성을 나타낸다. 중국의 상징체계에서 발바닥은 시간이나 구별된 일정 시간을 재는 것을 의미한다. 인간을 발로 밟는 신들은 현세적인 정념이나 현세적 존재, 마야의 세계, 현세의 허망함을 억누름을 나타낸다. 발을 구르는 것은 불만과 분노를 나타낸다.

**Fennel** 회향 香  회향은 사바지오스 신에게 바치는 제물로 사바지오스의 의례에서는 회향으로 만든 관을 쓴다.

**Fermentation** 발효  발효과정을 통해서 영혼은 일상적인 한계를 초월하며, 직관적인 힘이 해방되어 꿈을 만들어낼 수 있다. 발효는 또한 분해와 배설에 결부된다. 연금술에서 발효는 변형, 변성 작업과 연관되기 때문에 재생, 죽음에서 생명으로의 이행을 나타내게 된다. 금속은 흙 속에서 발효되는데 이 발효과정은 순환의 개념과 영겁회귀를 상징한다.

**Fern** 고사리 고사리는 고독, 성실, 겸허를 상징한다.

**Field** 들판 들판은 〈대지모신大地母神〉, 위대한 공급자, 양육자이다. **힌두 교**: '여자는 밭, 남자는 씨앗이다.'(「마누 법전」 IX. 33) **이슬람 교**: '여자는 너희들의 밭이다.'(「코란」 2 : 223)

**Fig, Fig Tree, Pipal** 무화과, 무화과나무, 인도보리수 무화과는 다산多産, 생명, 평화, 번영을 나타낸다. 무화과나무는 〈지식의 나무〉(→TREE)로 나타나는 경우도 있으며, 남성원리와 여성원리 모두를 상징한다. 잎은 남성으로 링가(→LINGA), 열매는 여성으로 요니(→YONI)이다. 무화과나무의 잎은 정욕과 성性을 뜻한다. '무화과나무의 잎은 음주와 변통便通을 뜻하는 것으로 해석되며, 모양은 남성 생식기와 비슷하다고 한다.'(플루타르코스) 바구니에 담긴 무화과열매는 다산을 의미하며 여신이나 어머니로서의 여성을 나타낸다. 무화과나무는 또한 평안과 정숙의 장소로서 포도나무와 연관되며 '유방이 여러 개인 나무'로서 여성의 가슴과 결부된다. **불교**: 부처가 그 나무 밑에서 깨달음을 얻어서 개안開眼했다는 성스러운 인도보리수이다. **크리스트 교**: 무화과는 〈에덴 동산〉의 사과를 대신해서 사용된다. **그리스 · 로마**: 디오뉘소스/바쿠스 신, 프리아포스 신, 제우스/유피테르 신, 숲의 신 실바누스의 성수聖

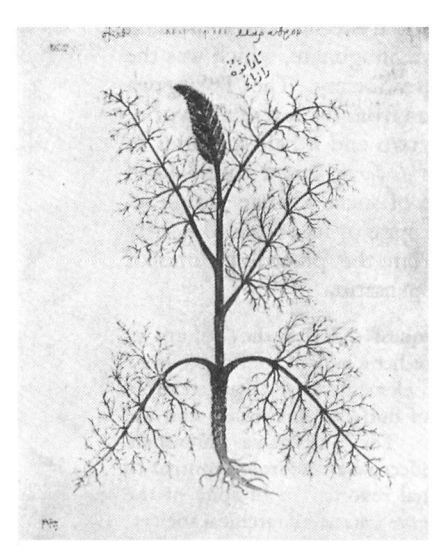

사바지오스 신에게 바치는 회향.

부처가 그 아래서 깨달음을 얻은 성스러운 인도 보리수.

樹로서 남근상징이다. **유대 교**: 평안, 번영, 풍부("열왕기 상" 4:25)를 뜻한다. 포도나무와 동일하게 이스라엘의 상징(이스라엘의 유명한 '일곱 가지 특산물' 중 한 가지)이다. **이슬람 교**: 무화과는 〈하늘의 나무〉(「코란」 25:1)이며, 무하마드가 이 나무에 대고 맹세를 했기 때문에 신성시된다.(「코란」 95:1) **오세아니아**: 무화과는 〈생명의 나무〉를 의미할 때도 있으며, 의례에서 숭배물이다.

**Finger** 손가락 사람을 손가락으로 가리키는 행위에는 마력이 있으며, 모욕을 의미한다. 손가락을 입에 갖다대는 것은 침묵, 사념思念, 경고를 뜻한다. 사람을 축복하기 위해서 드는 손가락은 영적인 힘을 전한다. 손가락 두 개를 세우는 것은 가르침이나 재판을 의미한다. 집게손가락과 새끼손가락을 세우는 것(직각으로 세우면)은 부적이며, 악마의 눈을 물리치는 것이지만 그렇게 해서 사람을 가리키면 (남의 처나 애인을 가로챈 남자에게 생긴다고 하는 뿔로서) 상대방을 모욕하는 것이다. **크리스트 교**: 축복을 내릴 때 3개의 손가락을 세우는 것은 〈삼위일체〉의 상징이다.(수직으로 세운 엄지손가락과 이것과 직각을 이루도록 세운 집게손가락과 가운뎃손가락) **이집트**: 축복을 내릴 때에 세우는 두 개의 손가락은 도움과 힘을 뜻한다. 또한 이 두 개의 손가락은 오시리스 신이 이승에서 저승으로 통하는 사다리를 올리는 것을 도와주기 위해서 호루스가 뻗는 두 개의 손가락을 뜻한다. 이때 한 손가락은 신의 정의를 뜻하고, 또 한 개는 〈중개자〉로서의 〈정령精靈〉을 뜻한다. 어린 호루스는 손가락을 입에 물고 있다. **그리스**: 손가락을 입에 대는 것은 침묵이나 명상을 나타내며 그것은 네메시스 여신과 폴륌니아 여신(→MUSES)

의 상징적인 행위이다.

**Fir Tree** 전나무 전나무는 대담함, 욕심이 없고 정직함을 나타낸다. 중국의 상징체계에서는 〈선택받은 자〉의 인내를 뜻한다.(겨울에도 잎이 떨어지지 않기 때문이다). 목신牧神 판과 보탄 신의 나무이다. →PINE

**Fire/Flame** 불/불꽃 불은 변용變容, 정화淨化, 태양에서 나오는 활성력, 생식력, 생명의 소생, 수태, 힘, 강함, 활력, 존재에 깃든 보이지 않는 힘, 성性의 힘, 방어, 보호, 가시성可視性, 파괴, 용해, 격정, 공양, 다른 존재 형태로의 변화나 이행, 메시지나 제물을 하늘로 보내는 수단이다. 불이 현현顯現한 모습인 불꽃은 영적인 힘과 그 세력, 현세로부터의 초월과 광명을 상징하며, 또한 신이나 귀신이 나타남, 프누마이다. 불꽃은 영감, 깨달음도 된다. 머리 위에서 타오르는 불꽃이나 머리의 둘레를 감싸는 불꽃은 불의 바퀴光輪(→NIMBUS)와 마찬가지로 신의 힘, 귀신이나 수호신이 가지는 비밀의 힘을 가리킨다. 이런 경우에 머리는 생명의 본질이 깃드는 곳으로 볼 수 있다. 사람이 죽으면 불꽃이 그 육체에서 떠난다. 불과 불꽃은 심장을 상징한다. 불과 불꽃은 모두 상반되는 의미를 내포하는데, 신적이며 악마적이고, 창조적이며 파괴적이다. 불과 불꽃은 모든 피조물을 먹어치워서 시원적始原的인 통일로 환원시키는 수단이다. 불과 불꽃은 거짓말, 무지, 환영, 죽음을 불태움, 부정한 것을 불살라버리는 것으로서 진리와 지식을 나타낸다. 불로 베푸는 세례는 찌꺼기를 태워버림으로써 원초적인 순수를 회복하는 것이며 이는 불을 통한 〈낙원〉의 회복과 연관된다. 이 〈낙원〉은 상실된 이후로는 불에 둘러싸이거나 화염검을 가진 수호자들이 그것을 지키고 있다. 이 수호자들은 깨달음을 상징하며 무지한 자나 깨달음을 얻지 못한 자들의 길을 막는다. 불은 빛과 열이라는 상보적인 두 가지 면으로 나누어지며, 빛은 직선으로, 열은 곡선으로 그려지기도 한다. 빛과 열은 지성과 감정을 나타내며, 또한 비와 다산多産을 가져오는 번개와 풍요로움을 약속하는 벼락과 가정에 놓인 난로의 따뜻함, 공포를 일으킴과 위로를 나타낸다.

불을 지피는 것은 탄생이나 부활과 동일시되며 미개사회에서는 성교에 의한 창조와 동일하게 여겨진다. 결혼식이나 풍요를 기원하는 의례에서 사람이 횃불을 드는 것은 불의 생성력을 상징한다. 불과 물이 함께 있으면 우주의 2대 원리로서의 능동원리와 수동원리를 가리킨다. 또한 불과 물은 〈천공, 대부大父〉와 〈대지, 태모太母〉이며, 4대 원소로 이루어진 물질계의 모든 대립을 뜻한다. 불과 물은 대립과 갈등의 관계에 있지만, 열과 습기로서는 생명체에 필수적이다. 식물 세계에서 불은 겨자의 씨로 상징된다. 불과 바람은 산이나 화산의 신을 나타낸다. 가정에 있는 화롯불은 집의 중심이며, 불이 가지는 여성적이고 대지적大地的인 면을 상징한다. 불을 상징하는 것으로서는 삼각형, 卍(→SWASTICA), 사자의 갈기, 머리털, 날카로운 무기, 전나무, 철쭉이 있다. **연금술**: 불은 통일과 안정을 실현하는 중심적인 원소이다. '작업은 불에서 시작되어 불에서 끝난다.'(이븐 비슈룬) **아메리카 인디언**: 종교적인 집회소 Medicine Lodge에서 불은 〈위대한 신령〉이 사는 성스러운 중심이다. 불은 신과 인간을 중개하기도 한다. **고대 근동**: 불의 신인 마르둑은 '적을 태워서 없애버리는 불꽃'을 뜻한다. **불교**: 불은 모든 무지를 태

11세기 중엽의 명판에 새겨진 그림에서 세례 요한의 좌우에서 두 사람이 든 세 개의 손가락은 삼위일체를 상징한다.

지상의 〈왕들〉(그들의 왕관이 지구의地球儀를 둘러싸고 있음)이 대리인을 통해서 지고至高의 변용의 불을 숭배하고 있다. 17세기의 연금술서 삽화.

워서 사라지게 하는 예지이다. 불 기둥은 부처의 상징이다. 불은 타서 사라지며 물은 다른 것을 정화시킨다. **중국**: 불꽃은 신이 임하심을 의미한다. 불은 위험, 분노, 광포함, 신속함을 상징한다. 영적인 힘으로서 불은 양으로서 태양에 속하며, 물의 음과 대응된다. 불의 괘상卦象은 음효陰爻 (--)의 위와 아래에 양효陽爻(—)를 겹친 모양이다(☲).(팔괘의 離[→PA KUA]) **크리스트 교**: 종교적 열정, 순교를 뜻한다. '불의 혀'("사도행전" 2 : 3)는 성령의 강림, 신의 소리, 신이 내리는 계시를 뜻한다. 불은 파두아의 성 안토니우스의 표지이다. **이집트**: 불은 영감靈感을 나타내는 토트 신과 연관된다. **그리스·로마**: 불은 대지의 불의 힘을 상징하는 헤파이스토스/불카누스처럼 화산의 대장장이의 신이나 천둥신의 부수물이다. 난로의 여신 헤스티아/베스타의 표지이기도 하다. 불은 영감을 상징하는 헤르메스/메르쿠리우스 신과 연관된다. 난로의 여신 헤스티아/베스타는 '불의 여주인'(비극시인 에우리피데스)으로 불린다. **유대 교**: 불은 신이 내리는 계시를 나타내며 신의 음성을 뜻한다. '네 하나님, 여호와는 소멸하는 불이시오.'("신명기" 4 : 24) **힌두 교**: 초월적인 빛과 지식, 예지가 가지는 활력을 뜻한다. 불은 또한 시바 신의 파괴력, 해방력, 재창조력으로 여겨진다. 베다에서 불의 신 아그니에게 바치는 불꽃과 연기 기둥은 세계축을 나타낸다. 불로서의 아그니는 풍요의 비를 내리게 하는 번개이며 동시에 집 안의 난로이기도 하다. 아그니의 금색 이, 날카로운 혀, 풀어 헤친 머리카락은 불꽃을 나타낸다. 아그니는 나무에서 태어난 신이며 태양의 어린 양을 타고, 도끼, 부채, 풀무를 가진다. 남쪽, 동쪽, 서쪽에 마련된 베다의 제단에는 불이 붙여지는데 이 세 곳의 불은 태양과 하늘, 에테르(하늘에 가득 찬 연기)와 바람, 대지를 상징한다. 불이 가지는 끔찍한 암흑적인 면은 칼리 여신이나 두르가 여신(모든 것을 소멸시키는 〈시간〉이기도 함)으로 상징되며, 이 여신의 모습은 대개 공포를 불러일으키는 검은 색이나 빨간 색으로 그려진다. 개의 기다란 이가 튀어나와 있고 불의 혀를 가진 이 여신은 남편인 시바 신의 부수물(삼지창, 칼, 북, 피를 담는 사발)을 들고 있다. 불을 지피는 것은 창조의 행위와 제물을 바치는 공양에 의한 통합과 재통합의 행위를 재연하는 것이다. 시바 신을 감싼 불꽃 바퀴는 우주의 창조와 파괴의 순환을 뜻한다. 불은 생명의 불꽃으로서 크리슈나 신이기도 하다 '나는 모든 생명을 가진 육체에서 머무르는 불(부아이세부아나라)이다.'(「바가바드 기타」 XV. 14) **이란**: 조로아스터 교의 신전에서 불은 〈성스러운 중심〉이며 신이 현존하는 장소, 인간의 혼에 깃든 신의 빛이다. 또한 태양적인 힘이며 하늘과 나무에 내재하는 성스러운 불로서 아타르 신에 의해서 상징된다. 불은 법과 질서와도 연관된다. 조로아스터 교에서는 '인간과 황소는 물이 아니라 불에서 기원한다'고 한다. **이슬람 교**: 불과 불꽃은 빛과 열, 신성神性과 지옥이다. **남아메리카**: 불은 의례에서 죽음, 속죄, 참회를 상징한다. **퓌타고라스주의**: 불은 사면체四面體와 연관된다. 불은 제1요소이며, 사면체는 기하학에서 제1도형이다.

**Firefly** 반딧불 불교에서 반딧불은 암흑을 비추지 못하는 얕은 지혜를 나타낸다.

**Fish** 물고기 물고기는 남근상징이며, 다산多産, 번식, 생명의 재생과 유지, 생명의 원천과 생명을 담고 있는 바다나 강의 힘, 원소로서의 물을 나타낸다. 물고기는 어머니인 〈태모신太母神〉의 모든 면과 연관되며, 모든 달의 여신과 연관된다. 물고기는 빵과 포도주와 함께 밀의密儀의 성찬으로 사용되었다. 물고기를 먹는 것과 물고기를 제물로 바치는 것은 모든 저승의 신들과 바다나 강, 사랑, 다산을 담당하는 달의 여신들, 예를 들면 〈성스러운 물고기〉 이크티스를 낳은 아타르가티스 여신, 이슈타르 여신, 나나 여신, 이시스 여신, 베누스 여신 같은 여신들을 숭배하는 의례에서 행해지는 의식의 일부이다. 이런 여신들의 제삿날은 금요일이며 이때 물고기를 먹는데 여기에는 여신들을 경배하는 뜻과 함께 물고기의 다산성을 전해받는 의미도 있다.

물고기는 생명의 바다에서 헤엄치는 신도나 제자들을 상징한다. 새와 함께 그려지는 물고기는 지하에 속하고 매장과 연관되며, 부활의 희망을 나타낸다. 물고기나 돌고래에 올라탄 물고기의 신 혹은 바다의 신은 바다에서의 독립된 운동을 상징하며, 전능함을 나타낸다. 아래쪽으로 헤엄치는 물고기는 영靈이 물질 속으로 말려들어가는 나선 운동을 보여주며, 위쪽으로 헤엄치는 물고기는 영적 물질들이 〈제1원리〉로 되돌아오면서 바깥쪽으로 돌아가는 움직임을 나타낸다. 두 마리의 물고기는 세속적 권위와 영적 권위를 나타낸다. 하나의 머리에 몸뚱이가 셋 달린 물고기는 〈삼위일체〉를 상징한다. 이 상징은 이집트, 켈트, 인도, 메소포타미아, 미얀마, 페르시아와 프랑스의 도상체계圖像體系에서 볼 수 있으며 고대에서부터 현대에 이르기까지 거의 보편적으로 나타난다. 서로 휘감긴 세 마리의 물고기도 〈삼위일체〉의 상징이다. **연금술**: 물고기는 신비의 물질을 나타낸다. **고대 근동**: 물고기의 비늘은 〈물의 왕〉인 에아/오아네스 신을 모시는 사제가

아스텍의 불의 신 후에후에틀오틀. 머리에 얹은 화로 속에는 후에후에틀오틀과 그 신성神性을 상징하는 것을 넣었으며, 불을 지필 땔나무를 넣는다.

몸에 지닌다. 에아 자신도 반 물고기 반 염소, 또는 반 물고기 반 양의 모습이었다고 한다. 에아의 사제가 썼던 물고기 관은 나중에 크리스트 교의 사제가 쓰는 사제관(→MITRE)이 되었다. 물고기는 에아 신이나 남근의 신 타무즈의 표지이면서도 이슈타르 여신과 연관되어서 여성적인 것, 사랑, 풍요를 뜻한다. 에아의 자식인 〈현자 賢者〉아다파(인간의 시조)는 〈어부〉의 모습을 하고 있다. 아시리아에서 물고기는 도끼와 함께 그려졌는데, 이것은 아마도 달의 힘과 태양의 힘, 바다의 신들과 하늘의 신들을 나타낸 듯하다. 크레타에서도 물고기는 도끼와 함께 나타난다. 페니키아, 프뤼기아, 시리아에서 물고기는 성스러운 물고기의 연못을 가진 아타르기스 여신의 사제들이 성찬식 음식물로 사용했다. 물고기는 사랑의 신들의 표지이며, 행운을 의미한다. **불교**: 〈불족석佛足石〉에 그려진 물고기는 속박으로부터의 자유, 욕망이나 번뇌로부터의 해방을 상징한다. 부처는 〈인간을 낚는 자〉이다. **켈트**: 연어나 송어는 성스러운 연못聖泉과 결부되며 신의 예지 능력을 상징한다. 물의 신 노돈은 어부이다. **중국**: 물고기는 (나머지 여餘와 동음이의어로) 풍부함을 뜻하며 부富, 재생, 조화, 황제의 신하를 상징한다. 한 마리의 물고기는 고독한 사람, 고아, 과부, 독신자를 가리킨다. 두 마리의 물고기는 합일의 기쁨, 결혼, 풍요를 뜻한다. 물고기는 당나라 (618-907)의 표지이다. **크리스트 교**: 세례, 불사, 부활(요나의 표적[ "요나" 2, "마태복음" 12:40])을 뜻한다. 크리스트 교 미술의 미사 장면에서 포도주와 바구니에 담긴 빵과 함께 그려진 물고기는 성체聖體를 나타내며, 또한 〈최후의 만찬〉을 나타낸다. 초대 교부敎父를 신자들은 피스키쿨리 pisciculi(라틴 어로 작은 물고기를 뜻함)라고 불렀으며, 사도는 사람을 낚는 어부도 된다. 물고기 그림은 예수를 나타내는 것으로 해석되었는데, 그리스 어로 물고기ICHTHUS는 Iesous Christos Theou Huios Soter (예수 그리스도, 신의 아들, 구세주)라는 말의 머릿글자를 딴 것이기 때문이다. 물고기는 라틴 교회에서는 예수의 상징이며, 그리스 정교에서는 사용되지 않았다. 물고기는 파두아의 성 안토니우스, 성 크리소고누스, 성 콘갈, 성 코렌티누스, 마이센의 성 베노, 어부인 사도 성 베드로, 성 마우리티우스, 성 울리히, 성 제노의 표지이다. 머리는 하나이고 몸통은 셋인 물고기는, 하나로서 셋인 〈삼위일체〉를 뜻하며, 서로 몸을 휘감고 있는 세 마리의 물고기는 〈삼위일체〉 아래에서의 세례를 뜻한다. **이집트**: 물고기는 오시리스 신의 남근이다.(사지를 절단당한 오시리스의 남근을 물고기가 먹었다.) 두 마리의 물고기는 창조원리, 나일 강의 번영, 풍요를 뜻하며, 이시스 여신과 하토르 여신의 표지이다. 메기의 수염 같은 물고기의 촉수는 부정, 증오를 뜻하며, 자연 속에서 일어나는 불합리하며 정념적인 요소로서 괴물인 티폰의 표지이다. **그리스**: 물고기는 사랑과 풍요의 여신 아프로디테가 변신했던 모습이다.(「메타모르포시스」5. 331) 또한 바다의 힘으로서 바다의 신 포세이돈의 부수물이다. 아도니스 숭배에서 물고기는 죽은 자에게 바치는 공물供物이다. 오르페우스는 〈인간을 낚는 자〉이다. **유대 교**: 물고기는 안식일의 깨끗한 음식물, 〈천국〉에서 축복받은 자들의 음식물이다. 지복至福을 누리는 내세 생활에서의 하늘의 향연을 상징한다. 물고기는 자신들의 진정한 물인 〈토라〉의 바다에서 살아가는 이스라엘의 신앙심 두터운 자들을 나타낸다. **힌두 교**: 물고기는 구세주인 비슈누 신이 제1의 화신化身으로 나타나 인간을 홍수에서 구하고, 새로운 종족을 이루어 현재의 유가Yuga를 열었을 때의 모습이며 또한 홍수에서 최초의 인간 마누를 구했던 금색 물고기인 물의 신 바루나의 상징이다. 물고기는 부와 풍요를 가리키며, 사랑의 신들의 부수물이다. 서로 상대방의 꼬리에 입을 갖다대고 있는 두 마리의 물고기는 요니(→YONI)를 상징한다. **일본**: 잉어는 사랑을 뜻한다. **만다 교**: 물고기는 성찬으로서 장례식에서 먹는다. **로마**: 물고기는 장례식과 연관된다. 내세에서의 신생新生을 의미한다. 물고기는 풍요와 사랑의 여신 베누스, 바다의 신 넵투누스의 표지이다. **북유럽**: 사랑과 풍요의 여신 프리그의 부수물이다. **황도십이궁**: 신비한 물질은 마주 보는 물고기에 의해서 상징된다. 반 물고기 반 염소는 염소자리(마갈궁摩羯宮)이다.

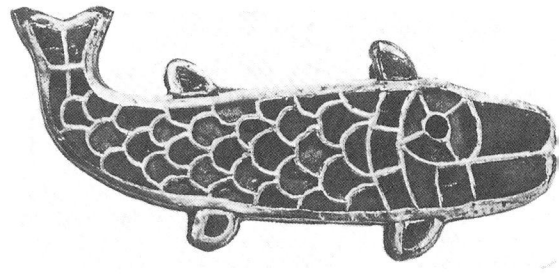

6세기에 만들어진 물고기 모양의 버클.

붓꽃 모양의 15세기 문장.

**Five 5**→NUMBERS

**Flail** 도리깨  도리깨는 통치권, 통치, 지배, 지고의 권력을 의미하고 목자牧者의 지팡이(→CROOK)와 함께 그려진다. 이집트 미술에서 도리깨는 죽은 자를 재판하는 오시리스 신의 부수물이다.

**Flame** 불꽃→FIRE

**Fleece** 양모羊毛  양모는 양의 생명력으로 여겨지는 지방脂肪을 나타내며, 또한 가축이나 곡물 등 생명을 지탱하는 모든 농산물을 암시한다. 자손이나 장수를 의미하기도 한다.

**Fleur-de-lis** 붓꽃  붓꽃은 문장紋章 도안으로 사용되는 연꽃이나 백합꽃으로 빛과 생명을 나타내는 꽃이다. 빛과 생명의 불꽃, 〈하늘의 여왕〉, 신이나 〈삼위일체〉의 삼중三重의 권위, 왕위를 뜻한다. 붓꽃

Flight/Flying

은 남성 성기의 모양과 여성 성기의 원이 조합된 형태로 남녀추니와 연관되며, 그밖에는 삼지창(→TRIDENT), 뱀지팡이(CADUCEUS), 튀르소스의 지팡이(→THYRSOS)와도 연관된다. 이 꽃은 창의 끝부분과 비슷하게 생겼기 때문에 남근적이며, 남자다운 무용武勇의 힘을 뜻한다. 프랑스의 역대 왕, 프랑스의 성 루이(聖王 루이 9세), 툴루즈의 성 루이의 표지이다.

**Flight/Flying** 비상/날기   나는 것은 초월, 물질적 제약으로부터의 영혼의 해방, 죽은 자의 영靈의 해방, 다른 존재 차원으로의 이행, 제약 상태에서 무제약 상태로의 이행, 초인적인 신분에 근접함을 뜻하고, 하늘을 나는 (바람을 탄) 현자賢者의 힘은 영이 두루 퍼져 있음을 상징한다.

**Flint** 부싯돌   부싯돌은 불, 불을 일으키는 것, 마음이 완고함과 무관심, 사랑의 불꽃, 생식을 나타낸다. 부싯돌 화살촉은 요정이 사용하는 무기이며, 부적도 된다.

**Floating** 부유浮遊   수면에서 부유하는 것은 자궁퇴행, 오르가슴, 수동성을 나타낸다. 공중 부유는 가벼움을 나타내며, 요정과 마녀의 힘을 나타낸다. 마녀는 물 위에 떠다니면서도 빠져죽지 않는다.

**Flock** 떼, 무리   무리는 신앙심이 돈독한 사람, 신자들의 공동체, 교회에 다니는 사람을 뜻한다.

**Flogging** 채찍질, 편달鞭達   채찍질은 상반되는 두 가지 의미를 가지는데, 죄에 대한 벌을 나타내며, 동시에 격려와 자극을 나타낸다. 의례에서의 채찍질은 남성의 활력을 회복시켜준다. 또한 귀신들린 사람에게서 악마를 내쫓기 위해서 채찍질을 한다. →WHIP

**Flood** 홍수   홍수는 바다에 있는 달의 힘, 역사에서 한 주기의 끝과 새로운 주기의 시작을 뜻한다. 홍수는 죽음을 가져오지만 동시에 재생도 만들어낸다.

**Flowers** 꽃   꽃은 수동적인 여성원리이다. 꽃은 그릇 모양이며 꽃받침은 '컵'(→CUP)과 동일한 상징성을 가진다. 꽃봉오리는 꽃의 잠재적인 형태이다. 중심에서부터 바깥쪽으로 피는 꽃의 모습이 점점 드러남을 뜻한다. 이런 상징적 의미는 동양의 연蓮(→LOTUS)과 서양의 장미(→ROSE), 백합(→LILY)에서 특히 강하게 인식된다. 꽃은 현상계에서의 확대 발전과 벌어진 꽃 모양의 유사성에서 중심에서 방사선상으로 빛살을 내쏘는 수레바퀴와 연관된다. 화원은 〈낙원〉, 〈축복받은 자들이 사는 들판〉, '저승 세계,' 귀신이 사는 곳과 연관된다. 장미나 백합처럼 꽃잎이 5장인 꽃들은 〈축복받은 자들이 사는 정원〉, 또한 5가지의 한계로서의 오감에 의해서 한정된 소우주인 인간을 가리킨다. 6장의 꽃잎이 있는 꽃, 특히 연꽃은 대우주를 뜻한다. 꽃은 땅에 흘린 신의 피에서 자라는 경우가 종종 있다. 예를 들면 아도니스의 피에서는 아네모네나 붉은 장미, 아티스의 피에서는 바이올렛, 휘아킨토스의 피에서는 히야신스, 예수의 피에서는 장미가 피어났다. 꽃에서, 특히 햇빛과 모체로서의 원초의 바다를 상징하는 연꽃에서 태어난 신들이 있다. 예를 들면 브라마 신, 부처, 호루스 신 등이 그들이다.

꽃들은 또한 어린 시절의 상처받기 쉬운 특성이나 생명의 덧없음을 나타낸다. 꽃에서 나타나는 어린이는 신의 탄생을 상징하거나, 낮, 새벽, 신생新生의 탄생을 상징한다. 푸른 꽃은 손에 넣을 수 없는 것을 나타낸다. 붉은 꽃은 새벽, 떠오르는 태양, 열정을 나타내며, 〈태모신太母神〉의 상징물이다. 흰 꽃은 청순함과 무구無垢함을 나타내고, 흰색과 붉은 색이 어우러진 꽃은 죽음을 가리킨다. 향기가 나는 꽃이나 풀은 죽은 자를 도와주는 부적으로 장례의식, 특히 조로아스터 교, 유대 교, 만다 교의 장례식에서 사용된다. 장례식이나 묘지에 크리스트 교 교도들이 헌화하는 관습은 아마도 이런 종교 의식의 연장일 것이다. **연금술**: 흰 꽃은 은銀, 붉은 꽃은 금金, 푸른 꽃은 〈우주란宇宙卵〉(→EGG)에서 싹이 튼 현자賢者의 꽃이다. **아스텍**: 쇼치퀘찰은 꽃들의 여신이고, 그 쌍둥이 형제 남신 쇼치필리는 꽃의 왕자이며 사랑, 여름, 춤, 경기의 수호신이다. 또한 마킬쇼티트리 신은 '5 가지 꽃'을 의미한다. **불교**: 육체의 덧없음을 의미한다. 꽃은 부처를 경배하기 위해서 바친다. 연蓮(→LOTUS)은 불교에서 특히 상징적이다. **켈트**: 꽃은 영혼, 태양, 영적 개화를 상징한다. **중국**: 여성적인 것을 구성하는 요소이다. 음양의 상징체계에서는 신속한 힘을 나타내는 말과 사자와 쌍을 이루어, 꽃은 음, 말과 사자는 양이다. 이 쌍은 결혼의 상징과 장식에도 사용된다. **크리스트 교**: 장미는 예수의 피에서 자랐으며, 장미와 백합은 성모 마리아의 표지이다. 세 송이의 꽃은 링컨의 성 휴의 표지이다. **그리스**: 아네모네는 아도니스의 성화聖花로 이 꽃은 아도니스의 피에서 생겼다고 한다.(오비디우스, 「행사력行事曆」5, 227) 의인화된 서풍西風 제퓌로스Zephyros와 꽃의 신 플로라가 함께 만나서 봄의 꽃과 정원의 꽃이 피어나게 한다.(「행사력」5, 193-214) **로마**: 장례의식, 내세에도 계속되는 생명의 상징이다. 로잘리아Rosalia 축제에서는 장미가 로마인의 묘지에 뿌려진다. **도교**: 황금꽃(→GOLDEN FLOWER)은 빛의 결정結晶이며, 〈도道〉, 영원한 생명을 얻음, 영적 재

공중을 나는 인도의 남신과 여신으로 6세기의 바다미 석굴의 벽화 조각이다. 남녀가 육체의 사랑에 의해서 역설적으로 지상적地上的인 정욕을 초월한다는 동양적인 사고방식을 나타낸다.

생을 뜻한다. 꽃바구니는 장수와 행복한 노년을 나타내며, 도교의 〈팔선八仙〉 중의 한 명인 남채화藍采和의 표장이다.

**Flute** 플루트, 피리  플루트나 피리는 고뇌, 격정과 동일하게 여겨지기도 한다. **고대 근동**: 피리는 프뤼기아 지방의 여신 퀴벨레의 부수물이다. **중국**: 피리는 도교의 〈팔선八仙〉 중의 한 명인 한상자韓湘子의 표장으로 조화를 상징한다. **그리스·로마**: 피리는 음악과 서정시의 여신 에우테르페(→MUSES)의 부수물이며, 유혹과 감정의 상징인 바다의 마녀 세이렌의 부수물이기도 하다. **힌두 교**: 영웅신 크리슈나의 피리는 '시간 속에 머무는 것들에게 외치는 영원의 소리'이다.

**Fly** 파리  파리는 대부분 악신惡神이나 부패와 연관된다. 초자연의 힘으로 대개는 초자연의 악을 나타낸다. 악령들은 파리의 모습을 하고 나타나기도 한다. **고대 근동**: 페니키아에서 〈파리의 왕〉 베엘제불은 파괴와 부패를 행하는 자, 파괴와 부패의 힘이다. **크리스트 교**: 악, 악병, 죄이다. 크리스트 교 미술에서 파리는 병(죄)을 나타내는 것으로서 〈구세주〉를 나타내는 오색방울새(속죄)와 함께 그려진다.

**Flying** 날기 →FLIGHT

**Fly Whisk** 파리채  파리채는 권위, 명령을 뜻한다. **불교**: 불살생계不殺生戒를 지켜서 생물을 죽이지 않는 것을 뜻한다. **중국**: 지도력, 권위를 나타낸다. **힌두 교**: 황금 손잡이가 달린 파리채는 영적 권위와 세속적 권위를 뜻한다.

**Font** 세례반洗禮盤  **크리스트 교**: 세례반은 교회의 서쪽 입구(교회의 동쪽에는 재단이 놓이며 입구는 서쪽)에 놓이는데, 이것은 세례를 받음으로써 교회로 들어올 수 있도록 허락을 받는다는 의미이다. 사각형 세례반은 〈거룩한 성〉을 나타내며, 오각형은 십자가에 못박힌 그리스도가 입은 5개의 상처를 의미하고 8각형은 재생을 상징하는 숫자인 8(→NUMBER의 8)을 뜻한다.

**Fool** 어릿광대, 익살꾼, 바보  바보는 세속의 최고 권력자인 〈왕〉의 극단에 서 있는 존재이다. 바보, 어릿광대나 익살꾼은 궁정에서 가장 낮은 신분이며, 공양으로 드리는 희생양으로서 왕의 대역을 맡는다. 왕은 법과 질서의 힘을 상징하며, 어릿광대는 혼돈의 힘을 상징한다. 그래서 익살꾼이나 어릿광대는 제멋대로 말하거나 원하는 대로 행동할 수 있다. 바보는 정신적으로 깨닫지 못한 인간으로 자기 앞에 어떤 미래가 있는지, 어디로 가는지도 모르면서 맹목적으로 나락으로 빠져드는 인간을 나타낸다.

**Footprints** 발자국  발자국은 성자聖者의 현존이나 방문을 뜻한다. 발자국은 신이나 성인의 존재나 통과에 의해서 또는 추종자나 신도들을 인도하는 〈선구자〉에 의해서, 삼라만상에 찍히게 된 표지이다. 각기 반대 방향을 향하고 있는 2 종류의 발자국은 가는 것과 오는 것, 과거와 현재, 과거와 미래를 각각 나타낸다. **불교**: 〈불족석佛足石〉에는 〈칠묘상七妙相〉(만卍, 물고기魚, 금강저金剛杵, 뿔고등, 화병花瓶, 천폭륜千輻輪, 범천梵天의 관冠)이 새겨져 있다. 이것들은 인간이 이후에 좇아야 할 부처의 발자국을 나타낸다. **이슬람 교**: '길이 갈라지는 곳에서는 발자국이 남아 있는 길을 찾아라.'(신비주의 시인 루미)

**Forelock** 앞머리  앞머리는 정수리, 완전 지배를 하기 위한 요점을 뜻한다. 앞머리를 잡는 것은 인간이나 동물을 지배함, 기회를 잡음이다.

**Forest** 숲  숲은 마음의 영역이며 여성 원리이다. 시련과 이니시에이션이 벌어지는 곳이며, 미지의 위험과 암흑이 지배하는 곳이다. 〈암흑의 숲〉이나 〈마법의 숲〉에 들어가는 것은 경계의 문턱을 넘어서 다른 세계로 들어감의 상징이다. 즉 숲은 혼이 미지의 위험으로 들어가는 것, 죽음의 영역, 자연의 신비, 그 의미를 찾아내기 위해서 깊숙히 들어가지 않으면 안 되는 영적靈的 세계를 나타낸다. 숲은 영적인 통찰력이나 광명의 결여, 신의 인도를 받지 못해서 암흑 속을 헤매는 인간을 나타내기도 한다. 숲으로 끌려들어가는 것은 이니시에이션에서 재생하기 전의 상징적인 죽음을 의미한다. **오스트레일리아 원주민**: 숲은 〈피안彼岸〉, 망령亡靈의 영역(명계冥界)으로 이니시에이션이 치러지는 곳이다. **드루이드 교**: 태양과 숲은 부부이며 남자와 여자, 빛과 어둠을 나타낸다. **힌두 교**: '산 사람' 즉 숲에 사는 사람은 활동적인 생활을 피해서 명상적인 생활로 돌아간 사람들로 현세에서 '죽은' 인간을 의미한다.(숲속에서 사는 것은 4 가지 인생단계[아슈라마] —— 1. 학생기[베다 경전을 학습한다], 2. 집에 사는 시기[가장家長으로. 자손을 기른다], 3. 숲에서 사는 시기[가장의 의무에서 풀려나와 숲에서 살아간다], 4. 떠돌아다니는 시기[성자聖者로서 방랑한다] —— 중의 한 가지이다.) **샤마니즘**: 숲은 정령들이 사는 장소이다.

**Forge** 대장간  **연금술**: 화로의 성스러운 불, 물질을 변질시키는 불꽃의 힘을 뜻한다. 도가니가 수동적, 수용적, 여성적이며 괴로움을 견디는 힘을 나타내는 데 대해서 화로의 힘은 생성적, 남성적, 능동적이며, 상대방에게 괴로움을 주는 힘을 뜻한다. 금속이 생성되는 모체이다.

17세기 드라비다 족의 조각으로. 크리슈나 신의 네 개의 팔은 비슈누 신의 화신化身으로서 신성神性을 나타낸다. 피리를 불고 있는 인간적 행위는 육체를 통해서 드러내는 신성을 상징적으로 표현한다.

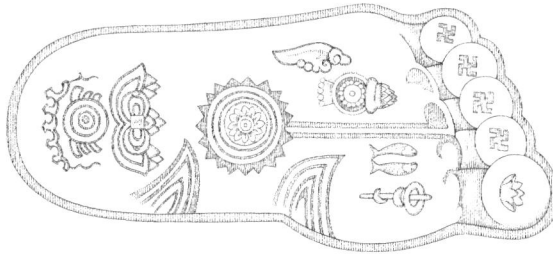

인도의 불족석佛足石.

**Forty** 40→NUMBERS

**Fountain** 샘, 분수  샘이나 분수는 어머니인 근원을 나타낸다. '생명의 샘'이나 영원한 삶의 샘에 의해서 샘은 생명수를 나타낸다. 영원한 생명을 뜻한다. 〈낙원〉(→PARADISE)을 상징하는 것 중에서 생명수는 〈생명의 나무〉의 뿌리에서 솟아나며 〈낙원〉에 있는 4개의 강("창세기" 2:10-14)의 발원지이다. 광장이나 안마당, 수도원, 담으로 둘러싸인 정원 등의 가운데에 있는 샘은 〈낙원〉의 중심에 있는 샘에 의한 〈우주의 중심〉을 뜻하며 생명수, 젊음과 불사不死의 원천이다. 솟아나는 샘이나 분수는 능란한 언변의 힘, 언어의 힘을 나타내며, 또한 교훈이나 원기회복이라는 의미도 있다. '빛의 샘'은 같은 중심에서 나오는 빛이나 물을 상징한다. 막힌 샘은 처녀성을 상징한다. **크리스트 교**: 샘의 생명의 물에 의한 속죄와 정화이다. 〈말씀〉이 흘러나옴("요한복음" 4:10-11)을 뜻한다. 생명의 샘은 불사를 내리며 성령을 나타내기도 한다. 막힌 샘은 성모 마리아를 가리킨다. **유대 교**: 살아 있는 물의 근원은 신이다.("예레미야" 2:13) **이슬람 교**: 샘은 하늘에서 보낸 본질 세계의 물이며 이것을 마시면 영지靈知를 얻게 된다. 샘은 인식이 갑자기 생김, '심안心眼'의 열림이다. 은총의 샘, 생명의 물은 신을 인식함이다.

**Four** 4→NUMBERS

**Fox** 여우  여우는 술책, 교활함, 위선, 나쁜 꾀, 음험함을 나타낸다. **아메리카 인디언**: 교활함, 나쁜 꾀, 계략을 뜻한다. **중국**: 장수長壽, 나쁜 꾀, 요괴가 변신한 것, 망령亡靈을 나타낸다. **크리스트 교**: 인간을 속이는 악마 사탄, 교활함, 음험함, 기만을 뜻한다. 여우는 죽은 시늉을 해서 먹이를 잡기 때문에 사탄의 속임수와 책략을 뜻한다. 여우가 포도원을 망가뜨리는 것은 교회의 적이나 이단자의 행동을 상징한다. **일본**: 장수의 의미이다. 선이나 악을 위해서 발휘되는 마력, 사자使者를 나타낸다. 여우는 쌀의 신인 이나리의 부수물이며, 또한 쌀의 신의 사자使者이다. 여우불(여우가 입에서 뱉어내는 분홍색의 이상한 불)은 인간을 홀리는 도깨비불이다. 검은 여우는 행운, 백여우는 재난의 상징이다. (통설에 따르면 백여우는 검은 여우와 함께 있으면 상서로운 상징이며, 검은 여우는 특히 흉조凶兆로 여겨진다.) 3마리의 여우는 재해를 뜻한다. **북유럽**: 일설에 의하면 '여우의 빛'은 오로라를 뜻한다.

**Frog** 개구리  개구리는 달에 속하며 비를 내리게 한다. 풍요, 다산多産, 정욕을 나타낸다. 개구리는 연못이나 늪에서 나타나는 생물로서 생명의 소생과 부활을 뜻하며, 죽음의 건조함에 대립하는 생명의 촉촉한 피부를 가졌기 때문에 생명의 부활을 상징한다. 우주를 떠받치는 〈큰개구리〉는 암흑의 미분화 상태에 있는 제1질료를 나타낸다. 개구리는 물이며, 시원적始原的인 점액粘液이다. **켈트**: 개구리는 〈대지의 주인〉, 치유력을 가진 강의 신과 연관된다. **중국**: 달에 속하는 음의 원리로 우물 안의 개구리井低之蛙는 시야가 좁고 이해력에 한계가 있는 사람을 가리킨다. **크리스트 교**: 개구리는 양면 가치적이어서 부활을 의미하는 동시에 죄의 불쾌함을 상징한다. 악, 이단異端, 세속적인 쾌락에 대한 집착, 질투, 탐욕을 뜻한다. **이집트**: 나일 강가에 사는 녹색 개구리는 새로운 삶과 다산을 뜻한다. 개구리는 풍부, 풍요, 자연의 재생력, 장수長壽, 약함에서 나오는 강함을 나타낸다. 또한 개구리는 강의 잉태력을 상징하며, 어머니 신생아의 보호자인 헤크트의 상징이며 이시스 여신의 표지이기도 하다.
**그리스·로마**: 아프로디테/베누스 여신의 표장으로, 풍요, 성적性的 방종, 연인의 화합을 뜻한다. **힌두 교**: 우주를 떠받치는 〈큰개구리〉는 암흑의 미분화 상태에 있는 제1질료를 상징한다. →TOAD

**Fruit** 열매  열매는 불사不死, 본질, 한 상태의 완성과 결실 및 다음 상태를 만드는 종자이다. 가장 먼저 수확한 열매를 맏물first fruit이라고 하는데 맏물은 공양물로 신에게 바치는 가장 좋은 부분을 뜻한다. 크리스트 교에서 예수는 성모의 〈맏물〉이다. 〈수난의 나무〉의 열매는 현세에 대한 애착을 뜻한다. 〈지식의 나무〉의 열매는 〈타락〉이며, 신으로부터 떨어져나온 자기 인식이다. 〈생명의 나무〉의 열매는 불사를 상징한다.(→TREE) 열매와 꽃은 장례식에서 공물供物로서 등장하곤 한다. 풍요의 신인 프리아포스는 꽃과 과일을 들고 다닌다. 과일의 각 항목 참조.

**Fungus** 버섯  **중국**: 장수長壽, 불사不死, 지속성을 나타낸다. 장수와 행복의 상징인 두루미나 박쥐와 함께 그려지기도 한다. 도교의 신선들이 먹는 음식물(영지靈芝)이다.

**Furnace** 용광로 →FORGE

# G

**Gall** 쓸개즙  쓴맛, 원한을 의미한다.

**Garden** 정원  정원은 〈낙원〉, 〈축복받은 자들이 사는 들판〉, '저승 세계,' 영혼들이 사는 곳이다. 〈정원사〉는 〈창조주〉이며, 정원 가운데에는 생명을 주는 〈나무〉와 열매나 꽃이 있으며 이것은 정원의 중

반 에이크의 "신비한 어린 양의 예배"에 그려져 있는 샘은 〈낙원의 정원〉에 있는 영원한 생명의 근원이다. 온화하지만 당당한 모습의 어린양은 그 몸에서 뿜어내는 피로 인해서 속죄와 화해를 상징하기도 한다.

18세기 중국의 접시로, 위에 그려져 있는 버섯은 이 접시로 음식을 먹는 사람은 누구라도 (버섯을 항상 먹는 선인과 마찬가지로) 장수와, 그보다 더한 영원한 생명을 누릴 것에 대한 소망을 나타낸다.

심을 발견한 사람들에게 내려지는 보답이다. 정원은 영혼이나 혼에서 배양되는 아름다운 성질의 상징이며 나아가 길들여져 질서정연한 자연을 상징하기도 한다. 담으로 둘러싸인 정원은 보호자로서의 여성원리이며, 처녀성을 나타내기도 한다. **크리스트 교**: 담으로 둘러싸인 정원은 성모 마리아를 상징한다. **헤르메스 사상**: 〈생명을 가꾸는 선한 정원사〉는 〈말씀〉이며 새로운 생명을 나타내는 꽃에 열매를 붙인다. **잉카**: '태양'의 신전에 접한 황금 '정원'에는 황제의 도시 쿠스코 주변에서 볼 수 있는 모든 동식물을 본딴 황금 조각상들이 놓여 있었다. **이슬람 교**: 이슬람 신비주의(수피즘)에서 낙원에 있는 네 개의 정원은 〈혼魂〉의 정원, 〈마음〉의 정원, 〈영靈〉의 정원, 〈본질〉의 정원이며, 영혼의 신비한 여행을 상징한다. **로마**: 담으로 둘러싸인 공원 묘지는 저승의 〈엘뤼시온의 뜰〉에 대응되는 지상의 극락이며, 따라서 공원 묘지에서 베풀어지는 연회는 〈엘뤼시온의 뜰〉의 연회를 나타낸다. 공원 묘지에 주로 심는 나무는 포도나무이다. 포도에서는 신에게 바치는 신주神酒를 얻을 수 있기 때문에 이 나무는 생명과 불사不死의 상징이기도 하다. 장미도 영원한 봄을 의미하기 때문에 정원에 심는다. **도교**: 정원은 〈낙원〉의 모형이다.

**Gardenia** 치자나무　**중국**: 여성적인 우아한 아름다움, 섬세, 예술적인 아름다움의 상징이다.

**Garland** 화환　화환은 봉헌, 성성聖性, 성별聖別, 명예, 영웅이나 손님들을 구분하기 위한 표지, 행운의 상징이다. 화환에는 서로 연결해주거나 묶어준다는 상징적 의미도 있다. 이니시에이션에서 화환은 성별이나 분리의 표지이며, 공양에서는 희생 동물이나, 제물로 바쳐지는 전쟁 포로의 대용품이 되기도 한다. 장례식에서는 내세, 결실, 행복을 뜻하며 꽃과 동일한 상징적 의미를 가진다.

**Garlic** 마늘　마늘은 부적, 벼락을 나타낸다.(냄새가 벼락과 비슷하다고 여겼기 때문이다.)

**Garnet** 석류석柘榴石→JEWELS

**Gate** 문　문은 입구로서 문지방(→THRESHOLD)과 동일한 상징성을 가진다. 의사소통, 신생新生을 시작함, 두 세계(예를 들면 산 자들과 죽은 자들이 사는 세계)의 교류를 뜻한다. 문은 또 〈태모太母〉의 보호적인 측면을 가리킨다. 크리스트 교에서 성모 마리아는 〈천국의 문〉이다. 대부분 문이나 현관은 사자, 용, 황소, 개나 상상의 동물들이 지킨다. 〈오시리스의 집〉과 같은 문도 여신이 지키는데, 집으로 들어가려면 먼저 이름을 밝혀야만 한다. 〈동문東門〉과 〈서문西門〉은 〈세계 신전〉의 출입구이며, 태양은 아침 저녁으로 이 문을 통과한다. '좁은 문'("마태복음" 7 : 13)은 천계와 하계의 중간에 위치하는 연결 지점이다. 이니시에이션의 신참자들이나 죽은 사람들은 '마음이 가난해야만'("마태복음" 5 : 3) 이 문을 빠져나가서 새로운 생명을 얻게 된다. '바늘귀'("마태복음" 19 : 24)와 마찬가지로, '좁은 문'도 역시 빠져나가는 영혼이 공간적인 크기를 가지지 않음을 상징한다. 문은 지혜와 연관된다.("잠언" 8 : 3) 왕은 문 옆에 재판을 하는 자리("룻기" 4 : 1)에 앉는데 이것은 문이 신의 힘이 깃든 성소聖所이기 때문일 것이다.→DOOR, PASSAGE

**Gazelle** 가젤　가젤은 상징적으로 영양羚羊, 사슴이나 염소와 바꾸어 쓸 수 있다. **고대 근동**: 가젤은 아스타르테 여신과 폭풍의 신인 물릴의 부수물로 생각된다. 영양의 모습을 한 에아 신과 함께 나타나기도 한다. **크리스트 교**: 육식동물로부터 도망치는 가젤은 현세적인 정념에서 벗어나려는 영혼을 상징한다. **이집트**: 가젤은 오릭스(사슴과 비슷한 동물)와 염소와 함께 괴물 티폰의 모습을 하고 있는 악신 세트의 부수물이다. 호루스 신이 가젤을 발로 짓밟고 있는 모습은 티폰의 힘에 맞선 호루스의 승리를 나타낸다. **그리스·로마**: 아르테미스/디아나 여신의 부수물이다. **힌두 교**: 가젤은 영양과 함께 달의 신 찬드라의 수레를 끈다. 또한 영양이 끄는 전차나 수레는 시바 신의 상징이다. 가젤이나 영양은 힌두 교의 〈황도십이궁〉에서 염소자리(마갈궁摩羯宮)이다. **이슬람 교**: 영靈의 상태를 나타낸다. '나의 마음은 가젤의 목장이다.'(신비주의 사상가 이븐 아라비)

**Gemini** 쌍둥이자리 → TWINS, ZODIAC

**Giant** 거인 거인은 자연의 야만적인 힘, 원초적인 힘, 우주의 기본 원소, 암흑, 밤, 겨울을 상징한다. 거인은 인간에게 도움이 되는 경우와 피해를 주는 경우가 있는데 수호자일 수도 있고, 적이 될 수도 있다. 북유럽의 신화에서 서리霜의 나라와 명계冥界에 있는 거인족은 지하에 속하는 신적 존재이며, 불의 나라의 거인족은 불의 힘을 상징한다.

**Gilding** 금 도금 금 도금을 하거나 금색 대신에 붉은 색으로 칠하면 물건이 태양의 힘과 관계를 맺게 된다. 도금은 신적인 힘의 빛남, 불꽃의 힘을 뜻한다.

**Girdle** 허리띠 허리띠는 인간의 운명을 묶고, 또 죽음을 묶을 수 있는 양면 가치적인 의미를 지닌다. 생명의 순환, 지고至高의 통치권, 지혜, 힘을 나타낸다. 허리띠는 또한 처녀성, 정조, 다산多産을 의미한다. 칼을 차는 허리띠는 강력함과 힘을 나타낸

15세기 '프랑크푸르트의 화가'가 그린 〈낙원〉의 정원이다. 이 정원에는 음식물, 음료수, 친구, 새의 노래, 생명의 물, 천사 등 모든 것이 갖추어져 있으며 부족한 것이 없다.

다. 허리띠를 하는 것은 앞으로 있을 임무나 여행에 앞서 준비하고, 책임을 지게 됨을 나타낸다. 바다는 땅을 묶는 허리띠이다. 여신이나 성인이나 처녀를 묶는 순결을 지키는 허리띠는 몸을 지키는 부적이며, 괴물의 힘을 막아준다. 예를 들면 가파도키아의 성 게오르기우스와 왕녀, 가웨인 경과 녹색의 기사, 삼장법사와 손오공의 이야기에서 이런 의미를 지닌 허리띠를 찾을 수 있다. **크리스트 교**: 끈으로 꼰 허리띠는 예수를 묶고 채찍질했던 끈을 나타내며, 이 끈 허리띠를 두른 사람은 직무에 얽매여 있음을 의미한다. 허리를 띠로 묶는 것은 책임을 맡는 것을 의미한다. 수도사들이 매는 허리띠는 예수를 때린 채찍과 수도원에서의 금욕 생활을 의미하며 또한 자기 비하를 뜻한다. 허리띠에 있는 세 개의 매듭은 청빈, 순결, 순종을 뜻한다. 허리띠는 제복으로 몸에 걸치는 6가지 중의 한 가지이며 성직자의 순결, 영적인 끊임없는 긴장을 나타낸다. **그리스**: 허리띠는 아마존족의 여왕 휘폴리타의 부수물이며 힘과 통치권을 뜻한다. 아프로디테 여신의 허리띠 케스토스cestos는 이것을 보기만 해도 사랑에 빠진다는 마법의 허리띠 케스토스 히마스(「일리아드」 14. 214 이하)이며, 다산을 상징한다. **유대 교**: 의례복에 찬 허리띠는 세계를 둘러싼 바다를 뜻한다. **힌두 교**: 여러 가지 색으로 이루어진 허리띠는 시간의 순환을 가리키며 허리띠의 둥근 모양은 우주 질서의 바퀴를 의미한다. 또한 이니시에이션에서 신참자들이 몸에 두르는 성스러운 허리띠는 다시 태어난 사람들dvija의 상징이다.(카스트의 상위 세 계급에 속하는 남자들이 유년기에 받는 성스러운 허리띠의 의례에서 바라문 승려들이 기다란 끈을 소년의 왼쪽 어깨에서 오른쪽 겨드랑이 아래로 걸쳐준다. 이 띠를 몸에 두른 사람은 삶이 변화된 사람으로서 다시 태어난 사람들이라고 부른다.) **유럽·게르만**: 힘의 허리띠는 토르 신의 부수물이다.

**Glass** 유리, 거울→CRYSTAL

**Globe** 구球 구는 구 모양의 세계, 영원, 자족自滿, 보편적인 지배, 지구를 지배함, 권력, 제왕의 위엄을 뜻한다. 구는 전체를 뜻하는 구체球體(→SPHERE)와 같은 상징성을 가진다. 구는 대개는 왼쪽 손에 들려서 신이나 왕의 광대한 지배를 뜻한다. 기둥 위에 놓인 구는 하늘이나 경계, 한계를 나타낸다. **연금술**: 관을 씌운 구는 〈철학자의 돌〉(→REBIS)이며, 특히 〈대왕大王〉이라고 부른다. **크리스트 교**: 꼭대기에 십자가가 있는 구는 예수가 이 세상을 다스림이나 크리스트 교 신앙에 의한 지배를 의미한다. 미술에서 〈아버지인 신 Father〉은 구 위에 발을 올려놓는다. 구는 성 샤를마뉴 대제의 표지이다. **그리스·로마**: 구 위에 서 있는 튀케/포르투나 여신과 연관되어 운명, 숙명을 뜻한다. 구와 나침반은 천문을 관장하는 우라니아 여신(→MUSES)의 표지이다. 파란 색 구는 하늘의 신 제우스/유피테르의 부수물이며, 또한 아폴론/아폴로 신과 퀴벨레 여신의 부수물이기도 하다.

**Glove** 장갑 장갑은 신앙이 돈독함을 나타내는 증거이며, 명예에 대한 도전의 표지이며, 마음이 청순함을 나타낸다.('손이 깨끗하며 마음이 청결하여,'["시편" 24:4]) 사제가 끼는 흰 장갑은 마음이 청순함, 뇌물과는 인연이 없음을 뜻한다. 장갑을 벗는 것은 존경과 성실을 의미하는데, 장갑은 은폐를 의미하기 때문이다. 장갑을 땅바닥에 던지는 것은 명예에 대한 도전이다. 쇠로 만든 장갑은 토르 신과 대장간의 신들의 부수물이다. 장갑은 손짓의 상징적 의미를 강조해준다.

**Glow-worm** 땅반딧불 중국 : 참고 견딤, 근면(형설지공螢雪之功의 고사에서), 아름다움의 뜻이다.

**Goad** (가축을 모는 데 쓰는) 막대기  막대기는 행동, 통제, 운동을 나타낸다. **중국** : 힘, 종교적 권위를 뜻한다. **힌두 교** : 행동의 뜻이다. 코끼리를 모는 막대기는 행운의 신 가네샤의 상징물이다.

**Goat** 염소  염소는 남성적 특성, 넘쳐나는 활기, 창조적인 에너지의 상징이다. 염소가 나타내는 상징은 영양羚羊이나 가젤과 바꾸어 쓸 수 있다. 염소는 높은 지대에 살기 때문에 걸출함을 나타낸다. 암염소는 여성적 생식력, 풍요, 풍부를 뜻한다. **고대 근동** : 염소는 마르둑 신과 수렵의 여신들을 뒤따른다. 바빌로니아의 신 닌기르수의 표지이다. 염소나 반 염소 반 물고기는 〈물의 주인〉인 신 에아/오아네스를 나타낸다. **중국** : 양羊은 양陽과 음이 같기 때문에 산양(염소)은 남성원리의 상징이며, 선, 평화를 뜻한다. **크리스트 교** : 악마 사탄, 지옥으로 떨어진 자(영원히 벌받는 자), 죄인, 정욕, 음란함의 의미이다. 희생된 염소는 이 세상의 죄를 모두 짊어지고 죽임을 당한 예수를 뜻한다. **그리스 · 로마** : 남자다운 힘, 창조적 활력, 정욕의 의미이다. 염소 아말테이아의 젖으로 자란 제우스 디크티노스(크레타 섬의 디크테 산에서 숭배하는 신 제우스)에게 바치는 제물이다. 염소 아말테이아의 가죽은 보호와 보존을 뜻하는 아이기스aegis(신의 방패)이며, 뿔은 풍요와 넉넉함을 나타내는 풍요의 뿔(→CORNUCOPIA)이다. 야생 염소는 아르테미스/디아나 신에게 바치는 제물이며 디오뉘소스/바쿠스 신의 상징물이나 디오뉘소스/바쿠

세계를 상징하는 구 위에 서서 무기 트로피를 든 승리로, 아우구스투스의 승리를 나타내는 건축 장식이다.

수메르의 도기에 도안된, 머리가 네 개 달린 염소. 염소는 〈물의 주인〉 에아/오아네스의 상징이며, 여기서는 연못의 주위를 달리고 있다.

Gold

스의 모습이기도 하다.(「메타모르포시스」 5. 329) 사튀로스는 하반신은 염소이며, 염소의 뿔을 가지고 있다. 목신 판은 염소의 다리와 뿔, 수염을 가지고 있다. 염소는 (판과 동일하게 여겨지는 로마의) 목신 파우누스에게 바치는 제물이다. **유대 교**: 음란함("레위기" 17:7)을 나타낸다. **힌두 교**: 불, 창조의 열熱을 나타낸다. 염소는 양과 함께 베다의 불의 신인 아그니의 상징물이며, 이 신은 숫염소를 타고 다닌다. **북유럽·게르만**: 풍요의 신이며 천둥신인 토르의 전차를 끌며, 이 토르에게 바쳐지는 제물이기도 하다.

**Gold 황금, 황금색** 황금이나 황금색은 태양, 광명, 스스로 빛을 내는 것, 성성聖性, 불후不朽, 예지叡智, 영원성, 모든 금속 특성의 균형, 고귀함, 명예, 초월, 부富를 뜻하며 황금 비雨는 태양광선을 상징한다. **연금술**: 황(남성원리)과 수은(여성원리)의 상호작용으로 만들어진 살아 있는 황금은 〈대작업〉을 뜻하며, 또한 중심에 도달함, 목표, 태양, 열, 완전성, 전체성, 응고된 빛, 모든 금속 특성의 균형을 나타낸다. '철학자의 황금은 색도 본질도 일반적인 황금과는 다르다.'(「황금소론黃金小論」) **불교**: 빛, 광명의 뜻이다. **중국**: 조화, 태양을 뜻한다. 황금은 양陽으로, 달에 속한 은의 음陰에 대립한다. 연단술鍊丹術에서 황금에 해당하는 것은 진사辰砂이며, 하늘의 본질이다. **크리스트 교**: 황금은 상반되는 의미를 가진다. 청순한 빛, 예수가 내리는 영적인 보물, 역경 속에서의 승리, 불후성(황금은 오물이 묻어도 청순함을 잃지 않음)을 상징하는 동시에 우상숭배(〈황금 송아지〉["출애굽기" 32:4]), 세속의 부를 나타내기도 한다. **이집트**: 신들의 몸을 뜻한다. **힌두 교**: 빛, 불사不死, 신들의 모습, 생명을 내리는 자를 의미한다. 신들은 황금의 모습으로 나타낸다.→COLOURS **잉카**: 아버지로서의 신의 표상이자 태양의 땀이며, 초자연력을 갖춘 금속으로서 통치자의 지위를 상징한다. **톨테크**: 흙으로 빚은 장신구는 황색으로 칠하여 금색을 대신한다.

**Golden Bough** 황금 가지→BOUGH 참조

**Golden Fleece** 황금 양털(그리스 신화: 콜키스에 있다는, 잠자지 않는 용이 지키는 양털로, 영웅 이아손이 왕녀 메데이아의 마술의 힘을 빌려서 손에 넣었다.) 털이 황금색이고, 태양에 사는 동물(제우스가 타고서 하늘로 올라가는 숫염소)에게서 얻은 것이라는 두 가지 의미에서 황금 양털은 태양과 연관된다. 어린 양은 무구함을 나타내고 황금은 최고의 보석이므로, 황금 양털을 찾는 모험은 영적인 광명을 구하는 것이며, 지고至高의 자기 동일성(아이덴티티), 불멸성의 회복, 획득할 수 없는 것을 얻기 위한 시도를 상징한다. 황금 양털을 얻기 위해서는 용이나 왕녀 메데이아로 상징되는 자연의 어두운 면을 극복해야 하며, 영웅적이거나 신비로운 정복 과정이 필요하다. 황금 양털은 〈생명의 나무〉(→TREE)를 상징하는 나무 위에 있으며, 보물의 수호자로서 용이 지킨다.

**Golden Flower** 황금꽃 **도교**: 빛, 〈도道〉, 빛의 결정화結晶化와 빛을 체험함, 초월적인 힘, 영적인 재생을 의미한다. 황금꽃이 피는 것은 사람 속의 영적인 능력이 개발됨을 뜻한다. 또한 도교의 연단술에서 황금꽃은 황금을 만들어내는 것, 진사辰砂, 〈불사不死의 영약靈藥〉, 시원적이거나 천국적인 통일 상태에서 양陽의 황과 음陰의 수은이 결합하는 것이다.

**Golden Oriole** 노랑머리꾀꼬리 **아메리**

카 인디언 : 조화, 평형을 의미하며, 딱다구리(→WOODPECKER)와 대립된다.

**Goldfinch** 오색방울새  크리스트 교 미술에서 오색방울새는 엉겅퀴와 가시에 연관된 새로서, 예수의 수난이나 구세주로서의 예수와 함께 그려진다. 또한 열매 혹은 기사도적인 무용武勇을 나타낸다.

**Golgotha** 골고다  골고다는 '해골들이 널려 있는 장소'라는 뜻인데, 아담의 해골이 묻혀 있다고 전해져오며("마태복음" 27 : 33), 이곳에서 〈생명의 나무〉(→TREE)로 만들어진 십자가에 매달려 희생된 예수는 〈지식의 나무〉 때문에 타락한 인간의 구제를 상징한다.

**Goose** 거위, 기러기  거위는 태양에 속한다.(철새로서 태양을 따라서 이동한다고 한다.) 숨쉬기, 바람, '호흡의 새'(힌두 교의 성스러운 새인 함사), 주의 깊게 경계함, 사랑, 훌륭한 주부主婦를 뜻한다. 미카엘 제와 크리스마스에 먹는 거위는 태양의 약해지는 힘과 (동지를 지나) 강해지는 힘을 나타낸다. 거위의 상징성은 백조로 대신되기도 한다. **고대 근동** : 수메르의 모신 母神 바우에게 바치는 제물이다. **켈트** : 거위는 선생의 상징으로 서쟁신들의 부수물이다. **중국** : 거위는 하늘의 새이며 양陽, 남성적 특성, 빛, 영감, 민첩함, 전령의 역할을 하는 새, 좋은 소식을 알려주는 사람, 결혼 생활의 행복, 계절의 변화, 가을을 나타낸다. 기러기는 태양에 속하며 중국 미술에서는 가을의 달과 연관된다. **크리스트 교** : 불침번, 신의 섭리로, 토루스의 성 마르티누스의 표지이다.(이 성인의 축일[11월 11일]에 기러기가 이동한다고 생각했다.) **이집트** : '위대한 새'로 불리는 〈나일의 거위〉는 세계의 창조주이며 이 새가 낳은 〈우주란宇宙卵〉(→EGG)에서 태양의 신

기원전 5세기의 그리스의 크라테르(술과 물을 섞는 데 사용한 단지)에 그려져 있는 이아손의 황금 양털이다. 양털은 생명의 나무에 걸려 있으며, 나무에 감겨 있는 용이나 뱀이 지키고 있다. 불사不死와 지식을 구하는 모험에서 이아손은 악과 위험을 만나지만 피하지 않는다.

기원전 470년의 아테네 컵에 그려진 거위를 탄 아프로디테.

인 아몬-라가 태어났다. 거위는 또한 대지의 신인 게브(다른 말로는 세브)의 상징이며 사랑을 상징한다. 거위는 이시스 여신, 오시리스 여신, 호루스 신의 표지이다. **그리스**: 사랑, 끊임없는 경계, 훌륭한 주부主婦, 〈하늘의 여왕〉인 헤라 여신의 부수물, 태양신 아폴론, 전령의 신 헤르메스, 전쟁의 신인 아레스, 사랑의 신 에로스, 웅변과 변설의 신인 페이토 여신의 상징이다. **힌두교**: 야생 거위 또는 수거위는 창조원리이자 스스로 존재하는 자인 브라마 신이 타고 다닌다. 이것은 또한 속박으로부터의 자유, 영성靈性, 헌신, 학문, 웅변을 나타낸다. 함사는 거위나 백조의 모습으로 그려지기도 한다. **일본**: 가을, 민첩함, 전령 새를 의미한다.('기러기의 사자使者'〔안서雁書〕— 소무蘇武의 고사에서 나온 말.「고금집古今集」207) 미술에서는 가을의 달과 함께 그려진다.(「고금집」191) **로마**: 주의를 게을리 하지 않음의 뜻이다. 기러기는 성스러운 새로서 로마에서 기르며(베르길리우스,「아에네이스」8. 655-56), 마르스 신, 〈하늘의 여왕〉유노 여신, 풍요의 신인 프리아포스와 연관된다.

**Gorgon** 고르곤 고르곤은 〈태모太母〉의 끔찍한 파괴성을 뜻한다.

**Gourd** 호리병→CALABASH 중국: 장수長壽, 신비, 요술을 뜻한다. 도교의 〈팔선八仙〉중의 하나인 이철괴李鐵拐의 표지이다. 호리병에서 피어오르는 연기는 육체에서 영혼이 해방됨을 나타낸다. **크리스트교**: 부활, 순례, 대천사 라파엘과 성 대大야고보의 부수물이다.

**Graces** 미의 세 여신 〈미의 세 여신〉은 〈미〉와 〈사랑〉과 〈기쁨〉을 뜻한다. 〈주기〉, 〈받기〉와 〈보답〉을 뜻한다. 미의 세 여신은 베누스 여신을 시중드는 아름다운 신들이며, 그들이 벌거벗고 있는 것은 '속임수와는 관계가 없음'(로마의 문법가인 마우르스 세르비우스)을 나타내기 때문이다. 이들이 옷을 입은 경우에도 옷들은 투명하며 허리띠를 두르지 않고 있는데, 이것은 '은혜는 보이기를 소망하기 때문'(세네카)이다. 신플라톤주의에서 미의 세 여신은 사랑의 세 가지 측면을 나타낸다. 중세 미술에서는 〈은총〉(→CHARITY)과 〈아름다움〉과 〈육체적인 사랑〉을 상징한다. 세 가지 미의 여신을 나타내는 부수물은 장미, 도금양桃金孃, 사과이며, 주사위가 함께 그려지기도 한다.

**Grail** 성배聖杯 성배에는 여러 가지 의미가 있다. 음식물과 풍요를 주는 신비의 그릇이며, 원하는 것을 채워주는 밥그릇이다.(이 그릇에서 '어떤 기사騎士든지 자신이 가장 좋아하는 음식물과 음료수를 얻는다.') 성배는 또한 불가사의한 힘을 주는 돌인 라피스 엑실리스이며 〈불사조〉에게는 신생新生을 주고, 성배를 모시는 자에게는 영원한 젊음을 내린다. 이 돌은 〈철학자의 돌〉(→REBIS)을 가리키기도 한다. 성배는 공중에 떠서 모습을 드러내며 움직일 수 있으며, 황금이나 보석으로 만들어져서 찬란한 빛을 발한다. 성배는 성작聖爵(→CHALICE)이라고도 한다. 크리스트교 전설에 따르면 성배는 〈최후의 만찬〉에 사용되었으며, 아리마데아의 요셉이 십자가에 못박힌 예수가 흘렸던 피를 담은 그릇이라고도 한다.("마태복음" 27 : 57-60) 일반적으로 성배는 〈생명의 샘〉, 〈지성소至聖所〉, 〈우주의 중심〉, 심장, 생명과 불사不死의 원천, 마술사의 그릇, 풍부함의 근원, 풍요를 상징한다. 서양의 전통적인 성배는 동양에서는 화병으로 베다의 소마, 조로아스터 교의 하오마, 그리스의 암브로

Grail

시아처럼 신주神酒를 담는 데 쓰였던 공양용 술잔에 해당하여 성찬聖餐과 연관되고, 영적靈的이며 육적肉的인 생명의 상징적인 근원이다.

성배나 잔, 화병은 역삼각형으로 나타내며, 수용원리, 원소로서의 물, 여성원리를 상징한다. 여기에 대립되는 것들은 정삼각형으로 나타나는 창과 같은 능동원리, 원소로서의 불, 남성원리를 상징하는 것들이다. 이 두 가지는 모두 잔에 담긴 피나 성스러운 음료수(생명의 피)와 연관되며, 이 피에 의해서 서로 통합되고 있다. 잔과 역삼각형은 심장도 되며, 〈성배 모양의 단지〉는 심장과 연관되어서 대우주의 〈중심〉과 소우주로서의 인간의 〈중심〉을 나타낸다. 이집트의 상징체계나 켈트의 상징체계에서도 〈생명의 잔〉이나 〈생명의 단지〉는 생명의 중심인 〈심장〉과 연관된다. 크리스트 교의 성배는 예수의 〈성스러운 마음〉이다. 성배를 잃어버린 것은 〈황금시대〉, 〈낙원〉, 인간의 원초의 영성靈性, 청순함, 무구한 것을 잃어버렸음을 나타낸다. 크리스트 교 전설에서 성배는 본래 아담에게 주었던 것인데 아담이 〈타락하여〉 〈낙원〉에서 쫓겨날 때 두고 왔다고 한다. 성배는 〈낙원〉의 중심에 있으며 반드시 되찾아야 하기 때문에 〈속죄의 주主〉(〈낙원〉에 다시 들어가 성배를 받아갈 셋[아담의 셋째아들]이 그 원형)가 잔을 되찾으면, 인간에게 〈낙원〉을 되돌려주게 된다. 〈성배찾기The quest for the Grail〉는 인간과 우주의 영적 중심으로서의 〈낙원〉에 되돌아가는 것을 나타내며 이니시에이션의 상징적 패턴, 즉 생명의 비의秘儀를 찾거나 고난이나 시련을 끝내고 죽음을 우연히 만나는 과정을 밟음을 나타내기도 한다. 성배를 찾는 자는 대개 태양에 속한 영웅이며,

기원전 6세기 무렵의 아테네의 접시에 그려진 고르곤. 걸신들린 듯이 먹어치우고 두려움에 떨게 하면서 협박하듯이 노려보는 고르곤은 〈태모太母〉의 속성인 암흑의 측면을 보여준다.

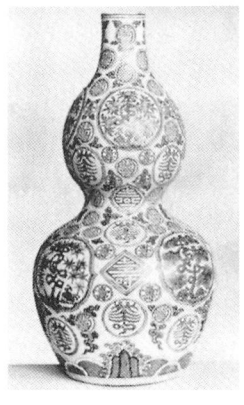

명明나라 시대의 호리병 모양의 병. 호리병 모양이 상징하는 장수長壽는 '수壽'자를 반복함으로써 강조된다.

기사들 앞에 나타난 성배로, 1450년에 그려진 것이다.

홀어머니의 아들로서 외떨어진 곳에서 자라서 자신의 출신을 알지 못하는 사람이다. 성배를 상징하는 것은 그릇이나 단지, 빛나는 잔, 심장을 대신하는 잔, 창, 칼, 접시, 역삼각형, 마법의 돌이다. 〈탐구〉는 〈책〉으로 상징되기도 하는데 이런 경우에 탐구의 대상은 〈잃어버린 말씀〉이 된다.

**Grain** 곡식  곡식은 잠재적인 힘, 생명의 씨앗, (글, 시, 문장 등이) 모양은 작지만 내용은 풍부함, 풍요를 뜻한다. **중국**: 만물에 통하는 정의正義, 인애仁愛, 덕, 제국, 대지를 뜻한다. **크리스트 교**: 신의 아들인 예수의 인간적인 면을 나타낸다.

**Grapes** 포도  포도는 지혜를 나타내는데 '포도주 속에 진실이 있다.' 포도송이는 농경신과 풍요의 신의 부수물이며, 생명의 술, 다시 말해서 불사不死를 상징한다. 포도는 특히 술의 신 디오뉘소스/바쿠스와 연관된다. 포도는 또한 포도주와 피 사이의 연관성 때문에 희생을 상징한다. 이런 의미에서 크리스트 교 도상학圖像學에서 예수는 포도송이 사이에 있는 희생의 〈신의 어린양〉으로 그려진다. 포도송이는 이브의 성기를 가리기 위해서 사용되며, 이것은 아담의 성기를 가리는 무화과나무 잎에 대응된다. 포도는 명정酩酊, 환대, 질탕한 주연, 청춘을 뜻하는 포도주의 상징적 의미를 가진다.

**Grass** 풀  풀은 유용성, 복종을 나타낸다. 잔디밭의 풀은 태어난 고향을 가리킨다. 한움큼의 풀은 승리, 영토의 정복, 항복을 의미한다. **로마**: 풀로 만든 관corona graminea은 영웅적 군인이나 무력으로 나라를 구한 자에게 주었다.

**Grasshopper** 메뚜기  **중국**: 메뚜기는 풍부함, 많은 자녀들, 덕행, 행운을 나타낸다. **유럽**: 무책임, 준비를 게을리 함, 여름의 향락의 의미이다. **그리스**: 황금 메뚜기는 고귀함, 귀족의 출생을 의미한다. **유대 교**: 천벌("출애굽기" 10 : 12-15)을 뜻한다.

**Grave** 묘지→TOMB

**Gryphon** 그뤼폰→FABULOUS BEASTS  그뤼폰은 독수리의 머리와 발톱을 하고 있으며, 사자의 몸통에 날개는 없는 가공의 동물로서 문장紋章에 사용된다. 그뤼폰은 태양, 하늘, 금색으로 빛나는 새벽녘의 빛을 나타내며 또한 독수리의 힘과 사자의 힘의 통합을 상징한다. 보석을 지키는 파수꾼으로 경계와 복수를 뜻한다. 동방에서 그뤼폰은 용과 동일한 상징적 의미를 가지며 예지와 깨달음을 나타낸다. 그리스에서는 태양신 아폴론, 지혜의 여신 아테나, 복수의 여신 네메시스와 연관된다. 크리스트 교에서 그뤼폰은 악의 형상으로서 인간의 혼을 운반해가는 악마 사탄이나 크리스트 교 교도들을 박해하는 자를 상징한다. 나중에 단테는 예수의 신성神性과 인성人性, 종교적 권력과 세속적 권력을 함께 가지고 있는 교황의 역할을 상징하는 것으로서 이 동물을 사용했다.(「신곡」 "연옥편" 29가歌 108행行)

**Guitar** 기타  **불교**: 기예와 학문이 뛰어남, 신들의 세계에서의 존재의 조화를 뜻한다.

# H

**Hair** 머리카락  머리카락은 생명력, 힘, 활력, 머리에서 생기는 생명 물질, 사고력, 남성적 활력을 나타낸다, 머리카락이 고도의 능력이나 영감靈感을 가리키는 데 반해서 체모體毛는 정신이나 육체의 비교적 낮은 수준의 힘을 나타낸다. 길게 늘어뜨린 머리카락은 자유와 결혼 적령기를 나타내고 머리를 묶는 것은 결혼했음과 복종을 나타낸다. 머리를 밀거나 수도사들처럼 정수리 부분만을 깎는 것은 금욕자를 뜻하며 육체적인 정념을 거부하고 신에게 몸을 바치는 것을 의미한다. 곤두선 머리카락은 마력, 신들린 상태, 공포를 뜻한다. 머리를 풀어헤치는 것은 슬픔이나 죽은 자에 대한 애도를 뜻하지만, 힌두 교에서 시바 신의 풀어헤친 머리나 헝클어진 머리는 금욕을 나타내며, 칼리 여신의 검은 머리는 〈시간〉을 상징한다. 부처의 모습에서 가지런하게 말린 머리는 생명력을 지배함, 마음의 평안, 평정을 나타낸다. 크리스트 교에서 길게 늘어뜨린 머리는 참회나 성처녀를 의미하며 남자의 긴 머리는 삼손의 힘을 나타낸다.("사사기" 16 : 17) 복수의 여신 에리뉘에스나 괴물 메두사가 가지고 있는 뱀 머리카락은 여성의 힘의 파괴적인 측면을 상징한다. 이집트 왕가의 자녀들은 머리를 오른쪽으로 커다랗게 땋은 모습으로 그려진다. 얼굴을 가리는 머리카락은 베일(→VEIL)의 역할을 하며, 베일과 동일한 상징적 의미를 가진다. 머리카락을 훔치거나 단칼에 자르는 행위는 머리카락처럼 내비치는 광선의 태양적인 힘인 남성적 원리를 없애려는 의도이며, 삼손과 데릴라의 경우처럼 거세를 상징한다.(「사사기」 16 : 4-20)

**Hallowe'en 만성절萬聖節** 만성절은 겨울의 돌아옴, 혼돈, 산 자들의 세계와 죽은 자들의 세계 사이의 경계가 무너짐을 의미하며 죽은 자들의 축제인 삼후인samhuinn (11월 1일에 벌어지는 켈트의 축제인데 이 축제 전야에는 저승 시드헤스의 문이 열려서 죽은 자들이 날뛰게 됨)을 뜻하고, 켈트

보티첼리의 "성체 마돈나." 포도와 밀은 기독교의 성변화聖變化 기적의 출발점이다.

기원전 560-기원전 525년의 꽃병에 그려진 괴물 메두사의 뱀 머리카락.

에서는 새해의 시작을 뜻한다.

**Halo** 후광→NIMBUS

**Halter** 고삐   고삐는 속박(→BONDS) 과 동일한 상징적 의미이며, 그밖에 지적知的인 활동이 이루어지는 곳으로 생각되는 머리를 다스리는 힘을 의미한다.

**Hammer** 망치   망치는 남성적인 형성력으로 모든 천둥신의 부수물이다. 망치와 모루는 한 쌍으로 자연의 형성력을 나타낸다. 망치는 창조에서 남성적이며 능동적인 면을 상징하고 모루는 여성적이며 수동적인 면을 상징한다. 망치로 치거나 부서뜨리는 행위는 정의와 보복을 뜻한다. 망치, 부젓가락, 쌍망치, T자형 십자 등은 모두 천둥신의 부수물이지만 특히 헤파이스토스/불카누스, 토르 신의 부수물이다. **중국**: 망치는 신에 의해서 모양이 갖추어진 우주, 악과 어둠을 몰아내는 왕의 힘을 상징한다. **크리스트 교**: 예수의 수난의 상징이다. **이집트**: T자형 십자가(타우의 홀笏→CROSS)는 프타 신의 부수물로 이 망치는 〈복수하는 사람〉, 〈맷돌을 돌리는 사람〉을 의미한다. **그리스 · 로마**: 벼락, 복수를 뜻한다. 헤파이스토스/불카누스 신의 부수물이며 하늘의 신 제우스/유피테르의 부수물이다. **힌두 교**: 벼락의 뜻이다. 돌 망치는 비슈누 신의 여섯번째 화신인 파라슈-라마의 표지이다. **일본**: 부富, 행운을 나타낸다. **북유럽 · 게르만**: '파괴자'인 토르 신의 천둥벼락 망치는 던지면 표적을 맞추고 나서 반드시 신의 손으로 되돌아온다. 이 벼락은 죽은 자를 다시 살릴 수 있으며, 인도의 신 인드라의 바즈라(→VAJRA), 그리스의 신 제우스의 천둥벼락에 해당한다.

**Hand** 손   인간의 신체 중에서 가장 상징적인 표정을 많이 가진 부분이 손인데 아리스토텔레스에 따르면 손은 '도구 중의 도구'이다. 또한 고대 로마의 수사학자 퀸틸리아누스는 이런 말을 했다. '손은 입으로 할 수 있는 거의 모든 말을 할 수 있다. 요구, 결속, 소환, 각하却下, 협박, 탄원 그밖에 공포나 혐오, 의문, 거부 등을 나타내기 위해서 손을 사용하지 않을 수도 있을까? 기쁨, 슬픔, 주저, 고백, 참회, 길이, 수, 시간 등을 보여주기 위해서 손을 사용하지 않을 수도 있을까? 사람들의 흥분, 금지, 시인, 경이로움, 부끄러움을 나타내는 힘을 손이 가지지 못했다면 어떠했을까?' 손은 힘, 강함, 선견先見, 축복을 나타낸다. 〈신의 손〉은 신적인 힘, 신령스러운 기운의 전도傳導, 보호, 정의를 의미한다. 〈위대한 손〉은 지고의 힘, 〈신적인 존재〉를 나타낸다. 손은 악과 재난을 밀어낸다. 손의 상징적 사용에는 다음과 같은 것이 있다. 1) 두 손을 가슴에 얹음 — 복종, 하인이나 노예임을 나타냄. 2) 악수 — 결합, 신비적인 결혼, 우정, 충성. 3) 손을 겹쳐 잡음 — 안식安息, 부동不動. 4) 손으로 눈을 가림 — 부끄러움, 공포. 5) 두 손목을 엇갈리게 함 — 결합이나 결합됨. 6) 손이 닿음 — 힘과 은총을 받거나 치유함. 7) 손을 목에 갖다댐 — 희생. 8) 손을 폄 — 은혜로움, 풀려남, 정의. 9) 주먹을 쥠 — 위협, 공격. 10) 두 손을 펴서 열어 보임 — 축복, 보호, 환영. 11) 다른 사람의 손 안에 자신의 손을 놓음 — 봉사의 맹세, 오른손으로 맹세하는 것은 목숨을 걸고 참여함을 의미함. 12) 두 손을 뒤집어 보임 — 무방비, 군주에 대한 신하의 복종, 낮은 지위를 감수함, 공격하지 않음, 떠밈, 충성. 13) 두 손바닥을 합쳐서 위로 향함— 명상, 수용성. 14) 두 손을 위로 올림— 숭배, 예배, 기도, 경탄, 공포, 힘이 들어오는 것을 받음. 15) 손바닥을 바깥쪽을 향한 채로 들어올림 — 축복, 신의 은총이나 호의. 16) 두 손을 위로 올림 — 탄원, 약함, 무지함을 암시, 의존, 항복, 또한 신을 부르는 기도. 17) 손을 머리에 얹음 — 사념, 마음을 써줌. 악수는 계약의 십자 모양(→CROSS)이나 앵크 모양(→ANKH)이 되므로 맹세를 의미한다. 손을 씻는 것은 죄가 없음, 정화淨化, 죄와 인연을 끊는 것을 나타낸다.("마태복음" 27 : 24) 양손을 비트는 것은 깊은 슬픔이나 탄식을 나타낸다.

오른손은 '힘의 손'이며, 축복을 내릴 때에 위로 들어올리는 손이며, 생명의 원리를 보증하는 손이기도 하다. 유대 인 역사가 요세푸스는 다음과 같은 글을 남겼다, '오른손을 내밀어서 약속을 한 사람은 절대로 배신하지 않으며, 이 성실함을 의심할 수 있는 사람은 없다.' 왼손은 힘의 수동적인 면과 수용성을 가리키며, 도둑질이나 사기와 연관되는 경우가 종종 있다.

손가락이 세 개이거나, 손가락이 잘린 손은 달의 위상位相을 나타낸다. 태양을 향해서 손을 뻗었을 때 손가락 사이에서 새어나오는 빛살은 하늘이나 공중에서 오는, 생명을 주는 힘을 나타낸다. 구름 속에서 나오는 손은 신의 힘과 은혜로움, 또한 신의 위엄을 뜻한다. 눈目이나 신령스러운 힘을 상징하는 것들과 함께 그려진 〈마력의 손〉은 천리안이나 천리안이 주는 심령적인 힘을 나타낸다. **고대 근동**: 손은 풍성한 은혜의 수호자, 보호자로서의 〈태모太母〉의 상징물이다. 〈사바지오스의 손〉처럼 신에게 서원誓願하기 위해서 봉납된 손은 시리아에서 자주 볼 수 있다. **불교**: 부처의 손은 가호加護를 나타낸다. 손바닥을 위쪽으로 향한 오른손은 무한한 베풂을 나타낸다. 불교의 도상체계圖像體系에서 부처의 오른손은 손바닥을 땅에 대고 있는데 이는 땅에 대한 절대적인 지배를 나타내며, 대지가 이를 증언하도록 하는 것이다. 오른손은 능동의 극極이다. 부처의 왼손은 보시를 받는 바리를 잡고 있거나 손바닥을 위쪽으로 향하고 있는데 이 손은 수용성과 몸을 맡기는 것을 의미한다. 왼손은 받아들이는 몸의 극極이다. 불교나 힌두 교에서 무드라mudra印契는 신의 여러 가지 신적인 힘을 손으로 표현하는 방법인데, 손의 위치나 동작에 의한 상징 언어이다. 각 동작이 나타내는 것을 항목화하기에는 수가 너무 많지만, 일반적으로 표현하는 것들은 다음과 같다. 1) 위로 올린 오른손은 담대함, 손바닥을 위로 한 것은 베풂을 나타내며, 2) 두 손바닥을 위로 한 것이나 또는 두 손을 무릎 위에 올려놓은 것은 명상과 수용성, 3) 두 손을 가슴에 대고 합장하는 것은 〈반야般若〉와 〈방편方便〉의 합일을 의미한다. 손바닥에 눈이 있는 손은 사물을 잘 보아서 분별하는 판단력과 지혜를 가지도록 도와주는 손이다. **켈트**: 태양신 룩의 '긴 손'은 태양광선을 상징한다. **중국**: 악수는 우정과 충성을 나타내고 손을 옷 속에 감추는 것은 존경과 탄복을 나타낸다.(공수拱手) 오른손은 양陽의 힘을 나타내며, 반대로 왼손은 명예를 나타내는데 전쟁 때에는 칼을 잡는 오른손이 무훈武勳의 명예로운 손이 된다.(「노자」 31장) 왼손이 음陰으로서 약함을 가리키면서도 명예를 나타내는 것은 강함은 폭력과 파괴를 낳기 때문이다. **크리스트 교**: 손은 전능함을 상징한다. 크리스트 교 미술에서 구름 속에서 나오는 손은 〈아버지로서의 신〉이 임하심과 그의 힘을 나타내며, 이 손은 성령의 〈비둘기〉를 놓아보내기도 한다. 손바닥을 바깥쪽으로 해서 들어올리는 손은 축복을 나타내며 신의 은총과 호의를 나타낸다. 손가락을 3개 세우면 〈삼위일체〉를 의미하며, 5개의 손가락을 세우면 엄지손가락은 〈아버지〉, 집게손가락은 〈성령〉, 가운뎃손가락은 〈예수〉, 넷째손가락과 새끼손가락은 〈예수〉의 신성神性과 인간성을 나타낸다. 견진성사堅振聖事에서 (보통 사제가 신도 위에서) 안수按手하는 것은 성령과 힘과 은혜를 전한다는 의미이다. 전대纏帶를 가진 손은 가리옷 유다를 나타낸다. **이집트** : '이집트 인들의 손'은 물과 불의 결합, 남성과 여성의 결합을 나타낸다. **그리스** : 신에게 서원할 때에 봉납되는 〈사바지오스의 손〉은 엄지손가락과 집게손가락과 가운뎃손가락은 펼치고 넷째손가락과 새끼손가락은 구부린(직각으로 만듦) 모양이며, 그 위에 솔방울, 뱀, 십자, 초승달, 뱀지팡이(→CADUCEUS), 도마뱀, 곤충 등이 놓인다. 이 손은 신의 구원의 손이며, 보호, 치유, 축복을 의미하기도 한다. 3개의 손가락은 삼인조나 3 가지로 이루어진 남성의 성기를 가리키거나 단순한 부적이거나 액을 막아주는 것이다. **유대 교** : 〈신의 손〉은 '하늘로 높이 솟은 권능의 오른손'이다.("출애굽기" 15 : 6) **힌두 교** : 시바 신은 여러 개의 손을 가지는데 위로 올린 손은 평안과 보호, 아래로 내려서 발을 가리키는 손은 해방, 북을 두드리는 손은 창조 행위, 손에서 나온 불꽃은 세계의 파멸을 나타낸다.(21쪽 그림 참조.→ARM) **이슬람 교** : 벌려진 손은 축복, 숭배, 환대를 나타낸다. 〈파티마의 손hand of fatima〉은 〈신의 손〉을 뜻하는데 신의 힘, 섭리, 관용을 의미한다. 엄지손가락은 〈예언자〉 무하마드를 나타내고 나머지 네 개의 손가락은 4명의 교우敎友를 가리키는데 순서대로 파티마(파티마의 처녀)와 그녀의 남편인 알

리, 그들의 아들인 하산과 후세인을 가리킨다. 또한 새끼손가락은 영적이고 도덕적인 초월성을 뜻하며 다섯 개의 손가락은 모두 5개의 기본 교리(무아타지라 파 ─ 1. 신의 유일성 2. 신의 공정함 3. 내세에 대한 약속과 위협 4. 중간적 위치 5. 윤리적 명령 ; 시아파 ─ 1. 신의 유일성 2. 신의 공정함 3. 예언자직 4. 사도직 5. 이마무직)와 이슬람 교의 오주五柱(오행五行〔신앙고백, 예배, 희사喜捨, 단식, 순례〕)를 나타낸다. **만다 교** : 종교 예식에서 손을 합장하는 것은 성실과 신앙심을 상징한다. **마니 교** : 오른손을 흔드는 것은 신의 구원의 힘을 나타낸다. **톨테크** : 휴에마크의 '긴 손'은 태양광선을 묘사한다.

**Hare** 산토끼→RABBIT 산토끼는 달에 속하는 동물이며 모든 달의 신을 상징한다. 달과 밀접하게 연관되어서 재생, 회춘回春, 부활을 가리키며 또한 직관, '어둠 속의 빛'을 나타낸다. 산토끼는 공양供養의 불이나 '죽음을 통한 신생新生'과 연관되기도 한다. 보편적인 풍요의 상징이며 또한 여자의 주기성을 나타낸다. 산토끼는 사랑에 대한 맹세의 표지, 소심함, 도착倒錯, 사악한 지혜, 날램을 상징한다. 달에 사는 산토끼 설화는 전세계에 널리 퍼져 있으며 산토끼는 달에 속하는 것으로서 (개나 도마뱀과 마찬가지로) 달의 신과 인간 사이의 중개자 역할을 한다. 서양에서 흰 산토끼는 눈雪을 상징하며, 삼월의 산토끼(발정기의 산토끼)는 광기狂氣를 상징한다. 산토끼의 머리나 발은 요술을 막아주는 효과가 있으며, 한편으로 산토끼는 마녀의 하인이나 또는 동료가 되기도 한다. **아프리카** : 호텐토트 족에서 산토끼는 달과 연관이 있다. **아메리카 인디언** : 〈위대한 산토끼〉라는 뜻의 마나보조는 아버지로서의

보호자, 창조자로서의 변혁자이며 인간 속에 내재된 동물성이 변용된 것이다. 마나보조는 〈구세주이며 영웅〉, 데미우르고스, 〈새벽의 영웅〉, 〈빛〉을 의인화한 것이며 또한 할머니와 함께 달에 살면서 '바닷물이나 강물을 주는 자, 바람의 주인, 눈의 형제'로 불리는 〈위대한 마니토〉이다. 마술사는 나중에 〈영웅〉, 또는 완전한 사람 完全人이 되는데, 마술사로서의 산토끼는 또한 짐승과 같은 우둔한 힘을 속여넘기는 영리한 정신을 나타내며 인간들을 잡아먹는 뱀이나 물고기를 죽인다. **불교**: 달에 있는 산토끼는 제석천帝釋天(범천梵天과 더불어 불법의 수호신)이 토끼인 부처를 그린 모습이다.(「자타카」〔본생경本生經 — 부처가 전세前世에 아직 수행자였던 무렵의 설화집 — 의 범어 이름〕) 산토끼가 완전한 자기 희생을 상징하는 것은 부처가 굶고 있을 때 산토끼가 불 속으로 뛰어들어서 자신을 희생물로 바쳤기 때문이다. **켈트**: 달과 수렵의 신들의 상징이며 수렵의 신은 산토끼를 손에 들고 다닐 때가 있다. **중국**: 산토끼는 달을 의미한다. 음陰의 동물로서 여성적인 음의 힘을 나타낸다. 황제의 배우자, 장수를 나타낸다. 산토끼(묘卯)는 십이지에서 네번째 동물이다. 절구공이와 절구(→PESTLE AND MORTAR)를 가지고 달에 사는 산토끼玉兎는 불로불사不老不死의 약을 만들고 있다. 산토끼는 야생동물의 보호자이다. 흰 산토끼는 신성神性을 뜻하고, 붉은 산토끼는 행운, 평안, 번영, 그리고 후덕한 지배자를 뜻하며, 검은 산토끼는 행운, 선정善政을 상징한다. 산토끼나 흰 산토끼들의 그림은 달의 축제拜月 때 사용한다. **크리스트 교**: 산토끼는 다산多産, 욕정의 상징으로 성모 마리아가 흰 산토끼를 밟고 있는 것은 욕

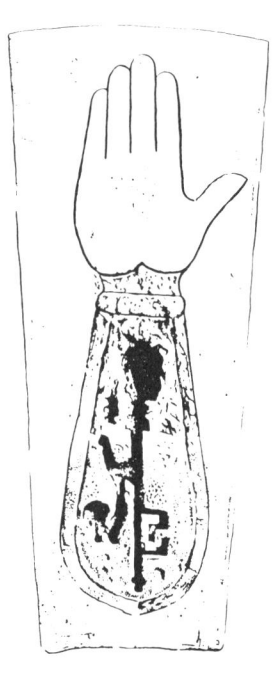

스페인의 알함브라 궁전의 입구에 새겨진 손으로 이슬람 교의 기본적인 계율인 오행五行(신앙고백, 예배, 희사喜捨, 단식, 순례)을 상징한다.

당나라의 청동 거울 뒷면에 그려진 달 속의 산토끼. 현상계의 단조로운 일상 생활을 나타내는 절구와 절구공이를 사용하여 불로불사의 약을 만들고 있다.

정에 대한 승리를 나타낸다. 산토끼의 무방비성은 예수를 믿는 자들을 나타낸다. **이집트**: 산토끼는 새벽, 시원始原, 시작, 봉기, 주기성을 나타낸다. 토트 신의 표지이다.(고대 이집트의 신 오시리스와 연관된다.) 달과도 관계가 있다. **유럽**: 부활제의 산토끼나 토끼의 새끼는 새벽과 신생新生을 상징한다. 산토끼는 토끼 머리를 가진 달의 여신의 부수물이다. 아마도 이 여신은 부활제easter라는 말의 어원이 되는 게르만의 여신 오에스트라Oestra(중세 영국의 에오스트레Eastre)일 것이다. 그래서 산토끼는 달의 재생을 상징하며, 재생, 부활을 나타낸다. 부활제의 산토끼는 부활제의 알을 낳는다. **그리스·로마**: 풍요, 호색, 사자使者로서 다니는 동물로 헤르메스/메르쿠리우스 신의 부수물, 아프로디테/베누스 여신과 에로스/큐피드 신의 부수물이다. 큐피드는 산토끼와 함께 그려지는 경우가 가끔 있다. **유대 교**: 부정不淨함을 상징한다.("신명기" 14 : 7) **힌두 교**: 힌두 교와 불교 미술에서 산토끼는 초승달과 함께 그려진다. **북유럽**: 프레이야 여신은 산토끼(대개의 경우는 고양이)를 데리고 다닌다. **게르만**: 달의 여신 홀다(하르케, 하르파라고도 함)에게는 횃불을 든 한 무리의 산토끼들이 따라다닌다. 부활제의 산토끼는 오에스트라 여신과 연관된다.

**Harp** 하프 하프는 내세로 인도하기 때문에 사다리(→LADDER)와 동일한 상징성을 가진다. 하프 연주자는 〈죽음〉을 의미한다. 하프는 「구약성서」의 다윗 왕("사무엘 상" 16 : 23)과 영국 웨일즈의 표지이다. 또한 계절을 관장하는 켈트의 신 다그다의 상징인데 다그다는 하프를 연주해서 계절의 변화를 일으킨다.

**Harpy** 하르퓌아이→FABULOUS BEASTS

**Hart** 수사슴 수사슴은 고독, 청정淸淨을 뜻한다. 크리스트 교 상징체계에서 수사슴은 종교적인 동경과 열정을 뜻하며, '사슴이 시냇물을 찾기에 갈급함같이'라는 표현처럼 신에 대해서 알기를 갈망하며 세례를 받으려는 사람들을 상징한다.("시편" 42 : 1) 뱀을 밟고 있는 사슴은 악한 힘을 무너뜨리고 승리를 거둔 예수를 나타낸다.

**Hat** (차양이 있는) 모자 모자의 의미는 권위, 힘이다. 머리에 쓰는 물건이기 때문에 사고思考를 내포하고, 그래서 모자를 바꾸는 것은 태도나 의견의 변화를 의미한다. 테 없는 모자를 쓰는 것은 맨머리를 드러내놓고 있는 노예와는 대조적으로 고귀함과 자유를 의미한다. 모자는 그 모양으로 사회적, 계급적 지위를 나타낸다. 예를 들면 추기경의 모자, 사교司教의 관冠, 비레타biretta(가톨릭 성직자의 사각형 모자), 사제의 모자, 실크 해트, '사각모자,' 바보 모자(옛날에 학교에서 성적이 나쁜 학생들에게 쓰게 했던 종이 고깔 모자) 등이 있다. 모자를 들어올려 보이는 것은 상대편보다 사회적 지위가 낮을 때에 지키는 예절이다. 건물 안으로 들어갈 때 모자를 벗는 것은 경의를 표하는 것이다.

**Hawk** 매 매는 태양에 속하는 새로서 그 상징적 의미는 독수리(→EAGLE)와 거의 비슷하다. 매는 모든 태양의 신들을 상징하며 하늘, 힘, 왕위, 고귀함을 나타낸다. 독수리와 마찬가지로 매는 태양까지 날아갈 수 있으며 눈을 깜박거리지 않고서 태양을 직시할 수 있다고 생각되었다. 매를 동반하거나 매의 머리를 한 신은 태양신이다. **아스텍**: 매는 신들의 사자使者이다. **이집트**: 매는 왕가의 새로 〈영靈〉, 혼魂, 영감靈感, 〈켄슈khensu의 새〉, 태양의 신 라를 뜻한다. 라 외에 매를 데리고 다니거나 매의 머리를 한 신은 프타, 호루스, 멘투, 레후, 소카르, 케브세네프이다. 머리는 매이고 몸통은 악어인 신은 세베크-라이다. 스핑크스도 매의 머리를 하고 있는 경우가 있다. 매는 또한 아멘티 ──〈태모신太母神〉이며〈서쪽〉과〈저승〉의 여신── 의 표장이다. **그리스 · 로마** : 매는 '아폴론/헬리오스 신의 날쌘 사자使者'(호메로스「오뒤세이아」15. 531 이하)이며, 마녀 키르케의 부수물이다.(그리스 어로 매는 kirkos) **힌두 교** : 매는 하늘의 술인 소마를 가져온다.(「리그 베다」IV. 26-27) 매는 빛이며 선한 신 아후라 마즈다(오르무즈드)의 속성을 가진다. **미트라 교** : 매는 태양신인 미트라의 부수물이다.

**Hawthorn** 산사나무 **유럽** : 요정의 꽃이며 재난을 막아준다. '오월의 꽃'인 산사나무로 만든 화관은 처녀성, 순결, 처녀 수태를 상징한다. 산사나무는 그리스와 로마에서는 신부가 드는 꽃으로 결혼의 신 휘메나이오스, 클로리스 여신(플로라), 헤카테 여신, 로마의 여신 마이아에게 바치는 제물이다. 마법에 걸리는 것을 막아주기도 한다. 정령이나 요정들은 산사나무가 있는 곳에서 만난다.

**Hazel** 개암나무 모든 나무열매와 마찬가지로 개암나무도 감추어진 지혜를 상징하며,〈태모신太母神〉과 관계가 있다. 개암나무의 열매는 또한 평안과 연인을 나타낸다. 개암나무 가지로 만든 지팡이는 마력을 가지고 있어서 비를 내리게 하며, 지하의 수맥을 찾는 점막대기로 쓰이기도 한다. 개암나무는 켈트에서 숲속의 성스러운 나무를 가리키며, 지혜, 영감, 예견, 마력, 지하에 있는 신들을 나타낸다.〈생명의 나무〉(→TREE)로서의 개암나무는 연어(→SAL-

팔을 내밀어 헌주獻酒하는 이집트의 신 호루스로, 아마도 어머니 이시스에게 술을 바치기 위해서일 것이다. 호루스는 태양으로서 이시스에게서 태어났다. 호루스의 매의 머리는 이것을 상징한다.

도로나 길의 수호자로서 머리가 두 개인 헤르메스이다. 양쪽으로 얼굴을 돌리고서 과거와 미래, 운명과 선택, 출발과 도착 등 한 가지 현상에서 비롯되는 양면을 신중하게 음미하고 있다.

MON)가 사는 성스러운 연못이나 샘 근처의 아발론Avalon(켈트 전설에서 아서 왕과 그 부하들이 죽은 후에 그곳으로 함께 옮겨졌다는 서쪽 낙원의 섬)에서 자라며, 못의 연어들만이 개암나무의 열매를 먹을 수 있다. 개암나무는 젖이 나오는 여신이나 불의 신과도 연관이 되는데 불을 지필 때 개암나무의 잔가지가 사용되기 때문이다. 그리스에서는 신들의 사자인 헤르메스 신의 지팡이(→CADUCEUS)로 개암나무가 사용되기 때문에 개암나무는 의사소통이나 화해의 상징이다. (켈트에서) 개암나무는 또한 시인의 영감靈感을 나타낸다. 북유럽이나 게르만 종교에서 개암나무는 토르 신(게르만의 도나르)에게 바쳐지는 제물이다.「구약성서」에서 야곱은 마력이 있는 개암나무의 가지(버드나무와 살구나무와 신풍나무의 푸른 가지)를 양떼에게 사용해서 얼룩박이 새끼들을 낳게 했다.("창세기" 30 : 37-43)

**Head** 머리 머리는 심장과 마찬가지로 육체의 중요한 부분으로 여겨졌으며, 생명력이 깃든 자리이며 영혼과 그 힘이 머무는 곳이다. 머리는 지혜, 마음, 다스림, 지배를 뜻한다. 머리는 지성의 자리임과 동시에 우매愚昧의 자리이며, 명예와 불명예는 제일 먼저 머리에 쓰는 관으로 나타낸다. 영광의 관, 승리의 화관도 머리에 장식되지만, 죽은 자를 애도하는 재灰나 참회의 재, 어릿광대의 모자, '숯불'(신의 보복을 상징 — "시편" 18 : 12) 등도 모두 머리 위에 놓이는 것이다. 서품식과 헌신례에서 사람들은 머리에 관을 쓰거나 또는 머리를 깎는다. 묘지에 장식된 두상頭像이나 기념상으로서의 두상은 그 사람의 머리에 깃든 생명력이나 재능을 나타낸다. '흉상'은 이러한 의미에서 만들어진다. 꽃의 머리 부분에는 미래의 생명의 씨앗이 내포되어 있다. 날개가 달린 머리는 생명력, 영혼, 초자연적인 지혜를 상징한다. 공양供養이나 사냥에서 죽인 말이나 황소, 멧돼지의 머리에는 생명력과 풍요성이 있으며 그 머리는 높은 곳에 매달리거나 의식 행렬로 운반된다. 또한 의례적인 회식에서 음식물로 제공되기도 한다. 짐승의 머리를 사냥하는 족속은 잡은 짐승 머리의 생명력과 풍요성을 자신의 것으로 한다. 머리를 숙이는 것은 경의나 복종을 해야 하는 사람 앞에서 자신의 생명력이 깃든 자리를 낮춤을 의미한다. 머리를 끄떡거리는 것(동의, 이해로서)은 목숨을 걸고서 맹세한다는 의미이다.

베일을 쓴 머리(→VEIL)는 불가해不可解, 비밀, 감추어진 지식을 의미한다. 또한 제물의 머리에도 베일이나 화환을 씌운다. 지금까지의 생활을 버리고, 과거의 생활에서 본다면 죽은 자로서의 새로운 생활을 시작하는 신부나 비구니(수녀)가 베일이나 화환을 쓰는 것은 이 때문이다. 베일은 또한 머리를 감싸는 다른 모자들처럼 기혼 여성의 머리를 덮어서 머리에 머무는 내부의 생명을 보호한다.

야누스 신처럼 머리가 둘인 신이나 상像은 시작과 끝, 과거와 미래, 어제와 오늘, 태양의 힘과 달의 힘, 달의 신과 달의 여신, 태양의 약해지는 힘과 강해지는 힘, 십자로에서의 선택, 운명, 사업이나 여행의 시작, 출발과 귀환, 문을 닫는 힘과 여는 힘을 상징한다. 그래서 야누스와 다른 쌍두신雙頭神들은 문의 수호신이며 열쇠가 그 부수물이다. 두 개의 머리는 또한 판단력과 식별력, 원인과 결과, 외부를 보는 것과 내부를 들여다보는 것을 나타낸다. 남자와 여자의 결합이나 왕이나 여왕이 결합된 것은 대립물의 통일로서 남녀 양성을 가진 자를 뜻한다. 이런 상은 또한 종교 권력과 세속 권력의 상징이다. 〈사려思慮〉(→PRUDENCE)를 암시하는 상像은 두 개의 머리나 두 개의 얼굴을 가지고 있어서 동시에 앞과 뒤를 볼 수 있다. 야누스의 쌍두는 또한 하계下界의 문Janua inferni(거해궁에 위치한 하지夏至), '인간들의 문,' 태양이 지면서 쇠락해가는 기운과 천상天上의 문Janua coeli(마갈궁 자리에 오는 동지冬至), '신들의 문,' 태양이 떠오르며 높아져가는 기운을 의미한다.(→KEY) 쌍둥이 디오스쿠로이(→TWINS)의 두 개의 머리는 각각 위와 아래를 보고 있는데, 이것은 태양이 북반구와 남반구에 번갈아 모습을 드러내는 것을 의미하며 또한 밤과 낮을 나타낸다.

머리가 셋인 신은 세 영역(천국, 지상 세계, 지옥), 과거, 현재, 미래, 달의 세 가지 모양, 아침해, 정오의 태양, 저녁해를 나타낸다. 저승의 신 세라피스, 저승의 여신 헤카테, 때로는 켈트의 저승의 신 케르눈노스도 세 개의 머리를 가진 모습으로 나타나기도 한다. 여러 개의 머리가 달린 별의 신들은 〈만물을 꿰뚫어보는 것〉이며, 주기나 계절의 수를 나타내기도 한다. 입에 바퀴를 달고 있는 동물이나 괴물의 머리는 행인들을 보호하는 길의 수호자이다. 분수에 있는 두상頭像(입에서 물이 뿜어져나오는)은 말씀의 힘을 상징하며 또한 새로운 활력을 의미한다. **고대 근동**: 일설에 따르면 엘 신과 마르둑 신은 머리가 둘인 것으로 나타나며 이들은 좌우를 동시에 살펴볼 수 있다. 그래서 야누스 신과 동일한 상징적 의미를 가지는 것으로 생각된다. **켈트**: 머리는 태양에 속하며, 신성神性, 다른 세계의 지혜와 힘을 나타낸다. 기둥 위에 있는 머리는 남근을 상징한다. 남근과 함께 머리는 풍요를 나타내며 장례식과 관계가 있고, 액을 막아준다. 켈트에서 머리와 남근은 전통적으로 결부되어왔다. 케르눈노스 신은 머리가 셋인 것으로 나타난다. **크리스트교**: 머리는 〈교회의 우두머리〉인 예수를 상징한다. 교수형으로 참수된 성인들은 머리가 표지로 성 알바누스, 성 클레르, 성 데니스, 순교자 성 베드로, 성 발레리 등이 있다. **그리스**: 곡물(밀)의 '머리'는 플라톤에 따르면 '세계상世界像'이며, 이것은 풍요를 나타내는 곡물의 여신 케레스(데메테르)와 동일시된다. 〈엘레우시스의 밀의密儀〉에서 중심적인 부수물이다. **유대교(카발라)**: 〈아리크 안핀arik anpin〉, 즉 〈늘어난 얼굴〉은 〈지고신至高神〉이다.(신의 사랑과 자비가 흘러나와 인간의 모습을 했을 때 아리크 안핀이라는 화신이 생겨난다.) **힌두교**: 브라마 신의 4개의 머리는 성전 "베다"의 네 가지 부분의 근원을 상징한다. **북유럽**: 프레이야 여신의 표지이기도 한 멧돼지의 머리에는 생명력이 깃들어 있다. 그래서 〈율〉(→YULE), 즉 동지제冬至祭의 멧돼지 머리는 다가올 신년의 다산多產과 행운을 상징한다. **슬라브**: 초기 슬라브에서 삼두신三頭神은 하늘과 육지와 바다를 조망하며, 천국, 지상, 지옥, 과거, 현재, 미래를 나타내고 있다.

**Heart 마음, 심장** 마음은 신체, 영혼의 모든 면에서 존재의 중심이며, 중심에 있는 신적神的인 존재이다. 마음은 감정적 지성의 '중심'이며, 이성적 지성의 중심인 머리에 대응된다. 마음과 머리는 모두 지성을 나타내지만 마음은 동정, 이해, '비밀의 장소,' 사랑, 은총(→CHARITY)을 나타낸다. 마음에는 생명의 피가 들어 있다. 생명의 중심으로서의 마음은 태양으로 상징된다. 빛이 뻗어나오는 태양과 광채가 나는 심장 또는 타오르는 심장이 합쳐지면 대우주와 소우주의 중심, 하늘과 인간, 초월적 지성이라는 상징성을 가지게 된다. 마음은 또한 역삼각형으로도 나타난다. **아스텍**: 심장은 힘, 에너지, 생명원리를 표상한다. 에너지나 힘으로서의 심장을 신들에게 바치는 행위는 이 희생을 통해서 신들을 위무慰撫하여 그 힘이 인간에게 유리하게 발동하도록 하려는 의도이다. **불교**: 부처의 본질을 뜻한다. 〈금강심金剛心〉은 청정, 금강불괴金剛不壞, 어떤 것으로도 '다치지' 않는 인간을 의미한다. 중국 불교에서 심장은 부처의 〈팔대기관八大器官〉 중의 하나이다. **켈트**: 상냥한 마음은 관용과 동정의 상징이며, 악마의 눈에 대립하는 것이다. **크리스트 교**: 심장은 사랑, 이해, 용기, 기쁨과 슬픔을 나타낸다. 불타는 심장은 종교적 열정, 열의, 헌신을 의미한다. 손에 들고 있는 심장은 사랑과 숭배를 나타낸다. 화살이 관통한 심장은 회개, 참회를 나타내며 그것은 동시에 성 아우구스티누스의 표지이다. 가시 면류관을 쓰고 있는 심장('예수의 성심聖心 Cor Jesu'이라 불리는)은 성 이그나티우스 드 로욜라의 표지이다. 십자가와 함께 있는 심장은 시에나의 성 베르나디니, 시에나의 성 카트린느, 성 테레사의 표지이다. **유대 교**: 심장은 〈신전〉을 나타낸다. **힌두 교**: 〈성스러운 중심〉, 브라만(梵, 우주의 근본원리)이 있는 곳, '심장은 브라만이며, 이것은 곧 모든 것이다.' 심장은 아트만(我)이다. 마음은 연꽃으로 상징된다. '마음의 눈'은 시바 신의 세번째 눈이며, 초월적 예지, 전지全知한 영靈이다.(→불교의 〈금강심〉 참조) **이슬람 교**: 심장은 〈존재의 중심〉이다. '마음의 눈'은 영적 중심, 절대지絶對知, 광명이

다. **도교**: 이해력이 깃든 곳으로 〈성인聖人〉의 심장에는 일곱 개의 구멍이 있는데 이것들은 모두 열려 있다.

**Hearth** 난로, 화로, 화롯가 화로는 옴팔로스(→OMPHALOS), 안에 있는 영靈의 중심, 불에 의한 영혼의 전이轉移를 나타낸다. 난로는 가정의 중심을 의미하고, 여자의 지배를 뜻한다. 난로는 불의 여성적, 대지적 측면을 가리키지만, 대지를 여성으로 간주한다면 난로의 불은 남성적인 양상을 띠는 경우도 있다. 난로는 온기, 음식을 준비하는 곳을 나타내기도 한다. 베다의 둥근 화로(가장家長의 불)는 대지나 인간의 영역을 가리키며, 동쪽에 있는 불(공희供犧의 불)은 신의 영역을 나타낸다. 남아메리카 인디언들은 화로의 돌hearth-stone을 '곰'이라고 부르는데, 이것은 지하세계의 신들을 상징하며 또 이 신들과 교신하는 장소를 의미하기도 한다. 켈트의 여러 나라에서 죽은 자에 대한 숭배는 화롯가에서 행해진다.

**Heaven** 하늘 하늘과 땅은 영혼과 물질을 의미하며, 대개는 〈부성父性〉과 〈모성母性〉의 원리를 의미한다. 이집트, 게르만, 오세아니아의 상징체계에서는 예외적으로 의미가 바뀐다.(예를 들면 이집트의 하늘의 신 누트는 여신이며 이 신의 남편인 게브가 대지의 신이다.) 성당 건축에서 하늘은 돔, 불탑(→STUPA), 쇠르텐(→CHÖRTEN)에 의해서나 티피, 천막이나 성스러운 오두막(→LODGE)의 천장 중심에 뚫려 있는 구멍으로 나타난다. 하늘의 색과 모양은 세계 공통이며, 색은 푸른 색(가끔은 검은 색), 모양은 둥근 돔형이다. 극동지방에서 하늘은 〈용〉으로, 대지는 〈백호白虎〉로 상징된다. 또한 안개와 산, 말과 황소(팔괘八卦의 건乾☰과 곤坤☷)로 나

타내는 경우도 있다.

**Hedgehog** 고슴도치 크리스트 교: 〈악한 사람〉, 악한 일을 뜻한다. 고슴도치가 포도나무에서 포도를 훔치는 것(포도나무 아래에서 굴러다니면서 아래로 떨어진 포도를 몸에 있는 침으로 찔러서 가져감)은 악마 사탄이 인간의 영혼을 훔치는 것과 같다. 고대 근동에서는 이슈타르 여신의 표지로 생각되기도 하지만 보다 일반적으로는 〈태모신太母神〉의 상징이다.

**Heel** 발뒤꿈치 발뒤꿈치는 예를 들면 영웅 크리슈나, 영웅 아킬레우스처럼 불사不死의 인물들이 가지는 유일한 약점이다. 그리고 발뒤꿈치는 뱀을 죽이거나 악마를 밟아 잣누를 때 사용하는 부분이다.

**Heliotrope** 헬리오트로프 유럽: (주광성走光性을 가진) 태양의 풀, 영원한 헌신, 사랑을 뜻하며 아폴론 신과 (태양신을 사랑했던) 클뤼티에에게 바치는 제물이다. (「메타모르포시스」 4. 214-70)

**Helmet** 투구 투구는 보호, 유지를 뜻하며 전사나 영웅의 부수물이다. 문장紋章에서 투구는 감추고 있는 생각을 나타낸다. 그리스와 로마에서는 전쟁의 신 아레스/마르스와 지혜의 여신 아테나/미네르바의 부수물이다. 또한 암흑의 투구는 저승의 신 하데스/플루톤의 표지이다. 북유럽에서 황금의 투구는 오딘(켈트의 보탄) 신의 표지이다.

**Hemlock** 독미나리 독미나리는 죽음, 기만, 불운을 나타낸다.

**Hen** 암탉 암탉은 자손을 낳는 일, 먹이를 주는 일, 어머니의 마음씀을 나타내며 검은 암탉은 마신魔神의 이용물이거나 악마의 모습 가운데 하나이다. 수탉처럼 울어대는 암탉은 여성들의 지배, 뻔뻔한 여자를 나타낸다. 크리스트 교에서 병아리를

1642년, 아일랜드에서 정한 가톨릭 연맹의 인장. 중심적인 상징인 타오르는 심장은 종교적 열정을 나타낸다. 심장 외에 관冠(→CROWN), 십자가(→CROSS), 비둘기(→DOVE), 하프(→HARP)가 있다.

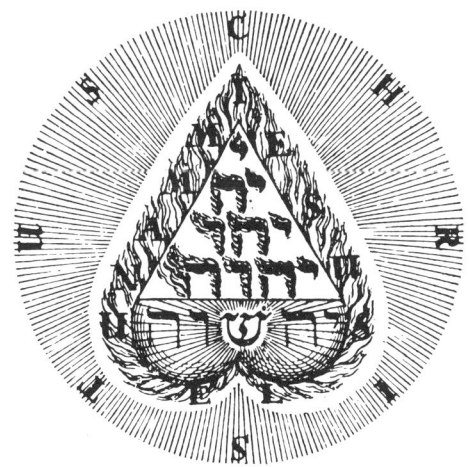

위아래가 거꾸로 놓인 심장으로 야콥 보헴(1575-1624)이 사용한 카발라의 무늬이다. 심장 둘레에는 신의 이름 야훼JHVH가 히브리 문자로 쓰여 있는데, 그 이름은 여호수아 Jehoshua(JESUS)로 읽히도록 조합되어 있다.

데리고 다니는 암탉은 신도들을 보호하는 예수를 가리킨다.

**Hermaphrodite** 남녀추니→ANDROGYNE

**Hero/Heroine** 영웅/여걸   영웅이나 여걸은 〈구세주〉의 원형原型이며, 기적적인 존재이다. 영웅은 대개 비천한 태생이거나, 고귀한 신분이더라도 자신은 알지 못하며, 소박한 환경에서 자신의 출생 신분을 모른 채 길러진다. 영웅은 어려서 힘을 시험받는 시련을 겪는데, 그것을 혼자서 겪기도 하지만 친한 동물들의 도움을 받기도 한다. 그는 악이나 유혹과도 싸워야 하며, 최후에는 배신당하여 살해되거나 희생물로 참수斬首된다. 또 다른 형태의 영웅의 행적은, 혼자서 활동을 시작해서 추종자들을 모으거나 선택된 제자들이 따르게 되지만 최후에는 모두에게서 버림받고 고난 속에서 전전하다가 쓸쓸히 죽음을 맞게 되는 것이다. 영웅의 이런 행적은 영혼의 여행을 상징하며, 한 사람의 현현顯現과 다양화와 원초의 통일성으로의 회귀를 상징한다. 영웅과 불사不死의 신부新婦가 등장하는 이야기에서 영웅은 때로 지하 세계나 불가사의한 장소에서 신부를 찾아다녀야 한다. 여걸은 오만하거나 사람을 멸시하는 경우도 있으며, 추한 변장을 하기도 한다. 이것은 인간성의 이기적인 측면을 상징하며 이것을 억눌러야 한다는 가르침을 준다. 이런 상징에는 또한 분리와 재결합, 타락과 속죄라는, 반드시 화해되고 통합되어야 하는 인간의 양면성이 포함되어 있다.

**Heron** 왜가리   왜가리는 태양에 속하는 새이며 대부분이 황새와 두루미와 공통적인 상징성을 가진다. 또한 경계나 고요함을 뜻한다. 물에 속하는 새이기도 하다. 불교와 도교: 두루미(→CRANE)와 동일한 상징적 의미를 가진다. **중국과 일본**: 흰 왜가리와 검은 까마귀는 음양陰陽, 태양과 달, 빛과 어둠이다. 또한 흰 왜가리는 진지하고 조용한 '사색가'이지만, 까마귀는 장난꾸러기이며 수다쟁이이다. 왜가리는 물에서 비상할 때 흙탕물을 일으키지 않기 때문에 세련과 섬세함을 의미하며 미술에서는 버드나무와 결부된다. **이집트**: 죽은 후에 혼이 가장 먼저 취하는 모습으로 영혼의 새 베누이다. 영혼의 새 베누는 왜가리의 일종이거나 불사조라고 생각된다. 이 새는 나일 강의 수위가 올라가면 강을 떠나서 나일 평원으로 날아오르므로, 나일 강의 물을 채우는 생명 소생의 새로서 떠오르는 태양(태양신의 화신), 재생, 오시리스 신의 지상으로의 회귀를 상징하게 되었다.

**Hexagram** 육각형 별꼴   삼각형(→TRIANGLE) 두 개(정삼각형과 역삼각형)가 합쳐져서 만들어진 육각형 별꼴은 '위에 있는 것처럼 아래에도 있다'(헤르메스의 문서의 「에메랄드 명판」) — 즉 천계의 존재와 지상의 존재의 대응 — 를 상징한다. **중국**: 여덟 가지 부분으로 이루어진 도형(팔괘도)은 각각의 괘가 상징적으로 조합되어 음양에 의한 자연계의 모든 힘을 나타낸다. 여덟 괘는 (두 개의 괘로서 한 쌍, 즉 여섯 개의 효爻로서 한 쌍이 되어) 64괘를 만들어 자연계에서 끊임없이 상호작용하는 음양의 모든 힘을 나타낸다.

**Hippogryph** 히포그뤼프→FABULOUS BEASTS

**Hippopotamus** 하마   하마는 「구약성서」의 거대한 동물인 비히모스(베헤모스라고도 함)와 동일하게 여겨진다. 이집트의 상징체계에서 하마는 〈태모신太母神〉, '강을 만들어내는 자'인 아멘티 여신을 나타낸다. 하마의 모습을 한 타우에레트 여신은 풍성한 은혜와 보호를 상징한다. 붉은 하마는 괴물 티폰의 모습을 하고 있는 악신 세트를 가리키며, 하마의 넓적다리는 '세트의 남근 다리'([황소의] 앞다리)이며, 힘과 남자다움을 상징한다. 붉은 하마는 또한 〈북극〉을 상징한다.

**Hive** 벌통  벌통은 자연계에서 여성적인 힘이 지배하는 대지, 또한 대지의 영, 보호자로서의 모성, 근면, 검약을 나타낸다. 벌통은 또한 〈희망〉을 나타내는, 여성을 뜻하는 상像의 부수물이다. 크리스트 교에서 성 베르나르도는 벌통을 수도원의 질서 있는 공동체에 비유했다.→BEEHIVE

**Hog** 돼지→SWINE

**Hole** 구멍  구멍은 〈비어 있음〉, 허공을 뜻한다. 구멍은 깊이와 높이, 모두를 상징한다. 대지의 구멍은 여성적 풍양원리를 뜻하며, 속이 비어 있는 모든 것과 동일한 상징성을 가진다. 사원, 티피, 성스러운 오두막의 천장에 뚫려 있는 구멍은 천상계로 통하는 열린 입구이며 영계靈界로 들어가는 입구나 문과 같다. 인간이 그 구멍을 빠져나가면 지상적인 것들을 버리고서 하늘의 옷을 입는 것이 된다. 하늘은 둥근 구멍으로 나타나며, 대지는 사각형의 구멍으로 표시된다.

**Holly** 홀리, 서양호랑가시나무, 감탕나무속屬  선의善意, 기쁨을 나타내며, 태양신의 상징물이다. 로마에서 홀리는 사투르누스 신의 성스러운 나무이며, 사투르누스 축제에서는 건강과 행복의 상징으로서 사용되었다. 크리스트 교에서 홀리는 (떡갈나무와 사시나무와 동일하게) 십자가의 나무도 되며, 홀리의 뾰족뾰족한 잎 모양은 예수 수난과 가시 면류관을 나타내고 붉은 열매는 예수의 피를 나타낸다. 성 히에로니무스, 세례 요한의 표지이다. 홀리에는 부적의 힘이 있다.

**Honey** 꿀  꿀은 불사不死, 이니시에이션, 재생을 나타낸다. 남자다움, 풍요, 활력을 주며 최음성催淫性이 있다. 최고신과 풍요의 영靈에게 바치는 제물로 사용된다. 벌은 단성생식을 하는 것으로 생각되기 때문에 꿀은 더럽혀지지 않은 성스러운 음식이 된다. 점성술에서 꿀은 달과 연관되며 (밀월蜜月) 따라서 증식과 성장에 결부된다. **고대 근동**: 꿀은 신이 먹는 음식이다. **중국**: 꿀과 기름은 동일하게 거짓 우정을 나타낸다. **크리스트 교**: 지상에서의 예수의 직무, 달콤한 신의 말씀을 뜻한다. **그리스**: 시를 짓는 재능, 웅변, 지혜, 신들의 음식을 뜻한다. 꿀벌들이 호메로스, 사포, 핀다르, 플라톤의 입을 꿀로 가득 채워주었다고 한다. 꿀은 죽은 자를 위한 의식에서도 사용된다.(호메로스 「일리아드」 23. 170) **힌두교**: 꿀은 지혜의 연꽃을 먹는 함사 새의 음식물이다. **자이나 교**: 꿀은 최음 효과가 있으며, 풍양의 영에게 바치는 제물이며 금단의 음식물이다. **미노아 문명**: 의식에서 죽은 자와 산 자가 함께 먹는 음식물로서 중요한 역할을 맡는다. **미트라 교**: 꿀은 최고신 미트라에게 바쳐지며 이 경우에 벌은 아마도 하늘의 별을 상징할 것이다. 또한 꿀은 이니시에이션을 받는 신참자의 손과 혀에 바른다.

**Hood** 두건  두건은 볼 수 없음을 의미한다. 또한 이런 유추로부터 죽음, 은둔을 나타낸다. 머리를 감싸는 두건은 생각, 영혼을 나타낸다. 모든 것을 먹어치우는 〈시간의 신〉 크로노스/사투르누스는 큰 낫을 가지고 있으며 또 두건을 쓰고 있다. 이것은 지는 해와 쇠락해가는 가을의 태양을 나타낸다. 두건은 켈트의 명계冥界의 신 〈뾰족한 모자를 쓴 붉은 귀신〉의 부수물이다.

**Hook** 갈고리  갈고리는 끌어당기는 것으로서, 매혹의 의미와 포박, 처벌이라는 의미를 가지는 양면 가치적인 것이다. **크리스트 교**: 대홍수에서 모습을 드러냈던 것, 즉 예수나 〈말씀〉을 나타낸다. **이집트**: 오시리스 신이 드는 갈고리(끝이 굽은 지팡이 [→CROOK]의 머리 부분)는 끌어당기는 힘을 나타낸다.(87쪽 그림 참조) **그리스·로마**: 디오뉘소스/바쿠스 신의 부수물이다. **힌두 교**: 철 갈고리는 운명을 의미한다.

**Hope** 희망  희망은 서양에서는 닻으로 상징된다. 또한 지구의地球儀, 풍요의 뿔(→CORNUCOPIA), 배梨, 벌통 등을 들고 있는 여성으로 상징된다. 이 여성을 암시하는 상像은 돛을 전부 올리고 전속력으로 항해하는 갈레온galleon 선을 머리에 이고 있는 모습으로 나타나기도 한다. 크리스트 교 미술에서 희망은 날개가 달린 여성으로, 손을 하늘로 뻗치고 있고 닻 또는 성 대大야고보가 발치에 있는 모습으로 그려진다. 그밖에 희망을 나타내는 표장으로서는 부활의 십자가, 천사가 쓰고 있는 관이 있다. 이집트에서는 이시스 여신도 역시 희망을 나타낸다.

**Horns** 뿔  뿔은 초자연적인 힘, 신성, 혼의 힘, 머리에서 뿜어나오는 생명원리의 힘을 나타낸다. 그래서 투구나 머리 장식 위에 솟아 있는 뿔은 사람의 힘을 두 배로 늘려준다. 뿔은 신의 힘과 위엄, 영靈의 현현顯現, 왕위, 강함, 승리, 보호, 남자다움, 가축의 다산多産이나 농경의 풍작을 상징한다. 뿔은 태양신의 부수물로서 태양에 속하는 동시에 달에 속하며 초승달이나 달의 차고 이지러짐을 나타낸다. 달에 속하는 뿔이 없는 동물은 달이 이지러져서 마지막으로 되는 모습(삭朔)을 나타낸다. 뿔은 모든 〈태모신太母神〉, 〈하늘의 여왕〉의 부수물이다. 황소 뿔 모양의 초승달은 종종 태양원반과 함께 나타나는데 특히 이집트 미술에서 두드러진다.

머리에 뿔이 달린 신들은 군신軍神이며 인간과 동물의 다산성을 상징하며, 동물들의 사이에서 주인임을 나타낸다. 이런 신들의 상징물은 명예, 위엄, 힘으로서의 황소나 황소의 뿔, 생식력, 풍요로서의 어린 양이나 산양의 뿔이다. 신들의 뿔에는 가지가 난 것도 있는데 가지 난 뿔에는 뱀이나 어린 양의 머리를 한 뱀이 있다. 뿔에 리본이 묶여져서 길게 드리워진 것은 폭풍의 신을 나타낸다. 뾰족하고 날카로운 뿔은 남근과 남성을 상징하며, 속이 비어 있는 뿔은 수용성과 여성을 상징한다. 뿔에서 나오는 힘은 전후관계에 따라서 은혜로움을 주기도 하고 해로운 것이 되기도 한다. 나중에 중세 영국에서 뿔은 치욕, 멸시, 비열, 남의 아내를 빼앗는 남자를 상징했는데 이것은 중세 크리스트 교에서 악마나 마신을 〈뿔난 신〉으로 나타냈기 때문이다. **아메리카 인디언**: 인디언들은 상대편의 눈에 '끔찍하게 보이도록' 머리에 뿔을 썼다. **고대 근동**: 신적인 존재, 지고의 원리, 태양과 달의 양쪽에서 속하는 힘을 뜻한다. 아슈르 신, 아누 신, 벨 신은 뿔 모양을 한 머리 장식을 쓰고 있다. 폭풍의 신 아다드는 뿔에 리본을 묶어 길게 드리우고 있다. **켈트**: 뿔은 다산의 상징이며 〈뿔이 난 신〉은 〈동물의 주인lord of animals〉이다. 명계의 신 케르눈노스는 〈뿔난 자〉, 사슴신이며, 어린 양이 수사슴의 머리를 가진 뱀을 따르게 한다. **크리스트 교**: 두 개의 뿔은 「구약성서」와 「신약성서」이며, 이 두 가지로 적을 물리칠 수 있다. "요한계시록"(5:6)에 나오는 7개의 뿔은 신의 〈7개의 영靈

이며, 전지全知함과 힘을 나타낸다. 후대에서 뿔은 악마의 부수물로 변했다. **이집트**: 소의 뿔은 〈태모신〉으로서의 하토르의 부수물이다. 초승달을 나타내는 뿔은 이시스 여신과 〈하늘의 여왕〉 누트의 부수물이다. 황소의 뿔은 태양에 속하지만, 황소의 뿔이 태양 원반을 떠받치는 경우에는 태양 상징과 달의 상징의 조합이 된다. 아몬 신의 뿔은 어린 양의 뿔처럼 말려 있다. 세트/수테크 신의 뿔(정확히는 왕관)에는 긴 리본이 묶인 채로 드리워져 있는데 이것은 폭풍의 신을 나타낸다. **그리스·로마**: 디오뉘소스/바쿠스 신은 뿔을 가진 모습으로 나타날 때도 있다. 목신 판은 뿔이 달린 자연의 신이며, 판을 따르는 사튀로스의 뿔은 남자다움과 풍요를 뜻한다. 부의 신으로서 플루톤은 풍요의 뿔(→CORNUCOPIA)을 가지고 있다. 풍요의 뿔은 '아말테이아의 뿔'이라고도 하는데 부와 풍요를 가져다준다. **유대 교**: 뿔은 힘, '뿔 위에 있다'는 말은 승리를 뜻하며, '뿔이 부러졌다'는 것은 패배를 뜻한다.("시편" 75:10) 모세는 힘을 상징하는 뿔을 가지고 있는 모습으로 그려진다. **힌두 교**: 「리그 베다」(IV. 58. [2]-[3])에서는 소마 신이 4개의 뿔을 가진 황소에 비유된다. 이 경우 4개의 뿔은 동서남북의 기본 방위를 가리키는 것으로 해석된다. **이슬람 교**: 강함을 뜻하며 '뿔을 높이는' 것은 승리를 의미한다. 또한 뿔은 성공을 나타낸다. **미노아 문명**: 뿔은 나무, 제단, 양날 도끼(→AXE)를 나타내며, 힘과 성스러운 성질을 상징한다. '성별聖別의 뿔'은 초승달로 여겨지지만 내재해 있는 신의 표지도 된다. **북유럽**: 힘, 남자다움, 전사戰士의 의미이다.

인디언의 샤이엔 족이 의식에 사용하던 두개골로 유령 같은 표정과, 흔들면 시끄러운 소리가 나는 것이 뿔에 의해서 강조된다.

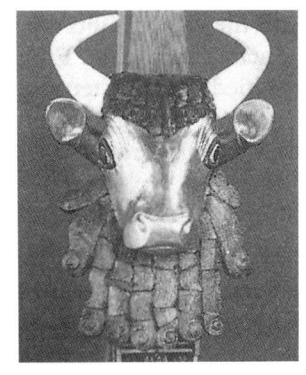

왕위를 나타내는 기원전 2500년의 황소의 뿔.

**Horse 말** 말은 상반된 두 가지 의미를 가지는데, 태양신의 전차를 끄는 백마, 황금 말, 불의 말은 태양에 속하는 힘을 나타내지만, 습윤에 속하는 원소나 혼돈의 바다를 나타나는 말, 바다의 신이 다스리는 말은 달에 속하는 힘이다. 그래서 말은 생명과 죽음, 태양과 달처럼 대립하는 양쪽을 모두 상징한다. 말은 또한 지성, 지혜, 정신, 이성, 고귀, 빛, 활력, 민첩함, 재치있음, 화살처럼 빨리 지나가는 인생을 상징한다. 또 한편으로 말은 본능적인 동물성, 앞날을 내다보는 마술적인 힘, 바람, 바다의 파도를 상징한다. 풍요의 신이나 북유럽의 바니르 신족神族은 말과 함께 나타나기도 한다. 악마가 탄 말은 남근을 상징한다. 게르만 전설에서 〈유령 사냥꾼〉이나 얼 킹을 태우는 말은 죽음을 나타낸다. 날개 달린 말은 백마와 마찬가지로 태양이나 〈우주의 말〉이며, 순수한 지성, 죄가 없는 사람, 무구無垢, 생명과 빛을 나타낸다. 이런 말을 타는 것은 영웅들이다.

시대가 지나면서 말은 황소를 대신해서 공양으로 바쳐지는 희생 동물이 되는데, 이 동물들은 하늘, 풍요의 신을 가리키며, 남성적인 활력과 정력, 지하에 속하는 습윤의 힘을 상징한다. 바다의 백마는 또한 불과 습기라는 두 원리와 연관된다. 말이나 황소를 죽이는 사자는 습기나 안개를 말려버리는 태양을 나타낸다. 검은 말은 장례식과 관계가 있고, 죽음의 정령이며, 혼돈의 상징이기도 하다. 검은 말은 지난해와 새해가 바뀌는 때인 혼돈의 12일 사이에서 나타난다. 시월마十月馬를 제물로 바치는 것은 〈죽음〉의 죽음을 의미한다.
**고대 근동**: 마르둑 신의 전차는 4마리의 말이 끈다. 말의 머리는 카르타고의 표지이다. 날개 달린 말은 아시리아의 얕은 돋을새김이나 카르타고의 동전에 새겨져 있다.
**불교**: 말은 파괴할 수 없음, 사물의 감추어진 성질을 나타낸다. 날개 달린 말, 즉 천마天馬로서의 '구름'은 관자재보살觀自在菩薩, 다시 말하면 관음觀音의 한 가지 모습이다. 부처는 백마(칸타카)를 타고서 고향(카피라부아스트)을 떠났다. 중국 불교에서 날개 달린 말은 〈법전法典〉을 등에 싣고 운반한다. **켈트**: 예를 들면 〈거대한 말〉로 불리는 말의 여신 에포나와 신들, 말의 수호신이며 지하에 속하는 죽은 자들의 신인 타라의 메드브나 얼스터의 마카와 같은 말의 신들은 말을 상징하거나 말의 모습으로 나타난다. 또한 말은 남성적인 활력과 풍요를 나타내는 것으로서 태양에 속한다. 말은 신들의 혼을 인도하며, 신들의 사자使者이다. **중국**: 말은 하늘, 불, 양陽, 남쪽, 신속함, 강인함, 길조吉兆를 나타낸다. 말은 십이지 중에서 일곱번째의 동물이다. 말의 발굽(편자가 아니라)은 행운을 부른다. 우주의 말이 태양에 속할 때에는 대지의 암소와 대립하며, 하늘을 상징하는 용과 함께 나타날 때에는 대지를 상징한다.(「역경」) 등에 〈법전〉을 싣고 다니는 날개 달린 말은 행운과 부를 뜻한다. 결혼과 관계된 상징으로서의 말은 신속함을 나타내며 신랑을 나타내는 강한 사자를 뒤따르게 한다. 이때 신부를 나타내는 것은 꽃이다. 말은 또한 풍요와 지배자의 권력을 나타낸다. **크리스트 교**: 태양, 용기, 아량을 뜻한다. 뒤에 르네상스 시대에 말은 정욕을 나타냈다. 카타콤catacomb(초기 크리스트 교 시대의 지하 무덤)에 그려진 말은 화살처럼 빨리 지나가는 인생의 상징이다. "요한계시록"(6:1-8)에 나오는 4마리의 말은 전쟁, 죽음, 기근과 전염병을 나타낸다. 말은 카파도기아의 성 그레고리우스, 투르의 성 마르티누스, 성 마우레티우스, 성 빅토리우스의 표지이며 야생마는 성 히폴리투

스의 표지이다. **이집트**: 말은 이집트의 상징체계에서는 특별하게 인지되지 않는다. (다만 고대 이집트[신왕국시대]에 외국에서 들어온 아스타르테 여신은 말 등에 타고 있다.) **그리스**: 백마는 태양의 신 포에부스 아폴론의 전차를 끈다. 습윤원리로서는 포세이돈(바다와 지진과 샘의 신이며 말의 모습을 하고 나타남)과 관계가 있다. 쌍둥이인 디오스쿠로이(→TWINS)는 백마(레우코포로이)를 탄다. 천마 페가소스는 존재의 다른 차원으로의 이행을 나타낸다. 또한 제우스 신의 천둥벼락을 운반한다. 반인반마인 켄타우로스는 디오뉘소스 신의 의식에 자주 등장한다.→CENTAUROS **힌두교**: 탈것으로서의 말은 육체이며, 말을 모는 것은 영혼이다. 마누의 암말은 신격화된 대지이다. 백마 칼키는 곧 비슈누 신이 10번째 화신으로 나타나서 세계에 평화와 구원을 가져올 때 마지막으로 취하는 모습이거나 그가 타고 오는 말이다. 바루나 신은 천마天馬로서 바다에서 태어났다. 반인반마半人半馬의 정령인 간다바스는 자연의 다산과 추상적 사고, 지성과 음악을 나타낸다.(말은 「아타르바 베다」에서 분명히 '털이 많은 동물'로 기록되어 있다.) 말은 남쪽의 수호자이다. **이란**: 아르드비수라 아나히타 여신의 전차는 바람, 비, 구름, 우박을 가리키는 네 마리의 백마가 끌며, 마기의 전차는 4대 원소와 그것들의 신들을 나타내는 4마리의 말이 끈다. **이슬람 교**: 말은 행복과 부를 상징한다. **일본**: 백마는 마두관음馬頭觀音(인도 불교에서는 관자재보살, 중국 불교에서는 관음)을 태우고 다니거나 또는 마두관음의 모습이다.(또 다른 설에서는 물소를 탄다고 한다.) 이 관음은 자비의 여신, 〈태모太母〉이며, 백마의 모습으로 나타날 수도 있고, 머리만 백

고대 로마의 석관에 새겨진 사자와 말. 말은 달에 속하며 제한된 생명을 가진다. 태양에 속하는 지고至高의 동물인 사자(강인한 생명력과 지구력의 상징)와 사투를 벌이다가 최후에는 죽는다.

1702년에 보시우스가 그린 천마 페가소스.

마의 모습을 하거나 관冠이 말의 모습을 하기도 한다. 일설에 따르면 흑마는 비의 신의 부수물이다.(물가에서 암말과 용이 교미하여 뛰어난 말[용마]을 태어나게 했다.) **미트라 교**: 백마는 태양신인 미트라의 전차(戰車)를 당당하게 끌게 된다. **로마**: 백마는 태양신 아폴로의 전차와 미트라 신(미트라스)의 전차를 끈다. 켈트에서 들어온 에포나 여신은 로마에서는 말의 여신, 말의 보호자가 되었다. 에포나는 또한 장례의 신이다. 쌍둥이인 디오스쿠로이는 백마를 탄다. 말은 수렵의 여신 디아나의 부수물이다. **북유럽·게르만**: 말은 오딘/보탄 신의 성스러운 짐승이며, 이 신은 8개의 다리를 가진 암말(통례적으로는 수말) 슬레이프니르를 데리고 있다. 말은 들판, 숲, 태양, 비의 신인 바니르 신족神族과 함께 나타난다. 전쟁의 여신 발키리에가 타는 말은 구름으로 나타난다. **샤머니즘**: 말은 혼을 인도하는 자이며, 이승에서 저승으로의 이행을 나타낸다. 말은 또한 공양에 바치는 제물과 연관되며, 시베리아와 알타이 산맥 지역의 샤머니즘에서 희생 동물로 사용된다. 말의 가죽과 머리는 의례에서 중요한 의미를 가진다. 이때 가죽은 양모와 마찬가지로 생명원리를 포함하는 지방과 머리를 상징한다. **도교**: 말(보통은 당나귀)은 〈팔선八仙〉중의 한 명인 장과로張果老의 부수물이다.→STALLION

**Horseshoe** 말편자 말편자는 위쪽을 향하고 초승달 모양을 할 때에는 달과 달의 여신을 나타내며, 힘과 보호를 상징하는 뿔과 동일한 상징성을 가진다. 말편자는 요니(→YONI)를 나타낸다. 또한 말편자는 액을 막아주며, 행운을 의미한다. 뒤집어진 말편자는 힘과 행운이 모두 빠져나감을 의미한다.

**Hourglass** 모래시계 모래시계는 시간, 덧없음, 화살처럼 지나가는 인생살이, 시간이 다함, 죽음을 뜻한다. 모래시계의 위와 아래에 있는 두 개의 원뿔형은 생사의 순환, 하늘과 땅을 의미한다. 흘러내리는 모래는 저차원의 자연, 즉 세계의 견인력을 나타낸다. 〈베는 자〉(망나니), 즉 해골의 모습으로 한 손에는 큰 낫을 들고 있는 〈죽음의 신〉이나 〈시간의 영감翁〉은 낫과 모래시계를 가지고 있다. 크리스트 교 미술에서는 〈절제〉(→TEMPERANCE)를 상징하는 여성 상像이 모래시계를 가진 것으로 나타난다. 모래시계는 역전(→INVERSION)을 상징하기도 한다.

**House** 집 집은 세계의 중심, 〈태모太母〉의 보호자적인 측면, 집 싸는 일을 가리키며, 보호의 상징이다. 부족 종교의 예배당이나 움막, 티피, 오두막lodge은 〈우주의 중심〉, '우리들의 세계,' 우주를 나타낸다. 이니시에이션 의례에서 집은 〈자궁퇴행〉, 즉 다시 살아나게 될 신생에 앞서 암흑으로 떨어짐을 나타낸다.

**Hunt/Huntsman** 사냥/사냥꾼 사냥은 죽음, 적극적인 참가, 욕망, 세속적인 목적을 추구함을 뜻한다. 사냥개의 무리를 데리고 다니는 〈유령 사냥꾼〉은 희생물을 추적하는 〈죽음의 신〉을 상징한다.

**Hyacinth** 히야신스 유럽: 사려, 마음의 평안, 하늘에 대한 동경을 뜻한다. 미소년 휘아킨토스가 아폴론의 잘못으로 죽게 되었을 때 흘린 피에서 히야신스가 피어났다고 한다.(「메타모르포시스」 10. 162-219) 그 피는 여름의 태양열로 시드는 식물을 상징하며, 피에서 태어난 히야신스 꽃은 봄의 부활을 상징한다. 히야신스는 또한 크로노스 신의 표지이다.

**Hydra** 휘드라→FABULOUS BEASTS

**Hyena** 하이에나  하이에나는 이름을 밝히지 않는 악덕, 부정不淨, 불안정, 변덕스러움, 안팎이 다른 사람을 나타낸다. 크리스트 교에서는 지옥으로 떨어진 자들을 잡아먹는 악마의 이미지를 나타낸다.

**Hyssop** 우슬초牛膝草  우슬초는 목욕재계, 정화淨化, 부적을 뜻한다. 크리스트 교에서는 참회, 자기 비하를 뜻한다. 우슬초가 가진 정화의 성질은 무구無垢의 회복을 나타내며 그래서 세례를 상징한다.

# I

**Ibex** 야생 염소  야생 염소는 이집트의 악신 세트와 하늘의 신 레세프에게 바치는 제물이며, 가젤(→GAZELLE)과 동일한 상징성을 가진다.

**Ibis** 따오기  이집트: 따오기는 귀신, 동경憧憬, 꾹 참고 뜻을 굽히지 않음, 아침을 상징한다. 토트 신의 성조聖鳥이다. 볏이 있는 따오기는 태양, '축복받은 영혼'(아크 — 죽은 자가 변해서 빛나는 모습)을 나타낸다. 해로운 파충류를 죽이는 따오기는 태양에 속한다. 물가에 서식하기 때문에 달의 신 토트의 화신化身으로서 달과 연관된다. 머리 위에 초승달을 올려놓은 모습으로 나타나기도 한다.

**Ice** 얼음  얼음은 경직, 차가움, 탄력성이 없음, 비영속성의 의미를 가진다. 얼음은 〈낙원〉의 샘에서 솟아난 '신선하며' 살아 있는 물에 대립하는 대지의 혼탁한 물을 나타낸다. 또한 마음이 완고함, 사랑이 얼어붙음이나 없음을 뜻한다. 녹는 얼음은 완고한 마음이 누그러지는 것을 상징한다.

**Icon** 성상聖像  성상은 소우주를 상징

14세기 이슬람의 말편자 모양의 도기로 이것은 건물의 벽에 묻혔는데, 그 건물이 항상 번영하며 행운이 가득하라는 기원으로 만들어진 것이다.

14세기 이집트의 따오기 조각으로, 굳센 영혼을 상징하는 따오기와 진리와 정의를 상징하는 타조의 깃털이 조합되었다.

한다. 성상에서 사용되는 색깔은 혼합색이 아니어야 하며, 바탕의 금색은 신의 빛과 은총, 모든 곳에 두루 있는 신을 의미한다. 성상에 그려진 사물들은 동물계, 식물계, 광물계로 이루어진 현현顯現 세계 전체를 나타내며, 또한 만물의 상호 관련성을 상징한다. 성상은 '내부의 영적인 은총(또는 의미)이 외적으로 드러난 표지'로서 신성시된다. 결국 성상은 신의 은총이 인간에게 전해지는 통로이다. 그리스 정교회에서는 성상을 안치하는 곳과 예배를 보는 곳이 성화벽聖畫壁으로 차단된다. 성화벽은 아치 부분(하늘)과 벽 부분들과 바닥(땅)으로 천지를 수직 분할하며, 성상을 안치하는 곳과 예배당을 구별함으로써 수평으로 차단한다. 성화벽은 성과 속을 구별하고 신과 인간 사이를 차단하는 경계이다.

**I. H. S.** 아이 에이치 에스는 디오뉘소스 신의 상징이지만, 정확한 의미는 전해지지 않는다. ⟨in hoc signo이 표지로서⟩ 또는 ⟨in hac salus여기에 건강이⟩의 생략형이며 바쿠스 축제 때 '이카오스Iacchos'(바쿠스의 별명)라고 지르는 소리로 여겨지기도 한다. 크리스트 교 교도들 사이에서 사용될 때에는 '예수IHΣΟΥΣ'의 머리글자의 생략형으로 Iesous Hominum Salvator(인류의 구세주 예수)라는 뜻이다. 심장에 이 머리 글자가 새겨진 것은 시에나의 성 베르나르디노, 성 이그나티우스 로욜라, 성 테레사의 표지이다.

**Immersion** 침례浸禮 침례(몸을 물에 담그는 것)는 생명이 시작된 바다와 원초의 무구無垢함으로 돌아감을 나타내며 변신, 회춘回春, 재생을 상징한다. 몸을 물에 담그는 몸짓은 재생의 몸짓이며, 의식으로서는 정화淨化, 활성화, 보호의 의미이다.
→ASPERGES

**Immobility** 부동不動, 부동성不動性 원의 중심점처럼 부동성은 ⟨영원한 현재⟩, 부동의 지금, 조건이 없는 상태, 두 번이 없는 현재, '부동의 동動,' 해방된 ⟨자기自己⟩를 상징한다. 도상체계圖像體系에서 경직과 부동은 불요불굴不撓不屈, 초인적인 무감정, 공평무사함을 뜻한다.

**Imp** 악귀 악귀는 무질서, 고문의 상징이다. 크리스트 교 미술에서 악귀는 지옥에서 악마 사탄을 도와준다.

**Incense** 향香 향은 신에 대한 경의, 정화를 나타내며 올라가는 것으로서 '신비체神秘體'를 암시하며, 영적 물질도 된다. 향은 '신격화시켜주는 향료,' 인간과 신들이 대화할 때 '분신分身'을 전해주는 매체, 혼을 하늘로 떠올려주는 매개물, 하늘로 올라가는 기도, 미덕의 향기, 깨끗한 생활에서 풍기는 향기이다. 향은 부적이며, 마신魔神을 흩어지게 하고, 악마를 쫓는다. 향의 원료는 나무에서 추출하는 송진이며, 송진은 영적 물질로 생각되며, 향은 '태모太母의 눈물'이다. 송진이 나오는 소나무나 삼나무는 거대한 생명력이 있으며 부패를 방지한다고 여겨지고, 이런 영적 물질로부터 송진도 동일한 성질을 얻게 된다. 향은 또한 불사르는 공양의 상징이며 공물의 대용물도 된다.

**Incest** 근친상간 신들 사이의 세계와 전설과 신화에 나오는 근친상간은 성교하는 쌍이 본래는 한몸이었음을 상징하며, 결혼에 의해서 두 부분이 시원적인 통일을 회복하는 것을 의미한다. 연금술에서 근친상간은 재생을 뜻하며, 모체, 즉 제1질료로 회귀하는 것을 의미한다. 그래서 연금작업은 모체와 자식의 근친상간으로 상징되는 경우가 가끔 있다. 근친상간은 재생 전에 필요한 자궁퇴행이다.

**Infant** 유아→CHILD

**Initiation** 이니시에이션 이니시에이션은 죽음과 재생의 원형적인 모양을 보여준다. 한 신분에서 다른 신분으로의 이행, 다른 존재차원으로의 전이, 재생하기 전에 맞는 죽음과 죽음을 넘어서는 승리, 빛이 재생하기 전에 있던 암흑으로의 회귀를 나타내며, 노인의 죽음과 새로운 인간의 재생, 정신적 또는 육체적으로 성인 사회에 참가하게 됨이나 재생을 가리킨다. 대개 이니시에이션에서는 부활, 광명, 승천에 앞서서 자연의 암흑면을 극복하기 위하여 '지옥으로 떨어지는 일'을 거쳐야 한다. 그래서 이니시에이션 의례는 대개 지하 동굴이나 미궁에서 거행된다. 이니시에이션에서 다시 살아난 사람은 그런 장소에서 나와서 빛의 세계로 들어간다. 죽어서 소생한 신은 재생과 부활을 위해서 스스로를 희생한다.

**Ink** 잉크 **이슬람 교**: 잉크는 모든 존재들의 잠재적인 가능성을 반영한다. 또한 '현자의 잉크는 순교자의 피와 같다.'(무하마드)

툴루즈 사교좌司敎座 성당의 예수 성상. 손에는 '평화가 너희와 함께 하리니'라고 쓰인 성물聖物을 가지고 있다.

**Intersection** 교차 교차는 연결, 대립물의 결합을 뜻한다. 사람과 사람 사이의 의사소통을 나타낸다. 교차점은 변화가 시작되는 '중심'이다.

**Intestines** 장腸 장은 '도와줄 마음'(원래는 심장, 폐, 간 등의 내장을 뜻했음)("요한1서" 3 : 17)을 나타내며, 감정이 머무는 곳으로 생각되었다. 장은 독사와 미궁과 관계가 있으며, 점을 칠 때 사용된다.(장점腸占, Haruspicium) **중국**: 동정, 애정, 신비한 매듭mystic knot을 뜻한다.

**Intoxication** 명정酩酊 명정은 계시, 신들림에서 나오는 위압적인 힘, 진실의 해방, 〈포도주에서 나오는 진실함in vino veritas〉을 나타낸다.

**Inundation** 범람→FLOOD

**Inversion** 역전逆轉 역전은 반대물의 상호작용, 어떤 성질의 물건이 정반대 성질의 물건을 만들어냄, 예를 들면 죽음에서 생명이 나옴, 선에서 악이 나오는 일 등을 뜻한다. 역전을 상징하는 것에는 모래시계, 거꾸로 서 있는 나무, 이중삼각형(✡)을 나타내는 '솔로몬의 봉인封印'(다윗의 별이라고도 함), 이중나선, X문자, 거꾸로 매달린 사람 등이 있다. 역전은 또한 '올바른 유추는 모든 역의 경우에도 적용되어야 한다,' '위에 있거나 아래에 있거나 마찬가지'(헤르메스 문서의 「에메랄드 명판」)라는 의미를 가진다.

**Invisibility** 불가시不可視, 불가시성不可視性 불가시는 죽음, 마력魔力을 나타내며 불가시성은 외투, 망토, 베일, 두건으로 상징된다.

**Iris** 아이리스 아이리스는 빛의 힘, 희망을 뜻한다. 아이리스는 붓꽃(→FLEUR-DE-LIS)으로 그려지는 경우가 있으며, 붓꽃이나 백합(→LILY)과 동일한 상징성을 가진다. **중국**: 은혜, 애정, 고고한 아름다움을 나타낸다. **크리스트 교**: 백합처럼 〈하늘의 여왕〉인 성모 마리아의 꽃이며, 또한 〈무염시태無染始胎〉를 나타내는 꽃이다. '글라디올러스'처럼 성모의 슬픔을 나타낸다. **이집트**: 힘을 나타낸다. **그리스**: 신들의 여사자이며 또한 영혼을 저승으로 인도하는 자인 무지개의 여신 이리스의 상징이다.

**Iron** 철 철은 견고함, 지속성, 강함, 강고, 강인함, 차꼬를 나타낸다. **중국**: 악의 힘이다. **이집트**: 악을 나타내며 악신 세트의 부수물이다. 철강석은 '괴물 티폰의 뼈'('세트의 뼈')를 나타낸다. **그리스·로마**: 철은 군신 아레스/마르스의 방패와 창을 상징한다. **힌두 교**: 철과 암흑의 시대, 즉 유가 Yuga 시대는 현현주기顯現周期 중에서 제4의 시대로 말세末世, 즉 현대를 가리킨다. **이슬람 교**: 악의 힘을 뜻한다. **멕시코**: 남성원리를 나타낸다. **미노아 문명**: 철은 남성원리이며, 장례식에서 여성원리를 나타내는 조개와 관계가 있다. **게르만**: 노예 제도를 나타낸다.

**Island** 섬 섬은 격리와 고독의 장소이자, 또한 혼돈의 바다로부터 안전한 피난처로서 상반되는 두 가지 의미를 가진다. 선경仙景은 〈축복받은 자들〉이 사는 〈낙원〉이다. 〈극락의 섬〉과 켈트의 〈녹색의 섬〉이 그런 예이다.

**Ivory** 상아 상아탑은 근접할 수 없는 존재를 상징한다. 여성원리이기도 하다. 크리스트 교에서 상아는 성모 마리아, 청순함, 청렴결백, 윤리적인 엄격함을 나타낸다.

**Ivy** 담쟁이 모든 상록수와 마찬가지로 담쟁이는 불사不死와 영원한 생명을 의미한다. 담쟁이는 또한 집착, 변함없는 애정, 우정을 가리킨다. **고대 근동**: 담쟁이는 프뤼기아의 신 아티스에게 바치는 제물이며, 불사를 의미한다. 세 갈래로 갈라진 담쟁이의 잎은 남성 성기의 모양과 비슷해서 남성상징이다.(→TREFOIL) **크리스트 교**: 영원한 생명, 죽음과 불사, 충실함의 뜻이다. **이집트**: 담쟁이는 '오시리스 신의 식물'이며 불사를 나타낸다. **그리스**: 담쟁이는 디오뉘소스 신에게 바치는 제물이다. 디오뉘소스 신은 담쟁이 잎으로 만든 관을 쓰고 있으며, 이 신이 손에 들고 있는 잔은 '담쟁이 잔'이라고 불린다. 디오뉘소스 신의 지팡이 튀르소스(→THYRSOS)에는 담쟁이가 휘감겨 있다. 담쟁이 잎이 뻗어 있는 지팡이는 이 신의 표지 중의 하나이다.

# J

**Jacinth** 재신스 석石→JEWELS

**Jackal** 자칼 자칼은 밤이나 낮이나 볼 수 있는 능력이 있으며(항상 묘지를 배회함), 이집트의 신 아누비스를 상징한다. 이 신은 '선도자' 또는 '길을 열어주는 자'로 불리며 영혼을 저승으로 인도한다. 묘지 (→CANOPIC JARS)와 서로 결부되어 있다. 아누비스는 검은 자칼의 모습이거나 자칼의 머리 모양을 하고 있다. **불교**: 악에 뿌리를 두고 있어서 〈법法〉을 이해할 수 없는 사람은 자칼이다. **힌두교**: 자칼과 큰까마귀는 썩은 고기를 먹는 동물로 파괴자인 칼리 여신을 따라다닌다.

**Jade** 옥, 비취 **중국**: '지극히 높으며 견줄 데 없이 뛰어난 것,' 양陽, 〈천天, 부父〉의 원리(건乾[→PA KUA])이다. 옥은 〈하늘의 보석〉이며 산과 물의 상호작용에 의해서 만들어진 산물, 음양력陰陽力의 결합체로 '군자는 몸의 덕을 옥처럼 닦아야 한다.'(「예기禮記」 "옥조편玉藻篇"과 "빙의 편聘義篇") '옥은 저절로 부드러운 윤기가 흐르고 광택이 나기 때문에 인仁을 나타낸다. 섬세함과 견고함으로는 지知를 나타낸다. 모가 나 있지만 날카롭거나 사물에 상처를 입히지 않으므로 의義를 나타낸다. 몸에 옥구슬을 꿰어서 아래로 늘어뜨리는 것은 (겸허의 모습으로) 예禮를 나타낸다. 옥을 두드렸을 때 나는 맑고 높은 소리와 끝날 때까지 남는 여운은 음악을 나타낸다. 옥의 아름다움은 티를 숨기지 않아 충직한 마음의 진실과도 같다. 안에서 나오

담쟁이의 가지와 잎을 끌고 가는 디오뉘소스로 담쟁이는 특히 디오뉘소스와 연관되는 상징이다. 이 것은 기원전 525-기원전 500년에, 헤르마이오스 상像(남근상)을 제작했던 화가가 술잔에 그린 것이다.

자칼의 머리를 한 이집트의 신 아누비스가 미라가 된 죽은 자의 육체를 조심스레 들고서 그 혼을 〈저승〉으로 운반하려 하고 있다.

Jaguar

는 광채는 표면에 골고루 투과되므로 믿음의 힘이 통달하는 것과 흡사하다. 또한 옥에서 나오는 무지개 빛은 하늘의 성질을 나타내며, 옥의 정기는 산천에서 오는 것으로 땅의 성질을 나타낸다. (빙례聘禮에서) 장식하여 세공품으로 만들지 않은 옥을 주인에게 보내는 것은 (옥만으로도 충분히) 덕을 갖추고 있음을 나타낸다. 하늘 아래에 옥보다 존귀한 사람이 없음은 (자연의) 도리이다.'(「예기」 "빙의편") 여러 가지 색으로 빛나는 옥은 만萬, 즉 만물萬物을 나타내며, 무한을 상징한다. 중심에 사각의 구멍을 뚫은 옥 원반인 벽璧은 하늘의 동그라미와 땅의 사각형을 나타내며, '태양의 문'이나 '하늘 문'을 상징한다. (벽의 구멍은 보통 원이다.) 하늘과 땅에 대한 숭배를 나타내는 예禮에서 사용되는 옥으로 만든 장식 6개가 붙어 있는 나침반(정확히는 방명方明[상하 사방에 신이 깃들어 있다는 사각형 물건])의 기본 방위는 둥그런 푸른 색 명판은 하늘을 가리키고, 노란 색 관管은 대지, 녹색 명판은 동쪽, 붉은 색 명판은 남쪽, 호랑이 모양의 흰색 명판은 서쪽, 반원형의 검은 색 옥도끼는 북쪽을 나타낸다.(「의례儀禮」 근례覲禮와 「주례周禮」 춘궁대종백春宮大宗伯) 노란 색 띠 무늬가 들어 있는 흰색 옥은 〈천지〉의 힘과 덕이 결합한 형상이다. 옥은 항상 행운을 상징한다.

**Jaguar** 재규어 **아마존 습지** : 인간에게 불을 내린 문화 영웅이다. **아스텍** : 대지를 다스리는 힘을 상징하며 암흑의 신, 밤 하늘의 신 테스카토리포카와 서로 연관되어 나타나고 있다. **멕시코** : 삼림의 정령들의 사자使者이다. **샤머니즘** : 재규어는 샤만이 부리는 악령일 때도 있으며, 샤만 자신의 모습이기도 하다.

**Japa** 주문→MANTRA

**Jar** 단지, 항아리  단지는 꽃병(→VASE)과 동일하며, 수용적인 여성적 상징이다. **불교** : 단지는 〈불족석佛足石〉에 나타나는 길조吉兆 중 하나이며, 탄생과 죽음에 대한 승리를 의미하거나 영적인 승리를 나타낸다. **이집트** : 두 개의 단지에서 물을 따르는 호피 신(카노푸스 단지의 수호신 하피와는 다름)은 상나일 강과 하나일 강(정확하게는 범람할 때의 나일)을 나타낸다.→CANOPIC JARS **그리스** : 술단지 피토스 Pithos는 무덤, 매장, 지하 세계를 의미한다. 식물이 죽는 계절에는 곡물을 항아리에 넣어서 땅 속에 저장한다.

**Jasmine** 재스민  **중국** : 여성다움, 달콤함, 우아함, 매력을 뜻한다. **크리스트 교** : 우아한 미美, 전아함, 그리고 성모 마리아를 뜻한다.

**Jasper** 벽옥碧玉→JEWELS

**Jaw** 턱, 입  괴물의 턱은 지옥문이나 명계冥界로 들어가는 입구를 나타낸다. 이런 의미에서 턱은 궁극적인 실재와 영적 광명에 도달하기 위해서 극복해야 하는 대립, 양극성, 이원성으로서 서로 부딪치는 바위, 출구가 없는 벽, 바늘 귀와 동일한 상징성을 가진다.("마태복음" 19 : 24) 이런 의미에서 또한 턱은 '무시간無時間의 순간'에서 빠져나가야 하는 것을 상징한다. →PASSAGE

**Jay** 어치  어치는 실수, 불운을 나타낸다.

**Jester** 어릿광대→FOOL

**Jewels** 보석  보석은 심장, 태양과 달, 빛과 열을 나타낸다. 뱀, 용, 괴물들이 지키는 보석은 감추어진 지식이나 진실을 상징하며, 또한 육체적인 사랑과 세속적인 부富를 의미한다. 보석을 자르거나 정형整形하는 것은, 모양이 울퉁불퉁해서 빛이 나지 않는 원석原石을 세공하여 신들의 빛을 발하는 보석으로 영혼을 만드는 일을 상징하게 된다. 그리고 붓다의 불교에서 보석은 깨달음과 지혜를 상징하며, 〈삼보三寶〉는 〈불佛〉, 〈법法〉, 〈승僧〉을 나타낸다. 자이나 교에서 삼보는 올바른 신앙, 올바른 지식, 올바른 행동을 가리킨다. 일본에서 보석(팔판경곡옥八坂瓊曲玉)은 불쌍히 여기는 마음과 지혜를 나타내며, 용기를 나타내는 칼(천총운검天叢雲劍)과 진리를 나타내는 거울(팔지경八咫鏡)과 함께 〈세 가지 신기神器〉이다. 보석을 헤아리는 것은 목적이 없는 일을 상징한다. 보석을 소유함은 깨달음을 얻음과 같은 의미이다.

1) Agate마노瑪瑙 — 검은 색은 용기, 대담함, 활력, 번영. 붉은 색은 선善을 사랑하는 마음, 건강, 부, 장수, 평안.

2) Amber호박琥珀 — 응축된 빛, 자기磁氣.

3) Amethyst자수정 — 자기 비하, 마음의 평안, 겸허함, 평정, 명확히 본질을 봄. 치유력이 있는 보석이다.

4) Aquamarine아쿠아마린, 남옥藍玉 — 청춘, 희망, 건강.

5) Beryl녹주석綠柱石 — 청춘, 희망, 건강.

6) Bloodstone혈옥수血玉髓 — 이해력, 평안. 모든 소망을 들어주는 보석이다.

7) Carbuncle홍옥紅玉(둥그렇게 세공된 것은 석류석柘榴石) — 결의, 확신, 성공, 정력, 전쟁과 유혈.

8) Carnelian홍옥수紅玉髓 — 우정, 용기, 자신, 건강.

9) Cat's eye묘안석描眼石 — 장수, 이지러진 달, 부적.

10) Chalcedony옥수玉髓(유백색의 반투명 석영) — 육체의 활력, 부적.

11) Chrysolite귀감람석貴橄欖石 — 지혜, 분별, 사려 깊음, 부적.

12) Chrisoprase녹옥수綠玉髓 — 양기陽氣, 기쁨.

13) Corundum강옥鋼玉 — 정신적 안정.

14) Crystal수정(→CRYSTAL) — 순결, 단순함, 마력.

15) Diamond다이아몬드 — 빛, 생명, 태양, 영속성, 불후성, 지조가 굳음, 성실, 순진무구함.

16) Emerald에메랄드 — 불사不死, 희망, 봄, 청춘, 성실, 차오르는 달.

17) Garnet석류석柘榴石 — 헌신, 충성, 정력, 우아한 아름다움.

18) Hyacinth히야신스 — (고대인들의 보석으로 자수정이나 사파이어로 생각된다.) 충성, 투시력, 천리안.

19) Jacinth재신스 석 — 고상함.

20) Jade옥, 비취(→JADE) — '지극히 높으며 견줄 데 없이 뛰어난 것,' 하늘의 양陽의 힘.

21) Jasper벽옥碧玉 — 기쁨, 행복.

22) Jet흑옥黑玉 — 슬픔, 죽은 자에 대한 애도, 안전한 여행.

23) Lapis Lazuli라피스 라줄리(청금석靑金石→LAPIS LAZULI) — 신의 호의, 성공, 유능함.

24) Lodestone천연 자석 — 청렴하고 곧음, 정직, 남자다움.

25) Moonstone/Selenite월장석月長石/셀레나이트 — 달, 부드러움, 연인.

26) Olivine감람석橄欖石 — 단순 소박함, 고상함, 행복.

27) Onyx오닉스, 줄마노縞瑪瑙 — 통찰력, 성실, 영적인 힘, 결혼의 행복.

28) Opal오팔 — 충절, 종교적 열정, 기원, 보증.

29) Pearl진주(→PEARL) —— 여성원리, 달, 바다, 정숙함, 청순.

30) Peridot녹색 감람석 —— 우정, 벼락.

31) Ruby루비 —— 왕위, 위엄, 열의, 힘, 사랑, 열정, 아름다움, 장수, 불사신.

32) Sapphire사파이어 —— 진실, 성스러운 덕, 천국을 명상함, 정숙함, 부적.

33) Sardonyx붉은 줄마노紅縞瑪瑙 —— 명예, 명성, 빛남, 활기, 자제심.

34) Topaz황옥黃玉 —— 신성한 선, 성실, 우정, 사랑, 현명함, 태양.

35) Tourmaline전기석電氣石 —— 영감靈感, 우정.

36) Turquoise터키 옥 —— 용기, 성취, 성공, 부적.

37) Zircon지르콘(이 보석 중 홍색의 투명한 것은 히야신스) —— 지혜, 명예, 부.

**Journey** 여행  영웅이 벌이는 모험 여행은 생명의 바다를 건너면서 위험을 극복하고 완전성에 도달함을 상징한다. 이런 여행은 변용變容을 상징하며, 또한 잃어버린 〈낙원〉을 찾음, 이니시에이션, 완전성과 깨달음을 탐구하면서 겪는 시련과 위험과 맞부닥침, 성격을 시험하고 단련됨, '암흑에서 빛으로, 죽음에서 불사不死로'의 이행, 영적 〈중심〉의 발견을 나타낸다. 이런 여행을 한 영웅으로는 헤라클레스, 아르고 나우타이(영웅 이아손을 따라서 〈황금 양털〉을 찾는 여행에 나서 아르고 호를 탔던 선원들), 오뒤세우스, 테세우스, 〈원탁의 기사〉 등이 있다. 여행의 상징은 십자로의 상징과 결부되며, 또한 갈림길에서 오른쪽이냐 왼쪽이냐의 선택과 연관된다.

**Jubilee** 기념제  기념제는 시원이나 원초의 상태로 돌아감을 뜻한다. 7년의 7배인 49년 후에 돌아오기 때문에 50년째는 신성시되며, 새로운 시작을 의미한다.

**Ju-i** 여의如意  중국 불교에서 여의는 부처와 〈교리〉를 상징하는 금강장金剛杖(금강석으로 만든 왕홀王笏)이다. 여의는 또한 지고성, 정복력을 나타낸다.→DORGE, VAJRA

**Juice** 즙→SAP

**Jumping** 도약, 움비  도약은 상반되는 의미를 가지는데, 대개 기쁨을 뜻하지만 중국과 고대 이집트에서는 슬픔을 나타냈다.

**Juniper** 향나무  그리스 · 로마 : 보호, 신뢰, 주도권을 뜻하며 헤르메스/메르쿠리우스 신의 나무이다.

**Justice** 정의  정의는 눈을 가리고 칼과 천칭을 든 여성의 우의상寓意像으로 나타난다. 크리스트 교 미술에서 정의의 여신은 (크리스트 교 교도를 박해하는) 로마 황제 트라야누스를 발로 밟고 있다. 성모는 〈정의의 거울〉이라고 불린다. 로마의 패시즈(→FASCES)도 정의를 상징한다.

# K

**Ka'aba** 카바 신전  이슬람 교 : 카바 신전은 옴팔로스(→OMPHALOS)와 같은 의미로 신과 인간이 마음을 통하여 합하는 접점, 신의 〈본질〉, 존재의 핵심이다. 카바 신전의 주위를 순례자가 일곱 번 도는 일(타와라)은 신의 일곱 가지 속성(생명, 지식, 의지, 능력, 청력, 시력, 언어)을 상징한다. 카바 신전은 그 모양이 〈정육면체〉(→CUBE)이기 때문에 정육면체와 동일한 상징성을 가진다.

**Kettle** 주전자  마술에서 주전자는 형체를 변화시키는 능력을 상징한다.

**Key** 열쇠  열쇠는 열고 닫는 힘, 묶었다

푸는 힘 모두를 포함하는 축軸의 상징이다. 열쇠는 또 해방, 지식, 비밀 의식, 이니시에이션을 상징한다. 열쇠는 두 얼굴의 신 야누스 —— 묶는 자이면서 동시에 푸는 자, '자물쇠의 발명자,' 이니시에이션의 신 —— 의 상징성과 밀접하게 연관된다. 야누스는 열고 닫는 〈힘의 열쇠〉를 지니며 신들의 세계와 인간 사이의 문을 여닫는 열쇠를 가지고 있다. 또 야누스는 동지冬至와 하지夏至의 문의 열쇠를 지니고 있다. 동지의 문은 염소자리(마갈궁摩羯宮)에 있는 신들의 문, 즉 천상의 문이고 점차 강해지고 커져가는 태양의 힘을 가리킨다. 하지의 문은 큰게자리(거해궁巨蟹宮)에 있는 인간의 문, 즉 하계의 문이며 점차 쇠퇴해가는 태양의 힘이다. 은銀 열쇠와 황금 열쇠는 각각 세속의 권력과 교회의 권력, 〈소규모의 비밀 의식〉과 〈대규모의 비밀 의식〉, 지상의 〈낙원〉과 천상의 〈낙원〉을 상징한다. **연금술**: 열쇠는 여닫는 힘, 용해와 응고의 힘을 상징한다. **켈트**: 마구간의 열쇠는 말의 수호자인 여신 에포나의 상징이다. **크리스트 교**: 열쇠는 〈천국〉의 문의 수호자인 성 베드로의 표지이며, 또 (성 베드로의 후계자인) 로마 교황의 부수물이다. 싱 마태는 열쇠 다발을 가지고 있다. **그리스·로마**: 저승 세계의 수호자인 여신 헤카테의 지물이자 또 여신 페르세포네, 여신 퀴벨레와도 연관된다. →JANUS **유대 교**: 신의 열쇠는 죽은 사람을 불러세우는 일을 상징한다. 또 탄생, 풍작의 비를 상징한다. **일본**: 곡식 창고를 여는 세 개의 열쇠는 사랑, 부, 행복을 뜻한다. **미트라 교**: 신 미트라(사자의 머리를 한 줄반 신)는 열고 닫기 위한 〈힘의 열쇠〉를 가지고 있다.

**Kid** 새끼양 새끼양은 봄의 신으로서 숲의 신인 실바누스와 목신 파우누스에게

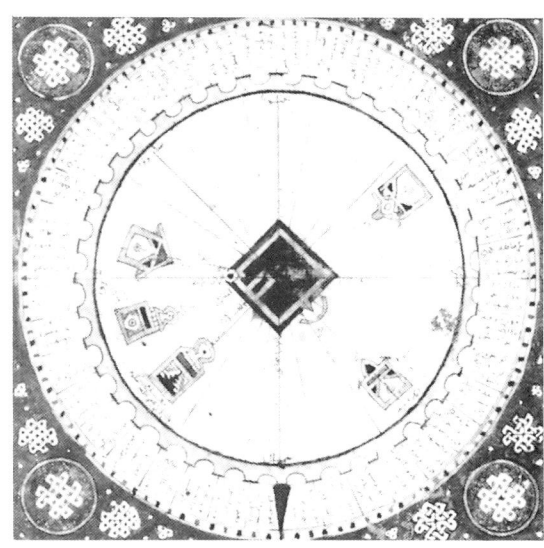

이슬람 교의 순례자가 카바 신전의 주위를 일곱 바퀴 도는 타와라(巡回)를 설명하는 16세기의 삽화. 순례자는 신과 인간이 가장 가깝고 친밀하게 만나는 지점을 순례함으로써 신의 일곱 속성을 가진다.

바티칸의 성 베드로 성당에 있는, 열쇠를 쥔 성 베드로 상이다. 열쇠는 해방과 속박, 개방과 폐쇄, 정의와 자비를 결정하는 축軸의 힘을 상징한다.

바치는 제물이다. 또 카나안이나 바빌로니아에서는 죽음과 부활의 의례에서 재생의 신을 대신하여 희생된다.

**Kidneys** 신장腎臟　중국 : 오행(木, 火, 土, 金, 水)의 하나인 물水, 신성한 물고기, 감정을 나타낸다.(일반적으로는 오상五常의 지智에 대응한다.)

**King** 왕　왕은 남성원리를 나타내며 지고至高의 통치권, 세속 권력, 속세에서의 최정상을 상징한다. 그리고 〈창조자〉나 〈태양〉과 나란히 지고의 지배자이며, 지상에서 신이나 태양을 대표하는 자이다. 수많은 전설에서 민족의 생명력과 국토의 번성은 왕의 생명력에 반영되거나 왕의 생명력에 달려 있음을 볼 수 있다. 이 때문에 왕의 생명력이 약해지면 왕을 희생하여 신께 봉양했는데, 나중에는 왕 대신으로 속죄양/희생양을 바친 것으로 여겨진다. 왕과 여왕을 나란히 세운 것은 완전한 결합, 완전체의 두 부분, 완성, 남녀추니를 상징한다. 왕과 여왕은 또 태양과 달, 하늘과 땅, 금과 은, 낮과 밤, 연금술에서 황과 수은에 의해서 상징되며 거꾸로 이것을 상징하기도 한다. 왕의 지물은 태양, 왕관, 왕홀王笏, 구체球體, 검劍(중국의 황제는 예외), 화살, 왕좌이다.

**Kingfisher** 물총새　중국 : 평온 무사(영어에서 '물총새의 나날들halcyon days'〔동지 전후의 날씨가 평온한 2주일간〕), 평정, 아름다움, 위엄, 날램, 여성의 아름다운 복장, 은둔하려는 속성을 의미한다.

**Kiss** 키스/입맞춤　선의의 징표, 평화, 계약의 조인, 신뢰, 우호, 화해, 애정을 나타낸다. 중근동中近東 지방과 로마 가톨릭권에서 사람들은 카바 신전의 흑석黑石, 성상聖像, 십자가, 성서, 성의聖衣 등의 성스러운 물건에 접촉하기 위해서 키스를 한다. 상대방의 손이나 발에 하는 키스는 자신을 낮추는 것이나 보호 요청을 의미한다. 유다의 입맞춤은 변절의 상징이다.("마태복음" 26 : 48-49)

**Knee/Kneeling** 무릎/무릎꿇기　무릎은 사물을 생성하는 힘, 활력, 강함을 의미한다. 자식을 무릎에 앉히는 것은 부권父權을 인식함, 양자養子를 받아들임, 어머니의 진정어린 보살핌을 상징한다. 무릎을 꿇는 것은 높은 분에 대한 경의, 탄원, 굴종, 열세를 의미한다.

**Knife** 칼　칼은 희생, 복수, 죽음의 상징으로 칼로 자르는 것은 분리, 분할, 해방을 뜻한다. **불교** : 칼로 자름은 무지와 오만의 속박을 잘라 도려내는 것으로 해방을 상징한다. **크리스트 교** : 칼은 순교를 의미한다. 또 성 바르톨로뮤, 성 크리스피누스와 성 크리스피아누스, 순교자 성 베드로, 아브라함의 표지이다.

**Knight** 기사騎士　말 탄 기사는 육체를 인도하는 영혼이다. 기사가 하는 탐구는 이 세계에서의 영혼의 여행 — 유혹, 장애, 시련, 경험에 의한 인격의 증명과 완전성의 추구를 수반하는 여행 — 을 상징한다. 기사는 또 이니시에이션의 신참자를 상징한다. 〈녹색의 기사〉는 신참자나 새로 세례받은 자를 의미하지만, 이 기사가 거인인 경우는 〈자연〉의 힘, 때로 〈죽음〉을 의미한다. 〈붉은 기사〉는 피의 세례를 받은 정복자이다. 〈백기사白騎士〉는 무구, 청순, 선택받은 자, 계시를 받은 자를 나타낸다. 〈흑기사黑騎士〉는 악령, 죄, 죄의 대가, 희생을 상징한다. →CHESS

**Knot** 매듭　속박하는 힘은 항상 풀어주는 힘을 내포하고 제약과 동시에 결합의 뜻을 가지므로 매듭의 의미는 양면 가치적이다. 매듭의 가닥을 강하게 당기면 매듭은 더욱 단단해지고 결합력이 커진다. 매듭은 또 연속, 연결, 계약, 고리, 〈숙명〉, 인간을 숙명적으로 속박하는 것, 결정론, 불가피한 일을 상징한다. 매듭이 주술사, 마술사, 마녀의 도구가 될 때, 매듭짓기는 주문의 힘, 주문을 짜서 바치는 일을 나타낸다. 또 액厄을 물리치는 매듭도 있다. 매듭을 푸는 것은 자유, 구제, 문제 해결을 의미한다. 매듭을 끊는 것은 구제와 인식에 이르는 지름길을 취함을 나타낸다. **불교**: 신비한 매듭(→MYSTIC KNOT)은 〈팔길상인八吉祥印〉(→BUDDHIST SYMBOLS)의 하나로 생명의 지속, 무한과 영원을 상징한다. **중국**: 장수長壽, 복을 묶어두는 일, 재앙에 의한 장애를 뜻한다. **크리스트 교**: 수도사가 허리에 걸친 세 개의 매듭은 청빈, 정결, 순종의 세 가지 서약을 나타낸다. **힌두 교**: 비슈누 신의 〈신비의 매듭〉은 연속, 불사不死, 무한을 상징한다. **이란**: 성스러운 끈인 코스티는 앞에서 두 번, 뒤에서 두 번 매듭을 짓는다.→CORD **마술**: 장해, '끌어서 잡아당기는 매듭,' 상대방의 불행을 기원함을 의미한다.

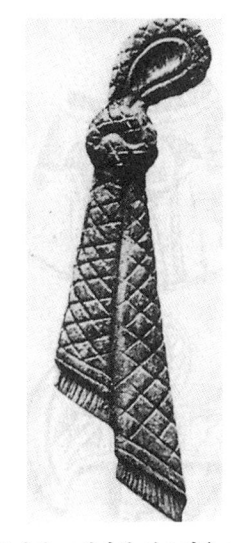

기원전 1500년의 크레타의 성스러운 매듭.

**Kundalini** 쿤달리니→CHAKRA 쿤달리니(사람의 몸에 잠재해 있다고 하는 에너지)는 척추 아래 부분의 차크라 가운데에서 똬리를 틀고 자고 있는 물라다라라고 하는 뱀으로 상징된다. 이 뱀은 요가와 영적 수행에 의해서 자각을 얻으면 차크라를 한 계단씩 올라가기 시작해서 생명력을 증대시키고 다음으로는 완전한 인식과 깨달음을 얻은 후에 차크라의 정점에 도달한다. 쿤달리니는 잠재적 활력, 자각하지 않은 존재, 잠자고 있는 뱀의 힘, 인간의 원초적 샤크티이다. 쿤달리니의 뱀을 자각시켜 똬리를 푸는 일은 존재론적 지평을 깨뜨리고 신성한 〈중심〉에 도달하는 것으로 각성을 상징한다. 쿤달리니의 상징성은 뱀이나 용, 척추, 〈우주축〉의 상징과 결부되어 있다.

**Ky-lin** 기린麒麟  기린은 중국의 가공 동물로 때로 일각수一角獸라고도 불린다. (기린은 원래 뿔이 하나이다.) 남성으로 양陽인 기麒와 여성으로 음陰인 린麟이 결합된 것으로 음양의 결합인 기린은 은혜, 선의, 풍요를 상징하며 성인이나 명군의 탄생을 알려준다. '기린에 올라타는' 것은 명성을 떨침을 의미하여, 중국 미술에서 성인이나 신선이 기린에 올라탄 모습으로 묘사되는 것은 그 탁월한 자질을 나타낸 것이다. 남달리 총명한 아이는 '기린아'라고 불린다. 기린은 매우 온순한 성격의 동물로서 뿔로 사람을 공격하여 다치게 하는 일은 없다. 뿔은 부드러워 인애仁愛를 상징한다. 뿔이 한 개밖에 없는 것은 한 사람의 위대한 군주 아래로 세계가 통일되는 것을 의미한다. 기린은 5원소(세계를 구성하는 오행五行[木, 火, 土, 金, 水])(→ELEMENTS)와 오덕五德이 구체적인 형상으로 나타난 것으로 상징적인 다섯 가지의 색깔(청, 적, 황, 백, 흑)을 가진다. 일각수의 모습을 취하지 않은 경우에 기린은 하나의 뿔을 가진 용의 머리에 사자의 갈기, 수사슴의 몸통, 황소의 꼬리를 가진 복합동물로서 묘사된다.

# L

**Labarum, Chi-Rho** 라바룸, 키-로(X와 P)  이 상징의 의미를 완전하게 알 수는 없다. 이것은 '좋은 것'이나 길조吉兆를 의미하는 CHRESTON(그리스 문자로는 XPHΣTON)의 생략형이며, 그리스에서 문장 중에 중요한 곳을 표시하기 위해서 사용되었다. P자에서 수직선은 〈우주수宇宙樹〉(→TREE)로 축을 상징한다고 알려져 있다. 라바룸은 또한 칼데아에서는 천공신天空神의 표지이며, 크리스트 교에서는 '크리스트'(그리스 어로 XPIΣTOΣ)라는 말의 첫번째와 두번째의 글자이다. 꿈에서 십자가의 모양을 본 로마 황제 콘스탄티누스의 표지이며, 그의 군기軍旗의 문장紋章이며, 또한 병사들의 방패에 그리는 무늬로서 X와 P를 사용한 이유는 병사들이 예수의 보호를 받을 수 있도록 하기 위해서였다. X와 P는 등불, 그릇, 묘지 등에서 A와 Ω를 나타내는 표지와 함께 그려지는 경우가 많다.

**Labours** 노동, 고행苦行  영웅 헤라클레스가 해내야 했던 열두 가지의 힘든 과제는 태양이 〈황도십이궁〉을 통과함을 상징한 것으로 여겨진다. 이 과제는 인간이 자아실현을 이루기 위해서 거치는 고행과 투쟁이며 또한 인류를 도와주기 위해서 움직이는 신의 힘으로서 이해된다.

**Labyrinth** 미궁迷宮  미궁은 아주 복잡함을 상징한다. 미궁이 될 수 있는 것들에는 설계도, 건물, 야외의 오솔길, 둑이나 울타리로 둘러싸인 길, 통로, 또한 트로이아 마을과 트로이아 춤(→아래의 켈트 참조), 게임, 성벽 등이 있다. 미궁은 종종 지하 세계에 있으므로 암흑 속에 싸여 있다. 미궁은 대개 두 종류로 나누어진다. 1. 샛길이 없는 미로는 선택의 여지가 없으며, 혼란이나 혼동 없이 중심을 향해서 뻗어 있다. 그래서 같은 길을 다시 지나지 않고서 밖으로 나갈 수 있는데, 그 길은 가장 긴 거리를 걷도록 만들어져 있다.(먼저 중심 방향으로 출발하며 그 다음에는 뒤쪽으로

185

예수의 죽음과 최후의 영광을 나타내는 석관의 중앙에 라바룸이 보인다.

로마 시대 초기의 크리스트 교도 묘지의 비석에 그려진 라바룸이다. 이 표지가 콘스탄티누스 황제의 꿈에 나타났다고 전해진다. 전통적으로는 예수의 이름을 그리스 문자로 표기할 때의 처음 두 문자의 조합이라고 해석되지만, 더 이전에는 고대 칼데아의 천공신을 나타내는 표지이었다.

15세기 피렌체에 그려진 영웅 테세우스의 미궁은 언뜻 보면 답할 수 없는 실문에 대한 모순적인 답을 암시하고 있는데, 그 문제와 답은 모두 미궁의 상징에서 생겨난 것이다. 문제는 '어렵고 복잡한 여행을 모두 끝마친 지금, 그 중심에 있는 것은 무엇인가?'이고 해답은 '너 자신'이다.

청동기 시대의 미궁 그림. 핀란드.

프랑스의 샤르트르 성당의 마루바닥에 그려진 미궁 그림.(13세기)

미궁을 탈출하여 미노타우로스를 죽이는 테세우스.
(기원전 510년, 이탈리아)

몸에 미궁과 물새를 지닌 기원전 8세기의 보이오티아의 여신.

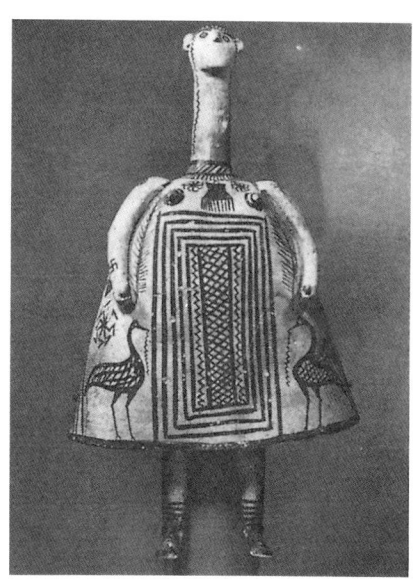

미궁이 그려져 있는 크레타의 동전을 그린 것.

# Labyrinth

방향을 바꾼 뒤 주변을 돌게 되며 이것을 반복하면서 중심에 차차 가까워진다. 그후 다시 이와 같은 형태로 운동을 반복하면서 밖으로 나오게 된다.) 2. 샛길이 복잡하게 얽혀 있는 미로는 혼돈과 어지러움을 일으키게 설계되어 있으며 막다른 골목이 있고, 문제를 풀 수 있거나 열쇠에 대한 지식이 있어야만 빠져나갈 수 있다. 미로가 가지는 상징적 의미는 여러 가지로 설명되는데 〈중심〉으로의 회귀, 〈낙원〉 회복, 고난이나 시련을 통해서 깨달음에 도달함, 이니시에이션과 죽음과 재생, 세속적인 곳에서 성스러운 곳으로 가기 위한 통과의례, 죽음과 삶의 비밀, 현세의 고난이나 망상을 뚫고 빠져나가서 얻은 깨달음이나 하늘을 의미하는 중심으로 가는 여행, 영혼을 증명함, 내세로 도망치는 여행길(이 세계로 들어가기는 쉽지만 빠져나오기는 어려움), 풀리지 않는 매듭, 위험, 곤란함, 숙명 등이 있다.

미궁은 태양의 궤도, 태양의 힘이 소멸되거나 증대됨, 봄이 되어 겨울의 마신에게 오래도록 갇혀 있던 태양이 해방됨을 나타내기도 한다. 미궁은 〈지모신地母神〉의 육체이며, 미궁의 중심은 신의 처녀성을 나타낸다. 또 중심에 도달하는 것은 모체로의 신비로운 회귀, 즉 자궁퇴행을 상징한다. 중심으로 가는 여행은 만물을 먹어치우는 〈태모太母〉가 지배하는 지하 세계에 남성이 내려가기 위해서 밤의 항해를 시작함을 나타낸다. 미궁은 여자가 관리하는 경우가 가끔 있으며 남자들은 걸어서 빠져나간다. 미궁을 지키거나 통치하는 것은 소의 머리에 사람의 몸人身牛頭을 한 괴물 미노타우로스처럼 미궁의 중심자리를 차지하고 있는 〈미궁의 주인〉이나 〈죽은 자를 심판하는 자〉이다. 미궁은 또한 세계, 전체성, 불가해不可解, 운동, 복잡한 문제를 상징한다. 미로의 연속성은 영원, 무한의 지속, 불사不死를 나타내며, 만물을 엮어놓은 '하늘의 줄'로서의 실을 가리킨다. 미궁은 사람이 들어감을 허락함과 동시에 금지한다. 침입할 때의 어려움으로써 배제排除를 상징하며, 탈출을 곤란하게 함으로써 감금監禁을 상징한다. 필요한 지식을 얻은 자격자만이 중심을 찾을 수 있으며, 지식이 부족한 채로 도전하는 자는 중간에서 길을 잃고 만다. 그 점에서 미궁은 마법의 숲과 동일한 상징성을 가진다.

숨겨진 중심에 이르는 길로서의 미궁은 〈잃어버린 말씀〉의 탐색과 〈성배聖杯〉 찾기와 연관된다. 또한 동양의 상징체계에서 미궁은 〈윤회輪廻〉로부터의 탈출과 〈업業〉의 법칙을 나타낸다. 또한 길로서의 미궁은 동굴 상징과 결부되어 하계下界로의 신비한 여행이나 내세來世로의 여행이라는 관념과 연관된다. 또 동굴이나 지하실에서 치러지기도 하는 이니시에이션 의례, 상喪에서는 미궁이 죽음과 재생과 연관되는 장례의례와 관계된다. 미궁은 속박과 해방, 제한과 동시에 결합을 의미한다는 점에서 매듭과 동일한 상징성을 가진다. 미궁은 또한 똬리를 튼 뱀, 장으로 치는 점腸占의 문양, 대지大地의 내장 등의 상징과도 관계가 있는 것으로 생각된다. 미궁은 그물이나 거미줄 가운데 있는 거미로서 상징되기도 한다. 사각형의 미궁은 동서남북의 기본 방위와 우주를 나타내며, 卍(→ SWASTICA)와 연관된다.

집에 붙이는 미궁의 문양은 원귀怨鬼나 악령들이 집 안으로 들어오지 못하게 하는 마력을 가지고 있는 모양이며, 부적이 된다. 미궁의 형태로 된 묘지나 매장굴, 흙무더기는 죽은 자를 보호하며, 동시에 그가 살아 있는 사람들의 세계로 돌아오는 것을 막는다. 미궁 통로, 트로이아의 춤이나 트로이아 게임은 삶→죽음→재생으로 이어지는 어려운 길, 고난으로 엮어진 여행을 상징하며, 중심점은 죽음과 재생의 장소이고, 안으로 들어가는 동작과 밖으로 나가는 동작, 추락과 상승, 심연으로의 하강과 하늘로의 비상이 이루어지는 장소이다. 이 통로는 혼을 저승으로 인도하는 학과 〈학의 춤〉과 관계가 있다. 그래서 또한 태양의 움직임을 모방한 태양의례의 행렬과 통과와도 관계가 있다. 미궁으로 들어가는 것은 죽음을 상징하며 미궁을 나오는 것은 재생을 상징한다. **고대 근동**: 미궁은 '명계冥界의 모형'이다.(사제의 이니시에이션의 의례를 적은 명판銘板의 구절) **켈트**: 일설에 따르면 미궁을 나타내는 '트로이,' '트로야,' '트로이아'라는 말들은 '빠른 회전'이나 '미로를 통해서 빠져나가기'를 의미하는 켈트 어인 'tro회전하다'에서 파생된 말일지도 모른다. **크리스트 교**: 초기 크리스트 교에서 상징으로서의 미궁은 대개는 의미가 반대로 되어 무지의 길을 의미했으며, 미궁의 중심은 지옥, 괴물 미노타우로스는 악마 사탄이며, 올바른 길을 보여주는 테세우스는 예수였다. 미궁은 악마를 붙잡는 덫이기도 했다. 미궁은 카타콤cata-comb(초기 크리스트 교 시대의 지하묘지)의 미술에서는 나타나지 않으며, 나중에 교회와 대성당에 사용되었으며, 그 상징적 의미에는 현세의 길을 걷는 크리스트 교교도들을 가로막는 혼란이나 어려운 문제, 옳은 길을 가려고 하는 인간을 끌어들이는 죄, 지상에서 천국으로 가는 영혼의 순례, 유혹에 넘어간 악인이 걷는 악한 길, 죄의 유혹을 물리치고 나아감, 본디오 빌라도의 관저에서부터 골고다 언덕까지 가는 길('예루살렘으로 가는 길'이라고도 함) 등 여러 가지 설명이 있다. 교회에 있는 미궁은 멀리 있는 순례지와 성지 예루살렘까지의 여행을 감당할 수 없는 참회자들의 순례를 위해서 만들어진 것이라고도 한다. **이집트**: 미궁은 저승과 병행 관계에 있을 수도 있다. 이는 명계에는 죽은 자들이 죽음에서 부활로 향하는 꼬불꼬불한 길(이시스 여신이 죽은 자들을 인도하며, 호루스 신이 난국을 극복하고, 오시리스가 〈죽은 자를 재판하는 자〉로서 그곳에 있음)이 있기 때문이다. **그리스**: 영웅이며 구세주인 테세우스는 아리아드네의 성스러운 직관直觀의 황금 실에 인도되어 미궁을 나와서 괴물 미노타우로스로 상징되는 야만스러운 자연을 베어 죽인다. 호메로스는 (트로이아) 미궁에 대해서는 서술하지 않았다. **미노아 문명**: 미궁의 중심에 사는 황소는 태양에 속하는 남성적 생성력으로서 미궁의 중심 자리를 차지한다. 미궁 자체는 나선형으로 달에 속하는 여성의 모습을 나타낸다. 중심에 있는 황소는 또한 습기에 작용하는 열로서, 안개와 나쁜 기운을 빨아들이는 태양을 상징한다. **오세아니아**: 미궁은 죽은 자의 나라로 가는 혼의 여행을 나타낸 것이다. **로마**: 미궁은 비밀, 불가해不可解를 나타낸다. '미궁의 비밀을 아는 자가 없는 것처럼, 왕이 주재하는 추밀회의樞密會議도 아는 사람이 없는 것이 당연하다.'

**Ladder** 사다리 사다리는 어떤 차원에서 다른 차원으로 옮아감, 지금의 존재양식에서 다른 존재양식으로의 이행, 새로운 존재론적 수준으로 빠져나감, 하늘과 땅 사이의 의사소통이며, 인간은 올라가고 신성神性은 내려온다는 두 방향의 움직임을 의미한다. 그래서 사다리는 〈우주축宇宙軸〉(→AXIS)을 상징하며, 또한 〈우주수宇

宙樹)(→TREE)와 우주 기둥의 상징과 연관된다. 사다리는 실재實在나 〈절대자〉, 〈초월적 존재〉로의 접근, '가상에서 실재로, 어둠에서 빛으로, 죽음에서 불사不死로'의 이행을 상징한다. 이런 이행은 또한 죽음을 통해서 내세로 가는 길을 의미한다. 사다리는 접근의 수단이지만 거두어질 수도 있다. 〈낙원〉에서는 본래 하늘과 땅 사이에 사다리가 놓여 있어서 신과 인간은 원활하게 대화할 수 있었지만 인간이 〈타락하면서〉 사다리도 사라졌다.

사다리의 가로대는 존재의 모든 층계를 하나씩 올라가려는 인간 의식의 향상력을 상징한다. 또한 이니시에이션의 단계(항상 일곱 단계나 열두 단계로 이루어짐)를 나타낸다. 이니시에이션에서 참가자는 각 단계의 지식을 깨달음으로써 올라가게 되며, 미덕 즉 지식과 깨달음의 결실로써 내려온다. 사다리 양쪽의 좌우 두 기둥(→PILLAR)은 〈낙원〉에 있는 두 그루의 나무(생명의 나무와 지혜의 나무)로서 가로대에 의해서 서로 연결된다. 이니시에이션은 어떤 경우이든 위험을 동반하므로, 사다리를 올라가려면 기쁨과 함께 공포라는 이원적인 감정이 따른다. 통과의례로서의 사다리는 다리의 상징과 연관되며, 다리와 마찬가지로 칼날이 놓인 경우가 있다.(이 상징은 동양의 곡예사들이 사용하는, 가로대 대신 칼날이 놓인 사다리의 부서진 모양에서 볼 수 있다.) **아메리카 인디언**: 무지개는 다른 세계로 통하는 사다리이다. **불교**: 부처의 사다리의 가장 위칸과 가장 아래칸에는 〈불족석佛足石〉이 종종 묘사되어 있다. **크리스트 교**: 사다리는 예수가 수난을 당한 것을 나타내는 표지이며(십자가에서 내려갈 때 사용하도록 십자가에 사다리를 세움), 또한 야곱("창세기" 28 : 10-22), 누르

시아의 성 베네딕투스의 표장이다. **이집트**: 사다리는 물질계를 초월해서 천계와 연결시켜주는 것으로 호루스 신의 상징이다. '나는 〈하늘〉의 신들에게 닿는 사다리를 놓는다.'(「사자死者의 글」) 하토르 여신도 또한 착한 사람들이 천국에 올라갈 수 있도록 사다리를 잡아준다. **유대 교**: 사다리는 천사들이 있는 곳을 통해서 신과 인간이 대화하기 위한 수단이다.("창세기" 28 : 12) **이슬람 교**: 무하마드가 (승천昇天의 제祭에서) 보았던 사다리는 신앙심이 돈독한 자를 신에게 인도한다. **일본**: 사다리는 천둥신의 부수물이며, 하늘과 땅 사이의 왕래를 나타낸다.(천어주天御柱[「일본서기日本書記」]는 천지를 연결하는 연락로이다.) **미트라 교**: 신참자는 혹성을 상징하는 일곱 칸의 가로대가 놓인 사다리를 올라간다.(→STEPS) 이것은 영혼이 일곱 개의 하늘을 통해서 빠져나감을 의미한다. **샤마니즘**: 샤만은 사다리 또는 7개의 각목이 놓인 기둥을 올라가서 영靈이나 영계靈界와 통한다.

**Lake** 호수  호수는 여성적인 습윤원리를 나타낸다. 호수에서는 괴수들이나 '호수의 처녀'처럼 마력을 지닌 여자들이 사는 경우도 있다. 중국의 상징체계에서 〈호수〉는 팔괘(→PA KUA)에서 〈못澤〉을 상징하는 〈태兌〉에 있거나 호수와 늪, 포용력을 갖춘 지혜, 흡수, 습한 것과 수동적인 성질을 나타낸다. 이집트에서는 지하의 바다를 나타낸다.

**Lamb** 어린양  어린양은 얌전함, 아이다운 무구無垢, 온화함, 청순, 결백함을 뜻한다. 마법사는 어린양의 순진무구함 앞에서는 무력해진다. 어린양은 새로 세례받은 자이며 신비한 재생을 상징한다. 사자와 함께 있는 어린양은 낙원 상태를 의미한

다. **중국**: 어린양은 어버이에 대한 효를 상징한다. **크리스트 교**: 어린양은 십자가 형刑의 상징이다. 또한 이 세계의 죄를 대신 속죄하기 위해서 희생된 예수, 〈신의 어린양〉("요한복음" 1 : 29), '흠 없는 숫양'("레위기" 23 : 12)을 의미한다. 어린양은 예수의 고난과 승리, 수난과 부활을 동시에 나타내며, 크리스트 교 미술의 상징체계에서 널리 사용된다. 어린양을 가슴에 안아서 나르는 예수는 어린양 무리를 돌봄, 길 잃은 어린양(죄인)을 구함, 어린양의 무리를 인도하는 〈선한 목자〉(→SHEPHERD)이다. 십자가와 함께 그려진 어린양은 십자가 형을 상징하며, 삼각 깃발이나 사각 깃발과 함께 그려진 어린양은 부활을 나타낸다. 책과 일곱 봉인과 함께 "요한계시록"에 나타난 어린양은 〈재림再臨하여〉 심판할 주主인 예수를 나타낸다.("요한계시록" 5 : 1, 5 : 7) 또한 7개의 뿔과 일곱 눈이 있는 요한계시록의 어린양("요한계시록" 5 : 6)은 성령의 일곱 가지 선물(지혜, 총명, 지식, 강인함, 현명하고 사려깊음, 효애孝愛, 경외 ── "이사야" 11 : 2-3)을 나타낸다. 어린양이 하나의 언덕과 네 개의 강과 함께 그려질 때 언덕은 교회를 나타내며, 강은 〈낙원〉에 있는 4개의 강("창세기" 2 : 10-14)과 4복음서를 상징한다. 어린양이 양들이 늘어선 줄 옆에 서 있으면, 어린양은 예수, 양은 열두 명의 사도이다. 어린양과 함께 그려진 세례 요한은 예수가 올 것을 알고 이를 미리 알린 선지자였다. 알렉산드리아의 성 키릴로스에 따르면 어린양과 비둘기는 예수의 육체와 혼, 예수의 인성人性과 신성神性을 나타낸다. 어린양은 성 아그네스, 성 카트린느, 성 클레망스, 성 쥬느비에브, 성 요안나, 세례 요한, 성 레지나의 표지이다. **유대 교**: 어린양은 〈흠 없

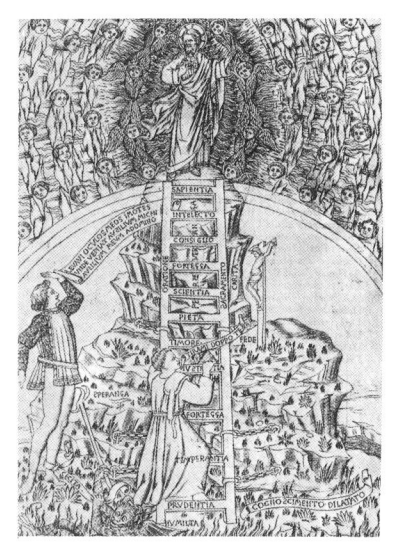

영혼이 사다리를 타고 신에게 올라간다. 1477년 일 몬테 산크토 디 디오의 그림을 바탕으로 한 판화.

18세기 연금술서의 표지 그림으로, 천사들이 야곱을 불러서 그에게 감상의 잠에서 깨어나서 그를 기다리는 하늘의 사다리를 올라가 지상에 펼쳐진 현상계를 초월하도록 권고하고 있다.

는 어린양〉, 머지않아 도래하는 메시아로서의 예수를 상징한다.("출애굽기" 12 : 5, "베드로 전서" 1 : 19)

**Lameness** 절름발이 헤파이스토스/불카누스와 대장장이의 신처럼 절름거리는 것은 불완전한 세계를 창조한 데미우르고스(조물주)의 불완전성을 나타낸다. 또한 절름발이는 폭풍의 신이 일으키는 번개가 지그재그로 움직임을 나타낸다. 절름거리는 것은 거세의 상징이다.

**Lamia** 라미아→FABULOUS BEASTS

**Lamp** 램프 램프는 생명, 신성神性의 빛, 불사不死, 지혜, 지성, 인도引導, 별의 상징이다. 또한 인간 생명의 덧없음, 어둠 속에서도 빛을 발하는 선행善行, 추억을 나타내게 된다. 그리고 크리스트교에서의 〈일곱 등불〉("요한계시록" 4 : 5)은 성령의 일곱 가지 선물(지혜, 총명, 지식, 강인함, 현명하고 사려깊음, 효애孝愛, 경외 — "이사야" 11 : 2-3)을 나타낸다. 램프는 성 아가다, 아일랜드의 성 브리지트, 성 구둘라, 성 쥬느비에브, 링컨의 성 휴, 성 힐트루디스, 성 루시, 성 닐루스의 표지이다. 제단에 있는 램프는 신이 임함을 뜻하는 빛을 상징한다. 태양숭배나 배화교에서 램프는 태양의 대용물로 사용된다. 힌두교에서 램프의 기름은 바다와 헌신, 심지는 대지와 정신, 불꽃은 사랑을 상징한다.

**Lance** (긴) 창 창은 남성적인 힘의 일면을 나타낸다. 남근, 태양, 전쟁의 상징이다. 창, 칼, 화살은 모두 태양광선을 상징한다. 창은 기사 계급에서 위치가 낮은 자의 부수물이며, 칼은 식견識見의 상징으로서 지위가 높은 자를 가리킨다. 남성으로서의 창과 여성으로서의 잔이나 성작聖爵의 상징성은 산과 동굴의 상징과 연관된다. 수직으로 서 있는 그림자 없는 창은 산과 함께 〈우주축〉(→AXIS)의 상징이다. 창과 잔은 또한 성배聖杯(→GRAIL)와 결부된다. **크리스트교**: 창과 잔은 〈성배〉— 십자가에 못박힌 예수가 창에 찔렸을 때 상처에서 흘러나온 피를 받은 잔 — 와 연결된다. 창은 수난의 표지이며, 또한 카파도기아의 성 게오르기우스, 성 토마스, 성 유다의 표지이다. **그리스·로마**: 창은 태양에 속하며 전쟁의 상징이다. 군신 아레스/마르스의 부수물이기도 하고 전쟁과 지혜의 여신 아테나/미네르바의 부수물이기도 하다. 영웅 아킬레우스의 창은 태양광선이나 번개와 마찬가지로, 그 창에 찔린 상처를 치유할 수 있는 힘이 있다.(창의 녹을 붙여 동료의 상처를 고친다.) **힌두교**: 창은 강함, 힘, 악에 대한 승리를 의미한다. 인드라신의 상징물이며 무지無知(미혹)를 쏘아죽이는 신의 예지를 나타낸다. **일본**: 이자나기노 미코토伊邪那岐命는 하늘의 창조의 창(천소모天沼矛)으로 바다를 휘저어서 섬을 만들었으므로 창은 이자나기노 미코토의 부수물이다.

**Lantern** 등불→LAMP

**Lapis Lazuli** 청금석青金石, 라피스 라줄리(군청색 보석) 신의 호의, 성공의 뜻이다. **고대 근동**: 라피스 라줄리는 신전神殿에서 많이 사용되어 천계天界와 그 성스러운 힘을 나타낸다. **중국**: 칠보七寶 가운데 하나(유리)로 성공, 유능함을 나타낸다. **그리스·로마**: 사랑을 의미하며 여신 아프로디테/베누스의 표지이다.

**Laurel** 참월계수 참월계수는 개선, 승리의 뜻이다. 참월계수는 상록수로서 영원, 불사不死를 나타낸다. 또한 난로의 여신 헤스티아/베스타에게 바치는 처녀와 연관되며 정결함을 나타낸다. 그리스·로마의 상징체계에서 참월계수는 승리, 휴전, 평화를 나타내며 아폴론/아폴로 신, 디오뉘소스/바쿠스 신, 헤라/유노 여신, 아르테미스/디아나 여신, 숲의 신 실바누스의 성스러운 나무이다. 참월계수는 또한 나무로 변신한 요정 다프네를 나타낸다. 크리스트 교에서는 순교자의 관冠이다.

**Lead 납**  연금술에서 납은 금속이나 인간, 인간의 혼이 '병들어' 무거워진 상태를 나타낸다. 납은 질 낮은 금속으로 농후, 불투명한 신체의식, 또한 신앙을 얻지 못한 사람, 변질, 변성 작용의 대상물이다. 납은 토성의 금속이다.

**Leaf 잎**  잎은 풍요, 성장, 탄생의 의미를 가진다. 녹색 잎은 희망, 부활, 탄생을 나타낸다. 고목枯木의 잎은 슬픔, 가을, 조락凋落을 나타낸다. 나무의 잎으로 엮은 관冠은 신성神性을 상징하거나 승리와 개선을 의미한다. 중국의 상징체계에서 〈우주수宇宙樹〉(→TREE)의 잎은 우주의 모든 존재를 나타내는 〈만물〉을 상징한다.

**Leek 부추**  부추는 승리, 상처를 받지 않기 위한 보호막을 뜻한다. 부추의 냄새는 (마늘과 동일하게) 낙뢰落雷의 냄새와 비슷하기 때문에 켈트의 신 아에돈의 표장이다. 부추는 웨일즈의 성 데이비드의 표지이다.(데이비드의 축일[3월 1일]에는 모자에 부추를 단다.) 또 웨일즈의 표지이기도 하다.

**Left 왼쪽**  보통 왼쪽은 사물의 불길함, 어둠, 서출庶出, 달이 의미하는 내향적인 면을 뜻하며 과거를 나타낸다. 크리스트 교에서 최후의 심판 때 어린양들은 신의 오른쪽에 있고, 염소는 왼쪽에 서 있으며 ("마태복음" 25:32-33), 십자가에 못박힌 예수를 나타내는 장면에서 선한 도둑은 예수의 오른쪽에 있고, 악한 도둑은 왼쪽에 ("누가복음" 23:39-43) 있다. 또 성모 마

6세기 크리스트 교 교도의 무덤에 새겨진 어린양으로 이탈리아의 도시 라벤나에 있다. 어린양 이외에 예수의 상징이나 속죄와 희생의 상징도 함께 나타나 있다. 라바룸 형식의 십자가, 비둘기, 승리의 화환 등을 나타낸다.

1세기의 로마 금화. 승리를 상징하는 상록의 월계수 관으로 브루투스의 초상을 둘러싸서 그가 육해전에서 거둔 승리를 기념하며 찬양했다.

Leg

리아는 오른쪽, 성 요한은 왼쪽("요한복음" 19:26-27), 교회는 오른쪽, 시나고그 synagogue(유대 교 예배당)는 왼쪽에 그려진다. 중국에서는 반대로 왼쪽은 약함과 음이며, 명예로운 쪽이다.(「노자」 31장) 그래서 오른쪽은 양과 강함을 나타내며, 폭력적인 경향이 있어서 자멸하게 되는 경향을 나타낸다. 전쟁시처럼 폭력과 파괴가 지배하는 때에는 왼쪽과 오른쪽의 상징적 의미가 뒤바뀐다.

**Leg** 다리 다리가 하나인 신들은 다양한 의미를 가지는데, 예를 들면 축軸(→ AXIS)의 상징으로서, 또는 달이나 남근으로서 설명된다. 카발라(유대 교 신비주의)에서 다리는 네츠아하(영원)와 호도(위엄)를 나타내고 이집트에서는 높이 올라가는 것을 나타낸다.

**Lemon** 레몬 레몬은 신맛, 날카로움을 뜻한다. 크리스트 교에서 레몬은 사랑의 성실함을 나타낸다. 유대 교의 상징체계에서 레몬은 수확을 나타내며, 〈초막절草幕節 축제(수코프sukkoph)〉에서 사람들은 레몬(통례적으로는 시트론citron)을 왼손에 든다. 그래서 셈 족의 디오뉘소스 제의祭儀에 사용하는 전나무의 열매와 연관된다고 여겨진다.

**Leo** 사자궁獅子宮, 사자자리→ZODIAC

**Leopard** 표범 표범은 잔인함, 광포함, 공격성, 대담함을 나타낸다. 표범의 반점은 눈目과 비슷한 모양이어서 〈위대한 파수꾼great watcher〉이라고 부른다. **중국** : 용맹, 과감, 호전적인 광포성을 뜻한다. **크리스트 교** : 악마 사탄, 죄, 사탄의 기만성, 반(反)크리스트 교적임, 색욕을 뜻한다. **이집트** : 오시리스 신의 표지(마흐데트 여신의 모습)이다. **그리스** : 창조자이자 파괴자로서의 신 디오뉘소스의 부수물이다. **유대**

교 : 날쌤을 상징한다.("하박국" 1:8) **문장 紋章** : 용맹, 격렬함, 활동성을 뜻한다.

**Leper** 나병 환자 나병 환자는 부정한 자, 버림받은 사람, 도덕적, 종교적으로 타락한 자를 뜻한다.

**Lettuce** 양상추 이집트에서는 풍요의 상징(풍요의 신 민의 상징물)으로 무상함을 상징하는 페니키아의 신 아도니에게 바치는 제물이다.

**Level** 수준기水準器(면의 수평을 정하거나 기울기를 알아보는 데 사용하는 기구) 평등, 정의의 상징이다. 성당 건축에서는 초월적인 지식, 모든 작업을 통괄하는 원형元型을 나타낸다. 중국의 상징체계에서는 정치가나 공정한 사람은 '준인準人'이라고 불리며 수준기로 상징된다.

**Leviathan** 리바이어던→FABULOUS BEASTS

**Libations** 신주神酒, 헌주獻酒 신주는 생명을 만들어내고 유지하는 데 필요한 물이 가진 생명력을 상징한다.

**Libra** 천칭궁天秤宮, 천칭자리→ZODIAC

**Light** 빛, 밝음 빛은 신성神性의 현현顯現, 우주 창조, 〈말씀〉을 뜻한다. 현현 세계 속에 있는 보편적인 원리, 원초原初의 지성, 생명, 진리, 광명, 그노시스gnosis 靈知, 직접적인 지知, 형체가 없음, 〈누스〉, 선善의 원천이다. 빛을 발하는 것은 신성神性에서 탄생한 새로운 생명을 상징한다. 빛은 최초의 창조물을 가리키며, 악이나 어둠의 영들을 쫓아내는 힘이며, 영광, 빛남, 기쁨이다. 광명은 초자연적이고 신적인 존재를 운반하거나 신적인 존재가 만들어낸 결과이다. 빛은 하늘에서 내려오는 은혜를 상징하는 것들 중에서는 비와 연관된다. 빛을 경험하는 것은 궁극적인 실재

實在와 만나는 것이다. 빛은 시작과 끝에서 연결된다. 첫번째 〈황금시대〉에 빛은 존재했지만 인간이 〈타락하여〉 어둠이 내려왔으며, 〈낙원〉 회복과 함께 다시 시원의 빛이 되돌아오게 된다. 빛에 도달하는 것은 〈중심〉에 도달함을 의미한다.

빛과 어둠은 〈태모太母〉의 이원적인 측면으로 생명과 사랑, 죽음과 매장, 창조와 파괴를 나타낸다. 태양의 빛은 간접적이지만 분석적인 달의 知知에 대립하는 직접적인 知를 나타낸다. 2월 초에 사람들이 햇불과 촛불을 들고서 행진을 하는 〈빛의 축제〉는 역병, 기근, 지진에 대한 액막이이다. 이 축제는 나중에 크리스트 교에서 받아들여 2월 2일의 〈성모 마리아 순결 축일 Candlemas〉(아마도 행렬을 벌이는)이 되었다. 빛은 직선이나 물결 모양의 광선, 태양원반, 후광으로 나타난다. 상징으로서의 빛과 열은 상호 보완적이며, 원소인 불의 양극兩極을 이룬다. **불교** : 빛은 진리, 해방, 직접적인 지知를 나타낸다. 또한 깨달음을 얻은 부처, 현세와 제약으로부터의 초월을 나타낸다. 〈광명〉(티베트의 사자死者의 글「바루도우 토에도루」의 용어)은 궁극적인 실재, 순수존재, 무색무상無色無相의 〈공空〉을 상징한다. 흐릿한 빛은 형상적인 존재로서의 (질량을 버린) 내세, 현상 세계로의 재생을 나타낸다. 제단의 빛은 〈삼세三世(전세前世, 현세現世, 내세來世)〉를 상징한다. **켈트** : 2월 초에 (예술, 의술의) 여신 브리지트에게 곡물을 바치고 양초를 태우는 빛의 제사를 치른다. **중국** : 빛은 양陽에 속하는 하늘의 힘이다. 중국의 마니 교 경전에 나오는 바흐만(물질 세상에 있는 선신善神)은 〈예지叡智의 빛〉이며, 〈은혜로운 빛惠明〉이다. **크리스트 교** : 빛은 예수이다. '세상의 빛'이며("요한복음" 8 : 12), '〈빛들의 아버지〉에게로 내려오나니 그는 변함도 없으시고 회전하는 그림자도 없으시니라.'("야고보서" 1 : 17) 성모 마리아는 '〈빛〉(예수)을 가진 자'이다.("누가복음" 2 : 22) 또한 〈빛의 축제〉는 〈성모 마리아 순결 축일Candlemas〉(2월 2일)로 받아들여졌으며, 교회에서 치르는 행사가 되었다. **그리스 · 로마** : 빛은 최고신 제우스/유피테르, '광휘光輝,' '빛나는 하늘의 신'이다. 〈엘레우시스 밀의密儀〉에서는 여신 데메테르의 딸 코레(페르세포네)를 찾는 것과 봄의 회귀를 뜻하는 의식에서 신도들은 손에 햇불을 든다. **유대 교(카발라)** : 빛은 아인 소프(무한無限), 즉 '무한의 빛'이다. **힌두 교** : 빛은 아트만(개인아個人我), 우주 창조, '생식력,' 영성靈性, 예지, 신성, 〈빛의 주인〉인 크리슈나의 현현顯現을 나타낸다. **이란** : 빛은 순수존재, 순수한 〈영靈〉이다. 조로아스터 교에서 진리의 힘은 〈빛의 주인〉인 선신善神 오르무즈드(아후라 마즈다)로서의 빛이며, 〈거짓말의 왕〉인 악령 아흐리만(앙그라 마이뉴)의 어둠에 대응한다. 빛은 마기에게 바친다. **이슬람 교** : 빛은 세계를 비추는 알라의 환한 빛으로 순수존재, 하늘, 대기이며, 〈신성한 지식〉, 〈신의 위엄〉, 〈신의 아름다움〉의 현현이다. 〈지성〉, 〈말씀〉, 〈신성한 이름 누르nur(빛)〉이다. '알라는 하늘과 땅의 빛이다.'("코란」34 : 35) **조로아스터 교** : 빛은 빛의 불꽃으로서 신성시된다. **도교** : 빛은 〈도道〉이며, 〈천광天光〉(「장자」"경상초庚桑楚"), 비존재非存在의 현현, 순일純一이다.

**Lightning 번개, 벼락** 번개는 영적靈的인 광명, 깨달음, 계시, 힘이 내림, 시공時空을 가로지르는 진리의 인식, 〈영원한 지금〉, 무지의 파괴, 애정, 영양營養, 남성적인 힘을 나타낸다. 번개는 태양광선과 마찬가지로 번식과 파괴의 양면을 가지고 있으며, 살상殺傷과 치유의 양면을 가진 아킬레우스의 창과 비슷하다. 번개는 모든 폭풍의 신과 벼락의 신들과 연관되며 지그재그 모양, 삼지창, 도끼('천공부天空斧'), 망치, 벼락, 바즈라(→VAJRA), 도제(→DORJE), 여의如意, 화살, 맹금류에 의해서 상징된다. 벼락에 맞아서 죽은 사람은 즉시 승천한다. 샤마니즘 신앙에서 번개에 맞는 것은 순간적으로 이니시에이션을 받음을 의미한다. 힌두 교에서는 '번갯불이 있는 곳에 〈진리〉가 있다'고 하며, 불의 신 아그니는 번개의 모습으로 하늘의 바다에서 산다고 한다. 북아메리카 인디언들 사이에서 번개는 〈위대한 신령〉이며, 계시를 상징한다. 마니 교에서 번개는 〈빛의 처녀〉를 상징한다.

**Lily** 백합 백합은 청순함, 평화, 부활, 왕위를 나타낸다. 〈어머니가 된 처녀〉이며, 〈하나이며 많음〉이며 모든 〈처녀 여신들〉에게 바치는 제물이다. 백합은 또한 〈대지모신大地母神〉의 다산多産과 나중에 천공신天空神의 다산을 의미한다. 서양의 백합은 동양의 연蓮(→LOTUS)과 동일한 상징성을 가진다. 한 송이의 백합화는 처녀성을 의미한다. 재생과 불사不死를 의미하기도 한다. **연금술**: 흰 백합은 여성원리이다. **고대 근동**: 풍작, 다산을 뜻한다. **크리스트 교**: 청순함, 순진무구, 성모 마리아의 의미이다. 백합의 곧게 뻗은 줄기는 성모의 신을 경외하는 마음, 늘어진 잎은 성모의 겸손함, 향기는 신성함, 흰색은 청순함을 나타낸다. 백합은 또한 순결의 상징이며, 〈수태고지受胎告知〉와 처녀 성인聖人을 가리킨다. 백합은 부활제의 꽃이다. 단테는 백합을 '신앙의 백합'이라고 말했다. 가시에 둘러싸인 백합은 이 세상의 많은 죄 사이에 든 순결로서 〈원죄 없는 잉태〉를 나타낸다. 백합은 파두아의 성 안토니우스, 아시시의 성 프란치스코, 성 카시미르, 시에나의 성 카트린느, 아시시의 성 클라라, 성 도미니크, 성 에우페미아, 성 프란시스 자비에르, 예수의 아버지 요셉의 표지이다. 미술에서 서로 반대쪽에 그려진 백합과 칼은 결백과 죄를 상징적으로 보여 주고 있다. **이집트**: 백합은 풍작의 상징이다. 그러나 이런 의미로는 연꽃(붉은 수련water lily)이 백합보다 더 자주 쓰인다. **그리스·로마**: 청순의 뜻이다. 백합은 여신 헤라/유노의 젖에서 생겼으며, 헤라/유노 여신과 순결의 여신인 디아나/아르테미스의 표지이다. **유대 교**: 신에 대한 믿음을 뜻하며 유대 민족의 표지이다.("호세아 서" 14:5) **이슬람 교**: 상징으로서의 백합은 히야신스로 대치할 수 있다. **미노아 문명**: 브리토마티스 여신의 주요 부수물이다.

**Lily of the Valley** 골짜기에 핀 백합 달콤함, 처녀성, 겸손의 상징이다. 크리스트교에서 성모 마리아의 표지이며, 또한 봄에 신생新生의 도래到來로서의 〈예수의 재림〉을 상징한다.

**Lime/Linden** 라임/보리수 **유럽**: 여성적인 우아함, 미, 행복의 의미이다. 고대 그리스의 이야기에 나오는 여주인공 바우키스가 변신한 모습이며, 그녀의 남편인 필레몬이 변해서 된 떡갈나무와 함께 부부애를 상징한다.(「메타모르포시스」 8. 618-724) 게르만 민족들 사이에서 라임(보리수)은 마을이나 동네의 중심을 뜻하는 상징적 존재이다.

**Line** 선 선은 분단, 측량, 경계를 나타낸다. 직선은 한 점에서 시작해서 앞쪽과 뒤쪽으로 무한하게 뻗어나갈 수 있기 때문에 무한한 시간을 의미하며, 단순한 비한

정성非限定性을 나타낸다. 선은 제한과 속박으로서 또한 무한의 연장과 자유의 가능성으로서의 끈 — 인간의 운명을 이끌어주거나 속박하는 물건 — 과 관계가 있고 인간이 인생을 살아가는 길을 나타낸다. 수평선은 현세現世와 수동성을, 수직선은 영적 세계, 능동성, 우주축宇宙軸(→AXIS)을 상징한다. 구불구불한 선은 물의 움직임, 태양 광선의 열熱, 천체의 움직임, 운동의 관념을 나타낸다. 직선은 또한 청렴淸廉, 행동의 수미일관성을 나타낸다.

**Linen** 아마포  **크리스트 교**: 제단의 아마포는 예수가 묘에 묻힐 때 그의 몸을 덮었던 흰 수의를 나타낸다.("마태복음" 27 : 59) 섬세한 아마포는 청순함과 정의를 의미하며, 또한 예수의 신부, 즉 〈승리의 교회〉의 옷을 나타낸다. **유대 교**: 제사장이 입는 아마포 옷은 대지大地가 가진 일면을 상징한다.("레위기" 6 : 10)

**Linga** 링가(시바 신 숭배에 사용되는 남근상)  **힌두 교**: 남근, 창조성의 뜻이다. 링가는 남근적인 생성원리로서 여성적 생성원리를 나타내는 요니(→YONI)에 대응한다. 링가는 탁월한 창조자로서의 시바 신을 상징한다. 이 상징은 육체적인 힘만을 나타내는 것이 아니라 우주 창조와 생명의 탄생을 의미한다. 또한 금욕적인 고행이나 관능적인 교합, 요가에 의한 영적 활력을 상징한다. 링가는 자립된 존재로 하나의 옴팔로스(→OMPHALOS)이며 기둥, 원기둥, 원뿔 등으로 상징된다. 링가가 수면으로 떠오르거나 물 속에 뿌리를 내리는 것은 상징적이다. 불교에서는 부처를 나타내는 표상으로서 불상 이전에 링가가 사용되었다. 링가는 나무와 연관되기도 한다.

**Lion** 사자  사자는 태양과 달, 선과 악의 양쪽에 속하는 것으로 양면 가치적이

시모네 마르티니의 "수태고지受胎告知." 대천사 가브리엘이 백합을 손에 들고 있다. 백합은 마리아의 순결과 임신, 처녀이면서 어머니인 여신의 역설적인 정황과 역할을 강조한다.

다. 우선 태양에 속하는 것으로서의 사자는 태양열, 정오에 작열하는 태양의 힘, 불의 원리, 위엄, 강함, 용기, 견인堅忍, 정의, 법, 무력, 〈백수百獸의 왕〉을 나타내며 동시에 또한 잔인함, 광포성,인간 이하의 짐승 같은 생활을 나타낸다. 사자는 전쟁의 상징이며, 전쟁신의 부수물이다. 달에 속하는 것으로서의 사자는 〈태모太母〉를 따라다니거나 〈태모〉의 전차를 끄는 암사자로서 모성 본능을 상징한다. 또한 전쟁을 담당하는 처녀신과 함께 그려진다. 크레타, 뮈케나이, 프뤼기아, 트리키아, 시리아, 리키아(소아시아의 남서부 지방), 스파르타의 여신들은 암사자를 표지로 삼는다. 암사자는 또한 날개가 달린 여신 아르테미스, 여신 퀴벨레, 운명의 여신 포르투나, 고르곤 세 자매의 표지이다. 암사자는 인도와 티베트에서 대지와 모성을 상징하는 여신 타라의 부수물이다.

사자와 일각수는 태양과 달, 남자와 여자의 경쟁하는 힘을 나타낸다. 멧돼지를 죽이는 사자는 겨울을 죽이는 태양의 힘을 의미한다. 서로 잡아먹는 사자와 용은 아이덴티티 상실을 조건으로 한 둘의 합일을 상징한다. 사자와 양은 함께 〈낙원〉 회복, 시원적 통일, 〈황금시대golden age〉의 상징이며, 또한 현세의 끝, 싸움으로부터의 자유를 상징한다. 사자를 죽이는 태양 영웅은 한낮의 태양열로 그을리는 태양신을 상징한다. 고대 로마의 신화학자인 마크로비우스의 말에 의하면 사자는 '신들의 어머니'이며 〈대지〉를 나타낸다고 한다. 머리가 두 개인 사자는 '2배의 힘을 지니는 주인'을 의미하며, 문지방, 문, 보물 또는 〈생명의 나무〉(→TREE)를 지킨다. 머리가 둘인 사자는 태양 상징을 떠받치는 모습으로 그려질 때도 있으며, 경계심과 용기를 나타낸다. 날개가 달린 사자나 그뤼폰은 두 가지 성질의 통합이나 남녀추니를 나타낸다. 녹색의 사자는 황금색으로 익기 전인 어린 곡물의 신을 상징한다. 샘터나 분수에서 보이는 사자의 머리 부분은 낮 동안의 태양, 대지를 촉촉하게 적시는 선물로서 뿜어져 나오는 물을 나타낸다. 사자 모양의 왕좌王座는 사자가 우주를 다스리는 모든 힘을 따르고 있음을 상징한다. **연금술**: 붉은 사자와 유황은 남성원리이며, 여기에 대응하는 일각수와 수은은 여성원리를 나타낸다. 녹색의 사자는 연금술 작업의 시작을 나타내며 만물을 변질시키는 연금약인 엘릭시르elixir를 상징한다. 두 마리의 사자는 메르쿠리우스, 즉 〈철학자의 수은〉과 〈누스〉의 이중성을 상징한다. **고대 근동**: 태양의 불, 지고의 통치권, 강함, 용기의 뜻이다. 바빌로니아의 신 마르둑을 수호한다. 〈태모〉로서의 여신 이난나/이슈타르는 사자가 따라다닌다. 발톱 앞에 나뭇가지를 놓고 있는 사자나 머리가 두 개인 사자는 전쟁신 니니브를 상징한다. 칼데아의 신 네르갈은 죽음과 전쟁의 신이며, 사자의 모습으로 그려지는데 태양의 유해한 면과 지점至点의 파괴적인 열을 상징하며, 네르갈이 서로 반대 방향으로 등지고 있는 두 마리의 사자의 머리 부분에 나타날 때는 태양과 명계冥界를 지배하는 신을 의미한다. 사자는 〈태모〉로서의 아타르가티스를 따라다닌다. **불교**: 사자는 법과 부처의 예지의 수호자이며, 영적 열정, 진보와 인식, 용감함, 또한 지고의 권위를 상징하는 깨달음을 얻은 사람을 나타낸다. 부처는 사자좌(사자처럼 위엄이 있는 자리)에 앉아 있는 모습으로 그려진다. 암사자는 다라보살多羅菩薩의 부수물이다. 보생여래寶生如來(보통은 대일여래大日如來)는

인도의 왕과 페르시아의 왕(샴)의 평화적인 포옹.(17세기 무굴 제국의 회화) 이 두 사람은 전통적으로 세계 평화를 상징하는 잠자는 사자와 어린양이 화합한 모습 위에 서 있다.

두 마리의 사자를 양손에 쥔 사산조의 왕이 새겨진 200-600년의 은제 접시.

태모신 퀴벨레의 전차를 끄는 사자가 새겨진 로마의 은제 접시.

1140년경의 이탈리아 페라라 주교좌 성당에 있는, 문지기로서 상징적 역할을 맡은 사자.

사자를 타고 다닌다. 사자의 새끼는 깨달음을 얻은 보살을 나타낸다. 발치에 새끼 사자를 데리고 있는 사자는 현세를 지배하는 부처의 자비로움을 나타낸다. 사자의 포효는 아무것도 두려워하지 않는 부처의 〈법〉(진리)의 가르침을 상징한다. **중국**: 중국에서는 무용武勇, 활력, 강함을 뜻한다. 사자와 함께 그려지는 지구는 태양 혹은 〈우주란宇宙卵〉(→EGG)을 나타내며 또한 자연계의 이원성을 나타낸다. 강함을 상징하는 사자가 날쌤을 상징하는 말과 함께 그려지면 신랑을 나타낸다. 반면에 꽃은 신부를 나타낸다. **크리스트 교**: 사자에게는 상반되는 의미가 있다. 한편으로는 예수의 전능함을 나타내고 〈유대 민족의 사자〉로서 예수의 왕자의 성격을 상징한다.("요한계시록" 5:5) 다른 한편으로 예수가 사자의 입에서 크리스트 교 교도를 해방시킬 때의 사자는 '우는 사자'("베드로 전서" 5:8)로서 악마 사탄을 상징한다. 사자는 눈을 뜬 채로 잠을 잔다고 여겨졌기 때문에 경계심, 영적인 각성覺醒, 인내를 나타낸다. 사자는 보초로서 〈교회〉의 기둥을 떠받친다. 사자 새끼는 죽은 채로 태어나서 수사자가 생명의 숨을 불어넣는다고 믿어지기 때문에 사자는 부활의 상징이다. 고독한 동물로서 은둔자와 고독을 상징한다. 성 마르코의 표지로서 "마가복음"에서는 예수의 왕자로서의 위엄이 강조된다. 또한 성 아드리안, 성 에우페미아, 성 히에로니무스, 이집트의 성 마리아, 은둔한 수도사인 성 바울, 성 프리스카, 성 테클라의 표지이다. 카타콤catacomb(초기 크리스트 교의 지하묘지)의 회화에 그려진 사자굴 속의 다니엘의 이야기는 신이 선민善民을 구제함을 상징한다.("다니엘" 6) **이집트**: 사자는 보호, 수호자를 나타낸다. 사자는 태양원반과 함께 그려지면 태양에 속하고 초승달과 함께 그려지면 달에 속한다. 몸의 앞과 뒤에 머리가 달린 사자는 일출의 태양신과 일몰의 태양신이다.(혹은 명계의 신 아케루를 나타낸다.) 태양원반과 함께 서로 등지고 있는 모습으로 그려진 두 마리의 사자는 과거와 현재, 또는 어제와 내일을 의미한다.(혹은 명계의 신 아케루 또는 루아테이 신[세프와 테프너트]을 나타낸다). 암사자는 세크메트 여신과 태모신을 상징하며 모성母性을 나타내지만 세크메트로서의 사자는 복수를 나타내기도 한다. 사자는 태양원반과 함께 묘사되면 태양의 신 라를 상징하고 초승달과 함께 그려지면 〈사자를 재판하는 신〉인 오시리스 신을 상징한다. 테프너트 여신의 머리는 암사자이다. **그리스**: 사자는 태양신 포에보스, 아르테미스 여신, 태모신 퀴벨레, 운명의 여신 튀케, 고르곤의 세 자매 그리고 때때로 디오뉘소스 신을 뒤따른다. 사자는 태모신 퀴벨레와 헤라 여신의 전차를 끈다. 사자의 가죽은 영웅 헤라클레스의 부수물이다. 장례의 상징인 네메아 nemea의 사자와 격투하는 헤라클레스는 죽음을 극복하는 태양 영웅이다. **유대 교**: 사자는 강력함, 잔인함의 상징이다.("욥기" 38:39, "베드로 전서" 5:8) 날개가 달린 사자는 남쪽을 의미하며, 〈유대 민족의 사자〉를 나타낸다.("창세기" 49:4) **힌두 교**: 사자는 비슈누 신의 4번째 화신(누리 신하)이다. 머리는 사자이고 나머지는 인간의 모습을 한 것은 불의 신 아그니이다. 암수 두 마리의 사자는 샤크타와 샤크티를 나타내며, 수사자는 〈지고至高의 주인〉인 리듬을 나타내고 암사자는 리듬을 탄 말 word의 힘을 나타낸다. 사자는 북쪽의 수호자이며, 대여신大女神 데비의 부수물이며, 또한 아수라를 퇴치한 여신 두르가의 부수물이다. **이란**: 왕위, 태양의 힘, 빛을 나타낸다. **이슬람 교**: 악으로부터 보호함을 나타낸다. **일본**: 사자는 〈백수의 왕〉이며, 〈백화百花의 여왕〉인 모란과 함께 그려진다. **미트라 교**: 사자는 태양에 속한다. 이니시에이션의 제4단계의 칭호이다.(대大카라스[코크라스]→신부[닌후스]→병사兵士[미레스]→사자[레오]→페르시아 인[페르세스]→태양의 사자使者[헬리오도로무스]→아버지[파테르]) 사자의 머리를 한 크로노스 신은 〈아이온〉이나 만물을 삼켜 버리는 시간과 운명을 상징하며, 화염으로서의 태양을 나타낸다. 일설에 의하면 사자가 황소와 결합되면 죽음을 상징하며, 수사슴과 함께 그려지면 죽음의 순간을 상징한다. **로마**: 사자는 태양의 불과 왕위를 나타내며, 태양신 아폴로, 영웅 헤라클레스, 운명의 여신 포르투나의 부수물이다. 또 흉포한 죽음의 힘을 나타내는 동시에 죽음을 넘어서는 인간의 승리를 의미한다. **도교**: 비단으로 둘러싸인 속이 빈 '금옥錦玉'(수구琇球)이나 '사자옥獅子玉'은 〈무無〉, 비어 있음, 의식의 소멸을 의미한다.

**Lizard** 도마뱀 도마뱀은 달에 속하는 동물이며, 습윤원리의 상징이다. 혀가 없으며, 이슬을 먹고 산다고 생각했기 때문에 침묵을 보통 상징하게 되었다. 그리고 이집트와 그리스의 상징체계에서는 신의 예지와 행운을 뜻하며, 세라피스 신과 헤르메스 신의 부수물이다. 조로아스터 교에서는 악령 아흐리만과 악의 상징이다. 도마뱀은 사바지오스 신의 부수물이며, 〈사바지오스의 손〉(→HAND의 그리스)에는 보통 도마뱀이 그려져 있다. 로마 신화에서 도마뱀은 겨울잠을 잔다고 여겨졌기 때문에 죽음과 부활의 상징이다. 도마뱀 타로타로는 오

스트레일리아 원주민의 문화 영웅이다.

**Loaf/Loaves** 빵덩어리 빵덩어리는 곡물(→CORN)과 마찬가지로 풍요, 자양분, 생명의 상징이다. 역사가 요세푸스에 의하면 유대 교의 상징체계에서 〈신전神殿〉의 제단 위에 올리는 열두 개의 떡은 일 년 열두 달을 나타낸다. 열두 개의 떡은 또한 〈이스라엘의 열두 부족〉과 〈황도십이궁〉을 상징한다고 한다.

**Lobster** 가재 **일본**: 장수長壽, 축하, 경사, 특히 신년 축제나 잔치와 연관된다.

**Lodge** 오두막 **아메리카 인디언**: 정화와 재생의 장소로서의 스웨트 로지sweat lodge(인디언 식의 한증막)는 오두막 전체가 〈위대한 영靈〉의 육체이다. 오두막의 둥근 모양은 세계 전체를 나타내며, 오두막 가운데에서 올라오는 증기는 정화淨化와 영적 변신을 행하는 〈위대한 영〉의 드러난 모습이다. 컴컴한 오두막에서 밖으로 나가는 것은 모든 부정과 과오를 없앤다는 의미이다. 또한 〈선 댄스 로지sun dance lodge〉(태양춤을 추는 오두막)는 성스러운 〈중심〉이며, 오두막 한가운데 서 있는 기둥은 우주축宇宙軸으로, 하늘과 땅을 연결해서 천지간의 교류를 가능하게 하고 〈위대한 영〉의 상징인 태양에 이르는 길을 나타낸다. 오두막이나 티피의 꼭대기에 하늘로 향해 뚫려 있는 구멍은 하늘과 영적인 힘으로 향하는 길이다.

**Loom** 베틀 베틀은 숙명, 시간, 운명의 실을 잣는 것을 나타낸다. 페넬로페와 아라크네의 부수물이다.→WEAVING

**Loop** 고리→BONDS

**Lost Object** 잃어버린 물건 잃어버린 물건을 찾는 것은 생명, 불사不死, 영적靈的인 보물, 깨달음, '값진 진주'("마태복음" 13 : 46)를 찾는 것을 상징한다. 이것은 또

한 〈잃어버린 말씀〉, 〈성배聖杯〉, 〈낙원〉 찾기를 상징한다.

**Lotus 연蓮, 연꽃** 동양의 연은 서양의 백합이나 장미처럼 보편적인 상징이다. 연은 태양과 달에 속하며, 삶과 죽음을 나타낸다. 이집트와 힌두 교의 태양신, 셈 족의 달의 신과 함께 나타나며, 또한 달의 여신으로서 〈태모신太母神〉과 함께 나타낸다. 연은 '〈태초부터 있었던 꽃〉, 〈대해大海〉의 영광스러운 백합'이며, '존재가 태어났다가 사라져가는 그곳'이다. 연은 우주가 존재하기 전의 혼돈의 바다를 떠다니다가 솟아나온 우주이며, 그것은 세계가 시작될 때 연에서 솟아나온 태양과 같았다. 연은 태양의 불이 가지는 위대한 창조력과 달에 속하는 대해의 힘이 서로 작용한 결과이며, 〈빛의 꽃〉이다. 태양과 바다가 만들어낸 연은 불과 물로서의 영靈과 물질, 즉 모든 존재의 근원을 상징한다. 연은 '존재의 보편적 기반이며, 무한한 가능성의 바다에서 피어난다.' 또한 연은 태양의 모체이다. 일출과 함께 피어나며, 일몰과 함께 지는 연은 태양의 재생을 나타내며 그래서 모든 부활, 창조, 풍요, 재생, 불멸을 상징한다. 연은 또한 아름다움의 완성을 상징하기도 한다.

피어난 연꽃은 태양의 모형으로서의 수레바퀴와 연관되며, 존재가 영겁회귀하는 장미 모양의 태양 바퀴로 나타난다. 피어 있는 연꽃은 또한 여성적 수용원리의 잔(→ CUP)을 나타낸다. 신플라톤주의 철학자 이암블리쿠스에 따르면 연은 잎과 꽃과 과실이 모두 둥글기 때문에 완전성을 상징한다. 연은 진흙 속에 뿌리가 생기고 흐린 물을 지나서 위로 뻗어나며 태양 빛과 하늘의 빛 속에서 피므로 영적靈的인 개화를 상징한다. 연의 뿌리는 불변성, 덩이줄기는 인간을 그 기원에 연결시켜주는 탯줄, 꽃은 태양빛의 모양, 연밥은 창조의 풍요성을 나타낸다. 연꽃은 안식의 물에 떠서 고요하게 피어난다. 그 꽃봉오리는 모든 잠재력을 나타내며, 벌어진 꽃은 전개展開, 깨달음, 그래서 현현顯現 세계의 우주륜宇宙輪을 상징하며, 연밥은 창조, '수면에서 움직이는 자'를 나타낸다.(연의 씨는 씨 하나하나가 가운데에서 자라면 연밥에 있는 구멍보다 커지게 되므로, 연밥이 터지면서 밖으로 튕겨나가 물에서 이동하며 뿌리를 내리게 된다.)

연은 또한 흙탕물에서 살기 때문에 청순한 초인적 존재나 신적 존재의 탄생을 상징한다. 연에서 태어난 신들은 물로 이루어진 원소들에서 생긴 세계를 상징하며, 이런 경우에 연은 원초의 혼돈의 바다에서 떠오르는 태양을 나타낸다. 연은 태양과 달의 양쪽에 속해 있으므로, 남녀추니, 자립한 존재, 청순함, 무구無垢를 나타낸다. 연에서 솟아오르는 불꽃은 신의 계시를 나타냄과 동시에 물과 불, 태양과 달, 남자와 여자 등 이원적인 힘의 통일을 상징한다. 연의 꽃과 잎은 둘 다 어떠한 존재의 층도 떠받쳐줄 수 있는 힘의 근원이 된다. 아시리아, 페니키아, 히타이트 문명과 그리스·로마 미술에서 연은 장례나 매장의 의미를 지니며, 죽음과 재생, 부활과 내세, 자연의 재생력을 상징한다.

황소와 함께 그려진 연은 태양에 속하며 태양신과 연관되지만, 암소와 함께 그려진 연은 달에 속하며, 달의 여신의 부수물이다. 연은 사자, 양, 사슴, 거위, 백조, 뱀과 함께 그려지기도 한다. 코브라와 함께 그려진 연은 생명과 죽음을 담당하는 〈태모〉의 힘을 나타내며, 또한 현현 세계의 이원성, 다른 말로 하면 궁극적 통일로 향하는 변화의 과정에서 발생하는 대립물 사이의 긴장을 나타낸다. 〈천 개의 꽃잎이 있는 연〉은 태양, 하늘의 돔, 그래서 인간의 경우에는 두개골을 나타낸다. 〈연화좌蓮華座〉는 우주에서의 완전한 수용적 조화, 영적 완성의 정점을 상징한다. 두 송이의 연꽃은 〈천상의 호수〉와 〈지상의 호수〉를 나타낸다. **고대 근동**: 연은 일설에 의하면, 태양신과 함께 나타나면 태양에 속하며, 태모와 함께 나타나면 달에 속한다고 한다. 또 창조와 생성력을 나타낸다. 장례식과도 연관되어 생사生死, 부활, 불사不死를 상징한다. **불교**: 연은 원초의 바다, 현상계와 그 가운데에서 생긴 인간의 잠재적인 힘, 영적 개화, 예지, 열반을 나타낸다. 덩이줄기는 영적 완성의 정점으로서 연옥좌蓮玉座의 꽃을 지탱해주는 〈우주축宇宙軸〉이다. 연은 연에서 올라오는 불꽃으로 나타나는 부처의 성화聖花이며, '연이라는 보석'의 중심은 부처이다. 부처는 또한 활짝 핀 연꽃의 옥좌(연화좌)에 앉아 있으며, 이 연꽃은 중국 불교에서는 〈팔길상인八吉祥印〉(→BUDDHIST SYMBOLS) 중의 한 가지로 친다. '마음의 연'은 태양에 속하는 불이며, 또한 모든 것을 먹어치우며 보이지 않는 존재로서 모든 존재를 펼쳐 보이는 〈시간〉의 상징이고 그 외에 평화, 조화, 통합을 상징한다. 완전히 핀 연꽃은 수레바퀴 모양으로서 〈존재의 바퀴〉(→ROUND OF EXISTENCE)를 나타내며, 또한 아미타불阿彌陀佛(무량광불無量光佛), 관음보살, 미륵불彌勒佛을 상징한다. 보살은 아직 피지 않은 연꽃 위에 서 있다. 영적으로 피어나는 연 위에 놓인 깨달음의 책은 모든 부처의 어머니인 백다라보살白多羅菩薩의 부수물이다.(→아래의 **힌두 교**[여신 스리 라크슈미]) **중국**: 연은 청순, 완전성,

고적 이집트의 비문碑文(위)과 18세기 인도 그림(아래)에서 양쪽에 그려진 연蓮은 시원적이며 궁극적인 그릇이며, 또한 인간 존재에 깃든 신적인 것을 받아들이는 그릇이다.

Lowness/The Low

영적인 은혜, 평안, 선녀, 여름, 다산을 상징한다. 연은 또한 봉오리, 꽃, 씨를 동시에 품고 있기 때문에 과거, 현재, 미래를 나타낸다. 연은 흙탕물에서 자라지만 더러움을 알지 못하는 귀인을 상징한다. **이집트**: 연은 '지성의 불꽃,' 창조, 다산, 재생, 불사, 왕권을 상징한다. 연은 상이집트를 나타내는 표지이다. 하이집트를 나타내는 것은 파피루스이다. 연과 파피루스를 함께 그리면 두 이집트의 합일을 나타낸다. 연은 '연의 〈남男〉He of the lotus,' '태양의 들판에서 자라난 청순한 연'(「사자死者의 글」)이며 호루스 신의 성스러운 식물이다. 호루스의 네 자녀는 오시리스 신 앞의 한 송이 연꽃 위에 서 있다. 연은 테베의 신 아몬 라와 결부되면 태양에 속하지만 여신 하토르가 들면 달에 속하며, 여신 이시스의 상징물로서는 다산을 비롯해서 청순, 처녀성, 〈처녀인 모신母神〉을 나타낸다. 이집트의 도상체계圖像體系에서 연은 황소, 사자, 숫양, 그뤼폰, 스핑크스, 뱀과 함께 나타난다. **그리스·로마**: 연은 아프로디테/베누스 여신의 표지이다. **힌두교**: 연은 보이는 세계의 수동적인 측면, 대지의 최고最高의 형상, 영속적 실체가 가지는 출산력, 수면에서 움직이는 것, 자기 생식을 하는 것, 자기 스스로 태어나는 것, 개화, 영원한 재생, 초인간적 출신, 청순, 아름다움, 장수, 건강, 명성, 특히 자녀들에게 일어나는 행운을 의미한다. 연은 또한 태양의 모체이며, 태양에서 태어난 브라마 신의 옥좌의 역할을 하고 있다. 불의 신 아그니도 역시 연에서 태어났다. 태양에 속하는 것으로서 연은 태양신 수르야와 비슈누의 표장이며, 달에 속하는 것으로서는 '습윤의 여신' 또는 '비슈누 신의 애인'이거나 아내인 여신 스리 락슈미(또는 여신 파드마)의 상징이다. 연은 수면에 머물러 있다가 태양빛을 향해서 열리는 것으로 푸루샤(영아靈我)와 프라크리티(근본물질)의 상호작용을 상징한다. 사원의 문지방에 심어진 연은 그곳이 신의 집임을 나타내며, 신자에게 요구되는 청렴과 청순한 마음을 상징한다. 세 개의 덩이줄기가 있는 연은 시간의 세 가지 모습(과거, 현재, 미래)을 나타낸다. 연꽃의 중심은 〈우주축〉으로서의 메루 산을 상징한다. 따라서 연은 세계의 상징이다. 차크라(→CHAKRA) 하나하나는 연의 모습으로 그려진다. 이와 관련하여 쿤달리니(→KUNDALINI)가 잠을 깨면 차크라가 열리고 나서 회전하게 되므로 연은 수레바퀴의 상징과도 연관된다. **이란**: 연은 태양에 속하며, 빛을 상징한다. **마야**: 지상계는 수련이 피어 있는 수면에서 쉬고 있는 거대한 악어의 등이라고 생각했다. **도교**: 황금 꽃(→GOLDEN FLOWER), 현현 세계의 바퀴, 영적 개화, 마음을 뜻한다. 연은 〈팔선八仙〉 중의 하나인 하선고何仙姑의 표지이다.

**Lowness/The Low** 낮음/낮은 것  낮은 위치는 열등함, 복종, 자기 비하를 상징한다. 낮은 지위는 무릎을 꿇는 행동과 엎드려 절하는 자세로 나타낸다. 악惡은 내려감과 마찬가지이며 반대로 선은 높음과 올라감으로 상징된다.

**Lozenge** 마름모  마름모는 여성적 창조원리, 여성의 음문陰門을 뜻하며 풍요 여신의 생명의 상징이다. 중심에 점이 있는 마름모는 여성의 치부를 나타낸다.

**Lungs** 폐  **중국**: 내적 상념想念의 원천으로서 정의의 자리이다.(오상五常의 의義) 〈팔길상인八吉祥印〉(→BUDDHIST SYMBOLS)의 한 가지이며 천개天蓋가 부처의 폐를 상징한다.

**Lute** 류트, 거문고  중국: 거문고는 천자天子와 재상宰相의 융화, 우정, 결혼생활의 행복을 뜻한다. 문예文藝(일반적으로는 책), 회화, 바둑과 더불어 문인을 나타내는 4 가지 상징 중의 하나이다. **크리스트교**: 류트를 연주하는 오르페우스는 초기 크리스트 교에서는 예수의 복음에 이끌린 자들을 나타내는 상징으로 사용되었다. 오르페우스의 류트 소리를 듣는 얌전한 들짐승들은 예수(〈선한 목자〉→SHEPHERD)에 의해서 누그러진 인간의 격정을 나타낸다. **그리스**: 〈선한 목자〉로서의 오르페우스는 중개자이며, 그가 연주하는 류트는 조화, 자연을 다스리는 힘들이 화해함을 상징한다. 류트를 연주해서 들짐승들을 매혹시키는 것은 갈등을 소멸하고 극복하는 자기 인식과 자제심을 나타낸다.

**Luxury** 음란  음란은 산양, 돼지, 원숭이로 상징된다. 또한 네 발로 기게 된 철학자 아리스토텔레스도 음란을 상징하며 바구니 속에 매달려 있는 시인 베르길리우스도 음란의 상징이다.

**Lynx** 살쾡이  '살쾡이의 눈lynx-eyed'이라는 말은 예리한 시각을 상징한다. 살쾡이는 벽을 투시할 수 있다고 믿어졌다. 크리스트 교에서 살쾡이는 예수의 경계심을 나타낸다. 문장紋章에서는 부주의를 경계함, 예리한 시각을 상징한다.

**Lyre** 리라  리라는 우주의 기저基低에 놓인 숫자상의 조화의 상징이다. 리라의 7 음계는 천구天球의 조화를 나타내며, 일곱 현은 7개의 혹성에 대응한다.(근대 이전에는 명왕성, 해왕성이 아직 발견되지 않았기 때문에 혹성의 수는 7개였다. 또한 각 혹성은 동심원의 층으로 이루어진 천구의 궤도를 돌고 있었으며, 천구의 마찰로 인해서 조화의 음악이 만들어진다고 생각했

오르페우스의 죽음을 나타낸 고대 그리스의 도자기 그림. 오르페우스가 손에 들고 있는 리라는, 동물로서 구현되는 본능적 생명을 규율의 리듬에 따르게 하는 힘이 오르페우스에게 있었음을 나타낸다.

다.) 네 개의 현은 (그리스 철학자 프로클루스에 의하면) 4대 원소 즉, 희박하여 가늘게 움직이는 〈불〉, 희박하여 둔하게 움직이는 〈공기〉, 농밀하여 예리하게 움직이는 〈물〉, 농밀하여 둔하게 움직이는 〈땅〉을 상징한다. 리라는 서정시와 연애시의 여신 에라토(→MUSES), 아폴론 신, 오르페우스 신, 하르모니아 여신, 바람의 신 아이올로스의 부수물이다.

# M

**Mace** 메이스, 철퇴  메이스는 절대적인 권위, 권력, 관직을 상징한다. 다이아몬드로 된 메이스에 대해서는 도제(→DORJE), 바즈라(→VAJRA), 여의如意(→JU-I) 항을 참조. 7개의 머리가 달린 메이스는 수메르인들 사이에서는 전투의 상징이다.

**Magnolia** 목련  중국 : 자존심, 뽐내기, 봄, 여성의 매력과 아름다움을 뜻한다.

**Magpie** 까치  중국 : 까치는 '기쁨을 가져다주는 새'로 행운을 상징한다. 까치의 울음소리는 기쁜 소식, 손님의 방문을 나타낸다. 청青나라 시대에는 황제에 의한 통치를 나타내기도 했다. **크리스트 교** : 악마, 사탄, 낭비, 방탕을 뜻한다.

**Maize** 옥수수  미국에서는 옥수수가 유럽의 밀(→CORN)과 같은 상징성을 가진다. 유럽과 지중해 문명에서 옥수수는 생명을 키워주는 대지의 힘으로서의 〈태모신太母神〉을 상징한다. 또한 풍요, 영양분, 평화를 나타내기도 한다. 포니 족(아메리카 인디언의 한 부족)과 그밖의 종족들에게 옥수수의 속대는 생명의 상징이다.

**Makara** 마카라→FABULOUS BEASTS

**Mallet** 나무망치  나무망치는 권위, 명령하려는 의지, 남성적 힘을 의미한다. 나무망치는 부분적으로 천둥신이 지니고 있는 망치와 같은 상징성을 가진다. **켈트** : 천둥신 수셀로스가 지닌 물건이다. **중국** : 나무망치와 정鑿은 천둥신인 뇌공雷公의 부수물이다. **일본** : (두드리면 원하는 물건이 나온다는 타출打出의 소추小槌) '창조의 해머,' 남자와 여자의 힘의 합체를 나타내며 행운을 의미한다.

**Mallow** 아욱  중국 : 정적, 평안, 소박, 겸허를 뜻한다.

**Man** 인간, 남자  우주와의 관계에서 인간은 소우주이며, 대우주와 4대 원소의 반영이다. 즉 육체는 땅, 몸의 열은 불, 혈액은 물, 그리고 숨은 공기에 해당한다. 게르만과 오세아니아를 제외한 전통문화에서 남성원리는 태양과 하늘에 의해서 상징되었다. 또한 남성원리의 상징으로서는 남근, 관통, 직립 혹은 열과 관계된 모든 것―태양, 칼, 창, 작살, 화살, 던지는 화살(다트), 가래, 쟁기, 뱃머리, 기둥, 막대기, 솔방울, 오벨리스크(첨탑), 불, 화염, 횃불 등―이 있다. 인도에서는 남근상男根像 링가(→LINGA)와 샤크티, 그리고 양陽의 힘 등이 남성의 상징이다. 아메리카 인디언의 상징체계에서 남성원리는 흰 독수리의 깃털로 상징된다. 도교에서는 〈천天〉, 〈지地〉, 〈인人〉의 3대 요소(삼재三才―「역경」"계사하전繫辭下傳" 10장) 중에서 인간이 중심을 이루고 있으며 하늘과 땅을 매개하여 조정하는 것이 사람이다. 이슬람교에서 인간은 우주적 존재로서 '〈신〉과 〈우주〉를 이어주는 연결끈'을 나타낸다. 수피sufi 교파(금욕, 신비주의 경향의 이슬람의 한 교파)에서 인간은 '우주적 존재의 상징'이다.('인간은 자신의 모습 속에서 신의 자태와 우주의 자태를 결합한다.'—
신비사상가 이븐 아라비)

**Manacle** 수갑→BONDS

**Mandala** 만다라曼陀羅 만다라는 마음 속의 이미지이면서 실제로 그려지는 일종의 상징적 도형으로, 전형적으로는 사각형을 둘러싸고 있는 원의 모습이다. 중심적인 상징이 인물상인 경우도 있다. 만다라는 존재 세계의 원형에 해당하며, 명상이나 환시幻視를 통해서 형성되는 체계이고, 〈세계상〉을 나타내며 성스러운 공간을 둘러쳐서 보호함, 성스러운 중심의 관통, 전체성, 우주적 지성, 통합을 상징한다. 만다라는 질적으로는 영靈을 나타내고 양적으로는 존재 세계를 나타낸다. 만다라의 격자 모양을 이룬 사각형은 이원적이면서도 보완적인 우주원리를 나타내며 전체로서는 우주의 드라마와 혼의 순례를 재현하는 의미이다. 만다라는 우주령宇宙靈을 상징하며 푸루샤(영아靈我)의 의식적儀式的이고 도형적인 형상이다. 만다라의 중심은 〈태양〉 또는 〈하늘의 문〉이며, 하늘로 통하는 길이기도 하다.

힌두 교의 사원은 만다라로 건축되는데 우주의 여러 가지 모습을 상징하고 동서남북으로 열린 문 또는 창문으로 설계되어 있다.(403쪽 그림 참조) 오체五體로 조합되어 있는 성상(오존상五尊像)은 중심 주위를 회전하는 4개의 기점基点 — '〈시간〉과 〈공간〉 속에서 스스로 회전하는 자아' — 을 나타낸다. 중심과 4개의 기점으로 이루어지는 다섯 개의 점은 인체의 다섯 부위(지수화풍공地水火風空에 대응하는 정수리, 얼굴, 가슴, 배꼽, 무릎), 다섯 부처(대일大日, 아축阿閦, 보생寶生, 아미타阿彌陀, 불공성취不空成就), 오부족五部族(불佛, 금강金剛, 보寶, 연화蓮花, 갈마羯磨)을

나무망치와 술잔을 손에 든 천둥신 수셀로스.

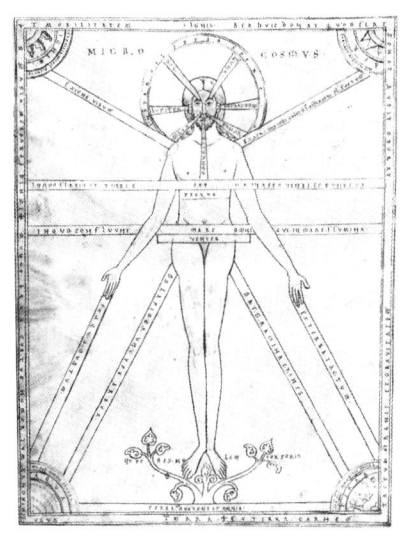

소우주인 인간을 나타내는 예수로 우주의 모든 성질, 힘, 요소, 그밖의 특성이 이 예수 가운데에 완전히 반영된다.

나타낸다. 이 오부족은 시바 신의 다섯 개의 얼굴에 각기 대응한다. 즉 1. 서쪽은 흰색으로 사드요야타(세계의 창조), 2. 북쪽은 황색으로 바메데바(세계의 유지), 3. 남쪽은 흑색으로 아고라(일의전주一意專注), 4. 동쪽은 적색으로 타트푸루샤(윤회의 암흑), 5. 중심은 녹색으로 이샤나(또는 사다-시바)(창조의 힘)(해탈에의 과정)이다. 동시에 다섯 개의 점은 다섯 지혜를 상징한다. 다섯 지혜는 여러 가지 여래상으로 나타난다. 즉 1. 대일여래(광휘)는 거울처럼 원형을 반영하는 지식法界體性智으로 〈중심〉, 〈축〉, 흰색을 상징한다.(이 설명은 다음 아축여래의 설명에 포함되어 있는 교의에 합치한다.) 2. 아축여래(부동不動)는 원초의 의식大圓鏡智이다. 유일, 금강金剛, 동쪽, 청색을 상징한다. 3. 보생여래(보탄寶誕)는 만물의 근원은 하나로 이루어져 있다는 지식平等性智으로 보석, 남쪽, 황색을 상징한다. 4. 아미타여래(무량광無量光)는 〈하나되는 존재〉를 수많은 사물로서 인식하는 지혜妙觀察智로서 연蓮, 서쪽, 적색을 나타낸다. 5. 불공성취여래(아주 확실한 성공)는 힘과 활력으로서의 지혜成所作智, 칼, 북쪽, 녹색을 상징한다. 만다라에 등장하는 악령障은 광명을 향해 나아가는 인간을 방해하는 영적이고, 정념적情念的인 힘의 공포스러운 면을 나타낸다. 만다라는 지상에 실현되는 천계의 질서를 나타내는 가로 세로 8개(8×8=64개)의 정방형, 또는 우주에 연결되어 우주를 포괄하는 가로 세로 9개(9×9=81개)의 사각형을 기본으로 한다.

**Mandorla** 만돌라, 타원형 후광後光 만돌라는 〈타원형 후광〉(→VESICA PISCIS) 또는 물고기 모양(ichthus, 고대 크리스트교도들이 예수의 상징으로 사용했음)으로 아몬드 형의 후광(→ALMOND)을 말한다. 신성함을 나타내는 '신비의 아몬드'로 성스러움, 성스러운 물건, 처녀성, 여성의 음문陰門을 상징한다. 또한 만돌라는 문, 통로를 의미하는데, 좌우의 원호圓弧는 대립하는 두 개의 극 또는 이원성을 상징한다. 또한 만돌라는 불꽃——〈영靈〉의 상징, 또는 영혼의 원리의 현현顯現으로서의 불꽃——을 나타내는 의미로 사용될 수도 있다.

**Mandrake** 맨드레이크, 흰독말풀(가지과의 유독식물로 뿌리가 두 갈래로 갈라져 인체와 흡사한 모양을 한 식물) 생명을 부여하는 〈태모太母〉의 상징이자 마력을 가진 풀로 마녀 키르케의 표지이다. 유대교의 상징체계에서는 임신, 풍요를 나타낸다. 요술에서는 마력의 상징이다.

**Maniple** 매니플, 성대聖帶(가톨릭 사제가 미사 집전 때 왼팔에 걸치는 장식띠) 크리스트 교 : 예수를 묶는 데 사용된 족쇄나 결박을 의미한다. 참회, 잠들지 않고 경계함, 선한 일 등을 나타낸다.

**Manna** 만나 만나는 하늘에서 떨어진 음식, 영혼의 양식, 천국의 빵("출애굽기" 16), 신의 은총을 뜻한다. 만나는 〈생명의 나무〉 타마리스크에서 배어나온다고 한다. (실제로는 타마리스크에 붙어 사는 만나충 manna蟲의 분비액) 일설로는 만나가 대추야자와도 연관된다고 한다.

**Mantis** 버마재비 아프리카의 부시먼 사이에서 버마재비 즉 사마귀(→PRAYING MANTIS)는 협잡꾼을 뜻한다.

**Mantle** 망토 망토는 사람을 수호하고 보호하는 것이자 동시에 은둔, 신비, 힘 또는 특정한 신분을 나타낸다. 의식儀式에서는 망토를 걸치는 것이 변신을 상징한다. 〈하늘의 여왕〉으로서의 〈태모太母〉가 입

우주 원리를 나타내는 만다라.

는 망토는 대개 하늘색인 경우가 많다.

**Mantra/Japa** 진언眞言, 다라니陀羅尼/주문 외우기(진언은 부처의 말이고 다라니는 범문梵文을 외우는 일) 진언이란 신성神性의 음성적 형태로, 신의 이름이나 모습에 상응하는 것이다. 우주적 창조의 진동, 발성된 언어, 시원적始原的인 음, 강력한 언어이다. '주문 외우기'는 성스러운 이름을 반복적으로 불러 끊임없이 그 이름을 상기시키는 행위이다. 진언은 주문으로 소리내어 외우는 신적인 이름 또는 음절을 가리킨다.(진언은 '사념하는 그릇'을 의미하며 신에게 바치는 찬가, 신의 이름, 신이 지니는 물건에 대한 찬송의 언어이다. 다라니는 부처의 가르침의 정수를 뽑은 것으로 신비적인 힘을 가진 주문이다.)

**Maple Leaf** 단풍잎 단풍잎은 캐나다를 나타내는 표장이다. **중국과 일본**: 가을, 사랑하는 남녀의 상징이다.

**Mare** 암말→HORSE, STALLION

**Marigold** 금잔화 금잔화는 충실함을 상징한다. 중국에서는 '만수국萬壽菊'이라고도 불리며 장수를 상징한다. 힌두 교에서는 크리슈나 신의 꽃이다.

**Marriage** 결혼 결혼은 대립물의 화해, 상호작용, 합일이자 신과 지상 세계가 관계를 맺는 것을 의미한다. 신과 여신, 신관과 무녀, 왕과 여왕의 〈성혼聖婚〉은 하늘과 땅, 태양과 달, 태양의 황소와 달의 암소의 신비한 결합을 나타낸다. 천지의 활력, 가축의 다산多産, 곡물의 풍작은 이들의 성혼에 의한 것이다. 또한 결혼은 영적靈的 합일을 상징한다. 즉 대립자가 서로 상대에게 자신을 맡기고 생사를 통과해서 합일한 다음 죽음을 계기로 새로 태어나 완전성에 도달하는 것을 나타낸다. 연금술에서 결혼이란 결합, 즉 유황과 수은, 태양과 달, 황금과 은, 왕과 여왕 등의 합일을 의미한다. 크리스트 교에서는 영혼이 〈성스러운 애인〉, 즉 신랑 예수와 결합하는 것을 의미한다.

**Marrow** 골수骨髓 골수는 생명력, 활력, 강함을 의미한다.

**Mask** 가면, 마스크 가면은 보호, 은폐, 변신, 비존재를 뜻하며 다른 것과의 합일을 나타낼 수도 있지만, 자기 동일을 나타내기도 한다. 즉 '가면을 쓴' 군중 속에 매몰되는 것을 의미하기도 하고 역으로 특정한 가면을 씀으로써 자기 동일성을 확립한다는 의미를 나타내기도 한다. 〈신의 가면〉은 현상계의 허망함, 즉 마야를 나타낸다. 성극聖劇에 이용되는 가면은 여러 얼굴로 나타나는 신의 초자연적인 힘을 상징한다. 일반적인 연극에서 사용되는 가면은 평상시에 외면적 인격으로 가려지는 내면적 성격을 상징한다.

동물이나 새의 가면은 인간의 마음이 동물이나 새와 통합되는 것, 낙원상태의 회복을 나타낸다. 또한 이런 종류의 가면은 인간이 배울 수 있는 동물의 본능적 지혜, 받아들일 수밖에 없는 자신 속의 동물성을 나타낸다. 가면은 또한 죽음의 경직을 나타내며, 악마를 쫓는 힘을 가지기도 한다. 고대 그리스에서 가면은 죽음을 관장하는 세 여신 중 하나인 고르곤의 힘을 상징했으며, 극劇에서는 등장인물의 비극적, 또는 희극적 성격을 나타냈다. 희극의 가면은 탈리아(희극의 여신)의 표지이며, 비극의 가면은 멜포메네(비극의 여신)의 표상이다.(→MUSES) 오스트레일리아 원주민의 '덤불 영靈bush soul' 가면은 그것을 쓴 사람이 가면이 가리키는 동물, 새 또는 식물과 일체가 됨을 뜻한다. 아프리카의 부족들 중에는 가면이 거기에 그려진 것의 힘을 상징하고 가면을 쓴 사람이 그 힘을 얻게 된다고 하는 부족이 있다.

**Maypole** 오월제五月祭의 기둥  오월제의 기둥은 우주가 그 주위를 회전하는 〈우주축宇宙軸〉이다. 변화를 뜻하는 잎을 제거한 나무는 불변의 중심축 또는 중심이다. 기둥은 남근을 상징하고, 기둥 꼭대기에 놓인 원반은 여성을 상징하여 두 가지가 함께 풍요를 나타낸다. 기둥에 붙은 7개의 리본은 무지개 색이다. 또한 〈오월제의 기둥〉은 10이라는 숫자를 상징한다.── 기둥의 모습이 숫자 1, 원반의 형태와 기둥 주위를 돌아가며 추는 원무圓舞가 숫자 0을 나타낸다.

〈오월제의 기둥〉은 원래 아티스(그리스 신화에서 여신 퀴벨레의 사랑을 받았던 소년, 여신의 질투로 스스로 거세하고 자살하였음)의 성스러운 소나무, 즉 아티스 제祭에서 행렬에 있던 사람들이 짊어지기도 하고 전차에 싣고 가기도 하면서 여신 퀴벨레의 신전으로 운반해서 숭배했던 소나무에서 유래한다. 이 소나무 뒤를 따라왔던 남녀노소가 나무 주위를 돌며 춤추었다고 한다. 후에 이 의식은 로마의 〈봄의 축제〉인 〈힐라리아 제祭〉로 이어지고 〈메이퀸(오월의 여왕)〉과 〈녹색인Green Man〉을 뽑는 〈오월제〉로 발전하게 되었다.

일설에 의하면 오월제 기둥의 리본은 아티스의 소나무를 묶는 데 사용된 양털로 짠 끈을 암시하는 것이라고 한다. 오월제는 축제 전체가 생명의 재생, 성적 결합, 부활, 봄을 상징한다.

**Maze** 미로 迷路 → LABYRINTH

**Meander** 굽이, 굴곡  굴곡은 구름, 번개, 물의 움직임으로 나선螺旋(→SPIRAL)이 진행하는 경로이다. →LABYRINTH

헤라와 제우스의 성혼聖婚을 나타낸 기원전 7세기 후반의 나무 조각품.

알레우트 족(알류샨 열도의 섬주민)의 죽음의 가면. 이 가면을 쓴 사람은 의례의 참가자들에게 죽음과 만날 수 있게 한다. 그래서 죽음은 끝이 아니라 변화과정에서의 한 통과점에 지나지 않음을 깨닫게 하여, 죽음에 대한 공포로부터 해방시켜준다.

Menat

**Menat** 메나트(고대 이집트 인들이 풍작과 신의 가호를 기원하기 위해서 몸에 지닌 부적. 여러 겹의 구슬로 된 폭이 넓은 목걸이.) 메나트는 이집트에서 권위에 의한 벌이나 힘의 상징이자 근심을 몰아내서 행복과 즐거움을 가져온다는 뜻을 나타내기도 한다.

**Menhir** 선돌, 멘히르  선돌은 남성적 창조력을 나타내는 남근 상징으로 여성의 자궁 입구를 상징하는 고인돌(→DOLMEN)과 대조되며 우주축宇宙軸(→AXIS)이자 제물을 바치는 성소聖所이다.

**Menorah** 메노라(7개의 가지가 달린 유대 교의 장식 촛대)→CANDLE(촛불, 촛대 참조)

**Mermaid** 인어→FABULOUS BEASTS

**Metals** 금속  황금은 태양, 은은 달, 납은 토성, 철은 화성, 수은은 수성, 구리나 놋쇠는 금성을 나타낸다. 또한 비금속卑金屬은 영적으로 재생될 수 없는 인간의 감각 세계를 상징하고 황금은 광명과 영성靈性의 실현을 상징한다. 연금술에서 말하는 비금속은 작업에 의해서 정신적 광명으로서의 황금으로 변용될 수 있는 납을 의미한다. 금속은 대지라는 자궁 속에 들어 있는 태아이다.

**Might** 강한 힘, 완력  강한 힘은 사자, 용, 해머와 망치, 번갯불, 부러진 원기둥圓柱으로 상징된다.

**Milk** 젖, 우유  〈태모신太母神〉의 젖은 신들의 신성한 음식, 신의 자양물이다. 신생아에게 먹이는 우유는 이니시에이션 의식으로 재생의 상징으로서 사용된다. 또한 젖은 가족의 혈연관계, 모성을 상징한다. 의례에서 사용되는 우유는 생명의 액체이다. 베두인 족(아랍의 유목민)은 우유를 파는 행위를 신에 대한 모독으로 간주한다. 젖과 꿀은 특히 생명의 양식이자 〈낙원〉의 음식이며 이니시에이션 의식과 장례의식에서 자주 사용된다. 젖소와 꿀벌은 〈태모신〉의 나무와 결합되어 사용된다. 우유와 물은 영靈의 우유와 물질의 물로 결합되어 사용되기도 하는데 어느 경우든 나약함을 상징한다. 우유, 물, 꿀은 뮤즈들(→MUSES)에게 바치는 헌주獻酒이다. **불교**: 우유는 보리수 밑에서 명상하는 부처의 음식이다. (수자타가 부처에게 바쳤던 우유죽) **크리스트 교**: 로고스는 우유(신적인 영양)이다. 신비스러운 신랑인 교회로부터 받은 하늘의 우유이다.("베드로 전서" 2:2) 또한 우유는 이니시에이션과 포도주의 성찬식 이전에 새로 세례받는 자에게 주는 간단한 가르침을 뜻한다.("고린도 전서" 3:1-2) 신생아의 음식인 젖과 꿀은 새로 세례받는 자에게 준다. 크리스트 교 도상학圖像學에서는 우유통 muletra이 크리스트 교의 영적인 음식, 〈교회〉를 상징하기도 한다. **그리스**: 오르페우스 교敎에서는 신참자가 〈대지의 어머니〉의 자궁으로 들어가 새로 태어나서 〈대지의 어머니〉의 유방에서 나오는 젖을 먹는다. **힌두 교**: 〈낙원天界〉에는 젖이 흘러나오는 나무가 있다. **조로아스터 교**: 소에서 나오는 우유는 신성시된다.

**Mill/Millstone** 맷돌  맷돌은 변화시키는 것, 숙명을 뜻한다. 창조 세계를 만들어내는 우주의 맷돌은 아랫돌下石이 대지, 회전하는 윗돌上石이 하늘인데, 윗돌을 돌리는 하늘신은 〈위대한 돌리는 자great turner〉라고 불린다. 또한 아랫돌, 윗돌은 의지와 지성을 나타낸다. 또한 맷돌은 형벌, 무거운 짐, 분쇄, 견고, 순교를 상징한다. 맷돌은 곡식의 풍요와 관계되며 바퀴를 나타내기도 한다. 북유럽의 신화에서 맷돌은 회전하는 우주를 상징한다. 크리스트 교에서는 성녀聖女 아우레아, 성 크리스티나, 성 칼릭스투스, 성 플로리언, 성 퀴리누스, 성 빈센트, 성 빅토리우스의 표장이며, 또한 부제副祭의 상징이다.

**Minotauros** 미노타우로스(황소의 머리에 사람의 몸을 한 괴물. 크레타 섬의 미노스 왕에 의해서 미궁에 갇힌 채 사람의 몸을 제물로 요구하다가, 미노스 왕의 딸 아리아드네가 준 실을 따라서 미궁을 탈출한 영웅 테세우스에게 죽임을 당한다.) 미노타우로스는 자연의 야만적인 격정, 태양에 속하는 황소, 습윤원리濕潤原理, 태양을 상징하는 영웅 테세우스에 의해서 살해되는 (늪지 따위에서 발생하는) 독기毒氣 등, 여러 의미로 이해된다. 테세우스와 관련되어 미궁은 인생의 고난의 길, 실은 인간 속에 내재된 성스러운 직관을 나타낸다. 미노타우로스는 크레타 섬의 표지이다.

남부 프랑스의 멘히르. 이것은 남근 상징으로 제물을 바치는 신성한 장소를 나타낸다.

**Mirror** 거울  거울은 진리, 자기 인식, 지혜, 정신, '우주의 거울'로서의 영혼, 초자연적이고 신적神的인 지성의 반영, 신의 진리의 밝게 빛나는 표면, 태양과 달과 별에서 반사되어 나오는 최고의 지知를 상징한다. 거울에 비친 영상은 현현顯現 세계(현세)이자, 인간의 자기 인식이다. 거울은 태양의 원반, 천공, 빛으로서 태양에 속하며, 동시에 밝은 빛을 내는 달빛이라는 의미에서 달에도 속한다. 거울은 마력을 가지며, 거꾸로 전도된 세계로 들어가는 입구이다. 사원이나 묘지에 걸린 거울 표면을 아래로 향하게 하는 까닭은 '빛의 축'을 세워 영혼의 상승로로 삼기 위함이다. **고대 근동**: 히타이트 미술에서 거울은 여신女神을, 포도송이는 남신男神을 상징한다. **불교**: 거울은 청정한 영혼, 반영된 진리, 깨달음을 얻은 정신, 형상, 반영된 신체, 성실, 청순을 나타낸다. 반사된 빛으로서의 거울은

5세기 그리스의 꽃병에 그려진 테세우스와 미노타우로스.

윤회輪廻를 나타낸다. 중국 불교에서 거울은 팔보八寶 중 하나이다. **중국** : 성실의 뜻이다. 사각 거울은 대지, 둥근 거울은 하늘을 나타낸다. 금속제 거울의 가운데 장식 돌기紐는 〈우주축宇宙軸〉이며, 〈이기二氣〉(음陰과 양陽)의 평형을 나타내고 중심으로의 도달, 〈태양의 문〉 또는 〈하늘 문〉으로의 도달을 나타낸다. **크리스트 교** : 티 없이 맑은 거울은 성모 마리아를 나타낸다.("잠언" 7 : 26) 성모는 '정의의 거울'이라고 불린다. **힌두 교** : 거울은 모든 형상이 행위業에서 생긴 투영에 불과하며 인간의 사고의 산물에 지나지 않음을 가르쳐준다. **이슬람 교** : '신은 그대가 자신의 모습을 비춰보는 거울이다. 그대가 신의 거울인 것처럼.'(신비사상가 이븐 아라비) '우주는 신의 거울이며 인간은 …… 우주의 거울이다.'(이븐 알-나사피) **일본** : 거울鑑은 (예를 들면 염라대왕의 거울처럼) '고발의 거울'이며 진실을 비추어 허위를 폭로한다. 거울은 신으로서 태양이다. 의식이 행해질 때 신은 신성한 거울에 그 자태를 드러낸다. 진실을 상징하는 거울(팔지경八咫鏡)은 검(천총운검天叢雲劍)과 옥(팔판경곡옥八坂瓊曲玉)과 함께 세 가지 신기神器의 하나이며 태양 여신인 천조대신天照大神의 상징이다. **멕시코** : 거울은 '빛나는' 거울 또는 '불타는' 거울로서 멕시코의 주신主神 〈테스카틀리포카〉의 표지이다. 이 신은 여름의 태양신, 저녁의 달의 신이기도 해서 태양과 달에 모두 속한다. 예언을 전달하는 새는 이마에 거울을 달고 있다. 텍스코코의 왕 네사와르필은 어부가 가져온 새의 이마에서 아스텍 제국의 멸망을 알았다고 한다. **도교** : 자기 인식의 뜻이다. 악은 자신의 본성을 들여다볼 때 투영되는 자신의 공포스러운 모습에 놀라 죽는다. '악은 자기 자신을 알 때 자기 자신을 죽인다.' 또한 거울은 〈성인〉의 마음, 〈성인〉의 평안을 상징한다. '〈성인〉의 마음은 그 고요함으로 천지 만물의 거울이 된다.'(「장자」 "천도편天道篇")

**Mist** 안개 안개는 착오와 혼란의 상태를 나타낸다. 비교祕敎에서는 이니시에이션 의식에서 안개의 상징을 사용한다. 영혼은 안개의 어두움과 혼란을 통과해서 정신적 광명에 도달해야 한다.

**Mistletoe** 겨우살이(겨우살이의 일종으로 기생목寄生木이라고도 한다.) 겨우살이는 생명의 실질, 신적 본질, 만병통치약, 불사不死를 상징한다. 나무도 관목灌木도 아닌 이 식물은 어디에도 속하지 않음, 제한되지 않은 자유스러운 영역을 나타낸다. 따라서 겨우살이 밑에 있는 사람은 어떤 제약도 받지 않는 자유스러운 상태인 동시에 어떤 보호도 받지 못하고 혼돈세계 속에 들어가는 셈이다. 드루이드 교도들과 영웅 아이네이아스가 손에 든 〈황금 가지〉(→BOUGH)는 겨우살이이다. 이것은 신성한 여성원리를 나타내며 남성원리를 상징하는 참나무와 대비된다. 겨우살이는 동지冬至에 이루어지는 재생, 신생을 나타낸다. 겨우살이는 참나무 가지에 벼락이 떨어져서 생겼다는 설이 있는데 그래서 특별한 영적靈的 성질을 가지게 되었다고 한다.(→LIGHTENING) 겨우살이 열매에서 추출되는 액은 육체와 영혼 모두에 영양이 되는 음식이다. 북유럽 신화에서는 겨우살이가 발두르(빛의 신)와 연관된다. 어떤 학자는 드루이드가 황금의 낫으로 겨우살이를 모으는 것은 신 크로노스가 아버지인 하늘의 신 우라노스를 거세한 신화와 관련이 있다고 주장하기도 한다.

**Mitre** 주교관主敎冠 주교관은 권위의

상징으로, 신 에아/오아네스의 사제가 쓰는 물고기 머리 모양의 모자이다. 유대 교 대사제가 머리에 쓰는 것이다.("출애굽기" 28:4) 미트라 교(페르시아)에서도, 가톨릭의 주교도 이것을 사용한다.

**Mole** 두더지 땅 속에서 생활하는 두더지는 지하에 속하는 존재로 암혹의 신들을 나타낸다. 또한 인간 혐오의 상징이다.

**Monkey** 원숭이 원숭이는 뻔뻔스러움, 몰염치, 호기심, 나쁜 장난, 비천한 본능을 상징한다. 눈, 귀 또는 입을 손으로 가린 〈세 가지 신비의 원숭이〉는 '악을 보지 않고, 악을 듣지 않고, 악을 말하지 않는다' (일본에서는 눈 가리고 귀 가리고 입 막은 세 원숭이)를 상징한다. 아스텍: 원숭이는 꽃, 사랑, 쾌락의 신 쇼치피리와 결합됨을 뜻한다. 불교: 원숭이는 〈세 가지 사악한 동물三毒〉 중 하나로 언제나 탐욕스럽고, 게걸스럽게 묘사된다.(→ROUND OF EXISTENCE) 중국: 추악, 교활, 변신에 능함, 악마를 쫓는 힘을 뜻한다. 십이지十二支 중에서 9번째 동물이다. 크리스트 교: 허영, 사치, 악마 사탄을 나타낸다. 힌두 교: 원숭이는 원숭이신 〈하누만〉의 표지이다. 하누만은 바람의 신 바유의 아들로 신통력을 가졌고, 원숭이의 머리를 하고 있는 모습으로 묘사된다.→APE 마야: 〈북극성의 신〉은 원숭이의 머리를 가지고 있다.

**Monolith** 모놀리스, 단일암체單一巖體 (한덩어리로 된 바위) 모놀리스는 통일, 연대, 강한 힘을 상징한다. 〈멘히르(→MENHIR)〉와 동일한 상징적 의미이다.

**Moon** 달 일반적으로 달은 여성적인 힘, 〈태모신太母神〉, 〈하늘의 여왕〉을 상징하므로 남성적 힘의 상징은 태양이다. 다만 아프리카와 북아메리카 인디언의 일부 부족과 게르만, 오세아니아, 마오리 족,

중국 한漢나라 시대의 거울(방격규구경方格規矩鏡)의 뒷면. 〈우주축〉을 상징하는 중앙의 장식돌기紐는 이것을 둘러싸고 있는 원——〈천계天界〉, 즉 진실계——과 그 바깥의 정사각형——〈지상계〉, 즉 가상假像과 반영의 세계——과의 균형을 유지한다.

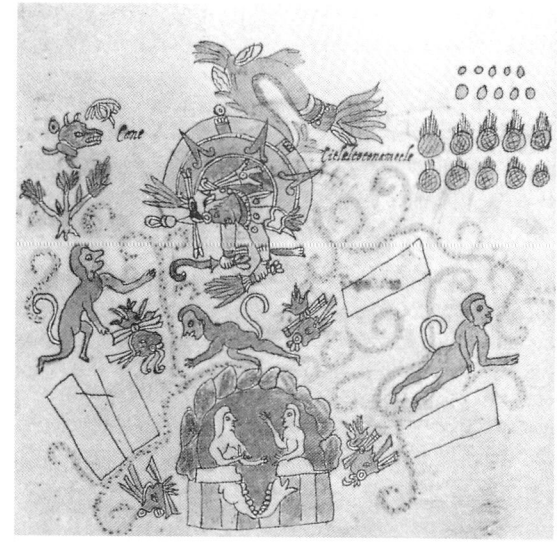

태양의 바람이 파괴되고 인간이 원숭이로 변신하는 모습을 보여주는 초기 식민지 시대 아스텍의 그림.

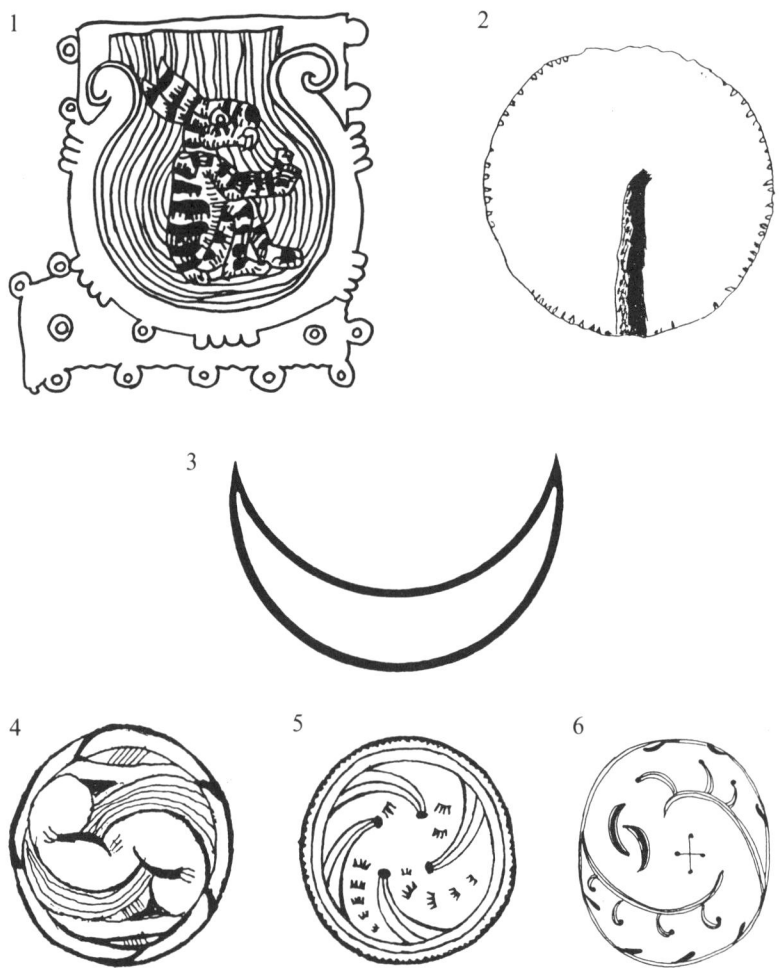

1. 산토끼가 그려져 있는, 달을 상징하는 그릇. 고대 멕시코.
2. 매머드의 이로써 만든 달 원반. 기원전 20,000년. 체코슬로바키아의 브르노.
3. 위를 향해서 바로 누워 있는 신Sin의 달.
4, 5는 사슴(혹은 토끼)의 암컷으로 상징되는 초승달 형태가 그려진 그릇.(기원전 4,000년경. 서부 우크라이나) 그리고 6은 가지친 뿔로 상징되는 초승달 형태가 그려진 그릇.(기원전 4,000년 경. 북서부 우크라이나)

달을 나타내는 신석기 시대의 여러 이미지들.

일본에서는 달이 남성적 풍요의 원리로 사용된다. 남성이든 여성이든 간에 달은 보편적으로 순환적 시간의 리듬을 상징하며 우주적 생성을 나타낸다. 달의 탄생과 죽음, 그리고 부활의 변화는 불사不死와 영원, 영속적 갱신을 상징하며 영적靈的 광명을 나타낸다. 또한 달은 자연의 암흑면 또는 보이지 않는 한 측면, 어둠 속의 영적 빛, 내적 예지叡智를 나타낸다. 게다가 비합리적이고 주관적인 것, 신적인 태양의 빛을 반사하는 의미로서의 인간 이성을 나타낸다. 태양이 낮의 눈目이라면 달은 밤의 눈에 해당한다. 주기적 재창조로서의 달은 〈시간〉과 (시간을 재는) 척도이다. 시간은 무엇보다 달의 모양 변화로 측정하기 때문에 달은 변화를 가져오는 자, 지상에 머무는 인간의 조건인 변화와 고민과 쇠약을 가져오는 자이다. 달은 끝없이 모습을 바꾸기 때문에 생성의 세계를 상징한다. 달은 밀물과 썰물, 강우降雨, 강과 호소湖沼의 물, 홍수, 사계절을 지배한다. 모든 달의 여신은 운명의 지배자, 숙명의 실을 감는 사람이며 때로는 거미줄 한가운데 있는 거미로 묘사되기도 한다. 달의 여신의 표상은 물레의 가락紡錘과 실패이다.

해와 달이 함께 그려진 그림은 성혼聖婚 — 하늘과 땅, 왕과 왕비, 금과 은 등의 성스러운 결혼 — 을 나타낸다. 달이 뜨지 않는 암흑의 3일간은 죽음을 관장하는 신이 명계冥界로 하강하는 기간이며, 그후 이 신은 달처럼 명계에서 상승한다. 보름달은 완전무구, 완성, 힘, 영력靈力을 나타낸다. 반달은 장례식과 결합되어 사용된다. 기우는 달은 불길함, 악마적인 것을 나타내고 초승달과 보름달은 빛, 성장, 재생을 나타낸다.

달의 상징으로 특히 중요한 것은 초승달 또는 황소의 두 개의 뿔 모양이다. 또한 달은 '밤의 신이 타는 밤바다의 빛의 배'이다. 고양이, 여우와 같은 밤의 동물들은 모두 달에 속하며, 특히 모습을 감추는 동물들 — 예를 들면 동면을 위해서 몸을 감추었다가 봄이 되면 다시 나타나는 곰과 같은 동물 — 도 달에 속한다. 달팽이, 산토끼, 토끼, 양서류의 동물 등 강, 호소, 바다에 관계되어 사는 모든 동물들도 달에 속한다. 달에 토끼가 살고 있다는 전설은 세계 각지에 퍼져 있고, 개구리와 두꺼비가 산다는 이야기도 많다. 달에 산다는 두꺼비나 토끼가 세 다리를 가진 것으로 묘사되는 경우가 많은데, 그것은 달의 세 가지 상相인 과거, 현재, 미래를 나타낸다. 또한 달에는 벌로 무거운 통나무를 운반하는 남자가 있다고 하는데, 크리스트 교에서는 그 남자가 카인 또는 가리옷 유다라고 한다. 늙어빠진 노인은 기우는 달을 상징한다. 달의 신은 흔히 삼위일체, 특히 〈3인의 숙명의 여신〉을 나타낸다.(→NUMBERS 항의 3) 나무와 여러 식물들이 달과 연관되는데 예를 들면 힌두 교의 소마(유액을 내는 덩굴식물의 일종), 아메리카 인디언의 옥수수, 남아메리카의 파침바 야자 등이 있다. 셈 족에서는 달의 신이 나무와 관목灌木과 연관된다. **아프리카** : 달은 〈아샹 ashang〉, 즉 시간과 죽음을 나타낸다. 아프리카에는 달을 한 그루의 나무와 연관시키는 종족이나 달을 남신男神으로 삼는 종족도 있다. **연금술** : 달, 즉 은銀은 정화된 정념情念을 나타낸다. 태양과 달은 영혼과 육체, 금과 은, 왕과 왕비이다. **아메리카 인디언** : 달은 '불사의 노파'이며 물항아리를 가진 '물의 처녀'이다. 남아메리카에서는 달이 야자, 옥수수와 연관되며, 북아메리카에서는 한 그루의 나무와 결합된다. 보름달은 〈위대한 영靈great spirit〉(아메리카 인디언의 수호신)의 빛과 비슷하다. 그러나 일부 부족에서는 달이 사악한 신을 나타내기도 한다. **고대 근동**: 달의 신 신Sin은 지혜의 남성신이며 동시에 시간을 계산하는 자이다. 보름달이 뜨는 밤은 기원, 환희, 희생의 시간이다. 신Sin의 달은 위를 향해서 바로 누워 있는 형상을 하고 있다. **점성술**: 달은 인간 속의 동물적인 영혼, 감각의 토대, 성생활과 성충동을 나타낸다. 태양이 마음, 심적 욕망, 성격의 요소를 나타내는 데 비해서 달은 전체적인 행동 유형을 나타낸다. **불교**: 평화, 청징淸澄, 아름다움을 뜻한다. 보름달과 초승달이 뜰 때에 영력靈力이 강해진다. 초승달은 관자재보살觀自在菩薩(관음보살)의 표지이다. 또한 달은 통일, 〈자아〉의 상징이다. '하나의 달'은 모든 수면에 비치고, 모든 달은 〈단 하나의 달〉에서 생긴다.(영가永嘉「징도가證道歌」) 달과 물은 그 무엇에도 구애받지 않는 〈법귀의法歸依〉의 본질을 나타낸다. **중국**: 자연계 속의 여성적인 음陰의 원리의 본질이다. 수동적이고 과감하지 못함을 상징하지만 동시에 불사를 나타낸다. 절구공이와 절구를 가진 달 속의 도끼는 불로불사의 영약靈藥을 조제한다. **크리스트 교**: 십자가 처형의 장면에 묘사되는 태양과 달은 크리스트 교에서의 신성神性과 인간성의 이중성을 나타낸다. 달은 대천사 가브리엘의 거처이며 태양에는 대천사 미카엘이 산다. **이집트**: 달은 '영원을 만드는 자, 불후불멸의 창조자'이다. 초승달은 〈하늘의 여왕〉 이시스(셀레네 여신[그리스・로마 시대])의 가장 두드러진 상징이다. 토트는 달의 신이다. **에스키모**: 달은 '눈雪을 보내는 자'이다. **그리스**: 달은 나무와 연관된다. 달의 여신 모이라이(삼위일체의 모습

시리아의 고대 유적지 팔미라의 부조浮彫로, 달을 남신으로 나타내고 있다. 갑옷, 칼, 그리고 특히 초승달이 남성 풍요신의 공격성과 수정 능력에 결합된 강한 뿔을 암시한다.

을 한 〈운명의 여신〉)는 땅의 신들보다 높은 존재였다. 운명의 세 여신 모이라이(인간의 생명의 실을 잣는 〈클로토〉, 실의 길이를 정하는 〈라케시스〉, 실을 끊는 〈아트로포스〉를 총칭하는 말)는 달이 가진 숙명의 힘을 나타낸다. 오르페우스 교의 상징체계에서, 달은 간장肝臟을 나타낸다.(심장은 우주의 태양에 해당된다.) **힌두 교**: 초승달은 성장이 빠른 신생아를 나타낸다. 또한 초승달은 불로불사의 영약을 담는 그릇이며, 그 즙액을 마시면 신적 존재가 되는 식물 소마soma와 결부된다. **이란**: 달은 신 마로 숭배된다. 태양의 신은 하바르-크샤에타이다. 「젠드 아베스타」(조로아스터교의 근본 경전인 「아베스타」의 주석서)와 「팔레비 문헌」(중세 페르시아 어로 쓰인 조로아스터 교의 문헌)에서는 달이 남성으로 묘사된다. **이슬람 교**: 달은 '연수年數'와 시간의 측정을 의미한다.(「코란」 10 : 5, 17 : 12) 이슬람 교에서는 태음력을 사용한다. 둘로 갈라진 달은 궁극적으로는 통일로 귀결되는 현현 세계의 이원성을 상징한다. 신성과 지고의 통치권의 상징인 초승달은 이슬람 교의 상징이다. 특히 이슬람 교도의 묘지에 묘사되어 있는 〈생명의 나무〉(→TREE)는 그 위에 초승달 또는 보름달이 함께 묘사되어 있다. **일본**: 달은 남성으로 이자나기노 미코토伊邪那岐命 신의 오른쪽 눈에서 생긴 남신 주쿄요미노 미코토月讀命이다. 달에는 절구공이와 절구를 가진 토끼가 살고 있다. **마니 교**: 달은 〈빛나는 예수〉이며 태양은 신 미트라이다. **마오리 족**: '달은 모든 여성의 남편'이고 아버지로서의 신이다. **미트라 교**: 미트라 신앙의 도상학에서, 한 마리 말이 끄는 전차에 탄 신 카우토파테스와 함께 달의 왼쪽에, 네 마리 말이 끄는 전차에 탄 카우테스와 함께 태양은 오른쪽에 묘사되어 있다. **오세아니아**: 달은 남성이며 영원한 젊음을 상징한다. **북유럽**: 풍요의 여신 프레이야가 탄 달의 전차는 달의 고양이가 끈다. **샤머니즘**: 달은 마력의 상징이다. **도교**: 달은 진실, 즉 '어둠 속에서 빛나는 눈目'이다. 달은 음陰이지만 태양과 달이 함께 있으면 광휘를 나타낸다. 달은 초자연적 존재의 상징이다. **게르만**: 달은 남성으로서 신적인 존재이다.

**Mortar** 절구→PESTLE

**Mosquito** 모기 **중국**: 반란과 사악함의 상징이다.

**Moth** 나방 나방은 미너 프쉬케의 모습 중 하나이다.(→BUTTERFLY)

**Mother/Great Mother/Mother Goddess** 어머니/태모太母/태모신 태모는 '자연, 우주의 〈어머니〉, 모든 원소를 지배하는 여주인, 시간의 최초의 자식, 모든 영적靈的인 존재를 통치하는 군주, 사자死者의 여왕이자 동시에 불사不死의 여왕, 존재하는 모든 신들과 여신들의 현현顯現으로서의 한 존재이며 단지 고개를 끄덕일 뿐이지만 빛나는 높은 하늘과 바다의 산들바람, 저승의 슬픈 침묵을 통치한다. 태모는 무수한 모습으로 숭배되며, 또한 무수한 이름으로 불린다. 태모의 비위를 맞추기 위해서 행해지는 갖가지 의식은 헤아릴 수 없을 지경이다.'(고대 로마 작가 아풀레이우스) '그녀는 간호하고 보살펴주는 자, 미리오뉘모스myrionymos(천의 이름을 가진 것)로 불린다. 한마디로 그녀는 무수한 모습과 자태를 가진다.'(플루타르코스) 브라마는 태모신에게 이렇게 기도한다. '당신은 태초의 영으로서 본질은 지복至福이나이다. 당신은 궁극적인 자연이며 하늘의 청명한 빛이며 광명을 받아 공포스러운 윤회

의 자기 최면을 끊습니다. 당신은 항상 당신 자신의 암흑에 우주를 감싸고 있습니다.'

태모는 여성의 전형, 모든 생명의 기원, 원동력과 포용원리로서의 충일充溢이다. 또한 우주 생명의 모든 모습을 상징하며 천계天界 및 명계冥界의 모든 원소를 통일한다. 태모는 〈하늘의 여왕〉, 〈신의 어머니〉, '길을 여는 자'이며 풍요의 열쇠를 가지고 있고 탄생, 죽음, 재생의 문을 지킨다. 〈달의 여신〉으로서의 태모는 영원한 재생을 뜻하며, 사계절의 변화를 가져오는 자, 생명을 주는 강과 바다, 풍요한 대지에서의 성장과 대지의 생명의 부활을 지배하는 자, 즉 〈대지의 여신〉이다. 달로서의 태모는 1년을 28일 주기의 달로 분할하는 시간의 계측자이며 시간으로 운명을 짜는 자이다. 따라서 모든 〈태모〉는 베짜는 사람이자 실잣는 사람이고, 운명의 실로 생명이라는 무늬를 수놓으며 베를 짠다. 이것은 그녀가 인간을 함정에 빠뜨리고 속박하는 힘을 가지고 있지만 동시에 인간을 해방시키고 자유롭게 만드는 힘도 가졌다는 사실을 상징하는 것이다. 태모는 창조자와 파괴자의 양면성을 가지며 교육자, 보호자, 따뜻함과 쉴 곳을 주는 자이면서 동시에 분해와 파괴, 살육의 공포스러운 힘의 체현자이다. 즉 모든 생명의 창조자, 육성자이며 또한 생명을 매장하는 묘지이다.

신화에서 태모는 〈처녀인 어머니〉이자 〈신의 어머니〉로 남자아기를 낳는다. 또한 태모 자신은 자식이자 애인인 자 또는 영靈 또는 의지라는 아버지에 의해서 태어난다. 태모는 〈신의 신부이자 어머니〉이며 동시에 자식 혹은 애인의 죽음을 애도하는 〈슬픔에 잠긴 어머니〉이다. 영적인 의미에서 태모는 완전무구의 전형이며, 자족자립하며(혼자 힘으로 수태하며), 〈빛의 아들〉

# Mother/Great Mother/Mother Goddess

이집트의 태모太母인 이시스의 상이다. 머리 위에 태양과 달을 모방한 뿔은 여신의 지고성至高性을 상징하며, 아들 오시리스를 안고 있는 자세는 크리스트 교의 성모자상을 앞서 보여준다.

아스텍의 태모太母인 틀라솔테오틀로, 여신 이시스나 성모 마리아처럼 천상적인 고고함은 없지만, 웅크린 채로 얼굴을 찡그리고서 산고産苦와 창조의 고통을 견디고 있다.

기원전 25000년경의 빌렌도르프의 지모地母.

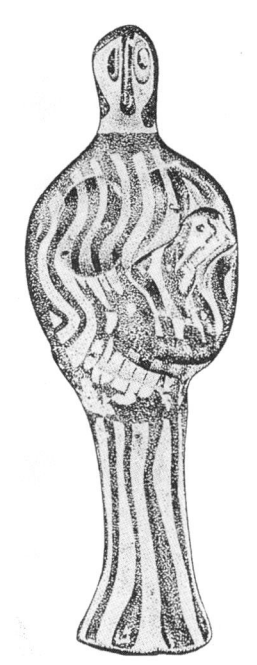

기원전 1400-기원전 1200년경의 크레타 태모신.    기원전 1300년경의 뮈케나이 태모신.

기원전 11-기원전 6세기의 유대 태모신.    키프로스 섬에서 출토된 태모신.

을 낳는 처녀이다. 태모는 모든 지혜의 어머니이며, 광명과 변신에 의한 자기 통제와 구제로서 '어둠과 속박 저편으로 인도하는 자'이다. 또한 지혜로 인간을 가장 비천한 밑바닥에서 가장 높은 수준의 존재로 변신하게 만드는 자이다. 태모는 궁극의 신비이다. '나는 과거에 있었고, 현재 있고, 미래에 있을 모든 것이다. 그리고 아직까지 그 누구도 나를 가린 베일을 들어올린 자는 없다.'

연금술에서 〈태모〉는 불과 열로서의 활동적 존재이며 변형, 순화, 연소, 파괴를 행한다. 또한 태모는 대지라는 자궁에 머무는 태아로서의 원광原鑛을 만든다. 그노시스주의에서 태모는 충일充溢을 구성하는 아이온의 하나이다. 불교와 도교에서는 수동적 정적靜的 원리로 지혜, 깨달음, 지복至福을 나타낸다. 이 경우 태모는 표지로서 연꽃과 열려 있는 지혜의 책을 가지고 있다. 은혜를 베풀고 교육을 시키며 창조하는 자로서의 〈모신母神 Magna Mater〉은 이시스, 하토르(이집트, 하늘의 여신), 퀴벨레(고대 프뤼기아, 자연의 어머니, 신들의 어머니), 이슈타르(바빌로니아, 사랑과 풍요의 여신), 라크슈미, 파르바티(힌두교, 시바의 배우신配偶神), 다라보살多羅菩薩, 관음보살, 데메테르, 소피아, 그리고 '태양을 몸에 걸치고 달을 발 밑에 둔' 성모 마리아라는 모습으로 나타난다. 이에 반해 사람을 유혹하고 죽음을 관장하는 태모는 아스타르테, 칼리, 두르가, 릴리스, 헤카테, 키르케이다. 이 태모는 암흑의 처녀이며 머리털이 뱀으로 되어 있고 무시무시한 형상을 하고 있다. 태모의 상징으로는 초승달, 별로 만들어진 관冠, 탑 모양으로 요철이 있는 관, 푸른 색의 긴 옷, 황소의 두 개의 뿔, 나선 동심원, 마름모꼴, 바다,

호소湖沼, 샘의 물, 보호하고 막아주고 감싸주는 모든 것, 즉 동굴, 벽, 둑, 문, 사원, 교회, 집, 도시 등 여러 가지가 있다. 또한 음식을 담는 모든 용기, 자양분을 주는 젖가슴, 풍요를 담을 수 있는 모든 그릇, 가운데가 움푹 파여서 물이나 음식을 담을 수 있는 모든 것, 즉 술잔, 큰 냄비, 바구니, 성작聖爵, 풍요의 뿔(→CORNUCOPIA), 꽃병, 요니(→YONI) 등과 물에서 생긴 모든 것, 즉 패각류, 물고기, 진주, 돌고래 등도 태모를 상징한다. 새 중에서 태모의 표상을 가지고 있는 것으로는 비둘기, 백조, 거위, 제비, 메추라기 등이 있다. 식물과 꽃으로는 연蓮, 백합, 장미, 브라이오니bryony(박과과의 덩굴식물), 작약류, 향목香木, 서양삼나무 등이 있다. 나무와 과실뿐 아니라 나무와 연결된 돌과 나무 줄기로 묘사된 기둥도 태모의 표지이다.

자비로운 어머니로서의 태모를 나타내는 것으로는 인간에게 먹을 양식을 주는 모든 동물 — 황소, 암퇘지, 염소, 사슴 등 — 이 있다. 태모의 어두운 측면은 희생된 왕의 죽음과 연관된다. 이때 왕은 관개灌漑, 풍요와 일체화되는데, 풍요의 힘이 쇠잔해가는 왕은 〈지모신地母神〉에게 제물로 바쳐진다. 후에는 왕 대신 속죄양이 제물로 바쳐졌다. 왕을 희생시키고 나면 태모는 사람을 살해하는 코브라, 달의 큰 뱀, 암사자와 동일시된다. 유니콘一角獸은 처녀성과 순결이라는 의미로 태모를 상징한다.

〈태모〉는 하늘의 〈큰곰자리〉, 그리고 숫자 7과 결부된다. 또한 태모를 위해 물고기를 제물로 바치고 물고기를 먹는 금요일도 태모와 연관된다. 여신 아르테미스, 브리토마르티스, 그밖의 여신의 자태로 나타나는 태모는 〈동물의 여인〉으로 여러 동물과 함

께 나타나며, 수렵, 야외 생활과 결부된다.

**Mound 흙무덤塚, 언덕** 흙무덤은 〈지모신地母神〉의 상징이자 죽은 자의 거처, 내세로 들어가는 입구를 나타낸다. 흙언덕은 산과 같은 상징적 의미를 가지는데, 옴팔로스(아폴론 신전에 있는 반원형 돌 제단. 세계의 중심으로 여겨짐)(→OMPHALOS) 또는 산 정상에 있는 신들의 거처를 나타낸다.

**Mountain 산** 〈우주산宇宙山〉은 세계의 중심이자 옴팔로스(→OMPHALOS)이다. 또한 '극축極軸이 통과하며, 우주 영력靈力을 가진 용龍들이 그 주위를 날면서 도는' 중심축이다.(14세기 프랑스의 연금술사 니콜라 플라멜) 대지에서 가장 높은 지점은 세계의 중심, 〈낙원〉의 정상으로, 그곳은 대지가 '높은 곳으로' 올라가서 구름 속에서 하늘과 만나는 지점으로 간주된다. 축이자 동시에 중심인 산은 다른 차원의 세계로 가는 통로이며, 신들의 교류를 가능하게 한다. 또한 산은 신들을 떠받쳐 주는 것, 신들이 사는 장소이다. 산은 우주의 힘과 우주 생명의 표상이며, 바위는 뼈, 시냇물은 피, 수목은 머리털, 구름은 숨에 해당한다.

산은 지조, 영원, 견고함, 정적을 상징한다. 산의 정상은 태양신, 비의 신, 천둥신과 결부되며, 고대 여성신의 전설에서 산은 대지로서 여성을 상징한 반면 하늘, 구름, 천둥 번개는 대지를 수태시키는 남성신을 상징했다. 영적인 차원에서는 산 정상이 완전한 의식상태를 나타낸다. 성스러운 산을 등정하는 순례는 동경, 세속적 욕망의 방기放棄, 최고상태로의 도달, 부분과 제약에서 전체와 무한정으로의 상승을 상징한다. 또한 성산聖山은 '지상의 모든 물의 중심(배꼽)'이다. 그 이유는 모든 물의 근

18세기에 중국에서 터키석에 새겨서 만든 우주상宇宙像으로서의 산. 인간, 동물, 식물은 물이 마르지 않는 폭포와 강에 의해서 길러지고, 완성되어 조화를 이루며 살아간다.

원이 산이라고 생각되기 때문이다. 인접한 산과 산 사이를 통과하는 것은 새로운 영적 경지로 옮겨가는 것을 나타낸다. 이러한 통과는 영혼만이 가능하며, 또한 '무시간의 순간'에만 가능할 뿐이다.

두 개의 봉우리를 가진 산은 태양신과 별의 신들의 자리인 경우도 있고, 수메르와 중국에서는 태양과 달의 자리이기도 하다. 후자와 비슷한 예로 유대 교에서 등장하는 쌍둥이 산인 호렙 산(태양의 산)과 시나이 산(달의 산)이 있다. 산 모양으로 지어진 사원 —— 예를 들면 수메르의 지구라트(고대 바빌로니아, 아시리아 신전)(→ ZIGGURATS), 보로바두르Borobadur 불교사원(자바 섬에 있는 8세기 불교 유적), 잉카의 태양 신전 —— 은 〈우주의 중심〉을 상징하고 존재 차원의 고양, 지역에 따라서는 영혼의 상승을 나타낸다. 크리스트 교 미술에서는 성산에 있는 신의 자리에서 4개의 강이 흘러나온다.

**Mouse** 생쥐 →RAT 생쥐는 지하에 속하며 암흑의 영靈, 부단한 움직임, 무분별한 동요, 혼란을 나타낸다. **크리스트 교**: 악마 사탄, 게걸스러운 탐욕자, 생쥐는 〈생명의 나무〉(→TREE)의 뿌리를 갉아먹는 모습으로 묘사된다. **그리스**: 생쥐는 신 제우스/사바지오스와 신 아폴론과 함께 등장한다. (아폴론에게 바칠 뱀의 먹이로 쓰였을 것이라는 설도 있다.[아폴론의 칭호인 스민테우스는 '쥐'의 신이라는 뜻]) **유대 교**: 생쥐는 위선, 이중성을 나타낸다.

**Mouth** 입  입은 무언가를 잡아찢어서 게걸스럽게 먹어치우는 모습으로서의 〈태모太母〉의 상징이다. 또한 지하 세계와 고래 뱃속으로 들어가는 입구를 상징하기도 한다. 아스텍의 도상체계圖像體系에서, 열린 거대한 입은 배가 고파서 모든 것을 먹어치우는 대지大地를 나타낸다. 입을 여는 것은 재판, 변설의 힘, 권위 있는 발언을 나타낸다. 〈황금의 입〉(金口, 부처의 입)은 부처의 존귀한 교리를 의미한다. 강의 하구는 문, 출입구와 동일한 상징적 의미를 가지며 통합을 뜻하는 바다로 통하는 문, 별세계로의 입구를 나타낸다.

**Mud** 진흙  진흙은 수정受精의 힘을 가진 물에 의해서 수태가 가능한 수용受容의 대지이다. 풍요와 성장의 근원인 잠재 형태이며 정신적 재생을 다시 경험하지 못한 원초적 인간을 나타낸다. →HAND

**Mudras** 무드라, 인계印契(인도 고전 무용의 신비로운 손놀림) 힌두 교와 불교에서 무드라는 손의 동작, 상징적인 자세로 의미를 전달하는 몸의 언어체계이다.

**Mulberry** 뽕나무, 오디  오디(뽕나무 열매)의 성숙도를 나타내는 세 가지 색, 즉 백색, 적색, 흑색은 이니시에이션의 3단계를 나타내는 데 사용된다. 마찬가지로 세 가지 색은 인생의 3단계 —— 즉 백색은 유년기, 적색은 장년기, 흑색은 노년기와 죽음 —— 를 상징한다. **중국**: 뽕나무는 〈생명의 나무〉(→TREE)이며 어둠의 힘에 대항하는 불가사의한 힘을 가진다. 또한 뽕나무는 근면과 효도의 상징이다. **그리스**: 오디는 비련으로 죽은 퓌라모스와 티스베(퓌라모스는 애인 티스베가 사자에게 물려죽은 줄 알고 자살함)의 피가 합쳐져서 생겼으며 사랑의 불행을 나타낸다.(「메타모르포시스」 4. 90-166)

**Multiplicity** 다수, 다양성  일부 그림에서 나타나는 많은 머리와 손처럼 많은 숫자가 한데 몰려 있는 것은 특정한 성질을 강조한다. 또한 다수는 표현의 분산성을 상징한다. 〈존재의 바퀴〉(→ROUND OF EXISTENCE)에서는 다수나 다양성이 원주로서 통일을 상징하는 중심과 대립한다.

**Muses 뮤즈들** 예술을 창조하는 자에게 영감을 주는 아홉 여신인 뮤즈들 — 클레이오(역사), 에우테르페(음악과 서정시), 탈리아(희극, 전원시), 멜포메네(비극), 테르프시코레(무용과 노래), 에라토(서정시와 연애시), 우라니아(천문학), 칼리오페(서사시), 폴림니아(영웅 찬가) — 은 여신들이 가진 여성적 힘의 아홉 가지 측면을 상징한다.

**Music 음악** 성스러운 음악은 끝없이 변화하는 자연의 모습과 덧없음을 상징한다. 음악은 상대적인 것이지만 그 저변에 하나의 실재, 즉 〈절대〉를 담고 있다. 천구天球의 음악(지구를 중심으로 하여 동심원 모양으로 중첩된 천구가 서로 부딪히며 연주하는 음악)은 천구의 조화, 생명의 조화를 나타낸다. 악기는 행복을 의미한다. 관악기 중 일부는 남성을 상징하고, 많은 현악기가 여성의 모습을 하고 있다.

**Myrrh 미르라, 몰약沒藥** 미르라는 고난과 슬픔의 상징이다.(「메타모르포시스」 10. 312 이하, "마가복음" 15 : 23)

**Myrtle 도금양桃金孃**(향기가 나는, 남유럽의 상록 관목) 도금양은 즐거움, 평화, 평정, 행복, 지조, 승리, 여성원리로, 〈타원형 후광〉(→VESICA PISCIS)을 나타낸다. 도금양은 '신들의 꽃,' 마법의 약초이다. 도금양의 꽃으로 만든 화관은 이니시에이션 의식에서 신참자의 머리에 씌워준다. **중국**: 명성, 성공의 뜻이다. **크리스트 교**: 크리스트 교로 개종한 이교도를 나타낸다.("스가랴" 1 : 8) **이집트**: 사랑, 즐거움을 뜻하며 여신 하토르(그리스 · 로마 시대의 베누스)의 성화聖花이다. **그리스 · 로마**: 사랑과 결혼, 행복한 결혼생활, 출산을 뜻하며 바다의 신 포세이돈/넵투누스의 성화이다.

12세기 윈체스터의 "시편詩篇"에 들어 있는 「전례서典禮書」의 세밀화로, 〈지옥〉의 입을 고래의 망각의 뱃속으로 들어가는 입구로서 나타냈다. 고래가 지옥으로 떨어진 죄인들의 혼을 삼키고, 천사가 영원의 자물통에 열쇠를 잠그고 있다.

아도니스, 여신 아프로디테/베누스, 여신 아르테미스/디아나, 에우로페의 성화이다.
**유대 교**: 초막의 꽃(〈초막절草幕節 축제〉에서는 감람나무 가지와 도금양 가지를 이용해서 초막을 지었음), 결혼의 상징이다.
**만다 교(고대 그노시스 파의 하나)**: 모든 의식에서 사제가 걸치는 머리쓰개의 하나로, 세례받는 사람의 머리, 신생아, 결혼식의 신랑 신부, 죽은 사람의 몸 등에 씌운다. 도금양으로 만든 반지는 종교의식에 사용된다. 도금양은 생명의 본질이며 생명의 숨결을 전달하고 생명의 발아, 재생, 신생을 상징한다.

**Mystic Knot** 신비한 매듭  신비한 매듭은 영원한 생명의 지속, 무한, 불멸의 예지와 각성을 나타낸다. 신비한 매듭은 〈팔보八寶〉 또는 〈팔길상인八吉祥印(→BUDDHIST SYMBOLS)〉의 하나로 중국에서 장수의 상징으로 쓰인다. 또한 동정심을 나타내기도 한다.

# N

**Nagas** 나가(뱀)→SERPENT의 힌두 교, FABULOUS BEASTS
**Nail** 못  못은 〈우주축〉(→AXIS)의 상징의 하나이다. 또한 못은 속박(→BONDS)과 동일한 상징성을 가지며, 숙명과 필연을 나타낸다. 크리스트 교에서 못은 예수 수난의 상징이자 성 헬레나, 클레르보의 성 베르나르의 표지이다.
**Nakedness** 벌거벗음→NUDITY
**Narcissos** 나르키소스, 수선화  수선화는 자기 충족, 자기애, 허영, 그림자를 실체로 인식하는 것을 나타낸다. **중국**: 내성內省, 자존심이며 또한 동시에, 다가오는 해의 행운을 의미한다. **크리스트 교**: 〈수태고지受胎告知〉 그림에서 수선화가 백합 대신 사용되어 신의 사랑을 나타낸다. 희생의 상징이다. **그리스**: 자기애, 냉담, 요절夭折을 뜻한다. 수선화는 취할 정도로 감미로운 꽃의 향기가 광기를 일으켜 자기애와 허영을 가져오는 것을 상징한다. 미소년 나르키소스, 여신 데메테르, 복수의 여신 네메시스, 달의 여신 셀레네, 명계의 왕 하데스의 꽃이다. **일본**: 과묵한 청순, 즐거움을 뜻한다.

**Navel** 배꼽→OMPHALOS

**Necklace** 목걸이, 목장식  사슬 모양을 한 목장식, 목걸이, 옷깃은 직무와 위엄을 나타내며, 동시에 그 직무에 대한 속박을 의미한다. 목걸이와 사슬은 또한 통일 속의 다양성을 상징한다. 구슬과 고리는 현현顯現의 다수성을 나타내고 실과 연결은 비현현을 나타낸다. 또한 많은 수의 구슬은 신의 힘에 모든 것을 의존하고, 신의 힘에 의해서 통합을 얻는 인간들, 동물, 그리고 모든 생물을 상징한다.

**Net/Network** 그물/그물망, 망상조직  그물은 유혹에 휘말림, 얽혀듦을 상징하고 결합을 관장하는 모든 신의 부수물(→BONDS)이며 또한 유혹하는 여신, 부정적인 여신으로서의 〈태모太母〉의 일면을 나타낸다. 이런 의미에서의 태모는 흔히 그물의 여신이다. 그물망은 시공을 초월한 복잡한 관계, 어떠한 제약도 받지 않는 관계, 또한 눈에 보이는 것과 보이지 않는 것으로 성립되는 구조를 나타낸다. 통일이라는 의미도 가진다. **고대 근동**: 물고기 숭배에서는 '거대한 그물이 하늘과 대지를 에워싼다.' 그물은 속박하는 신들의 표지이다. 신 벨(고대 바빌로니아의 하늘과 땅의 신)은 〈포획망catching net〉이라는 이름으로 불리며, 마르둑(고대 바빌로니아의 주신主神)은 그물을 사용하여 여신 티아마트에게 승리를 거둔다. 이슈타르(사랑과 풍요의 여신)는 그물의 여신이다. **중국**: '하늘의 그물天網'(필수畢宿: 이십팔수二十八宿의 하나)은 천공天空의 별을 나타낸다. (이십팔수는 적도대를 28구역으로 나누어 놓은 별자리) **크리스트 교**: 그물에는 찢어지는 않는 그물로서의 교회라는 뜻과 악마가 쳐놓는 올가미라는 상반된 두 가지 의미가 있다. 인간을 낚는 어부로서의 12사도의 상징이다. **이집트**: '저승의 그물'을 뜻한다. **그리스 · 로마**: 그물은 대장장이의 신과 속박하는 신인 헤파이스토스/불카누스의 표지이다. 오르페우스 교의 물고기 숭배에서는 고대 셈 족의 경우와 마찬가지로, 그물은 신의 성스러운 말을 나타내며 '하늘과 땅을 에워싸는 거대한 그물'이다. **북유럽**: '강탈하는 자'로 불리는 여신 란(그물로 항해자를 바다 속으로 끌어들임)의 표지이다. **도교**: 〈하늘의 그물〉은 통합을 나타낸다.

통일 속의 다양성을 상징하는 기원전 10000년경의 이스라엘 목걸이.

**New Jerusalem 신 예루살렘** 신 예루살렘("요한계시록" 21:9-22:5)은 세계가 최종적으로 변한 모습이나. 〈낙원〉의 회복을 의미하기도 하는데, 그 낙원은 궁극적이고 더 이상 변하지 않는 상태이며 에덴 동산처럼 생성의 동산이라는 상징성은 없다. 〈성도聖都〉로서의 신 예루살렘은 정사각형의 상징에 그 기초를 두고 있는데, 12개의 문은 이스라엘의 〈12부족〉과 〈황도십이궁〉에 대응한다. 그것은 12천사에 의해서 수호된다. 신 예루살렘의 중심에는 〈생명의 나무〉(→TREE)가 있고 그 나무의 12개의 열매는 각기 1년 12개월에 상응한다.

일본의 아이누 족이 낚시를 하는 모습에서 보이는 속박을 의미하는 그물.

**New Year 새해** 새해는 우주의 재생,

점점 강해지는 태양의 힘, 새로운 성장의 약속, 신생新生에 대한 열망, 새로운 출발을 뜻한다.

**Niche** 니치, **벽감**壁龕 성당의 벽감은 〈성스러운 것〉을 안치하는 '현세의 동굴,' 성스러움을 가진 장소를 나타낸다. 등불을 놓아둔 벽감은 현세를 비추는 신의 빛을 나타낸다.

**Night** 밤 어둠과 마찬가지로 밤은 우주 창조 이전의 암흑, 재생과 이니시에이션의 광명에 앞선 탄생 전의 암흑을 상징한다. 또한 혼돈, 죽음, 광기, 붕괴, 세계의 태아단계로의 역행을 상징한다. 또한 고대 그리스 시인 헤시오도스의 말에 의하면 밤은 '신들의 어머니'이며, 여성적인 힘을 가진 모든 것을 감싸주는 모성을 상징한다. 이런 의미에서의 밤은 별들이 촘촘히 박혀 있는 베일을 두르고 양쪽 팔에 검은 색(죽음)과 흰 색(잠)의 아이를 한 명씩 안고 있는 여성상으로 묘사된다. 또한 밤은 초승달, 양귀비꽃, 올빼미, 검은 날개로 상징되기도 한다. 모든 것을 삼켜버리는 시간으로서의 밤과 낮은 흰 고양이와 검은 고양이로 묘사되기도 한다. 야행夜行은 비교祕敎를 상징한다.

**Nimbus** 빛의 구름, **후광**後光(옛날에 신이 지상에 나타날 때 그 주위를 둘러쌌다는 광휘光輝, 윤광輪光) 후광은 원광圓光 halo, 배광背光 aureole이라고도 한다. 원래 후광은 태양의 힘과 태양원반을 나타내며 태양신의 표지이다. 후광은 태양과 성스러운 힘에 의해서 방출되는 황금, 불과 신적인 광휘를 상징한다. 또한 성스러움에서 발산되는 빛, 빛이 가진 영적인 힘, 신성神聖, 영광, '영광의 원,' 영기靈氣, 미덕, 머리에 담겨 있는 생명력의 방출, 지혜의 활력, 모든 것을 꿰뚫는 지식의 힘을 상징한다. 배광은 성상聖像 전체를 감싸는 경우도 있다.

둥근 후광, 즉 원광은 죽은 자를 나타낸다. 사각형 또는 육각형의 배광은 살아 있는 성인, 성자를 나타낸다. 특히 사각형의 후광은 신의 전체성을 상징하며 사각형의 세 변은 〈삼위일체〉를 상징하고 나머지 한 변은 완전성을 나타낸다. 이중 후광, 이중 원광, 2개의 방사광선은 신의 양면성을 나타낸다. 특히 십자형의 후광은 크리스트 교에서 발견된다. 육각형의 후광은 근본적인 덕목을 나타낸다. 후광은 왕관이 상징하는 세속적 권력과 구별되는 영적 권력을 나타내는 데 사용된다. 또한 후광은 태양의 힘과 불멸성의 상징으로서 불사조에서도 나타난다. 후광의 색깔은 청색, 황색, 또는 무지개 색이다. **불교**: 부처의 붉은 원광은 태양의 역동적인 활동성을 나타낸다. **크리스트 교**: 크리스트 교에서 원광이 처음 사용되기 시작한 것은 14세기부터였다. 원광은 신성함, 성인의 표시 등으로 사용된다. 삼각형 또는 다이아몬드 형의 후광은 〈아버지 하나님〉을 뜻한다. 십자가 모양의 후광은 예수를 나타낸다. 비잔틴 미술에서는 악마 사탄에게 빛나는 권능을 상징하는 후광을 묘사한 경우도 찾아볼 수 있다. **그리스**: 청색 후광은 하늘의 신 제우스에게서 나타난다. 태양신 포에보스, 아폴론에게도 후광이 있다. **힌두 교**: 가장자리가 불꽃으로 된 시바 신의 후광은 우주를 상징한다. **미트라 교**: 원광은 태양 빛과 태양신 미트라를 상징한다. **로마**: 청색의 후광은 하늘의 신 유피테르와 아폴로의 표지이다. 일반적인 원광은 왕의 권위, 반신半神, 신격화된 황제를 의미한다.

**Noose** 올가미→BONDS

**North** 북쪽 북쪽은 추위, 어둠, 모호함,

1647년 빈첸조 카르타리가 그린 그림에서 밤이 잠의 신 휘프노스와 죽음의 신 타나토스를 안고 있다.

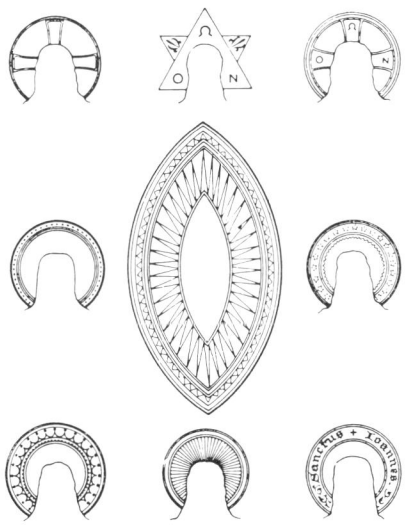

멕시코의 봉납 카드에 그려진 성스러운 후광으로 둘러싸인 처녀.

성자의 머리를 둘러싼 후광 즉 원광은 성별聖別된 인격에서 빛나는 성스러운 빛을 상징한다. 위 그림의 중심에 있는 만돌라(→MANDORLA) 즉 〈타원형 후광〉은 특별한 위엄과 성성聖性을 갖춘 인물의 몸 전체를 둘러싼다.

죽은 자의 나라, 밤, 겨울, 노년을 나타낸다. 그러나 북쪽은 힌두 교와 이집트의 상징체계에서만 빛과 낮, 남성적인 힘을 상징한다. **중국**: 추위, 겨울, 물, 음陰, 공포를 뜻한다. 태초의 혼돈으로서의 〈검은 거북〉, 즉 〈현무玄武〉는 북쪽을 상징한다. **크리스트 교**: 북쪽은 암흑, 밤, 추위, 악마 루시퍼와 반역 천사들이 지배하는 영역("이사야" 14:13)이다. 또한 북쪽은 이교도를 나타낸다. 미사 도중에 제단 북쪽에서 복음서를 낭독하는 까닭은 교회가 이교도를 개종시키는 임무를 가지고 있음을 나타낸다. **이집트**: 북쪽은 빛, 남성적인 힘을 나타낸다. 묘지에서 북쪽은 비비의 머리를 한 호피Hopi(및 여신 네프티스)의 모습에서 볼 수 있다. **유대 교**: 북쪽은 날개가 달린 황소를 나타낸다.("에스겔" 1:5-14) **이란**: 북은 악, 암흑의 힘과 사악한 영 아흐리만을 상징한다.

**Nourishment 영양분, 양육**  영양분이나 양육에 관계되는 모든 상징들은 〈태모太母〉와 결부된다. 예를 들면 그릇, 항아리, 컵, 성작聖爵, 냄비, 대접, 풍요의 뿔(→CORNUCOPIA) 등은 젖소, 암퇘지, 염소 등 젖을 내는 동물들, 그리고 바다, 강, 샘, 우물, 나무, 과실 등과 함께 영양분, 자양滋養, 양육의 상징이다. 영적인 의미에서 이것들은 혼을 살찌우고 생명과 불사不死를 주는 지혜를 나타낸다.

**Nudity 벌거숭이, 나체**  나체는 자연적인 무구한 낙원상태, 탄생, 창조, 재생으로서의 부활을 나타낸다. 또한 세속적인 부와 야심을 버리는 것, 즉 방기放棄를 나타낸다. 밝혀진 진실, 진리의 상징이기도 하다. 벌거숭이 여자는 〈대지의 여신〉, 〈자연의 여신〉을 상징한다. 벌거숭이 모습으로 묘사되는 영웅과 신은 지상의 모든 더러움

으로부터 자유스러움을 의미한다. 미술에서 벌거벗은 여자는 진리, 무구, 미덕을 나타내지만, 역으로 정욕, 미덕의 결여, 후안무치厚顏無恥를 나타내기도 한다. 의식儀式 속에서 나체가 되는 것은 낙원상태로 다시 돌아감, 〈시간〉에 의한 '마멸磨滅과 소모'가 없는 무시간의 세계로의 회귀를 상징한다. 또한 의식에서 나체가 되는 것은 신 앞에서 벌거벗음, 나체가 되어도 수치스러움을 느끼지 않는 원초적 순진무구의 상태가 되는 것이다. 나체는 '수치의 겉치장'을 벗어버린 영혼("창세기" 3:7), 육체와 개성, '자기 자신의 힘을 입고' 일어서는 것을 상징한다. 세례에서 나체가 되는 것은 과거의 죄 많은 성질을 벗고 새로운 영적 성질로 다시 태어나는 것이다.

힌두 교, 자이나 교, 불교, 탄트라의 상징체계에서 나체는 '공간을 걸치고 있는 것'을 뜻하며, 원초의 상태, 무형태의 단순성을 의미하며, 나체의 여자는 태초의 자연과 우주적 힘으로서의 프라크리티를 나타낸다. 힌두 교의 여신 칼리의 벌거벗은 모습은 환영幻影(마야)에서부터 자유로운 상태, 충실, 충분 등을 상징한다. 고대 로마인에게 나체는 수치와 빈곤을 의미한다. 크리스트 교 미술에서 나체는 한편으로 순교자, 몹시 가난함, 세속의 부를 탐내지 않는 성스러운 가난, 참회를 나타내는 동시에 다른 한편으로는 이교도와 사탄의 뻔뻔스러움을 가리키는 두 가지 뜻을 가진다.

**Numbers 수數**  많은 전통문화 특히 바빌로니아, 힌두 교, 퓌타고라스 학파에서 수는 객관 세계를 성립시키는 기본 원리이다. 수는 만물의 기원이며 우주의 근저에 깔린 조화이다. 수는 조형미술의 비율과 시, 음악의 리듬에서 볼 수 있는 우주의 근본 원리이다. 연금술적 철학에서 수의 세

계는 즉 이성의 세계이다. 수는 단지 양적인 것만이 아니라 상징적 성질이기도 하다.(퓌타고라스 학파와 중세 크리스트 교의 방대하고 복잡한 수의 상징체계에서 그 신학적, 우주 발생론적, 과학적 측면을 모두 설명한다는 것은 불가능할 정도이다.)
**중국**: 홀수奇數는 양陽, 하늘, 불변, 길吉을 뜻하며, 짝수偶數는 음陰, 땅, 변화, 흉凶을 나타낸다. **크리스트 교**: 크리스트 교에서 성 아우구스티누스와 알렉산드리아 학파의 학자들이 등장하기 전까지 수의 상징은 거의 사용되지 않았다. 성 아우구스티누스에 의하면 수는 〈절대자〉의 원형原型이다. **그리스**: '만물은 수에 의해 배열되어 있다.' (퓌타고라스[아리스토텔레스「형이상학」I. 5. 985b 32-986a 3; I. 5. 1078b 21-23]) 플라톤에 의하면 수는 우주의 조화이며, 아리스토텔레스에 따르면 수는 '만물의 기원, 즉 본질이며, 만물의 감정이자 상태이다.' 홀수는 남성, 짝수는 여성이다.(아리스토텔레스「형이상학」I. 5. 986a 24-26) '하늘의 신들에게 바치는 제물은 짝수 개이고 지상의 신들에게는 홀수 개를 바친다.'(플루타르코스 「이시스와 오시리스」 75) 퓌타고라스 학파의 수에는 양과 질 양 측면의 의미가 모두 담겨 있다. **힌두 교**: 수는 우주의 제1물질이다.

3세기 중국의 석관에 그려진 거북(현무玄武)은 죽은 자가 사는 암흑의 나라인 북쪽을 나타낸다.

1) 0

0은 비존재, 무無, 비현현非顯現, 무한정한 것, 영원한 것, 질이나 양을 초월한 것을 나타낸다. 도교에서 0은 〈공空〉, 비존재를 상징한다. 불교에서는 〈공空〉과 무無를 나타낸다. 유대 교의 카발라에서는 〈무한정한 것〉, 〈무한의 빛〉, 〈절대무絶對無〉를 상징한다. 퓌타고라스 학파에서 0은 완전형, 만물의 기원이자 만물을 포괄하는 〈모나드〉를 나타낸다. 이슬람 교에서 0은 〈신의 본질〉이다. 또한 0은 〈우주란宇宙卵〉(→EGG), 원초적인 〈남녀추니〉(→ANDROGYNE)를 나타내고 〈충만〉을 상징한다. 비어 있는 원으로 묘사된 0은 죽음의 공허함과 원에 포함된 생명의 전체성을 동시에 나타내며 〈원圓〉과 동일한 상징적 의미를 가진다.(→CIRCLE) 타원으로서의 0은 두 개의 호가 각기 상승과 하강, 밖으로 향한 선회와 안으로 향한 선회를 나타낸다.(→FISH) 1에 앞서 나온다는 점에서 공空 또는 비존재, 사념思念, 궁극적 신비, 불가해한 〈절대〉의 뜻이다.

2) 1

1은 원초의 통일, 태초의 시작, 〈창조자〉, 〈주동자〉, 모든 가능성의 총합, 본질, 〈중심〉, 나눌 수 없는 불가분의 것, 배아胚芽, 고립을 나타낸다. 또한 융기, 상승 ― 이원성에서 태어나 다원성으로 발전하고 궁극적인 통일로 회귀하는 생성원리―을 나타낸다. 중국 : 양陽, 남성, 하늘, 길吉, 〈모나드〉를 뜻한다. 크리스트 교 : 〈하나님 아버지〉, 〈신성神性〉을 뜻한다. 유대 교 : 1은 아도나이 ― 즉 〈주主〉, 〈지고자至高者〉, '존재해 있는 것' ― 를 나타낸다. 또한 숨겨진 지식(카발라에서는 세피로스의 케텔〔왕관〕)을 뜻한다. 이슬람 교 : 통일로서의 신, 〈절대자〉, 모든 것을 자족할 수 있는 존재를 뜻한다. 퓌타고라스 학파 : 영靈, 만물의 기원으로서의 신, 본질, 〈모나드〉를 의미한다. 도교 : '도道는 1을 낳고, 1은 2를 낳고, 2는 3을 낳고, 3은 만물을 낳는다.'(「노자老子」 42장)

3) 2

2는 이원성, 둘의 교체, 차이, 갈등, 의존, 내가 아닌 다른 사람, 정적靜的인 상태, 뿌리박음, 변하여 균형을 유지함, 안정, 반영反映, 대극對極, 인간의 이원성과 욕망을 나타낸다. 이원성으로서 현현顯現되는 것은 모두 서로 대립되는 쌍을 이루고 있기 때문이다. 1은 점占을, 2는 길이를 나타낸다. 2(이원성)는 1(통일)에서 출발한 최초의 숫자이며, 따라서 최초의 선善에서의 일탈이라는 의미의 죄를 상징한다. 또한 순간적으로 타락하기 쉬움을 나타낸다. 동시에 상징적 의미를 가진 두 마리의 동물 ― 서로 다른 동물의 경우에도(예를 들면, 둘 다 태양에 속하는 사자와 황소, 또는 두 마리의 사자와 마찬가지로) ― 은 배가된 힘을 나타낸다. 연금술 : 2는 태양과 달, 왕과 왕비, 유황과 수은 등의 대립물을 나타낸다. 따라서 처음에는 대립하지만 궁극적으로는 융합되는 남녀추니로서의 통일이다. 불교 : 2는 〈윤회〉의 이원성, 남과 여, 이론과 실천, 지혜와 방법을 나타낸다. 또한 서로 도와 길을 찾고 걷는 맹인과 절름발이를 뜻한다. 중국 : 2는 음陰, 여성, 물(지상), 흉凶을 뜻한다. 크리스트 교 : 신성神性과 인간성을 겸비한 예수를 뜻한다. 유대 교 : 생명력을 의미하고, 카발라에서는 지혜와 자기 인식을 뜻한다. 힌두 교 : 이원성, 샤크타와 샤크티를 뜻한다. 이슬람 교 : 〈영靈〉을 뜻한다. 플라톤주의 : 플라톤에 의하면 2는 뜻이 없는 수이다. 왜냐하면 그것은 제3의 요소를 도입하는 관계를 함의含意하기 때문이다. 퓌타고라스 학파 : 2는 〈한 쌍〉, 즉 2분된 지상적 존재를 나타낸다. 도교 : 괘卦는 음과 양, 두 가지 결정요소(--와 ―)의 조합으로 이루어진다. 2는 중심이 없기 때문에 음에 속하는 약한 숫자이다.

4) 3

3은 다수, 창조력, 성장, 이원성을 극복한 전진운동, 표현, 통합을 뜻한다. '3은 "모든"이라는 말이 붙을 수 있는 최초의 숫자'이며, '처음과 중간과 끝을 모두 포함하기 때문에 전체를 나타내는 숫자이다.' (아리스토텔레스) '3의 힘'은 보편적이며 하늘, 땅, 바다로 이루어지는 세계의 3중성을 나타낸다. 또한 인간의 육체·혼魂·영靈, 탄생·삶·죽음, 처음·중간·끝, 과거·현재·미래, 달의 세 가지 상相(초승달, 반달, 보름달)을 나타낸다. 3은 '천계天界'의 숫자이며, 4가 육체를 나타내는 데 비해 3은 영혼을 상징한다. 3은 4와 합해져 7이라는 성스러운 숫자가 된다. 또 3과 4를 곱하면 12가 되는데, 그것은 〈황도십이궁〉, 일 년 열두 달을 의미한다. 3은 1과 2를 더해서 만들어지기 때문에 2와 1로 나누어질 수 있다. 도교에서 3은 평형을 성립시키는 중심점을 가지기 때문에 '강한' 숫자이다. 3에는 모든 것을 포괄하는 〈신성神性〉——〈아버지〉, 〈어머니〉, 〈아들〉—이 있는데, 이것은 인간의 가족에게도 반영된다. 또한 3에는 중첩효과라는 권위가 있다. 즉 한 번이나 두 번은 우연의 일치라고 할 수 있지만 세 번이 되면 확실성과 강한 힘을 지닌다. 예를 들면, 〈헤르메스 트리스메기스투스〉〈3배 위대한 주主〉, 〈3배 행복한 섬〉 등이 그것이다.(밀턴의 「실락원」 3 : 570) 민화에서는 3이라는 숫자가 자주 등장한다. 3번의 소원, 3번의 시련, 3인의 왕자, 왕비, 마녀, 또는 운명의 세 여신, 3인의 요정을 뜻한다.(이중 둘은 착한 요정, 나머지 하나는 악한 요정인 경우가 많다.) 3은 다수를 의미하는데 많은 숫자, 군집, '만세삼창'을 나타낸다. 또한 성취를 상징하기도 한다. 신들과 영적 존재의 삼위일체의 예는 무수히 많다. 삼위일체의 달의 여신이나 삼면三面의 여신은 특히 셈족, 그리스, 켈트, 게르만 등의 종교에서 자주 발견되는데, 하나의 신격을 가진 세 개의 상相, 또는 힘을 나타내는 경우가 많다.

3을 나타내는 상징으로는 제일 먼저 삼각형(→TRIANGLE)이 있다. 3개의 원, 또는 삼각형이 일부 중첩되어 있는 도형은 삼위일체로서의 3개의 인격의 불가분의 통일을 보여주는 것이다. 삼각형 외에 3을 나타내는 상징으로는 삼지창(→TRIDENT, TRISULA), 붓꽃(→FLEUR-DE-LIS), 세 개의 잎, 3중 벼락, 괘상卦象(→TRIGRAMS) 등이 있다. 달에 속하는 동물들은 다리가 세 개인 경우가 많은데, 이것은 달의 세 가지 모양에 대응하는 것이다. 그런데 프랑스에서는 달에 3마리의 토끼, 또는 세 사람의 인간이 살고 있다고 전해진다. **아프리카(아샨티 족)** : 달의 여신은 셋인데 그중 둘은 흑인, 하나는 백인이다. **연금술** : 황, 수은, 소금의 세 성분으로 이것들은 각기 영, 혼, 육체를 나타낸다. **고대 근동** : 삼위일체의 신이 많다. 카르타고에서는 달을 뜻하는 〈태모신太母神〉이 3개의 상징적인 기둥으로 묘사되었다. **아라비아** : 이슬람 교 이전의 (무도無道) 시대에서 마나트는 3인의 성처녀(정확하게는 알-이타브, 알-우자, 알-마나트)로 나타내지는 삼위일체의 여신이다.(이타브는 타이프 근교의 계곡에 있는 흰 돌에 사는 처녀신, 우자는 메카 근교의 계곡 아카시아 나무에 살고, 마나트는 메카와 메디나 사이의 쿠다이드에서 제사지내는 검은 돌에 산다.) 이 여신의 상징은 돌기둥, 돌, 기둥 또는 꼭대기에 비둘기를 장식한 기둥이다. **불교** : 3은 〈삼보三寶〉, 즉 불교를 구성하는 세 가지 기본 요소인 〈불佛〉, 〈법法〉, 〈승僧〉을 나타낸다. **켈트** : 브리지트 여신은 세 가지 모습을 가진다. 켈트에는 〈지복至福의 세 여인〉 외에 무수한 3인조 신들이 있다. 이 신들은 같은 신의 세 가지 다른 모습을 나타내는 경우도 많다. 켈트의 전통문화에서 3은 특히 중요한 숫자이다. **중국**: 3은 성스러움, 길흉한 숫자, 가장 작은 홀수(양陽의 수)이다. 달에 사는 두꺼비 혹은 (태양에 사는) 새는 다리가 세 개이다.(→아래의 **도교**) **크리스트 교**: 3은 삼위일체, 혼, 인간과 교회의 영육간의 결합, 삼인의 동방박사가 〈신, 왕, 희생〉으로서의 예수에게 바치는 세 가지 선물(유향乳香, 황금, 몰약 —— "마태복음" 2:11), 변용變容된 예수의 세 가지 모습("마태복음" 17:1-14), 예수가 받은 세 차례의 유혹("마태복음" 4:1-11), 베드로의 세 차례에 걸친 부인("마태복음" 26:69-75) 골고다 언덕의 세 개의 십자가 ("누가복음" 23:32-43), 예수가 죽음에서 부활하기까지의 날 수, 부활한 예수가 세 번 출현함(마리아들에게 출현["누가복음" 24:1-11], 엠마오의 순례자["마가복음" 16:12-13], 사도들에게 출현["요한복음" 20:19-30]), 3인의 마리아('예수의 무덤을 찾은 세 사람의 성녀들' —— "요한복음" 19:25), 〈신앙〉, 〈희망〉, 〈은총〉(→CHARITY)으로 이야기되는, 신을 향한 세 가지 덕목 ("고린도 전서" 13:13)을 뜻한다. **이집트**: 그리스·로마 시대에 토트 신은 〈헤르메스 트리스메기스투스〉로 불렸다. **그리스·로마**: 3은 숙명, 즉 운명으로서, 세 가지 모습을 가진 하나의 신 모이라이(운명의 3여신[라케시스, 클로토, 아트로포스])를 나타낸다. 헤카테 여신(달, 대지, 하계下界를 지배하는 여신)도 삼위일체이다. 복수의 여신으로 나타나는 에리뉘에스들(알렉토, 티시포네, 메가에라 세 자매로 뱀머리를 하고 있음)과 메두사로 알려진 괴물 고르곤의 세 자매들(스테노, 에우뤼알레, 메두사)도 하나이자 셋인 모습이다. 또한 아름다움과 우아함의 세 여신 카리테스들(아글라이아[빛], 에우프로쉬네[기쁨], 탈레이

아[개화]), 미의 세 여신들(→GRACES), 3인의 세이렌(→SIREN), 식물의 성장을 주관하고 자연과 사회의 질서를 상징하는 세 명의 여신 〈호라이〉들(에우노미아[질서], 디케[정의], 에이레네[평화] 또는 탈로[발아], 아우크소[생장], 카르포[결실]), 〈헤스페리데스의 정원〉을 지키는 세 명의 여신들(아이글레, 에뤼티아, 헤스페라레투사 또는 아이글레, 아레투사, 헤스페리아), 태어날 때부터 백발을 하고 나온 〈그라이아이〉(세 자매 팜프레도, 에뉘오, 데이노)도 있다. 지옥을 지키는 개 케르베로스(→FABULOUS BEASTS)는 머리가 셋이었고, 스퀼라에게는 거대한 꼬리가 세 개, 키마이라는 머리와 몸, 꼬리가 세 가지 다른 동물(사자, 산양, 뱀)의 모습이었다. 3, 4 그리고 두 숫자의 합인 7은 3 가지의 세계와 4대 원소를 주관하는 여왕으로서의 여신 아프로디테/베누스의 성스러운 숫자이다. 오르페우스 교의 상징체계는 〈존재〉, 〈생명〉, 〈지성〉이라는 3대 요소를 가진다. **유대 교**: 3은 〈무한의 빛〉, 성화聖化된 지성, 카발라에서 3은 세피로스의 비나(지성)를 나타내며, 남, 녀, 통합적 지성의 삼위일체를 나타낸다. **헤르메스 사상**: 〈지고의 힘〉으로서의 신, 즉 〈헤르메스 트리스메기스투스〉를 의미한다. **힌두 교**: 트리무르티(→TRIMURTI)(힌두 교의 삼신일체三神體로 창조의 〈브라마〉, 유지의 〈비슈누〉, 파괴의 〈시바〉를 가리킴)를 의미한다. 이는 창조·지속·파괴와, 시작·유지·종결의 세 가지 힘을 나타낸다. 이외에도 삼신일체의 신은 많다. 달의 전차는 바퀴가 세 개 달려 있다. **잉카**: 태양신에는 아버지 태양(아포인테이), 자식 태양(첼리인테이), 형제 태양(인테이카오키)의 세 가지 모습이 있었고, 이들은 삼신일체였을 것으로

추측된다. **일본** : 〈세 가지 신기神器〉에는 거울(팔지경八咫鏡), 검(천총운검天叢雲劍)과 옥(팔판경곡옥八坂瓊曲玉)이 포함되며, 각기 〈진리〉〈용기〉, 〈연민〉의 뜻을 가진다. **마오리 족** : 창조신인 큰 영大靈은 태양, 달, 대지의 삼위일체 신이다. 또한 자연의 신, 즉 과거, 현재, 미래의 신이기도 하다. 3은 세워진 세 개의 손가락으로 상징되는 정신, 인격, 체격이다. **퓌타고라스 학파** : 3은 완성을 나타낸다. **북유럽 · 게르만** : 〈숙명〉은 세 명의 노른(마니, 니, 니시), 즉 운명의 세 여신을 통해서 나타난다. 세 자매는 순서대로 보름달, 초승달, 반달을 상징한다. 게르만 신화에서는 달이 숙명을 나타내며, 달의 여신 홀다는 두 자매와 함께 삼위일체를 이룬다. 달에 사는 토끼는 다리가 셋이다. 천둥신 토르는 때로 머리가 셋 달린 모습으로 그려지기도 한다. 삼각 소용돌이 무늬三脚巴紋 또는 삼각 호弧 장식은 오딘/보탄의 상징이다. 또한 3은 행운의 숫자이다. '뭐든 좋은 것은 3이다.' **슬라브** : 달신은 머리가 세 개이다. **도교** : 삼재三才는 〈천天, 지地, 인人〉을 가리킨다. (「역경易經」 "계사하전繫辭下傳" 10장) 3은 모든 것을 둘로 나누면 중심 —— 병형의 중심점 —— 이 남는 최초의 '강한' 숫자이다. 3은 양陽, 길吉함을 뜻하며 다수를 상징한다. '1은 2를 낳고, 2는 3을 낳고, 3은 만물을 낳는다.'(「노자」42장)

5) 4

최초의 입체는 4에서 비롯된다.(4면체) 4는 현현의 공간적 구조 또는 질서, 동적인 원에 대립하는 정적인 상태를 상징한다. 4는 완전성, 전체성, 완성, 연대連帶, 〈대지〉, 질서, 합리성, 측정, 상대성, 정의를 상징한다. 4에서 비롯되는 것으로는 4 가지 기본 방위(동, 서, 남, 북), 사계四季, 4

아디푸리슈바라 사원의 이 부조浮彫에서는 힌두교의 삼신일체(→TRIMURTI)인 3신 —— 브라마, 비슈누, 시바 —— 이 창조, 지속, 파괴의 세 힘을 상징한다.

개의 바람, 정사각형의 4변, 십자가의 4개의 팔arm, 낙원에 있는 4개의 강, 지옥에 있는 4개의 강, 4해四海, 네 개의 성산聖山, 낮과 밤의 네 구분, 달의 4현(弦 : 차고 기우는 주기), 4복음서 기록자 등이 있다. 서구에서는 세계가 4대 원소(동양에서는 다섯 가지 요소五行)(→ELEMENTS)로 이루어졌다고 생각한다. 〈성스러운 사위일체〉는 〈삼위일체〉와 대조적이다. 「구약성서」에서는 4가 상징적인 숫자였고 〈낙원〉의 중심에서 네 방향을 향해서 십자형으로 흘러나가는 4개의 강(비손, 기혼, 힛데겔, 유브라데[유프라테스] ── "창세기" 2 : 10-14), 지상 세계의 4개 지방 등 보편적인 상징이었다. 사위일체는 정사각형이나 십자가뿐 아니라 4개의 잎 형상으로도 묘사된다. **아메리카 인디언** : 4는 네 개의 기본 방위, 4 가지 바람 등 가장 자주 사용되는 숫자이며 십자, 卍 등의 형태로 묘사된다. 의식이나 의례에서는 같은 동작이 네 번 반복된다. **고대 근동** : 바람의 네 신은 동서남북의 네 방위와 동일시되었다. **불교** : 〈생명의 나무〉 담바에는 큰 가지가 4개 있고, 뿌리에서는 〈낙원〉의 4개의 성스러운 강이 흘러나온다. 이것들은 자무량심(慈無量心 : 안락을 베풀려는 마음), 비무량심(悲無量心 : 다른 사람의 고난을 덜어주려는 마음), 희무량심(喜無量心 : 중생이 기쁨을 얻는 것을 기뻐하는 마음), 사무량심(捨無量心 : 다른 사람에 대한 원한을 버리고 모두 평등하게 대하려는 마음)의 4무량심四無量心, 즉 마음의 네 가지 방향을 나타낸다. 중국 불교에서는 4 가지 기본 방위에 사천왕四天王, 즉 동에는 옥반지와 창을 들고 있는 지국천왕持國天王, 서에는 비파琵琶를 지닌 광목천왕廣目天王, 남에는 혼돈과 지진, 암흑의 우산을 들고 있는 증장천왕增長天王,

북에는 채찍, 표범 가죽으로 만든 자루, 용, 진주를 가지고 있는 다문천왕多聞天王이 자리잡고 있다.(한국에서는 동쪽에 옥반지와 검을 지닌 지국천왕, 남쪽에 용龍을 들고 있는 증장천왕, 서쪽에 탑塔을 들고 있는 광목천왕, 북쪽에 비파琵琶를 지닌 다문천왕多聞天王이 있다. 경상남도 양산 통도사의 목조 사천왕) **중국** : 4는 정사각형으로 상징되는 〈대지〉의 숫자이다.(天圓地方說 : 중국 진秦나라 때 「여씨춘추전呂氏春秋傳」에 나오는 말로 '하늘은 둥글고 땅은 네모지다'는 뜻이다.) 불사不死의 강은 모두 네 개이다.(사독四瀆 : 신앙의 대상이 된 4대강, 즉 양쯔揚子, 지수이濟水, 황허黃河, 화이허淮水) 4는 짝수이며 음陰의 숫자이다. **크리스트 교** : 4는 육체의 숫자, 3은 영혼의 숫자이다. 〈낙원〉에서 흘러나오는 4개의 강("창세기" 2 : 10-14), 4복음서, 4복음서 기록자, 4명의 대천사(미카엘, 가브리엘, 라파엘, 우리엘), 4악마(사탄, 마왕 벨제브브, 벨리아르, 모로크), 4대 교부(성 암브로시우스, 성 히에로니무스, 성 아우구스티누스, 성 그레고리우스), 4대 예언자(이사야, 예레미야, 에스겔, 다니엘), 4덕(서양에서 이야기하는 네 가지 신중, 용기, 절제, 정의), 또한 〈하나인 영기靈氣〉에서 불어오는 4개의 바람("에스겔" 37 : 9), 〈계시〉의 4기사騎士("요한계시록" 6 : 1-8), 4복음서 기록자의 형상(→TETRAMORPHS)을 뜻한다. **이집트** : 4는 시간과 태양의 운행을 이해하는 성스러운 숫자이다. 4개의 기둥이 하늘의 궁륭穹窿을 떠받치고 있다. 사체死體의 4부분(간장, 폐, 내장, 위)이 담겨 있는 4개의 카노푸스의 단지(미라의 내장을 담은, 4개가 한벌인 단지로 뚜껑이 머리 모양을 하고 있음)를 지키는 수호자는 4 가지 기본 방위와 연관되는 호루스의 네 자식들이다. **그노시스주의**: 바벨로(〈지고의 아버지〉에서 비롯된 일종의 태모신)의 〈4〉를 뜻한다. **그리스**: 4는 헤르메스 신의 성수聖數이다. **유대 교**: 4는 측정, 은혜, 지성을 나타낸다. 카발라에서 4는 〈세피로스의 헤세트(은총)〉를 나타내며, 또한 카발라의 4세계(유출 세계, 창조 세계, 형성 세계, 활동 세계), 공간의 4방위, 토라의 4가지 위계를 나타내는 숫자이다. **헤르메스 사상**: 헤르메스 사상에서 4는 사위일체의 신(신적인 누스, 로고스, 누스 데미우르고스[조물주], 안트로포스[인간])을 나타낸다. **힌두 교**: 전체성, 충실, 완성을 의미하며 〈창조주〉인 신 브라마는 4개의 얼굴을 가지고 있다. 힌두 교 사원은 정사각형의 4변을 기초로 건축되며, 질서와 완결성을 상징한다. 4개의 물질전개원리, 인간의 사지四肢, 4자연계(동물, 식물, 광물, 정신), 4유가를 뜻한다. 4는 주사위에서 가장 이길 승산이 많은 숫자(서양에서는 6)이다. 4개의 계급, 둘씩 대립하는 4개의 쌍이 있다. **이슬람 교**: 원질原質을 나타내는 4가지 요소는 〈원리〉, 즉 〈창조주〉, 〈보편지성〉, 〈보편 영혼〉, 그리고 〈제1질료〉이다. 이것은 가발라의 4세계에 대응하는 것이다. 또한 4인의 천사, 4개의 죽음의 집이 있다. **마야**: 천둥 번개를 타고 지상계의 기본 방위로 나타나는 챠크스 신이 있다. 또한 바카브 신과 4인이 교대로 1년의 4분의 1씩 지상계를 통치한다. **퓌타고라스 학파**: 완성, 조화로운 균형, 정의, 대지大地를 뜻한다. 4는 퓌타고라스 학파에서 서약의 숫자이다. 4와 10은 신을 뜻하며, 테트라크티스tetraktys(1+2+3+4=10)의 성수聖數이다. **북유럽**: 신들의 세계 아스가르드 Asgard(신의 가족이 살고 있다는 하늘의 궁전)에는 젖이 흐르는 4개의 강이 있다.

4개의 카노푸스 단지의 뚜껑에는 호루스의 **4**명의 자녀 ── 4가지 기본 방위의 수호자인 (그림의 왼쪽에서부터) 암세트, 하피, 두아무테프, 세누프 ── 의 머리가 그려져 있다. 이집트에서는 죽은 자의 내장을 카노푸스 단지에 담는다.

(무스펠[남쪽]과 니빌헤임[북쪽] 사이에 있는 긴눈가가프에서 얼음이 녹고 거기에서 젖소 아우즈후믈라가 나왔다. 이 소의 유두에서 흘러내린 젖이 네 개의 강을 이루었다.) **게르만**: 4인의 난쟁이가 세계를 떠받치고 있다. **도교**: 하늘을 지키는 네 사람의 수호신은 옥으로 만든 탑을 들고 있는 이李, 검劍을 들고 있는 마馬, 두 자루의 검을 들고 있는 조趙, 못이 박혀 있는 곤봉을 들고 있는 온溫이다. 4 종류의 영적인 짐승으로 된 '4신'과 '4령'이 있다. 4신은 청룡靑龍, 백호白虎, 주작朱雀, 현무玄武(거북과 뱀이 조합된 모습)이며, 순서대로 4 가지 기본 방위(동서남북)를 나타낸다. 〈4령〉은 기린麒麟(일각수), 봉황鳳凰, 거북龜, 용龍이다.

6) 5

5는 소우주로서의 인간을 나타낸다. 사지四肢를 뻗어 오각형의 별 모양(☆)을 한 사람을 나타내는 숫자이다. 오각형 별에는 끝나는 점이 없기 때문에 그것은 별과 마찬가지로 완전성과 힘의 상징이다. 5는 n 제곱을 했을 때 마지막 숫자가 항상 5로 끝나기(5×5=25, 5×5×5=125······) 때문에 순환수라고 불린다. 오각형 별은 원처럼 전체를 상징한다. 5는 중심(즉 하늘과 땅의 접점)과 기본 방위를 나타내는 4점을 합한 숫자이기 때문이다. 또한 오각형 별 모양은 4대 원소라는 힘을 만들어낸 〈중심적 창조주〉인 신성神性을 나타낸다. 5는 여성, 짝수인 2와 남성, 홀수인 3의 결합으로서 성혼聖婚의 숫자이다. 또한 5는 명상, 종교, 섭리, 다재多才, 그리고 (동양 이외의 곳에서는) 오감五感을 나타낸다. 다섯잎 꽃, 다섯 개의 끝을 가진 잎 —— 예를 들면 장미, 백합, 포도나무 —— 은 소우주를 나타낸다. 별표(☆)는 펜타그램(→PENTAGRAM)

과 마찬가지로 통합된 인격을 나타내며 별표의 꼭지점이 위쪽을 향하고 있을 때(☆)에는 영적 향상과 영적 교화를 상징한다. 꼭지점이 아래쪽을 향하고 있을 때(⛧)에는 요술과 검은 마법(악마의 힘을 빌린 마법)을 뜻한다. 사람의 다섯 손가락은 최초의 계산기 구실을 했다. **연금술**: 다섯잎 꽃과 오각형 모양의 별은 제5원소를 나타낸다. **불교**: 심장에는 네 가지 방향이 있고, 중심과 합해서 5라는 숫자가 되어 보편성을 상징한다. 마찬가지로 네 개의 섬에 둘러싸인 〈성산聖山〉도 보편성의 상징이다. (수미산須彌山은 동의 승신주勝身洲, 서의 섬부주贍部洲, 남의 우화주牛貨洲, 북의 구로주俱盧洲의 네 대륙[섬]에 둘러싸여 있다.) 다섯의 선정불禪定佛이 있다. 1. 대일여래大日如來(〈광휘光輝〉의 뜻): 〈법륜法輪〉과 〈중심〉과 흰색으로 상징된다. 2. 아축여래阿閦如來(〈부동不動〉의 의미): 〈금강金剛〉과 동쪽과 청색으로 상징된다. 3. 보생여래寶生如來(〈보탄寶誕〉의 뜻): 〈보석〉과 남쪽, 황색에 의해서 상징된다. 4. 아미타여래阿彌陀如來(〈무량광無量光〉의 뜻): 〈연蓮〉과 서쪽, 적색에 의해서 상징된다. 5. 불공성취여래不空成就如來(〈아주 확실한 성공〉이라는 뜻): 검劍과 북쪽과 녹색으로 상징된다. **중국**: 오행(五行: 木, 火, 土, 金, 水), 오기(五氣: 한寒, 서暑, 조燥, 습濕, 풍風), 오운(五運: 오행의 운행運行), 오성(五星: 목성歲星, 화성熒惑星, 금성太白星, 수성辰星, 토성鎭星), 오악(五嶽: 태산泰山, 형산衡山, 화산華山, 항산恒山, 숭산嵩山), 오곡(중국에서는 참깨, 보리, 피, 쌀, 콩(또는 참깨, 보리, 피, 수수, 콩)을 오곡이라고 하고 한국에서는 쌀, 보리, 콩, 조, 기장의 다섯 곡식을 뜻함), 오색, 오미(五味: 신맛, 쓴맛, 짠맛, 매운맛, 단맛),

오독(五毒 : 뱀, 두꺼비, 지네, 전갈, 도마뱀의 독), 오진(五塵 : 사람의 마음을 더럽히는 다섯 가지 욕망 — 색色, 성聲, 향香, 미味, 촉觸의 오욕), 오덕(五德 : 온화, 양순, 공손, 검소, 겸양), 오복(五福 : 장수, 부유富裕, 무병식재無病息災, 도덕을 즐기는 것, 천수를 누리는 것[또는 자손이 많은 것]), 오상(五常 : 인仁, 의義, 예禮, 지智, 신信의 다섯 가지 덕), 오륜(五倫 : 부자유친父子有親, 장유유서長幼有序, 군신유의君臣有義, 부부유별夫婦有別, 붕우유신朋友有信)을 뜻한다. **크리스트 교** : 5는 〈타락〉 후의 인간의 모습을 나타낸다. 오감五感, 십자가의 다섯 개의 점, 십자가 형을 받은 예수의 몸에 난 다섯 개의 상처(두 손, 두 발, 허리), 5천 사람을 먹인 물고기("요한복음" 6 : 1-13), 모세 오경("창세기," "출애굽기," "레위기," "민수기," "신명기")의 숫자이다. **이집트** : 나일 강에 있는 다섯 마리 악어의 숫자이다. **그리스·로마** : 사랑과 화합을 나타내는 혼례의 숫자이다. 5는 비너스(금성)의 숫자이며, 비너스는 5년을 주기로 완성된다. 빛의 신으로서의 아폴론/아폴로는 전능, 전지, 편재偏在, 영원, 통일의 5 가지 상징물을 가지고 있다. **유대 교** : 5는 강함과 엄격, 근원지根源知의 상징이다. 카발라에서 5는 세피로스의 게브라(엄격함)를 의미한다. **힌두 교** : 세계는 다섯 가지 요인의 조합으로 이루어진다. 오대(五大, 조악하고 큰 다섯 원소), 오유(五唯, 미세 원소), 다섯 가지 원색, 오감, 시바 신의 다섯 가지 얼굴이다. 비슈누 신은 여러 가지 모습으로 나타나는데 10 가지(5의 2배) 권화權化가 있다.(마즈야[물고기], 쿠르마[거북], 바라하[멧돼지], 누리싱하[인사자人獅子], 바마나[난쟁이], 파라슈라마[도끼를 가진 라마], 라마, 크리슈나, 석가세존,

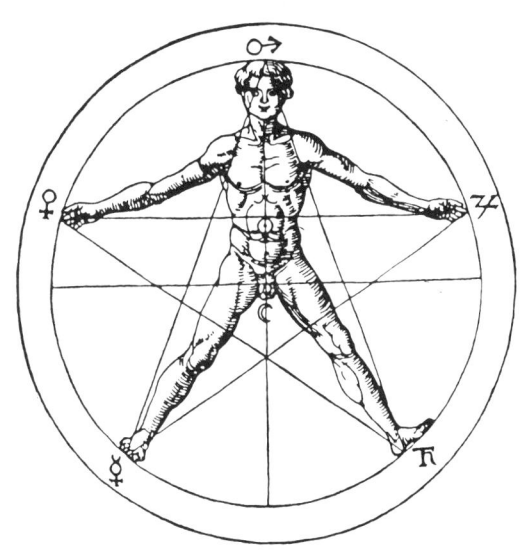

오각형의 별 모양으로 그려진 소우주인 인간. 16세기의 「신비철학」에 그려진 아그리파.

칼키) **이슬람 교**: 실행해야 할 다섯 가지 의무인 오주(五柱: 신앙 고백, 예배, 단식, 희사〈喜捨〉, 순례), 신의 다섯 가지 〈재림〉(물질 세계, 이미지와 상징의 세계, 영靈의 세계, 신의 이름과 속성의 차원, 신의 본질의 차원), 다섯 가지 기본 교리(무아타지라 파는 1. 신의 유일성, 2. 신의 공정함, 3. 내세에 대한 약속과 위협 4. 중간적인 위치, 5. 윤리적 명령이고 시아 파는 1. 신의 유일성, 2. 신의 공정함, 3. 예언자직, 4. 사도직, 5. 이맘직), 다섯 가지 활동, 하루 다섯 차례(새벽, 정오, 오후, 일몰, 밤)의 예배를 나타낸다. **파르시 교(인도에 사는 페르시아인의 조로아스터 교)**: 파르시 교와 만다 교의 의식에서 5는 매우 중요한 숫자였다. 그것은 성스러운 빛의 윤일閏日이 5일이라는 사실과 결부된다. **퓌타고라스 학파**: 5는 〈성혼〉 즉 하늘(3)과 대지(2)의 결혼을 나타낸다. 빛, 빛의 신 아폴론과 그의 다섯 가지 특성(→**그리스·로마** 항)을 가리킨다.

7) 6

6은 평형, 조화를 상징한다. 6은 1에서 10까지의 범위 안에서 완전수(1+2+3=6)이다. '모든 수의 중심으로서 가장 생산적이다.'(고대 유대 인 철학자 필론) 6은 서로 반대되는 대극對極의 통일을 상징하는데, 자웅 두 개의 삼각형이 합쳐져 남녀추니를 상징하기 때문이다. 이때 꼭지점이 위를 향하고 있는 삼각형은 남자와 불, 그리고 하늘을 나타내고, 역삼각형은 여자, 물, 대지를 나타낸다. 또한 6은 사랑, 건강, 아름다움, 기회, 행운을 의미한다. 서양에서는 주사위에서 6이 다른 숫자를 누르는 가장 강한 숫자이다. 태양의 바퀴에는 6개의 빛 줄기가 있다.(8개가 있기도 하다.) 교차하는 두 개의 삼각형, 즉 〈솔로몬의 봉인〉이라고 불리는 6개의 꼭지점을 가진 별(✡)은 완전한 균형을 상징한다. **고대 근동**: 창조에 소요되는 6일간을 뜻한다. **중국**: 우주는 6이라는 숫자에 의거한다. 4 가지 기본 방위와 하늘(위)과 땅(아래)이 6 가지 방향을 나타내기 때문이다. 인간에게는 여섯 가지 감각이 있다.(시각, 청각, 후각, 미각, 촉각, 그리고 육감으로서의 마음) 밤낮의 길이는 각기 여섯으로 구분된다.(하루를 열두 등분하여 십이지十二支의 순서에 따라서 12시時로 나눈다.) **크리스트 교**: 6은 완전, 완성, 우주 창조에 필요한 6일간("창세기" 1)을 나타낸다. **유대 교**: 창조에 필요한 6일간, 명상, 지성을 나타낸다. 카발라에서 6은 창조, 세피로스의 디후엘레트(아름다움)의 상징이다. **퓌타고라스 학파**: 기회, 행운을 뜻한다.

8) 7

7은 대우주를 나타내는 숫자이다. 완전, 전체성의 뜻이다. 3은 하늘과 혼을, 4는 대지와 육체를 나타내기 때문에, 7은 영적인 것과 세속적인 것의 덧없음을 모두 포함하는 제일 작은 숫자이다. 7은 완성, 보증, 무사, 안식, 풍부, 재통합, 종합 따위를 나타내게 되었다. 그리고 처녀성과 〈태모〉 나타내는 숫자이다. 7과 연관되는 것으로는 우주의 7단계, 일곱 개의 하늘, 일곱 층의 지옥, 7개의 행성과 그 행성이 나타내는 금속들(달은 은銀, 수성은 수은, 금성은 동銅, 태양은 금, 화성은 철, 목성은 주석, 토성은 납)이 있다. 우주의 일곱 개의 원(지구를 중심으로 동심원 모양으로 회전하는 것처럼 보이는 7개의 행성이 그리는 원), 태양의 일곱 가지 광선, 인간의 일곱 시기(가령 유아, 아동, 연인, 병사, 재판관, 노인, 완전한 노파 — 셰익스피어, "뜻대로 하세요As you like it" 2막 7장), 지혜의 일곱 기둥("지혜가 그 집을 짓고 일곱 기둥을 다듬고……"——"잠언" 9 : 1), 일곱 가지 무지개 색(무지개의 일곱 가지 색은 한 가지가 4일씩에 해당하며 전체적으로는 태음력의 1개월, 즉 28일을 나타낸다), 1주일의 일곱 요일, 7음계, 세계의 7대 불가사의(이집트의 피라미드, 이집트 알렉산드리아의 파로스 등대, 터키 에베소의 아르테미스 신전, 그리스 로도스 섬의 거상, 이라크 바빌론의 공중정원, 터키 할리카르나소스의 무덤, 그리스 올림피아의 제우스 신상) 등이다. 태양의 제7의 광선은 인간이 현세에서 내세로 가는 길이다. 단식과 회개는 7일간 행한다. 고대 유대 인 철학자 필론에 의하면 어떤 수도 7제곱을 하면 곱과 세제곱 모두를 포함하므로 7은 매우 중요한 숫자이다. 일곱 개의 머리를 가진 용은 인도, 페르시아, 극동(특히 캄푸치아), 켈트, 지중해의 신화에 등장한다. **연금술** : 〈작업〉에는 7개의 금속이 관계된다. **고대 근동** : 월령(月齡 : 초승달新月을 기준으로 계산하는 날짜)의 일곱 가지 구분과 1주일의 일곱 요일이다. '달이여! 그대는 뿔 모양의 빛으로 6일을 정하고 7일째에는 반쪽의 관으로 빛난다.' 이런 의미에서 음력 일곱째 날은 태양에 대립하는 어둠과 물길을 상징하며, 일곱째 날에 어떤 일을 시작하는 것은 위험하기 때문에 그 날이 안식일이 되었다. 대지에는 일곱 개의 지역이 있다. 지구라트(→ZIGGURAT)의 일곱 행성들로 상징되는 일곱 개의 하늘이다. 〈생명의 나무〉(→TREE)의 일곱 가지에는 각기 일곱 개의 잎이 달려 있다. 지옥의 일곱 개의 문, 티아마트 여신의 일곱 악령과 그 여신을 죽인 일곱 개의 바람, 7 가지 색色, 일곱 개의 인장印章, 일곱 기둥의 〈운명의 신〉을 나타낸다. **점성술** : 큰곰자리의 일곱 개의 별은 1년 중 어느때라도 볼 수 있다는

빈겐의 성녀 힐데가르드(12세기의 신비가이며 환시자幻視者)가 본 천지창조의 **6일간**(힐데가르드가 지은 책의 사본寫本 삽화)을 나타낸다. 6일 동안 발생했던 일이 일관된 창조 작업의 부분으로서, 전체를 나타내는 원 가운데에 그려져 있다.

11세기 카슈미르의 청동 군상으로, **7혹성**이 각각 부수물을 가지며, 서로 팔을 걸고 서 있는데, 이것은 7이라는 숫자가 가지는 완전성, 전체성, 종합성을 나타낸다.

면에서 '불멸不滅'이다. 플레이아데스(아틀라스의 일곱 명의 딸들), 일곱 개의 큰 행성, 태양의 일곱 가지 광선을 뜻한다. **불교**: 7은 상승의 숫자, 또한 지고천至高天으로 올라가 중심에 도달하는 것을 의미하는 숫자이다. 부처의 칠각七覺(일반적으로는 팔상八相)은 시공을 초월하는 칠천七天(야마천夜摩天, 도사다천覩史多天, 낙변화천樂變化天, 타화자재천他化自在天, 범중천梵眾天, 범보천梵輔天, 대범천大梵天)을 넘어가는 것을 상징한다. 자바 섬에 있는 보로부두르 불교사원의 7층 건축물은 성산聖山이자 '우주축'(→AXIS)을 상징한다. 정상은 초월적인 북쪽을, 정상에 오르는 것은 부처의 영역에 도달했음을 상징한다. **크리스트 교**: 신은 천지창조를 나타내는 6개의 광선의 한가운데 있는 일곱번째 광선으로 상징된다. 7과 관계되는 것으로는 7가지 성사聖事(성세, 견진, 성체, 고백, 병자, 신품, 혼인), 성령의 일곱 가지 선물(지혜, 총명, 지식, 의지, 영리, 효애, 경외 ― "이사야" 11 : 2), 7덕(3 가지는 신에 대한 덕이고, 4 가지는 기본 도덕), 일곱 가지 큰 죄(교만, 탐욕, 색욕, 질시, 폭식暴食, 분노, 나태 ― "골로새 서" 3 : 5-10), 연옥에 있는 일곱 층으로 된 산(일곱 가지 큰 죄를 하나씩 씻어내는 곳), 중세의 자유 7과(문법, 논리학, 수사학, 기하학, 산술, 천문학, 음악), 행성을 포함하고 있는 일곱 개의 투명구체, 7대 예언자(4대 예언자에 요나, 요엘, 자카리아 포함), 〈지상〉에 관계하는 일곱 대천사(4대 천사에 카무엘, 요피엘, 쟈디엘 포함→ARCHANGELS), 예수에 의해서 추방된 일곱 악마("마태복음" 8 : 28-34), 7일간의 단식과 회개, 성모 마리아의 일곱 가지 기쁨(수태고지受胎告知, 엘리사벳의 내방, 예수의 강탄降誕, 동방박사〔마기〕 3인의 내방, 잃었던 예수의 발견, 부활, 승천)과 일곱 가지 슬픔(시누온의 예언, 이집트로의 피난, 예수를 잃음, 십자가에 못박힌 예수, 뭇사람에게 전시된 예수의 시신, 십자가에서 내려진 예수, 매장), 크리스트 교 국가의 7대 영웅(영국의 성 게오르기우스/조지, 스코틀랜드의 성 안델레, 웨일즈의 성 다비드, 아일랜드의 성 파트리키우스, 스페인의 콤포스테라의 성 야곱, 프랑스의 성 도니, 이탈리아의 파트와의 성 안토니우스), 초대 〈교회〉의 일곱 가지 충고("요한계시록" 1 : 4-3 : 21)이다. 또한 천지창조의 6일이 지난 후 일곱째 날은 안식일이다. 「구약성서」에서 7이라는 숫자는 바알람의 일곱 개의 제단, 제물로 바친 일곱 마리 수소와 숫양("민수기" 23 : 1), 일곱 개의 양각 나팔("여호수와" 6 : 4), 여리고Jericho 성을 일곱 바퀴 돎(「여호수와」 6 : 15-16), 나아만이 요단 강에서 목욕한 횟수("열왕기 하" 5 : 10-14), 또한 삼손은 "푸른 칡 일곱으로 나를 결박하면……"이라고 말했다.("사사기" 16 : 7, 13, 19) 엘리사에 의해 깨어난 아이가 일곱 번 재채기를 했다.("열왕기 하" 4 : 15) 노아의 방주는 7개월 만에 육지에 도달했다.("창세기" 8 : 10) **이집트**: 〈운명의 여신〉으로서의 일곱 명의 하토르와 마트가 있었으며, 이 여신의 여사제들은 7개의 항아리를 가지고 있었다. 라 신의 일곱 딸은 7벌의 내의에 일곱 개의 매듭을 만들었다. 라 신의 일곱 마리 매들은 칠현인七賢人을 나타낸다. 라의 황소(거세하지 않은)와 함께 있는 일곱 마리의 암소는 풍요를 나타낸다.("창세기" 41 : 2) (그리스·로마 시대의 이집트 신화 해석에서는) 명계에 일곱 가족이 있고, 21개(3×7=21)의 문이 있다. 7은 오시리스 신의 성수聖數이다. **그리스·로마**: 7은 7현의 리라(→LYRE)를 가진 아폴론/아폴로 신의 성수聖數이며 아테나/미네르바 여신, 군신軍神 아레스/마르스의 성수이기도 하다. 목신 판은 일곱 개의 갈대로 만든 갈대 피리를 가지고 있다. 그리스에는 일곱 명의 현인賢人이 있다.(로도스 섬의 클레오불로스, 코린토의 정치가 페리안드로스, 레스보스 섬의 정치가 피타코스, 그리스의 격언가 비아스, 철학의 아버지 탈레스, 스파르타의 정치가 케일론, 아테네의 정치가 솔론) **유대 교** : 신비의 지혜를 뜻한다. 유대의 1년에는 일곱 번의 큰 제사일이 있다. (신년제[로슈 하샤나], 속죄의 날[욤 키프르], 초막절草幕節 축제[수코프], 궁결제宮潔祭[하누카], 프림 제祭, 과월제過月祭[페사하], 칠주제七週祭[샤보트]) 〈메노라Menorah〉라는, 가지가 일곱인 촛대(→CANDLE)가 있다. 솔로몬의 신전을 건축하는 데 7년이 걸렸다.("열왕기 상" 6 : 37) 지혜의 일곱 기둥(카발라에서는 세피로스의 네시아하[영원])의 뜻이다. **힌두 교** : 브라마나의 칠보, 대홍수 이전의 일곱 신과 홍수에서 구원된 일곱 현자(신선神仙)를 나타낸다. **이슬람 교** : 7은 가장 작은 완전수, 일곱 개의 하늘, 일곱 가지 기후(「코란」 65 : 12), 일곱 대륙과 바다, 일곱 색, 7인의 예언자(아담, 누흐[노아], 이브라힘[아브라함], 무사[모세], 다우드[다윗], 이사[예수], 무하마드), 일곱 가지 활동력, 혼의 일곱 가지 상태(명령을 내려 악으로 유도하는 혼, 비난하고 비판하는 혼, 영감을 받는 혼, 평온한 혼, 만족하는 혼, 기뻐하는 혼, 완전한 혼)를 뜻한다. 순례에서 카파 신전을 일곱 바퀴 도는 까닭은 알라가 가진 일곱 가지 속성(생명, 지식, 의지, 능력, 청력, 시력, 언어)을 상징한다. **일본** : 칠복신七福神이다.(대흑大黑, 혜비수惠比

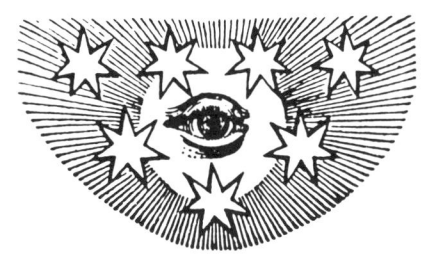

일곱 개의 별과 태모로서의 눈으로 야코브 뵈메의 상징이다.

須, 비사문毘沙門, 변천辯天, 포대布袋, 복록수福祿壽, 수로인壽老人) **마법**: '주문으로 옮아매기' 위해서 끈에 일곱 개의 매듭을 만든다. 주문은 일곱 번 반복한다. **미트라 교**: 미트라스 신전에는 일곱 개의 문과 일곱 개의 제단과 일곱 개의 가로대를 가진 사다리가 있는데 그것들은 밀의密儀의 이니시에이션의 일곱 계단을 상징한다.(→ STEP) **퓌타고라스 학파**: 3은 하늘, 4는 대지를 뜻하며, 7은 이승의 〈신〉, 완성을 나타낸다.

9) 8

영적인 의미에서 8은 신참자가 이니시에이션의 일곱 단계, 또는 칠천계七天界를 통과해서 도달하는 최종 지점을 상징한다. 따라서 8은 〈낙원〉의 회복, 재생, 부활, 지복至福, 완전한 리듬의 상징이다. 신의 은총에 의해서 인간이 새롭게 태어나는 것은 제8일째이다. 단식과 참회의 7일간이 끝난 8일째는 풍요와 신생의 날이다. 7+1이라는 의미에서 8은 옥타브를 나타내는 숫자, 재출발을 상징한다. 8은 8개의 꼭지점을 가진 정육면체와 결부되기 때문에 입체성을 상징한다. 동서남북의 4가지 기본 방위에 각각의 중간 방위를 더하면 8개의 방위가 되며, 바람에도 8가지 종류가 있다. 8은 서로 반대되는 두 개의 쌍을 나타낸다. 정팔각형은 정육면체에서 원으로의 변형(그 역도 성립)의 시작을 나타낸다. **고대 근동**: 일설에 의하면 네보 신의 마법의 숫자이다. **불교**: 8은 완성상태, 모든 가능성을 나타내며 〈불족석佛足石〉의 팔길상인八吉祥印이다.(→BUDDHIST SYMBOLS) **중국**: 8은 전체, 모든 가능성의 현현, 행운의 상징이다. 〈팔괘八卦〉(→PAKUA)는 양陽을 나타내는 '효爻—'와 음陰을 나타내는 '효--'가 세 개씩 다양하게 결합해서 8개의 조합으로 나타난 도형이다. 이들 8개의 조합은 대개 원형으로 배치되어 있다. 이때 원주는 시간과 공간(및 그 속에서의 생성 유전)을 상징한다. 인간에게는 여덟 가지 기쁨이 있다. **크리스트 교**: 신생, 재생의 뜻이다. 성수반聖水盤은 대개 다시 태어남의 상징으로 8각형이다. 여덟 가지 행복(예수가 산상山上의 수훈垂訓에서 설교한 '마음이 가난한 자는 복이 있나니' 등의 여덟 가지 행복——"마태복음" 5:3-10)을 뜻한다. **이집트**: 신 토트의 성수聖數이다. **유대교**: 8은 완벽한 지혜, 광휘, 세피로스의 호드(권위), 〈요드 헤 바브 헤YHVH(야훼)〉의 숫자, '주(主)의 숫자'이다. 솔로몬 신전은 8일째 되는 날 깨끗이 청소되었다. **헤르메스 사상**: 8은 헤르메스의 마법의 숫자이다. 헤르메스 신학에는 수와 기하학의 발명자인 주신主神 토트/헤르메스와 그 밑의 여덟 명의 신(눈과 네네트[심연], 후후와 후후트[무한], 쿠쿠와 쿠쿠트[암흑], 아멘과 아메네트[불가시성不可視性, 공기])이 있다. **힌두 교**: 8×8은 지상에 현현된 천계의 질서를 상징한다.(→CARDS) 사원과 〈만다라〉(→MANDALA)의 형태는 8×8의 상징을 토대로 건축되었다. 세계 8대 지역, 8개의 태양, 하루의 시간을 8등분함, 8개의 〈차크라〉(→CHAKRA)가 있다. **이슬람 교**: 세계를 둘러싸고 있는 왕관은 8명의 천사가 떠받치고 있다.(「코란」 69:17) 이것은 공간의 8구분에 대응하는 것이다. 아라비아 어의 철자의 여덟 가지 구분(순툅 문자, 치경齒莖 문자, 치찰齒擦 문자, 설단舌端 문자, 구각口角 문자, 경구개硬口蓋 문자, 구개수口蓋垂 문자, 연구개軟口蓋 문자)에도 대응한다. **일본**: 8은 수가 '많은' 것을 의미한다.(예를 들면 〈팔천대八千代〉의 팔)('大八洲'는 일본의 옛날 명칭) **플라톤주의**: 플라톤에 의하면 빛나는 하늘의 기둥을 중심으로 동심원상으로 색색가지 여덟 개의 천구가 있다.(「국가國家」제10권, 616E-617B) **퓌타고라스 학파**: 8은 연대連帶, 안정을 나타낸다. **도교**: 8은 현현된 모든 가능성을 나타낸다. 현상계의 여러 가지 힘은 팔괘八卦(→PAKUA)로 상징된다. 팔선八仙 또는 불멸을 뜻한다.

10) 9

9는 강력한 숫자인 3의 거듭제곱(3×3)이고, 〈3조三組의 3배〉이다. 9는 완성, 성취, 달성, 처음과 끝, 전체를 의미하며 천계와 천사의 숫자이다.(9천계, 9천사의 위계) 또한 〈지상 낙원〉을 나타낸다. 9는 '불후不朽'의 숫자이다. 또한 9는 원주圓周를 나타내는 숫자이다. 원주는 90도 단위로 4등분되며 원주 전체는 360도이기 때문이다. 9는 2개의 삼각형이 조합된 모양( )으로 상징되며, 따라서 남과 여, 물과 불, 산과 동굴과 같은 대립원리를 상징한다. **불교**: 9는 지고의 영적인 힘을 상징하며 구천九天(지구를 중심으로 회전한다고 생각된 아홉 개의 천체, 일천日天, 월천月天, 수성천水星天, 화성천火星天, 목성천木星天, 금성천金星天, 토성천土星天, 항성천恒星天, 송동천宗動天)의 의미가 있다. **켈트**: 켈트의 전통문화에서 9는 매우 중요한 의미를 가진다. 8 가지 방위와 중심점을 더한 숫자로, 9는 중심을 상징한다. 〈3중三重의 여신〉(브리지트 여신의 다른 이름)에서 3중이란 3의 세제곱을 의미한다. 9인의 켈트 처녀, 9개의 흰 돌은 브리지트 여신의 시중을 드는 아홉 처녀를 나타낸다. 9는 〈벨테인 불의 축제〉와 연관된다. 의식에는 9명씩 9번, 총 81명이 참가한다. **중국**: 모든 숫자 중에서 3×3은 가장 길吉한 숫자이며, 9는 하늘의 힘을 나타낸다. 9는 명당明堂(제

19세기 중국의 청동제 팔각 향로. **8**개의 변은 각각 팔괘의 한 가지에 의해서 다스려진다. 팔괘는 위 뚜껑의 중심에 음양의 인문印文(태극)에 의해서 통합되며, 이 인문은 중심적인 통합 상징으로서 완전한 리듬과 대립물의 결합을 나타낸다.

가로 세로 각각 **9**개의 정사각형 모임들이 중심의 정사각형을 에워싸는 각각의 9개(3×3)의 정사각형의 집합으로 분할되어 있다. 18세기 인도의 도형인 이 그림은 점성 주기의 계산을 위해서 사용되었으며, 또한 명상을 돕기 위해서도 이용되었다.

사나 제례를 올리는 장소)에서처럼 8 가지 방위와 (아홉번째 점으로서의) 중심을 나타낸다. 천하를 다스리기 위한 **구법九法**(주周나라 무왕에게 기자箕子가 답했던 아홉 가지 큰 법 —— 오행[木, 火, 土, 金, 水], 오사五事, 팔정八政, 오기五紀, 황극皇極, 삼덕三德, 계의稽疑, 서징庶徵, 오복五福), 구관九官(고대의 관제에 따른 아홉 명의 대신[후에 〈9경卿〉이 됨] —— 사공司空[총리], 황직皇稷[농경], 사도司徒[교육], 사士[형벌], 공공共工[공업], 우虞[산림], 질종秩宗[제사], 전악典樂[음악], 납언納言[상언하달上言下達, 하언상달下言上達])을 뜻한다. 정전법井田法(「맹자」 "등문공滕文公")에서는 토지를 우물 정井자 모양으로 아홉 구획으로 분할했다. 이때 중심에 있는 토지는 아홉번째 토지로서 최고 지배자인 상제上帝(하늘의 〈이법理法〉을 구현한 인격신)에게 바쳤고, '신의 토지'라고 했다. 또한 이 토지는 '공전公田'이라고도 불렸는데 그것은 천자가 천제天帝의 대리인이라는 사실을 시사하는 것이다. 또한 풍수風水에서도 지관地官이 용혈龍穴을 찾으면 그 구멍 앞에 있는 공간(명당)을 9분할한다. **크리스트 교**: 크리스트 교의 상징체계에서 9는 자주 나타나지 않는다. 천사에는 3계급씩 3조, 즉 아홉 위계가 있다. 하늘에는 아홉 천구, 지옥에는 아홉 환도還道가 있다. **이집트**: 이집트에는 아홉 신이 있다.(헬리오폴리스[이집트의 옛 도시 아우누의 그리스 명칭]의 아홉 신에는 아톤[라 〈태양신〉], 슈, 테프누트, 게브, 누트, 오시리스, 이시스, 세트, 네프티스가 있다.) **그리스·로마**: 아홉 신(올륌포스의 신들이 거인족에게 거둔 승리를 칭송하기 위해 만들어졌음), 후에는 9명의 뮤즈(→ MUSES)를 나타내는 숫자이다. **유대 교**: 9는 순수 지성을 나타낸다. 9는 그 배수(18, 27, 36, ……)로 다시 9를 만들어내기 때문에 진리를 뜻한다. 카발라에서 9는 10단계의 세피로스(→ SEPHIROTH)에서 아홉번째인 〈이에소드〉(토대)를 상징한다. **힌두 교**: 불의 신 아그니의 성수聖數이다. 9의 제곱은 81개의 사각형으로 이루어지는 만다라의 형태를 띠기 때문에 우주를 형성하고, 우주를 포함한다. **마야**: 명계冥界는 9층으로 나뉘어 있고 각 층을 다스리는 명계의 주인이 배치되어 있다. **퓌타고라스 학파**: 9는 다른 모든 숫자가 그 속에 존재하며, 그 속에서 순환하는 것으로 숫자의 한계를 나타낸다. **북유럽**: 오딘(게르만의 신 보탄) 신은 인간을 위해서 지혜의 비밀을 손에 넣으려고 아홉 낮, 아홉 밤 동안 〈이그드라실〉(→ YGGDRASIL)에 매달려 있었다. 북유럽의 페르세포네라고 불리는 눈雪의 여신(다른 설에서는 거인족의 여자라고도 함) 스켈디는 1년 중 3개월은 산 속에서, 9개월은 니오르드(항해, 교역의 신)의 바다에서 산다.(일반적으로는 아홉 밤씩 교대로 거주한다고 한다.) 북유럽과 게르만의 상징체계에서 9는 성수聖數이다.

11) 10

10은 우주를 나타내는 수, 창조의 패러다임(전형)이자 모든 수를 포함한다. 따라서 모든 사물과 모든 가능성을 상징한다. 10은 모든 계산의 기본이 되는 숫자, 10진법의 전환점이 되는 숫자이다. 10은 모든 것을 포함하며, 법, 질서, 지배를 상징한다. 테트라크티스tetraktys 형$(1+2+3+4=10)$은 신성神性을 상징한다.(→4항의 **퓌타고라스 학파**) 이 경우에 1은 점点, 2는 길이, 3은 평면(삼각형), 4는 입체 또는 공간을 나타낸다. 10은 완전수로 1로의 회귀를 상징한다. 10은 양 손의 열손가락을 기초로 나온 숫자이며, 완성, 모든 계산의 기본을 나타낸다. 또한 보다 높은 범주의 완전성으로서 백百과 천千은 힌두 교 우주론의 토대가 되는(예를 들면 소천小千 우주, 중천中千 우주, 대천大千 우주) 숫자이다. 또한 중국에서 〈만萬〉은 셀 수 없이 많음을 의미하고, 현현 세계 전체를 뜻한다. 10은 여행의 완성을 나타내며 기원으로의 회귀를 뜻한다. 그리스 영웅 오뒤세우스는 9년간 방랑을 하고 10년째에 고국으로 돌아갔다. 트로이아는 9년간 포위를 견디다가 10년째에 함락되었다. 10은 원주를 둘러싸는 9와 중심을 나타내는 1의 합습으로 나오는 숫자로 완전성의 상징이다. 또한 10은 '오월제의 기둥'으로 상징된다. 〈우주축宇宙軸〉으로서의 1과 그 주위를 돌며 춤추는 9로 볼 수 있기 때문이다. **고대 근동**: 봄 축제에서 10일째에는 신상神像들을 모두 등장시켜 행렬을 지어 축하한다. **중국**: 10은 한자漢字로는 종횡縱橫의 길이가 모두 같은 〈十〉으로 나타낸다. 이것은 음과 양이라고 불리는 두 방향을 향하고 있는 자신을 상징한다.(통설로는 동서東西를 뜻하는 〈一〉와 남북을 뜻하는 〈丨〉이 모두 갖추어져 완전성을 상징한다고 한다.) 십간十干(甲, 乙, 丙, 丁, 戊, 己, 庚, 辛, 壬, 癸)에 12지를 배합해 모두 60 가지 조합으로(육십갑자六十甲子) 연월일을 표시한다.(→아래의 60 참조) **크리스트 교**: 10은 모세의 십계十戒를 나타내는 숫자("출애굽기" 20 : 1-17)이다. 10개의 등불, 10인의 처녀, 10탈란트 등의 비유에 나오는 숫자이다.("마태복음" 25 : 1-30) 신에게 바치는 10분의 1세(십일조)이다. **그노시스주의**: 충일(플레로마)의 세계, 〈아이온〉의 로고스(말씀)와 조에(命)에서 다시 10개의 아이온이 나왔다. **유대 교**: 카발라에서 10은 〈영원 세계〉

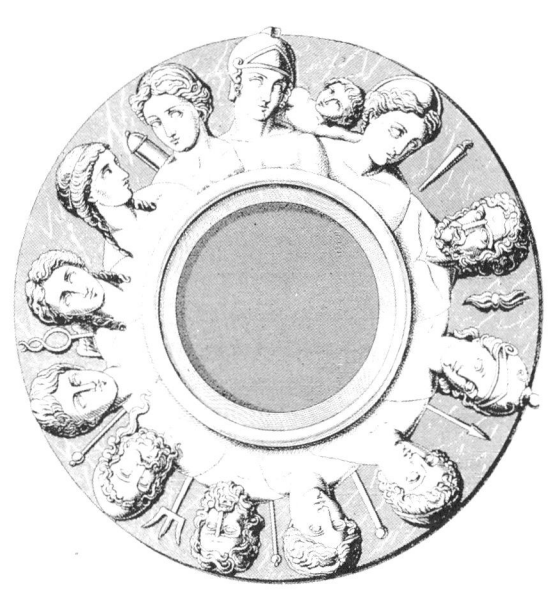

고대 그리스 판테온의 올림포스 산의 **12**신.

레오나르도 다 빈치의 "최후의 만찬." 예수가 유다의 변절을 예언할 때의 예수와 열두 제자, 즉 **13**인의 인물 표정이 훌륭하게 나타나 있다.

인 요드(히브리 어 알파벳의 열번째 문자), 신神(요드 헤 바브 헤, YHVH)이라는 단어의 첫번째 문자에 대응하는 숫자이며, 눈부신 지성, 신의 지원, 〈십계〉("출애굽기" 20:2-17), 〈세피로스〉(→SEPHIROTH)의 〈말후트〉(국왕), 〈신〉의 10개의 이름을 뜻한다. 또한 카발라에서 10은 〈절대무絕對無〉에서 흘러나오는 〈세피로스〉의 수이다. 〈세피로스〉는 대개 〈생명의 나무〉에 의해서 상징되는데, 열 개 중의 첫번째 것이 모나드, 즉 다른 아홉 개의 〈제1원인〉이다. 또한 나머지 아홉 개의 〈세피로스〉는 각기 남, 녀, 그리고 둘을 통일시키는 지성의 〈삼위일체〉의 3 가지로 구성된다. 열번째의 아도니adoni는 통일성으로의 신비적 회귀를 상징한다. 솔로몬 신전에는 10개의 커다란 사제 목욕용 대야, 10개의 식탁, 10개의 촛대가 있다.("역대 하" 10:6-8) 〈계약의 궤〉 앞에는 10명의 레위 인 사제가 있다. **힌두 교**: 10보다 큰 범주들, 즉 백百과 천千은 힌두 교 우주론의 기반을 이룬다. **이슬람 교**: 이슬람 법에서 10분의 1세는 매우 중요한 의미를 가진다. **퓌타고라스 학파**: 10은 〈모나드〉—즉 연속과 무한한 확장의 처음과 시작—를 나타낸다. 10은 완전의 상징이다. **로마**: 로마 숫자에서 10은 X(완전한 숫자)로 완성의 상징이다.

12) 11

11은 죄, 과실, 위험을 나타내는 수로 10이 완전과 법을 상징한다면, 11은 둘을 모두 넘어서는 것을 나타낸다.

13) 12

12Duodecad는 완전한 주기周期, 우주 질서를 상징한다. 3×4(3은 신, 4는 인간)로 이루어지는 12는 성스러운 것과 세속적인 것, 양쪽의 질서, 밀교密敎와 현교顯敎 양쪽을 의미한다. 12는 〈황도십이궁〉과 1년 12개월을 나타내는 숫자이며, 12를 나타내는 동물들은 자웅雌雄 각각 6마리씩이다. 12는 주야의 시간수, 〈우주수宇宙樹〉(→TREE)의 과실의 숫자 등이다. 로마의 농신제農神祭(로마에서 매년 12월 17일경에 행했던 사투르누스의 축제)에서 세계가 혼돈으로 회귀해서 죽은 자들이 이 세계로 돌아오는 때는 동지冬至 전후 12일간이다. 또한 동지제冬至祭 〈율〉(→YULE)과 크리스마스 축제도 12일간 행해진다. 이와 비슷한 축제로는 베다 시대의 인도, 중국, 그리스, 유럽의 전통문화에서 발견된다. 이 축제 12일간의 기후는 이듬해 12개월간의 기상 패턴을 예상할 수 있게 해준다고 한다. **고대 근동**: 〈혼돈〉과 〈우주〉(질서 세계) 사이의 전쟁은 12일간 계속된다. **불교**: 달라이 라마(티베트의 라마 교 교주)의 회의는 12인의 구성원으로 이루어진다. **켈트**: 칼 대제(샤를마뉴)의 12인의 용사, 아서 왕의 〈원탁〉의 기사는 모두 12명이었다. **중국**: 십이지十二支에 대해서는 〈황도십이궁〉(→ZODIAC)을 참조. **크리스트 교**: 12는 〈성령의 열매〉의 숫자(사랑, 기쁨, 평안, 관용, 친절, 선의, 성실, 온화, 자제, 인내, 겸허, 정결 —"갈라디아 서" 5:22-23), 이스라엘의 부족과 예수의 12사도를 나타내는 12개의 별("요한계시록" 12:1), 〈성도聖都〉의 문과 초석의 숫자("요한계시록" 21:10-14)이다. 크리스마스 시즌은 12일간이다. **이집트**: 태양신 〈라〉가 밤 동안에 시간을 보내는 명부冥府에는 12개의 문이 있다. **그리스·로마**: 헤로도토스에 의하면 올림포스 산의 신과 여신들의 숫자는 열둘이다.(최고신 제우스/유피테르, 태양신 아폴론/아폴로, 전쟁의 신 아레스/마르스, 전령신 헤르메스/메르쿠리우스, 바다의 신 포세이돈/넵투누스, 대장간의 신 헤

파이스토스/불카누스, 여신 헤라/유노, 대지의 여신 데메테르/케레스, 달의 신 아르테미스/디아나, 지혜의 신 아테나/미네르바, 사랑과 미의 신 아프로디테/베누스, 화로와 불의 여신 헤스티아/베스타) 시인 헤시오도스는 열두 명의 타이탄 거인족에 대해서 이야기한다. 또한 12는 로마의 〈12동판법銅版法〉(기원전 451)의 동판의 숫자이다. 로마의 농신제는 12일간 계속된다. **유대교** : 〈생명의 나무〉(→TREE)의 12개의 열매, 천도天都의 12개의 문, 신전의 식탁에 놓여 있는 12개의 빵(이때 12는 12개월의 상징)("레위기" 24 : 5), 아론의 흉패의 열두 개의 보석("출애굽기" 28 : 21), 야곱의 열두 자식을 족장으로 하는 〈이스라엘 12부족〉("창세기" 49 : 1-28)을 나타내는 숫자이다. **헤르메스 사상** : 1년 12개월과 12가지 고통을 나타내는 숫자이다. **이슬람교** : 초대 이맘imam(아라비아 어로 '지도자')인 알리 —— 무하마드의 사촌 —— 와 열한 명의 자손이 낮 12시간 동안을 다스렸다. **미트라 교** : 신 미트라스는 열두 명의 제자를 가졌다. **로마** : 제례祭禮에는 대신관大神官 뒤에 열두 명의 소신관小神官이 뒤따른다.

14) 13

크리스트 교에서 〈테네브레tenebrae〉(〈성주간聖週刊〉[부활절 직전의 1주일간]에 행하는 의식)에 쓰이는 촛대는 13개(보통 15개)로, 의식에서는 촛불을 하나씩 끈다. 이때 차차 실내가 어두워지는 것은 예수의 죽음으로 지상이 어두워짐을 상징한다. 13은 가리옷 유다가 예수와 12사도와 함께 있을 때의 숫자로 불길한 숫자이다.("마태복음" 26 : 20-25) 또한 마녀 집회에서 마녀들의 숫자이다. 마야 문명에서는 13개의 하늘이 있고 그 하늘을 다스리는 13명의 신이 있다. 마야의 단력短曆에서는 1개월(위나르)이 20일, 13위나르가 1년이다. 또한 장력長曆에서는 13박툰(1박툰은 144,000일)을 주기로 세계의 파괴와 재생이 이루어진다고 생각되었다. 13은 또한 점占에도 사용되는 숫자이다.

15) 20

손가락과 발가락 숫자를 모두 합치면 20이 된다. 따라서 20은 인간 전체를 상징한다. 또한 스코어score로서 수를 세는 단위이기도 하다.

16) 40

40은 시련 기간, 시험, 이니시에이션, 죽음을 뜻한다. 4의 10배에 해당하는 수로서 40은 완전무결, 완전성의 상징이다. '40일'이 중요한 의미를 띠게 된 것은 바빌로니아에서 플레이아데스 성단(묘성昴星)이 보이지 않는 기간 —— 바람, 홍수, 태풍 등의 위험이 일어나는 시기 —— 이 40일간이었던 데에서 비롯된다. 플레이아데스 성단이 다시 모습을 드러낸 때는 환희의 시간이며, 마력이 지배한 40일간을 나타내는 40개의 갈대 다발을 불에 태웠다. 로마 제국의 '검역정선기간檢疫停船期間quarantine'이라는 말은 (전염병이 도는) 선박을 40일간(라틴 어로 40은 quadraginta) 격리시켜 상륙을 허가하지 않는다는 뜻이다. 페르시아, 고대 시리아의 바알벡Baalbec(그리스 명칭으로는 헬리오폴리스), 타타르 지방에 있는 신전들, 드루이드 교의 신전, 예언자 에스겔의 신전에는 40개의 기둥이 있다. **크리스트 교** : 사순절四旬節 40일간은 예수가 황야에서 40일간 고통을 당한 기간이다.("마태복음" 4 : 2) 부활절에서 승천 축일까지의 부활기간은 40일이므로 40일은 특별한, 성스러운 의미를 가지는 기간이다. 윈체스터의 성 스위딘 기념일(7월 15

일)에 비가 내리면 40일간 악천후가 계속된다고 한다. 「구약성서」에서 모세가 시나이 산에서 머문 기간("출애굽기" 24 : 18), 엘리야의 은둔("열왕기 상" 19 : 8), 대홍수("창세기" 7 : 12), 요나가 니느웨 주민들에게 준 경고기간("요나" 3 : 4)은 모두 40일이었다. 유대 인의 황야의 방랑("출애굽기" 16 : 35), 블레셋 인이 유대 인을 지배한 기간("사사기" 13 : 1), 다윗의 통치기간("사무엘 하" 5 : 4), 솔로몬의 통치기간("열왕기 상" 11 : 42), 예언자 엘리의 이스라엘에 대한 재판("사무엘 상" 4 : 18) 등은 모두 40년이었다. 예언자 에스겔은 이스라엘의 죄악을 40일간 인내한다.("에스겔" 4 : 6) 이집트의 오시리스 신이 죽어 세상에서 모습을 감춘 40일간이 단식기간이다. **이슬람 교**: 40은 변화와 죽음의 숫자이면서 동시에 화해와 원칙복귀의 숫자이기도 하다. 무하마드는 40세에 이르러 알라 신으로부터 아라비아 백성들에게 전도할 '소명'을 받게 된다. 「코란」은 매 40일마다 반드시 읽도록 되어 있다.(통설로는 30일마다 코란을 읽는다고 한다.) **미트라 교**: 이니시에이션 의식, 축제를 뜻하며 제물을 바치는 기간이 40일간이었다는 설이 있다.

17) 50

49(7×7)년의 주기가 끝난 다음의 50년째는〈그레이트 이어great year大年〉또는〈환희의 해jubilee, 50년제五十年祭〉로 불리며, 출발점, 원초로의 회귀, 재출발 등을 상징한다.〈올림피아 경기대회〉는 태음월太陰月(신월新月에서 다음 신월까지의 28일간)로 50개월, 즉 4년에 한 번씩 개최되었다.

18) 60

1시간은 60분, 1분은 60초이다. 60은 20(스코어)의 3배로 '나머지가 없는 숫자'이다. 북유럽(아이슬란드) 전설에서는 60이라는 숫자가 자주 등장하고 이집트에서는 장수를 뜻한다. 중국에서 60년은 1주기, 60세는 '환력還曆'(환갑)이다. 서양에서는 60년을 '중국의 주기cycle of cathay'라고 부른다.〈십간十干〉과〈십이지十二支〉의 조합으로 60년의 한 주기가 완성되고, 다시 새로운 주기가 시작된다. 60일의 주기가 6번 되풀이되면 태양력으로 1년이 된다.

19) 70

유대 교의 상징체계에서〈메노라Menorah〉(→CANDLE)의 70개의 가지는 일곱 행성으로 이루어진 황도대의 각각을 열로 나눈〈십분각十分角〉의 집합이고 70년은 인간의 수명으로 정해진 연수年數이다.("시편" 90 : 10)

20) 666

666은 '짐승의 수'인 동시에 좌천사座天使 하가트리엘의 성수聖數이다.("요한계시록" 13 : 18) 크리스트 교에서 666은〈짐승의 표시〉이며 반反예수의 상징이다. 카발라에서는 대천사 미카엘에게 적대하는 태양의 악마 소라트의 숫자(게마토리아를 따르는 소라트는 60+6+200+400=666)이다. 666은 태양에 속하는 수로 태양을 나타내는 사각형의 합계이며 신성神聖 기하학의 기본 수이다.

21) 888

히브리 어의 알파벳에서 짐승을 상징하는 666에 대하여, 888은 예수를 상징하는 성수聖數이다.

**Nymphs** 정령精靈/요정妖精  정령은 우주의 여성적 생산력을 표출하는 것으로 후에는 수호 정령, 특히 숲, 샘물, 산을 지키는 정령을 나타내게 되었다.

# O

**Oak** 오크(떡갈나무, 참나무 등 참나무과의 나무) 오크는 강함, 보호, 영속성, 용기, 진리, 인간, 인체의 상징으로 천둥신이나 우레와 결부되어 사용된다. 하늘의 신과 풍요의 신은 오크를 표지로 삼는다. 따라서 오크는 번개와 불을 상징하기도 한다. **아메리카 인디언**: 오크는 〈지모신地母神〉에게 바친다. **켈트**: 〈창조신〉 다그다에게 바치는 물건이며, 성수聖樹이다. **중국**: 남성적인 강함, 동시에 강한 바람에 저항하다 끝내 부러지고 마는 강자의 약점을 나타내며, 버드나무처럼 폭풍에도 견뎌 살아남는 약자의 강점과 대조된다. **크리스트교**: 역경 속에서도 굳건함을 보인 예수의 상징으로 신앙과 미덕의 강함을 나타낸다. 예수를 못박은 십자가의 재목은 오크, 호랑가시나무, 포플러 등 여러 가지 설이 있다. **드루이드 교**: 오크는 성수이며, 여성원리인 겨우살이(→MISTLETOE)에 대해 남성원리를 상징한다. **그리스·로마**: 제우스/유피테르 신의 성수이다. 오크의 신 유피테르와 오크의 여신 유노의 결혼을 축하하는 축제가 매년 오크 숲에서 열린다. 이 축제에 참석하는 사람들은 오크 가지로 만든 관을 머리에 쓴다. 또한 오크 잎의 관은 인명을 구조하거나 퓌티아pythia 경기(아폴론의 축제로 4년마다 델포이에서 거행됨)에서 승리한 사람에게 주어졌다. 오크는 퀴벨레·여신, 숲의 신 실바누스의 표지이다. 그리스에서는 필레몬(아내 바우키스와 함께 제우스 신과 헤르메스 신을 융숭하게 대접한 농부)의 표장으로 부부애와 결혼생활의 행복을 상징한다. 드뤼아데스는 오크의 정령精靈이다.(dryades의 어원은 오크이다.) **유대 교**: 오크는 〈계약의 나무〉이며, 〈신의 재림〉을 상징한다.("여호아기" 24:26) **북유럽·게르만**: 토르 신의 〈생명의 나무〉이며 토르 신에 해당하는 게르만의 도나르 신에게 바치는 물건이다. 게르만 인 사이에서 오크 숲은 종교의식이 거행되는 장소이다.

**Oar** 노 노는 힘, 재주, 지식을 상징한다. 노는 원초의 바다를 젓고, 저승에서 사자死者의 배를 죽음의 강 건너편 기슭으로 인도하는 긴 막대이다. 이런 의미에서 노, 장대, 막대는 〈황금 가지〉(→BOUGH)의 상징성과 연관된다. 이집트에서 노는 왕권, 지배, 행동을 상징한다. 강의 신들이 지니는 상징물이다.

**Obelisk** 오벨리스크 오벨리스크는 남근상징으로 남성의 생식력, 풍요, 재생, 진정시키는 힘을 나타낸다. 또한 〈우주축宇宙軸〉(→AXIS)으로서의 〈생명의 나무〉, 의식적儀式的인 면에서의 세계의 중심, '태양의 손가락'이다. 이집트에서는 라 신(의 성스러운 돌 벤벤)을 상징하며, 태양광선, 태양의 생산력을 나타낸다.

**Oblation** 헌납, 봉헌물奉獻物→SACRIFICE

**Obsidian** 흑요석黑曜石 **아스텍**: 생명의 원천, 삶과 죽음을 가져다주는 것이다.

**Ocean** 대양大洋, 바다 대양은 원초의 바다, 혼돈, 무형성無形性, 질료로서의 존재, 끝없는 운동을 상징한다. 또한 모든 가능성을 포함하고 있는 생명의 원천, 현현顯現된 가능성의 총체, 헤아릴 수 없는 신비, 〈우주령宇宙靈〉, 〈태모太母〉를 뜻한다. 또한 대양은 인간이라면 누구나 건너야 하는 인생의 바다를 의미한다. **고대 근**

동 : 아카드Accad 부족(노아의 자손들이 세웠다고 알려진 북부 바빌로니아 니므롯 왕국의 4도시 중 하나에 살고 있던 부족)은 원초의 바다를 지혜와 결부시켰다. 모든 생명은 달콤한 바다인 아프수 신과, 짠 소금물인 티아마트 여신으로부터 태어난다. 이 여신은 바다의 힘, 여성원리, 혼돈이 가진 맹목적인 힘을 상징한다. **힌두 교** : 우주의 대양은 수면에 똬리를 틀고 있는 뱀 위에 기대 누워 잠자고 있는 비슈누 신이다. 이 대양은 베다의 제단 주위를 둘러싸고 있는 무수한 돌에 의해서 상징된다. '가장 家長의 제단은 이 세계이며, 둘레의 돌은 바다이다.'(「샤타파타 브라흐마나」) **이슬람 교** : 무한한 신의 지혜, 두 가지 바다 — 담수淡水의 달콤한 바다와 염수鹽水의 쓴 바다 — 는 〈하늘〉과 〈땅〉, 〈천상의 바다〉와 〈지상의 바다〉이다. 이 두 바다는 원래 하나였다.(「코란」 25 : 53, 35 : 12) 또한 염수의 바다는 현교적顯敎的 교설을, 담수의 바다는 비교적秘敎的(밀교적密敎的) 예지를 상징한다. **도교** : 대양은 곧 〈도道〉이며, '창조에 임해서 고갈되지 않고 형성되는'(「장자莊子」) 시원적이고도 무진장한 것이다.

**Ocelot** 오셀롯(중남미에 서식하는 표범 비슷한 스라소니) 아메리카 인디언의 상징 체계에서 오셀롯은 이집트와 바빌로니아의 암사자 여신, 그리고 동아시아의 암호랑이 여신과 같은 힘과 특성을 가진다.

**Octagon** 팔각형 8은 재생, 쇄신, 새로운 탄생, 이행을 나타내는 숫자이다. 이니시에이션의 일곱 단계를 통과하고 난 여덟 번째 단계는 회복된 〈낙원〉이며, 제8일은 신의 은총을 받아서 새로운 인간이 창조되는 날이다. 성당 건축에서 팔각형 구조가 돔을 떠받치고 있는 경우, 팔각형은 정육면체에서 원圓으로의 이행을 나타내는 것이다. 사원 중에는 정사각형의 기초 위에 8개의 기둥을 세워서 그 위에 원형의 지붕을 얹은 경우가 있는데, 이것은 원 모양을 정사각형으로 변형시키는 것이다. 팔각형을 이루는 4개의 기본 방위점과 4개의 중간 방위점은 여러 전통 문화에서 '여덟 가지의 바람eight winds'이라고 불린다. 또한 팔각형은 어떤 존재양식에서 다른 존재양식으로 이행하는 여덟 개의 문을 나타낸다. 힌두 교에서 팔각형은 하루의 시간을 8등분한 것을 나타낸다. 크리스트 교의 성수반聖水盤은 재생과 새로운 탄생을 상징하는 뜻에서 팔각형 모양으로 만들어지는 경우가 많다.

**Octopus** 낙지 낙지는 용龍, 거미, 그리고 나선형의 상징성과 연관된다. 거미는 우레의 상징이며, 달이 차고 기우는 변화를 나타낸다는 설도 있다. 낙지는 황도십이궁의 거해궁巨蟹宮(게자리), 바다의 심연, 하지夏至, 유해有害한 〈하계下界의 문 Janua inferni〉과 연관된다. 켈트와 북유럽 예술에서 낙지의 다리는 직선으로 묘사되며, 미노아와 뮈케나이의 회화에서는 나선형(→SPIRAL)으로 묘사된다. 낙지는 종종 卍자와 함께 등장하는 경우가 있다.

**Oil** 기름 기름은 성별聖別(미사에서 빵과 포도주를 예수의 몸과 피가 되게 하는 행위), 헌신, 영적 광명, 자비, 풍요의 상징이다. 기름을 바르는 일은 새로운 신적 생명의 주입, 성별, 신의 은총의 증여와 지혜의 수여를 상징한다.

**Old Man** 노인 노인은 예정된 죽음을 나타낸다. 전라全裸 또는 반나체의 노인은 〈시간〉의 의인화擬人化로, 때로 대머리나 앞 이마에 한줌의 머리털만 나 있는 모습으로 묘사된다. 이것은 '대머리 묘지기의 〈시간〉'을 나타낸다. 큰 낫과 초시계, 그리고 때로 지팡이를 짚고 있는 노인은 〈죽음의 신〉, 〈죽음〉을 나타낸다. 카발라에서 노인은 비교적秘敎的인 예지(「조하르」의 불가사의한 노인 참조)를 나타내며 〈황도십이궁〉에서는 토성을 나타낸다.

**Olive 올리브(감람橄欖)** 올리브는 불사不死, 풍요, 다산多産의 상징으로서 결혼식에서도 사용된다. 또한 평화와 (올리브 기름이 매우 비싸므로) 풍부함을 나타낸다. 올리브 가지는, 특히 비둘기와 함께 묘사되는 경우, 잘 알려져 있듯이 평화의 상징이며, 다른 한편 〈황금시대〉를 나타내고, 〈달 처녀〉 경주의 승리자에게 주어지는 상으로, 〈태양 신랑〉 경주의 승리자에게 주어지는 사과나무 가지에 대응한다. 올리브 나무는 달의 거주지이며, 달을 나타내는 표지이다. 〈헤라 여신의 축제〉에서 승리자는 올리브 관冠을 썼고, 승리자인 처녀는 헤라, 그리고 달과 동일시되었다. 올림픽 경기대회의 승리자가 머리에 쓴 야생 올리브 관은 제우스 신을 나타낸다. 이 두 개의 관은 함께 제우스와 헤라, 태양과 달의 성혼聖婚을 상징한다. 올리브 가지는 신생新生을 나타낸다. **중국**: 올리브는 정적靜寂, 지속력, 우아함, 섬세의 상징이다. **크리스트 교**: 〈교회〉의 결실, 의인의 신앙, 평화를 뜻한다. 작은 올리브 가지를 물고 있는 비둘기는 평안 속에 세상을 떠난 신자의 혼을 나타낸다. "수태고지受胎告知" 그림에서는 대천사 가브리엘이 올리브 가지를 손에 들고 있는 경우가 있다. **그리스·로마**: 성취, 평화를 뜻한다. 아테나이의 아크로폴리스에 있는 올리브 나무는 시민의 생명과 운명을 쥐고 있다. 올리브는 제우스/유피테르 신, 아테나/미네르바 여신, 아폴론 신, 퀴벨레 여신의 표지(「메타모르포시스」 6. 335, 8. 654)이다. 헤라 여신과 아테나

바로크 시대의 조각가 베르니니의 설계로 1667년에 로마에 재건된 오벨리스크. 최초의 오벨리스크는 기원전 6세기에 이집트에서 만들어졌으며, 하늘을 가리키는 형상은 태양 신 라의 표지이다.

낙지 문양이 들어 있는 고대 뮈케나이의 황금 원반으로, 꼬인 촉수는 낙지가 원래부터 가지고 있는 나선 상징을 반복해서 강조한다.

OM(AUM)

여신을 기념하는 경주에서 승리자는 올리브 화관花冠을 썼다. **유대 교**: 올리브는 강함, 아름다움, 여행의 안전을 나타낸다.

**OM(AUM)** 옴(기도에서 최초로 사용되는 성구聖句) 옴은 성스러운 음音, 불멸의 〈말씀〉, 〈절대자〉, 브라만을 상징한다. 원초에 발해진 옴은 모든 음音의 총체이며, 전우주를 관통하고 지지하는 것이다. 또한 옴은 〈자아自我〉, 신적인 태양의 빛을 상징한다. 옴은 A. U. M의 세 가지 요소로 이루어지기 때문에 〈삼위일체〉, 3중의 브라만을 나타낸다.(눈에 보이지 않는 브라만의 인격화된 삼면신상三面神像 —— 정면이 브라마, 오른쪽이 비슈누, 왼쪽이 시바 —— 으로 나타나는데, 보통 〈삼위일체〉[→TRIMURTI]라고 불린다.) '전우주는 이 음音을 본질로 하는 브라만에 의해서 생성되었다.'(「바캬 파디야」 I. 1)

**Omega** 오메가Ω 오메가(그리스 어 알파벳의 마지막 문자)는 결말, 종국을 나타낸다. 〈알파〉(→ALPHA)와 함께 만물의 시작과 끝, 〈전체성〉을 상징한다. 이런 의미에서의 오메가는 전체성을 나타내는 〈우로보로스〉(→OUROBORUS)와 함께 묘사되는 경우가 많다.

**Omphalos** 옴팔로스(고대 그리스 아폴론 신전에서 세계의 중심으로 여겨졌던 원추형 돌)(p. 259 사진 참조) 옴팔로스는 〈우주의 중심〉, 우주에 자양분을 공급하는 중심, 세계의 배꼽, 피난처이다. 옴팔로스는 정화淨化(카타르시스)를 나타내는 동시에 악마를 쫓는 힘을 가진다. 옴팔로스는 3계(천계天界, 지상계地上界, 명계冥界)가 교차하는 지점이며, 모든 성지聖地는 옴팔로스이다. 또한 옴팔로스는 그곳에서 팽창과 확대가 시작되는 기점이다. 태양이 우주의 중심인 데 비해서 옴팔로스는 지구의 배꼽

이며 중심이다. 옴팔로스는 대지와 모든 탄생의 상징이며 혼돈의 바다에서 머리를 내미는 섬이나 산으로 표현되는 경우가 많다. 또한 천계와 지상계의 접점으로서의 옴팔로스는 신들이 사는 곳이다. 예를 들면 인도의 메루 산, 이집트의 헬리오폴리스, 그리스의 올림포스 산, 유대 교의 시나이 산, 북유럽 신화에 나오는 하늘의 산 히민비요르크, 조로아스터 교의 알불즈 산 등이다. 힌두 교에서는 많은 거처를 가진 '강력한 불의 신 아그니'가 대지의 배꼽이라고 불린다.(「리그 베다」 I. 59)

**One 1**→NUMBERS

**Onion** 양파 양파는 통일, 하나 속에 들어 있는 여럿, 우주, 〈제1원인〉, 불사不死를 상징한다. 또한 껍질을 벗겨서 중심에 도달한다는 의미에서 계시의 상징이다. 악마를 쫓는 힘, 특히 달의 해로운 영향력을 막는 효과가 있다고 여겨진다.

**Opal** 오팔→JEWELS

**Orange** 오렌지(귤橘) 오렌지 꽃은 풍요와 풍작의 상징이다. 사라센의 신부는 오렌지 꽃을 다산多産의 상징으로 몸에 지녔다.→COLOURS **중국**: 오렌지는 불사不死, 행운을 나타낸다. **크리스트 교**: 오렌지 꽃은 청순, 정결, 처녀성의 상징으로, 신부가 오렌지 화관을 쓰는 이유는 그 때문이다. 〈낙원〉을 묘사한 그림에 등장하는 오렌지는 〈타락〉의 과실이다. 이런 의미에서 사과 대신 오렌지를 손에 든 어린 예수가 묘사되는 그림도 있다. **그리스**: 오렌지 꽃은 아르테미스 여신의 표지이다. 오렌지는 헤스페리데스 정원의 〈황금 사과〉(→APPLE)였다고도 한다. **일본**: 오렌지 꽃은 순수한 사랑을 나타낸다.

**Orb** 구체球體/천체天體→GLOBE

**Orchid** 난蘭 난은 훌륭함, 총애, 선택

을 나타낸다. 중국의 상징체계에서는 〈군자君子〉, 조화, 세련, 사랑, 미, 여성적 매력, 은둔하는 학자를 상징한다.

**Orgy** 오르기, 주연酒宴  오르기는 혼돈으로의 회귀, 창조 이전의 원초적 상태, 우주의 밤, 용해溶解, 존재 속에 잠재하는 저차원의 본성을 상징한다. 농경사회에서 봄과 〈오월제〉의 오르기는 자연계의 모든 힘을 활성화시키는 〈태양신〉과 〈대지의 여신〉의 결혼을 나타낸다. 이런 종류의 오르기는 풍요의 공감주술적共感呪術的 모방, 파종播種, 재생을 상징한다. 혼돈으로의 회귀는 동지冬至, 신년新年, 재생하는 신과 식물신植物神의 부활이 이어지는 12일간, 로마의 농신제農神祭(→SATURNALIA)에서 일어난다. 바빌로니아에서 우주 세계와 혼돈의 싸움은 12일간 계속되며(「에누마 엘리슈」 제3점토판), 크리스트 교에서는 〈무질서의 왕〉이 크리스마스 시즌의 12일간을 주재한다. 카니발, 축제와 마찬가지의 상징성을 가진다.

**Ostrich** 타조  타조의 깃털은 진리와 공정함을 나타낸다.(깃털은 똑같은 크기, 똑같은 무게를 가진다.)(또한 우주 질서, 세계 질서의 상징이기도 하다.) 이집트에서는 죽은 자의 영靈을 재판하는 장면에 나오는 '진리를 심판하는 자'인 신들의 머리에 타조의 깃털이 꽂혀 있다. 타조 깃털은 진리와 정의, 법의 여신 마트, 서쪽과 죽은 자의 수호여신 아멘트, 공기와 공간의 신 슈의 표지이다. 셈 족의 신화에서 타조는 마신魔神으로, 용의 모습으로 표현되기도 한다. 조로아스터 교에서 타조는 폭풍의 새로 성스러운 새이다. 타조 알은 신전, 콥트 교회, 모스크mosque(이슬람 교 사원), 때로는 묘지에도 매달려 있다. 이 알은 창조, 생명, 부활, 불면의 경계를 상징한다.

5세기의 꽃병에 그려진 올리브를 수확하는 아테네 사람들.

이집트 제21왕조의 오시리스 신상神像으로, 신은 대칭되는 2장의 타조의 깃털로 된 관을 쓰고 있다. 대칭되는 타조의 깃털은 죽은 자를 재판하는 자인 오시리스가 진리와 정의에서 완벽한 평형을 유지해야만 한다는 것을 나타낸다.

서아프리카의 도곤 족Dogons에게 타조는 빛을 나타내는 동시에 물을 상징하는데, 그 이유는 이 새의 물결치듯이 오르락내리락하는 몸의 움직임이 물의 움직임을 나타내기 때문이다.

**Otter** 수달  수달은 조로아스터 교에서 '깨끗한' 동물 중 하나로, 이 동물을 죽이는 일은 (역시 깨끗한 동물인) 개를 죽이는 경우와 마찬가지로 큰 죄에 속한다. 크리스트 교에서 수달은 스코틀랜드의 성 쿠스베르트의 표지이다.

**Ouroboros** 우로보로스  우로보로스는 자신의 꼬리를 물고 있는 뱀 또는 용의 모습으로 묘사되며 '내게 끝은 곧 시작이다'라는 의미이다. 이런 의미가 있는 우로보로스는 미분화未分化된 것, 〈전체성〉, 원초적 통일, 자기 충족을 상징한다. 우로보로스는 스스로 자신을 만들어내고, 자신과 결혼하고, 혼자 임신하고, 스스로를 죽인다. 붕괴와 재통합의 순환, 자기 소멸과 자기 갱신을 영구히 계속하는 힘으로 영겁회귀, 고리를 맴도는 시간, 무한 공간, 진리와 지식의 합체, 원래 부모의 결합, 〈남녀추니〉, 원초의 바다, 창조 이전의 암흑이며 빛이 도래하기 전 바다의 혼돈 속에 우주를 한정하는 것, 현실태現實態가 되기 전의 가능태可能態를 나타낸다. 장송예술葬送藝術에서 우로보로스는 불사不死, 영원, 지혜를 상징한다. 여러 신화에서 우로보로스는 세계를 감싸고 있는데, 그것은 대지를 에워싸고 있는 바다의 흐름을 뜻한다. 우로보로스는 세계를 떠받치고 유지시키는 힘을 가지며 생명에 죽음을, 죽음에 생명을 불어넣는다. 언뜻 움직이지 않는 것처럼 보이지만 우로보로스는 부단한 운동이며, 영원한 자기 회귀이다. 오르페우스 교의 우주론에서는 우로보로스가 〈우주란〉(→EGG)을 칭칭 감싸고 있다. 또한 우로보로스는 태양의 궤도와 동일시되어 '헤라클레스'라고 불리기도 한다. 로마의 신화학자 마크로비우스는 우로보로스를 태양의 운행과 결부시켰다. 알파(A)와 오메가(Ω)(→ALPHA)는 흔히 우로보로스와 함께 묘사된다. **연금술**: 우로보로스는 되돌릴 수 없는 자연의 힘, 잠재력, 또한 형상을 부여하지 않은 〈질료質料〉, 밀봉용기 속에서 화학물질을 변성시키는 〈순환작업〉을 상징한다. **불교**: 〈윤회〉의 바퀴이다. **이집트**: 우주의 원, 태양신이 통과하는 길이다. **그리스**: 우로보로스는 '만물은 하나'를 의미한다. '태초에 〈만물〉은 하나의 알과 같아서, 뱀(영靈)이 그 주위를 마치 단단한 끈처럼 감고 있었다.'(에피쿠로스) 오르페우스 교의 상징체계에서 우로보로스는 〈우주란〉 주위에 둘러쳐진 원이며, 우주의 수명으로서의 〈아이온〉의 상징이다. **힌두교**: 윤회의 바퀴이며 잠재 에너지라는 의미로서 우로보로스는 〈쿤달리니〉(척추 밑부분에 자리잡고 있는 생명의 힘)(→KUNDALINI)와 같은 상징적 의미를 가진다.

**Oval** 타원형, 계란형  타원형은 마름모꼴과 마찬가지로 여성적인 생명의 상징으로 여자의 음문陰門, 〈타원형 후광〉(→VESICA PISCIS)을 나타낸다. 계란형은 성상聖像을 둘러싸는 원광으로 사용된다.→NUMBERS의 0

**Oven** 아궁이, 화덕, 가마  아궁이는 무엇을 만들어내는 여성의 힘, 자궁, 탄생을 상징한다. 아궁이는 연금술에서 〈아타노르athanor〉(연료자급식 소화로消化爐)를 가리키며, 비금속卑金屬을 귀금속貴金屬으로 바꾸는 〈대작업〉의 과정이 그 속에서 일어나는 인간의 혼의 '육체'이다. 여기에서 이야기하는 작업 과정은 영적 재생을 거치지 않은 인간의 자기 제어의 전개 과정을 상징한다. 이때 불은 영靈을 상징한다.

**Owl** 올빼미 올빼미는 지혜의 새이며, 어둠과 죽음의 새이기 때문에 양면 가치적이다. **아메리카 인디언**: 지혜, 예언을 상징한다. **안데스**: 밤, 죽음, 저승을 뜻한다. **켈트**: 지하에 속하며, '밤의 마귀,' '썩은 고기를 먹는 새'로 불린다. **중국**: 악, 죄, 죽음, 공포, 은혜를 모르는 어린아이(올빼미는 제 어미를 먹는다고 함)를 상징한다. 유골 단지에 그려진 올빼미는 죽음을 의미한다. **크리스트 교**: 사탄, 어둠의 영靈, 고독, 죽은 자에 대한 애도, 황량, 나쁜 소식을 뜻하며 올빼미의 울음소리는 '죽음의 노래'이다. 올빼미는 복음의 빛보다 어둠을 사랑하는 유대 인의 상징으로 사용된다. **이집트**: 밤, 죽음, 추위의 뜻이다. **그리스·로마**: 지혜의 상징으로 아테나/미네르바 여신의 성조聖鳥이다. 에트루리아 문명에서 올빼미는 암흑과 〈밤〉의 신이다. **유대 교**: 맹목盲目의 뜻이다. **힌두 교**: 죽음을 관장하는 야마(염라) 신의 표장이다.(일반적으로는 마성魔性의 새로 알려져 있고, 비둘기와 함께 파멸의 여신 닐리티 혹은) 죽음을 관장하는 야마 신의 사자이다.(「리그 베다」 X 165) **일본**: 죽음, 흉조凶兆의 뜻이다. **멕시코**: 밤, 죽음을 뜻한다.

**Ox** (거세된) 수소 수소는 상징적인 면에서는 (거세하지 않은) 황소(→BULL)와 대치될 수 있어서 태양에 속하고 풍요를 나타내지만, 거세당한 소라는 측면에서 풍요의 상징을 가지지 않으며 달에 속한다. 수소는 강함, 인내를 요하는 힘겨운 노력, 부富, 천성적으로 타고난 힘, 제물을 나타낸다. **켈트**: 토지를 경작했다고 전해지는 전설상의 왕 후의 상징이다. **중국**: 봄에는 수소가 거세당하지 않은 황소의 역할을 하

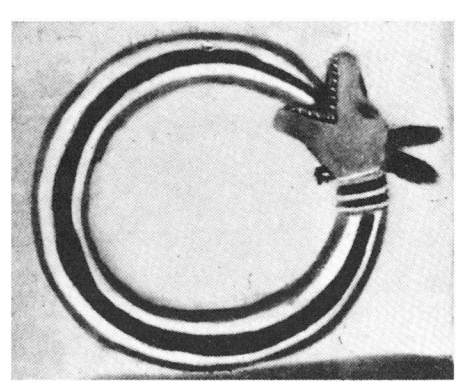

자신의 꼬리를 물고 있는 우로보로스는 해체와 재결합의 영원한 순환을 상징하는 것으로서 전세계적으로 퍼져 있다. 이 그림은 서아프리카의 베냉 공화국의 것이다.

올빼미가 새겨진, 기원전 600-기원전 500년경의 그리스 동전.

여, 풍요의 상징이자 농경을 나타낸다. 수소丑는 십이지의 두번째 동물로 중국 불교에서 하얀 수소는 명상적 지혜(깨달음, 해탈)의 상징(→BUFFALO)이다. **크리스트교**: 수소는 인내, 강함, 예수가 진 멍에("마태복음" 11:29-30), 참된 희생으로서의 예수를 의미한다. 예수의 생애에서 희생의 면을 강조하는 복음서를 쓴 누가의 표지이다. 예수 강림의 정경 속에 묘사된 나귀와 수소는 각기 유대 인과 이교도를 나타낸다. 수소는 성 블란디나, 성 줄리에타, 성 레오나르도, 성 메다르두스, 성 실베스터의 표지이다. **그리스 · 로마**: 농경, 희생을 뜻한다. **도교**: 길들여지지 않은 동물성(훈련되지 않았을 때에는 위험하지만, 잘 길들이면 강한 힘을 이용할 수 있는 양면성을 가짐)을 뜻한다. 이 상징은 도교와 선불교禪佛敎의 '십우도十牛圖'에서 잘 나타난다. 처음에는 수소의 온몸이 검게 묘사되었으나, 차차 길들여지면서 흰색이 되고, 마지막에는 천성적인 자질을 뛰어넘어 수소의 자태는 완전히 사라지게 된다.

**Oyster** 굴 굴은 자궁, 여성원리의 창조적 힘, 탄생과 재생, 이니시에이션, 우주적 생명의 정의와 법을 나타낸다. 중국의 상징체계에서 굴은 우주 생명, 바다의 힘과 '달의 성스러움,' (양陽에 반대되는) 음陰의 힘, 풍요를 의미한다.

# P

**Padlock** 맹꽁이자물쇠 중국의 맹꽁이자물쇠는 (생명이 흘러나가는 것을 막는다는 의미에서) 장수의 상징이며 또한 건강을 나타내기도 한다.

**Pagoda** 파고다(탑 모양을 한 동양의 종교 건축물 전체를 가리킨다.) 파고다는 세계의 〈중심〉이자 〈우주축〉(→AXIS)으로서 〈성산聖山〉의 상징이다. 파고다의 각 층은 천계天界로 올라가는 계단을 나타내며, 위로 올라갈수록 작아지는 것은 무한정의 무한공간으로의 상승을 상징한다. 파고다의 어원語源은 이탈리아 어 '파고다 pagoda'인데, 이 이탈리아 어는 '우상偶像의 집'을 의미하는 페르시아 어(butkadha =but〔우상〕+kadha〔신전〕), 또는 상좌불교上座佛敎(여기서는 스리랑카)에서 사용되는 다가바(사리탑) —— 스투파(→STUPA) —— 라는 말에서 유래했다고 한다.

**Pairs** 쌍(짝)을 이루는 것 쌍 또는 짝을 이루는 것은 현현顯現 세계에서의 대립물의 통일을 나타낸다. 남성상과 여성상, 태양과 달, 빛과 어둠, 음과 양 등을 뜻한다. →TWINS

**Pa Kua** 팔괘八卦 팔괘란 음효陰爻(--)와 양효陽爻(—)의 4 가지 조합(사상四象)(☰, ☱, ☲, ☳)을 다시 음양으로 나누어놓은 여덟 개의 조합을 말한다. 대개 이 여덟 조합은 원형으로 배치되며(선천팔괘도先天八卦圖), 그 원은 시간과 공간을 상징한다. 음양의 8 가지 조합을 〈괘〉라고 부르며 여덟 개의 괘는 자연의 힘을 한 가지씩 나타낸다. 8개 중 네 가지 음의 힘(땅, 산, 물, 바람)과 네 가지 양의 힘(하늘, 못澤, 불, 천둥)은 우주에 조화와 균형을 준다고 한다.

1) 건乾(☰): 자연에서는 〈하늘〉, 천공天空을 나타낸다. 능동성, 영력靈力, 지칠 줄 모르는 강건함, 창조력, 기인起因, 만물을 관통하는 남성원리, 가족에서는 아버지, 동물에서는 말, 방위에서는 남쪽을 가리킨다.

2) 태兌(☱): 자연에서는 〈모여 있는 물〉,

즉 연못, 호수, 늪, 안개, 구름을 나타낸다. 흡수, 수태, 수용적인 지혜, 풍요, 만족, 희열(說), 내면을 향한 지성, (인간으로서는 소녀, 가족에서는 막내딸) 동물에서는 염소, 방위에서는 남동쪽을 가리킨다.

3) 이離(☲): 자연에서는 〈불〉, 태양, 번개를 뜻하고 열 또는 열의熱意, 헌신적인 지혜, (부착付着), 정화淨化, 밖으로 향한 의식, 우아, (가족에서는 둘째딸) 동물에서는 꿩, 방위로는 동쪽을 나타낸다.

4) 진震(☳): 자연에서는 〈천둥〉이며 활력, 힘, 의지, 충동, 운동動, (가족에서는 장남) 동물에서는 용, 방위는 북동쪽이다.

5) 손巽(☴): 자연에서는 〈바람〉이며 마음, 지성, 생명의 호흡, 영靈, 유연함, 침투入, 나무, (가족에서는 장녀) 동물로는 닭, 방위는 남서쪽이다.

6) 감坎(☵): 자연에서는 〈물〉, 달, 비, 강이다. 욕망으로서의 본성, 감정, 불안정, 정화淨化, 상상력, 어려움, 위험, 험난, (가족에서는 둘째아들) 동물로서는 돼지, 방위는 서쪽이다.

7) 간艮(☶): 자연에서는 〈산〉이다. 물질적 성질, 상승, 분리, 고독, 안식과 정지止, (가족에서는 막내아들) 동물로는 개, 방위는 북서쪽이다.

8) 곤坤(☷): 자연에서는 〈땅〉이며 조화造化의 수동적, 수용적 측면順, 만물의 원초적 형성, 자양, 법칙, (가족으로는 어머니) 동물로서는 황소, 방위는 북쪽이다.

**Palm 종려나무** 하늘을 향해서 똑바로 자라는 종려나무는 태양에 속하는 식물로 환희, 정의, 명성의 상징이다. 또한 종려는 축복, 개선, 승리를 나타낸다. '종려는 결코 잎을 떨어뜨리지 않고 항상 변하지 않는 푸르름으로 몸을 장식하고 있다. 사람들은 종려가 가진 힘이 승리를 나타낸다고

제물로 바쳐지는 수소의 모습. 초기 아일랜드의 "누가복음" 고사본古寫本 장식이다. 수소가 "누가복음"의 상징이 된 것은 성 누가가 예수의 삶에서 희생의 면을 강조했기 때문이다.

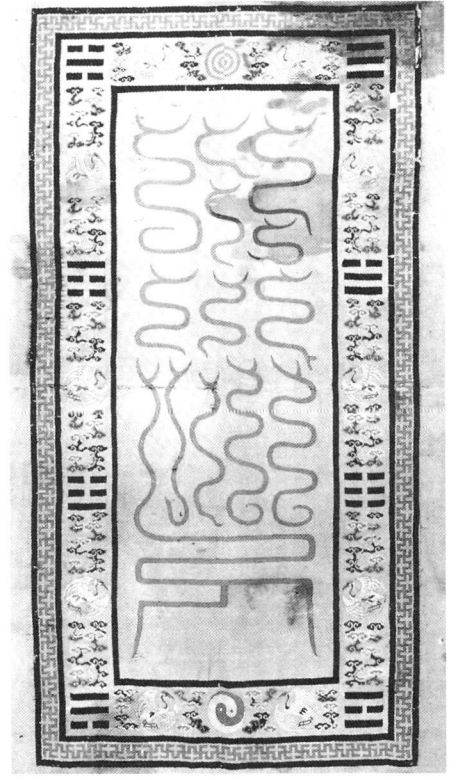

자연과 왕조의 번영을 암시하는 용과 학, 팔괘, 음양, 불교의 卍자 등 다양한 상징이 나타나 있다.

생각한다.'(플루타르코스) 종려는 〈생명의 나무〉(→TREE)이며 또한 자가 수정을 한다는 뜻에서 〈남녀추니〉(→ANDROGYNE)와 동일시된다. 종려는 남성상징으로 남성적 활력과 풍요를 나타내지만 대추종려와 대치되는 경우의 종려는 여성이다. '네 키는 종려나무 같고 네 유방은 그 열매 송이 같다.'(「성서」, "아가雅歌" 7 : 8) 종려는 수령樹齡이 오래되어도 실한 열매를 맺기 때문에 장수, 노익장을 상징한다. **고대 근동** : 종려는 〈생명의 나무〉이다. 종려의 주主라고 불리는 페니키아의 바알-타마르 신, 아스타르테 신, 그리고 아시리아와 바빌로니아의 여신 이슈타르의 표지이다. **아라비아** : 종려는 〈생명의 나무〉이다. **중국** : 종려는 은퇴, 위엄, 다산多產을 나타낸다. **크리스트 교** : '종려나무처럼 번성할' 의인義人들의 상징이다. 종려는 불사不死를 나타내며 이런 의미에서 불사조와 함께 묘사되기도 한다. 또한 종려는 신의 축복, 예수의 예루살렘 입성, 죽음을 극복한 순교자들의 승리, 〈낙원〉을 의미한다. 종려나무 가지는 영광, 승리, 부활, 죽음과 죄에 대한 승리를 나타내고 있다. 종려나무는 초기 로마 교회에서는 장례식에서 사용되는 표지였으며, 또한 〈성지〉 예루살렘에 순례를 다녀오는 사람들이 지니는 부수물이었기 때문에 순례자는 '파머Palmer'(종려나무 가지로 만든 십자가를 지니고 돌아오는 사람)라고 불렸다. 손에 종려나무 가지를 든 은자隱者 성 바울, 그밖에 많은 순교자의 표장이다. **이집트** : 매달 하나씩 가지가 돋는 종려나무는 달력의 나무이다.(마치 눈금처럼 새겨진 종려 줄기의 마디는 1년을 상징한다.) **그리스** : 델포이와 델로스에서 제사지내는 아폴론 신의 표지를 뜻한다.(「메타모르포시스」 6. 335) **유대 교** : 의인을 나타낸다.("시편" 92 : 12) 〈출애굽〉 이후 유대인의 표지이다.

**Pansy 팬지 유럽** : 팬지는 추억, 명상, 사념思念을 나타낸다. **크리스트 교** : 〈삼위일체의 일요일〉('성령강림 대축일'이 지난 다음 처음 맞는 일요일, 〈펜테코스트pentecost〉라고도 함)의 표지이다.

**Panther (수컷) 표범 크리스트 교** : 표범은 용과 〈악마〉로부터 인간을 구원한다고 한다. 그 숨결에서 향기가 난다고 믿어지는 표범은 예수의 달콤한 감화력을 상징한다. **문장紋章** : 표범은 흔히 성난 표정으로 묘사되는데 사나움, 격노, 격렬함, 냉혹함을 상징한다.

**Paradise 낙원** 많은 전통 문화에서 〈낙원〉은 둘러싸인 정원, 정원을 이루고 있는 섬, 또는 '녹색의 섬'이다. 예외로는 〈신 예루살렘〉이라는 도시 모습을 하고 있는 크리스트 교의 〈낙원〉, 켈트와 마오리 족의 물 속에 있는 낙원이 가장 유명하다. 〈낙원〉이란 원초의 완전성과 〈황금시대〉의 상징이며, 〈우주의 중심〉, 태고의 더럽혀지지 않은 무구함, 지복至福, 신과 인간 그리고 모든 생물의 완전한 교류를 나타낸다. 또한 〈낙원〉은 불멸성이 머무는 곳인 영혼의 가장 깊은 내면, 시간이 정지하는 장소, 태초의 시간 또는 〈위대한 시간〉(생명이 재생되어 실재성實在性을 획득하는 성스러운 시간)에 대한 참여, 그리고 하늘과 땅이 가까워져서 나무나 덩굴식물, 산 등(우주축을 상징하는 것들)에 올라 하늘에 닿을 수 있는 상태를 상징한다.

낙원은 항상 외부에 대해서 닫힌 공간, 또는 바다로 에워싸여 하늘을 향해서만 열려 있는 공간이다. 그곳에서는 신과 인간이 마음을 통하고 인간과 동물들도 완전한 조화를 이루며 살고 있기 때문에, 모두 같은 언어로 말을 한다. 조로아스터 교에서 〈낙원〉은 〈노래의 거처〉이다. 〈낙원〉에 있는 정원 중심에는 항상 두 그루의 나무 — 〈생명의 나무〉와 〈지식의 나무〉 또는 〈불사不死의 나무〉와 〈죽음의 나무〉 — 가 서 있다.(→TREE) 〈생명의 나무〉의 뿌리에서는 샘이 솟아올라 거기에서 4개의 〈낙원의 강들〉이 시작된다. 그 강들은 동서남북의 4 가지 기본 방위를 향해서 십자 모양으로 흘러간다.

〈실낙원失樂園〉, 즉 〈타락〉은 존재의 통일에서 현현顯現 세계의 이원성과 다양성으로의 하강을 상징한다. 또한 완전성이라는 중심으로부터의 일탈, 현현 세계의 이 산離散과 분해의 상징이다. 이에 대해서 〈낙원 회복〉은 존재의 통일 또는 영적 중심으로의 회귀, 인간의 자아 정복과 원초적 순진무구한 상태의 회복을 상징한다. 결국 〈실낙원〉에 의해서 인간은 시간과 어둠 속으로 던져졌고, 〈낙원 회복〉에 의해서 존재의 통일을 되찾게 되면 시간은 종료된다. 〈낙원〉을 상징하는 것은 〈중심〉, 새가 지저귀고 꽃내음의 향기로 둘러싸인 비밀의 정원, 장미 정원, 〈축복받은 자들의 섬〉, 〈녹색의 섬〉, 〈엘뤼시온의 뜰〉(극락정토), 〈약속의 땅〉("창세기" 12 : 7), 〈엘도라도〉(스페인 사람들이 아마존 강가에 있다고 생각한 황금 도시), 진주의 방(중국 신화) 등이다. 잃어버린 낙원은 괴물, 용, 또는 불의 검을 가진 천사들이 수호하고 있다. 낙원 회복에는 대단한 고난, 시련, 위험이 뒤따르는데, 그것은 〈중심〉으로 돌아가는 여행이 영적으로 지난至難한 길임을 상징하는 것이다.

1세기 로마 동전에 그려진 유대인(포로로 표현)에 대한 로마의 승리를 찬양한 야자나무.

초기 크리스트 교도의 비석에 새겨져 있던 종려나무가 죽음에 대한 승리를 상징한다는 것은, 그 아래에 승리를 의미하는 라틴 어victoria가 그리스 문자로 쓰여 있는 것으로 보아 분명히 알 수 있다.

영국 옥스퍼드 주의 그레이트 롤링턴 교회 현관에 새겨진 12세기의 낙원 그림. 정원은 물(산 모양의 문양으로 상징적으로 표현되어 있음)과 신적神的인 짐승들로 둘러싸여 있고, 꽃으로 장식되었으며, 이 모든 것을 에워싸고 있는 뱀이 있다.

**Parasol** 파라솔, 양산→UMBRELLA

**Parrot** 앵무새 앵무새는 모방, 어리석은 반복을 나타낸다. **중국** : 앵무새는 자유자재의 뛰어난 재기才氣, 부정한 아내에 대한 충고를 의미한다. **힌두 교**: 앵무새는 사랑의 신 카마의부수물이며 신탁과 비雨를 부르는 새이다. 앵무새는 콜럼버스 이전의 아메리카에서도 초자연계와 인간계의 매개자로서 비슷한 상징적 의미를 나타내는 경우가 있었다.

**Parsley** 파슬리  유럽 : 파슬리는 신비의 식물로 여성원리를 나타낸다. 파슬리로 만든 관은 네메아Nemea 경기(제우스의 신전이 있는 그리스 남동부, 알고리스 지방 북부 계곡에서 2년마다 개최되었던 경기)의 승리자에게 수여되었다.

**Partridge** 자고류 (유럽 산, 아시아 산의 엽조獵鳥를 총칭하는 말) 풍요, 다산多産의 상징이다. 크리스트 교에서는 상반되는 의미를 가져, 한편으로 예수의 진리를 상징하면서 다른 한편으로는 기만, 도둑질, 교활함("예레미야" 17 : 11)을 나타내기도 한다. 또한 악마 사탄을 나타내는 경우도 있다. 그리스에서는 아프로디테 여신, 크레타 섬의 제우스 신, 태양의 신 탈로스의 성조聖鳥이다.

**Paschal Taper** 부활제의 초  크리스트 교 : 부활제에서 승천제까지 40일간 켜놓는 커다란 양초는 예수가 부활한 후 40일 동안 사도와 함께 있음을 나타낸다. 승천제에 촛불을 끄는 것은 예수가 지상에서 모습을 감추었음을 의미한다. 촛불의 빛은 부활한 예수의 신생新生의 빛이며, 또한 40년간 이스라엘 백성을 이끈 불기둥("출애굽기" 13 : 21)을 나타낸다.

**Passage** 통과, 통로  통과는 하나의 존재 차원에서 다른 존재 차원으로, 현세에서 내세 혹은 초월 세계로의 이행을 상징한다. '고난에 찬 통과'가 상징하는 것은 속계俗界에서 성스러운 세계로의 통과, 낙원으로의 회귀, 고차적인 의식 단계로의 도달, 현현顯現 세계의 이원성과 양극성의 극복이다. 패러독스, 즉 역설은 합리적인 정신의 제약을 뛰어넘는 것으로, 통과를 나타내는 상징으로 사용되는 경우가 많다. 예를 들면 〈좁은 문〉("마태복음" 7 : 13), 바늘귀("마태복음" 19 : 24), 면도칼날보다도 좁은 길과 다리(조로아스터 교의 〈신바트 다리〉), 칼의 다리, 괴수의 쩍 벌린 입 (→MOUTH), 맷돌 위아래의 좁은 틈, 〈쉼플레가데스 바위〉, 충돌하는 바위, 문이 없는 벽, 스퀼라Scylla와 카뤼브디스Charybdis (흔히 진퇴양난에 빠졌다는 뜻) 등이다. 시공과 주야를 초월하는 능력도 통과에 관계되는 상징으로 쓰인다. 상징적 의미에서의 통과는 현세적인 육체 때문에 불가능하며, 영적 차원에서 '무시간無時間의 순간'에, 또한 육체적 감각에 의존하지 않는 방법에 의해서만 달성될 수 있다. 육체적인 것은 정신과 영혼에 의해서 초월되고 극복된다. 이것이 도교와 불교, 힌두 교에서 이야기하는 '도道'이다. 크리스트 교의 '좁은 문,' 이슬람 교의 '타리카tariqah'(아라비아 어로 '도'를 뜻함. 신과의 합일을 구하기 위해서 수행하는 수피 교파의 수행방법)도 이에 해당한다. 흔히 〈통과의례〉는 분리 단계에서 시작하여, 수행의 단계를 거쳐 재통일로 진행된다.→BRIDGE

**Passion** 수난  크리스트 교 : 예수의 수난을 나타내는 상징으로는 십자가, 사다리, 해면, 솔기가 없는 긴 옷, 주사위, 수탉, 창, 검, 집게, 망치, 못, 기둥과 채찍, 가시 면류관, 갈대, 자주색 긴 옷, 대야와 물항아리, 은화 30개, 초醋, 밧줄, 수의壽衣, 성작聖爵, 사슬, 붉은 장미, 피처럼 붉은 양귀비꽃 등이다.

**Peace** 평화, 화해  평화의 상징으로 가장 많이 알려진 것은 비둘기 혹은 올리브 가지를 물고 있는 비둘기이다. 크리스트교에서 성모 마리아는 〈평화의 여왕〉이라고 불린다. 북아메리카 인디언에서 대부분의 부족들은 〈캘루멧〉(→CALUMET)이라고 불리는 〈평화의 파이프〉를 맞피운다. 〈풍요의 뿔〉(→CORNUCOPIA)은 풍작이라는 의미에서 평화와 연관된다.

**Peach 복숭아 불교**: 시트론(레몬 비슷한 열매), 석류열매와 함께 복숭아는 〈지복至福의 세 과실〉 가운데 하나이다. **중국**: 복숭아는 불사不死, 〈생명의 나무〉, 신선들이 먹는 과실로, 봄, 청춘, 결혼, 재력, 장수, 복의 상징이다. **크리스트 교**: 복숭아는 구제의 과일로, 잎이 붙은 복숭아는 (과실과 잎의 모양에서) 심장과 혀(말)의 덕을 나타낸다. 또한 복숭아는 침묵의 미덕을 상징하기도 한다. **이집트**: 복숭아는 아토르 여신과 침묵의 신 하르포크라테스의 성스러운 과일이다. **일본**: 복숭아는 〈불사不死의 나무〉이다. 복숭아꽃은 봄, 여성의 아름다움, 결혼을 나타낸다. **도교**: 복숭아 나무는 곤륜산의 〈낙원〉(현포玄圃)의 생명의 나무로 그 과실을 먹는 자는 불멸의 생명을 얻으며, 신선들이 즐겨 먹었다. 복숭아와 봉황은 〈불사의 나무〉의 여신이자 〈하늘의 여왕〉인 서왕모西王母의 표장이다. 복숭아는 귀신을 쫓는 힘을 가진다. 복숭아 씨앗은 귀신을 쫓는 부적으로 사용된다.

**Peacock 공작孔雀** 공작은 태양에 속하며 〈수목〉과 〈태양〉 숭배, 또는 작약勺藥과 연관된다. 공작은 불사不死, 장수, 사랑을 나타낸다. 깃털의 반점 무늬 때문에 하늘의 별을 나타내는 자연적인 상징이며, 따라서 신격화와 불사의 상징이기도 하다. 공작은 비가 내릴 무렵이면 침착을 잃고 안절부절못하기 때문에 폭풍우와 결부된다. 비가 내릴 때 공작이 추는 춤은 나선螺

중국에서 장수長壽의 신神인 수로인壽老人이 불사不死, 장수, 번영을 상징하는 복숭아를 가지고 있다. 18세기 후반의 활석 조각.

12세기 안달루시아의 무어 인(아프리카 북서부의 이슬람 교도)이 만든 직물로, 같은 모양의 두 마리의 공작이 서로 마주 보고 있으며 '완전한 축복을!' 이라는 아랍 문자가 짜여 있다.

旋과 연관된다. 세속성, 오만, 허영을 공작의 속성으로 보는 것은 비교적 근대에 이르러서부터이다. **불교** : 공작은 동정同情, 부단한 경계를 상징한다. 대비大悲의 상징으로 관음보살의 부수물이다.(관자재보살 觀自在菩薩과 아미타불〔무량광불無量光佛〕에게도 있다.) **중국** : 공작은 위엄, 위계, 미美를 나타낸다. 관음보살과 서왕모西王母의 부수물이다. (청淸나라 시대에는) 공적에 대한 보답으로 관직을 하사할 때 (모자에 품직을 나타내는) 공작의 깃털을 수여하였기 때문에, 공작의 깃은 황제의 총애를 나타낸다. 공작은 명明나라의 표장이기도 하다. **크리스트 교** : 공작의 깃은 계속 생기고 공작의 살은 썩지 않는다고 믿어졌기 때문에 공작은 불사, 부활, 영광의 혼을 상징한다. 공작 깃의 '백 개의 눈'은 모든 것을 꿰뚫어보는 〈교회〉를 나타낸다. 또한 공작의 꼬리가 후광(→NIMBUS)과 비슷해서, 공작은 성인聖人을 상징한다. 구체球體의 꼭대기에 서 있는 공작은 세속으로부터 초월을 상징한다. 공작의 깃털은 성 바바라의 표지이다. **그리스** : 공작은 태양에 속하며 '뜨는 자'라고 불리는 새의 신 파온을 나타낸다. 원래 공작은 목신牧神 판의 부수물이었지만, 판은 별들이 반짝이는 하늘의 상징으로서 그것을 헤라에게 넘겨주었다. 백 개의 눈을 가진 거인 아르고스의 눈은 죽은 후 헤라 여신에 의해서 공작의 꼬리 깃으로 옮겨졌다고 한다.(「메타모르포시스」 1. 720-23) **힌두 교** : 때로 브라마 신은 공작을 타고 다녔다.(대개 브라마 신은 백조에 타고, 그의 아내인 사라스바티 여신이 공작을 탔다.) 또한 라크슈미 여신과 전쟁신 스칸다-카르티케야도 공작을 탔다. 사랑의 신 카마가 타고 있는 공작은 참을 수 없는 욕망의 상징이다. 공작은 지혜와 음악, 시의 여신 사라스바티의 표장이다. **이란** : 〈생명의 나무〉(→TREE) 좌우 양쪽에 서 있는 두 마리의 공작은 이원성과 인간의 이중성을 상징한다. 또한 공작은 왕권을 나타내어 페르시아의 왕좌는 '공작의 왕좌'라고 불린다. **이슬람 교** : '꼬리 깃을 활짝 편 공작처럼 〈자신〉을 보는' 빛을 뜻한다. 공작의 눈은 〈마음의 눈〉과 연관된다. **일본** : 밀교密敎에서 숭배되는 공작명왕孔雀明王은 항상 공작의 뒤쪽에 자리잡는다. **로마** : 공작은 유노 여신의 새로, 그리스의 헤라 여신의 경우와 마찬가지 의미를 가진다. 또한 왕후와 공주의 표지이기도 하다.

**Pear** 배梨 배는 희망, 건강의 상징이다. **중국** : 배는 장수, 정의, 선정善政, 정의로운 재판을 나타낸다. **크리스트 교** : 인간에 대한 예수의 사랑의 상징이다.

**Pearl** 진주 진주는 달에 속하며, 바다의 힘, 조수간만을 지배하는 달의 본질, 배태胚胎, 우주적 생명, 신적 본질, 〈태모太母〉의 생명력, 대양大洋의 여성원리, 자기조명照明, 이니시에이션, 우주적 생명 속에 내재하는 법, 정의를 상징한다. 진주는 번갯불이 굴 껍질을 관통하면서 만들어진다고 생각되었기 때문에, 불과 물의 통일로 간주되었다. 불과 물은 양쪽 다 다산多産의 힘을 상징하기 때문에 진주는 탄생과 재생의 상징이다. 또한 풍요의 상징이기도 하다. 진주는 순진무구, 청순, 처녀성, 완전성, 겸양과 은둔적 기질을 상징한다.

'불타는 진주flaming pearl'(즉 불과 물의 통일)는 동양에서는 '완벽한 진주pearl of perfection'를 뜻한다. 진주는 시바 신의 〈제3의 눈〉이며, 부처의 백호白毫(부처의 눈썹 사이에 난 흰 터럭으로 무량 세계에 광명을 비춤)이며 빛의 결정이다. 또한 초월적 예지, 영적靈的 광명, 영적으로 각성된 의식을 상징한다. 중국의 그림에서 용(→DRAGON)과 함께 묘사되는 진주는 '밤을 밝히는 진주夜光之珠,' 즉 달을 나타내는데, 이때 빛의 용이 그 진주를 삼킨다. 다른 경우에는 진주가 번갯불을 내는 천둥의 우레소리로 되어, 하늘의 용이 그것을 토해놓는 형상으로 묘사되기도 한다. 진주는 연못의 주인이자 보물 수호자인 용과 함께 등장하는 경우가 많다. '완벽한 진주'라는 의미일 때 진주는 용과 마찬가지로 우주의 영적 본질, 광명을 상징하며 또한 광명의 탐구자로서의 인간의 영적 개화와 성장을 나타낸다. '하얀 진주'는 '얻기 어려운 보물,' 영靈, 광명, 지혜, '값진 진주'이다. 종자種子 모양의 진주는 불타는 진주와 마찬가지의 상징성을 가지며, 빛의 꽃봉오리와 그 개화를 나타낸다. **고대 근동**: 진주는 바다의 생성력을 나타낸다. **불교**: 진주는 〈팔보八寶〉 중의 하나로 부처의 심장, 순수한 의지를 상징한다. 부처의 〈제3의 눈〉인 '불타는 진주'는 빛의 결정이다. 또한 진주는 초월적 예지, 영적으로 각성된 의식, 우주의 영적 본질을 나타낸다. **중국**: 진주는 음陰에 속한다. 여성원리를 상징하며 불사不死, 잠재력, 길조吉兆, 초야에 묻혀 있는 현자賢者를 나타낸다. 용과 함께 묘사된 진주에 대해서는 앞에서 설명한 '불타는 진주,' '밤을 밝히는 진주'를 참조. **크리스트교**: 진주는 구원, 구세주 예수, 〈하나님의 말씀〉, 세례의 상징이다. 또한 구원에 필요한 숨겨진 영적 앎, 즉 인간이 그것을 얻기 위해서 세례의 물 속으로 뛰어들어 위험을 감수하지 않으면 안 되는 '값진 진주'("마태복음" 13 : 46)를 나타낸다. 또한 진주는 처녀 출산, 청순, 영적 은총을 상징한다. **그노시스주의**: 진주는 〈타

18세기 초기 중국의 항아리 문양에 나타난, 완전한 진주를 지키는 천룡天龍이다. 의식意識의 번뜩임이 진주에서 나온다.

락한〉 인간이 반드시 각성을 거쳐서 도달해야 할 미래의 자기, 또는 구원을 상징한다. **그리스·로마**: 진주는 사랑과 결혼의 상징이며 바다에서 태어난 '진주의 여자'인 아프로디테/베누스의 표지이다.(진주는 이 여신의 몸에서 떨어져내린 물방울이다.) **힌두 교**: 산스크리트 어로 우르나urna (빛나는 장소, 일반적으로는 〈양모羊毛〉라는 뜻)는 시바 신의 이마에 있는 '불타는 진주'를 의미한다. 진주는 〈제3의 눈〉, 초월적 예지, 빛의 결정, 영적으로 각성된 의식, 광명을 상징한다. **이란**: 진주는 생명과 탄생, 그리고 죽음을 가져다주는 〈구세주〉, 장수를 나타낸다. **이슬람 교**: 진주는 〈신의 말씀〉, 천국을 뜻한다. **도교**: '빛나는 진주,' '잠재력을 가진 진주,' '밤을 밝히는 진주'는 바다가 가진 陰의 힘이며, 잠재력을 가진 모든 바다를 지배하는 달의 힘을 상징한다. '불타는 진주'는 실재實在를 찾는 사람의 탐구 여행, 영적 개화, 〈빛〉의 체험을 상징한다.

**Pelican 펠리컨** 펠리컨은 자신의 피를 먹여 새끼를 키운다고 알려져 있기 때문에 희생, 성스러운 사랑(→CHARITY), 경건과 같은 것을 상징하고 있다. **크리스트 교**: 펠리컨은 예수의 희생, 인간의 죄를 위해 자신의 피를 흘린 '우리들의 펠리컨'(단테 「신곡新曲」 "천국편天國篇" 25가歌 113행行)으로서의 예수, 십자가 형, 피의 희생을 통한 속죄, 성체聖體를 상징한다.

**Pen 펜** **크리스트 교**: 펜은 학식, 〈4복음서 기록자들〉을 상징한다. 성 아우구스티누스, 성 베르나르, 성 토마스 아퀴나스의 표지이다. **이집트**: 자루가 달린 펜은 영혼의 각성을 나타낸다. 테우트(토트) 신과 로기오스 신의 상징이다. **이슬람 교**: 칼라무스calamus라고 불리는, 갈대로 만든 펜은 제1질료의 명판에 숙명을 써넣는 보편적 지성과 〈본질〉을 상징한다. 결국 펜은 현현顯現되지 않은 물질에 형상과 운명을 부여한다. 펜과 책이 함께 놓이는 경우, 활동적인 창조행위와 정적인 창조의 소재를 상징한다. 펜은 〈빛〉으로부터 처음 창조되었으며, 남성원리를 상징하기도 한다.

**Pentacle/Pentangle/Pentagram 오각형 별꼴(☆)** 오각형 별꼴형은 팔다리를 모두 뻗은 인체, 통합된 인격, 소우주로서의 인간을 상징한다. 끝이 없는 모양을 가진 오각형 별꼴은 원과 같은 의미와 힘과 완전성을 가진다. 오각형 별꼴의 다섯 개 꼭지점은 영靈, 공기, 불, 물, 땅을 나타낸다. 다섯 개의 점에 SALVS(라틴 어로 '건강'이라는 뜻)의 다섯 문자를 배열한 것은 건강과 오감五感의 상징이 된다. 원과 마찬가지로 오각형 별꼴에는 마력과 자연력自然力을 한데 묶는 힘이 있다. 따라서 오각형 별꼴은 행운을 뜻한다. 크리스트 교에서 오각형 별꼴은 예수가 입은 다섯 군데의 성스러운 상처聖痕를 나타내며, 또한 중세의 기사 거웨인(아서 왕의 조카로 원탁의 기사)의 표지이다. 거웨인은 이 문양을 그의 방패에 그렸다. 요술에서 역逆 오각형 별꼴(☆)은 〈악마의 염소〉와 마녀의 발을 나타낸다. 또한 역 오각형 별꼴은 진정한 인간성의 역전을 의미한다.

**Peony 작약芍藥/모란牡丹** **중국**: 모란은 (양陽에 속하는 몇 안 되는 꽃 가운데 하나로) 양의 원리, 남성적 자질, 빛, 영광, 사랑, 행운, 부富, 봄, 청춘, 행복을 상징한다. 모란에는 꿀벌 이외의 곤충은 범접하지 못한다고 생각되었기 때문에 황제의 꽃이라고 불렸다. 종종 공작과 결부되기도 한다. **그리스**: 작약은 치유를 나타낸다.(신들을 치료한 의사 파이에온과 결부되어)

**일본** : 작약은 결혼, 풍요, 봄(시 등에서 계절을 나타내는 말로는 여름), 영광, 부, 양기陽氣를 나타낸다.

**Persimmon** 감柿  감은 중국에서는 환희, 일본에서는 승리의 상징이다.

**Pestle and Mortar** 절구공이와 절구  절구공이와 절구는 달에 속한다. 절구는 〈태모太母〉와 결합되어 가운데가 비어 있는 구멍으로, 받아들일 수 있는 수용성, 여성원리의 상징이 된다. 그 속에서 절구공이는 불로장생의 영약을 으깨어 조제한다. 중국의 상징체계에서는 달에 사는 토끼가 절구와 절구공이로 불로불사의 약을 만든다고 한다. 또한 절구와 절구공이는 어떤 상황과 인생의 여러 사건에 영향을 미치는 미세한 요인을 나타낸다. 연금술사의 작업실에서 절구와 절구공이가 종종 발견된다.

**Phallus** 남근男根  남근은 남성적 창조원리, 자연과 인간의 출산 생성력, 〈창조주〉가 가진 기능과 잠재력, 생명의 흐름을 상징한다. 남근은 마귀를 쫓는 힘을 가진 부수물이다. 발기한 남근의 모습은 인간과 자연에 대한 생명의 부여, 풍요, 생식, 출산력을 상징하며, 또한 나쁜 마귀를 쫓는 힘을 나타내기도 한다. 힌두교에서는 〈창조주〉 시바 신의 상징인 〈링가〉(→LINGA), 기둥, 오벨리스크, 그외에도 검劍, 창, 화살 등 꿰뚫고 관통하는 힘을 가진 모든 것은 남성상징이다. 그러나 찌르고 관통하는 것은 다른 한편 파괴, 죽임을 뜻하기 때문에 시바 신은 창조주인 동시에 파괴의 신이기도 하다. 켈트 예술에서 기둥의 머리 부분은 남근 상징이며, 머리와 남근은 켈트만의 독특한 전통으로 결부되어 있는데, 어느 쪽이든 힘과 풍요를 상징한다. 또한 머리와 남근은 장례와도 연관되며 귀신을 쫓는 힘을 가진다. 이집트와 그리스, 로마의

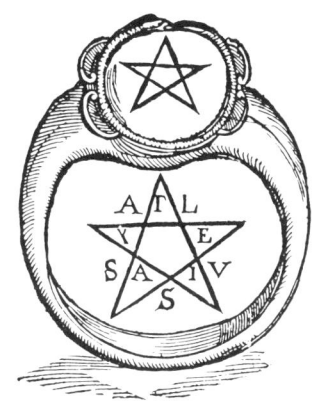

1647년 빈첸조 카르타리가 그린 건강과 오감을 상징하는 오각형 별꼴.

묘지에서 남근은 부활과 재생의 상징으로 사용된다. 남근은 프리아포스(남성 생식력의 신) 숭배처럼 단순히 육체적인 상징으로만 사용될 수도 있지만, 힌두 교의 경우처럼 정신적 의미를 가지기도 한다.

**Pheasant** 꿩  **중국**: 꿩은 빛, 양陽, 덕, 번영, 행운, 미를 나타내며 우왕禹王의 표지이다.(십이장의 하나) **일본**: 꿩은 보호, 모성애의 상징이다.

**Phoenix** 불사조, 봉황鳳凰  불사조 또는 봉황은 전세계적으로 공통된 부활, 불사不死, 불에 의한 죽음과 재생의 상징이다. 불사조는 스스로를 제물로 희생시켜 죽는 가공의 새이다. 불사조는(달이 모습을 감추는) 3일 동안 죽어 있지만, 3일째 되는 날 자신을 태웠던 재에서 다시 살아난다. 이런 의미에서 불사조는 달의 상징이지만, 불사조는 '불의 새'로서 태양의 보편적인 상징이며 신성한 왕권, 고귀, 유일무비唯一無比를 나타낸다. 불사조는 우아, 고결을 나타내는데 그 까닭은 불사조가 어디에 내려앉든 그곳에 어떤 흔적도 남기지 않으며 이슬만 먹고 살 뿐 어떤 생물도 먹이로 죽이지 않기 때문이다. 모든 〈낙원〉의 불사조는 장미와 연관되어서 나타나게 되었다. **연금술**: 불사조는 〈대작업〉의 완성, 재생의 상징이다. **아스텍·마야·톨테크**: 〈태양〉, 은총, 행복을 뜻한다. 케찰코아틀 신의 배우자인 케찰다. **중국**: 봉황, 봉, 붕鵬, '붉은 봉황朱雀,' '불꽃의 실체火精' 등으로 불렸다. 사신四神 중 하나이며 항상 함께 등장하는 기린, 용과 마찬가지로 봉황도 음陰과 양陽을 동시에 나타낸다. 수컷인 봉鳳은 양이며 태양에 속하는 불새이다. 암컷인 황凰은 음陰이며 달에 속한다. 황제의 상징인 용과 대치된 봉황은 완전한 암컷으로서 왕비를 나타내며, 봉황과 용이 함께 묘사된 경우에는 황제의 권력의 음양 양면을 상징한다. 황의 여성적인 면은 미美, 섬세한 감정, 평화를 의미한다. 봉황은 '분리될 수 없는 화합'을 나타내는 결혼의 상징이지만, 부부애뿐 아니라 이원 세계에서의 음양의 완전한 상호 의존을 상징하기도 한다. 용, 기린과 마찬가지로 봉황 역시 다양한 요소의 조합으로서 우주 전체를 나타낸다. 우선 머리는 수탉으로 태양, 등은 제비로 초승달, 두 날개는 바람, 꼬리는 나무와 꽃, 다리는 대지에 각기 해당한다. 봉황의 오색 몸은 오덕五德을 상징한다. '봉황의 색은 눈을 즐겁게 하고, 볏은 의義를 나타내며, 혀로는 성실을 말하고, 목소리는 아름다운 가락을 내고, 귀로는 음악을 즐기고, 심장은 법에 따르고, 가슴은 문학의 보물을 담고 있으며, 날카로운 발톱으로는 일탈자를 공격한다.'(고대 중국의 위서緯書[유교 경전을 신비적으로 풀이한 해설서. 출전은 「논제적애성論諸摘哀聖」]) 봉황의 출현은 어떤 경우에든 큰 길조이며 평화와 인정仁政, 혹은 성왕聖王의 출현을 의미한다. 서로 마주 보고 있는 두 마리 봉황은 천자와 성인의 합일을 나타낸다. **크리스트 교**: 불사조는 부활을 상징하며 〈수난〉의 불 속에서 죽었다가 3일 만에 다시 살아난 예수를 상징한다. 또한 죽음에 대한 승리, 신앙, 지조의 상징이다. **이집트**: 불사조는 태양에 속하며 부활과 불사를 나타내기 때문에 태양의 새 베누와 동일시되며, 태양신 라(및 오시리스 신)와 연관된다. 일설에 의하면 불사조는 고대 나일 강의 수위가 높아지기 앞서 하늘에 솟아오른 시리우스 별을 나타낸다고도 한다. **일본**: 봉황은 태양, 공정, 충실, 정의, 순종을 상징한다. **로마**: 불사조는 로마 제국의 재생, 신격화된 황제를 나타낸다.

**Phrygian Cap** 프뤼기아 모자, 원뿔 모자 (프뤼기아 인이 썼던 원뿔 모양의 모자) 이 모자는 '자유의 모자'라고도 불리며 자유와 고귀함을 상징한다. 해방된 노예가 썼던 모자로 자유의 기장記章이다. 일설에는 황소의 뿔처럼 보이기 때문에 남근을 상징한다. 오시리스 신, 미소년 가뉘메데스, 개와 독수리와 함께 나타나는 어린 제우스는 원뿔형 모자, 또는 피라미드 형 모자를 쓰고 있다. 또한 에트루리아 미술에서 쌍둥이 디오스쿠로이(→TWINS)도 원뿔 모양으로 생긴 삼각모자를 쓰고 있다.

**Pig** 돼지→SWINE

**Pigeon** 비둘기  **중국**: 장수, 충실, 봄, 호색好色의 상징이다. **힌두 교**: 죽음을 관장하는 신 야마의 부수물이다.→DOVE, OWL

**Pilgrim/Pilgrimage** 순례자/순례  순례자는 목적지를 향해 곧장 전진하는 사람이기 때문에 정해진 목적지가 없는 〈방랑자〉(→WANDERER)와는 정반대의 존재이다. 순례자는 목적지를 가진 탐구자이므로 성스러운 것에 대한 동경을 나타낸다. 순례의 표지는 지팡이와 주발 혹은 호리병, 차양이 넓은 모자이다. 크리스트 교의 경우 〈성지〉 예루살렘을 순례하는 순례자는 야자, 즉 종려(→PALM)를 지니고 캔터버리 순례자는 앰풀러(양쪽에 손잡이가 달린 물단지)(→AMPULLA), 즉 플라스크처럼 생긴 물병을 지니고, 로마 순례자는 성 야고보의 가리비 껍데기와 지팡이와 성 베드로의 열쇠를 지닌다. 순례는 〈낙원〉 혹은 〈중심〉을 향한 회귀의 여행을 상징한다. 인간은 현현顯現 세계의 이방인에 불과하기 때문에 진정한 고향으로 회귀하는 것이다. 순례는 항상 고난에 찬 여행인데, 그것은 낙원 회복과 영적 광명을 발견하는 데 고난이 따른다는 것을 상징한다. 또한 순

봉황을 본뜬 중국 당唐나라 시대의 황금 머리 장식으로, 이 장식을 쓴 사람은 사신四神의 하나로, 불사不死와 탁월함, 따를 수 없는 고귀함의 상징인 이 새의 위엄을 부여받는다.

례에 관계되는 상징으로는 상승(→ASCEN-SION)과 통로(→PASSAGE)에 연관되는 상징들도 있다. 성당과 〈성산聖山〉은 순례의 중심지이다.

**Pillar** 기둥  기둥은 〈우주축宇宙軸〉이며, 〈하늘〉과 〈대지〉를 분리시키는 동시에 결합시키는 수직축이고 의식적儀式的인 의미에서의 세계의 중심이고, 옴팔로스(→OMPHALOS)이다. 기둥은 나무(→TREE)의 상징과 밀접하게 연관되며, 혼히 〈생명의 나무〉를 상징한다. 또한 기둥은 안정성, 굳건하게 서 있는 개념을 상징한다. 고대의 유대 인 철학자 필론에 의하면 기둥은 굳건하게 서 있는 안정성으로서, 인간적 유전流轉에 대립하는 신의 관념을 상징한다. 게다가 기둥은 성스러운 것, 존경스러운 것, 속세의 일상적인 것보다 높이 솟아 있는 것이다. 불기둥 또는 연기 기둥은 신의 존재를 나타낸다. 부러진 기둥은 죽음 또는 죽음을 피할 수 없음을 상징한다. 하늘을 향한 꼭대기에 사람의 머리가 달린 기둥은 경계를 나타내는 표지로, 변경邊境 또는 경계를 의미한다. 꼭대기에 비둘기가 달려 있는 기둥은 〈태모太母〉의 상징이며, 특히 도도나에 있는 예언의 여신들의 상징이다. 돌고래와 함께 등장하는 기둥은 남자의 힘과 여자의 힘의 결합, 사랑의 상징이다. 색슨 족의 우주수宇宙樹인 이르민술은 칼 대제에 의해서 파괴되었다.

두 개의 기둥—하나는 검고 다른 하나는 흰—또는 두 개로 갈라진 기둥은 양극성, 신의 양면성 내지 남녀추니의 신, 〈생명의 나무〉와 〈지식의 나무〉 또는 〈죽음의 나무〉, 현현 세계의 이원성의 상호 보완적 대립과 상호작용의 평형과 긴장을 나타낸다. 두 개의 기둥에서 오른쪽 기둥은 흰색으로 남성을 나타내고 왼쪽 기둥은 검은 색으로 여성을 나타내며, 시간과 공간, 영계靈界의 힘과 속계俗界의 힘, 강자와 약자, 긴장과 이완, 상승운동과 하강운동, 이성과 신앙, 권력과 자유, 의지와 법 등을 상징한다. 또한 힘은 모든 저항을 전제로 하고 빛은 그림자를 전제로 하고 凸은 凹를 전제로 하는 것을 나타낸다. 두 개의 기둥은 〈하늘〉을 떠받치는 지주支柱를 나타내며, 따라서 〈하늘의 문〉—즉 〈사원〉과 〈교회〉로 들어가기 위해서 반드시 통과해야 할 입구—을 의미한다. 이 두 개의 기둥 사이를 통과하는 것은 신생新生, 다른 세계, 그리고 영원으로 들어감을 상징한다. 결국 두 개의 기둥은 문과 입구의 상징성을 가진다. 또 두 개의 기둥은 〈천상의 쌍둥이〉(→TWINS)를 나타내며, 〈횃불들기〉와 연관된다.(→TORCH의 **미트라 교**)

기둥이 세 개 있는 경우에, 중앙의 기둥은 평형과 통합력을 상징한다. 기둥 꼭대기에 왕관이 있는 경우에 중앙의 기둥은 깨달음이나 〈왕국〉으로 통하는 가장 가까운 직통로를 나타낸다. 그러나 이 지름길은 좌우의 기둥이 나타내는 이원 세계의 양면으로서의 선과 악이 세계와 자아 속에서 서로 화해할 때에만 갈 수 있는 길이다. 세 개의 기둥은 〈태모신〉, 달의 여신, 달의 세 가지 상相을 나타내는 부수물이기도 하다. 또한 세 개의 기둥은 예지, 미, 힘 또는 예지와 힘 그리고 그 둘을 통합하는 선善을 나타낸다. 4개의 기둥은 동서남북의 4가지 기본 방위점에서 대지를 떠받친다.

**고대 근동**: 나무 기둥이나 나무 줄기는 셈 족의 아슈토레스 여신 또는 아스타르테의 형상이다. 꼭대기에 사자 머리가 달린 기둥은 네르갈 신의 상징이며 태양을 뜻한다. 꼭대기에 창끝이 달린 기둥은 마르둑

Pillar

신과 태양, 숫양의 머리가 달린 기둥은 '세계의 척추' 또는 우주축의 상징이다. 달을 나타내는 3개의 기둥은 페니키아, 특히 카르타고에서 발견된다. **불교**: 불기둥은 부처를 나타내는 상징이다. **중국**: 기둥은 직립直立, 도리道理의 상징이다. 궁성宮城의 기둥은 황태자들이 황제를 보좌함을 상징한다. **크리스트 교**: 기둥의 상징적 의미는 유대 교의 경우와 마찬가지이다. **이집트**: 제드 기둥(→DJED)은 오시리스 신의 부활, 나무의 축(안정성의 상징)으로서의 오시리스의 척추를 나타낸다.(103쪽 그림 참조) **그리스·로마**: 기둥은 제우스/유피테르 신을 나타내는 부수물이다. 두 개의 기둥은 (아르카디아의) 리카에우스 산에서 제우스에게 제사를 지내며 바치는 물건이며, 또한 쌍둥이인 디오스쿠로이(→TWINS)를 나타낸다. 3개의 기둥은 〈태모신〉과 달의 세 가지 상相을 상징한다. **유대 교**: 불과 연기 기둥은 신의 존재, 만물을 지지하는 신의 힘을 나타낸다.("출애굽기" 13:21) 솔로몬 신전에 있는 두 개의 기둥은 보아즈Boaz와 야킨Jachin이라고 하는데("열왕기 상" 7:21), 힘과 안정, '신으로서의 〈힘〉'과 '수립자,' 속계의 권력과 영계의 힘, 왕과 사제, 왕좌와 제단을 상징한다. 이 두 개의 기둥 중 하나는 물에 잠기지 않고 다른 하나는 불에 타지 않는다. 카발라에서 3개의 기둥은 예지와 힘, 그리고 아름다움을 상징한다. 기둥은 야훼와 아브라함을 나타내는 표상물이다. **힌두 교**: 사원 속에 있는 꼭대기에 관冠이 달린 기둥은 최고의 장소를 나타내는 건축적 상징이며 정신적 상승의 가장 가까운 길을 나타낸다. 그러나 이 길을 올라갈 수 있는 자는 이원성을 극복하고 내부의 암흑에서 천상의 빛을 향한 상승력을 얻어서 중심에서부터 상승하

이 촛대(기원전 1000년)에는 천지를 상징하는 수레바퀴와 말이 한 개의 기둥에 연결되어 있다. 기둥은 천지를 분리시키는 동시에 연결시킨다.

말타의 하가 킴 신전에 있는 기둥 제단으로 중앙에 생명의 나무가 새겨져 있다.

는 사람뿐이다. **이슬람 교** : '의인義人의 기둥은 신의 의지이다.'(「코란」) 이슬람 교의 오주五柱(오행五行)는 두 가지 신앙고백('신은 유일하며, 무하마드는 신의 사도이다.'), 하루 다섯 번의 정규 예배, 라마단 달月의 금식, 희사喜捨(稅), 메카 순례를 나타낸다. **미트라 교** : 두 개의 기둥은 〈횃불을 든〉 카우테스 신, 카우토파테스 신과 연관된다. 카우테스는 황소, 카우토파테스는 전갈과 관계되며, 또한 빛과 암흑을 상징한다. **플라톤주의** : 플라톤에 의하면 천상에는 빛나는 기둥이 있고 색색가지 여덟 개의 천구天球가 그 기둥을 둘러싸고 있다. (「국가國家」10권 616E-617B) **도교** : 기둥은 〈도道〉이다.

**Pine** 소나무   소나무는 직립, 곧바름, 활력, 강한 성격, 침묵, 고독을 나타내며 남근 상징이기도 하다. 상록수로서의 소나무는 불사不死의 상징이다. 소나무는 사체死體가 부패하지 않도록 막아주기 때문에 관을 짜는 데 사용되며 묘지에 심기도 한다. 또한 소나무는 귀신을 쫓는 힘이 있다고 한다. 솔방울은 그 모습이 불꽃, 남근과 비슷하기 때문에 남성적 창조력, 풍요, 행운을 나타낸다. 일설로는 솔방울이 팽이와 비슷한 모양이어서 소용돌이나 나선, 즉 위대한 생성력을 상징한다. **고대 근동** : 셈 족에게 솔방울은 생명의 상징이며 풍요를 나타낸다. 소나무는 프리기아의 아티스 신과 그의 아내 퀴벨레의 성수聖樹이다. **중국** : 소나무는 장수, 용기, 성실, 역경에 굴하지 않는 지조의 상징이다. 또한 공자孔子의 표지이기도 하다. 소나무는 황새, 흰 수사슴과 함께 묘사된다. **이집트** : 치유의 능력을 가진 의술의 신 세라피스 숭배가 이집트에 널리 퍼졌을 무렵, 소나무(일반적으로는 밀 계량기)가 세라피스의 표지이었다. **그리스** : 소나무는 제우스 신의 표지이다. 남근과 풍요의 상징으로서의 솔방울은 디오뉘소스의 부수물로, 그가 지닌 튀르소스의 지팡이는 꼭대기에 솔방울이 달려 있다. 또한 솔방울은 아르테미스 여신의 부수물이다. 병을 예방한다는 의미에서 솔방울은 의술의 신 아스클레피오스와 연관된다. **일본** : 소나무는 장수를 나타내며, 이런 의미에서 황새(일반적으로는 학鶴), 흰 수사슴과 함께 묘사된다. **로마** : 소나무는 유피테르 신과 베누스 여신의 표지이다. 또한 순결의 나무로서 처녀성을 상징하며, 디아나 여신과 연관된다. 또 미트라 신과도 결부된다.

**Pineapple** 파인애플   파인애플은 풍요의 상징으로 퀴벨레 여신의 표지이다. 머리에 파인애플을 이고 있는 기둥은 마르둑 신의 부수물이다.

**Pipe** 피리   피리는 조화를 상징하며, 목신牧神 판은 자연계 전체의 조화를 나타낸다. 피리는 사튀로스(반인반수의 숲의 신) 신의 부수물이다. →CALUMET

**Pisces** 쌍어궁雙魚宮, 물고기자리→ZODIAC

**Pitcher** 주전자→VASE

**Plait** 땋은 끈, 땋은 머리   땋은 끈이나 머리는 상호 의존, 연속성을 상징한다. 또한 매듭(→KNOTS)과 마찬가지의 상징적 의미를 가진다.

**Plane Tree** 플라타너스(버즘나무속屬 나무의 총칭)   **크리스트 교** : 플라타너스는 모든 것을 감싸는 예수의 사랑, 은총(→CHARITY)을 나타내며, 도덕적 우월성을 상징한다. **그리스** : 플라타너스는 학문과 학식의 상징이다.(아테네에서는 학문적 토론이 플라타너스 나무 아래에서 이루어졌다.)(플라톤 「파이드로스」 229A) **이란** : 플라타너스는 웅대함, 학문의 상징이다. **미노아 문명** : 크레타 섬의 제우스 신 숭배에서 신의 나무라고 불린다.

**Planets** 행성, 혹성  주요 행성들은 전체로서는, 우주와 자연계의 본질적인 모든 힘의 혼합과 상호작용을 상징한다. 태양은 전 우주의 중심이며, 그 위쪽으로 화성, 목성, 토성이 있고, 아래쪽에는 금성, 수성, 달이 있다. 태양을 제외하고 모든 행성은 지구에서 멀리 떨어져 있을수록 급이 높아진다. 이슬람 교에서는 행성들이 각기 하나씩의 영역을 지배하고 있다고 한다.

1) 태양

태양을 상징하는 것은 태양 원반(때로는 광선을 내뿜는 태양 원반), 중심에 점이 있는 원(⊙), 그밖에 태양 원반의 변형과 빛을 내는 원의 여러 가지 변형들이다. 또한 태양은 네 마리의 흰색 또는 금색 말들이 끄는 전차로 묘사되기도 하는데, 여기서 말의 숫자가 반드시 일정한 것은 아니다. 태양은 모든 태양신과 천사 미카엘의 상징물이다. 태양은 〈중심〉, 심장, 직관적 인식의 중심, 감정과 신념의 힘, 감각적이고 상상력이 풍부한 사람을 나타낸다. 태양의 색깔은 금색이며 태양의 금속은 황금, 요일은 일요일, 방위는 천정天頂, 연령은 청년, 꽃은 치커리(국화과의 여러해살이 식물) 또는 홍성초이다.

고대 누비아(아프리카 북동부)의 성물聖物을 담는 함에 붙어 있는 청동제 솔방울형 향로. 솔방울은 사람들이 향을 태워 숭배하는 신들의 생명을 유지시켜주는 힘과 풍요를 상징한다.

2) 달

달을 나타내는 것은 초승달의 모습, 전차에 타고 화살통을 손에 들고 있는 어린 여자, 또는 화살통과 개를 데리고 있는 여자 사냥꾼이다. 달이 상징하는 것으로는 〈시간〉, 운동, 출산, 생식 수태력, 육체와 영혼을 결합시키는 활력 있는 생기, 무의식적이며 본능적인 행위 등이 있다. 〈하늘의 여왕〉과 〈태모太母〉는 모두 달에 속한

밤하늘의 천구天球를 열심히 관찰하는 점성술사를 그린 14세기 페르시아의 사본寫本 삽화. 점성술사는 주요 혹성의 아홉 개의 표지와 항성恒星을 보고 있다.

다. 달의 색깔은 은색, 달의 금속은 은銀, 요일은 월요일, 방위는 천저天低, 연령은 유년, 꽃은 작약芍藥이다.

3) 토성Saturn

토성은 원래 〈황금시대〉의 지배자였고 〈제7천〉(유대 교에서 하느님과 천사가 있는 곳으로 생각하는 천국)의 군주였지만, 오늘날에는 큰 낫을 든 노인으로 묘사된다. 파괴자, 죽음과 재생의 상징이다. 크로노스 신으로서의 토성은 〈시간〉과 〈운명〉을 상징하며, 초시계를 가지고 있다.(→TIME) 때로는 수탉의 머리를 가지기도 한다. 토성은 〈대지의 신〉, 이성과 지성, 명상적 또는 이성적 인간, 인간의 분석적 사고의 원리, 또한 경우에 따라서는 집중, 수축, 불임의 상징이기도 하다. 토성은 물질에 깃든 암흑의 영靈을 나타내며 용, 독사, 여우, 고양이, 생쥐, 밤의 새(올빼미, 나이팅게일 등)와 연관된다. 연금술에서 토성은 납鉛 — 물질 변성에 의해서 빛나는 상태, 즉 황금으로 변하는 것 — 에 해당된다. 그노시스주의에서 토성은 〈부자동체父子同體〉, 흰 수염이 난 청년으로 묘사된다. 토성의 색깔은 검은 색이고 토성의 금속은 납이다. 요일은 토요일이고 방위는 북쪽이다. 연령은 노년, 꽃은 아스포델(→ASPHODEL)과 흰색 헬리오트로프(지칫과科의 작은 관목)이다.

4) 목성Juniper

목성은 의자에 앉아 있는 위엄 있는 인물을 가리키는데, 때로는 전차에 올라타서 지팡이와 창을 가지고 있기도 한다. 목성은 〈창조자〉이며, 영혼, 한정된 공간, 조직력, 결정, 표현, 팽창, 지적 의지, 활력과 용기를 가진 자, 공기를 상징한다. 목성의 색깔은 청색이나 바이올렛 또는 오렌지 색이다. 목성의 금속은 주석朱錫, 요일은 목요일, 방위는 동쪽, 연령은 장년壯年, 꽃은 짚신나물이다.

5) 화성Mars

화성은 무장한 남자로 묘사되는데 때로는 말을 타고 있기도 한다. 대개 깃발이나 창을 들고 있으며 경우에 따라서 검이나 채찍을 들기도 한다. 화성은 적극적, 활동적, 남성적인 것, 격정적, 정열적이고 용감한 자, 불을 상징한다. 화성의 색깔은 적색, 화성의 금속은 철, 요일은 화요일, 방위는 남쪽, 연령은 성년, 꽃은 램스텅거lambstongue와 머위이다.

6) 금성Venus

금성은 다양한 모습의 여성으로 나타나는데 대개 품이 넉넉한 옷을 입고 월계수(가지)를 가지고 있다. 금성은 아침과 저녁에 볼 수 있는 샛별로 태양과 달에 모두 속하며 대립물의 합일을 상징한다. 저녁에 나오는 샛별은 달을 뒤따라서 나타나고 아침에 나오는 샛별은 해보다 먼저 뜬다. '활을 당기는 자, 창을 던지는 자'로서의 금성은 초승달을 타고 밤의 바다로 나아가는 것을 뜻하며 모든 암흑의 괴수들로부터 달을 지킨다. 금성은 바다와 강, 여성적 수동성, 정념情念, 욕망, 소망을 가진 자, 창조적 모성, 통합, 상상력을 상징한다. 금성의 색깔은 녹색이나 황금색 또는 청록색이며 금성의 금속은 구리, 요일은 금요일, 방위는 서쪽, 연령은 사춘기, 꽃은 흰 장미, 마편초馬鞭草, 쥐오줌풀이다.

7) 수성Mercury

수성은 날개 달린 샌들을 신고, 테 없는 모자를 쓰고, 손에는 헤르메스의 지팡이(→CADUCEUS)를 든 젊은이(메르쿠리우스)로 묘사된다. 수성을 나타내는 표지로는 그밖에 수탉, 숫양이 있다. 수성의 표시(☿)는 태양과 달, 불과 물의 요소를 모두 조합한 것이다. 수성, 즉 메르쿠리우스는 전령신으로 깨우는 자, 리듬, 시련과 이니시에이션의 신이며, 또한 모든 갈등에 다리를 놓는 중재자이다. 수성의 표시가 대립물들의 결합으로 이루어져 있기 때문에 수성 자신도 남성과 여성을 모두 갖추고 있다. 수성은 해석 기능, 감정을 표현하고 해석하는 힘, 분석적인 사고를 상징한다. 연금술에서 수성은 〈제5원소〉이다. 수성의 색깔은 자색 또는 짙은 청색, 수성의 금속은 수은, 요일은 수요일, 방위는 중심, 연령은 청년, 꽃은 쥐오줌풀과 개암나무이다.

8) 천왕성 Uranus
무한공간, 비현현非顯現, 의지이다.

9) 해왕성 Neptune
해왕성은 만물이 태어난 근원인 원초적 바다를 상징한다.

인간에게 이로운 행성은 목성과 금성, 해를 끼치는 행성은 토성과 화성, 두 가지 영향력을 모두 가진 행성은 수성이다. 남성에 속한 행성은 태양, 목성, 토성, 화성, 여성에 속하는 것은 달, 금성이며, 수성은 두 성에 모두 속한다. 바빌로니아의 점성술에서 마르둑 신은 목성에, 이슈타르 여신은 금성에, 나부 신은 수성에, 니니브 신은 토성, 네르갈 신은 화성에 각기 해당한다. 그리스 신화와 로마 신화의 대응관계에 대해서 이야기하자면, 크로노스 신은 토성, 아레스 신 또는 영웅 헤라클레스는 화성, 아프로디테 여신이나 헤라 여신은 금성, 제우스 신은 목성, 헤르메스 신 또는 아폴론 신은 수성이다. 중국의 상징체계에서 세성歲星(목성)은 동쪽과 오행五行(木, 火, 土, 金, 水) 중에서 나무木, 형혹성熒惑星(화성)은 남쪽과 오행 중에서 불火, 진성鎭星(토성)은 〈중심〉과 오행 중에서 흙土을 나타낸다. 또 태백성太白星(금성)은 서

보병궁寶瓶宮과 백양궁白羊宮을 지배하는 토성(사투르누스)은 농경과 파괴를 상징하는 큰 낫을 가지고, 몸은 튼튼한 것 같지만, 노쇠를 상징하는 소나무 목발을 짚고 있다. 삽화 전체는 토성의 영향력에 의해서 일어나는 우울한 분위기를 나타낸다.

쪽과 오행 중에서 금속金, 진성辰星(수성)은 북쪽과 오행 중에서 물水에 해당한다.

**Plantain** 질경이  **중국**: 독학獨學을 뜻한다.(종이 살 돈이 없는 가난한 학생은 질경이 잎에 글씨를 썼다.) **크리스트 교**: 질경이(유럽 질경이)의 별명은 '길way-빵bread'인데, 예수의 길을 나타낸다.

**Plants** 식물  식물은 나무, 꽃과 마찬가지로 죽음과 부활, 생명력, 생명의 순환을 상징한다. 식물과 꽃의 상징적 의미는 대지의 여신으로서 풍요와 식물적 성장을 주관하는 〈태모太母〉와 밀접한 연관을 가진다. 또한 생명을 주는 바다와 호수 등의 물이 가진 풍요성과도 연결된다. 수액이 많은 식물은 모성을 나타낸다. 대개 식물과 나무는 여러 가지 신비스러운 선조를 가지는데, 대부분 달 숭배와 연관된다. 신과 영웅들이 흘린 피에서 싹이 튼 식물과 꽃은 인간과 식물의 신비스러운 일체성, 죽음에서 탄생한 생명, 어떤 상태에서 다른 상태로 유전流轉하는 생명 등을 상징한다. 예를 들면 아티스 신의 피에서 자란 바이올렛, 아도니스 신의 피에서 생긴 아네모네, 예수의 피에서 자란 붉은 장미 등이 그것이다. 중국의 상징체계에서 복숭아는 불사不死의 식물로 그 과실은 도교의 신선들이 즐겨 먹었다.

**Playing Cards** 카드 놀이→CARDS

**Plough/Ploughing** 쟁기/쟁기질  쟁기는 농사의 신과 여신, 즉 대지의 여신 데메테르, 트리프톨레모스(쟁기를 처음 만든 신), 디오뉘소스 신 등의 부수물이다. 유목민들이 쟁기를 사용해서 경작하는 것은 태초의 낙원시대의 복스러운 상태로부터의 '타락'을 상징한다. 이슬람 교에서는 쟁기를 이용한 경작이 민중의 저급한 마음, 허영, 후안무치厚顔無恥를 나타낸다. 쟁기 경작은 원초의 제1질료가 세계 창조의 과정에서 다양성으로 붕괴하는 것, 대지가 열리고 하늘의 힘이 영향을 미치는 것, 대지를 인간이 지배하게 됨을 의미하며, 또한 풍요를 상징하기도 한다. 쟁기는 남근 상징으로 쟁기의 날은 대지를 수태시킨다. 따라서 논이나 밭의 고랑은 여성이다. 북아메리카 인디언과 그밖의 유목민들의 전통 문화에서 쟁기 경작은 악惡이며, 〈대지의 여신〉의 몸을 범하는 짓이다.

**Plum** 매화  **중국**: 장수, 겨울, 미美, 청순, 은둔자를 상징하며 매실은 문하생門下生(미숙한 과실)을 상징한다. 매화는 겨울에 꽃을 피우기 때문에, 강함, 인내, 승리의 상징이다. 소나무, 대나무, 매화는 '겨울의 세 벗三友'이다. **크리스트 교**: 열매는 독립, 충실을 나타낸다. **일본**: 매화꽃은 겨울을 이긴 봄, 곤란을 딛고 승리를 거둔 미덕과 용기, 결혼, 행복의 상징이다. 매화나무는 무사의 표지이다.

**Plumage** 깃털  깃털은 힘, 강함, 승리를 상징한다. 전사의 투구에 꽂힌 깃털은 명예, 승리, 도전을 나타낸다. **아스텍**: 깃털은 천상의 힘, 영혼을 나타낸다. **이집트**: 깃털은 라 신과 태양, 빛, 공기를 상징한다. 하나의 (타조) 깃털 내지 깃은 진리와 성실을 관장하는 마트 여신의 상징이다. **샤마니즘**: 깃털은 비행, 승천, 영적 세계와의 교류를 상징한다. 깃털과 깃대로 된 망토 대신 새의 머리 또는 새의 가면이 사용될 수도 있다. **도교**: 깃털은 도사道士, 즉 내세와 교류하는 〈깃털 날개를 가진 현인賢人〉 또는 〈날개를 가진 방문객〉의 부수물이다.→FEATHER

**Plumb Rule** 다림줄  성당 건축 등에서 다림줄은 초월적 지식, 그것에 맞추어 모든 작업을 조절하는 원형原型을 뜻한다.

또한 다림줄은 정의와 공정함을 상징한다. 크리스트 교에서는 열두 사도 중 한 사람인 도마(토마스)의 표지이다.

**Point** 점點→CENTRE

**Pole** 기둥, 극極 '대지의 기둥'은 〈우주축宇宙軸〉, 우주의 〈중심〉, '정지점'이다. '대지의 기둥'은 대지 운동의 균형을 잡아주는 힘을 나타내며, 〈생명의 나무〉와 마찬가지의 상징성을 가진다. 또한 '대지의 기둥'은 남근상징으로 출산과 다산多産을 나타낸다. 아메리카 인디언의 스웨트 로지(한증막)에서 볼 수 있는 수증기가 나오는 경사진 기둥은 청년에서 노년으로 흘러가는 인간의 생애와 노년 그 자체를 상징한다. 시베리아와 그밖의 지역에서 이루어지는 샤마니즘 의식에서 기둥은 우주축으로서의 자작나무를 대체하는 부수물로 사용될 수 있으며, 천공天空을 떠받친다. 기둥은 〈북극성〉에 고정되어 있고 천공은 기둥 주위를 회전한다. →PILLAR

**Pole Star** 북극성→STAR

**Pomegranate** 석류 석류는 불사不死, 하나 속의 여럿, 여러 해에 걸친 풍요, 다산多産, 풍부를 상징한다. **불교**: 석류는 시트론, 복숭아와 함께 〈지복至福의 세 과실〉이다. **중국**: 석류는 풍부함, 풍요, 자손, 행복한 미래의 상징이다. **크리스트 교**: 석류는 영원한 생명, 영적靈的 풍요의 상징이며 그 열매는 여럿이 한데 모여 있기 때문에 신도가 모여 있는 〈교회〉를 상징한다. **그리스·로마**: 석류는 봄, 젊어짐回春, 불사, 풍요의 상징이다. 헤라/유노 여신의 표장이며, 또한 대지에 잠시 봄과 풍요를 되돌려주는 데메테르/케레스 여신과 그녀의 딸 페르세포네의 표지이기도 하다.(「메타모르포시스」 5. 533-71) 석류는 디오뉘소스 신의 피에서 자란 식물이라고 한다.

쟁기를 처음 만든 트립톨레모스 신으로 기원전 490-기원전 480년에 만들어진 아테네 꽃병에 그려져 있다.

유대 교: 석류는 재생, 풍요의 상징이며 사제복의 방울과 함께 대지를 수태시키는 천둥과 번개를 상징한다.("출애굽기" 28:34)

**Poplar** 포플러  포플러는 강, 호수와 연관되는 나무이다. 중국: 포플러 잎은 겉(짙은 녹색)과 안(은색)이 다르기 때문에 음과 양, 태양과 달 등 모든 이원적인 것을 상징한다. 그리스·로마: 흰색 포플러는 〈엘뤼시온의 뜰〉을 상징하고, 검은 색 포플러는 명계冥界를 상징한다. 포플러는 사바지오스 신의 성수聖樹로 제사 행렬에 참가한 신도들은 손에 포플러를 든다. 또한 포플러는 제우스/유피테르 신의 표지이며, 포플러 관을 쓰고 명계로 내려간 영웅 헤라클레스의 표지이기도 하다.

**Poppy** 양귀비  양귀비는 〈하나〉로서의 〈여럿〉, 〈어머니〉이자 〈처녀〉인 〈태모太母〉를 상징한다. 또한 〈밤〉을 상징하며, 밤과 달에 관계되는 신들에게 바친다. 또한 풍요, 다산多産, 망각, 권태의 의미를 가지기도 한다. 중국: 양귀비는 은둔, 휴식, 아름다움, 성공을 상징하지만, 아편이라는 뜻으로는 방탕, 악을 나타낸다. 크리스트 교: 양귀비는 잠자고 있음, 무지, 무관심의 상징이다. 피처럼 붉은 양귀비는 예수의 수난, 죽음의 수면睡眠을 상징한다. 그리스·로마: 양귀비는 식물의 수면과 죽음의 기간을 상징한다. 양귀비는 데메테르/케레스 여신, 그녀의 딸 페르세포네, 아프로디테/베누스 여신, 잠의 신 휘프노스와 그의 자식인 꿈의 신 모르페우스의 표지이다.

**Pot** 단지 →CAULDRON

**Praying Mantis** 사마귀, 예배벌레(앞발을 치켜올린 모습이 기도하는 모습과 흡사하다는 데에서 유래된 이름)  사마귀는 중국에서는 완고함, 탐욕을 상징한다. 아프리카의 부시먼들 사이에서는 〈협잡꾼〉으로 통한다.(→MANTIS) 그리스에서는 사마귀가 예언(그리스 어로 manteia)을 상징하며, 크리스트 교에서는 기도하는 사람, 예배를 뜻한다.

**Pride** 오만  오만을 상징하는 것으로는 사자, 독수리, 공작, 거울 또는 말과 전차에서 떨어진 어자御者(예를 들면 파에톤) 등이 있다. 오만은 태양과 연관된다.

**Primrose** 프리뮬러, 앵초櫻草  유럽에서 앵초는 청순, 청춘, 쾌활함을 상징한다. 켈트에서 앵초는 요정의 꽃이다.

**Prince/Princess** 왕자/공주  왕자/공주는 잠재적 왕권, 젊은 왕이 가지는 활력을 나타낸다. 〈왕자〉는 국민과 왕국의 생산력을 나타내기 때문에, 〈왕〉과 연관된다. 신화와 전설에 따르면 공주와 약혼하는 것은 높은 지위, 또는 고귀한 지위를 원하는 동경을 나타내지만 그것은 심리적이고, 정신적인 동경과 갈망의 경우와 마찬가지로 그것을 꿈꾸는 자(자신)가 죽거나 아니면 더 높고 고귀한 신분으로 상승하든가 하는 위험한 상황에 처함을 의미한다.

**Prow** 이물, 뱃머리  이물은 남근을 상징한다. 또한 〈운명〉의 여신 튀케/포르투나의 부수물이다.

**Prudence** 사려  크리스트 교에서 〈사려 깊음〉이라는 덕성은 대개 여성의 모습에서 나타나는데, 특히 두 개 또는 세 개의 얼굴을 가지고, 거울이나 뱀, 또는 체를 들고 있으며, 발치에 솔로몬이 함께 있는 모습으로 묘사되기도 한다.

**Pumpkin** (서양) 호박  모래시계처럼 허리가 잘록하게 들어간 호박 또는 표주박은 천계天界와 하계下界를 나타낸다. 로마의 상징체계에서 호박은 우둔, 망연자실, 광기를 나타낸다. →GOURD

**Putrefaction** 부패  부패는 재통합, 재생

이 이루어지기 전의 용해, 분해의 상태를 말한다. 즉 육체가 죽어 혼이 해방되는 것을 말한다. 특히 연금술에서는 〈대작업〉에서 중요한 과정이다.

**Pyramid** 피라미드 태고의 〈성산聖山〉은 메루 산처럼 4개의 측면을 가지고 있는 경우가 많았는데, 피라미드는 〈성산〉으로서 세계의 〈중심〉, 〈우주축宇宙軸〉(→AXIS)을 나타낸다. 피라미드의 꼭대기는 영적 최고 단계, 신분계층에서 가장 높은 지위, 이니시에이션 과정에서 가장 높은 도달점을 나타낸다. 피라미드는 불, 불꽃, 태양에 속하는 남성적 힘을 의미하며 남근의 상징이기도 하다. 계단이 있는 피라미드는 우주 창조와 의식意識의 단계적 수준을 나타내며, 천공에서 태양이 상승하는 것을 의미하기도 한다. 원소의 측면에서 플라톤은 흙(대지)을 피라미드(정사면체)로 상징했고, 공기는 정육면체, 불은 팔면체, 물은 이십면체, 에테르는 십이면체로 상징했다. 아스텍의 상징체계에서 피라미드는 묘지, 천체 관측소인 동시에 신들을 모시는 신전이기도 했다. 그 피라미드의 정상에서 제사를 지냈다고 한다.

**Python** 쀠톤 쀠톤(아폴론 신이 사살해서 퇴치한 델포이의 큰 구렁이)은 암흑과 대지의 여성원리를 나타내는 사악한 신이다. 쀠톤은 아폴론 신 —즉 암흑을 물리친 태양이자, 지혜의 뱀으로서의 신— 의 부수물이다.

양귀비.

라오콘과 그 자식들이다. 라오콘은 트로이아에서 신 아폴론을 섬기는 신관神官이었는데, 아폴론은 쀠톤을 보내서 라오콘을 죽이고, 그리스 군의 목마가 트로이아 성내에 들어갈 수 있게 했다.

# Q

**Quail** 메추라기 메추라기는 밤과 연관되지만, 다른 한편 행운과 봄과도 결부된다. 메추라기에는 남근상징의 암시가 포함되고 그것은 호색好色을 나타낸다. **고대 근동**: 페니키아의 멜카르트 신이 암흑을 나타내는 괴물 티폰(세폰)을 격퇴한 후 이 신에게 메추라기를 바쳤다. **중국**: 메추라기는 용기, 전의戰意, 여름을 상징하며, 또한 (누더기 옷을 연상시키기 때문에) 빈곤을 나타내기도 한다. **그리스**: 메추라기는 봄, 재생의 상징이다. 아스테리아 여신이 변신한 모습이며, 이 신의 부수물이다. 델로스 섬에서 메추라기는 제우스 신과 라토나 여신과 연관되며, 그 때문에 아폴론과 아르테미스 여신과도 결부된다. **유대 교**: 메추라기는 황야에서 먹는 기적의 음식이다. ("출애굽기" 16:13) 그러나 다른 한편 분노와 색욕色慾을 길러주는 음식이기도 하다. **힌두 교**: 밤과 낮, 빛과 어두움을 나타내는 아스빈 쌍둥이신(→TWINS)은 이리가 삼킨 메추라기를 되살려냈다. 이것은 겨울이 되면 메추라기가 떠나고 없지만 봄이 오면 태양과 함께 다시 돌아온다는 것을 의미한다. **로마**: 메추라기는 용기, 전쟁의 승리를 상징한다. **러시아**: 민화에서 메추라기와 산토끼는 태양, 봄, 러시아 황제의 표지이다. **마술**: 메추라기는 악마의 새이며 악령, 요술의 상징이다.

**Quartz** 석영石英 오스트레일리아 원주민의 상징체계에서 석영은 천국에서 나오는 빛의 힘을 나타낸다.

**Quaternary** 4개가 한 벌(4인조)→NUMBERS의 4

**Qubbah** 쿠바 이슬람 교의 쿠바(묘석 등을 덮고 있는 둥근 돔 천장을 가진 건축물)는 스투파(→STUPA)와 마찬가지로 존재의 수준(단계)을 나타낸다.

**Queen** 여왕, 왕비 여왕은 여성원리의 상징으로 〈하늘의 여왕〉인 〈태모太母〉와 동등하다. 연금술에서 여왕은 수은水銀, 왕은 황금黃金이다. 여왕의 부수물로는 왕관, 별로 장식된 관, 요철凹凸 장식이 달린 관, 초승달, 별, 천구天球, 홀笏, 성작聖爵, 푸른색 망토 등이 있다. 여왕을 상징하는 색깔과 금속은 달빛 은銀이며, 왕의 색과 금속은 태양빛 황금이다.→CHESS

**Quicksilver** 수은水銀 수은은 '견실堅實한 물steadfast water'이라고도 불리며, 고체와 액체를 동시에 상징한다. 수은은 혼, 〈여왕〉을 나타내며, 또한 액체, 휘발성, 차가움의 여성원리로서 남성원리에 작용해서 건조하고 딱딱한 고체의 제약에서부터 남성원리를 해방시켜준다. 힌두 교의 「탄트라」에서는 수은을, 인간을 광명과 빛으로 인도하는 남녀의 '교합交合'으로 보았다. 이러한 수은의 용해력은 또한 〈태모太母〉의 공포스러운 측면, 용이나 뱀의 독을 뿜는 일면을 나타내기도 한다. 용해와 죽음은 재생과 부활을 실현하기 위해서 필요한 것이기 때문이다. 수은이 생명의 물이라고 불리는 것은 그 때문이다. 또한 수은은 모든 금속의 '자궁'이다. 수은과 유황은 함께 우주의 기본적인 생산력을 나타낸다. 수은은 목성과 동일시되며, 그 기호(☿)는 점성술의 세 가지 기본 기호 —— 초승달과 원과 십자, 즉 달의 불, 태양의 불, 그리고 물 —— 를 모두 포함하고 있다.

**Quinary** 5개가 한 벌→NUMBERS의 5

**Quince** 마르멜로 마르멜로marmelo는 그리스에서 풍요의 상징이며, 신부가 먹는 음식이다.(플루타르코스 「결혼의 조언助言」) 디오뉘소스 신의 '사과'이며, 베누스 여신에게 바친다.

**Quincunx** 다섯 눈 모양 십자형을 이루고 있는 다섯 개의 눈의 모양(⁙)은 〈우주의 중심〉을 나타낸다. 네 개의 기본 방위가 제5의 점, 즉 〈중심〉을 둘러싸고 있기 때문이다. 〈중심〉은 〈하늘〉과 〈땅〉이 만나는 장소이다.

**Quintessence** 제5원소, 정수精髓(원래는 4대 원소의 궁극적인 원질原質. 물질의 가장 순수한 에센스를 나타낸다.) 〈지고신至高神〉이 만든 피조물들 중에서 제5원소 또는 정수라고 불리는 것은 짐승 중에서는 〈사자〉이고, 가축 중에서는 수소이고 새 중에서는 〈독수리〉이고, 물고기 중에서는 〈돌고래〉이고, 모든 피조물 전체 중에서는 〈인간〉이다.

**Quiver** 화살통, 전동箭筒  화살통은 수용적인 여성원리를 나타내며, 남성원리로서의 화살에 대응한다. 화살통은 수렵의 여신 아르테미스를 비롯해서 모든 수렵자들의 부수물이다.

# R

**Rabbit** 토끼  토끼는 달에 속하는 동물이다. 토끼와 산토끼는 모두 달에 살며 달의 여신과 〈대지의 여신〉과 연관된다. 중국에서는 달의 축제拜月에 흰 토끼의 모습을 그렸다. 아메리카 동부 삼림 지대의 인디언들 사이에서 토끼나 산토끼는 〈장난꾸러기〉(→TRICKSTER)로 통한다. 또한 토끼는 다산多産과 색욕色慾을 상징하기도 한다. 아메리카 인디언의 의례儀禮에서는 토끼 가죽을 몸에 걸침으로써 〈위대한 영靈great spirit〉 앞에서 순종과 겸손을 나타낸다.→EASTER, HARE 아스텍 인들의 상징체계에서 토끼는 용설란龍舌蘭과 술의 신인 마야웨르의 표지이다.

**Radiance** 광휘光輝  광휘는 순수한 영

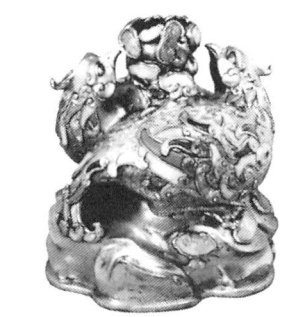

18세기 중국의 술병에 장식된 메추라기.

연금술의 '흰 장미'로서의 왕비. 그녀의 권력은 남편이며 대립자인 왕의 권력에 버금간다.

연금술의 제5원소가 이 그림에서는 연금술사의 플라스크 가운데 불꽃으로 둘러싸인 독수리로서 나타났다.

성靈性, 예지, 성스러움, 마음의 청순함, 초자연적인 것을 상징한다. 광휘를 나타내는 것은 태양 광선, 방사상放射狀 광선으로 장식된 왕관, 광륜光輪, 원광圓光, 후광, 만돌라(→MANDORLA) 등이다.

**Radii (원圓, 구球의) 반지름, 차바퀴의 바퀴살** 원의 반지름이나 차바퀴의 바퀴살은 〈중심〉과 동일한 것, 본질을 상징하며, 이에 비해서 원주圓周는 현실존재와 유사존재類似存在를 나타낸다. 또한 차바퀴의 바퀴살은 능동적 생산력과 수동적 생산력의 교체 현상, 태양 광선, 평등 즉 '최후에 남는 것은 아무것도 없다'는 것을 나타낸다. 〈생명의 바퀴〉에서 바퀴살이 원주를 분할하여 만든 현弦은 현현顯現 세계 순환의 각 시기를 나타낸다. 원 안에 그려진 네 개의 반지름(⊕)은 〈낙원〉에 있는 네 개의 강과 4개가 한 벌인 것을 나타낸다. 또한 이 도형은 원 안에 십자를 그려넣은 경우와 마찬가지의 상징적 의미를 가진다.(→CIRCLE)

**Rain 비** 비는 신의 축복, 계시, 하늘의 힘이 내려오는 것, 지복至福, 정화, 다산多產을 상징한다. 또한 다산과 연관되는 육체적 관통과 영적 계시로서의 관통을 상징한다. 이런 의미에서 비는 태양 광선이나 빛과 동일한 상징성을 가진다. 모든 하늘의 신이 대지를 비옥하게 만드는 것은 비에 의해서이다. '하늘에서 내리는 비는 대지를 잉태시킨다. 잉태한 대지는 인간과 짐승을 위해서 곡물을 낳는다.'(그리스의 비극작가 아이스퀼로스)

**Rainbow 무지개** 무지개는 변용變容, 하늘의 영광, 여러 가지 서로 다른 의식意識의 단계, 〈하늘〉과 〈땅〉의 만남, 현세와 〈낙원〉을 잇는 가교 또는 경계, 〈하늘의 신〉의 옥좌玉座를 나타낸다. 하늘의 뱀도 두 세계를 이어주는 다리가 될 수 있다는 점에서 무지개와 연관된다. 프랑스, 아프리카, 인도, 아메리카 인디언의 상징체계에서 무지개는 바다에서 갈증을 푸는 큰 뱀으로 묘사된다. **아프리카**: 아프리카의 일부 지역에서 무지개는 하늘의 뱀(→SERPENT의 **아프리카**)이며 보물을 지키는 수호자이다. 또한 이 뱀은 대지를 둘러싸고 있다고 믿었다. **아메리카 인디언**: 무지개는 다른 세계로 통하는 사다리이다. **불교**: 무지개는 열반涅槃의 '명광明光'에 몰입하기 전에 〈윤회〉의 세계에서 도달할 수 있는 가장 높은 단계의 의식 상태를 상징한다. (티베트의 사자死者의 글 「바르도우 테도루」) **중국**: 무지개는 하늘의 용이며 하늘과 땅의 합일을 나타낸다. **크리스트 교**: 무지개는 용서, 〈신〉과 인간의 화해("창세기" 9:12-16)를 뜻하며, 〈최후의 심판〉의 장면에서 신이 앉는 옥좌이다. ("요한계시록" 4:3) 무지개는 '영적 홍수에서 우리 인간을 보호해주는' 예수의 상징이다.(단테) **그리스·로마**: 무지개는 제우스 신이 사람들의 기억을 위해서 구름에 표시한 것이다. 무지개는 영웅 아가멤논이 입은 갑옷의 가슴받이에 세 마리 뱀의 모습으로 묘사되어 있다. 신들, 특히 제우스/유피테르 신과 헤라/유노 여신의 날개 달린 전령 이리스 여신은 무지개를 의인화시킨 것이다. **힌두 교**: 요가의 수행에서 이야기하는 '무지개의 몸rainbow body'은 윤회의 세계에서 도달할 수 있는 최고의 정신적 경지를 뜻한다. 무지개는 인드라 신의 활이다. **이슬람 교**: 무지개는 빨강, 노랑, 초록, 파랑의 네 가지 색으로 이루어지며, 이 4색은 4대 원소(地, 水, 火, 風)에 대응한다. **북유럽**: 무지개는 아스가르드(천상에 있는 신들의 거주지)로 건너가기 위한 다리인 비프로스트이며, 〈진동하는 길〉이라고 불리기도 한다.

**Ram 숫양** 숫양은 남성적 활력, 남성적 생산력, 창조력, 생식력을 상징한다. 그 때문에 태양이 가진 활력을 갱신하는 것으로서 태양신과 천공신과 연관된다. 〈황도십이궁〉에서 숫양(백양궁白羊宮)은 다가오는 새해의 봄과 함께 태양의 힘을 나타낸다.(백양궁은 십이궁의 첫번째 자리로 봄의 첫째 달에 해당한다.) 숫양의 뿔에 나 있는 나선형은 천둥의 상징으로 태양신과 달의 여신 모두에 연관된다. 숫양은 어떤 동물의 경우보다도 제물로 바쳐지는 경우가 많은 동물이다. **고대 근동**: 기둥 꼭대기에 놓인 숫양의 머리는 〈운명과 바다를 관장하는 주主〉인 에아 신을 나타낸다. 천공신이자 풍요의 신인 페니키아의 바알/하몬 신은 숫양의 뿔이 달린 관을 머리에 쓰고 있다. 라샤프 신은 숫양의 뿔을 가진 모습으로 묘사되고, 이 신의 옥좌는 숫양이 받치고 있는 형상이다. **불교(티베트 불교)**: 숫양의 머리는 도제dorje 라크-파Lak-pa (수요성水曜星)를 나타낸다. **켈트**: 숫양은 풍요의 상징으로, 지하에 속한다. 숫양의 머리를 가진 뱀(뿔이 있는 케르눈노스 신과 연관됨)과 마찬가지로 전쟁의 신(에스스)들을 상징한다. **크리스트교**: 숫양은 양 떼를 이끄는 예수를 나타낸다. 또한 이삭을 대신해서 제물이 된, 숫양의 형태로 예견된 예수를 의미하기도 한다.("창세기" 22:13) **이집트**: 숫양은 생식, 태양이 가진 활력, 창조의 뜨거운 열, 매년 새로워지는 태양의 에너지 등을 나타낸다. 숫양은, 사람들이 '라여!……숫양이여! 그 어떤 피조물보다도 강한 자여'라고 칭송한 아몬-라의 의인화된 모습이다. 숫양의 머리를 가진 크네무 신은 후일 (라 신과 동일시되어)

무지개를 의인화한 날개 달린 여신 이리스.

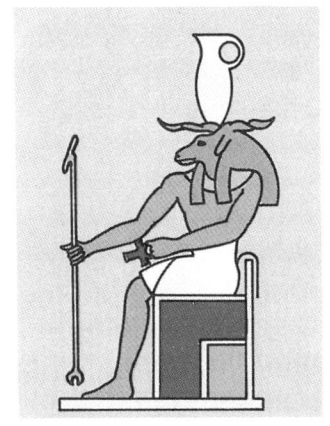

숫양의 머리를 가진 이집트의 크네무 신.

크네무-라로 불리게 되었다. 멘데스(숫양 신앙이 활발했던 이집트 북부의 도시)의 숫양은 오시리스 신의 상징이다. **그리스**: 숫양은 숫양의 신인 제우스/사바지오스 신의 성수聖獸로 풍요와 생산력의 상징이다. 생산하는 자라는 측면에서 숫양은 디오뉘소스 신에게 바친다. 멘데스의 숫양은 목신牧神 판에게 바치는 짐승이다. 키프로스에서는 숫양이 아프로디테 여신과 연관된다. 〈황도십이궁〉에서 백양궁白羊宮은 화성의 궁宮이다. **힌두 교**: 숫양은 베다의 불의 신 아그니에게 바치는 짐승이며, 성화聖火를 상징한다. **이슬람 교**: 숫양은 제물로 바치는 동물이다.(일반적으로는 암컷이 수컷보다 가치가 높으며, 제물로 쓰는 동물로는 암낙타와 암소가 높이 평가된다.) **북유럽**: 토르 신이 타고 다니는 전차는 숫양이 끈다.

**Rat** 쥐→MOUSE 쥐는 병을 옮기는 동물로 죽음, 부패, 지하 세계를 상징한다. **중국**: 쥐는 비천함, 겁 많고 소심함의 상징이다. 십이지十二支의 상징적 동물들 중에서 제일 앞에 나오는 동물이다. **크리스트 교**: 쥐는 악을 나타낸다. 성 피나의 표지이다. **힌두 교**: 쥐는 사려 깊음, 예견을 나타낸다. 쥐는 끊임없는 노력으로 성공을 거둔다는 의미에서 가네샤 신 ── 즉 역경의 극복자 ── 의 차를 끈다.

**Raven** 큰까마귀 큰까마귀는 말을 하는 새로, 예언의 상징이다. 큰까마귀는 태양에 속하는 새이면서 동시에 악의 어둠을 나타내는 새이기 때문에 양면 가치적이다. 또한 지혜를 나타내면서 전쟁의 파괴를 나타내기도 한다. 미개 사회에서는 큰까마귀와 늑대가 종종 죽은 자를 관장하는 신의 가족으로 등장하는 경우가 있다. **연금술**: 두개골이나 묘지와 마찬가지로 큰까마귀는 소작업의 제1단계인 흑변黑變과 부패, 즉 흑화黑化의 상징이며, '이 세상에서의 죽음,' 흙이 되어 흙으로 돌아가는 것을 의미한다. **아메리카 인디언**: 동부 삼림지대의 인디언 사이에서 큰까마귀는 마술사(→TRICKSTER)이며 문화적 영웅으로서의 데미우르고스이다. **켈트**: 새점鳥占에서 큰까마귀는 굴뚝새와 연관된다. '축복받은 큰까마귀'는 전쟁의 여신과 풍요의 여신들의 부수물이다. 요녀妖女 모리간은 큰까마귀의 여신이며, 바드브 여신은 '전장戰場의 큰까마귀'라고도 불리며 전쟁, 유혈, 공황, 악의의 상징이다. 영웅 벤데게이트 브란은 큰까마귀를 부수물로 삼고, 영웅 루크는 두 마리의 마법의 큰까마귀를 가지고 있다. 전신이 검은 큰까마귀는 불길을 나타내지만, 흰 깃털을 하나 가진 경우에는 길조이다. **중국**: 큰까마귀는 〈십이지十二支〉 중에 포함되는 상징적 동물로 권력을 나타낸다.(실제로는 이러한 예가 없다./역자 주→ZODIAC) 태양에 사는 다리가 셋 달린 큰까마귀는 태양의 세 가지 상相 ── 일출, 남중南中, 일몰 ── 을 상징한다. **크리스트 교**: 큰까마귀는 썩은 고기를 먹는 살아 있는 악마 사탄의 상징이다. 죽은 자의 눈을 파먹는 큰까마귀는 죄인의 눈을 멀게 하는 악마 사탄이다. 순진무구한 혼을 상징하는 백조와 반대로 큰까마귀는 죄의 상징이다. 노아가 〈방주方舟〉에서 풀어 놓은 큰까마귀는 방황, 불안, 부정한 자를 상징한다.("창세기" 8:7) 〈타락〉을 묘사한 상징적 장면을 보면, 이브가 과실을 딴 〈지식의 나무〉에서 종종 큰까마귀의 모습을 발견할 수 있다. 또한 큰까마귀는 고독의 상징으로서 은둔하는 성인을 나타내며, 성 안토니우스, 누르시아의 성 베네딕투스, 토켄부르그의 성 이다, 우스타의 성 오스발드, 은둔한 수사 성 바울, 성 빈센트의 표지이다. **이집트** : 큰까마귀는 파괴, 악의 의 상징이다. **그리스** : 큰까마귀는 장수의 상징이다. 큰까마귀는 헬리오스(아폴론) 신의 성조聖鳥이며 태양신의 사자使者이다. 또한 아테나 여신, 크로노스 신, 아스클레피오스 신의 부수물이기도 하다. 결혼식에서는 풍요를 상징하는 의미로 큰까마귀를 불러낸다. 오르페우스 교에서는 죽음을 나타내는 큰까마귀가 생명과 빛을 나타내는 솔방울과 횃불로 묘사된다. **유대 교** : 큰까마귀는 부패한 고기, 부정한 것, 굴욕, 파괴, 기만의 상징이다.("레위기" 11 : 15, "이사야" 34 : 11) **미트라 교** : 이니시에이션의 일곱 단계 중 제1단계(→LION), 태양(주신主神인 미트라)을 섬기는 것을 나타낸다.(→STEPS) **북유럽·게르만** : 오딘/보탄 신의 좌우 양 어깨에는 큰까마귀가 한 마리씩 앉아 있다. 하나는 후긴으로 '사고思考'의 상징이며, 다른 하나는 무닌으로 '기억'의 상징이다. 이 큰까마귀들은 어디든 날아갈 수 있고 자신들이 눈으로 본 모든 것을 보고한다. 큰까마귀는 데인 사람들(9-10세기 무렵 영국에 침입한 북유럽인)과 바이킹 족의 표지이기도 하다.

**Rays** 광선 광선은 태양, 신의 광휘, 신의 호의, 누스의 발산을 나타낸다. 빛나는 왕관corona radiata은 '태양신의 머리털,' 태양신 헬리오스가 내뿜는 황금의 광선이다. 광선으로 이루어진 이중 원광(→NIMBUS)은 신의 (신성神性과 인간성의) 양면성을 나타낸다. 바빌로니아의 태양신 샤마시와 카나안의 셰메시의 어깨에서 나오는 광선은 수메르와 셈 족의 태양신을 의미한다. 태양의 일곱번째 광선은 인간이 현세에서 내세로 가는 길이며, 태양의 '문' 또는 '입구'이다. 대개 직진하는 광선은 태양

이집트의 신 케넴으로 숫양의 모양을 한 머리는 이 신이 태양신 라와 융합됨을 나타낸다.

캐나다 인디언인 침시언 족(브리티시 컬럼비아 주의 해안 지역에 거주함)의 의식용 숟가락으로 큰까마귀의 머리로 만들었는데, 이 교활한 새의 양면 가치적인 힘을 상징한다.

의 빛을 나타내고 파도를 그리는 광선은 태양의 열을 나타낸다. '강하하는 광선은 …… 태양에서 지상에 도달하는 광선 속에 하늘의 힘이 들어 있음을 나타내며,' 지상에서 하늘로 올라가는 광선은 '상승하는 광선의 힘이 대지가 만들어내는 모든 것에 생명을 준다는 표시'이다.(로마의 신화학자 마크로비우스)

**Reaping** 베어냄, 수확   수확은 죽음, 죽는 모든 생명, 거세의 상징이다. 〈베는 자〉는 대개는 큰 낫이나 낫, 모래시계 등을 가진 노인이나 해골의 모습으로 나타나는 〈죽음의 신〉이다. 이 〈베는 자〉는 또 〈시간〉(→TIME)이나 크로노스/사투르누스 신의 모습이다.

**Rebis** 레비스   레비스는 헤르메스 사상과 연금술에서 〈철학자의 돌〉(→STONE)이며 결합의 성취, 〈남녀추니〉, 모든 대립물의 화해, 완전성, 영적 광명, 〈중심〉의 회복을 나타낸다. 태양과 달, 남과 여, 왕과 왕비, 황과 수은 등의 대립물은 용해와 흑화라는 죽음의 단계를 거쳐서 자궁의 돌, 즉 〈남녀추니〉의 완전체로서 재생한다.

**Red** 붉은 색→COLOURS

**Reed/Rush** 갈대/골풀   갈대/골풀은 기록된 시간을 상징한다. **중국**: 갈대는 번영하는 통치의 상징이다. 갈대의 빠른 성장은 진보를 나타낸다. **크리스트 교**: 갈대는 십자가의 예수의 수난과 죽음의 상징이다.("마태복음" 27:29-30) 또한 겸허의 덕이나 자기 비하, 은총의 샘가에서 태어난 신앙이 깊은 자를 나타낸다. 갈대는 세례 요한의 표지이다. **이집트**: 갈대(정확히는 파피루스 줄기)는 왕위를 상징한다. 또한 신 하피의 머리 위에 있는 풀(파피루스)로서 풍요를 가져오는 나일 강을 나타낸다. **그리스**: 갈대는 목신牧神 판의 표지이며, 음악,

조화의 상징이다.(「메타모르포시스」1. 689-712)

**Reflection** 반영反映, 영상映像   물, 시냇물, 거울 등에 비치는 영상은 현세, 즉 현상계를 나타낸다. 또한 영상은 진리를 상징하는 것이기도 하다. 영상은 '영원永遠의 움직이는 그림자'이다.(플라톤 「국가」 제7권 514B-518B)

**Reindeer** 순록   순록은 북유럽의 〈태모太母〉인 여신 이사, 디사의 성수聖獸이다.

**Reins** 고삐   고삐는 인간의 지성, 의지, 자기 제어력, 운전수나 기수를 나타낸다. →CHARIOT

**Rending** 잡아찢기   옷을 잡아찢음 또는 잡아찢겨진 옷은 돌이킬 수 없는 결단이나 조처를 상징한다. 또한 현존 질서나 전통과의 결별, 다른 세계로 빠져나가려는 시도를 나타내며 후회, 노여움, 완전성의 파괴를 상징한다.

**Resin** 수지樹脂, 송진   수지는 불후不朽, 불사不死의 상징이다. 수지를 추출하는 나무는 상록수와 동일한 상징성을 가진다. 수액과 동일하게 수지도 나무의 혼을 형성하는 물질로 생각되며, 또한 '〈태모太母〉의 눈물'로도 불린다. 수지는 불을 만들어내는 것이기 때문에 출산을 상징한다.

**Resurrection** 부활   부활의 상징으로서는 불사조, 사자, 공작, 펠리컨, 수목樹木, 뱀, 로즈메리, 도금양桃金孃, 상자가 있다.

**Rice** 쌀   쌀은 서양의 옥수수(→CORN)와 동일한 상징성을 가지며, 또한 필요 불가결한 음식물로서 신에게서 받은 것이기도 하다. 쌀은 마력을 가지는(유대 교의 마나manna처럼) 초자연적인 영양분이며, 또한 기적적으로 곡창을 채워줄 수 있다. 쌀은 다산多産과 신의 은혜를 상징하며, 쌀의 재배가 필요하게 된 것은 〈낙원〉 상실

과 천지의 분리 이후이다. 쌀은 불사不死, 영靈의 양식, 원초의 청순함, 영광, 태양의 힘, 지식, 풍부함을 나타내며 결혼식에서 신부에게 쌀을 뿌리는 것은 행복과 다산의 상징이다. 붉은 쌀은 중국의 연금술에서는 진사辰砂와 연관되며, 이슬람의 비교祕敎에서는 적색 유황과, 헤르메스 사상의 연금술 작업에서는 황과 연관된다.

**Right** 오른쪽  보통 오른쪽에 나타나는 것은 태양에 속하는 남성적인 것이며, 미래 지향적인 외향성의 원리이다. 서양과 크리스트 교에서 오른쪽은 명예의 쪽이다. 〈최후의 심판〉에서 양(의인義人)은 오른쪽, 염소(악인)는 왼쪽에 놓이게 된다.("마태복음" 25:32-33) 예수의 십자가 형刑의 장면에서 오른쪽에는 선한 도적, 왼쪽에는 악한 도적이 있고 또한 오른쪽에는 성모 마리아와 교회, 왼쪽에는 성 요한이나 시나고그synagogue(유대 교 예배당)가 놓인다.("누가복음" 23:39-43, "요한복음" 19:26-27) 중국의 상징체계에서 오른쪽은 양陽, 남성, 강함을 나타내지만 음陰인 왼쪽은 명예를 나타내는 쪽이다. 왜냐하면 강한 힘은 폭력이 되는 경향이 있어서 파괴를 가져와서 멸망에 이르게 되기 때문이다. 단지 전쟁 때에만 오른쪽이 명예로운 쪽이 된다.(「노자」31장) 힌두 교와 불교에서 성스러운 물건을 손으로 전달하는 행위는 성물聖物의 오른쪽이 보이도록 반드시 왼쪽으로 돌려야 한다.(우요右遶)

**Ring** 반지, 고리  반지는 어느 정도 원과 동일한 상징성을 가지며, 영원, 연속, 신성神性, 생명을 나타낸다. 반지는 또한 힘, 위엄, 지고의 통치권, 강함, 보호, 위임받은 권력, 완성, 순환적 시간을 상징한다. 고리는 인격과 동등한 것으로 생각되기 때문에 반지를 주는 것은 권력을 위임함과 마음의

큰 낫을 가지고 있는 베는 자로서의 〈죽음〉이 사람을 데려가고 있다. 15세기 말 시도서時禱書의 장식화.

의인이 사다리의 오른쪽으로 올라가는 것을 나타낸 플로랑스의 15세기 판화.

진실을 맹세함과 상대편의 인격과 합체됨을 상징한다. 반지는 또한 묶어서 연결함을 상징한다. 결혼반지는 새로운 합일과 완성과 성취의 상태에 사람을 묶음을 상징한다. 반지를 입에 끼고 있는 동물이나 괴물의 머리는 길의 수호자이다. 벌어진 입은 죽음의 문이며, 반지는 길 즉 '좁은 문' (→PASSAGE)이며 '해방의 입구'이다. 이러한 동물의 두상은 보통 문을 두드리는 고리쇠로 달거나 아치 꼭대기에 이맛돌로 놓거나, 단지의 손잡이로서 사용되는데 둘 다 진입이나 통과의 상징이다. **고대 근동**: 고리, 특히 삼중의 고리는 신의 부수물이며 모든 신들이 이것을 몸에 지닌다. 왕관, 홀, 낫과 함께 있는 고리는 왕위의 상징이다. **중국**: 반지는 영원, 모든 피조물의 기원, 권위, 위엄의 상징이다. 완전한 반지는 수용, 호의를 상징한다. 깨어진 반지는 두 가지 뜻이 있어서, 거부와 흥이 나지 않음을 나타내는 적도 있지만, 신의의 서약이나 갱신의 표지로서 당사자들끼리 반쪽씩 나누어 가지기도 한다. 황제가 보내는 고리 모양의 옥(環)은 궁정으로 되돌아오라는 소환이다. 또한 고리의 일부가 빠진 것(玦)은 추방, 유배의 상징이다.(「순자荀子」 "대략大略") **크리스트 교**: 반지는 영원, 합일, 〈교회〉와의 영적靈的 결합의 상징이다. 반지는 그것을 끼고 있는 사람의 신분을 나타낸다. 사파이어 반지를 끼는 것은 추기경이며, 주교의 반지는 그가 〈교회〉의 신랑임을 나타낸다. 새로이 임명받은 교황은 (어부였던) 성 베드로의 표지로서 〈어부의 반지〉를 건네받는다.(물고기를 잡는 성 베드로와 교황의 이름이 새겨진 봉인용 반지) 영국의 〈대관戴冠 반지〉는 '〈왕의 위엄〉과 〈보편적 신앙의 수호의 표지〉이다.' **이집트**: 반지와 지팡이의 상징은 그 기원이 잘 알려져 있지 않지만 〈우주축宇宙軸〉(→AXIS)이나 회전하는 우주를 나타내는 것도 되며, 〈만물萬物〉이나 영원의 상징이다. **힌두 교**: 시바 신을 둘러싸고서 불타는 고리는 창조와 파괴의 우주적 순환을 상징한다.

**River** 강, 하천  강은 현현顯現 세계의 유전流轉, 인생 과정의 상징이다. 〈생명의 강〉은 신성神性의 영역, 대우주를 상징하며, 여기에 비해서 〈죽음의 강〉은 현현 세계, 변화의 세계, 소우주를 상징한다. 역류하는 강에 의해서 표상되는 '원천으로의 회귀'는 원초의 낙원 상태로 회귀하여 광명을 발견하는 것을 의미한다.

강의 하구河口는 다른 세계, 즉 합일의 바다에 도달하는 장소로서 입구나 문과 동일한 상징성을 가진다. 보통 통과의례에서 어떤 신분이나 상태에서 다른 신분이나 상태로의 이행移行은 한쪽 언덕에서 다른쪽 언덕으로, 삶이나 죽음의 강을 건너는 것이기도 하다. 그러나 만약 이행이 하구 쪽으로 향하는 경우에 언덕은 위험하여 피해야만 하는 장소가 되며, 이행은 위험한 통과(→PASSAGE)의 상징도 된다.

〈낙원〉의 네 〈강들〉은 각각이 4 가지 기본 방위(동서남북)를 향하여 흐르는데 그 근원은 〈낙원〉의 중심에 있는 〈생명의 나무〉의 근원에 있는 샘, 솟아나는 물, 우물이나 나무 아래의 바위이다. 이러한 네 강들은 비현현의 근원에서 현현 세계에 흘러나오는 극한의 한계인 바다에 흘러가며 ─ 즉 최고의 차원에서 최저의 차원으로 흘러가며 ─ 뚫고 흐르는 창조력의 상징이다. **고대 근동**: 〈낙원〉의 4개의 〈강들〉은 지상의 네 나라와 4 가지 기본 방위 및 사계절을 만든다. **불교**: 강은 생명의 흐름을 상징한다. 〈낙원〉의 4개의 〈강들〉은 영적인 힘과 자양분을 가져다준다. 깨달음을 얻기 위해서는 생명의 강을 그 원천에까지 거슬러올라가야만 한다. **크리스트 교**: 〈낙원〉의 4개의 〈강들〉("창세기" 2:10-14)은 단지 하나의 바위에서부터 흘러나오고 있으며, 예수 크리스트에게서 흘러나온 4복음서를 나타내고 있다. **그리스**: 강의 화신들(물의 신 오케아노스의 자녀들)은 뿔이 났거나 길게 흘러내리는 수염을 가진 늠름한 남자로서 나타낸다. **유대 교(카발라)**: 생명의 강은 '상위 세계'에서 '하위 세계'로 영력靈力을 흘려보내는 〈세피로스 나무〉(→ SEPHIROTH)에 대응된다. **힌두 교**: 〈낙원〉의 4개의 〈강들〉은 메루 산에 있는 〈생명의 나무〉의 근원에서 동서남북의 4 가지 기본 방위로 나누어지는 흐름이며, 지상 세계의 수평 십자형을 만들며, 순환적 발전의 네 가지 상, 네 가지 시대, 베다의 공양용供養用의 네 종류의 잔 등을 4대 원소와 연관시킨다. 힌두 교에서 사용하는 음료 암리타는 베다의 〈생명의 나무〉에서 흘러나오는 소마와 관련이 있다. 사원의 문에 조각된 강은 사원으로 들어오려는 신자가 몸을 깨끗이 함, 즉 의례적인 목욕재계를 나타낸다. (갠지스 강 등) 성스러운 강에서 하는 목욕은 정화의 의례이다. **이란**: 〈생명의 강〉은 〈생명의 나무〉에서 흘러나오며, 하오마의 즙이 흐르는 것과 연관된다. **북유럽**: 신들이 사는 아스가르드에는 우유가 흐르는 4개의 강이 있다.

**Robe** 로브, 긴옷, 예복, 곤룡포 중국의 천자(황제)가 공적인 자리에서 입는 긴옷에는 우주 전체를 나타내는 상징이 그려져 있는데, 그것은 우주의 완전성과 〈하늘〉의 힘 및 지상에서의 하늘의 대리인으로서의 〈천자〉의 힘을 나타낸다. 긴옷에 그려져 있는 상징적 사물은 도교와 불교에서는 다

17세기나 18세기 페르시아 융단의 가운데 부분으로, 〈낙원〉의 네 강들이 〈생명의 나무〉의 근원인 샘에서 흘러나온다.

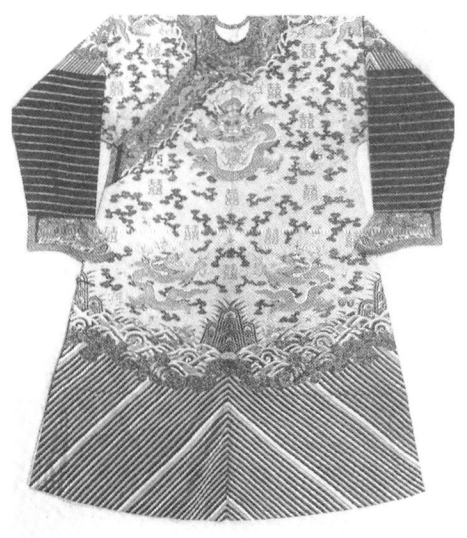

중국 천자의 곤룡포. 용, 구름, 무지개, 파도, 진주 등이 그려져 있다. 이것을 입은 자가 하늘과 땅의 매개자로서의 역할을 다하기 위해서는 이들 상징이 나타내는 번영과 장수와 행운을 획득하고, 또한 실천해야만 한다는 것을 가리킨다.

르며, 긴옷의 모양 그 자체에도 상징적 의미가 있다. 긴옷에서 소매의 각이 없는 둥그런 모양은 행동의 우아함을 나타내고, 곧게 난 바늘땀은 정의를 행함에서 나오는 청렴결백을 나타낸다. 또한 옷단의 직선은 평형을 유지하는 천칭 잣대의 수평위치를 나타내며, 견고한 의지와 마음의 평정을 상징한다. **크리스트 교**:자주색의 긴옷은 예수의 수난을 상징하며, 흰 긴옷은 무구無垢 또는 육체에 대한 영靈의 승리를 상징한다. 바늘땀이 없는 긴옷은 수난을 나타내며, 은총(→CHARITY), 일체성을 상징하기도 한다. **미트라 교**:이니시에이션을 받는 신참자는 밀의密儀 참여자라고 불리며, 〈황도십이궁도〉가 그려져 있는 긴옷을 입는다. 이 긴옷을 입은 신참자는 다시 별(칠혹성七惑星의 가호 아래 있는 밀의의 일곱 가지 단계)을 통과하여 성스러운 자가 된다.

**Robin** 울새 **크리스트 교**:울새는 죽음과 부활의 상징이다. **튜턴**:울새는 천둥신 토르의 성조聖鳥이다. 폭풍과 구름새는 울새의 모습을 하고 있다.

**Roc** 로크, 거조巨鳥→FABULOUS BEASTS

**Rock** 바위 바위는 영속, 안정, 신뢰성, 경직, 차가움, 딱딱함을 상징한다. 〈살아 있는 바위〉는 (자아가 무의식에서 분리되기 이전의) 인간의 시원적始原的 자아이다. 나란히 서 있는 두 개의 바위는 하늘의 문이며, 다른 세계로 통하는 입구이다.(또 좁은 바위는 통로[→PASSAGE] 참조) **크리스트 교**:바위에서 솟아나는 물은 세례의 샘이며, 〈교회〉에서 쏟아져나오는 구제의 상징이다. 예수는 바위이며, 생명의 강의 근원이고, 복음서에 있는 맑게 흐르는 물의 원천이다.("고린도 전서" 10:4) 바위는 또한 강함, 피난, 굳센 지조를 나타내며, 성 베드로의 표지이다.("마태복음" 16:18) **미트라 교**:신 미트라는 바위에서 태어났다. →STONE

**Rocking** (전후좌우로) 흔들림 흔들림은 흔들이振子(→SWINGING)의 움직임과 동일한 상징적 의미를 가지며, 풍요를 나타낸다. 흔들리는 요람, 흔들의자 등의 흔들림은 인생의 부침浮沈을 상징한다.

**Rod** 지팡이 지팡이는 힘, 권위, 위엄, 〈우주축宇宙軸〉(→AXIS)을 나타내며, 석장錫杖(→STAFF)과 동일한 상징성을 가진다. 지팡이는 사제 아론("출애굽기" 7:8-13) 및 모든 마법사의 부수물이다. 지팡이에는 마력이 깃들어 있으며, 그것은 논쟁을 해결하는 것이기도 하다. 전령신 헤르메스/메르쿠리우스 같은 신의 사자使者나, 혼을 다른 세계로 인도하여 재판을 받게 하는 혼의 인도자는 지팡이를 손에 들고 있다. 꽃이 피거나 싹이 난 지팡이는 〈우주축宇宙軸〉으로서의 〈우주수宇宙樹〉이다.("민수기" 17:8) 광선을 발하는 지팡이는 천둥신이나 번개의 신의 표지이다. 측량용 지팡이는 복수의 여신 네메시스의 부수물이며, 또한 〈시간〉의 상징이다. 측량용 밧줄로 묶은 막대기는 오리엔트 신화의 태양신 샤마시와 주신 마르둑에 연관되며, 또한 우주의 설계자로서의 신 에아와 연관되는 경우도 있다. 뱀으로 변했다가 다시 원모습을 찾은 모세의 지팡이("출애굽기" 4:3-4)는 연금술의 용해와 응고의 과정에 병행한다. 이슬람 교의 상징체계에서 지팡이는 태어나서 변하지도 않은(죄가 많음) 채 그대로 영적靈的 존재로 된 혼의 상징도 된다.

**Rood Screen** 성단聖壇 칸막이 **크리스트 교**:성단 칸막이는 성당의 예배 보는 곳(육체)과 성가대석(하늘)을 구분하며, 〈교회〉라는 육체에서 영적靈的인 영역으로 들어가기 위해서 통과해야 하는 죽음의 문이다. 성단 칸막이에 걸린 십자가는 인간이 구제되어 천국으로 들어갈 수 있도록 희생당한 예수의 죽음을 상징한다. 성단 칸막이는 또한 〈계약의 궤〉의 휘장을 상징한다. →ICON

**Roof** 지붕  지붕은 보호, 피난처의 상징이며, 여성의 보호자로서의 면을 나타낸다.

**Room** 방  방은 외부 세계로 열려 있는 창과 다른 사람의 영역으로 통하는 문을 가진 개인의 상징이다. 밀실은 처녀성의 상징으로 이니시에이션 의례에서도 사용된다.

**Rope** 밧줄  밧줄에는 끈, 그물(→CORD)이나 모든 속박(→BONDS)과 마찬가지로 한정, 제한, 속박으로서의 의미와 동시에 무한하게 펼쳐지는 자유라는 정반대의 의미가 있다. 통과의례에서 쓰이는 밧줄은 하늘로 가는 통로도 되며, 그런 이유로 사다리, 다리, 나무, 산 등과도 연관된다. 밧줄은 또한 대지나 〈우주란宇宙卵〉(→EGG)을 둘러싸고 똬리를 튼 뱀(→OUROBOROS), 호메로스의 '황금의 그물'(「일리아드」 8. 18-27)을 나타내는 것일 수도 있다. 올가미로서는 죽음이나 절망을 상징한다. **고대 근동**: 아르카디아의 '세계를 묶은 밧줄'은 지상 세계를 둘러싸면서 하늘과 땅을 연결시키는 바다의 상징이다. 바빌로니아의 물의 신은 종종 우주의 '밧줄'이나 우주의 '묶음'으로 불린다. 수메르의 상징 체계에서 미닫이문으로 가려진 출입구를 빠져나가는 밧줄은 〈신〉과 인간을 하나로 연결하는 신비로운 고리의 상징이다. **오스트레일리아 원주민**: 의사는 자기의 탯줄로 다른 세계로 통하는 밧줄을 만든다. **본Bon**

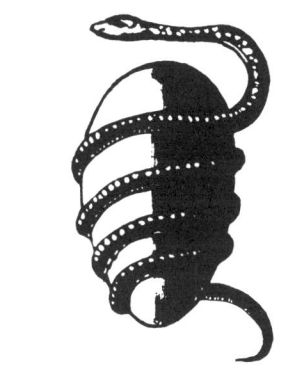

우주란宇宙卵을 둘러싸고 똬리를 튼 뱀.

교(불교 전래 이전에서부터 있던 티베트 종교) : 하늘과 땅은 밧줄로 연결되었으며, 신들은 밧줄을 타고서 지상에 강림하여 인간과 어울렸다. 어느날 밧줄이 잘리고 난 후, 오직 영혼들만이 밧줄을 타고서 하늘로 올라갈 수 있게 되었다. 밧줄이 잘리면서 인간은 죽어야만 하는 존재가 되었다. **크리스트 교** : 밧줄은 예수의 수난과 (신에 대한) 인간의 배신을 상징한다.("요한복음" 18 : 12) **그리스** : (인간의 방만함을 제한하는) 밧줄은 (의인義人에 대한 대가인 부와 명예를 집어넣은) 병과 함께 복수신 네메시스의 부수물이다. **힌두 교** : 그노시스(신비적 영지靈知)는 하늘로 올라가버린, 볼 수 없는 밧줄이다. 인도의 (주문으로 밧줄이 일어나서 하늘로 솟고, 주술사가 그것을 타고 올라가는) 밧줄 묘기는 마술적 승천에 의해서 지상계의 속박을 초월하는 것을 상징하며, 이것은 눈에 안 보이는 밧줄에 의한 영적靈的 승천의 다른 형태이다.

**Rosary** 묵주, 로사리오  묵주는 완전성과 시간의 순환의 상징이다. 또한 영속성, 무한의 지속, 고행을 나타낸다. **불교** : 묵주의 108개의 구슬은 부처의 탄생 때부터 존재하던 108브라만을 나타낸다.(인간의 번뇌의 총칭인 '백팔번뇌'의 상징과도 통한다.) 묵주의 고리는 〈법륜法輪〉의 상징이기도 하며, 또한 모습을 드러낸 하나하나의 구슬을 실 고리에 꿴 〈윤회〉의 상징이기도 하다. **크리스트 교** : 로사리오는 성모 마리아의 신비의 장미 정원을 나타낸다. 로사리오는 165개의 구슬로 된 둥근 부분과 여기에 딸려 붙은 5개의 구슬과 십자가로 구성된다. (보통의) 묵주의 둥근 부분은 10개의 작은 구슬과 한 개의 큰 구슬로 구성된 5개의 부분으로 나뉜다. 이 10개의 작은 구슬 부분에서 '오단五段'(제1단에서 제5단까지)을 소리내어 외운다. 제1단에서 제5단까지는 한 단위로, 세 가지가 있다. 순서대로 성모 마리아의 환희의 신비, 고통의 신비, 영광의 신비로 불린다. 더구나 십자가가 있는 곳에서는 사도신경을 소리내어 외우며, 십자가 위의 구슬에서는 주의 기도를 외우고, 다음의 세 개의 구슬에서는 성모송을 외우고, 그 다음의 다섯번째 구슬에서는 영광송을 외운다. 로사리오는 성 도미니크의 부수물이다. **힌두 교** : 묵주의 실은 비현현非顯現을 상징하며, 구슬은 현현의 다양성, 묵주의 고리는 시간을 각각 상징한다. 묵주는 신 브라마, 신 시바, 신 가네샤의 부수물이다. 시바 신의 묵주의 구슬은 루드라크샤Rudraksha 나무의 열매 32개나 64개로 만들어지며, 보통 시바 파의 선인仙人의 상이 그 다음에 있다. (루드라크샤는 시바 신의 눈이라는 의미이며, 이 나무의 다른 이름은 금강수金剛樹, 천목수天目樹이다.) 이 외의 묵주는 툴라시Tulasi 나무로 만들어진 108개의 구슬로 이루어진다.(툴라시는 비슈누 신으로서 신성시되는 나무) **이슬람 교** : 묵주(타스비후)는 99개의 구슬로 이루어진다. 이 수는 '순환하는' 수이며, 또한 〈신명神名〉(신의 속성을 나타내는 속성명屬性名)의 수에 일치한다.(타스비후의 구슬을 하나씩 밀어내면서 99개의 속성명 중의 하나를 소리내어 외운다.) 100번째의 구슬은 신의 〈본질명本質名〉이며, 이것은 〈낙원〉에서만 찾아볼 수 있다.

**Rose/Rosette** 장미/장미꽃 장식  장미는 아주 복잡한 상징이며, 모순된 의미를 가져서, 천상적인 완전성과 지상적 정념을 나타낸다. 꽃도 두 가지 뜻을 가져서, 〈시간〉과 〈영원〉, 생명과 죽음, 풍요와 처녀성을 상징한다. 서양의 장미와 백합은 동양에서의 연蓮에 상당하며, 신비의 장미는 연의 상징에 아주 가깝다. 장미는 완전함, 충만함, 완성, 생명의 신비, 생명의 심장부, 불가지不可知, 미, 은총, 행복을 나타내는 동시에 음탕함, 정념을 나타내며, 포도주와 연관되는 관능, 유혹을 상징한다.

심장의 상징체계 중에서 장미는 십자十字의 중심점, 즉 통일점을 차지한다. 장미는 여신들의 꽃으로서 사랑, 생명, 창조, 풍요, 미를 상징하고, 그래서 또한 처녀성을 상징한다. 장미가 시들어 떨어지는 것은 죽음, 죽어야만 하는 생명, 슬픔을 나타낸다. 장미의 가시는 고통, 피, 순교를 의미한다. 장례식에서 사용되는 장미는 영원한 생명, 영원한 봄, 부활의 상징이다.

장미에는 또한 침묵, 비밀, 장미 아래sub rosa, 즉 내밀內密함이라는 의미가 있으며, 회의실에 장미가 드리워져 있거나 그려져 있는 것은 비밀과 신중하게 숙고함의 상징이다. 황금 장미는 완전성을 의미하며, 붉은 장미는 욕망, 정념, 기쁨, 미, 성취를 의미한다. 붉은 장미는 사랑의 여신 베누스의 꽃이며, 아도니스의 피, 수난의 예수의 피를 나타낸다. 백장미는 '빛의 꽃'이며, 순진함, 처녀성, 영적靈的 개화, 매혹의 상징이다. 붉은 장미와 백장미가 함께 있는 것은 불과 물의 합일, 대립물의 결합의 상징이다. 푸른 장미는 손에 넣을 수 없는 것, 불가능한 일을 나타낸다.

네 장의 꽃잎이 달린 장미는 네 개의 사각형으로 나누어진 우주(田)를 나타낸다. 다섯 꽃잎의 장미는 소우주를 나타내고 여섯 꽃잎의 장미는 대우주를 상징한다. 장미꽃 장식은 장미나 연을 바로 위에서 본 모양이다. '바람의 장미'는 (4가지 기본 방위와 4가지 중간 방위를 나타내는) 이중의 십자를 원에 집어넣은 모양이다.(○) 그

이란의 샤 아바스 1세(1586-1629)의 궁정화가인 아가 리자의 작품으로 묵주를 든 부인의 모습.

가톨릭 교도가 사용하는 로사리오.

래서 원, 중심, 십자, 태양의 바퀴와 같은 상징성을 가진다. 〈장미 정원〉은 〈낙원〉의 상징이며, 신비적 결혼이나 대립물의 통일이 일어나는 장소이다. **연금술** : 장미는 지혜를 나타내며, 장미 정원, 즉 연금술 〈작업〉 그 자체를 나타낸다. 장미는 또한 현세적인 것이 죽은 후에 영적인 것으로 재생함을 나타낸다. **중국** : 장미는 향기, 슬픔과 수심 속의 달콤함, 번영의 상징이다. 여기에 대응하는 연꽃은 형이상학적인 상징성을 가진다. **크리스트 교** : 장미는 그 아름다움과 완전성 때문에 〈낙원〉의 꽃도 된다. 백장미는 순진함, 순결, 정결과 성모 마리아의 상징이다. 붉은 장미는 은총(→CHARITY)과 순교의 상징으로, 골고다 언덕에서 예수가 흘린 피에서 자랐다. 장미 화환은 천상의 축복, 〈하늘의 장미〉로서의 성모 마리아의 상징이다. 〈샤론의 장미〉는 〈교회〉이다.("아가" 2:1) 장미 가시는 〈타락〉의 죄를 나타내며, '가시 없는 장미' 즉 〈신비의 장미〉는 성 안나의 〈무원죄 잉태설〉처럼 죄로 더럽혀지지 않은 성모 마리아이다. 황금 장미는 교황의 표지이며, 교황에게서 받는 특별한 축복을 나타낸다. 장미는 성 안젤루스, 성 세실리아, 카파도기아의 성 도로테아, 헝가리의 성 엘리자베스, 포르투갈의 성 엘리자베스, 성 로잘리아, 리마(페루)의 성 로자, 비테르보의 성 로자의 표지이다. **이집트** : 장미는 육체적인 사랑의 속박에서 해방된 청순한 사랑의 상징으로서 여신 이시스의 성화聖花도 되며, 이시스와 그 배우자 오시리스의 밀의密儀에 사용된다. 연꽃은 이것과는 별개의 상징성을 가진다. **그리스 · 로마** : 장미는 사랑의 승리, 기쁨, 미, 욕망을 나타내며, 여신 아프로디테/베누스의 표지이다. 로마의 묘지에 심는 장미는 부활, 영원한 봄을 상징한다. 로잘리아 축제에는 장미를 묘지에 뿌린다. 로마 황제는 장미의 관을 쓴다. 붉은 장미는 아도니스의 피에서 싹이 난 것이다. 장미는 새벽의 여신 아우로라/에오스, 태양신 헬리오스/소르, 술의 신 디오뉘소스/바쿠스, 학예의 여신인 뮤즈들의 표지이다. **유대 교(카발라)** : 장미의 중심은 태양이며, 꽃잎은 무한하면서도 조화로운 〈자연〉의 다양성을 나타낸다. 장미는 〈생명의 나무〉에서 생겼다. **힌두 교** : 영적 중심으로서의 상징인 〈신비의 장미〉에 상당하는 것은 차크라 체계에서의 연꽃이다. (심장은 연꽃에 비유된다.) **이슬람 교** : 장미는 〈예언자〉(무하마드)의 피를 상징하며, 또한 그의 두 명의 자식(정확히는 손자)인 하산과 후세인, 그의 양쪽 '눈' 또는 장미를 나타낸다. 〈바그다드의 장미〉(삼중의 성벽으로 둘러싸인 원형도시 바그다드)에서는 첫번째의 원이 〈법〉, 두번째의 원이 길, 세번째의 원이 지식을 상징하며, 세 개가 합쳐지면 〈진리〉 및 알라가 가지는 여러 가지의 신명神名(속성명)의 상징도 된다. **장미 십자단** : 장미 십자는 수레바퀴와 십자로서 이루어진 〈신비의 장미〉이다. 장미는 우주에 두루 있는 신의 빛, 십자는 고통과 희생의 현세를 나타낸다. 〈생명의 나무〉에서 자라는 장미는 재생과 부활을 의미한다. 십자가의 중심에 있는 장미는 4대 원소의 4 가지가 한 벌인 것, 통합의 중심점의 상징이다.

**Rosemary** 로즈메리　**유럽** : 영원히 사라지지 않는 로즈메리의 향기는 회상, 지조, 추억에 대한 애착을 나타낸다. 로즈메리는 또한 장례에 사용되며, 신 아레스에게 바치는 제물이다.

**Rotundity** 불룩한 배　시바 신, 칠복신七福神의 포대布袋(칠복신의 하나로 배가 불룩하며 늘 자루를 메고 다님) 등, 동양의 인물상에서 나타나는 불룩한 배는 달성達成, 높은 지위, 중요한 사람의 상징이다. 중국의 복의 신이나 힌두 교의 행복의 신 가네샤의 불룩한 배는 대식大食의 상징이다. 따라서 번영을 나타낸다.

**Round of Existence(The Wheel of Becoming)** 존재의 바퀴(유전流轉의 바퀴), 윤회輪廻 불교와 자이나 교 : 〈존재의 바퀴〉는 현상계의 모든 존재의 순환과 끊임없는 변화와 생성을 상징한다. 그 전체는 〈사마死魔〉인 마라 또는 죽음을 담당하는 법왕法王(염마[閻魔])의 손에 들려 있게 되었다. 이와 같은 바퀴는 〈윤회〉를 그림으로 나타낸 것이며, 현현顯現 세계에서 만물의 탄생에서 죽음에 이르기까지의 모든 상을 나타낸 것이며, 전체성의 상징이다. 〈존재의 바퀴〉의 중심에는 돼지, 수탉, 뱀 같은 무분별한 세 마리의 동물이 있는데 돼지는 탐욕과 무지, 수탉은 육욕, 뱀은 분노를 상징하며, 세 가지가 함께 인간을 감상 세계에 묶어놓는 해악(탐진치貪瞋痴 또는 삼업三業), 망상, 즉 존재 세계의 본질을 나타낸다. 중심원을 둘러싼 고리는 둘로 나뉘어 있는데, 왼쪽 반원에는 행복한 내세를 향하여 올라가는 승려와 속인俗人이 그려져 있으며, 오른쪽 반원에는 비참한 내세에서 살아나가기 위해서 길을 내려가는, 반은 벌거벗은 인물들이 나타난다. 다음에 바깥쪽 바퀴는 여섯 부분으로 나뉘어 있는데 사후의 전생轉生의 여러 가지 형태를 나타내고 있다. 가장 꼭대기가 〈최고천最高天〉, 즉 극락極樂, 그 오른쪽이 거인과 신 즉 수라修羅의 세계, 왼쪽이 인간계, 아래쪽 원에서는 오른쪽이 오관五官의 괴로움에 신음하는 아귀도餓鬼道, 왼쪽이 축생도畜生道, 가장 아래쪽이 작열灼熱과

카발라의 장미 십자에 들어 있는 네 송이의 장미는 4개가 한 조를 이룬 것이 완전성을 상징한다.

코나락 사원(인도 동부, 13세기 중엽의 힌두 교 사원)의 기단基壇에 있는 커다란 수레바퀴 중의 하나로 존재의 바퀴에는 여러 가지의 도상圖像이 그려져 있으며, 여기에는 신에 대한 숭배와 경애의 사상이 담겨 있다.

냉한冷寒의 지옥이다. 이런 여섯 개의 세계六道의 어디에나 부처가 그려져 있는데, 이것은 모든 중생에게 궁극적으로 구제하는 힘을 빌려줌을 보여준다. 가장 바깥쪽의 바퀴에는 (인간의 고뇌의 원인인) 십이인연十二因緣의 그림이 그려져 있다.(맨 아래쪽의 오른쪽에서 왼쪽으로) 1. 탄생의 장면(生) —— 태어남, 성장, 생성 과정을 나타낸다. 2. 임신부(有) —— 생성의 요건, 생명을 영구화하는 전유專有의 행위이다. 3. 열매를 따는 남자(取) —— 전유에서 생명을 움켜쥐는 행위, 욕망으로 이끈다. 4. 마시는 장면(愛) —— 생명에 대한 갈망, 이것은 감수작용感受作用으로 이끈다. 5. 눈에 화살을 맞은 남자(受) —— 감수작용, 접촉의 원인이 된다. 6. 키스(觸) —— 접촉과 감상, 여기에서 오관五官의 세계가 생긴다. 7. 창이 많은 집(六處) —— 눈, 귀, 코, 혀, 몸, 뜻, 즉 심신을 만드는 원인을 나타낸다. 8. 배의 출항(名色) —— 배는 몸과 마음을 나타내며, 여기서 식별작용識別作用에 들어간다. 9. 열매를 따는 원숭이(識) —— 식별작용의 상징, 기본적 충동의 원인이 된다. 10. 항아리 빚기와 항아리(行) —— 충동을 모양으로 나타내는 것을 보여준다. 충동의 조건은 지식의 부재이다. 11. 장님 노파(無明) —— 무지를 나타낸다. 무지는 눈이 먼 것이며 죽음과 통한다. 12. 시체를 운반하는 남자(老死) —— 죽음과 괴로움의 상징이다. 이 이후에는 전생轉生(1. 탄생)이 만들어진다.(보통 십이인연은 다음의 순서로 생각된다. 1. 無明, 2. 行, 3. 識, 4. 名色, 5. 六處, 6. 觸, 7. 受, 8. 愛, 9. 取, 10. 有, 11. 生, 12. 老死)

**Round Table** 원탁  원탁의 둥그런 모양은 하늘, 완성, 완전무결, 전체성, 우주의 〈중심〉을 상징한다. 〈성배聖杯〉(→GRAIL)는 신비로운 중심이며, 원탁의 열두 명의 기사는 〈황도십이궁〉을 나타내며, 원탁의 중심에서부터의 방사선은 '끝자리에 앉는 사람이 없다'라는 평등한 지위의 상징이다. 크리스트 교의 원탁 상징에서는 〈최후의 만찬〉 때 가리옷 유다가 앉았던 자리가 〈위험한 자리〉가 된다. 힌두 교의 상징체계에서 원탁이나 바퀴는 열두 부분으로 나뉘어 일 년 열두 달을 나타내는데 이것은 또한 '빛나는 것'으로도 불리는 아디티야스 신들의 열두 신에 대응된다.

**Rowan** 마가목  마가목은 지혜의 상징이며, 요정이나 마술의 해를 막는 힘이 있다. 갈리아에서 마가목은 〈생명의 나무〉이다. 북유럽이나 게르만의 신화에서 이 나무는 토르나 최고신 도나르의 성수聖樹이며, 요술을 막는 힘이 있다.

**Ruby** 루비→JEWELS

**Rudder** (배의) 키舵  키는 지도指導, 통제, 안전의 상징이다. 〈운명〉의 여신 튀케/포르투나의 표지이며, 또한 의인화된 〈풍요〉의 표지이기도 하다.

**Rue** 운향芸香  운향은 태양에 속하는 약초이며, 은총의 약초도 된다. 정화, 처녀성을 상징하며, 액막이도 된다. 유대 교에서는 회개의 상징이며, 의식에서는 액막이용의 약초로서 사용된다. 유럽에서는 '슬픔rue'과 동음이의어로서 슬픔의 상징이 되었다. 낙태약落胎藥으로도 사용되었다.

**Rule** 규칙  규칙은 직선적 완전함, 청렴의 상징이다.→PLUMB RULE

# S

**Sackcloth** 삼베옷  삼베옷은 죽은 자에

대한 애도, 회개, 자기 비하의 상징이다. ("에스더")

**Sacrifice** 공양供養, 희생  공양은 시원적 통일의 회복, 즉 현현顯現 세계에서 여기저기에 흩어져 있던 것들이 재결합함을 의미한다. 창조행위에는 항상 희생이 따르며, 희생은 삶과 죽음의 탄생과 재생의 순환이라는 점에서, 공양은 창조행위 그 자체이며 인간을 우주의 여러 가지 모습에 일치시키는 것이라고 할 수 있다. 공양은 또한 화해를 통해서 신의 인도를 따라가는 것이며, 신의 의지에 몸을 바치고, 죄값을 치르는 행위이다. 공양이 행해지는 장소는 모두 옴팔로스(→OMPHALOS)이다. 인간을 공양물로서 죽이는 인신공양은 신들에 대한 인간의 오만함에 대한 속죄의 의미와 신들에게 피를 봉헌한다는 의미를 가진다. 토지에 풍요와 생명의 물을 가져오는 관개공사를 시작할 때 왕을 죽이는 의례가 행해지는 까닭은 왕이 대지에 풍요를 가져오는 자라고 생각했기 때문이다. 왕의 생식력이 쇠해지면 국토와 국민도 또한 불모와 궁지에 처해 어려움을 당하며, 그런 왕을 〈대지모신大地母神〉(→EARTH)에게 희생물로 바치고 새로운 왕을 세움으로써 활력을 회복할 수 있다. 왕을 죽이는 공양은 묵은 해가 죽고 태양이 재생하여 새로운 해가 탄생하게 되는 혼돈의 12일 동안에 행해진다. 후대에 이르러서는 왕 자신을 살해하는 대신에 왕의 대리 또는 희생양(→SCAPEGOAT)을 희생물로 바친다. 베다의 공양의례에서는 동쪽이 신들의 영역, 남쪽은 〈선조先祖〉, 서쪽은 〈뱀〉, 북쪽은 〈인간〉의 영역을 각각 나타낸다. 많은 신화나 전설에서는 희생물로 바쳐지는 제물의 절단된 몸에서 세계가 탄생한다고 생각했다. 예를 들면 바빌로니아 신화

폼페이 벽화에 그려진, 운명의 여신 포르투나의 모습을 한 여신 이시스. 여신은 인간의 운명을 조정하는 키를 가지고 있다.

에서는 여신 티아마트의 찢겨진 육체에서 세계가 만들어졌고 북유럽 신화에서는 거인 위니르의 시체에서 대지가 창조되었다고 한다. 동물을 공양물로 바치면 그 머리는 새벽, 눈은 태양, 호흡은 바람, 등은 하늘, 배는 공기, 아랫배는 대지를 나타낸다. 공양에서 공양을 드리는 자와 희생당하는 자는 일체가 되고, 대우주와 소우주가 만나며, 통일을 달성한다.

**Saffron** 사프론 사프론은 태양에 속하는 약초이다. 유럽에서는 공평무사, 겸손한 덕, 방기放棄, 사랑, 마술의 상징이다.

**Sagittarius** 인마궁人馬宮, 궁수자리→ZODIAC

**Sails** 돛 돛은 호흡이나 바람으로서 프누마, 대기, 바람의 상징이다. 운명의 여신 포르투나의 부수물로서 지조가 없음을 나타낸다. 중세 크리스트 교 도상학圖像學에서 돛은 성령을 나타낸다. 돛은 풍요, 수태, 점점 커지는 힘을 나타내는 것으로서 흰 수의(→SHROUD)와 연관되며 동일한 상징성을 가진다.

**Salamandros** 불도마뱀, 살라만드로스 살라만드로스는 날개가 없는 작은 용이나 도마뱀의 모습(동시에 개와 비슷한 모습)이며, 4대 원소 중의 한 가지로서 불을 나타내는 불꽃에서 튀어나온 모습으로 나타난다. 살라만드로스는 불에 속하는 동물이다. 살라만드로스는 암수의 구별이 없다고 생각되기 때문에 순결 그 자체로 여겨진다. 크리스트 교 도상체계에서 살라만드로스는 지속적인 신앙을 나타내며 또한 유혹의 불꽃에도 넘어가지 않는 의인을 상징한다. 문장紋章에서는 고난의 불에도 타버리지 않는 대담함과 용기를 나타낸다.

**Salmon** 연어 연어는 남근상징이며, 다산多産을 나타낸다. 켈트 : 켈트의 상징체계에서 연어는 예지, 신들의 예지 능력, 다른 세계에 대한 지식을 나타낸다. 켈트의 성스러운 샘에 사는 연어는 뱀을 대신하여 예지를 상징하며, 다른 세계의 신령과 접할 수 있다.

**Salt** 소금 소금은 생명, 불사不死, 불후不朽, 영속, 충실, 우정, 혼, 예지와 지식(지혜의 소금Sal sapientiae), 혼을 상징한다. 나중에는 가치, 신랄함, 기지를 의미하게 되었다. 연금술 : 소금은 연금술 과정에서 증류, 정화, 응고물, 정육면체의 돌, 지상적 성격, 또한 능동과 수동, 영靈과 혼을 통합한 육체의 상징이다. '금속이 있는 곳에는 유황, 수은, 소금이 있다. 이 세 가지는 〈영〉과 〈혼〉과 〈육체〉이며, 금속과 인간의 본성이다. 세 가지 중에서 소금은 정적이며, 그래서 자연에 귀속하는 원소이다. 소금은 물질적 존재이며 그래서 성기체星氣體도 된다. 유황은 연소를, 수은은 증발을 일어나게 하며 소금은…… 휘발성인 영靈의 "응고"를 도와준다.'(그노시스주의 철학자 발렌티누스) 소금은 타지 않음과 응고의 원리이며, 비의祕儀에서는 인간의 육체를 상징한다. 켈트 : 소금은 불후의 〈신령神靈〉의 상징이다. 이에 대해서 대지는 썩는 육체를 상징한다. 크리스트 교 : 소금은 선택받은 자, 신적 예지, 가치, 청순, 불후, 신중함, 우울, 강함을 뜻한다.("마태복음" 5 : 13, "누가복음" 9 : 50, "고린도 전서" 4 : 6) 그리스·로마 : 소금은 문학적 기지와 연관된다.(카도우르스 「시집」 16. 7) 소금은 공양에서 중요한 역할을 맡는데 부적으로도 사용되며, 로마에서는 태어난 지 8일 되는 신생아의 입술 위에 소금을 올려놓아서 악령을 내쫓는다. 크리스트 교에서 사제가 세례를 주기 전에 세례 지원자의 입에 소금을 주는 관습은 아마도 여기에서 비롯되었을 것이다. 성별聖別의 의례에서는 성수에 소금을 집어넣는다. **유대 교**: 소금은 영적 식별력의 상징이다.("에스겔" 16 : 4)

**Sand** 모래  모래는 불안정, 비영속의 상징이다. 이슬람 교에서는 정화淨化의 의례(타하라)에서 물이 가까이에 없으면 모래를 사용하기(「코란」 4 : 43) 때문에 모래는 청순의 상징이다.

**Sandals** 샌들  달은 '청동 샌들을 신은 여신'이며, 황금이나 청동의 샌들은 보름달을 나타낸다. 날개 달린 샌들은 신속하고 가볍게 움직임을 상징하며 전령신인 헤르메스/메르쿠리우스의 부수물이다.(49쪽 그림 참조)

**Sap** 수액樹液  수액은 생명력, 활력, 강함의 상징이다. 피와 동일한 상징성을 가진다. 수액이 가득 찬 식물은 모성母性을 상징한다. 수액이 가득 차 있음은 활력과 젊음이 충만함이며 다시 말하면 '수액이 없는sapless'이라는 말은 고목枯木을 나타낸다. '수액 같은 머리sap-head'는 풋내기 바보를 나타낸다.

**Sapphire** 사파이어 → JEWELS

**Sarcophagues** 석관石棺  석관은 둘러싸인 장소, 감싸는 여성원리로서 묘(→TOMB)와 동일한 상징성을 가진다. 죽음과 죽은 생명의 상징이기도 하다.

**Sardonyx** 붉은 줄마노 → JEWELS

**Saturn** 토성 → PLANETS

**Saturnalia** 농신제農神祭, 사투르날리아  사투르날리아 축제는 사투르누스 신의 불길한 면, 동지冬至, 묵은 해의 죽음과 새로운 해의 탄생, 〈정복되지 않는 태양의 탄생일〉, 카오스에서 코스모스로의 이행, 시간의 정지를 나타낸다. 사투르날리아 축제가 열리는 12일 동안에 사람들은 다가올 해의 열두 달의 길흉을 점친다. 이 혼돈의 시간은 〈무질서의 왕〉, 또는 〈강낭콩의 왕〉과

샌들은 헤르메스/메르쿠리우스 신의 부수물이다.

고대 로마의 은제 원반에 나타난, 바쿠스 제에서 플루트를 부는 마에나드와 피리를 부는 사튀로스.

〈완두콩의 여왕〉이 지배한다. 사투르날리아 축제나 오르기(→ORGY), 카니발(사육제)이 벌어지는 혼돈 기간의 한 가지 특징은 이성異性의 옷을 입는 것(→TRANSVESTISM)이며 이것은 혼돈으로 회귀하는 한 가지 형태이다. 바빌로니아에서는 〈카오스〉(혼란)와 〈코스모스〉(질서)가 대결하는 의례가 12일간 펼쳐진다.(「에누마 에리슈」 제4 점토판) 크리스트 교의 경우에는 크리스마스의 12일간(강림절에서 성탄일까지)이다.

**Satyr** 사튀로스(숲의 요정) 사튀로스는 비속한 성질을 가진 남자 정령이며, 숲의 신 실바누스, 목신牧神 파우누스, 목신 판, 주신酒神 디오뉘소스/바쿠스처럼 자연 속에 사는 신들을 따라다닌다.(349쪽 그림 참조) 이들은 길들여지지 않은 자연, 방종, 정욕을 나타내며, 얼굴은 인간의 얼굴이고 뿔과 산양의 수염을 가졌으며 팔과 손은 인간이지만 하반신은 산양이다. 사튀로스들은 디오뉘소스 신의 담쟁이로 만든 관을 쓰며, 튀르소스의 지팡이(→THYRSOS)를 지닌다. 그 외의 부수물로서는 포도덩굴, 열매가 담겨 있는 바구니, 포도주 병, 풍요의 뿔, 뱀이 있다. 바쿠스 축제의 음란한 난무에서 사튀로스들에 대응하는 여자들은 바쿠스의 무당인 마에나스이다.

**Saw** 톱 황금의 톱은 암흑을 잘라버리는 태양이며, 아시리아의 태양신 샤마시의 표지이다. 크리스트 교에서 톱은 성 에우페미아, 젤롯Zelot 당(로마 압정에 저항한 과격파)의 성 시몬의 표지이며, 톱은 손도끼와 함께 있으면 성 요셉의 표지이다. 또한 예언자 이사야의 표지이기도 하다.

**Scales** 천칭, 비늘 〈정의〉의 여신(→JUSTICE)이 가진 천칭은 균형, 평형, 평등, 정의, 조화, 하늘의 섭리를 상징한다. 크리스트 교에서는 천칭이 대천사 미카엘의 표지이다. 천칭은 〈황도십이궁〉에서 천칭궁을 나타내며, 그리스에서는 법과 질서와 진리의 여신 테미스의 상징이다. 물고기의 비늘은 갑옷, 보호를 나타내며, 〈물의 주인〉인 에아/오아네스의 상징이다. 또한 바다의 지배자로서의 〈태모太母〉를 숭배하는 제의에서 여사제는 비늘 제복을 입는다.

**Scallop Shell** 큰가리비→SHELLS

**Scalp** 머리 가죽頭皮 머리 가죽은 승전勝戰의 상징이다. 머리 가죽은 인간의 힘이 깃든 부분으로서 머리와 동일한 상징적 의미를 가진다. 머리 가죽을 벗기는 것은 그 인간의 힘을 빼앗는 것이다.

**Scapegoat** 희생양 희생양(본래는 고대 유대에서 속죄날에 사람들의 죄를 대신해서 황야로 도망쳤던 산양)은 몸을 대신해서 죄, 죄업의 결과를 받음, 죄의 정화를 상징한다. 다른 사람이나 공동체 전체의 죄를 대신 진 희생양을 풀어줌으로써 과거 및 과거에 저지른 일에 대한 결과를 청산하는 것을 나타낸다. 풍요의례에서 원래는 왕이 공양供養(→SACRIFICE)으로서 신에게 바쳐졌는데 후대에 이르러서는 왕을 대신하여 희생양을 바치게 되었다. 크리스트 교에서 희생양은 세상의 죄를 대신 지고 죽임을 당한 예수를 상징한다.

**Scarab** 갑충석甲蟲石 이집트: 갑충석은 태양, 황도黃道, 자기 증식력, 창조신 케페라, 부활, 불사不死, 신적 예지, 그리고 자연의 생산력을 통제하는 섭리의 상징이다. 갑충석은 수컷뿐이라고 생각되며, 남성적 활력, 생명을 태어나게 하는 힘의 상징이다. 아프리카의 콩고 지방에서 갑충석은 달에 속하며, 영원히 반복되는 재생의 상징이다.

**Sceptre 홀笏**  홀은 신적인 힘이나 왕의 권력, 지고의 통치권, 성직자의 권위, 남근, 생명력의 전달, 마법의 지팡이를 나타낸다. 천공신天空神, 군주, 주술사의 부수물이다. **불교**: 다이아몬드로 만들어진 견고한 홀, 즉 바즈라金剛杵는 가장 높은 지위, 〈법〉, 정의, 권위, 금강불괴金剛不壞의 7가지 덕목을 상징한다. → DORJE **중국**: 홀은 지고의 권위, 여의(→JU-I), '생각하는 대로' 소원을 들어준다는 신앙의 힘, 예기치 못한 우연한 사고를 미연에 방지하고 올바른 방법을 알려주는 것이며, 학문과 문학의 신의 부수물이다. **크리스트교**: 홀은 권위의 상징이며 대천사 가브리엘의 표지이다. **이집트**: 홀은 죽은 자를 재판하는 신 오시리스의 부수물이다. **그리스·로마**: 홀은 지고의 힘을 가진 천공신 제우스/유피테르의 부수물이다. 또한 여신 헤라/유노, 여신 퀴벨레, 로마 집정관의 부수물이기도 하다. **힌두교**: 홀은 최고 권위인 〈법〉의 상징이자 우주 질서를 지탱하는 신 인드라와 사람들 사이에서 법과 정의를 수호하는 바슈 신의 부수물이다. → VAJRA **일본**: 여의봉은 권위의 상징으로서 대승정大僧正이 (법회나 설법을 할 때) 손에 지닌다.

**Scissors 가위**  가위는 생명과 죽음을 나타내는 두 가지 의미를 지닌다. 가위는 두 개의 날이 하나를 이루는 의미로서 통합을 나타내는 동시에, 생명의 실을 자르는 의미로 절단을 나타낸다. 생명의 실을 자르는 〈운명〉의 여신 아트로포스의 부수물이다.

**Scorpio 천갈궁天蠍宮, 전갈자리** → ZODIAC

**Scorpion 전갈**  전갈은 죽음, 파괴력, 재해, 암흑을 상징한다. **고대 근동**: 전갈이나 전갈 인간은 〈태양이 드나드는 문〉, 〈동쪽의 산들〉, 〈쌍둥이 문〉의 수호자이다. 전갈

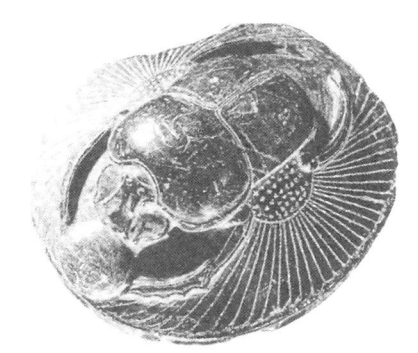

이집트의 창조신 케페라를 상징하는 갑충석.

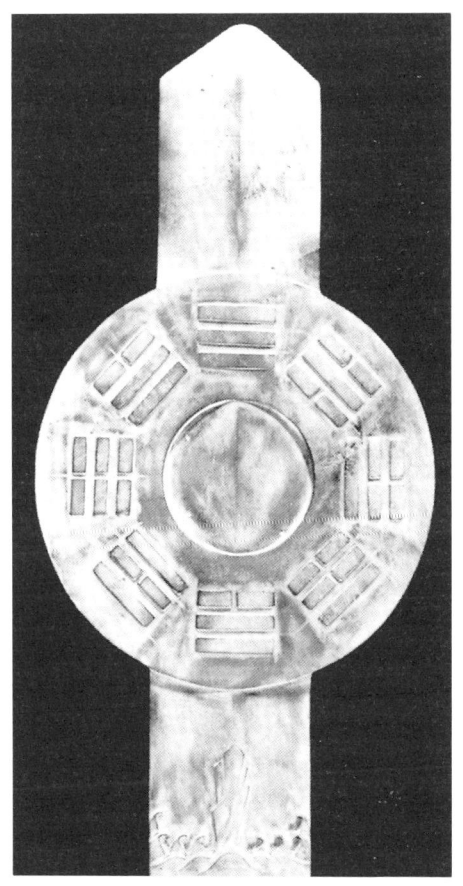

명明나라 시대의 옥으로 만든 홀. 왕을 상징하는 원반의 장식과 손잡이 부분에 그려진 대지를 나타내는 바위는 왕권이 천지를 통합해야만 함을 나타낸다.

Scourge

은 여신 이슈타르와 연관되며, 프뤼기아의 신 사바지오스의 부수물이다. 크리스트 교: 전갈은 악, 고뇌, 기만, 가리옷 유다를 나타낸다. 이집트: 전갈은 괴물 티폰의 모습을 하고 있는 악신 세트의 부수물이다. 또한 죽은 자를 보호하는 여신 셀크(셀케트)의 상징이기도 하다. 여신 이시스가 남편인 신 오시리스를 찾을 때에 일곱 마리의 전갈이 이시스를 따라다녔다. 유대 교: 전갈은 독, 죽음의 상징이다. ("열왕기 상" 12 : 11) 미트라 교: 위로 드는 햇불과 아래로 드는 햇불이 한 벌을 이룬 〈햇불 들기〉(→TORCH)는 위로 든 햇불들(카우테스 신)은 황소자리와 연관되고 아래로 놓인 햇불들(카우토파테스 신)은 전갈자리와 연관되며, 또한 그 신들의 삶과 죽음, 일출과 일몰 등을 상징한다.

**Scourge** 채찍  크리스트 교: 채찍은 예수의 수난과 성 암브로시우스의 표지이다.

**Screen** 칸막이, 막→ROOD SCREEN, VEIL

**Scroll** 두루마리  두루마리는 학문, 지식, 생명과 지식을 열어 보임을 의미하고 시간의 경과, 수명壽命, 법전, 운명을 상징한다. 불교: 두루마리는 〈법〉을 열어 보임(설법)을 의미하고 경전을 나타낸다. 중국: 장수, 학식의 상징이다. 크리스트 교: 두루마리는 〈생명의 서書〉를 나타낸다. 아무도 읽을 수 없는 일곱 개의 봉인이 있는 두루마리(책)("요한계시록" 5 : 1)는 운명이 새겨진 명판銘板과 같은 상징적 의미를 가진다. 두루마리는 성 대大야고보의 상징물이며, 또한 이사야, 예레미야와 같은 예언자들과 연관된다. 이집트: 두루마리는 지식의 상징이다. 〈하 이집트〉(나일 강 하류 델타 지역)의 상징이며 파피루스와 연관된다. 그리스: 두루마리는 의학의 상징으로서 의술의 신 아스클레피오스의 부수물이다.

**Scythe** 큰 낫  큰 낫은 죽음, 시간, 생명을 끊는 것을 상징한다. 신 크로노스/사투르누스나, 〈베는 자〉(→REAPING)의 부수물이다. 큰 낫은 또한 수확을 상징하며, 수확은 죽음과 재생, 〈태모太母〉의 파괴력과 창조력을 의미한다. 큰 낫의 모양은 직립, 절단이라는 남성적 특질과 구부러짐, 거두어들인다는 여성적 특질의 결합을 나타낸다.

**Sea** 바다→OCEAN

**Seal** 인장印章, 봉인封印  인장은 권위, 힘, 소유, 개인을 나타낸다. 또한 비밀, 처녀성, 결론을 의미한다.

**Seal of Solomon** 솔로몬의 봉인封印→TRIANGLE

**Seamless Robe** 솔기가 없는 긴옷  솔기가 없는 긴옷은 완전무결, 통일체, 전통의 총체를 나타낸다. 그래서 이 옷을 찢는 것은 전통과의 결별을 상징한다. 크리스트 교에서 솔기가 없는 긴옷은 예수의 수난을 나타낸다.("요한복음" 19 : 23-24)

**Sea Snail** 고둥  아스텍: 고둥은 달의 여신의 표지로 풍요와 성장과 관계가 있다. 달과 여자 성기의 표상이다. '연체동물들이 조개에서 나오듯이 인간은 어미의 자궁에서 태어난다'는 말처럼 분만을 상징한다.

**Seasons** 계절, 사계  일반적으로 일 년을 넷으로 나누어 봄, 여름, 가을, 겨울의 사계라고 하는데, 이집트에서는 일 년을 〈범람〉(현재의 7-10월경), 〈파종〉(겨울, 11-2월경), 〈수확〉(여름, 3-6월경)의 세 계절로 나눈다. 〈계절〉을 암시하는 군상群像(예를 들면 바퀴에서 춤추는 사계)들은 시대의 회귀, 순환을 나타낸다.

1) 봄

봄의 우의상寓意像은 화환을 걸거나 또

는 나뭇잎을 손에 가진 어린이, 또는 화관을 쓰거나 꽃을 손에 들거나 꽃 옆에 서 있는 여인이나 젊은이이다. 봄의 동물은 어린양이고, 〈황도십이궁〉에서 봄은 백양궁白羊宮, 금우궁金牛宮, 쌍자궁雙子宮이다.

2) 여름

여름은 보리 이삭을 손에 들거나, 또는 이삭으로 만든 관을 쓰고 있는 어린이나 여자로서 나타낸다. 여름의 동물은 사자나 용, 〈황도십이궁〉에서는 거해궁巨蟹宮, 사자궁, 처녀궁이다.

3) 가을

가을은 포도 다발이나 과일이 담긴 바구니, 또는 이미 밟아서 으깬 포도즙을 가진 어린이나 여자로 나타낸다. 가을의 동물은 산토끼이며, 〈황도십이궁〉은 천칭궁天秤宮, 천갈궁天蠍宮, 인마궁人馬宮이다.

4) 겨울

겨울은 외투를 둘러쓰고 있는 어린이나 백발이며 큰 낫을 가지고 있는 노인으로서 나타낸다. 노인은 겨울의 고목 옆에 서 있기도 한다. 겨울의 동물은 불도마뱀, 〈황도십이궁〉에서는 마갈궁摩羯宮, 보병궁寶甁宮, 쌍어궁雙魚宮이다.

중국의 상징체계에서 〈계절〉은 질서 정연함, 품행방정, 모범적 행동(예)을 나타내며, '계절은 길道을 벗어나지 않는다'라고 알려져 있다. 또한 각각의 〈계절〉은 꽃으로 나타나는데, 봄의 꽃은 벚꽃, 복숭아꽃, 아몬드 꽃, 여름은 연꽃과 모란(모두 태양에 속하는 꽃), 가을은 단풍, 메꽃, 국화, 겨울은 소나무, 대나무, 매화꽃이다.

**Sea Urchin** 성게 켈트: 성게는 '뱀의 알'로 불리며, 잠재적인 힘, 씨앗, 생명을 나타낸다.

**Seed** 씨앗  씨앗은 미리 발견하지 못했던 가능성, 잠재력, 성인 남자의 정자se-

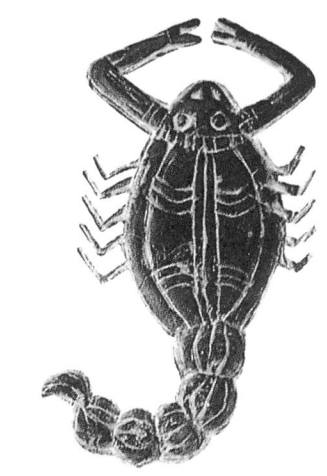

전갈 모티브를 보여주는 기원전 1200-기원전 1000년의 바빌로니아 경계석의 일부.

men virile, 남성원리를 나타낸다. 씨앗은 〈우주수宇宙樹〉(→TREE)가 자라게 되는 〈중심〉을 상징한다. 힌두 교에서 씨앗은 존재의 중심이나 핵심을 차지하는 〈신적인 영〉인 아트만을 뜻한다. 힌두 교 사원의 중앙에 있는 씨앗은 〈생명〉과 의식(산스크리트 어인 cit)(존재성과 환희라는 두 가지 속성과 한 조를 이루는 브라만의 세 가지 속성 중의 하나) 그 자체의 상징이다.

**Sephiroth** 세피로스 카발리즘에서 열 개의 〈세피로스〉는 신의 중요한 면을 나타낸다. 이것은 신의 신성하며 무한한 특성이며, 일반적으로 아인 소프에서 출발하며, 〈생명의 나무〉의 모양에 상징적으로 나타난다.(419쪽 그림 참조) 첫번째는 〈제1원인〉으로서의 모나드이며, 다른 아홉은 세 개가 한 조를 이루는 세 조로서 각각의 조는 남, 여, 그리고 결합자로서의 지성知性이며, 근원적 삼위일체의 이미지(상像)를 나타낸다.(일반적으로 세 개가 한 조를 이루는 세 조는 그 위에 한 개의 세피로스가 더해진 형태로 생각된다.)

**Seraphim** 치품천사熾品天使 치품천사는 신의 사랑, 신의 열, 독실함, '은총(→CHARITY)의 불꽃'(단테 「신곡」 천국편 9가歌 77)을 나타낸다. "이사야"에서 치품천사는 '각기 여섯 날개가 있어 그 둘로는 그 얼굴을 가렸고, 그 둘로는 그 발을 가렸고, 그 둘로는 날며'(6 : 2)라고 쓰여 있다. 문장紋章에서 치품천사는 청순함을 상징하는 어린이의 얼굴로서 나타나며, 세 벌의 날개를 가진다. 천사의 아홉 가지 계급에서 치품천사는 가장 높은 자리를 차지한다.→ANGELS

**Serpent** 뱀 뱀은 아주 복잡한 의미를 가진 보편적 상징이다. 뱀과 용은 호환성 互換性을 가지며, 특히 극동에서는 둘 사이의 구별이 없다. 뱀의 상징은 다의적이며, 남성도 여성도 될 수 있으며, 자기 창조(단성생식)도 하는 것으로 생각된다. 뱀은 살인자로서는 죽음과 파괴의 상징이다. 주기적으로 허물을 벗는 것으로서는 생명과 부활의 상징이며, 그밖에 똬리를 튼 뱀은 현현顯現의 순환을 나타낸다. 뱀은 동시에 태양과 달에 속하며, 생과 사, 빛과 어둠, 선과 악, 예지와 맹목적 정념, 치유와 독, 보존자와 파괴자, 영적靈的 재생과 육체적 재생을 나타낸다. 뱀은 남근상징이며, 남성적 창조력, '모든 여성들의 남편'이며, 뱀의 모습은 보편적으로 수정, 수태와 연관성을 띤다. 뱀은 모든 여신과 〈태모太母〉의 상징물이며, 도상圖像에서는 여신의 몸에 감겨 있기도 하며, 손에 쥐어져 있기도 한다. 이 경우에 뱀은 비밀, 모순, 직관이라는 여성적 특질을 지닌다. 뱀은 돌연히 나타나거나 갑자기 사라지기 때문에 예견할 수 없음을 상징한다.

뱀은 또한 남녀추니로 여겨지는데 이 의미는 스스로를 창조할 수 있는 모든 신들의 표장이며, 대지의 생산력을 나타낸다. 뱀은 태양에 속하며, 지상에 존재하며, 성적性的이며, 장송과 연관되며 어떤 차원에서도 존재하는 힘의 현현이며, 영육靈肉의 모든 가능성의 근원이며, 생과 사의 관념에 동시에 밀접하게 연관된다. 지하에 사는 뱀은 명계冥界와 접촉하며, 죽은 자가 가지는 전지全知의 힘이나 마력을 사용할 수 있다. 지하계에 속하는 뱀은 하계下界와 암흑의 신들의 공격적인 힘을 나타낸다. 지하의 뱀은 이니시에이션의 인도자, 회춘을 가져오는 자, '대지의 내장의 지배자'이기도 하다. 지하의 뱀은 또한 태양과 태양에 속하는 모든 영적 존재의 적수이며, 인간 가운데에 있는 암흑의 힘을 나타낸다. 태양과 뱀의 싸움은 긍정적인 힘과 부정적인 힘, 빛과 어둠의 갈등이다. 예를 들면 신 제우스와 괴물 티폰, 신 아폴론과 큰 뱀 퓌톤, 오시리스 신과 악신 세트, 독수리와 뱀의 경우 등이 그것이다.

뱀은 원초의 본능, 즉, 다스려지지 못하는 미분화한 생명력의 용출湧出을 나타내며, 잠재적 활력, 영적 활성력을 상징한다. 뱀은 하늘과 땅, 대지와 하계의 중개자이며, 하늘과 대지와 물에, 또 특히 〈우주수宇宙樹〉(→TREE)에 연관된다. 뱀은 또한 암흑의 구름용이며, 보물의 파수꾼이다.

뱀은 태양광선, 태양의 궤도, 번개, 산이나 호수의 힘을 나타내기 때문에 모든 강의 신의 부수물이다. 뱀은 지식, 힘, 간계, 음험, 교활, 암흑의 상징이며, 악, 부패, 〈유혹자〉이다. '뱀은 운명 그 자체이며, 재앙보다 빠르며, 복수보다 생각이 깊고, 운명보다 더 알 수 없다.'

우주론에서 뱀은 만물이 나와서 다시 회귀하는 대해大海, 태고의 미분화한 혼돈을 나타낸다. 뱀은 세계를 지배하고 유지하거나 또는 현현과 재흡수의 순환의 상징인 우로보로스(→OUROBOROS)로서 세계를 감싸는 두루마리이나. 눈에 보이는 뱀은 모든 동인이며 초시간적인 존재이며 〈눈으로 볼 수 없는 위대한 신령〉── 즉 모든 자연력의 지배자이며 생명의 영이나 생명 원리 ── 이 시간의 세계에 잠깐 나타나는 것이다. 이것은 태고의 우주론에서 나타나는 신이며, 후대에서는 보다 심리적, 정신적으로 해석되는 것이다. 뱀이나 용은 문지방, 사원, 보물, 비의적秘儀的 지식, 또는 모든 달의 신의 수호자이다. 이들은 폭풍을 만드는 자, 연못이나 호수를 둘러싸며, 그 힘을 지배하는 자, 그래서 물을 가두며 동시에 물을 가져오는 자이다. 뱀

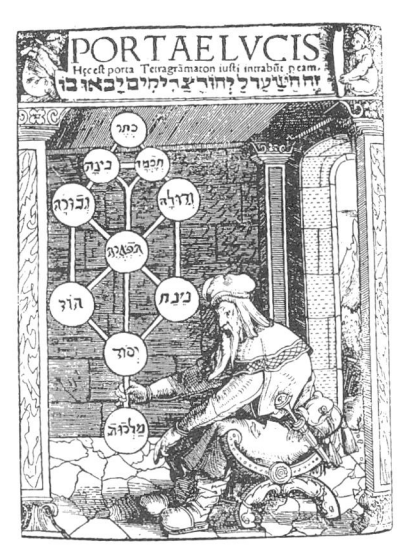

15세기의 카발라 신비가의 논문 삽화로 '빛의 문'으로서의 세피로스 나무이다. 〈빛의 문〉은 〈테트라그라마톤〉으로 들어가는 입구로 〈의인〉은 이 문을 빠져나갈 수 있다.

6장의 날개를 가진 치품천사는 그 모든 날개에서 신의 영광을 나타내는 눈이 겹겹이 빛난다.

# Serpent

은 명계의 강을 건너는 사자의 주문 속의 기도에 나타난다.

다리나 날개가 없이 움직이는 것으로서 뱀은 모든 것에 침투하는 영을 상징한다. 날카로운 통찰력을 가진 눈으로서는 인간의 내적 본성과 양심을 나타낸다. 뱀은 마녀나 마술사 같은 사악한 힘을 가지는 것이 변장한 모습으로서, 자연계의 사악한 면을 나타내는 것이다. 검은 태양은 뱀이 가지는 어둠의 힘과 연관된다. 〈하늘의 뱀〉은 중국의 〈청룡〉과 동일하게 무지개를 상징하며, 모두 현세에서 내세로 가는 다리를 이룰 수 있다. 뱀을 가지고 노는 어린이는 〈낙원 회복〉, 대립과 갈등으로부터 자유로움과 시간 세계의 종말을 나타내며, 사자와 어린양이 나란히 있는 모습과 동일한 상징적 의미를 가진다.("이사야" 11 : 6)

똬리를 튼 뱀은 현현의 순환의 상징이며, 또한 숨겨진 힘, 생동력, 선악 양쪽의 잠재력을 나타낸다. 알에 똬리를 튼 뱀은 생명 영기靈氣의 부화를 뜻하고 우로보로스는 대지를 감싼 바다의 힘을 상징한다. 〈나무〉나 축(→AXIS)을 상징하는 것을 감고 있는 뱀은 활력의 각성, 모든 성장의 수호령守護靈, 〈세계령世界靈〉, 존재의 순환을 나타낸다. 〈생명의 나무〉와 연관된 뱀은 인간에게 선한 뱀이며, 〈지식의 나무〉와 관계가 있는 뱀은 유해하여, 이것은 현현 세계의 사악함을 가지는 독을 나타낸다. 뱀이 여인에게 감겨 있는 그림에서 여자는 〈태모〉, 즉 달의 여신이며, 뱀은 태양에 속하며, 뱀과 여자는 남녀 음양의 관계를 나타낸다. 뱀은 두꺼비와 마찬가지로 머리에 보석을 가지며, 또한 보물이나 마법의 반지를 감추고 있기도 한다.

뱀이 독수리나 수사슴과 함께 나타날 때, 뱀은 비현현의 지하에 속하는 어둠을 상징하며, 독수리나 수사슴은 태양에 속하는 현현의 빛을 나타낸다. 둘이 합쳐지면 우주의 일체성, 전체성을 나타내지만 둘이 싸우는 경우에는 이원성, 이항二項 대립, 하늘의 영과 지하에 속하는 영의 투쟁의 상징이다. 독수리가 발톱으로 뱀을 잡고 있는 그림이나 수사슴이 뱀을 발로 밟고 있는 그림이 종종 나타나는데 이것은 악에 대한 선의 승리, 어둠에 대한 빛의 승리, 땅의 영에 대한 하늘의 영의 승리, 현세의 힘에 대한 영적 세계의 힘의 승리를 나타낸다. 타오르는 뱀은 태양에 속하며, 정화, 지상적 상태에서의 변용과 초절超絶의 상징이다. 허리띠나 팔찌로서 사용되는 뱀은 시대의 영겁회귀, 계승, 분해와 재결합의 순환을 나타낸다. 마름모형의 무늬가 있는 뱀은 남근을 상징하고 마름모는 여성 음문이므로, 전체는 음양, 남녀의 통합, 이원성과 재결합을 나타내며, 또한 대립물의 화해, 남녀추니의 상징이다. 숫양의 머리를 한 뱀은 생식력과 풍요의 뿔을 가진 신의 부수물이다. 물결 모양의 뱀이나 용은 우주의 율동, 바다와 강의 힘을 나타낸다. 날개가 달린 뱀이나 용은 태양에 속하며, 영과 물질의 통합, 대립물의 통일을 상징한다. 그래서 독수리와 뱀의 합체로서 빠른 이해력도 의미한다.

함께 있는 두 마리의 뱀은 궁극적으로는 통일을 지향하는 이원적 대립을 상징하고 있다. 나무 혹은 지팡이에 감겨 있는 두 마리의 뱀은 자연의 나선 순환, 하지와 동지, 기본적인 힘으로서 말리는 힘과 풀어지는 힘, 연금술의 용해와 응고를 상징한다. 뱀지팡이(→CADUCEUS)에 감겨 있는 두 마리의 뱀은 치유와 독, 질병과 건강, '자연을 정복하는 자연'으로서 동종요법적同種療法的인 대립하는 힘을 나타낸다. 서로 상대방을 휘감고 있는 두 마리의 뱀은 〈시간〉과 〈운명〉——즉 두 개의 커다란 속박의 힘——을 상징한다. 서로 상대방의 꼬리를 물고서 합쳐진 두 마리의 뱀이나 용은 이원세계에서의 힘이나 사물이 한편으로는 대립하는 것으로 보이지만 실제로는 동일한 원천, 동일한 원리에서 출발함을 나타낸다. 뱀의 알은 재생의 상징이며, 뱀의 눈에는 눈꺼풀이 없어서 잠을 자지 않고 파수를 볼 수 있으므로 지혜를 상징한다. 뱀은 특히 불사不死의 과실이나 약초를 지니는 경우가 종종 있다. 어떤 때는 뱀이, 남근을 상징하며 풍요와 생산력의 상징으로서 황소와 어린양과 동일한 의미를 가지기도 한다. 무지개가, 바다에서 목의 갈증을 채우는 뱀이라고 생각하는 것은 프랑스, 아프리카, 인도, 아메리카 인디언의 상징체계에서 볼 수 있다.

**아프리카** : 뱀은 왕의 표지이며, 불사의 용기, 죽은 자의 혼을 받은 육체이다. 하늘의 뱀은 동시에 하늘의 무지개이며, 대지를 감싸는 자이거나 보물을 지키는 파수꾼, 또는 벼락의 정령으로서 번개와 연관된다. 무지개로서의 뱀은 바다에서 갈증을 채운다. 뱀은 용광로와 곡물을 구하는 문화 영웅이나 민족의 신화적 선조일 수도 있다. 뱀은 산이나 못沼, 또한 풍요와 연관된다. 밀교에서의 성스러운 뱀 퓌톤의 숭배(그리스만 제외)가 아프리카에서도 나타난다. **연금술** : 막대기 위에 있는 뱀은 수은의 휘발성을 억누르는 고체화 작용, 즉 활동력의 지배를 나타낸다. 원을 꿰뚫는 뱀은 연금술적 용해를 나타낸다. **아메리카 인디언** : 뱀은 벼락에 속하는 동물로서 번개이며, 비를 가져오는 자이며, 〈천둥신의 새〉의 적敵이다. 달에 속하며 마력魔力을 뜻하며, 전쟁신의 투창投槍이다. 뱀은 영원의 상징이며, 죽음의 예고이다. 뿔이 있는 뱀은 물의 정精이며, 토지를 비옥하게 하는 물의 힘을 나타낸다. 뱀은 인간과 하계의 중개자이다. 우주령宇宙靈인 〈위대한 마니토great Manitoe〉는 뿔을 가진 뱀의 모습으로 나타나며, 그 뿔로 악으로서의 〈두꺼비〉나 〈어두운 마니토〉를 찌른다. **안데스** : 머리가 두 개인 뱀이나 흑백의 두 마리의 뱀이 한 쌍이 되어 가뭄과 홍수를 표상한다. 적당한 비는 이런 뱀의 힘의 균형에서 나온다. **고대 근동** : 바빌로니아의 여신 티아마트는 '발이 없는 것'이나 '암흑의 뱀'으로 불리며 용의 모습으로 그려지기도 한다. 혼돈, 미분화한 것, 분할되지 않은 것, 교활, 사악함을 나타내며, 태양에 속하는 빛인 신 마르둑에게 죽임을 당했다. 아시리아와 바빌로니아의 신 에아는 물의 신인데 남신 라크무와 여신 라카무로서 암수 두 마리의 뱀이며, 하늘과 땅의 남성원리와 여성원리를 태어나게 했다. 일설에 따르면, 〈태모신〉으로서의 이슈타르는 뱀으로도 그려진다. 프뤼기아의 신 사바지오스의 주요한 부수물은 뱀이며, 사바지오스 숭배에는 무녀가 '가슴을 통과하는 신'으로서 황금의 뱀을 제복 가운데에서 땅으로 떨어뜨리는 의식이 있다. 뱀은 곡물 여신의 상징이다. 곡물 여신 니다바의 도상에서는 양쪽 어깨에서 뱀이 빠져나온다. 또한 〈대지모신大地母神〉과 그녀의 자식인 〈죽어서 소생하는 신〉은 모두 뱀과 연관되어 있다. 〈대지모신〉을 나타내는 상형문자 중의 한 가지는 막대기에 똬리를 튼 뱀이며, 〈죽어서 소생하는 신〉은 양쪽 어깨에서 한 마리씩 뱀이 빠져나가는 모습이 많다. 뱀을 막대기 위에 얹어서 치료신으로 숭배하는 관습은 카나안이나 블레셋/필리스티아에서 종종 볼 수 있다. **오스트레일리아 원**

중국 당(唐)나라 시대의 도기로, 인간과 뱀의 합체상이다. 십이지의 여섯번째에 있는 〈뱀의 해〉를 기록하기 위해서 만든 것이다.

19세기 남부 인도에서 조각된 것으로 지위가 높은 여신의 상이다. 여신의 음문에서 창조의 활력을 징하는 뱀이 머리를 내밀고 있다.

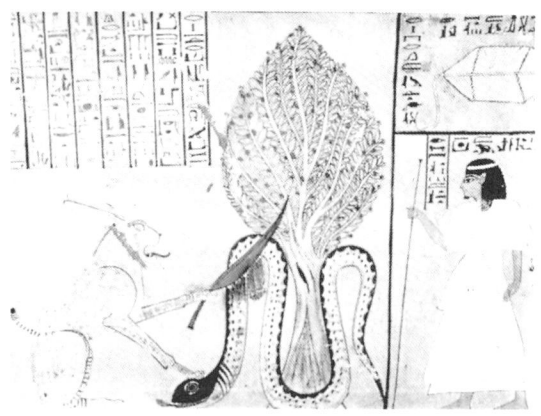

기원전 14세기 이집트의 벽화. 〈생명의 나무〉에 휘감긴 뱀을 태양에 속하는 고양이가 공격하고 있다. 뱀은 물결 모양으로 몸을 굽이칠 수 있어서 물, 파괴, 해악(害惡), 불화를 상징한다.

뱀은 치유의 상징이므로 의술의 신 아스클레피오스의 표장도 된다. 2세기 로마의 원형 돋을새김.

수사슴의 뿔가진 케르눈노스가 한 손에는 도르크(머리 장식), 다른 한 손에는 숫양 머리를 가진 뱀을 쥐고 있다.

기원전 3000-기원전 2600년의 남이란의 그릇으로 주위에 신성한 뱀이 새겨져 있다.

밀턴의 「실낙원」 삽화로 1808년에 윌리엄 블레이크가 그린 "이브의 유혹과 타락"이다. 이브는 뱀의 유혹으로 선악의 과일을 먹게 된다.

# Serpent

주민 : 뱀은 남성원리이며, 번개이다. 뱀이 나타나는 것과 여성이 임신하는 것 사이에는 관계가 있다. **아스텍** : 케찰이라는 새와 뱀의 합체인 깃털이 난 뱀신 케찰코아틀은 그 속성에 의해서 에에가오루(바람의 신), 도라우스가루판테구도리(금성의 신), 세 아가도루(새벽의 신) 등이 된다. 뱀이 케찰코아틀이 되는 것은 생명의 신의 속성이 강조되는 경우이다. 〈대지의 여신〉코아틀리크는 머리가 신체와 분리되어 있으며, 머리에서 두 마리의 뱀이 태어나서 얼굴이 된다. 또한 뱀으로 짠 치마를 입고 있다. **불교** : 〈존재의 바퀴〉(→ROUND OF EXISTENCE)의 중앙에는 무분별한 세 마리의 동물이 있는데, 그중에서 뱀은 분노를 나타내고 돼지는 탐욕과 무지를 나타내며 수탉은 육욕을 나타낸다.(73쪽 그림 참조) 세 가지 모두는 이 세상이라는 환각의 세계와 〈존재의 바퀴〉나 〈윤회〉에 인간을 속박하는 죄(탐진치貪瞋痴나 삼업三業)를 나타낸다. 뱀은 또한 역병과 기근에 처한 사람들을 치료하기 위해서 나가(뱀)로 변신한 부처와 연관된다. **켈트** : 뱀은 치유의 샘이나 우물과 연관된다. 뿔을 가진 뱀이나 숫양의 머리를 가진 뱀은 켈트나 갈리아의 도상에서 자주 나타나는데 이것은 풍요와 남성적 활력의 신 케르눈노스를 나타낸다. 뱀은 〈태모〉로서의 브리지트의 표지이다. 뱀이 휘감긴 머리는 풍요를 나타내며, 그것은 액막이가 된다. **중국** : 뱀과 용(→DRAGON)은 잘 구별되지 않지만 구별되는 경우에 뱀은 부정적인 의미를 주며, 해악, 파괴, 기만, 교활, 아첨, 추종을 나타내며, 오독五毒(뱀, 두꺼비, 지네, 전갈, 도마뱀) 중의 한 가지를 나타낸다. 복희伏羲와 여와女媧 남매는 인간의 얼굴을 한 두 마리의 뱀으로 그려지는 경우가 가끔 있는데, 이런 동물과 인간의 합체는 중국의 상징체계에서는 희귀한 경우이다. 이 남매는 음양陰陽을 나타내며, 뱀지팡이(→CADUCEUS)의 상징과 관련을 가진다. 뱀은 십이지十二支 중에서 여섯번째의 동물이다. **크리스트 교** : 뱀은 상반되는 의미를 포함한다. 예지의 상징으로서, 또한 〈생명의 나무〉에 묶여서 희생된 예수를 나타내는 동시에 악마 사탄의 지하에 속한 면을 나타내기도 한다. 뱀이나 용은 사탄, 즉 〈유혹자〉, 신의 적, 인간을 타락시키는 자이다. 뱀으로서의 사탄은 악의 힘, 파괴, 묘지, 간계, 숙련된 솜씨이며, 또한 인간이 극복해야 할 마음 가운데의 악의 힘을 나타낸다. 시인 단테는 뱀이 저주를 받아서 지옥으로 떨어진 자라고 했지만, 〈생명의 나무〉(→TREE)를 감고 있는 뱀은 지혜를 나타내며, 인간에게 은혜를 준다. 그러나 〈지식의 나무〉와 함께 그려진 뱀은 타락한 천사 루시페르(사탄)이며, 이것은 해악을 가져온다. 십자가나 기둥에 걸린 뱀은 세계의 구제를 위해서 〈생명의 나무〉에 걸린 예수의 원형이다. 십자가에 똬리를 튼 뱀의 머리에 여인의 얼굴이 그려지는 경우가 가끔 있는데, 이것은 〈유혹〉을 상징한다. 십자가 아래에 있는 뱀은 악의 상징이며, 뱀이 거기에 있는 것은 악과 암흑의 힘에 대한 예수의 승리를 나타낸다. 크리스트 교에서는 뱀이 용을 대신할 수 있다. 크리스트 교의 사탄은 바빌로니아의 여신 티아마트와 마찬가지로 '악마라고도 하고 사탄이라고도 하는 오래된 뱀……큰 용'("요한계시록" 12 : 9)이다. 선한 뱀은 성 요한의 성작聖爵에서, 솟아오르는 모양으로 나타나는 그림에서 볼 수 있다. 악한 뱀은 사탄이며, "요한계시록"의 용이다. 교부 테르툴리안에 의하면 크리스트 교도는 예수를 '선한 뱀'

이라고 불렀다고 한다. 성모 마리아는 이브를 유혹한 뱀의 머리를 부순다. **이집트**: 코브라 우라에우스(→URAEUS)는 지고의 신과 왕이 가지는 지혜와 힘의 상징이며, 지식, 황금을 나타낸다. 뱀 아포프는 티폰의 성격을 지닌 세트처럼 안개의 뱀, '어둠의 악령,' 불화와 파괴 자체이며, 가뭄을 가져오는 태양의 악한 면을 나타낸다.(그러나 보통 아폴론은 태양신 라를 지키는 세트와 싸움을 벌인다.) 태양 원반의 곁에 있는 뱀들은 여신이며, 왕의 뱀으로서 태양신 라의 적을 몰아낸다. 대조되는 두 마리의 뱀은 〈누스〉와 〈로고스〉이다. 머리가 사자인 뱀은 액을 막아주는 힘을 가진다. 뱀의 여신 부토는 코브라의 모습이다. 뿔이 있는 독사는 성스러운 뱀 세라스테스의 표지이다. **그노시스주의**: 뱀은 그노시스의 부여자이다. 날개가 있는 뱀은 파네스(우주란宇宙卵에서 최초로 탄생한 남녀추니)이며, 후광이 둘러져 있는 것은 〈세계의 빛〉을 나타내며, 또한 예지와 천계의 상징이다. **그리스**: 뱀은 지혜, 생명의 탄생, 부활, 치유를 상징하며, 치유의 상징인 의술의 신 아스클레피오스, 의사 히포크라테스, 헤르메스 신, 휘게이아 여신의 부수물이며, 치유자, 구제자로서의 아스클레피오스의 모습이기도 하다. 뱀은 생명원리, 선한 영이다. 제우스/아몬 신과 다른 신들은 동물의 모습일 때 뱀이 되기도 한다. 뱀은 지혜의 여신 아테나에게 바치는 제물이며, 또한 특히 어둠과 대홍수의 큰 뱀 퓌톤을 죽인 빛으로서의 델포이의 아폴론 신에게 바치기도 한다. 아폴론은 태양을 어둠의 힘에서 해방시켰을 뿐만 아니라 인간의 혼을 영감과 예지의 빛으로 해방시킨다. 뱀은 〈밀의密儀〉의 구제의 신들과 연관되며, 죽은 자와 죽은 영웅들의 모습을 나타내기도 한다. 생명원리, 즉 영혼은 육신을 뱀의 형태로 남겨두고 떠나며, 따라서 죽은 자의 혼은 뱀의 모습을 빌려서 다시 몸을 가지게 된다. 제우스 신과 크토니오스(지하세계의 제우스)를 상징하는 뱀은 남근상징이며 활력의 상징으로서 알을 감싸고 똬리를 튼 모습을 한다. 다시 말하면 이 그림은 남성원리와 여성원리를 동시에 활성화시키는 정념을 나타낸다. 머리카락이 뱀으로 된 여자들 ── 복수의 여신 에리뉘에스, 괴물 메두사, 늙은 여신 그라이아들 ── 은 마력이나 주력呪力, 뱀의 지혜와 교활함을 나타낸다. 트로이아 신관神官 라오콘의 두 아들을 목졸라 죽인 뱀은 화가 난 아폴론 신이 보낸 두 마리의 큰 뱀이었다.(329쪽 그림 참조) 트로이아 전쟁에서 그리스의 총대장 아가멤논의 가슴가리개에 그려진 세 마리의 뱀은 하늘의 뱀이며 무지개로 생각된다. 바칸테스, 즉 바쿠스 제전에 참가하는 여자 신도들은 손에 뱀을 들고 있다. **유대교**: 뱀은 악, 유혹, 죄, 성욕을 나타낸다. 또한 신에게 저주받은 황천의 나라 시올Sheol에 떨어진 영혼을 나타낸다. 모세의 구리뱀은 '비슷한 것은 비슷한 것을 치료한다'라는 동종요법의 상징이다.("민수기" 21:4-9) 리바이어던은 심해沈海의 뱀이다.(→FABULOUS BEASTS의 LEVIATHAN) 여호와는 '날랜 뱀,' 즉 번개를 풀어놓는다.("욥기" 26:13) 카발리즘의 아담 카드몬은 곧은 뱀의 목을 잡고 있는 남자로 그려진다. **힌두교**: 뱀은 샤크티, 〈자연〉, 우주의 힘, 혼돈, 모양이 없는 것, 비현현의 상징이다. 뱀은 베다의 불의 신 아그니의 현현이며, '공포스러운 뱀'으로도 불린다. 어두운 뱀은 불의 잠재 형태를 의미한다. 크리슈나 신이 뱀 왕 칼리야를 쳐서 쓰러뜨리고 머리 위에서 춤을 출때

# Serpent

이 뱀은 악을 나타낸다. 코브라가 신 비슈누를 태우고 다니는 것은 지식, 지혜, 영원을 나타낸다. (질서가 없는 대해에서) 비슈누 신이 원초의 바다에서 똬리를 튼 뱀 위에서 잠을 잘 때에 이 뱀은 창조 이전의 혼돈으로서 끝없는 대해大海를 나타낸다. 서로 몸을 감은 비슈누의 두 마리의 뱀은 수태한 바다를 나타내며, 그 끝에서 대지와 바다를 상징하는 〈대지모신〉이 태어난다. 뱀의 왕이며 천의 얼굴을 가진 아난타Ananta는 본래 '무궁하다'는 의미로, 무한, 풍요의 상징이며, 〈우주축宇宙軸〉의 기저基底를 감싸고서 똬리를 틀고 있다. 천지의 물을 가두고 있는 브리트라는 물을 마셔서 가뭄을 일으키는 지하의 사악한 신인데, 이 신도 '목 조르기the throttler'라고 불리는 아히와 마찬가지로 세개의 머리를 가진 뱀이며 천둥번개(바즈라)에 의해서 물을 풀어놓는 인드라 신에게 죽임을 당했다.(「리그 베다」 I. 32) 서로 휘감긴 뱀은 지하에 속한다. 각각 위와 아래를 향하여 나아가는 두 마리의 뱀은 브라마 신의 밤과 낮의 〈성스러운 잠〉과 〈성스러운 각성〉을 나타낸다. 마신魔神인 나가(→FABULOUS BEASTS의 NAGA)와 나기나는 뱀의 왕과 그의 비妃이며, 종종 살아 있으면서 신적 존재로 생각된다. 그들은 여러 가지로 그려지는데 일반적으로 인간이나 뱀의 모습으로 그려지며 코브라의 머리와 얼굴을 가진 인간 또는 보통 뱀의 얼굴을 가진 인간 또는 허리 위는 인간, 하반신은 뱀의 모습을 하기도 한다. 나가 뱀은 종종 중국의 용과 동일한 상징성을 가져서 비를 내리고, 산이나 연못의 생명력을 나타내며, 풍요와 회춘을 상징한다. 이 뱀들은 문지방이나 입구의 수호자이자 물질적이고 영적인 보물의 수호자이며, 생명의 샘을 지키는 파수꾼이며, 또한 가축의 보호자이다. 이들은 뱀의 왕과 그 비妃로서 나무 밑에 그려진다. 뱀의 머리에 말뚝을 치는 것은 뱀을 '못박는' 것이며, 힌두 교 사원의 토대에서 이런 행위는 혼돈을 다스리는 질서를 창조하는 의미이며, 소마 신이나 인드라 신의 원초의 행위를 모방하는 것이다. 시바의 링가(→LINGA)에는 뱀이 똬리를 틀고 있는 경우가 간혹 있다. 코끼리, 거북, 황소, 악어와 함께 뱀은 세계를 지탱하기도 한다.→KUNDALINI 잉카: 뱀과 새는 케찰코아틀의 좋은 면을 가리킨다. 이란: 뱀은 악령 아흐리만이나 악령 앙그라 마이누의 일면으로, 즉 〈암흑의 뱀〉, 〈허위〉를 나타낸다. 페르시아의 뱀 아지-다하크는 태양신의 적으로서 '목 조르기'로 불린다. 이슬람 교: 뱀은 아라비아 어로 el-hayyah이고, 생명은 el-hayt, 〈영생하는 법〉은 El-Hay인데, 뱀과 생명은 밀접한 연관을 가진다. 〈알-하이〉는 신의 주요한 이름 중의 한 가지(「코란」 2 : 255)이며, 활력을 주는 자, 생명을 수여하는 것, 단순한 생명이 아니라 생명원리를 나타낸다. 다시 말하면 생명을 호흡하는 동시에 생명을 유지하는 것, 생명을 수여하는 생명원리 그 자체이다. 일본: 뱀은 폭풍우의 신이며 수좌지남명須佐之男命이 육화한 모습이며, 또한 이 신의 부수물이다.(수좌지남명은 팔기대사八岐大蛇를 퇴치했다.) 마니 교: 뱀은 예수의 상징이다. 마오리 족: 뱀은 세속의 지혜, 연못을 다스리는 자, 관개灌漑와 성장을 나타낸다. 미노아 문명: 크레타 섬에서는 뱀의 상징이 특히 두드러지며, 자연신 숭배 이전에 뱀 숭배가 있었다는 증거가 있는 듯하다. 가족의 수호자인 〈태모신〉은 양손에 뱀을 들고 있는 모습으로 그려지며, 후대에 이르러서 뱀은 〈태모신〉

의 후계자의 신들과 연관된다. 고대의 화폐에는 여신이 나무 아래에서 옥좌에 앉아서 뱀의 머리를 어루만지는 모습이 새겨져 있다. 뱀과 나무의 상징은 밀접한 관계를 가진다. 뱀은 풍요의 상징이며, 출산을 관장하는 여신 에일레이시아 숭배에서는 뱀이 눈에 띄게 자주 등장한다. 지자智者 폴리이데스의 곁에 보이는 뱀은 죽은 자에게 생명을 되찾아줄 수 있는 약초를 가지고 있다. 뱀은 죽은 자 — 조상이나 망령 — 의 화신이기도 하며, 무덤에 뱀의 상이 있는 경우에 이것은 영웅의 묘이며, 뱀은 부활과 불사의 상징이다. 나중에 뱀은 의술의 신 아스클레피오스를 나타내게 된다. **오세아니아**: 뱀은 천지의 창조자이다. 뱀의 존재는 임신과 연관된다. 어떤 지방에서는 지하에는 〈우주뱀〉이 살고 있으며, 세계는 궁극적으로 이 뱀에 의해서 파괴된다고 생각한다. **로마**: 뱀은 구제의 신들과 연관된다. 또한 예를 들면 여신 살루스처럼 풍요와 치유의 신들과 연관된다. 뱀은 지혜의 여신 미네르바의 부수물이다. **북유럽**: 미드가르트 뱀은 깊은 바다의 무한의 소용돌이에서 세계를 감싸고 있다. 뱀 니드호그는 '공포의 깨무는 자'로 불리며, 〈우주수宇宙樹〉이그드라실(→YGGDRASIL)의 뿌리에 살면서, 끊임없이 나무를 깨무는데 이 뱀은 우주의 악한 힘을 나타낸다.

**Shadow** 그림자 그림자는 부정의 원리로서, 태양의 긍정의 원리에 대립된다. 미개부족에서 그림자는 인간의 혼을 나타낼 수 있다고 한다. 이 관념은 마술이나 주술에서도 볼 수 있다. 자신의 그림자가 어디에 떨어지는지, 즉 그것이 타인의 그림자의 가운데를 넘어가지 않도록 주의를 기울여야 한다.

**Shamrock** 세 가지 약초 세 가지 약초는 일설에 의하면, 아라비아 어로 'shamrakh'로서, 페르시아의 〈삼인조〉 신들을 상징한다고 생각된다. 세 가지 약초는 모두 삼인조를 나타낸다. 〈신비한 것 세 가지〉, 태양의 바퀴를 상징한다. 크리스트 교에서는 세 가지 약초를 〈삼위일체〉의 상징으로 받아들였다. 성 패트릭과 아일랜드의 표지이다.

**Shaving** 삭발 →TONSURE

**Sheaf** 묶음, 단 묶음은 통일, 결합, 수확, 가을의 상징이다.

**Shears** 큰 가위 큰 가위는 운명, 죽음의 상징이다. →SCISSORS

**Sheep** 양 양은 무지몽매하며 맹목적인 추종, 무력함을 나타낸다. **중국**: 은둔생활의 상징이며 십이지十二支의 여덟번째 동물이다. **크리스트 교**: 양은 목자인 예수에게 인도되는 사람들과 신앙이 독실한 자, 12사도를 나타낸다.

**Shells** 조개, 조개 껍데기, 거북의 등딱지 조개는 여성적인 물의 원리로서 우주의 모태, 탄생, 재생, 생명, 결혼을 나타내며, 또한 (여성의 음문과 비슷하게 생겨서) 풍요를 상징한다. 연체동물(달팽이 등)의 껍질은 달과 처녀성의 상징이다. 그밖의 고둥에 관한 사항은 CONCH 참조. **불교**: →CONCH **중국**: 조개는 음陰의 여성원리이며, 옥玉은 양陽의 원리이다. 조개는 내세의 행복, 행운의 상징이다. **크리스트 교**: 조개는 세례수(세례수를 뿌리는 데 조개를 사용하곤 했음), 부활, 장송을 나타낸다. 큰가리비는 순례를 나타낸다. 본래는 스페인의 콤포스텔라의 성 대大야고보 교회로 가는 순례자가 큰가리비를 몸에 지니던 것이, 나중에는 모든 순례에 앞서서 순례자들이 큰가리비를 몸에 지니게 되었다. 큰가리비는 성 대야고보와 성 로크의 표지이다. **그리스·로마**: 장송의례에서 조개는 부활의 상징이다. 조개는 또 항해, 성욕(조개 껍데기는 두 장이 거의 붙은 채로 있으므로)을 나타낸다. 조개는 '바다에서 탄생한' 큰가리비를 타고 바다를 건넜다는 여신 아프로디테/베누스와 북풍 보레아스의 표지이다. **힌두 교**: 고둥(배 모양의 원뿔 조개 *Turbinella pyrum*)은 물의 원리로서 신 비슈누의 상징이다.

**Shelter** 피난처   피난처를 상징하는 모든 것은 여성의 원형이며 〈태모太母〉의 보호자로서의 일면과 연관된다. 예를 들면 동굴, 집, 사원, 도시, 마을, 벽, 담장, 문, 문지방, 방패, 나무, 배, 요람 등이 있다.

**Shepherd** 양치기, 목자   양치기는 모든 무리를 이끌며 보호하는 자, 구제자이다. 양치기는 죽은 자의 혼을 인도하는 자이기도 하며, 그래서 죽은 자를 지배하는 신과 연관되기 때문에 이 신은 양치기의 지팡이를 부수물로 한다. 〈선한 목자〉는 수메르, 이란(조로아스터 교), 유대, 오르페우스 교, 헤르메스 사상, 피타고라스주의, 티베트, 크리스트 교 등 많은 전통문화에서 발견된다. **고대 근동**: 달의 신이며, 또한 양치기인 타무즈는 무리의 보호자이다. 아미노스와 마고스는 페니키아 인들에게 목축을 가르쳤다. **불교(티베트 불교)**: 달라이 라마는 '지극히 자비롭고 선한 목자'인 첸레지그(관음보살)의 화신이다. **크리스트 교**: 양치기는 〈선한 목자〉로서의 예수의 인간성과 사랑이 많은 마음을 나타내며, 또한 길을 잃은 자들을 구하는 것을 상징한다.("누가복음" 15 : 3-7, "요한복음" 10 : 1-8) **이집트**: 태양신이자 창조신인 라는 '만인의 〈목자〉'이다. 이집트 왕은 백성을 인도하는 양치기이다. **그리스**: 양치기   오르페우스는 〈선한 목자〉이며, 부수물로서 어깨에 숫양이나 새끼 염소를 매고 있다. 헤르메스 크리오포로스, 즉 숫양을 안고 있는 헤르메스도 〈선한 목자〉이다. 목신 판은 목자이며, 신 헤르메스/메르쿠리우스는 영혼의 목자이다. **힌두 교**: 시바 신은 목자이며, 신 크리슈나는 양치기나 소를 돌보는 젊은 여인들과 연관된다. **이란**: 〈황금시대〉의 왕 이마는 태양의 눈을 가진 〈선한 목자〉로서 불사不死의 비밀을 지니고 있다. **이슬람 교**: '신의 영광은 양치기들 가운데에 있다.'

**Shield** 방패   방패는 보존하고 비호하거나 보호하는 여성적인 힘의 상징이다. 방패는 종종 신이나 영웅의 상징이 된다. 8자형의 방패(✕)는 이집트에서 여신 네이드의 상징이며 같은 것이 미노아 문명에서도 발견된다. 그리스에서 방패는 군신 아레스와 여신 아테나의 표지이며, 방패를 지닐 때 몸에 입는 아이기스(→AEGIS) —— 보호의 상징 —— 도 함께 그려진다. 던지는 창과 방패의 한 쌍은 새로 참가한 젊은이가 성인이 되는 이니시에이션을 상징한다. 정결의 표지로 간주된다.

**Ship** 배   배나 보트는 태양과 달을 태우고 바다를 횡단한다. 대지는 원초의 바다에 떠다니는 배이다. 말의 머리와 꼬리를 잇는 배는 태양에 속하며, 상징으로서는 태양의 전차에 해당된다. 여성을 나타낸 선수상船首像은 달에 속하며, 이것이 있는 배는 보호자로서의 〈태모太母〉, 자궁, 요람 등, 그리고 더 나아가 변용의 (여성적) 그릇, 생명의 바다에 떠다니는 구제자, 보호자를 나타낸다. 태양과 달이 타고 다니는 것으로서의 배는 다산多産, 바다의 생명, 생산력의 상징이며, 모험, 탐험, 인생항로를 출발함을 나타내며, 또한 동시에 죽음의 바다를 건너는 것을 나타낸다. 이 의미에서 배는 다리와 같은 상징성을 가지

317

조개껍데기를 배경으로 한 크리스트 교도의 형제로 고대 로마의 석관石棺 패널. 그들은 태어날 때 생명 부여의 여성원리를 나타내는 조개 속에서 함께 태어난 것처럼, 죽은 후에도 하나로 결합되어 있다.

순례 지팡이에 큰가리비를 붙인 콤포스텔라의 성 대大야고보. 큰가리비는 순례의 기장記章이며, 조개껍질은 물을 푸거나 식사용 그릇으로서 사용되었으므로 청빈, 세속적인 것을 버림을 상징한다.

3세기 로마의 조각에 나타난 〈선한 목자〉로서의 예수로 전통적 상징에 부합된 일례이다.

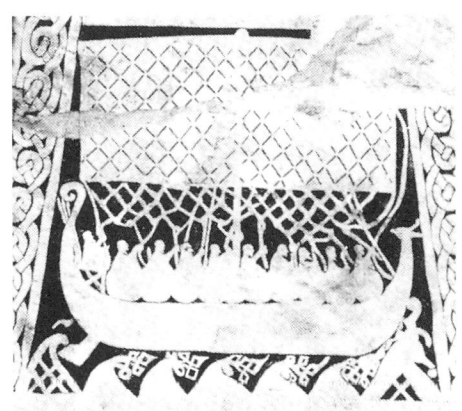

바이킹의 기념비에 새겨진 죽음의 배. 죽음은 하나의 여행의 끝이며, 새로운 목표와 시작으로의 이행과 마찬가지임을 강조한다.

며, 또한 이 세계에서 다른 세계로 건너가는 의미이며, 〈대신관Pontifex Maximus〉('다리pons를 건너다facio'가 그 어원), 즉 가톨릭 교황과 동일한 상징적 의미를 가진다. 창조의 바다에서 타고 나가는 생명의 배는 축軸의 상징에서도 볼 수 있다. 돛대가 〈우주축〉(→AXIS)을 나타내며, 〈생명의 나무〉와 같은 상징적 의미를 가진다. **불교** : 〈법法〉의 배나 탈것에 의해서 인간은 존재와 전생의 바다를 건너서 피안에 도달한다. **켈트** : 배는 〈바다의 왕〉 마난난 신을 상징한다. 마난난의 배는 돛이나 키가 없이도 뜻에 의해서 나아간다. **크리스트 교** : 〈교회〉는 〈방주〉이며, 구제의 배, 유혹으로부터의 안전지대이다. 십자가는 〈교회〉라는 배의 돛대이다. 배는 성 줄리안, 미라의 성 니콜라스(산타 클로스), 성 빈센트의 부수물이다. **이집트** : '그들(이집트 인들)의 믿음에서 태양과 달은 전차를 타고서 나아가는 것이 아니라 배에 타고서 영원한 세계를 항해한다. —— 그래서 태양과 달이 (나일 강의) 다산의 축축한 흙에서부터 생물을 탄생시키고 먹이고 부드럽게 한다.' (그리스의 역사가 플루타르코스) **힌두 교** : '인간을 지복至福의 절벽으로 실어다주는 …… 배이다.'(「리그 베다」 I. 97) **일본** : 천둥신 가미나리(신명神鳴에서 유래)가 타고 다니는 배는 하늘과 땅을 잇는다. **로마** : 배는 〈대신관〉이라고도 불리는 야누스 신의 부수물이다. **북유럽** : 배는 풍요의 신들이며, 바니르 신과 연관된다. 마법의 배는 신 프레이야에게 속한다.

**Shoe** 신발　신발은 두 가지 뜻을 가져서, 권위와 자유를 나타내며 동시에 비천함을 나타낸다. 신발이 자유를 나타내는 것은 노예가 신발을 신지 않기 때문이며, 신발이 제어를 나타내는 것은 신발을 다스리면 그 사람을 다스리는 것이 되기 때문이다. 예를 들면 신부의 신발을 얻은 신랑은 그녀 자신을 얻게 된다. 성역에 들어갈 때 신발을 벗는 것은 속계와의 접촉을 끊고서 복종과 숭배의 마음을 가지고 들어가며, 또한 악에서부터 벗어남을 나타낸다. 유대 교의 상징체계에서 신발은 무가치한 것을 의미한다.('너의 선 곳은 거룩한 땅이니 네 발에서 신을 벗으라' —— "출애굽기" 3 : 5) 크리스트 교에서 제화공製靴工의 도구는 성 크리스핀의 부수물이다.

**Shroud** 수의　수의는 죽음, 장례식의 상징이다. 영웅 테세우스와 연관되며, 돛의 상징에 관계된다.(아이게우스는 검은 돛을 보고서 자식 테세우스가 죽은 것으로 생각하여, 바다에 몸을 던졌다.)

**Sickle** 낫　낫은 죽어야 할 생명, 〈베는 자〉(→REAPING)로서 죽음을 상징한다. 〈시간의 신〉 크로노스/사투르누스의 부수물이며, 해골이나 노인의 모습과 함께 〈죽음〉의 부수물이다. 크로노스는 또한 낫을 가지고 두건을 쓰고 있다. 이것은 가을의 태양이 점점 쇠약해지는 것을 나타낸다. 오리엔트에서 낫은 왕위의 상징으로 생각된다. 낫은 풍요의 상징으로서 신 프리아포스의 손에 들려 있다. 낫은 농경의 풍요를 나타낸다.

**Sieve** 체　체는 비구름, 다산多産의 상징이자, 또한 쓰레기를 치우는 것으로 순화純化의 행위, 그래서 자기 검증을 나타낸다. 체는 또한 비평, 양심, 선택, 선발의 상징이기도 하다. 크리스트 교에서 체는 바람의 세례에 의해서 신앙이 독실한 자와 신심이 없는 자를 구별함을 나타낸다. 〈사려 깊음〉을 뜻하는 조각은 체를 부수물로 한다. 체는 또한 양심에 의한 수용이나 거부의 힘을 나타낸다. 힌두 교에서 하늘의 신령한 술 소마는 하늘의 체를 통해서 걸러지며, 풍요의 비로서 내린다. 이것은 또한 신들의 제멋대로인 은총을 나타낸다. 이집트의 상징체계에서 체는 쓸 수 있는 힘의 선택을 암시한다. 체는 마녀가 타고 다닌다.

**Silver** 은, 은색→COLOURS의 SILVER 은은 달, 처녀성의 상징이다. 금이 남성인 데 반해서 은은 여성이며 금은 왕, 은은 여왕이다. **연금술**: 은은 제1질료의 생성된 그대로의 처녀 상태, 〈달〉, '정화된 감정'을 나타낸다. **중국**: 은은 청순, 광휘, 달과 음을 나타낸다. **크리스트 교**: 정결, 청순, 웅변이다. ("잠언" 10:20)

**Siren(Seiren)** 세이렌→FABULOUS BEASTS의 SIREN 세이렌은 유혹, 여자의 유혹, 속임수의 상징이다. 사람의 마음을 진실한 깨달음에서 벗어나게 하는 현세의 매력과, 영적인 죽음과 사람을 꾀어내는 것, 관능의 매력에 사로잡힌 혼을 나타낸다. 새의 모습인 세이렌은 그리스 신화에서 피에 굶주린 악령이다. 이집트 신화에서 세이렌과 비슷한 모습을 한 새 바는 인간의 육체를 분리한 혼을 나타낸다.

**Sistrum** 딸랑이 딸랑이는 4대 원소의 움직임을 나타낸다. '떨랑이는 존재하는 것은 모두 흔들리며, 움직이지 않는 것은 없음을 가르쳐준다.'(그리스 역사가 플루타르코스) 딸랑이는 천사의 날개의 움직임을 나타내는 것이기도 하다. 〈하늘의 여왕〉인 여신 이시스의 표지이다.

**Skeleton** 해골 해골은 죽음, 죽어야 할 생명, 시간과 인생의 무상함의 상징이다. 큰 낫과 모래시계를 가지고 있는 해골은 생명을 잘라버리는 〈베는 자〉(→REAPING)를 나타낸다. 또한 달, 잊혀진 자, 죽은 자를 지배하는 신들을 나타내기도 하는데 특히 신 크로노스/사투르누스, 마야 문

명의 죽음의 신, 그리고 명계冥界와 연관된다. 연금술에서는 연금 〈작업〉의 부패단계를 나타내며, 이것을 나타내는 색은 검은 색이다.→SKULL

**Skin** 피부, 가죽 피부는 물질을 나타낸다. 희생양의 가죽——예를 들면 황소나 말의 가죽, 또는 숫양이나 양의 모피——은 그 동물의 지방脂肪을 나타내며, 그 외에 의미를 확장해서 그 동물에서 얻는, 생명유지에 유용한 것들을 모두 가리킨다. 가죽은 또한 자손과 장수를 상징한다. 가죽을 몸에 걸치는 것은 그 동물의 힘, 즉 마나를 취하는 것이며, 동물들과 접촉하면 그들의 본능적 지식을 얻는다. 이것은 샤머니즘에서 행해진다. 이니시에이션 의례에서 몸에 두르는 가죽은 이니시에이션 단계를 나타내며, 재생, 불사不死의 보증을 상징한다. 이니시에이션이나 의례에서 몸에 두르는 얼룩동물이나 새의 가죽은 인간의 이원성을 상징하며, 또한 현현顯現과 비현현을 나타낸다. 뱀처럼 허물을 벗는 것은 '옛날의 인간'을 벗어버리고 새로운 인간을 입어서 젊음을 회복하고, 높은 신분이나 불사를 획득함을 나타낸다.

**Skull** 두개골 두개골은 생명의 덧없음, 이 세상의 사물의 공허함, 죽음, 죽음을 생각나게 하는 교훈, 달, 잊혀진 자, 죽음에 이른 태양, 죽은 자를 지배하는 신들, 시간을 나타낸다. 또한 한편으로 두개골은 머리에 머무는 생명력을 의미하기도 한다. 십자로 교차된 대퇴골과 해골을 한 쌍으로 그린 그림은 죽음을 나타내는데, 대퇴골은 생명력 특히 허리에 머무는 생식력을 상징한다. 두개골과 뼈의 십자 그림이 그려진 깃발은 해적을 나타낸다. **연금술**: 큰까마귀와 묘지와 함께 있는 두개골은 〈소작업〉의 제1단계이며, 흑화와 부패, 즉 '흙에서 흙

으로 돌아가는' 과정을 상징하며, 현세에 대한 죽음을 의미한다. 그러나 이 두개골은 또한 살아남는 것도 나타내며, 그래서 생명과 변용을 상기시키는 것으로 사용되기도 한다. **불교(탄트라 불교)** : 피로 가득 찬 두개골은 삶의 방기를 나타낸다. 두개골은 죽음을 담당하는 신 야마와 여신 타라의 어두운 면을 나타내는 표지이다. **크리스트 교** : 두개골은 현세의 허망함, 죽음의 명상暝想의 상징이다. 그래서 은둔한 수사의 표지이다. 십자가 위에 달린 두개골은 골고다 언덕의 십자가 위에서 예수가 죽은 이후에 영원한 생명이 보증됨을 나타낸다. 골고다는 '해골이 쌓여 있는 언덕'이라는 뜻인데, 아담의 두개골도 여기에 묻혀 있다고 한다.("누가복음" 23 : 33) 두개골은 아시시의 성 프란치스코, 성 히에로니무스, 막달라의 성 마리아, 성 바울 등(회개했던 성인들)의 표지이다. **그리스 · 로마** : 두개골은 〈시간의 신〉 크로노스/사투르누스의 상징물이다. **힌두 교** : 피로 가득 찬 두개골은 삶의 방기를 나타내며, 칼리/두르가 여신의 부수물이다. 두개골은 또한 죽음을 다스리는 신 야마, 파괴자로서의 신 시바와 여신 칼리와 함께 그려진다. **마야 문명** : 해골과 마찬가지로 두개골도 죽음의 신과 명계冥界의 상징이다.

**Sky** 하늘  하늘은 초월, 무한, 높음을 상징하고 〈천계〉, 지복至福의 나라, 지고의 권리, 우주의 질서를 나타낸다. 천공신天空神은 일반적으로 창조주로서 전지전능하며, 우주의 리듬을 상징한다. 또한 천공신은 법의 수호자이기도 하다. 모권사회에서는 천공신이 일반적으로 여성으로 나타난다. 천공신에게는 성별이 없을 수도 있다. 힌두 교의 상징체계에서 하늘은 체篩이며, 신령한 술 소마는 이 체에서 걸러지는 비로 내리며, 대지를 비옥하게 하며, 또한 벼락과 번개를 동반한다.

**Slug** 연체동물  **이집트** : 연체동물은 생명의 기원, 정자精子, 습윤함의 상징이다.

**Smith** 대장장이  〈대장장이의 신〉은 대지를 형성한 〈창조주〉이며, 〈지고신至高神〉의 자녀, 신과 인간의 매개자이다. 〈대장장이의 신〉은 벼락과 번개, 망치, 불을 다스리는 철상鐵床을 부수물로 해서 불의 힘을 제어한다. 샤머니즘이나 오세아니아에서 대장장이 출신은 신의 기원이 되고, 대장장이는 샤만, 왕, 영웅과 연관이 된다. 대장장이의 기술에는 신성한 마력이 깃들어 있으며, 그는 이니시에이션의 비밀을 소유한다. 예외적으로 목자들의 사회에서 대장장이는 악과 관계가 있는 것으로 여겨져서 경멸당하며 '검은' 대장장이라고 불리며, 대장 일도 부정不淨하게 여겨진다. 대장장이는 종종 특히 아프리카에서 부족의 문화 영웅이나 시조이다. 대장장이는 부족사회의 제단을 지키며, 그 전통을 유지한다. 발트 해 지방의 신화에서 태양은 대장장이가 주조해서 하늘에 던진 것이라고 한다. 〈하늘의 대장장이〉는 세계의 창조자, 조직자이며, 밀의密儀의 지식을 인간에게 가르친다.

**Smoke** 연기  사원의 옥상에 뚫려 있는 곳이나, 집에서 또는 티피나 유르트(→YURT)의 가운데에서 하늘로 올라가는 연기 기둥은 〈우주축宇宙軸〉(→AXIS)이며, 시공을 벗어나서 영원한 무한에 들어가는 길이다. 이 연기 기둥은 시간적, 공간적 연장이며, 불과 공기의 결합이자, 하늘로 올라가는 기도, 신을 지상에 초대함을 나타낸다. 연기 기둥은 또한 불의 경우처럼 정화된 혼의 승천을 나타내기도 한다. 크리스트 교에서 연기는 인생의 덧없음, 명성

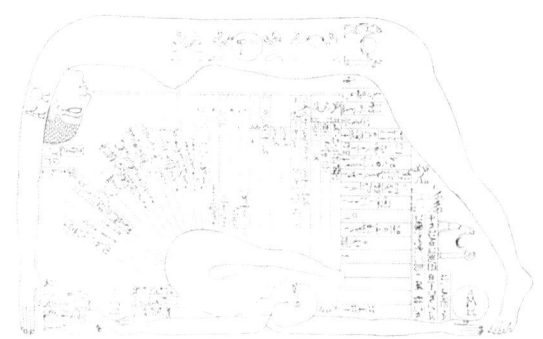

이집트의 천공天空 여신 누트는 만물을 창조하고, 질서를 부여하며, 나아가 창조 세계를 배로 덮고 있어서 모든 것으로부터 초월적인 입장을 유지한다.

아스텍의 봄의 신 시페의 상. 자신의 피부처럼 몸에 걸친 희생물의 가죽은 봄의 회귀에 의한 재생과 신생의 계약을 상징한다.

동물 가죽을 걸친 숲의 신 실바누스.

십자가 형을 당하는 예수와 예수를 둘러싼 〈미덕〉이나 시나고그이다. 십자가 옆에는 두개골이 나타난다.

이나 노여움이나 진노의 허망함을 암시하는 것으로 생각된다.("시편" 102 : 3)

**Snail** 달팽이  달팽이는 껍질에서 나왔다가 사라지는 것으로 달에 속한다. 달팽이 껍질은 그 모양에서 자연히 미궁, 나선, 지하동굴의 상징이 된다. 바다의 달팽이로 불리는, 말려 있는 조개는 불의 원리와 물의 원리의 복합으로서 남녀추니를 나타낸다. 달팽이는 또한 느림, 색욕 등을 의미한다. 크리스트 교에서 달팽이는 게으르고 태만함을 의미하며, 또한 진흙을 먹고 사는 것으로서 타락을 나타낸다.

**Snake** 뱀 → SERPENT

**Sneeze** 재채기  재채기는 머리에 머무는 생명원리가 자연스럽게 표출된 것이다. 재채기는 또한 혼의 현현顯現, 혼의 동요나 머리에서 생명력의 일부가 상실되는 것, 예언의 확증이다.("열왕기 하" 4 : 35)

**Snow** 눈雪  눈은 차가움, 냉혹함의 상징이다. 눈이 녹는 것은 경직되었던 마음이 부드러워지는 것을 나타낸다.

**Snowdrop** 아네모네  아네모네는 청순, 겸손, 희망의 상징이다. 크리스트 교에서는 성모 마리아와 〈성모 마리아 순결 축일〉(2월 2일)의 표지이다.

**Soil** 흙  흙은 〈지모신地母神〉, 모체母體이다.

**Solstice** 지일至日, 지점至點  〈하늘의 여왕〉인 〈태모太母〉는 동지에 〈빛의 아이〉를 낳는다. '〈처녀〉가 낳고, 빛이 키운다.'(「오시리스의 죽음과 부활」) 동지에는 보름달이 천구의 가장 아랫점에서 보이며, 처녀좌는 동쪽 하늘에 떠오른다. 〈천상의 문〉, 즉 마갈궁摩羯宮에 위치한 동지는 '신의 문'으로 불리며, 태양의 상승과 강화되는 힘을 상징한다. 〈하계下界의 문〉 즉 거해궁巨蟹宮에 위치한 하지는 '인간들의 문'

이라고 불리며, 태양의 하강과 힘의 감퇴를 상징한다.

**Soma** 소마  소마는 식물이면서 동시에 베다의 소마 신의 화신化身이므로 다시 말하면 신이기도 하다. 제의에서는 이 소마(주酒)를 바친다. 소마는 또한 인드라 신의 성수聖樹이며, 신으로서는 황소, 새, 태아, 거인의 모습으로 나타낸다. 소마는 신적인 힘과 신적인 지식, 영감, 〈만물의 양육자〉의 상징이다. 성스러운 술 소마는 식물 소마를 체籒에 거르는 작용에서, 체는 하늘, 떨어지는 술은 풍요의 비이며, 술 방울이 떨어지는 소리와 술의 황색은 천둥새와 번개로서 나타난다. 소마 신은 적동색赤銅色의 남자의 모습으로서, 삼륜전차를 타고 다니며, 차의 뒷부분에는 붉은 색의 삼각기를 세우고, 이 전차를 한 마리의 얼룩 영양이나 열 마리의 백마가 끌도록 한다.

**Son** 아들, 자식  아들은 분신, 꼭 닮음, 또 하나의 자아이다.

**Soul** 혼魂  혼은 보통 하늘에서 날아가는 새의 모습으로 나타난다. 크리스트 교 미술에서 혼은 입에서 나오는 벌거벗은 어린이로 그려지는 경우가 가끔 있는데 이것은 혼의 새로운 탄생을 나타낸다. 이집트에서 혼은 새 ─ 종종 인간의 얼굴과 손을 가진 새(→BA) ─ 이다. 그리스와 그밖의 지역에서 혼은 육체를 떠날 때 뱀의 모습을 하고 떠난다.

**South** 남쪽  남쪽은 한낮의 태양으로서 나타내며, 불, 온난함, 청춘, 여름, 남성원리를 상징한다. 보통 이집트에서 남쪽은 어둠, 여성원리, 명계冥界, 신 암세트(및 이시스 여신)의 상징이며, 또한 인도에서도 남쪽은 밤의 세계를 상징하며, 여성을 가리킨다. 중국에서 남쪽은 봉황(사신四神 중의 한 가지로서 주작)과 적색으로 상징

된다. 유대 교의 상징체계에서 남쪽은 날개가 달린 사자로서 그려진다.("이사야서" 30:6)

**Sow** 수퇘지→SWINE

**Sowing** 씨뿌리기   씨뿌리기는 창조행위이며, 〈대지모신大地母神〉의 육체에 씨를 집어넣는 것을 나타낸다.

**Space** 공간   신전, 교회 또는 아메리카 인디언의 티피나 로지(→LODGE)의 경우와 마찬가지로 하늘과 땅이 만나는 장소이며, 천지의 교류가 실현되는 곳이다.

**Spade** 삽   삽은 남근상징이며, 남성원리를 나타낸다. 신 사투르누스의 상징물이기도 하다. 크리스트 교에서는 성 포카스의 표지이다.

**Spark** 불꽃   불꽃은 생명원리, 혼, 불의 상징이다.

**Sparrow** 참새   **크리스트 교**: 참새는 비천함, 불명확한 것의 상징이다.("시편" 84:3, "마태복음" 10:29) 또한 음란함, 호색을 나타낸다.(플리니우스「박물지」10:29) **그리스**: 참새는 여신 아프로디테의 상징물이다.(로마 시인 카토르누스의 연인) 레즈비아와 동일하다. **일본**: 참새(혀를 짤린 참새)는 충성, 보은의 상징이다.

**Spear** 창   창은 〈우주축宇宙軸〉의 상징이며, 남성원리, 남근, 활력, 풍요, 용맹한 마음을 나타내며, 또한 마술사의 지팡이이다. 창은 전사나 사냥꾼의 부수물이다. **켈트**: 투석이나 투창은 '팔이 긴' 루그 또는 람프하다 신에 의해서 상징된다. **중국**: 창은 여러 잡신들의 상징이다. **크리스트 교**: 창은 예수 수난의 표지이며, 또한 성 미카엘과 예수 책형磔刑의 장에 입회했던 백인대장 성 론지누스의 부수물이기도 하다. **그리스·로마**: 새로 참가하는 젊은이가 가진 창과 방패는 성인이 되는 이니시에이션,

프랑스 아를의 성 트로피메 교회 정면에 있는 조각. 크리스트 교의 최초의 순교자 성 스테파노의 혼을 표현한 것이다. 스테파노는 돌에 맞아서 순교했는데, 그의 입에서 나온 혼을 천사들이 하늘로 옮긴다.

성인으로서의 용기를 상징한다. 창은 여신 아테나/미네르바, 군신 아레스/마르스의 부수물이다. **북유럽**: 오딘 신의 창 궁길르는 난쟁이들이 주조한 것이며, 창이 스스로 표적에 명중된다.

**Sphere 구체球體, 구球** 구체는 완전성, 유한 세계의 가능성의 총체, 또는 변용의 가능성을 포함하는 원초의 형태, 〈우주란宇宙卵〉(→EGG), 시간과 공간의 소멸, 영원, 하늘의 궁륭穹窿, 세계, 혼, 〈세계령世界靈〉(플라톤 「테아이테토스」 34B-37C)을 상징한다. 구는 또한 재생운동의 순환, 혁신, 하늘의 상징이다. 이슬람 교의 상징체계에서 구는 〈영〉이며, 원초의 〈빛〉이다.

**Sphinx 스핑크스** 스핑크스는 신비적인 것, 모순되는 것, 힘, 일출의 신 라, 예지, 왕위, 불침번, 강함의 상징이다. 스핑크스는 몸은 황소, 머리는 인간의 남자나 여자, 발은 사자에 독수리의 날개를 가지고 있는데, 그 전체는 4대 원소를 나타내며, 또한 육체적 힘과 지적인 힘의 결합, 파라오에 구현되는 자연의 힘과 영적인 힘을 상징한다. 안드로스핑크스androsphinx는 인간의 얼굴을 가지고 있으며, 육체적인 힘과 지적인 힘의 결합을 나타낸다. 크리오스핑크스criosphinx는 숫양의 머리를 가지며, 침묵의 상징이다. 히에라코스핑크스hieracosphinx는 매의 머리를 하고 있으며, 태양에 속한다. 몸 전체가 사자의 모습이고 날개가 없는 스핑크스는 힘을 나타낸다. 테베의 스핑크스는 장례식과 연관되며, 묘지의 수호자이며, 또한 기氣를 파괴함을 나타낸다. 그리스의 스핑크스는 여자의 얼굴을 하고 있다. 미노아의 스핑크스는 '백합의 관'을 쓰고 있다. 인간의 머리를 한 스핑크스는 동물적 본능을 이긴 인간 정신을 나타내기도 한다.

**Spider 거미** 운명을 짜는 자로서의 〈태모太母〉의 끔찍한 일면은 거대한 거미의 모습을 하고 나타나는 경우가 있다. 달의 여신은 모든 〈운명〉의 실을 자으며, 〈운명〉을 짜며, 〈우주 거미cosmic spider〉, 〈큰 거미great spider〉, 〈위대한 직공great weaver〉은 또한 〈창조주〉이기도 하다. 이런 거미는 자신의 체내에서 생명의 실을 자아내며 모든 인간의 탯줄을 그 실에 연결하여, 세계를 의미하는 직물의 뜨개코에 그것을 묶거나, 또는 그 직물의 모양 가운데에 그것을 짜서 넣는다. 이 직물, 즉 그물의 중심에 있는 거미는 세계의 중심을 나타내면서, 동시에 사방팔방으로 빛을 내쏘는 태양, 현현顯現 세계의 삶과 죽음의 순환을 나타내는 달, 또는 시간이라는 직물을 짜는 해年를 나타내기도 한다. **아메리카 인디언**: 거미는 바람과 벼락, 해악으로부터의 보호를 나타낸다. **고대 근동**: 일설에 의하면 거미는 세계와 숙명을 짜는 여신 이슈타르와 아타르가티스의 부수물로 생각된다. →SPINDLE, WEAVING, WEB **크리스트 교**: 거미는 죄인을 눈멀게 하는 악마 사탄, 가난한 자의 피를 짜내는 수전노이다. 성배聖杯 위에 있는 거미는 성 노버트의 표지이다. **이집트**: 거미는 세계를 뜻하는 직물을 짜는 여신 네이드(여신 아테나)의 부수물이다. **그리스**: 거미는 세계를 뜻하는 직물을 짜는 여신 아테나의 부수물이며, 또한 여신 페르세포네, 여신 하르모니아, 운명을 잣는 세 여신 모이라이들의 부수물이다. 베짜기의 명수 아라크네는 (여신 아테나와 기술을 겨루다 패하여) 거미가 되었다.(「메타모르포시스」 6. 1-145) **힌두 교·불교**: 거미는 마야의 망을 짜며, 또한 자신의 체내에서 실을 자아내는 〈창조자〉이다. **오세아니아**: 몇몇 섬에서 〈늙은 거미〉는 우주의 창조자이다. **로마** : 거미는 통제력과 행운의 상징이다. **북유럽·게르만** : 여신 홀다와 노른 여신들은 운명의 실을 자아서 운명을 짠다.

**Spindle/Spinning** 방추紡錘/실잣기, 방적 방추는 모든 〈태모신太母神들〉이나 달의 여신들, 운명을 짜는 이들의 공포스러운 면을 나타내는 부수물이다. 운명의 여신들은 예외 없이 실을 잣거나 베짜기를 하며, 달의 세 가지 모습에 대응되는 모양인 탄생·생명·죽음, 과거·현재·미래 등 세 가지로 한 벌을 이루는 것들로 나타내진다. 보통 한 조의 셋 중의 둘은 인간의 편에 있는 선한 신이며, 세번째는 생명의 실을 자르는 자로서, 참혹하며 악한 신이다. 돌아가는 물레는 우주의 순환운동을 상징하며, 베를 짜는 작업은 운명이나 환영 세계의 베일을 짜는 것으로 베짜는 기술에 내재된 여성원리를 나타낸다. 바다의 요정 네레이드들은 황금의 방추를 가지고 있다. 게일 인(스코틀랜드 고지의 주민)의 요정들은 자신들이 호의를 가지고 있는 인간들을 위해서 실을 잣고 베를 짜는 봉사를 한다.→SPIDER, WEAVING

**Spine** 척수 척추는 〈우주축宇宙軸〉, 지지함, 지조가 굳건함을 나타낸다. 오시리스 신의 몸이 조각조각 잘라진 후에는 그 〈척추〉가 세워졌다. 이것은 이집트에서 숭배받는 부수물 제드 기둥(→DJED, 103쪽, 321쪽 그림 참조)이다. 아이누 족 사이에서 척추는 생명의 자리이며, 최초에 창조된 인간의 척추는 잘 휘는 버드나무로 만들어졌다고 생각했다. 힌두 교에서는 척추의 기저부에서 뱀의 모습으로 똬리를 틀고 누워서 자는 쿤달리니(→KUNDALINI)가 깨어나면, 그 힘은 척추 내부를 따라서 올라온다고 한다. 척추는 산, 기둥, 나무, 뿔,

수수께끼의 스핑크스와 오이디푸스의 운명적인 만남이 그려진 아티카의 접시. 이 스핑크스는 머리는 여자, 몸은 사자이며, 독수리의 날개를 가진다.

조개껍데기 원반에 그려진 거미는 아메리카 인디언의 부적으로, 바람이나 비 등 망가지기 쉬운 거미집을 위협할 수 있는 자연 현상으로부터 인간의 몸을 지켜준다.

다리 등 어떤 〈우주축〉에 의해서도 나타내진다. 메루 산은 세계의 척추이다.

**Spiral** 나선 나선은 아주 복잡다기한 의미를 가진 상징이며, 구석기시대 이래 사용되었으며, 선왕조시대(기원전 3100년 이전)의 이집트, 크레타, 뮈케나이, 메소포타미아, 인도, 중국, 일본, 콜럼버스 이전의 아메리카, 유럽, 북유럽, 영국 등지에서 넓게 발견된다. 또한 하와이를 제외한 오세아니아에서도 이 상징이 나타난다. 나선은 여러 가지가 연관된 힘으로 태양과 달의 힘을 나타내며, 또한 대기, 하천이나 바다, 우레나 번개를 상징한다. 나선은 또한 소용돌이이며, 위대한 창조력, 해방을 상징한다. 나선은 밖으로 뻗어나가는 동시에 안으로 수축되는 것으로서 태양의 힘의 증대와 감소, 달의 차고 이지러짐을 나타내며, 이 유추에서 성장 및 확대와 죽음 및 수축, 실을 감는 것과 푸는 것, 탄생과 죽음을 상징한다. 나선은 또한 연속을 의미하기도 한다. 나선은 하늘의 회전, 태양의 궤도, 계절의 순환, 지구의 자전을 상징한다. 나선은 벼락이나 바람에서 나오는 회오리바람이나 바다나 강의 움직임을 나타내는 것으로서 사물의 동적인 상, 풍요의 상징이다. 바스티우스에 의하면 소용돌이로서의 나선은 상징적으로는 물레 및 위대한 생식력과 동등하다. 회오리바람(→WHIRLWIND)의 상징으로서의 나선은 중국의 승천하는 용과 연관된다. 나선과 회오리바람은 특히 자연에 머무는 에너지의 현현顯現으로서 같은 상징성을 가진다. 나선이나 소용돌이는 실을 자아 생명의 베를 짜는 것, 〈태모신太母神〉의 베일을 짜는 것과 연관되는데 이 경우의 〈태모신〉은 운명을 다루는 자, 환상의 베일을 짜는 자이다. 나선은 또한 미궁(→LABYRINTH), '미로' 걷기, '미로' 춤(→LABYRINTH의 켈트)과 동일한 상징적 의미를 가진다. 형이상학적인 상징으로서의 나선은 존재의 지배 영역, 한 존재의 다양한 모습, 현현 세계에 있는 혼의 방황, 〈중심〉으로의 혼의 궁극적 회귀이다.

이중 나선 —— (∞), (ω), (∽), (∼) —— 은 밖으로의 회전과 중심으로의 회전의 교차 리듬, 생과 사의 순환을 보여주기도 하며, 태양과 달의 힘의 증감을 나타낸다. 이중 나선은 또한 두 개의 반구, 두 개의 극, 낮과 밤, 모든 자연의 리듬, 음양, 샤크타와 샤크티, 현현과 비현현, 두 개의 순환의 연쇄를 나타내는 것이기도 하다. 이중 나선은 남녀추니를 나타내며, 헤르메스의 (두 마리의 뱀이 나선 상태로 휘감긴) 지팡이 (→CADUCEUS)의 상징이나 연금술의 용해와 응고에 연관된다. 벼락과 번개와 비구름으로서의 나선은 풍요의 상징이다. 나선은 또한 켈트의 상징체계에서 불꽃과 불을 나타내기도 한다. 이중 나선이 고둥으로서 여자의 음문과 연관되지만, 마오리족에서는 일반적으로 남성원리를 나타내며 남근상징도 된다. 크레타, 뮈케나이 문명에서 낙지의 말려 있는 발은 나선과 연관되어 벼락, 비, 물을 나타낸다. 중국의 도교나 불교에서는 용이 보호하는 '값진 진주'나 '용의 옥'(→PEARL)은 나선 모양인 것으로 그려진다. 이중 나선은 음양의 상징적 의미를 지닌다.

나선형인 것은 모두 나선 상징이 된다. 달팽이의 껍질, 조개 껍데기, 귀, 낙지의 발, 동물의 말려 있는 뿔, 몸을 웅크린 개나 고양이, 똬리를 튼 뱀, 담쟁이처럼 나선을 그리면서 뻗어가는 식물, 전나무 열매나 솔방울, 펴지지 않은 고사리 잎 등이 그것이다. 나선은 또한 신이나 왕의 귀, 비늘

내리는 동물이나 파충류, 똬리를 틀고 있거나 잠을 자는 뱀 쿤달리니(→KUNDALINI)와 연관된다. 회오리바람이나 4대 원소의 신과 운동의 신 —— 예를 들면 벼락의 신 루드라나 태양신 푸샨 —— 의 머리카락은 나선이나 고둥 모양으로 꼬여 있다. 나선은 또한 힘과 생명의 중심으로서 배꼽과 연관된다.

16세기 터키의 그릇에 그려진 장식적인 나선 모양은 중심을 향해서 돌아감으로써 이 모양으로 장식된 그릇이 가지는 내포와 보호의 기능을 반복하여 강조한다.

**Spire** 첨탑  첨탑은 하늘로 향하는 동경을 나타내며, 또한 남근상징이다. 크리스트 교에서는 하늘을 가리키는 신의 손가락을 상징한다.

**Spittle** 침, 타액  침은 개인의 인격, 두터운 신앙의 확증, 악마의 눈의 저주를 푸는 것, 치유력을 나타낸다. 침을 뱉는 것은 경멸의 상징도 된다.

**Spleen** 비장脾臟  비장은 분노, 기분이 나쁨, 우수憂愁를 나타낸다.

**Spoon** 숟가락  힌두 교 의식에서 공양용 숟가락은 브라마 신과 불의 신 아그니의 부수물이다.

**Spring** 샘, 봄→WATERS, SEASONS

**Sprinkling** 물 뿌리기  물 뿌리기는 수정-수태-임신-탄생-세례의 상징적 연쇄를 나타낸다.

**Square** 사각형  하늘의 원에 대립하는 것으로서 사각형은 지상 존재, 정적인 완전함, 항상성, 통합, 넷을 한 벌로 하는 것의 정적인 상을 나타낸다. 사각형은 또한 창조 가운데에 현현顯現하는 신, 신의 전체성을 상징한다. 사각형의 세 변은 신의 세 가지 측면, 나머지 한 변은 신의 전체성을 나타낸다. 사각형은 또한 정직, 솔직함, 성실함, 품행 방정의 상징이다. 사각형은 생명과 운동의 동적인 원에 대립하는 것으로 죽음의 고정固定의 상징이며, 건축의 상징에서도 유목민의 천막이나 야영지가 동적이며 무한의 움직임을 나타내는 원의 모양을 따서 만들어지는 것에 대해서, 사각형은 정착 농경 민족의 집터의 고정성을 나타낸다. 사각형은 한정을 나타내며, 그래서 형식을 의미한다. 사각형은 완전히 둘러싸인 곳 —— 예를 들면 정원, 수도원의 회랑, 안뜰 등 —— 을 의미하며, 영원과 안전을 상징한다. 성당 건축에서 사각형은 초월적인 지식, 모든 건축작업의 근저를 이루는 원형을 나타낸다. 사각형은 영원과 안정을 보증하는 부적이다. 원을 사각형으로 만드는 것이나 사각형을 원으로 만드는 것은 천구를 대지의 네모로 변화시키는 것, 또는 그 역을 의미하며, 그 예는 사원이나 교회 등 성당 건축에서 볼 수 있다. 이 모양은 4대 원소의 신비적 결합, 시원적始原的 단일성으로의 회귀에 의한 통합의 달성을 상징한다. 성당 건축에서 사각형의 탑을 원형의 돔으로 만드는 수단으로 종종 사용되는 팔각형은 원을 네모로 이행시키는(하늘의 원형을 대지의 네모로 변화시키는) 중간단계를 나타낸다. **불교(티베트 불교)**: 공양탑(또는 불탑), 쇠르텐chörten에 나타나는 사각형이나 육면체의 기단은 존재 단계의 지상적 수준을 나타낸다.(→STUPA) **중국**: 사각형은 대지, 부동을 나타내며, 회전하는 하늘을 상징하는 원과 연관된다. 사각형과 원의 조합 —— 예를 들면 옛날의 중국의 엽전에 남아 있는 모양 —— 은 음陰과 양陽, 하늘과 땅의 결합을 나타내며, 또한 여러 가지 성질이 완벽하게 조화를 이룬(중용의 덕을 갖춘) 인물을 상징한다. '방정方正하게 행동하라act on the square'는 유학에서 중요한 명제이다. 자기가 하고 싶지 않은 것을 남에게 시키지 말라己所不欲 勿施於人.(「논어」"안연顏淵," "위령공衛靈公") 구부러진 자나 직

사각형과 나침반의 쌍은 질서, 적정함, 도덕률(예), 예지의 도, 참된 기준의 상징이다. 직사각형은 여와女媧의 부수물로서 여성원리의 상징이며, 그 오라버니인 복희의 부수물인 나침반은 남성원리의 상징이다. (통설에 따르면 복희가 직사각형을 가지고 여와가 나침반을 가진다.) **그리스·로마**: 사각형은 아프로디테/베누스 여신의 표지물이며, 여성의 다산력多產力을 상징한다. **헤르메스 사상**: 한 변을 밑변으로 하여 서 있는 사각형(□)은 안정을 나타내고, 한 꼭지점으로 서 있는 사각형(◇)은 운동을 나타내며, 중심에 원이 들어 있는 사각형(⊡)은 〈세계령世界靈〉의 상징이다. **힌두 교**: 사각형은 인도의 상징체계에서 가장 자주 등장하는 것으로 우주 질서의 원형, 인체의 표준비율을 나타낸다. 사원이나 성스러운 중심의 기초가 모두 사각형으로 만들어지는 것은 사각형이 균형 잡힌 완전체이기 때문이다. 사각형은 푸루샤, 본질, 공간의 상징이며, 또한 대립물의 조합, 동서남북의 기본 방위, 네 개의 계단 등을 나타낸다. 사각형과 원은 함께 〈법法〉을 장식하는 것으로서 우주와 인간 세계에서 만물의 질서의 상징이다. 스투파(→STUPA)의 기단은 사각형이며, 존재의 지상적 계단을 나타낸다. **퓌타고라스주의**: 사각형은 혼의 상징이다.

**Squirrel 다람쥐 켈트**: 일설에 의하면 새와 마찬가지로 다람쥐도 아일랜드의 여신 메드브의 표지이다. **크리스트 교**: 다람쥐는 탐욕의 상징이다. **일본**: 일설에 따르면 다람쥐는 풍요를 나타내며, 대개 포도나무와 연관된다. **북유럽**: 〈우주수宇宙樹〉 이그드라실(→YGGDRASIL)에 사는 다람쥐 '라타토스크'는 비, 물, 눈을 가져오며, 또한 원한과 악극惡劇의 상징이며, 이

그드라실에 살면서 독수리와 뱀(→ SER-PENT의 북유럽)을 싸움붙였다.

**Staff** 지팡이 지팡이는 남성적인 힘, 권위, 위엄, 마력, 여행, 순례의 상징이며, 태양에 속하는 축의 상징이다. 지팡이나 손잡이가 구부러진 목자들의 지팡이(→CROOK)는 모든 〈선한 목자〉의 부수물이다. **불교**: 지팡이는 법과 질서, 부처의 석장錫杖— 즉 부처의 설법 — 을 상징한다. **크리스트교**: 지팡이는 〈선한 목자〉로서의 예수, 순례를 나타낸다. 고리가 달린 지팡이는 사교司敎(주교主敎)의 권력과 직능을 나타낸다. 고위 성직자가 자기의 앞에 세워놓은 지팡이는 그 직무의 위엄을 보여준다. 왼손에 들고 있는 지팡이는 추기경, 대사교, 사교, 대수도원장, 여자 대수도원장을 나타낸다. 순례자의 지팡이는 성 대大야고보, 세례 요한, 성 히에로니무스, 성 크리스토퍼스, 사도 성 빌립보, 성 우르술라의 표지이다. 싹이 난 지팡이는 성 에델레다, 아리마대의 성 요셉의 표지이다. **이집트**: 지팡이와 도리깨는 죽은 자를 재판하는 자로서의 오시리스 신의 주요한 부수물이다. 펜과 함께 지팡이는 혼이 깨어남의 상징이며, 신 테우트(토트) 또는 신 로기오스의 부수물이다. **그리스·로마**: 뱀지팡이(→CADUCEUS)인 전령의 지팡이는 헤르메스/메르쿠리우스 신의 주요 부수물이다. **힌두교**: 비슈나바의 전통에서 막대기 세 개를 한 벌로 만든 지팡이는 세 가지의 실재, 현상 세계를 형성하는 세 가지의 구나를 나타내거나 또는 사념, 말씀, 행위를 통제하는 선인이나 성자의 의지력을 상징한다.

**Stag** (성숙한) 수사슴→HART 수사슴은 태양에 속하며, 재생, 창조, 물, 새벽을 나타내며, 종종 〈생명의 나무〉(→TREE)와 연관된다. 수사슴과 지하세계에 속하는

뱀지팡이는 신들의 사자使者이자 전령신인 헤르메스/메르쿠리우스의 부수물이다.

뱀과의 싸움은 독수리와 뱀처럼 반대물 — 긍정과 부정, 빛과 어둠 등 — 의 갈등을 나타낸다. 뱀을 발로 짓밟고 있는 수사슴은 물질에 대한 영靈의 승리, 악에 대한 선의 승리를 상징한다. 수렵중에 사슴이나 수사슴을 추적하다보면 우연히 상징적인 장면을 만나게 될 경우가 종종 있는데 수사슴은 이때 천계의 신들의 전령이다. 수사슴은 〈시간의 영감翁〉(→FATHER)이나 산타 클로스가 탄 수레를 끈다. **연금술**: 일각수와 수사슴의 쌍은 메르쿠리우스 — 즉 철학자의 수은 — 가 가지는 이중성(휘발성과 불휘발성)을 나타내며, 또한 누스의 상징이다. **고대 근동**: 풍요의 신은 희생양으로 쓰이는 수사슴의 모습을 하는 경우가 가끔 있다. 시리아의 수사슴의 머리는 레세프 신의 표지이다. 히타이트에서 수사슴은 남신들이 타고 다니는 전차를 끄는 중요한 동물이다. 〈동물의 (수호)신〉은 수사슴 위에 서 있다. **켈트**: 수사슴은 태양에 속하며, 병의 치유, 풍요, 남성적 활력의 상징이다. 또한 전사, 수렵, 삼림의 신 코시디우스, 영웅 오시안으로 상징된다. 뿔을 가진 신 케르눈노스는 수사슴의 모습을 하고 있다. **중국**: 수사슴은 행복, 금전적 이득의 상징이다.(鹿은 祿과 통한다.) 흰 사슴은 불사不死의 신인 수선壽仙을 나타낸다. 용은 '하늘의 수사슴'으로 불린다. **크리스트교**: 수사슴은 경외, 독실한 신앙을 나타낸다.("시편" 42) 또한 신을 갈구하는 영혼, 고독, 청순한 삶의 상징이다. 뱀과 싸우는 수사슴은 악과 싸우는 예수나 크리스트 교도들을 나타낸다. 성 아드리아누스, 성 유스타스, 성 유스타키우스, 성 이다, 성 펠릭스, 간호자인 성 율리아누스의 표지이다. 뿔 사이에 십자가를 가진 수사슴은 마스트리히트의 성 후베르트의 표지이다. **그리스·로마**: 수사슴은 여신 아르테미스/디아나의 부수물이다.(『메타모르포시스』 3. 138-253) **일본**: 용은 '하늘의 수사슴'으로 불린다. **미트라 교**: 일설에 따르면 수사슴과 황소가 나란히 있는 것은 죽음의 순간을 나타낸다. **북유럽**: 〈우주수宇宙樹〉 이그드라실(→YGGDRASIL)의 가지 사이를 이리저리 뛰어다니는 네 마리의 수사슴은 네 가지의 바람을 나타낸다. **샤마니즘**: 수사슴의 가죽은 샤만의 의례에서 빈번히 사용된다. (→SKIN)→DEER

**Stairs** 계단 계단은 상승(→ASCENSION), 초월, 새로운 존재론적 수준으로의 이행을 뜻한다. 나선 계단은 태양의 움직임을, 구불구불한 계단은 신비를 상징한다. 솔로몬 신전의 계단은 불확실한 미래를 상징하는 〈중간방〉으로 향한다. 오시리스 신은 하늘에 연결된 '계단의 신'(정확히는 계단의 최상단에 앉아 있는 신 — 부활의 상징)으로 불린다.→LADDERS, STEPS

**Stake** 말뚝 크리스트 교에서 말뚝은 불고문이나 화형의 상징으로 성 아그네스, 카파도기아의 성 도로테아의 표지이다.

**Stallion** 종마種馬 이란의 상징체계에서 종마는 태양의 힘, 불을 나타내며, 전사 계급의 부수물이다. 아리아 문화권에서는 지고至高, 태양에 속하는 것, 남자의 공격성의 상징이다. 베다 시대 이후에는 달에 속하는 호색好色한 수말이 종마를 대신하며, 세계의 종말에 파괴의 불을 가져온다.

**Star** 별 별은 신의 존재, 지고至高한 존재, 영원한 것, 죽지 않는 자, 최고의 위업, 신의 사자인 천사, (어둠 속에 빛나는) 희망, 밤의 눈을 나타낸다. 별은 〈하늘의 여왕〉으로 불리는 모든 여신의 부수물이며, 그 여신들은 별의 관을 쓰고 있다. 별은 아침의 금성이나 저녁의 금성으로 불리는 이슈타르 여신이나 베누스 여신의 상징이다. 북극성은 하늘에서는 중요한 곳이며, 밤에는 〈하늘의 문〉이 된다. 북극성은 언제나 변하지 않는 것의 상징이며, 힌두 교의 결혼식에서는 정절을 나타내는 것으로서 북극성이 언급된다. 이집트에서 파라오는 사후의 〈북극성〉(정확히는 주극성週極星의 일부)으로 믿어진다. 십자형으로 빛을 내는 별 —— 나중에는 〈몰타 십자Maltese cross〉(→CROSS) —— 은 태양신과 사랑과 정의의 신으로서의 샤마시의 상징이다. 오각형 별꼴(☆)은 동경, 빛, 영적 존재, 교육의 상징인데, 역逆오각형 별꼴(☆)은 악, 요술, 검은 마술을 나타낸다.(→PENTACLE) 육각형 별꼴(✡)은 〈천지창조〉, 〈솔로몬의 봉인〉을 나타낸다. 육성형은 남성삼각형(△)과 여성삼각형(▽)의 합체, 불과 물의 합체이다.(→TRIANGLE) 팔각형 별꼴은 오리엔트의 여신 이슈타르의 상징이다. **고대 근동** : 여신 이슈타르는 아침의 금성이며 또한 밤의 금성이다. 이슈타르와 여신 아스타르테는 별의 관을 쓴 〈하늘의 여왕〉으로 나타나는 경우가 많다. **아스텍** : 아침의 금성은 신 케찰코아틀, 저녁의 금성은 그 쌍둥이 형제 쇼로톨과 관계가 있다. 새벽의 금성으로서 나타나는 케찰코아틀은 해질녘에 뜨는 쇼로톨과 교대하여 명계冥界로 내려간다. 그리고 명계의 시련을 거친 후에 케찰코아틀로서 다시 새벽에 그 모습을 드러낸다. **중국** : 별은 태양이나 달과 마찬가지로 통치자의 예지를 상징한다. **크리스트 교** : 별은 신의 인도와 호의, 예수의 강림을 나타낸다. 〈하늘의 여왕〉으로서 성모 마리아는 별의 관을 쓰고, 〈바다의 별〉로서의 마리아도 마찬가지이다. 열두 개의 별은 이스라엘의 열두 부족과 12사도의 상징이다. 별은 성 아타나시아, 성

속죄의 십자가 속에서 나온 생명 소생의 물을 수사슴이 마시고 있다.

철학자의 수은으로서의 목신牧神 판을 그린 14세기 연금술의 삽화로 배경의 별은 연금술 과정의 완성과 성취를 나타낸다.

부루노, 성 도미니크, 마스트리히트의 성 훔베르트, 미라의 성 니콜라스(산타 클로스), 성 스위드버트의 표지이다. **이집트**: 〈하늘의 여왕〉으로서의 여신 이시스는 별의 관을 쓴다. **그리스·로마**: 시인 헤시오도스에 따르면 별은 하늘의 신 우라노스가 흘리는 핏방울이다. 여신 베누스는 아침의 금성이며, 또한 저녁의 금성이기도 하다. 별과 연관된 신들은 이마나 머리 위에 종종 별을 달고 있다. **잉카**: 플레이아데스 성단星團은 풍작인지 흉작인지를 점치는 별이다. 또한 그 형상으로 곡물을 저장하므로 창고의 수호신이다. **이슬람 교**: 별은 신성, 지고성의 상징이다. 별은 초승달과 함께 그려지기도 한다. **마오리 족**: 별은 악에 대한 선의 승리로 인간을 인도하는 것이다. **미트라 교**: 별은 만물을 꿰뚫어보는 신 미트라의 눈으로 생각된다. **오세아니아**: 별은 〈어머니인 태양〉과 〈아버지인 달〉 사이에서 태어난 자녀들이다.

**Starfish 불가사리** **유럽**: 불가사리는 〈바다의 별〉로 불린다. 신의 사랑, 사랑의 불멸의 힘을 나타낸다. 크리스트 교에서는 성령, 종교, 은총의 상징이며, 또한 〈바다의 별〉로서의 성모 마리아를 나타낸다.

**Steam 증기** 스웨트 로지인 한증탕에 들어가는 아메리카 인디언의 의식에서 증기는 〈영靈〉의 순백과 성스러운 생명력을 상징한다.

**Stem 줄기** 식물의 줄기는 나무의 둥치와 마찬가지로 현현顯現 세계를 상징하며, 또한 세 가지 세계의 중간에 있는 지상계를 나타내며, 뿌리가 가리키는 지하계, 가지와 꽃의 천계天界에 대응한다.

**Steps 계단, 발걸음** 계단은 상승(→ASCENSION), 계층 세계의 계급과 계급 사이의 교류, 하늘과 땅의 영적인 교류, 세속 세계의 초극, 성역으로 들어감을 상징한다. 제단이나 왕좌에 이어지는 계단은 제사장이나 왕이나 통치자가 하늘로 향한 계단을 오른 권위나 또는 하늘에서 위임한 권력을 가짐을 상징한다. **아메리카 인디언**: 일 년의 달은 '그해의 계단'이다. **고대 근동**: 〈성산聖山〉을 상징하는 지구라트(→ZIGGURAT)에 있는 계단은 일곱 개의 하늘을 나타내며, 각각은 상징적인 색으로 칠해져 있다. **불교**: 부처의 일곱 개의 계단은 우주의 일곱 계단, 즉 일곱 하늘을 상징하며, 이것을 올라가는 것은 시간과 공간으로부터의 해탈을 의미하며, 또한 제7천의 중심에 있는 최고 경지에 도달함(부처가 됨)을 상징한다. **이집트**: 오시리스 신은 하늘에 이어진 '계단의 신'으로 불린다. 오시리스의 옥좌의 계단은 9단, 또는 14단이다. 이 경우 9는 고대 이집트의 일주일의 날수(실제로 일주일은 10일), 14는 달이 초하루에서 보름달에 이르기까지의 날수이다. **힌두 교**: 비슈누 신의 세 걸음은 빛의 세 가지 모습 — 태양, 번개, 불 — 을 나타낸다. 또한 일출과 남중南中과 일몰, 대지와 허공과 하늘, 우주의 지배권 획득의 세 단계의 상징이기도 하다. **미트라 교**: 일곱 개의 혹성에 대응되는 일곱 가지 종류의 금속으로 만들어진 일곱 개의 계단(제1단은 납이며 토성, 제2단은 주석이며 금성, 제3단은 동이며 목성, 제4단은 철이며 수성, 제5단은 합금이며 화성, 제6단은 은이며 달, 제7단은 금이며 태양에 각각 대응됨)은 이니시에이션을 받는 신참자가 올라가는 일곱 단계를 나타낸다. **파르시 교**: 제단에 놓인 세 계단은 이니시에이션의 세 단계를 나타낸다.

**Stole 스톨, 영대領帶**(미사를 집전하는 사제가 어깨에 두르는 띠 모양의 천) 크

리스트 교: 스톨은 예수의 멍에, 성직자의 권능과 위엄의 상징이다.

**Stone 돌** 돌은 안정, 영속성, 신뢰성, 불사不死, 불멸성, 영원성, 응집력, 〈지고 실재至高實在〉의 불후성不朽性을 나타낸다. 또한 정착생활의 상징이다. 상징으로서의 돌은 바위, 산, 나무, 숲과 연관되며, 우주의 전체성을 나타낸다. 돌은 종종 성지에서 자라는 나무와 나란히 그려지며, 돌만으로 그 성스러운 행사가 있었던 곳임을 표시하기도 한다. 성스러운 제단에도 돌과 나무가 나란히 있는데, 이때 돌은 영속하는 닫힌 존재, 나무는 변화하며 확장되어가는 존재를 나타낸다. 미개사회의 상징체계에서는 돌에서 인간이 태어날 수 있고, 돌에는 생명을 주는 힘이 잠재해 있거나 또는 인간이 성스러운 돌로 변할 수 있다고 한다. 일설에 따르면 이것은 일종의 달 숭배이며, 달을 풍요와 한냉에 동시에 연관시키며, 또한 달을 〈봄〉을 만드는 〈겨울〉의 얼어붙은 대지에 연관시키는 상징적인 사고의 예이다. 옥(→JADE), 보석, 진주 등 특별한 돌에는 종종 독자적인 상징성이 있다. 이슬람 교의 카바 신전(→KA'BAH)의 모퉁이에 있는 검은 돌, 태모신 퀴벨레의 검은 돌, 검은 색의 비취, 검은 색의 진주는 〈우주란宇宙卵〉(→EGG)을 상징하는 것이며 또한 옴팔로스(→OMPHALOS)이다.

높이 서 있는 돌, 원기둥, 기둥 등은 나무, 산, 산 정상의 나무, 나무로 만든 원기둥과 마찬가지로 〈우주축宇宙軸〉(→AXIS)의 상징이며, 우주의 만물을 떠받치는 지상의 지주이다. 또한 이것은 대지의 옴팔로스이기도 하며, 인간이 〈낙원〉을 회복할 수 있는 지점이나 중심점이다. 원뿔형의 돌이나 피라미드 형의 석총石塚은 직립해 있는 돌

대지에 세워진 돌 가운데 환상열석環狀列石은 보통 자궁을 상징하는 것으로 생각된다. 이것에 비하여 기둥 모양의 입석立石(멘히르)은 남근상징이다. 그림은 남인도 말라바르의 입석이다.

Stone

과 동일한 상징성을 가지며, 모두 남근을 상징한다. 육면체의 돌은 안정성과 부동의 완전성을 나타내며, 그 의미로 성당 건축의 초석이 된다. 우주의 초석은 우주가 그 위에 쌓아놓은 바위이며, 대지의 요석要石이며, 동시에 생명의 물의 근원이며, 또한 명계나 지하세계의 악령을 가두는 암반이다.

구형球形의 돌은 달을 나타내며, 모든 달의 여신과 여성원리를 상징한다. 또한 끌을 대지 않은 자연 그대로의 돌은 제1질료로서 여성이며, 이것에 형상을 주는 남성상징으로서의 끌과 그밖의 칼붙이와 연관된다. 조각된 돌이나 연마된 돌은 수양에 의해서 완성된 인격을 나타낸다.

잘린 돌이나 원기둥은 죽음, 분해, 해체를 나타낸다. 우물이나 샘이나 보석의 동굴을 덮고 있는 돌이나 바위는 바위에서 솟아나는 생명의 물에 접근을 방해하는 것으로서 생명의 물이나 비의祕儀의 보물을 발견하기 위해서 극복해야만 하는 고난이나 충족시켜야 하는 필요조건을 상징한다. 경우에 따라서는 바위가 갈라져서 기적적으로 샘물이 나오거나 동굴이 열리기도 한다. 돌로 만든 도끼(→AXE)는 신이나 신의 초자연적인 힘의 표상물이다. 라피스 엑실리스는 불사조를 재생시키는 힘을 가진 돌인데, 이 돌은 성배聖杯(→GRAIL)와 관계가 있으며, 어떤 경우에는 성배로 불리기도 하는데 이 잔을 섬기는 자는 영원한 젊음을 받는다고 한다. 뇌석雷石은 벼락이나 번개나 바람의 힘, 찢고 파괴하는 힘을 상징한다.

성석聖石은 신성함이 가운데에 머무는 장소, 옴팔로스, 태양의 영靈이 머무는 장소, 죽은 영의 거처, 하늘과 땅이 만나는 장소, 성스러운 것, 성지를 가리킨다. 성석은 또한 예언의 돌, '말하는 돌'인데 예를 들면 성석에서는 델포이의 대지의 중심에 있던 반원형의 돌 제단(옴팔로스)에서처럼 신의 소리나 신탁이 들린다. 성석은 대개 하늘에서 떨어진 것이며 신성이 머무는 장소가 되거나 그렇지 않으면 신의 표상물이 된다. 유목민이나 수렵민족 사이에서 돌은 '대지모신大地母神의 뼈'를 나타낸다. **아프리카(서아프리카)**: 푸른 돌은 천공신天空神의 힘을 나타낸다. **연금술**: 비의의 돌은 〈제1질료〉이다. 〈철학자들의 돌〉이나 〈레비스〉(→REBIS)는 지고의 탐구, 〈헤르메스적 남녀추니〉의 '이중 존재'를 상징한다. 이 돌은 또한 모든 대립물의 화해를 나타내며, 통합의 달성, 〈중심〉의 회복, 완성, 절대적 실재, 자궁의 돌, 뜻에 따라서 행동하는 자, 인간 속의 영적靈的이고 심적이며 도덕적인 완전성, 해방되어 통합된 〈자아〉, 〈세계 정신〉의 가시적인 모습을 상징한다. **아메리카 인디언**: 돌은 〈대지모신〉의 뼈이다. **고대 근동**: 기둥과 원뿔형의 돌은 여신 아쉬토레트/아스타르테와 그 외의 셈 족의 신들의 상징이며, 표지이다. **아라비아(이슬람 교 이전[무도시대無道時代])**: 돌은 여신 마나트의 상징으로서 숭배되었다. (→NUMBERS의 3) 돌과 나무들은 넓은 의미의 신으로서 숭배받았다. **불교**: 검은 조약돌은 악행, 흰색의 조약돌은 선행을 나타내며, 재판하는 곳의 천칭에 올려놓는다. **켈트**: 흔들리는 돌에는 예언의 힘이 있다.(〈운명의 돌〉에 정당한 왕의 발이 닿으면 이 돌은 크게 웃는다.) **중국**: 돌은 신뢰성, 견고함의 상징이다. 돌의 차임chime(경종[∧자 모양의 돌들이 아래에 놓인 악기])은 풍요의 상징이며, 액을 막는 힘을 가진다. **크리스트 교**: 돌은 확고한 기반, 금강불괴金剛不壞, 〈교회〉의 기초로서의 성 베드로("마태복음" 16 : 18-19)를 상징한다. 또한 캔터버리의 성 알페지와 성 스테파노의 표지이다. **이집트**: 돌은 진리를 나타내며, '〈진리〉의 견고한 돌hard stone of truth'이라는 말이 있다. 녹색의 돌은 젊음과 불사를 의미한다. **그리스·로마**: 돌은 '〈대지모신〉의 뼈이다'(오비디우스) 검은 돌은 태모신太母神 퀴벨레의 상징인데 퀴벨레는 산의 여신으로서 원추형의 돌로 나타낸다. 사각형의 돌은 여신 아프로디테/베누스의 부수물이다. 돌은 종종 신 크로노스/사투르누스와 연관된다. 아폴론 숭배 —— 특히 델포이의 대지의 중심(옴팔로스) 및 델로스 섬의 사각형 제단 —— 과 연관된다. 신 헤르메스는 돌의 신이며, 돌무더기나 석총으로 표징된다. **유대 교**: 야곱의 성석은 하늘과 땅이 만나는 장소이며, 하늘과 땅의 교류가 일어나는 장소이다.("창세기" 35 : 13-15) 요벨 강에서 캐낸 돌은 견고하여 잘라지지 않아서, 예루살렘의 초석으로서 사용되었다. 예루살렘 신전의 초석은 대지의 중심이며, 세계의 지점支點이다. **힌두 교**: 돌은 안정의 상징으로서 사원이나 제단의 기초에 사용된다. 링가(→LINGA) 같은 원추형의 돌은 창조자로서의 시바 신의 상징이다. **이슬람 교**: 카바 신전의 모퉁이에 있는 흑석은 육면체이며, 옴팔로스(→OMPHALOS)이며, 신과 인간의 교류의 장소이다. **일본**: 신도神道에서 돌과 바위는 성물聖物이다. **오세아니아**: 세계 만물은 바위에서 태어났다.

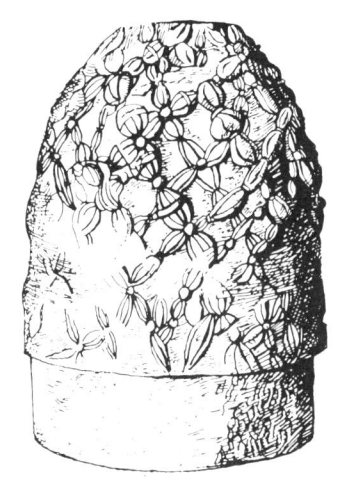

델포이에 있는 '세계의 배꼽'으로 이 돌은, 우주가 여기에서 사방팔방으로 펼쳐지는 영속적이고 신뢰할 수 있는 금강불괴金剛不壞의 중심이며, 또한 우주가 안정과 운동을 위해서 회귀하는 중심임을 나타낸다.

**Stork** 황새 황새는 독수리나 따오기와 마찬가지로 유해한 파충류를 죽이며, 이런 의미에서 태양에 속하지만 물고기를 잡아 먹는 새로서는 창조의 바다와 연관된다. '황새가 물어온' 갓난아기는 〈지모신地母神〉의 자궁이라는 창조의 물에서 태아로 떠다니다가 물고기를 잡아먹는 황새에게 발견된 것이다. 황새는 봄이 다가옴, 새로운 생명의 소생을 상징하며, 길조吉兆를 나타내는 새이다. **중국**: 황새는 장수, 행복, 만족스러운 노년, 효도, 위엄을 갖춘 고고한 은둔자를 나타낸다. **크리스트 교**: 황새는 정결, 청순함, 경건함, 사려 깊음, 불침번을 상징하며, 봄을 미리 알려주는 것으로서 예수의 도래와 〈수태고지受胎告知〉의 경우에는 새로운 삶의 상징으로 쓰인다. **이집트**: 황새는 효도의 상징이다. 이 새는 노년의 부모를 부양한다고 생각되었다. **그리스**: 비의秘儀에서 황새의 여신은 여성의 원리, 생명을 가져오는 자, 부양하는 자로서 나타난다. **로마**: 황새는 경건함, 헌신적인 효행의 상징이다.(「메타모르포시스」 6. 93-97) 여신 유노의 부수물이다.

**Storm** 폭풍 폭풍은 풍요의 비를 가져오는 것으로서 창조력의 상징이다. 벼락은 폭풍의 신이 내는 소리이며, 번개는 다산多産과 광명을 가져오는 것이다.

**Straightness** 직선 직선 또는 '유한有限'은 남성적, 부성적 창조력을 나타내는 것으로서 원의 '무한한' 여성적이고 모성적인 힘에 대립된다.

**Stranger** 이방인 이방인은 미래의 힘이 찾아옴, 변화를 가져오는 자, 위장된 신적神的인 힘 또는 마술적인 힘을 나타낸다.

**Straw** 밀짚 밀짚은 공허함, 열매가 열리지 않음, 죽음, 허약함, 무가치함, 덧없음의 상징이다.

**Strawberry** 딸기 **크리스트 교**: 딸기는 정의로운 사람, 선행의 보답, 성령의 열매를 나타낸다. 딸기에 제비꽃을 합치면 진실한 의미에서의 마음의 의로움을 가져오는 겸허한 덕/자기 비하를 나타낸다.

**Stream** 시내, 흐름 시내는 태양에서 흘러나오는 광선이며, 샘이나 단지에서 솟아나는 흐르는 물이며, 신성한 힘의 흐름을 상징한다. 단지나 신의 몸에서 발원하는 시내는 신의 아낌없는 은혜의 흐름을 나타내며, 또한 〈생명의 나무〉에서 흘러나오는 〈낙원〉의 네 강물과 동일하게 생명과 풍요를 상징한다. 불교에서 시내는 자아의 본성의 상징이다.→RIVER

**Stupa, Chörten** 불탑, 스투파(부처의 사리를 보관한 탑) 불탑은 〈교의教義〉, 깨달음, 열반을 상징한다. 불탑에서 기단을 이루는 사각형이나 육면체는 대지를 나타내며, 탑의 각층은 여러 가지 존재의 수준을 상징하며, 돔의 구형球形은 하늘을 나타낸다. 오층탑은 또한 〈절대자〉의 다섯 가지 상相으로서의 디야니禪定佛의 상징이며, 인간 존재의 다섯 가지 모습(오취五趣: 지옥, 아귀, 축생, 천상, 인간)을 나타낸다. (→NUMBERS의 5, SQUARE) 돔의 꼭대기에 있는 정점이나 첨탑 부분은 〈우주축宇宙軸〉이며, 세계의 중심이며, 탑에 달려 있는 일련의 고리들은 세계의 위, 더 나아가 세계가 있는 곳을 나타낸다. 이슬람교의 쿠바(→QUBBAH)도 불탑과 같은 모양이며, 동일하게 여러 가지 존재의 수준을 상징한다.

**Stylus** 가는 펜→PEN

**Suckling** 수유受乳 수유는 탄생, 입양, 은총의 상징이다. 〈태모신太母神〉은 위대한 양육자로서 자녀에게 젖을 주는 자세이거나 또는 여러 개의 유방을 가진 모습(→BREASTS)으로 그려지는 경우가 많다. 크리스트 교 미술에서 〈은총〉은 자녀에게 젖을 주는 여성(→CHARITY)의 모습이나 어떤 때에는 두 명의 자녀를 데리고 있는 여성으로서 나타난다. 수유에는 건강한 경우와 유해한 경우가 있는데, 자녀가 어머니에게서 자양분을 얻는 수유와 어머니에게서 생명력을 빨아들이는 수유가 그것이다.

**Sulphur** 유황 연금술에서 유황은 〈정령精靈〉, 즉 '타지 않는 불'이며, 남성적인 불의 원리, 건조함, 견고함, 결합, 엄밀한 이론적 지식을 상징한다. 유황은 휘발성의 수은(→QUICKSILVER)을 '고체화하며,' 이렇게 되기 위해서는 둘의 생성원리의 상호작용이 필요하게 된다. — 유황은 수은에 의해서 용해되어 살아 있는 지식으로 놓일 때까지 속박된 채로 결실을 얻지 못하기 때문이다. 유황과 수은은 우주의 두 가지의 기본적 생성력이며, 둘이 서로 작용하면 휘발성을 가지게 되어, 〈정령〉으로서 결실을 맺는다. 크리스트 교에서 유황은 지옥 및 악마 사탄과 연관된다.→SALT

기원전 150년경에 세워진, 인도의 산치에 있는 대 스투파.

**Sun** 태양 태양은 우주의 지고의 힘, 만물을 꿰뚫어보는 신과 그 힘, 테오파네이아 신의 현현顯現, 부동의 존재, 우주의 심장, 존재의 중심이며 영지靈智의 중심인 것, '세계의 지성'(신화학자 마크로비우스), 광명, 세계의 눈과 낮의 눈, 정복당하지 않는 것, 영광, 광휘, 정의, 왕위를 상징한다. '태양은 〈성스러운 선善〉의 눈에 보이는 이미지이며…… 〈빛의 초월적 원형〉이다.'(신비 신학자 디오니시우스 아레오파기타) '눈에 보이는 것 중에서 신의 상징인 태양에 버금가는 것은 세상에 없다. — 태양은 눈에 보이는 생명 중에서 가장 먼저 자기 자신을 비추며, 그 다음에는 천상과 지상의 모든 것을 비추기 때문이다.'(단테) 전통적으로 태양은 눈에 보이는 태양과 눈에 보이지 않는 태양, 감각의 태양과 영지의 태양, 외재하는 태양과 내재하는 태양으로 구별한다.

대부분의 전통문화에서 〈태양〉은 우주

태양 신전의 재건을 그린 기원전 9세기의 설형문자기 있는 점토판으로, 재건자인 바빌로니아의 왕 나부-아팔-이디나가 태양의 임재臨在를 상징하는 태양 원반의 옆에 공손하게 앉아 있다.

태양신 헬리오스.

18세기 데칸의 그림으로 원초적인 빛으로서의 태양이다.

18세기 나무 조각으로 우주의 태양과 달.

의 〈대부大父〉, 〈달〉은 〈태모太母〉이다. 아메리카 인디언, 마오리 족, 게르만, 오세아니아, 일본은 예외인데 이런 문화에서는 〈태양〉이 여성적인 힘을 상징하고 〈달〉이 남성적인 힘을 상징한다. 태양과 비는 다른 무엇보다도 풍요력의 상징이며, 그래서 태양으로서의 신랑과 달의 여신으로서의 신부, 〈아버지인 하늘〉과 〈어머니인 대지〉라는 관념이 생겼다. 태양은 항상 일출과 일몰을 되풀이하며 또한 햇빛에는 활력과 파괴력이 모두 있으며, 〈태양〉은 생과 사, 죽음을 뛰어넘는 생명의 소생을 상징한다. 봄의 태양은 〈정복되지 않는 태양〉으로 불린다. 태양 원반에서 물이 흘러나오는 그림은 모든 생명에게 필요한 태양과 물, 열과 습기의 결합을 나타낸다. 빛을 내쏘는 태양과 빛을 발하는 심장은 같은 상징성을 가지며, 광명과 영지가 머무는 〈중심〉을 나타낸다. 뱀과 싸우는 태양은 암흑과 싸우는 빛이며, 지하에 속한 신들과 전쟁을 벌이는 하늘의 신들이다. 정지한 태양은 시간이 없음, 〈영원한 지금〉, 부동不動의 지금, 광명, 시간과 존재의 순환으로부터의 해방을 상징한다. 태양과 달은 나란히 남성적인 힘과 여성적인 힘의 결합을 나타낸다.

태양을 상징하는 것은 회전하는 바퀴, 원반, 중심점이 찍힌 원(⊙), 방사선이 있는 원, 卍, 태양빛과 열을 나타내는 직사광선과 파상波狀 광선, 백마나 황금색의 말이 끄는 빛나는 태양신의 전차, 세계를 횡단하는 태양선太陽船, 빛나는 얼굴, 눈, 청동 인간, 방상선상의 그물의 중심에 있는 거미, 태양에 속하는 새나 동물 — 예를 들면, 독수리, 매, 백조, 불사조, 수탉, 사자, 숫양, 백마나 금색의 말, 날개나 또는 깃털이 난 뱀, 중국의 용 — 이다. 흰 태양은 태양에 속하는 동물과 연관되며, 검은 태양은 뱀이나 지하에 속하는 영적 존재와 연관된다. 수렵문화에서 태양은 〈위대한 사냥꾼〉이다. 태양은 〈생명의 나무〉(→TREE)의 열매로서 그려지기도 한다. 남성인 태양신은 오른쪽 눈이며, 여성인 태양신은 왼쪽 눈으로 나타낸다. '〈태양〉의 자녀들'은 왕의 피를 이어받은 현인신現人神이다.→ **DISK 아프리카**: 어떤 부족에서 태양은 여성적인 힘이며, 〈태모〉이다. 부시먼들 사이에서 태양은 지고신至高神이다. **연금술**: 태양은 지성의 상징이다. 태양과 〈달〉은 금과 은, 왕과 왕비, 혼과 육체를 나타낸다. 검은 태양은 〈제1질료〉이다. 혹성으로서의 태양의 기호 즉 중심점이 찍힌 원(⊙)은 〈대작업〉 완료의 표지이다. **아메리카 인디언**: 태양은 우주의 영靈, 하늘의 심장이다. 어떤 부족에서 태양은 여성원리나 〈태모〉이며, 〈태양〉과 〈달〉을 부부나 오누이로서 나란히 그리는 부족도 있다. 태양춤(→ SUN DANCE)은 가장 중요한 의식 중의 한 가지이다. **고대 근동**: 태양신 샤마시와 아슈르는 날개가 달린 태양 원반으로 나타낸다.(103쪽 그림 참조) **점성술**: 태양은 생명, 활력, 개성의 현현顯現, 마음과 마음의 욕망을 상징한다. **아스텍**: 태양은 순수한 영, 공기, 케찰코아틀 신의 상징이다. 독수리는 떠오르는 태양의 천계天界의 모습이고 호랑이나 너울너울 떨어지는 독수리는 낙조의 대지의 모습을 나타낸다. 깃털이 있는 뱀(케찰코아틀)은 태양에 속한다. **불교**: 태양은 부처의 빛, 〈대일여래大日如來〉이다. **켈트**: 태양은 여성적인 힘이다. **중국**: 태양은 양의 원리, '〈위대한 남성원리〉'(乾[→PA KUA]), 하늘, 날日의 눈目, 대지를 비옥하게 하는 활력, 권력이다. 태양은 왕권을 나타내는 열두 가지의 부수물(십이장十二章) 중의 한 가지이다. 나무의

Sun

가지에 매달린 열 개의 태양은 한 가지 주기의 완결을 보여준다.(열 개의 태양은 하루에 한 개씩 나무의 가지에서 출발하여 다시 돌아온다.) 태양에는 수탉과 다리가 세 개인 '붉은' 큰까마귀가 살고 있는데, 세 개의 다리는 일출, 정오, 일몰을 상징한다. **크리스트 교**: 태양은 빛과 사랑을 방사하는 우주의 지배자이자 유지자로서 〈아버지인 신〉, '의로운 태양'인 예수, 〈말씀〉, 인간 가운데의 신적(神的) 체질을 나타낸다. 예수가 십자가에 못박히는 장면에서 그려지는 태양과 달은 예수의 (신성과 인간성으로서의) 이중성을 나타내며, 〈만유의 주 Lord of the Universe〉 예수에게 경의를 표하는 〈자연〉의 힘을 나타낸다. 태양은 대천사 미카엘의 집이고, 달은 대천사 가브리엘의 집이다. 성 토마스 아퀴나스의 초상에는 가슴에 태양이 그려져 있다. **이집트**: 떠오르는 태양은 신 호루스(또는 케페리), 정오의 태양은 신 라, 석양은 오시리스 신(또는 아톤)이다. 오른쪽 눈은 태양, 왼쪽 눈은 달이다. 뱀 아포프의 모습을 한 악신 세트와 싸우는 호루스는 암흑과 싸우는 태양의 힘을 나타낸다. 날개가 달린 태양 원반은 태양신 라의 힘이며, 아톤이며, 생명의 소생을 나타낸다. **그리스**: 태양은 신 제우스의 눈이다. 태양신인 아폴론은 암흑의 큰 뱀 퓌톤을 죽였다. 오르페우스 교에서 태양은 '〈만물의 아버지〉,' '만물의 위대한 출산자로서 양육자, 세계의 지배자'이다. 태양은 우주의 심장이고 달은 간장이다. **유대 교**: 태양은 신의 의지와 인도 引導이다. **헤르메스 사상**: '태양은 …… 〈창조주〉를 닮은 모습이다.'(「헤르메스 문서」 XI 15,「헤르메스 선집」 XVI 18) **힌두 교**: 태양은 '살리는 신,' 바루나 신의 눈이다. 인드라 신은 태양신으로서 혼돈과 암흑

아스텍에서는 떠오르는 태양을 독수리로 나타냈다. 멕시코 중부 테오틸후아테칸의 프레스코 화.

예수를 태양신 헬리오스로 나타낸 그림. 아마도 콘스탄티누스 대제 시대의 것인 듯하다. 도약하는 말, 바람에 흔들리는 외투, 머리에서 나오는 후광 등 〈태양〉으로서의 미드라의 부수물과 똑같은 것들이 여기서도 보인다.

용 브리트라를 정복했다. 시바 신도 또한 태양이며, 그 빛은 세계에 생명을 가져다 주는 샤크티이다. 태양은 '세계의 입구,' 지식으로의 입구, 불사不死이다. 세 개의 태양과 세 그루의 나무는 〈삼신일체三神一體〉(→TRIMURTI)를 나타낸다. 열두 개의 태양이 열린 나무는 아디티야 신들, 〈황도십이궁〉, 일 년 열두 달을 나타낸다. 이 열두 개의 태양의 모양은 현현顯現 주기가 끝날 때에는 하나의 태양으로 나타난다. **잉카** : 태양은 인간의 모습으로서 그려지며, 얼굴은 빛나는 황금 원반이며, 황실의 '시조始組'의 모습이다. 잉카 황제는 '〈태양〉의 자식'이다. **이란** : 태양은 선의 신 오르무즈드의 눈이다. '영원히 죽지 않으며, 빛나며, 말을 타고 달리는 〈태양〉을 숭배하는 자는…… 신 오르무즈드를 숭배하는 자, 아후라 마즈다(성스러운 불사자)를 숭배하는 의인의 혼을 숭배하는 자이다.'(「니아이세스」) 날개가 달린 태양 원반도 또한 오르무즈드나 아후라 마즈다를 나타내는 것으로 생각된다. **이슬람 교** : 태양은 모든 것을 보며, 모든 것을 알고 있는 알라의 눈이다. '(자신들의 눈) 태양은 베일 저 멀리의 (진짜) 태양(알라)이 비치는 것이다.'(신비주의 시인 루미) 태양은 우주의 심장이며, '천지 사이에서 출현하는 신의 표지이다.' **일본** : 태양은 여성이며, 여신 천조대신天照大神 — 즉 이자나기노 미코토伊邪那岐命의 왼쪽 눈에서 태어난 '위대한 태양을 소유한 여성' — 이다. 천황은 떠오르는 태양으로서 천조대신의 자손이라고 한다. 태양은 일본의 표지이다. **마오리 족** : 태양과 달은 하늘의 두 눈이다. **미트라 교** : 신 미트라는 태양신이다. 〈태양〉(으로서의 미트라)의 그림은 보통 오른쪽에 사두전차와 카우테스 신(아침 해)이 있고, 왼쪽에는 달과 신 카우토파테스(지는 해)가 그려져 있다. **오세아니아** : 가장 일반적으로 태양은 〈만물의 어머니〉이며, 달은 〈만물의 아버지〉, 별은 그 자녀이다. 태양과 달을 최초의 인간 부부의 자녀들로 여기는 곳도 있다. 태양은 '위대한 눈알the great eyeball'이다. **플라톤주의** : 태양은 '가시 세계와…… 출산과 양육과 성장의 창조주'(「국가」)이다. 태양의 열과 빛은 창조력과 예지이다. **퓌타고라스주의** : 열 개의 태양은 완전한 순환을 나타낸다. **북유럽** : 태양은 만물을 꿰뚫어보는 신 오딘(게르만의 보탄 신)의 눈이다. 태양은 태양뱀의 모습으로 그려진다. **슬라브** : 태양신은 아름다운 젊은이의 모습이며, 매일 죽었다가 다시 태어나고 변화하는 젊은이로 나타나기도 한다. 슬라브의 상징체계에서 태양과 달은 성별이 일정하지 않다. **게르만** : 태양은 여성이며 〈어머니〉이고, 달은 〈아버지〉이다. **도교** : 태양은 양陽의 원리이며 하늘의 위대한 힘을 나타낸다. 태양과 달을 합친 것은 초자연적 존재, 빛 그 자체를 상징한다.

**Sun Dance** 태양춤(기둥을 중심으로 하여 태양을 우러르는 춤으로, 평원 인디언의 종교의식. 무희는 몸의 일부분에 쇠꼬챙이를 꽂고서, 이것을 중앙의 기둥과 그물에 연결시켜서 춤을 추는 동안에 상처를 잡아찢는다.) **아메리카 인디언** : 태양춤은 태양의 재창조와 우주 창조의 재연을 상징하며 태양 힘과의 합일을 나타낸다. 춤의 장단이 빨라졌다가 느려지는 것은 태양의 상승과 하강을 뜻하고, 호흡하는 심장 박동의 리듬을 니다낸다. 태양춤의 오두막(→LODGE)은 〈세계상世界像〉이며, 오두막의 28개의 기둥(28은 성수聖數 4의 7배)은 태음력의 한 달의 날수와 피조물들 중의 28가지 특정물을 나타낸다. 원형으로 배열된 기둥은 창조 세계의 전체를 나타내고 중심의 나무는 성스러운 〈중심〉(→CENTRE)을 나타낸다.

**Sunflower** 해바라기 해바라기는 태양에 맹종하는 것으로서 성적 탐닉, 숭배를 나타낸다. 항상 태도를 바꾸는 것으로서 신뢰성의 결여, 부정不正한 재산의 상징이다. 그리스에서 해바라기는 태양신 아폴론에게 사랑을 받았지만 냉정함 때문에 미움을 받아서 해바라기로 변하게 된 클뤼티에(물의 신 오케아노스의 딸)의 상징이다.(「메타모르포시스」 4. 190-270) 해바라기는 정령 다프네의 표지이기도 하다. 미트라 교에서는 태양신 미트라의 부수물이다. 중국의 상징체계에서 해바라기는 장수의 상징이며, 이것은 영묘한 힘을 가지고 있다고 한다.

**Swallow** 제비 제비는 희망, 봄이 다가옴, 행운의 상징이다. **고대 근동**: 제비는 〈태모신太母神〉으로서의 니나의 모습이며, 또한 그의 표지이다. **중국**: 제비는 대담한 용기, 위험, 충실함, 멀지 않은 성공, 유리한 변화를 나타낸다. **크리스트 교**: 제비는 〈체현體現〉, 부활, 또한 봄과 함께 오는 것으로서 새로운 삶을 상징한다. **이집트**: 제비는 〈태모〉로서의 이시스에게 바치는 성스러운 새이다. 제비는 〈생명의 나무〉의 꼭대기(정확히는 제물의 근원의 위)를 나는 '불멸의 북쪽의 별'이다.(피라미드 텍스트) **그리스·로마**: 여신 아프로디테/베누스의 새이다. **문장紋章**: 문장에서 제비는 발이 없는 새 마틀릿martlet(또는 메를롯merlot, 메를레트merlette라고도 함)으로 그려지며, 차남 밑의 (토지를 상속받지 못하는) 자식(보통 넷째 아들)을 나타낸다. **일본**: 제비는 열매가 없음을 나타내며, 또한 가정생활, 어머니들의 조심성을 상징하

오그라라 스 족이 태양춤을 위해서 만든 오두막.

기원전 6세기의 그리스 테라코타로 여신 아프로디테가 상자를 든 채 백조에 타고 있다.

기도 한다. 미술에서는 물결과 버드나무로써 나타낸다. **미노아 문명**: 크레타 미술에서 제비는 〈태모〉와 연관성을 가지는 것으로서 등장한다.

**Swan** 백조  백조는 4대 원소 중에서 바람과 물을 합친 것으로서 생명의 새이며, 새벽을 나타내는 태양의 새이다. 백조는 또한 고독, 은둔을 나타내며, 시인의 새도 된다. 백조의 흰 몸은 성실의 상징이다. 백조가 죽을 때에 부르는 노래는 시인의 노래이다. 그리고 상징으로서의 백조와 거위는 종종 서로 호환성을 가지게 되었다. **켈트**: 백조의 신들은 태양에 속하며, 인간에게 은혜를 내린다. 백조의 신들은 태양과 샘의 치유력을 갖추고 있으며, 태양의 전차와 연관되어, 은혜, 사랑, 청순함을 상징한다. 그 노래는 마력을 가진다. 머리에 금이나 은의 사슬을 쓴 백조는 신의 초자연적인 모습이다. **중국**: 백조는 태양에 속하는 양陽의 새이다. **크리스트 교**: 백조는 청순함과 은총의 상징이며, 성모 마리아를 나타낸다. 죽음에 임박해서 노래를 부르는 백조는 순교자, 크리스트 교 신자로서의 체관諦觀을 나타낸다. 백조는 스코틀랜드의 성 쿠스베르트, 링컨의 성 휴, 성 루드게르스의 표지이다. **그리스・로마**: 백조는 신 제우스/유피테르가 레다를 유혹했던 모습, 애욕의 상징이고, 여신 아프로디테/베누스의 성조聖鳥이며, 또한 태양에 속하는 것으로서 태양신 아폴론/아폴로의 새이다. 행복한 죽음의 상징이기도 하다.(「메타모르포시스」 12. 72 이하)(391쪽 그림 참조) **힌두 교**: 두 마리의 백조는 '〈위대한 것〉의 마음에 살며, 연꽃과 같은 예지의 꿀을 먹고 살아가는 새하얀 함사HamSa는 새의 쌍'(「사운다르야 라하리」 38)이다. 백조 함사의 모습은 사원에 새겨져 있으며, 이 영조靈鳥는 〈하늘〉의 신적 존재가 그곳을 지향하며 날아서 떠나는 완전한 통일(범아일여梵我一如)의 상징도 된다. 백조는 또한 들이쉬기와 내쉬기, 숨쉬기과 영기靈氣를 나타낸다. 브라마 신은 백조, 거위, 공작 등을 타고 다니며, 백조나 거위를 표지로 한다. 백조는 바다에 〈우주란宇宙卵〉(→EGG)을 낳는 성조이며, 이 황금 알에서 브라마가 탄생한다. 〈최고의 함사 새〉 파라마함사Paramahamsa는 우주의 근원, 아트만이다.

**Swastika** 스와스티카(卍자)  卍자는 가장 오래된 상징 중의 한 가지로, 아주 복잡한 의미를 가지며, 선사시대부터 아프리카와 수메르의 일부를 제외한 전세계에서 나타난다. 卍은 아시아 전역과 전前 아리아 기期의 인더스 강 하류 지방 문명 등 아주 넓은 지역에서 나타나며, 자이나 교, 불교, (힌두 교의) 비슈누 파에서도 널리 사용되었다. 키프로스나 트로이아의 도기에 나타난 것을 보면, 이것은 비교적 이른 시대부터 중앙 유럽, 서유럽, 북유럽, 아이슬란드, 라플란드(스칸디나비아 반도의 최북부 지역), 핀란드와 크리스트 교 이전의 아일랜드와 스코틀랜드에 등장했다. 영국에서는 여신 브리간테스도 卍과 함께 사용되었는데 이는 일설에 의하면 卍이 이교異敎의 여신 브리지트나 브리데와 연관이 되었을 때부터이다. 이집트에서 卍이 출현한 것은 기원전 수세기 이후이며, 중앙 아프리카와 남메소포타미아에서는 역시 발견되지 않았지만, 네 얼굴을 지닌 호루스 신 등 네 개의 얼굴을 가진 신들은 卍의 상징의 예라는 설이 있다. 또한 고블레 달비엘라 백작의 설에 의하면 卍은 위에 타원형의 고리가 붙은 T형 십자(→CROSS)나, 날개가 달린 원반과 근원적으로는 동일한 상징이며, 그래서 서로를 배제시키며 고대 세계를 두 개의 상징으로 분할했다고 한다. 이런 식으로 卍의 힘이 우세했기 때문에 '페르시아를 제외한 아리아 세계 전체에서는 위에 타원형의 고리가 붙은 T형 십자와 날개가 달린 원반도 함께 그 힘을 발휘하지 못하고 끝났다'는 것이다. 아리아 민족의 옛날부터의 상징으로서 卍은 지고신이며 〈태양〉 및 천공신天空神 디아우스(「리그베다」에 등장하는 신인데 하늘의 빛의 신격화)를 나타내는 표상물로 생각되어서 종종 태양 원반과 함께 나타나기 때문에 거의 항상 태양 그 자체로서 받아들여진다. 그러나 卍이 무엇을 상징하는지는 분명히 알 수 없기 때문에 다양한 설이 있다. 회전하는 태양, 한낮의 태양의 방사광선의 바퀴, 태양의 전차, 〈극〉과 그 주변을 도는 별, 동서남북의 네 기본 방위, 4개의 조각달로 구성되는 달의 순환주기, 4가지의 바람과 사계, 회오리바람의 움직임, 세계의 주위를 돌아가는 운동, 〈중심〉, 활동하는 창조력, 순환을 만들어내는 것, 생명 바퀴의 회전 등이 그것이다. 卍은 그 외에 태양의 힘이 사분할된 세계 위를 돌아서 세계를 원으로 변화시키는 십자형, 즉 사각형을 원으로, 원을 사각형으로 만드는 것을 나타낸다. 卍은 또한 정신과 물질 및 존재의 네 수준을 나타내는 수직선과 수평선으로 만들어진 십자형이다.

또한 일설에 따르면 卍은 인간의 두 개의 팔과 두 개의 다리를 나타내는 관습적인 모양이며, 또한 남성원리와 여성원리의 통일을 나타내며, 활동과 정지, 동성動性과 부동성不動性, 조화와 균형, 운동의 상보적인 두 면 ― 구심력과 원심력, 들이쉬기와 내쉬기, 주변으로 나가는 운동과 중심으로 돌아오는 운동, 시작과 끝 ― 을 나타낸다. 그 외에 또한 卍은 미궁의 한 가

지 변형도 되는데, 물의 움직임, Z형의 번개 두 개를 한 쌍으로 합친 것으로서 꺾어진 모양으로 번개를 나타낸다. 또한 두 개의 불 붙은 막대기와 타오르는 수레바퀴의 회전운동, 베다의 아라니arani(원래는 산스크리트 어이며, 두 개의 나무조각이라는 뜻)의 부수물인 불을 만들어내는 두 개의 구부러진 막대기, 선회하는 창조의 중심으로 혼돈을 빨아들이는 〈커다란 숨〉의 태고의 운동을 상징하는 카발라의 알레프(א 첫 번째 히브리 문자), 북유럽의 태양-뱀 두 마리가 겹쳐진 모양도 된다. 다른 설에서 卍은 구불구불한 무늬의 십자 부분에서 생긴 것이거나, 〈T자형 십자〉(→CROSS)의 변형이라고도 생각된다. 卍은 또한 복종을 나타내는 자세에서 팔을 가슴 위에 십자형으로 만들어서 복종과 단념의 상징을 나타내기도 했다.

卍은 남신과 함께 나타나기도 하며, 여신과 함께 나타나기도 한다. 여성원리의 상징과 함께 그려질 때 卍은 달의 4가지 모습을 나타내는 것으로 생각해볼 수 있지만, 대체적으로 卍은 태양에 속하는 출산력의 상징 ― 사자, 숫양, 사슴, 말, 새, 연꽃 등 ― 과 연관된다. 卍이 나타나는 장소는 제단, 성상, 제복, 유골 항아리, 화병, 그릇, 도자기, 무기, 방패, 의복, 동전, 방추차(卍은 방추뿔의 나선운동을 나타내는 것으로도 생각됨) 등이 있다. 모든 장소에 그려지는 卍은 행운, 길조, 선의, 축복, 장수, 다산, 건강, 생명의 상징이다.

이것은 卍(왼쪽 卍)과 卐(오른쪽 卍)의 두 가지 모양이 있는데, 남성과 여성, 태양의 상과 달의 상, 오른쪽으로 돌아가는 운동과 왼쪽으로 돌아가는 운동을 상징하는 것으로 생각된다. 또한 어쩌면 두 반구半球, 천계의 신들과 지하의 신령들, 봄에 떠

800년 이전 노르웨이의 조각에 나타난 卍자.

347

기원전 5세기경의 꽃병에 그려진 아르테미스와 사자, 卍자.

기원전 7세기의 그리스 암포라에 그려진 동물과 여신 뒤로 거꾸로 된 卍자가 보인다.

# Swastika

오르는 태양과 가을에 지는 태양을 나타내기도 한다. 오른쪽 卍은 여신 아르테미스와 여신 아스타르테 상像의 음부의 삼각형 부분에 그려지는 것으로 여성에 속하는 것임을 입증한다. 중국에서 이 두 종류의 卍은 음과 양의 힘을 나타내는 것으로서 사용된다. 짝을 이룬 卍은 '솔로몬의 매듭'으로도 불리며, 신의 불가지성과 무한성을 상징한다. 가장자리가 열쇠 모양으로 된 卍은 역시 열쇠의 상징적 의미를 가진다. **아메리카 인디언** : 卍은 행운, 풍요, 비의 상징이다. **고대 근동** : 셈 족에서 卍은 태양에 속하는 다른 부수물들과 함께 나타나지만, 여신 아스타르테의 음부의 삼각 부분에도 그려져서 여성의 생산력을 나타낸다. **불교** : 卍은 불심의 표지로서 부처의 심오한 뜻, 〈존재의 바퀴〉나 〈윤회〉(→ROUND OF EXISTENCE)를 나타낸다. 팔길상인八吉祥印의 한 가지이며, 〈불족석不足石〉에도 나타난다. **켈트** : 卍은 행운의 상징이며, 벼락신과 함께 그려진다. **중국** : 卍은 '길상만덕吉祥萬德의 모임이다.'(변역명의집『飜譯名義集』15) 卍은 万이라는 한자의 원형이다.(卍→丂→万) 가장자리 장식에 사용되는 卍은 萬자, 10,000개의 사물이나 연속체, 즉 시작도 끝도 없는 무한의 지속, 생명의 무한한 소생, 영원을 나타낸다. 卍은 완전함, 법칙에 따르는 움직임, 장수, 축복, 길조, 선의를 상징하며 〈뇌문雷文〉이기도 하다. 청색 卍은 천계에 속하는 무한의 덕, 적색 卍은 불심에 머무는 무한의 성덕聖德, 황색은 무한한 번영, 녹색은 농경생활에서의 무한의 덕을 나타낸다. 왼쪽 卍은 양, 오른쪽 卍은 음이다. **크리스트 교** : 卍은 이 세상의 힘으로서의 예수의 상징으로서 카타콤에 종종 그려져 있다. 중세에 卍은 감마디온gammadion으로 불리면서 건물의 모퉁잇돌로서 예수나 예수를 중심에 놓은 4복음서 기록자의 상징으로서 사용되었다. **그노시스주의** : 卍은 〈일곱번째 육체를 받음seventh tirthankara〉인 시타라를 나타내며, 체관諦觀의 상징이다. **그리스** : 卍은 하늘의 신 제우스와 태양신 헬리오스의 상징물이다. 또한 여신 헤라, 여신 데메테르, 여신 아르테미스와 함께 그려진다. **힌두 교** : 卍, 즉 〈스와스티카〉는 원래 산스크리트어(svastica)로 '길상吉祥이다'라는 의미이다. 卍은 생명, 운동, 행복, 행운을 나타낸다. 베다에서 卍은 건축과 불의 신 아그니의 상징이며 불을 지피는 막대기로서의 '신비적인 두 그루의 아라니Arani'를 나타내고 고대 아리아의 하늘의 신이 되는 인드라와 그 전의 신 디야우스의 상징이다. 卍은 브라마 신, 수르야 신, 비슈누 신, 시바 신과 연관되며, 길의 발견자이며 십자로의 신 가네샤와 연관된다. 卍은 갠지스 강의 성수를 담는 항아리의 봉인으로서 사용되기도 한다. **히타이트** : 광범위하게 사용된다. **이란** : 卍은 조로아스터 교에서는 나타나지 않는다. **이슬람 교** : 아시아의 이슬람 교도 사이에서 卍은 동서남북의 4 가지 기본 방위를 나타내며 또한 동서남북의 각각의 천사에 의한 사계의 지배를 나타낸다. 네 명의 천사로는 서쪽의 〈기록자〉, 남쪽의 〈죽음〉, 북쪽의 〈생명〉, 동쪽의 〈고지자告知者〉가 있다. **자이나 교** : 卍은 〈천지의 창조주〉이며 신적인 힘을 나타낸다. 卍의 4 개의 팔은 존재의 4단계 — 원초생물, 동물과 식물, 인간, 천계의 존재 — 를 나타낸다. 卍 위에 3개의 원을 그리면, 〈세 가지 보석〉, 즉 바른 신앙, 바른 지식, 바른 행위를 나타낸다. 卍 위에 초승달을 그리면 해방의 상태, 즉 이지러졌다가 차오르는 달을 나타낸다. 초승달 위에 한 개의 원을 그리면 완전한 의식상태, 전지全知를 나타낸다. **일본**: 卍은 불심佛心, 행운, 선의이다. **마니 교**: 卍은 마니 교도의 십자가이며, 십자가와 같은 상징적 의미를 가진다. **로마**: 卍은 〈벼락과 비의 유피테르〉의 상징이다. **북유럽·게르만**: 卍은 바람, 벼락, 번개의 신 토르의 전쟁용 도끼나 망치이며, 행운의 상징이다. 리투아니아에서 卍은 부적도 되고, 행운의 표지이며, 산스크리트 어 그대로 '스바스티카'로 불린다. 卍은 아이슬란드에서도 볼 수 있다.

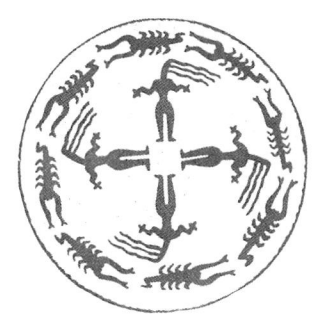

머리를 풀어헤친 4명의 여성에 의해서 만들어진 卍자. 기원전 5000년 수메르의 도기에 나타난 것인데 여성의 생명 생산력을 암시한다.

**Swine 돼지** 돼지는 풍요의 상징이며, 그래서 번영을 나타내지만 또한 대식大食, 탐욕, 정욕, 노여움, 억제가 없는 정념, 부정함을 나타내기도 한다. 수돼지는 〈태모太母〉와 연관되며, 달이나 하늘이나 풍요로 통하는 상징성을 가진다. **아메리카 인디언**: 돼지는 달과 벼락의 동물이며, 비를 가져온다. **고대 근동**: 일설에 따르면 돼지는 신 리몬, 여신 티아마트, 〈태모〉의 여신들의 부수물이다. **불교**: 돼지는 〈존재의 바퀴〉(→ROUND OF EXISTENCE)의 중심에 있는 무지와 탐욕을 나타내며, 중심에 있는 다른 두 마리의 동물(수탉과 뱀)과 함께 인간을 이 세계의 마야와 감상과 재생에 묶어놓는 죄를 나타낸다.(73쪽 그림 참조) 티베트 불교에서 나타나는 〈다이아몬드 수돼지〉는 〈태모〉로서 〈하늘의 여왕〉인 바즈라바라히Vajravarahi(금강야저녀金剛野猪女)이다. **켈트**: '늙은 백돼지'로 불리는 돼지의 여신 케리드웬은 〈태모〉이며, 달과 풍요를 나타내는 것으로서의 여신 파에아, 즉 '빛나는 돼지'라는 설도 있다. 돼지는 〈영원한 젊음의 나라〉의 왕 마난난의 상징이다. 왕은 매일 죽여서 먹어도 또다시 모습을 드러내는 돼지라는 초자연적인 음식물을 가지고 있다. **중국**: 돼지

가슴에 卍자를 새긴 부처. 9세기 산스크리트의 사본寫本이다. 여기서 卍자는 불심의 표지이며, 존재의 바퀴나 윤회의 상징이다.

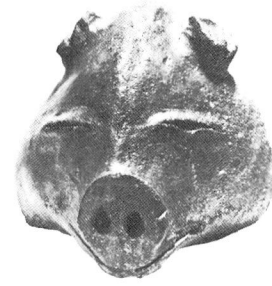

고대의 여러 문화에서 돼지는 다산多産하는――그러나 동시에 생명을 먹어치우는――〈태모太母〉의 상징이다. 그림은 기원전 5000년경의 돼지머리 테라코타 상으로, 아마도 〈태모〉의 상으로서 같은 여신에게 봉납되었던 것으로 보인다.

는 길들여지지 않은 자연스러운 본성을 나타낸다. 선천적으로 탐욕스럽고 불결하지만 길들여지면 유용하여 다산多産하는 동물도 된다. **크리스트 교**: 돼지는 악마 사탄, 대식, 호색의 상징이다. 대식의 악마에게 승리한 성 대大안토니우스의 표지이다. **이집트**: 돼지는 〈태모〉로서의 이시스 및 신 베스의 성수聖獸이지만, 경우에 따라서는 악신 세트의 티폰의 모습을 나타내는 악한 동물이다. **그리스**: 돼지는 엘레우시스의 상징이며, 풍요의 여신으로서의 데메테르에게 공양물로 바친다. 크레타의 디케 산에서 수퇘지를 제우스 신에게 바치는 것은 제우스 신이 수퇘지의 젖으로 자랐기 때문이다. **유대 교**: 돼지는 부정하며, 금기시되는 음식물이다.("레위기" 11:7) **힌두 교**: 〈다이아몬드 돼지〉, 즉 〈하늘의 여왕〉인 바즈라바라히는 비슈누 신의 세번째 화신인 이노시시의 여성적인 면을 나타내며, 생명의 근원, 풍요를 뜻한다. **이슬람 교**: 돼지는 부정하며, 금기시되는 음식물이다. ("코란" 2:173) **오세아니아**: 수퇘지는 달에 속하며, 풍요의 상징이다. **로마**: 돼지는 농경신으로서의 마르스에게 공양으로 바치는 제물이다. 또한 곡물의 수확기에 여신 텔루스와 여신 케레스에게 바친다.

**Swinging 흔들이振子(의 움직임)** 흔들이의 움직임과 흔들리는(→ROCKING) 의자의 움직임은 풍요의례와 연관되며, 또한 '인생의 부침浮沈'을 상징한다.

**Sword 칼** 칼은 권력, 보호, 권위, 왕위, 지도력, 정의, 용기, 강함, 불침번, 적을 몰살시킴을 상징한다. 칼은 또한 남성원리와 활력을 나타내며, 남근상징으로서는 여성적 수용원리를 나타내는 사슬과 대응된다. 형이상학적 차원에서는 식별, 지성의 투철한 힘, 영적靈的 결단, 성스러운 것의 불가침성을 상징한다. 대지에서도 지하에서도 수중에서도 칼은 초자연적인 힘을 가지며, 거인이나 초자연적 존재 — 예를 들면 〈호수의 처녀〉 — 와 연관된다. 또한 우주를 구하는 영웅이나 태양〈영웅〉은 용이나 악령을 퇴치시키는 칼을 사용한다. 식별의 표지로서의 칼은 지위가 높은 기사를 나타내며, 긴 창은 지위가 낮은 기사를 나타낸다. 칼은 육체와 혼, 하늘과 땅을 가르며, 불꽃의 칼은 인간을 〈낙원〉에서 떼어놓는다. 양날 칼이 상징하는 것은 현현顯現 세계에서 이원적인 힘이나 두 방향으로 흐르는 두 가지의 조류, 창조와 파괴, 생명과 죽음, 외견적으로는 대립하지만 현실적으로는 상보적인 하나를 이루는 두 개의 힘이다. (1) 국가의 칼, (2) 칼 끝이 없는 자비의 칼(쿠르타나), (3) 영계靈界의 정의의 칼, (4) 속계의 정의의 칼이다. **연금술**: 칼은 마음을 관통하는 영으로서 죽여서 살려내는 정화의 불을 나타낸다. **불교**: 칼은 무지를 그 근원에서부터 단절하는 식별력의 상징이다. '칼이 매듭을 자르는 것처럼 지혜는 불도佛道의 심오함을 꿰뚫어야만 한다.' 지혜를 상징하는 문수보살은 오른손에는 지혜의 칼을 가진다. 지혜의 칼의 가장자리는 이단의 마음을 잘라서 죽이며, 〈법〉의 적을 쫓아낸다. **켈트**: 칼은 영웅신 누아다(불패不敗의 검을 가진 다나 신들의 왕이며 치유의 신)의 상징이며, 물 속에 사는 초자연적 존재와 연관된다. 칼은 의지의 능동적인 면을 나타내며, 수정은 수동적인 면을 나타낸다. **중국**: 칼은 투철한 통제력의 상징이다. 물결 모양의 칼은 물 속을 헤엄치는 용을 나타낸다. **크리스트 교**: 칼은 예수의 수난, 순교의 상징이다. 〈낙원〉의 모든 문이나 네 귀퉁이에 있는 불꽃의 칼은 인간을 〈낙원〉에서 분리한다. 칼은 대천사 미카엘, 아드리아누스, 아그네스, 토르의 성 알바누스, 성 바바라, 성 에우페미아, 파도바의 성 유스티아누스, 토르의 성 마르티누스, 성 바울, 성 베드로, 카파도기아의 성 게오르기우스, 콤포스텔라의 성 대大야고보의 표지이다. 그리스: 다모클레스의 칼은 외견적인 번영 가운데 있는 위험을 나타낸다. 칼은 또한 항상 존재하는 위험, 천벌天罰을 나타낸다. 힌두교: 베다의 공양에 사용되는 나무 칼은 번개를 상징하며, 바즈라(→VAJRA)와 같은 의미를 가진다. 칼은 또한 아수라의 호전적 성격을 나타낸다. 칼은 네 계급 중에서 두번째 신분인 크샤트리아(무사계급)의 부수물이다. 이슬람 교: 칼은 이교도와 싸우는 신자나 자신 속의 악과 싸우는 사람의 〈성전聖戰〉의 상징이다.(「코란」 2 : 218) 일본: 칼은 용기, 강함의 상징이며, 세 종류의 신기神器 중의 한 가지이다. 다른 두 가지인 거울(팔지경八咫鏡)과 보옥(팔판경곡옥八坂瓊曲玉)은 진리와 동정을 나타낸다. 북유럽: 칼은 신 프레이야의 지물이며, 이 칼은 스스로 움직이며 적과 싸운다. 불꽃의 거인 수르트르는 불꽃의 검을 휘두른다. 도교: 칼은 투철한 통제력, 무지에 대한 승리의 상징이다.

15세기 초 프랑스의 시도서時禱書에 있는 〈최후의 재판〉의 장면. 지고의 재판관으로서 정의와 권위의 칼을 휘두르는 〈아버지로서의 신〉이다.

**Sycamore** 시카모어 나무, 이집트 무화과나무 이집트 무화과 나무는 이집트의 〈생명의 나무〉(→TREE)이며, '부인 시카모어,' 또는 '생명의 나무'라고도 불린다. 이 나무는 하늘의 여신 누트를 나타낸다. 시카모어의 열매에서는 유즙이 나오기 때문에 그것은 젖소와 자양, 생식, 풍요, 사랑으로서의 〈태모신太母神〉 하토르와 연관된다. 시카모어 나무는 많은 유방을 가진 에페소스의 여신 아르테미스와 연관되는데 이것은 시카모어의 열매인 무화과는 가

무화과나무(미국에서는 단풍나무를 말하지만)는 고대 이집트 인들에게는 〈생명의 나무〉이며, 하늘의 여신 누트의 표지이다. 그림은 이집트 제19왕조 영묘靈廟 벽화의 일부.

지에서 열리는 것이 아니라 줄기에서 열리기 때문이다.

**Symplegades** 쉼플레가데스 바위→PASSAGE

# T

**T** T자→CROSS, TAU

**Tabernacle** 성막聖幕 유대 교 : (모세가 신의 명령에 따라서 지은 성스러운 천막이며, 법궤法櫃를 안치해놓은 이동식 성소聖所 ──"출애굽기" 25-27) 성막은 세계의 중심, 세계의 심장부, 우주, 〈지성소至聖所〉, 〈셰키나shekinah〉(신의 시현示現)를 나타낸다.

**Table** 석판 유대 교 : 〈율법의 석판〉은 재판과 법을 나타낸다.("출애굽기" 32 : 15) 유대 계 그리스 철학자 필론에 따르면 〈떡 열둘〉("레위기" 24 : 5)은 지상적인 사물로 실현되기 위한 은총을 베푸는 것을 나타낸다. 필론은 이것이 일 년의 열두 달을 가리킨다고 했다.

**Tablet** 명판銘板, 평판平板 명판은 운명, 과거에 했던 일들과 미래의 기록을 나타낸다. 운명, 즉 천명天命의 명판을 손에 넣는 것은 신이나 왕 또는 사제의 손에 있는 비의祕儀와 마술적인 지식에 접근함을 의미한다. 철학자 플로티노스는 '관리되는 명판Guarded Tablet'이 우주령宇宙靈과 같다고 생각했다. 장례식과 선조 숭배의 예식에 사용되는 명판은 죽은 자의 혼이 편히 쉬는 장소이다. 이것을 잃어버린 망령은 방황하거나 인간에게 해를 끼치게 된다. **고대 근동** : 〈천명天命의 명판Tablets of Destiny〉을 가지면 전능함과 마력을 가지게 되며, 혼돈과 악을 극복하는 힘을 얻는다. 마르둑 신은 이 명판의 힘으로 여신 티아마트에게 승리를 거둔다.(「에누마 에리슈」 제4점토판) 명판은 천명의 기록이다. 신들의 서기이며 메소포타미아의 신인 나부는 〈천명의 명판〉을 보관한다. 알데바란이라는 신은 〈명판의 별〉인데 춘분에 신들의 회의에서 내린 결정을 〈천명의 명판〉에 기록하는 것이 이 신의 직무이기 때문이다. **중국** : 명판은 위엄, 길조를 나타낸다. 풍요의 곡물로 장식한 명판(곡규穀圭)은 황후에게 바친다. 녹색 비취로 만든 명판은 〈춘제春祭〉에서 봄의 상징으로 사용되며 동쪽을 나타낸다. 황제가 손에 들고 있는 망치 모양의 명판은 〈권력의 명판〉이다. 알데바란 별은 〈명판의 신〉이다. **크리스트 교** : 〈하늘의 명판〉에는 인류의 미래가 기록되어 있다. 아무도 해독할 수 없으며, 7개의 인印으로 봉한 이 책("요한 계시록" 5 : 1-10)은 〈천명의 명판〉이다. **그리스·로마** : 적의 이름을 새긴 명판은 적에게 이길 수 있는 힘을 주며, 적을 저주하는 주문이나 마술에서 사용되었다. 오르페우스 교의 장례의례에서는 명판에 이니시에이션 의례의 제문과 신에게 올리는 기원의 말을 새겼다. 이것은 사자死者가 길을 잃지 않도록 도와준다. 명판과 가는 펜은 서사시를 담당하는 여신 칼리오페(→MUSES)의 부수물·이다. **유대 교** : 〈율법의 석판〉에는 신의 율법이 새겨져 있다.("출애굽기" 32 : 15) **헤르메스 사상** : 「에메랄드 명판」에는 대우주가 소우주에 반영되는 것이 서술되어 있다. '위에 있는 것과 같이 아래에도 있으라.' 명판은 최저의 것과 최고의 것의 조응, 〈하나〉인 경우에는 만물의 근원적 통일을 의미한다. **이슬람 교** : 명판은 운명의 신의 계획을 기록한 〈제1질료〉의 상징이다. (하늘에 있는) 〈보호의 명판〉은 천지에 뻗어 있으며, 하늘과 땅 사이의 교류를 가능하게 한다. 진주로 만들어진 명판은 한 면은 루비, 한 면은 에메랄드로 덮여 있는데 각각은 〈하늘의 바다〉와 〈지상의 바다〉를 나타낸다. 명판에 묻은 잉크는 현현 顯現 세계의 모든 가능성을 상징한다.(신적 지식이 들어간 잉크를 찍은 펜을 사용해서 신은 만물의 존재를 명판에 쓴다.)

**Tail** 꼬리   꼬리는 평형과 안내를 상징하므로, 판단력과 적응성을 나타낸다.

**Talon** 새 발톱→CLAW

**Tamarisk** 위성류渭城柳   만나(→MANNA)는 위성류에 속하는 나무에서 스며 나온다고 한다. **고대 근동**: 위성류는 타무즈 신과 아누 신에게 바치는 나무이며 〈생명의 나무〉이다. 위성류는 대추야자와 마찬가지로 하늘에서 만들어진 나무이다. **이집트**: 위성류는 오시리스 신의 성스러운 나무이다. 여신 이시스는 오시리스의 몸을 위성류 나무에 감추었다.

**Tambourine** 탬버린   탬버린은 샤먼이 사용하는 팀파나tympana(한 장의 가죽으로 된 북) 혹은 마술의 경우에는 북(→DRUM)에 해당된다. 북이나 심벌즈와 마찬가지로 탬버린은 무아지경의 춤이나 오르기orgy에서 사용한다. 술의 신인 디오뉘소스/바쿠스를 모시는 사제들은 탬버린을 들고 다닌다. 탬버린은 영웅 헤라클레스와 뮤즈 중의 하나인 서정시를 담당하는 에우테르페의 부수물이다. 대지모신大地母神 퀴벨레와 그녀가 사랑하는 미소년 아티스를 숭배하는 의례에서 신참자는 심벌즈를 잔으로 삼아서 마시고, 탬버린을 그릇으로 삼아서 먹는다.

여신 퀴벨레가 탬버린을 들고 사자와 함께 서 있고 그 옆에 아티스가 있다. 기원전 3-기원전 2세기.

18세기 말의 타로 카드에 그려진 4명의 인물. 위는 마술사와 어릿광대, 아래는 〈황제〉와 〈여제〉이다.

**Tarot** 타로   타로 카드의 기원은 잘 알려져 있지 않다. 각각의 카드의 상징적 의미는 다양하게 설명된다. 메이저 아르카나 major arcana 혹은 수수께끼를 이루는 22매의 카드(암시적인 뜻을 가진 그림의 조각패)는 히브리 어 알파벳의 22가지 문자를 나타낸다. 아르카나는 현상계에서의 〈인간〉의 영적이고 육체적인 경험의 모든 것을 포함하는 심오한 뜻과 철학과 과학의 상징체계를 구성하며, 또한 신참자가 암혹에서 광명으로 이르는 길을 추적한다. 그 외에 56매의 마이너 아르카나도 있는데 이 것은 궁정 카드(킹, 퀸, 나이트, 조커)와 숫자 카드 14매를 한 벌로 한 4벌의 카드로 이루어진다.

**Tat** 타트→DJED

**Tau** T자  T자는 T자형 십자, 생명, 지고한 권력의 열쇠, 남근을 상징하는 것이다. T자는 또한 미트라 교의 십자가이고, 천둥신 토르가 가지고 다니는 〈망치〉이며, 망치를 나타내는 물건으로서 천둥신과 대장장이의 신의 부수물이다. 문장紋章에서 T자는 〈크로스 포텐트cross potent〉이다. →CROSS

**Taurus** 금우궁金牛宮, 황소자리→ZODIAC

**Teeth** 이  이는 공격과 방어의 상징이다. 이를 드러내는 것은 방비와 적의를 나타낸다. 중국에서 이는 싸움의 상징이다. 미개문화의 이니시에이션 의례에서는 이를 뽑아서 삼켜버렸는데 이것은 육체 중에서 가장 딱딱한 부분인 이를 죽음과 재생의 상징으로 사용했기 때문이다.

**Temperance** 절제  크리스트 교 도상학圖像學에서 절제는 한 개의 칼, 혹은 두 개의 화병을 들고 있는 여성의 발치에 스키피오 아프리카누스가 따라오는 모습으로 그려진다. 절제의 부수물로서는 그밖에 시계나 모래시계, 말 재갈과 말 굴레 등이 있고 물을 탄 포도주, 풍차 등도 있다.

**Temple** 사원, 신전  사원은 〈세계상世界像〉, 소우주, 세계의 영적靈的 중심, 하늘의 원형의 지상적 대응물, 지상에서는 신성이 머무는 장소, 비호자로서의 〈태모太母〉의 힘, 대지, 지하, 바다의 세 가지의 세계가 하늘과 만나는 장소와 균형을 나타낸다. 상징적 의미에서 사원은 종종 육지의 가장 높은 장소이다. 사원은 우주의 구조를 나타내며, 또한 신들과 인간 사이의 종교적 관계를 나타낸다. 우주의 구조로서 사원 건축의 아래위에 겹쳐진 계단 또는 층계는 무한의 다양성을 나타내며 수평으로 놓인 존재의 계층을 나타낸다. 사원은 축축軸의 상징이며, 하늘과 땅, 지상과 지하를 수직으로 연결한다. 사원 건축의 겹쳐진 계단은 하늘로 상승하는 것과 신자의 영적 향상을 상징한다. 사원은 또한 〈성산聖山〉의 이미지이다. 사원의 중심 기둥은 〈우주축宇宙軸〉(→AXIS)이며, 동시에 또한 〈우주수宇宙樹〉(→TREE)이다.

석굴 사원이나 동굴 사원은 회귀──다시 말하면, 중심, 자연, 인간의 원초의 자아로의 회귀──를 상징하며, 또한 생명의 바위 혹은 재생의 자궁의 상징이다. 4개의 기둥으로 떠받치는 삼각형의 사원은 창조와 재생을 담당하는 자로서의 4대 원소를 지배하는 신의 3가지 모습을 나타낸다. 원형의 사원은 원이나 구의 완전성과 신의 완전성을 나타낸다. 힌두 교의 사원은 우주의 모양을 따서 건축되었으며, 대우주의 모형이며, 사원 전체가 만다라(→MANDALA)와 같은 모양을 이룬다. 사각형은 힌두 교 건축물의 기본형이며, 질서와 안정과 완결을 상징한다. 사원에는 3개의 제단이 있는데, 동쪽 끝의 사각형 호마단護摩檀(불의 제단)은 천상계를 상징하며, 서쪽 끝의 원형의 호마단은 지상계의 상징이고, 남단의 제단에는 불이 있으며, 바람의 세계를 상징한다. 제단에 놓인 화로의 중심은 십자형으로 놓여 있다. 제일 높은 제단의 중심은 옴팔로스(→OMPHALOS)이며, 지성소至聖所이다. 중심의 기둥은 우주의 축과 〈세계수〉를 상징하며, 종자seed의 성소聖所에서 시작해서 자궁에까지 솟아 있다. 사원의 경내는 64개의 사각형으로 나뉘어 있으며, 이것은 만다라, 즉 우주도宇宙圖를 나타낸다. 동서남북의 4 가지 기본 방위에 배치되는 문이나 입구는 하늘과 땅이 만나는 장소이다. 중심 기둥의 꼭대기에 씌워진 관은 신의 영광을 나타내며, 이 바로 위에 있는 열린 부분은 지상계에서 하늘로 빠져나가는 길, 혹은 하늘로 가는 입구를 상징한다. 사원의 내부에 있는 어둠은 인간의 외부에서 빛이 필요하며 사원은 신에 의해서 밝혀지는 곳임을 나타낸다.

덴마크의 레마스달에서 출토된 은으로 만들어진 천둥신 토르의 〈망치〉.

예루살렘 신전은 〈세계상〉이며, 우주의 중심, 〈신〉과 이스라엘 민족이 교류하는 장소이다. 이 신전은 우주 시간이 시작됨을 나타내며, 지상에서 신이 머무는 곳이며, 〈하늘의 오두막〉과 비슷한 모습이다. 역사가 요세푸스에 따르면 〈성소〉의 세 부분은 궁정, 낮은 곳, 바다의 세 가지 영역을 나타내며, 〈성소〉 그 자체는 지상의 상징이고, 〈지성소〉는 〈하늘〉의 상징이다. 수메르의 신전 또는 지구라트(→ZIGGURAT)는 상승과 하강을 의미하는 7개의 단으로 만들어지며, 하늘과 땅, 지상계와 천상계, 수중계를 연결하는 수직의 연결고리와 동시에 지상의 나라들을 연결하는 수평의 연결고리를 상징한다.

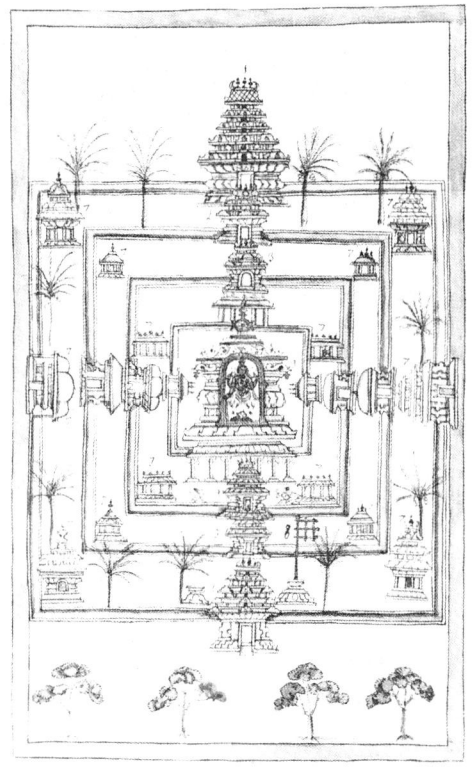

남인도의 성지聖地 콘제에베람의 사원 경내의 평면도. 사원 전체가 만다라(→MANDALA) 모양이며, 4개의 문으로 들어가는 길은 수호신 비슈누의 진좌鎭座가 있는 중앙 제단을 향하고 있다.

**Ten Thousand Things 만물萬物**  중국의 상징체계에서 만(10,000)은 무수히 많음을

의미한다. 즉 현상계의 모든 존재, 음양陰陽 두 가지 시원적인 힘의 상호작용의 결과인 피조물 모두를 가리킨다.

**Ternary** 삼인조→NUMBERS의 3

**Terrestrial branches** 십이지十二支→ZODIAC

**Tetraktys** 테트락티스→NUMBERS의 4

**Tetramorphs** 4 가지 형상, 테트라모프 '4대 원소의 힘의 통합'을 뜻한다. 크리스트 교에서 테트라모프는 4복음서 기록자의 형상을 나타낸다. 마태는 인간, 또는 날개가 달린 인간으로서 예수의 인성人性과 〈체현體現〉을 나타내며, 마가는 사막에서 으르렁거리면서 길을 예비하는 날개 달린 사자로서 예수의 왕위를 상징하며, 누가는 날개가 달린 수소나 송아지이며 예수의 희생, 속죄, 성직을 나타내며, 요한은 독수리, 다시 말해서 '숭고함을 향해서 날아가는 독수리의 날개······ 태양을 마주 볼 수 있는 것'(성 히에로니무스)으로서 예수의 〈승천〉과 신성神性을 상징한다.

인간, 사자, 수소, 독수리의 모습으로 나타나는 네 명의 〈지품천사智品天使〉(동시에 4명의 머리가 합쳐지는 신비로운 한 명의 천사)는 〈신의 옥좌〉의 4구석의 수호자이며, 〈낙원〉의 4구석의 수호자이다.("에스겔" 1:5-6, "창세기" 3:24) 〈지품천사〉는 또한 4대 원소의 힘을 나타내며, 타오르는 식별의 칼을 휘두르며 〈낙원〉의 입구와 중심을 지키며, 영적 재생을 얻지 못한 사람들이 〈낙원〉에 들어오는 것을 막는다. 이집트의 테트라모프는 호루스 신의 〈자녀들〉인데 4명 중의 한 명은 인간의 머리를 하고 있으며, 3명은 동물의 머리를 하고 있다.(→CANOPIC JARS) 힌두 교에서 브라마 신은 4개의 머리를 가지고 있다고 한다.

**Thigh** 넓적다리 넓적다리는 종종 남근 상징으로서 사용되며, 따라서 창조력, 생식, 강함을 의미한다. 두개골과 십자형을 이룬 대퇴골은 인간이 죽은 뒤에도 남는 생명력의 두 개의 근원으로서 머리와 허리를 의미한다. 두개골과 대퇴골은 또한 생명력을 거두어가는 마력을 가지고 있어서 죽음의 상징이 된다. 이집트에서 황소나 하마의 넓적다리는 '세트 신의 남근 다리'(정확히는 [수소의] 앞다리)를 나타낸다. 디오뉘소스 신은 제우스 신의 넓적다리에서 태어났다고 한다.

**Third Eye** 제3의 눈 시바 신이나 부처의 얼굴의 가운데에는 '빛나는 점'이나 '불타는 진주'라고 하는 〈제3의 눈〉── 산스크리트 어로 우르나urna ── 이 있다. 이 눈(실제는 눈이 아니라 미간에 난 돌돌말린 털. 길상상吉祥相의 한 가지로 침)은 통일, 균형을 나타내고 사물을 총체적으로 바라봄, 이원적 대립세계로부터의 해탈, 세계를 영원한 상相 아래에서 바라봄, 초월적 예지, 빛의 결정, 영적 의식, 깨달음을 상징한다. 어떤 경우에도 제3의 눈은 육체적인 것이 아니다.

**Thirst** 갈증 목이 마른 것은 동경, 욕망, 영적이나 물질적인 의미로 인생 경험에 대한 욕구를 나타낸다.

**Thistle** 엉겅퀴 엉겅퀴는 도전/반항적 태도, 엄격함, 복수심, 인간에 대한 혐오를 나타낸다. 엉겅퀴는 당나귀의 먹이이다. 크리스트 교 상징체계에서 엉겅퀴로 묶는 것은 예수의 수난, 인간의 죄와 지상의 비애와 악("창세기" 3:18)을 의미하며, 또한 미덕을 갉아먹는 사악함("욥기" 31:40)을 상징한다. 엉겅퀴는 '누구라도 피해를 주면 복수한다'를 의미하는 스코틀랜드의 표지이다.

계시를 하는 예수를 둘러싸고 테트라모프가 조각되어 있는 성당의 일부.

18세기 인도의 〈두려운 태모太母〉로서의 여신 두르가의 황동 두상. 두르가의 제3의 눈은 이원적인 대립이 있고 불안정한 환영 세계로부터 인간을 해방시키는 여신의 힘을 상징한다.

엉겅퀴.

**Thorn** 가시  아칸서스, 아카시아, 장미처럼 가시가 있는 식물은 초승달의 뿔 모양을 상징한다. 가시와 장미가 함께 있으면 고통과 쾌락, 고뇌와 희열의 대립물을 나타낸다. 크리스트 교에서 가시는 죄, 비애, 고난을 나타내며, 또한 예수의 수난의 상징이다. 예수가 썼던 가시 면류관은 로마 황제의 장미관을 흉내낸 것이다.("요한복음" 19：2) 이집트에서 아카시아의 가시는 여신 네이드의 표지이다.

**Thread** 실  실은 생명의 실, 인간의 운명, 신적 존재에 의해서 자아지고 짜이는 운명, 통일, 지속, 우주를 묶어서 우주를 짜냄, 만물이 '의존하며' 모든 생물을 꿰고 있는 태양을 나타낸다. 사물들을 하나로 합치는 실의 상징은 대우주와 인간이 살아가면서 만나게 되는 여러 가지의 사건들에도 이용된다. 진주나 둥근 보석들을 통과하여 그것들을 엮는 실은 〈우주축宇宙軸〉(→AXIS)이며, 구슬의 둥근 모양은 현현顯現 세계의 순환을 의미한다. 〈우주축〉으로서의 실의 상징 중에서 가장 흔한 모양은 염주, 로사리오, 화환이다. **불교**：설법이나 설교의 실은 수트라나 「탄트라」에 포함되며, 성전의 처음부터 끝까지 나오는 지혜의 실이다. **힌두 교**：실은 인간의 〈내부의 지배자〉로서의 아트만을 상징한다. '여러 개의 진주가 실에 꿰여 있는 것처럼 나에게는 전세계가 연결되어 있다.'(「바가바드 기타」 [VII. 7]) 실은 또한 바람, 즉 생명의 호흡이다. '그 실은 …… 진짜로 바람과 같다.(이 실인 바람에 의해서 …… 이 세계와 또 다른 세계와 이 세상에 존재하는 모든 사물은 서로 연결되어 있다.)'(「브리하트 아라니야카 우파니샤드」 [III. 7. 2]) 〈브라마 신의 실〉은 〈우주축〉이며 메루 산의 상징이다. 그리고 그것은 인간이라는 소우주에게는 혈관이다.→BONDS, CORD

**Threshing Floor** 탈곡장, 타작 마당  탈곡장은 부스러기들 중에서 좋은 것을 골라내어 분리하는 성스러운 장소이며, 또한 대지의 풍요를 나타낸다. 탈곡장에서 볼 수 있는 회전운동은 우주, 태양, 달, 혹성의 운행을 나타낸다.

**Threshold** 문지방  문지방은 속된 것에서 성스러움으로, 외부의 속된 공간에서 내부의 성스러운 공간으로의 이행, 새로운 세계로 들어감을 상징한다. 문지방은 경계의 상징으로서 자연과 초자연이 만나는 선이다. 이 경계선은 '칸막이를 부수는' 예식에 의해서 의례적으로 정의되고, 확인되는데, 정확히는 신년제가 시간적 경계를 정의하는 것과 마찬가지이다. 물에 가라앉거나 어두운 숲으로 들어가는 것, 벽을 통과하는 문으로 들어가는 것 등은 위험한 미지의 세계로 들어가는 것으로서 문지방을 넘는 것과 같은 상징성을 지닌다. 화로를 지키는 처녀 여신은 문지방의 여신이기도 하다.(예를 들면 로마의 수호신 라레스) 문지방은 용, 뱀, 괴수, 개, 전갈 인간, 사자 등이 지키고 있으며, 이들을 먼저 쓰러뜨려야만 성역으로 들어갈 수 있다. 심령의 세계에서는 사람들이 너무 멀리, 또는 너무 빨리 나아가지 못하도록 하며, 또한 인간이 감당할 수 없을 정도로 지나치게 많은 신비적, 비교적秘敎的 지식을 접하지 못하도록 수호신이 지킨다.

**Throne** 왕좌, 옥좌  왕좌는 성聖과 속俗 두 세계의 권위와 지식과 지배의 자리이다. 왕좌는 천지간에 있는 세계의 중심으로서 높은 단 위에 자리 잡고 있다. 용의 옥좌, 연蓮의 옥좌, 사자의 옥좌처럼 특별한 상징성을 가지는 옥좌에는 신비롭게 태어난 사람이 앉아 있는 모습이 그려지며,

옥좌는 이러한 인물의 상징이 된다. 〈하늘의 여왕〉으로서 〈태모太母〉가 앉아 있는 그림에서 무릎은 옥좌를 상징한다. 옥좌에는 신과 인간, 혹은 왕과 신하의 관계를 포함한 의미가 나타난다. **고대 근동**: 옥좌는 역대 국왕의 권위와 신성한 통치를 나타내며, 또한 대지로서의 〈태모〉가 아이들을 안아주는 무릎을 나타낸다. **불교**: 〈지혜의 나무〉(보리수)의 근원에 있는 〈금강좌金剛座〉(다이아몬드로 된 옥좌), 바즈라사나 vajrasana는 우주의 중심, 회전하는 세계의 움직이지 않는 축, 광명과 깨달음의 장소이다. 부처는 금강좌, 연화좌蓮華座나 사자좌에 앉는 모습으로 그려진다. 비어 있는 옥좌는 부처를 나타내는데 부처의 모습에서 나오는 빛이 충만하여 모양을 나타낼 수가 없다. 〈법의 자리〉는 부처의 가르침, 깨달음을 얻어서 부처가 됨을 상징한다. **크리스트 교**: 옥좌는 교회 및 속계의 권력의 위엄과 지배, 권위, 재판권을 상징한다. 〈신의 옥좌〉는 황금으로 만들어졌다.("열왕기 상" 10:18) 성모 마리아는 〈상지上智의 좌〉이다.(→ **유대 교**) **이집트**: 〈하늘의 여왕〉인 이시스 여신은 〈태모〉이며 대지의 무릎으로서의 '자리'이며 '옥좌'이다. 옥좌는 또한 파라오의 성속聖俗 양면에서의 지배권을 나타낸다. **유대 교**: 예언자 에스겔의 계시에 따르면 신의 옥좌는 지상에서는 신의 '집'으로서의 신전의 〈낮은 옥좌〉이며 우주의 중심이다. ("에스겔" 1:26-28) 여기에 대응해서 〈새로운 예루살렘〉은 〈높은 옥좌〉이거나 〈하늘의 옥좌〉이다.("에스겔" 40:2-4, "요한계시록" 3:12) 옥좌는 4마리의 생물 —— 사자, 수소, 독수리, 인간의 얼굴 —— 즉 테트라모프(→ TETRAMORPH)가 받치고 있다. **힌두 교**: 옥좌는 사원과 마찬가지로 성스러운 사각

죽은 자를 비호하는 여신 이시스. 여신의 머리에는 이시스를 나타내는 표의문자인 옥좌가 나타나 있다.

형과 거기에 대응하는 대립물 위에 만들어진다. 옥좌의 구조에서 이 대립은 질서와 혼돈, 예지와 무지, 왕위와 혼돈으로 나타난다. 긍정적인 가치는 수직 존재로서의 옥좌의 다리로 나타나며, 부정적이고 수평적인 가치는 옥좌의 가로축으로 나타난다. 〈금강좌〉의 상징은 힌두 교와 불교에 공통이다. **이란**: 페르시아 옥좌는 〈공작의 옥좌〉로 나타난다. **이슬람 교**: '알라의 옥좌는 물 위에 있다.'(「코란」 11:7) 세계를 둘러싸는 (알라의) 옥좌는 8명의 천사가 받친다. (「코란」 69:17)

**Thule 툴레** 툴레는 극북極北에 있는 시원始原의 영적靈的 중심, '정지점靜止点' (아리스토텔레스), 천지가 만나는 지점이다. 툴레는 〈축복받은 자들의 섬〉, 〈낙원〉, 〈흰 섬〉(레우케[아킬레우스가 헬레네를 묻은 섬]), 〈흰 산〉, 〈녹색의 섬〉, 〈보석의 섬〉, 아발론 섬(아더 왕과 그의 부하들이 사후에 옮겨졌다는 전설상의 서쪽에 있는 섬)이다.

**Thumb 엄지손가락** 엄지손가락은 힘, 힘의 위양委讓을 나타낸다. 위로 올린 엄지손가락은 호의적인 힘, 행운, 선의이며, 아래로 내린 엄지손가락은 이와 반대의 의미이다. 엄지손가락과 집게손가락을 세우는 것은 남근의 상징이다.

**Thunder/Thunderbolt 천둥/천둥번개** 천둥은 천공신天空神의 울음, 번개는 천공신의 무기이며, 뱀이나 적으로서의 영적靈的 존재를 죽인다. 천둥은 신의 노여움이며, 또한 군주나 마술사의 상징물이다. 황소의 울음소리처럼 들리는 천둥은 풍작의 비를 내리게 하며, 달의 차고 이지러짐과 연관이 있다. 나라에 따라서는 비가 항상 천둥과 함께 내리기 때문에 천둥은 풍요의 강이나 하늘에서 내리는 영양분이 풍부한 물과 관계가 있다고도 생각한다. 천둥과 함께 내리는 비는 임신을 시키는 힘을 가지고 있는 것으로 생각했기 때문에 보통 비보다 자양분이 풍부하다고 여겨졌다. '물은 종종 천둥에 의해서 임신된 비로 내린다. 천둥과 물의 결합은 생명의 열熱의 원인이다.'(플루타르코스)

천둥번개는 또한 다산多産하는 천공신과 그를 받아들이는 지모신의 성스러운 결혼을 상징한다. 천둥번개는 모든 대장장이의 신 — 헤파이스토스/불카누스, 토르 등 — 의 부수물이다. 천둥이 상징하는 것은 모든 천공신과 폭풍의 신의 부수물들인 망치, 북, 손도끼, 번개를 만드는 도끼, 소리내는 판이다. 번개는 떡갈나무와 연관된다. 번개는 또한 용, 나선과 불타오르는 진주에 의해서 상징된다. 벼락의 신은 종종 붉은 머리로 나타난다. **아메리카 인디언**: 〈천둥새〉는 〈우주령宇宙靈〉이며, 〈창조자〉이다. 이것은 〈자연〉에서 나오는 위대한 힘, 하늘의 활동적인 힘을 나타내며, 또한 전쟁의 파괴적인 힘과 관계가 있으며, 하늘로 올라가는 길을 지키는 파수꾼이다. 개, 뱀, 돼지는 비를 내리는 동물들로 벼락의 동물이다. **고대 근동**: 폭풍의 신 아다드는 황소를 타고 다니며, 손에는 천둥번개를 들고 있다. 바빌로니아 미술에서 천둥번개는 황소와 관계가 있다. **불교**: 티베트의 도제(→DORJE), 중국의 여의(→JU-I), 일본의 여의(봉)는 천둥번개나 〈바즈라〉(→VAJRA)이며, 〈교리〉의 신적인 힘, 초월적인 진리, 견고함, 깨달음을 나타내며, 사악한 정념과 욕망을 억누름을 나타낸다. 오불五佛 중에서 불공여래不空如來는 갈마저羯磨杵(십자형 금강저)를 들고, 아축여래阿閦如來는 일반적인 금강저(→VAJRA)를 든다. '〈법〉 벼락이 치는 것'은 모든 생물들에게 해탈의 가르침을 펴는 것을 나타낸다. **중국**: 뇌공雷公이라고 부르는 벼락의 신은 끔찍한 모습의 파란 인간이며, 날개와 발톱이 있으며, 그의 상징물은 북, 목탁, 끌이다. **그리스·로마**: 천공신으로서의 제우스/유피테르는 벼락을 조종한다. 천둥번개는 이 신의 무기이며, 어떤 때에는 이 신의 화신化身이다. 천둥은 번개와 마찬가지로 거인족 퀴클로프스의 '하늘의 도끼'이다. 브론테스(헤파이스토스의 대장간에서 조수로 일하는 퀴클로프스들 중의 한 명)의 일족은 천둥을 의미하며, 아르게스(브론테스의 형제)의 일족은 천둥번개를 나타낸다.(이들 중 한 명의 형제 스테로파스는 번개를 의미한다.) **힌두교**: 바즈라(→VAJRA)는 인드라 신과 크리슈나 신의 천둥번개이다. 바즈라는 또한 시바 신의 〈제3의 눈〉에서 나오는 안광眼光이며, 신의 힘, 우주의 예지, 깨달음을 의미한다. 그러나 바즈라는 또한 번개와 마찬가지로 죽음을 다루는 힘과 생식력의 이면성을 지니며, 파괴와 생성이라는 상반된 힘을 상징한다. 금강저(바즈라)는 또한 〈도제〉와 같은 의미를 가지며, 두 가지는 모두 관습적으로 붓꽃(→FLEURS-DE-LIS)의 모양으로 나타난다. **일본**: 천둥신은 하늘의 천둥과 지하의 화산의 천둥을 모두 나타낸다. 〈천둥〉은 〈신의 소리〉 혹은 천둥소리의 신이며, 천둥신은 천지 사이를 왕복하는 수단인 사다리와 관계가 있다. 애염명왕愛染明王의 머리에는 천둥(금강저)이 얹혀 있으며 자비의 신인 명왕의 손에 있는 것으로는 사악한 욕망과 정념을 억누른다. (애염명왕의 사자 모양의 관의 꼭대기에는 오고구五鈷鉤가 있다.) **북유럽·게르만**: 천둥신 토르는 묠니르라는 망치를 가지고 다니다. 도나르 신은 폭풍의 신이다.

히타이트의 기후의 신이 천둥을 내리는 망치와 번개를 만드는 화살을 들고 있다.

천둥을 던지는 기원전 460년 경의 제우스 상.

Thyrsos 튀르소스  튀르소스는 포도나무나 담쟁이 또는 리본의 매듭으로 감은 지팡이 위에 솔방울을 얹어놓은 것이다. 남근의 상징이며 생명력을 나타내며, 주로 디오뉘소스/바쿠스 신과 연관되며, 동시에 이집트나 페니키아, 또한 유대 인들 사이에서도 볼 수 있다.

Tiara  로마 교황의 삼중관三重冠, 고대 페르시아 인의 관→CROWN

Tide 조수潮水  조수는 상호성, 유출과 유입의 균형, 기회를 나타낸다. 조수는 사자死者의 몸에서 나오는 혼과 연관된다. 혼은 조수가 바뀔 때나 밀물일 때 빠져나온다고 믿어졌다.

Tiger 호랑이  호랑이는 태양과 달의 양쪽에 속하며, 창조자이며 동시에 파괴자라는 양면성을 나타낸다. 뱀과 싸우는 호랑이는 하늘과 태양의 힘을 상징한다. 사자(동양에서는 용)와 싸우는 호랑이는 달과 지하에 속하며, 인간에게 해를 끼친다. 호랑이는 또한 왕위, 잔인함, 강함을 상징하며, 〈대지모신大地母神〉이 현현顯現한 모습일 수 있다. **연금술**: 중국의 연금술에서 호랑이는 납과 육체적인 힘을 나타낸다. **아스텍**: 호랑이(정확히는 재규어)는 서쪽으로 지는 태양의 상징이며, 지하와 대지에 속하는 신들을 나타낸다. **불교**: 중국 불교에서 호랑이는 〈삼독三毒의 짐승〉 중의 하나로 분노(진瞋)를 나타낸다. 다른 두 가지는 탐욕(탐貪)의 원숭이, 육욕(치痴)의 사슴이다.(→ROUND OF EXISTENCE) **중국**: 호랑이는 〈백수의 왕〉, 〈육상동물의 왕〉이다. 중국의 상징체계에서 양陽의 호랑이는 서양의 사자에 대응되며, 권위, 용기, 무용, 보호자로서 갖추어야 할 용맹스러움을 나타낸다. 양陽의 하늘의 용天龍과 싸울 때 호랑이는 음陰의 동물이며, 대지를 나타낸다. 하늘의 용과 땅의 호랑이는 영靈의 힘과 물질의 힘의 대립을 의미한다. 호랑이는 십이지十二支 중의 세번째 동물이며, 제4계급에 속하는 무사의 표지이다. 호랑이는 또한 도박사의 표지이다. 축재蓄財의 신(조공명趙公明)은 돈 상자를 지키는 호랑이를 타고 다닌다. 바람의 여신도 또한 호랑이를 타고 다닌다. 호랑이는 묘지를 지키는 파수꾼으로서 악령을 쫓아낸다. 호랑이는 어두운 곳에서도 볼 수 있기 때문에 땅에 속한다. 호랑이는 호랑이의 발톱에서 도망친 아이로 상징되는 초승달의 성장력을 나타내기 때문에 달에 속한다. 아이는 '백성의 선조' 혹은 인류의 상징이며, 호랑이는 새로운 달이나 빛에서 빠져나오는 어둠의 힘을 나타낸다. 〈백호白虎〉는 서방과 가을을 나타내며, 오행(木, 火, 土, 金, 水) 중의 금金으로, 머리는 항상 남쪽에, 꼬리는 북쪽에 둔다. 〈청호靑虎〉는 동쪽에 있는 나라와 봄을 나타내며, 오행 중의 목木에 해당한다. 〈적호赤虎〉는 남쪽과 여름을 나타내며, 오행 중에서 화火에 해당한다. 〈흑호黑虎〉는 북쪽과 겨울을 나타내며, 오행 중의 수水에 해당한다. 〈황호黃虎〉는 〈중앙〉, 〈태양〉, 〈지배자〉를 나타낸다. '호랑이 타기騎虎'는 위험하고 무시무시한 힘에 맞서는 것을 나타낸다. **이집트**: 호랑이는 오시리스를 죽인 악신 세트와 그리스 신화의 괴물 티폰의 일면으로서의 세트의 속성을 상징한다. **문장紋章**: 무늬로서 호랑이(Tigre 혹은 Tyger)는 용맹함과 강함을 나타낸다. **힌두 교**: 호랑이는 크샤트리아 계급이나 왕족과 무사계급의 표지이다. 파괴자인 여신 두르가는 호랑이를 타고 다니며, 또한 시바 신은 파괴자로서 행동할 때 호랑이 가죽을 입는다. **일본**: 호랑이는 신화적인 동물(일본에서는 살지 않는 상상 세계의 동물)이며, 용기의 상징으로서 또한 무사의 표지로서 사용된다. **샤머니즘**: 호랑이는 초인적인 힘을 나타낸다. 호랑이는 삼림의 신의 전령이며, 신들, 불사의 영, 악마를 물리치는 기도를 하는 사람이 타고 다닌다.

**Time** 시간　시간은 〈창조자〉이며 동시에 〈먹어치우는 자〉이다. '나는 바로 불멸의 시간, 나는 만방萬方으로 향하는 창조자이다. 나는 모든 것을 데려가는 죽음이며, 다가올 것들의 기원이다.'(「바가바드기타」 X. 33-34) '시간에서 모든 것이 흘러나오며, 시간에서 모든 것은 자라며, 모든 것은 시간으로 되돌아가서 사라진다.' (「마이도리 우파니샤드」 VI. 14) 시간은 시원始原에서 시작되며, 시원으로 되돌아간다. 시간은 파괴의 힘이며 동시에 〈진실〉을 분명히 보여주는 자이다. '아주 옛날에는'에서 옛날은 불가능한 것이 없었던 〈황금시대〉를 나타낸다. 시간의 정지(적멸寂滅)는 깨달음의 세계(열반)로 빠져나감, 영원을 의미한다. 힌두교의 〈검은〉 칼리 여신(→COLOUR의 BLACK)은 〈먹어치우는 자〉로서의 〈시간〉, 무정하고 냉혹한 파괴자이다. 검은 처녀로시는 미분화의 물건, 〈제1질료〉, 시간의 불합리이며 달에 속하는 어둠의 여성적인 면을 나타낸다. 시간을 상징하는 것은 모래시계, 시계, 낫, 뱀, 회전하는 수레바퀴, 무한히 순환하며 동시에 우주적 완성인 원, 큰 낫, 〈베는 손 Reaper〉(→REAPING)(이것은 〈시간〉으로서 크로노스/사투르누스의 모습) 등이다. 달에 속하는 동물과 달을 나타내는 상징도 또한 시간과 연관된다.

**Tin** 주석　주석은 유피테르(목성)의 금속이며, 〈황도십이궁〉에서 인마궁人馬宮에 귀속된다.

기원전 6세기의 그리스 화병에 그려진, 광적인 바쿠스의 여자 신도. 앞가슴을 풀어헤치고, 디오뉘소스/바쿠스와 합일의 황홀에 몰입되기 위해서 튀르소스를 움켜쥐고 있다.

**Titans** 타이탄/티탄 신족神族, 거인족 타이탄 신족은 현현顯現 세계를 다스리는 힘을 나타낸다. 불교의 타이탄 신족(아수라)은 초인超人으로서 나타나며, 호전성, 야심, 질투와 같은 결점을 가지고 있는데 이것 때문에 최후에는 파멸한다.

**Toad** 두꺼비  두꺼비는 습한 원소에 속하는 것으로서 달의 동물이다. 두꺼비는 나타나거나 사라지는 동물로서 달에 속하며, 동시에 부활을 상징한다. 또한 악, 혐오스러움, 죽음을 나타낼 수 있다. 뱀과 마찬가지로 두꺼비도 머리 속에 보석을 가지고 있다고 한다. **연금술**: 두꺼비는 자연의 어두운 면, 자연계의 낮은 쪽을 나타내지만 비옥한 침전물을 나타내며, 지상적地上的인 물질의 상징이다. '땅의 두꺼비를 하늘의 날개가 달린 독수리와 결합시켜라. 이렇게 함으로써 우리들의 예술에서 자연 변성력을 볼 수 있을 것이다.'(이슬람 철학자 아비세나) **아메리카 인디언**: 두꺼비는 달의 바다인 〈어둠의 마니토〉── 어둠과 악의 신령이며 〈위대한 마니토〉에 의해서 극복된다 ──를 나타낸다. **안데스**: 두꺼비는 비, 대지, 부를 나타낸다. **켈트**: 두꺼비는 악의 힘으로서 종종 뱀을 대신한다. **중국**: 두꺼비는 달에 속하는 음의 원리를 나타낸다. 손에 넣을 수 없음, 장수, 부와 축재蓄財의 상징이다. 달에는 다리가 세 개 달린 두꺼비(섬려蟾蠩, 달의 다른 이름)가 사는데 이 세 개의 다리는 달의 세 가지 모습을 상징한다. **크리스트 교**: 두꺼비는 악마 사탄을 상징한다. 악마가 들린 자의 육체에는 두꺼비가 들어간다. 두꺼비는 탐욕의 상징이다. **그리스**: 두꺼비는 신 사바지오스의 부수물이다. **이란**: 두꺼비는 악령 아흐리만, 악, 질투, 욕심, 탐욕의 상징이며, 또한 풍요를 의미한다. **오세아니아**: 두꺼비는 죽음의 상징이다. **도교**: 두꺼비는 〈팔선八仙〉 중의 하나인 하선고何仙姑(보통은 선인 중에서 유해劉海)의 부수물이다. **마술**: 두꺼비는 마녀, 행운의 상징이다.

**Tomb** 무덤  무덤은 대지의 자궁, 〈대지모신大地母神〉의 자궁이며, 혼을 가두는 육체를 의미한다. 죽음을 닥치게 하며 동시에 삶을 비호하는 자인 〈태모신太母神〉을 상징하며, 또한 현세에 대한 죽음(육체의 죽음, 은둔)을 의미한다. 연금술에서는 무덤과 두개골과 큰까마귀는 〈소작업〉의 제1단계이며 흑화와 부패를 나타내며, '흙에서 나와서 흙으로 돌아감,' 혹은 현세에 대한 죽음을 나타낸다. 무덤은 종종 죽은 자를 위해서 의례적인 식사를 하는 장소이며, 음식물을 바치는 것은 죽은 자의 기일 및 죽음과 부활에 연관되는 계절제 ── 〈신년제〉, 〈춘제春祭〉, 부활제 등 ── 때이다.

**Tongs** 집게  집게는 망치나 모루와 마찬가지로 헤파이스토스/불카누스, 토르 같은 대장장이와 천둥신들의 부수물이다. 크리스트 교의 사교司敎인 성 엘로이의 표지이다.

**Tongue** 혀  혀는 신의 소리, 힘찬 소리가 눈에 보임, 설교를 의미한다. 뱀과 남근으로도 통하는 상징성이 있다. 동양의 미술에서 커다랗고 두터운 혀는 종종 혼의 부수물이다. 중세 크리스트 교에서는 사탄이 커다랗고 두터운 혀를 내미는 모습으로 나타났다. 동양에서 혀를 내미는 것은 어둠에서 빛으로의 이행을 상징하며, 또한 액막이를 의미하며, 일종의 인사법으로 여겨지기도 했다. 혀를 내미는 동물의 그림은 생명과 풍요에 필수적인 비와 천상수天上水를 구하는 기원을 나타내기도 한다. **고대 근동**: 바빌로니아의 괴수는 종종 혀를 내밀고 있다. **불교**: 부처의 긴 혀(대설상大

舌相)는 '경을 암송하여 경전의 가르침을 펼친다.' **중국**: 중국에서 혀는 초자연적인 힘으로서 (사슴의) 뿔과 연관된다. **크리스트 교**: '천사의 혀는 비유적으로 천사의 힘을 나타낸다.'(토마스 아퀴나스) **이집트**: 아기, 순산의 신, 난쟁이의 신 베스는 긴 혀를 가지고 있다.(→DWARF) **그리스**: 그리스 미술에서 혀는 첫째로 신들의 부수물이며, 그 다음에는 머리카락이 뱀인 세 여신 고르곤(→SERPENT의 그리스)의 끔찍한 도구이다. **힌두 교**: '불의 신 아그니의 혀 또는 성직자의 소리는 하늘에 닿는다' (「리그 베다」) 칼리 여신은 혀를 내민 모습으로 나타난다.

도교의 선인仙人인 유해劉海가 달의 변화를 상징하는 다리가 세 개인 두꺼비蟾蜍를 들고 있는 모습이 그려진 18세기 중국의 자기.

**Tonsure** 삭발 삭발 혹은 머리를 깎는 것은 자연의 생식력의 버림, 영적靈的 변신, 신생아로서 발가벗겨짐을 상징한다. 또한 금욕생활, 자기 부정과 속세를 버리고 영靈의 길로 들어감, 성별聖別을 나타낸다. 삭발은 또한 태양 원반과 관, 돔과 같은 상징성을 가진다. 크리스트 교에서 성직자가 정수리의 머리를 둥글게 깎는 것은 육체를 버림과 또한 가시 면류관을 나타낸다.

· **Top** 팽이 솔방울과 팽이는 소용돌이나 나선과 같은 상징성을 가지며 위대한 생산력을 나타낸다.

**Topaz** 황옥黃玉→JEWELS

**Torch** 횃불 횃불은 생명의 상징이다. 횃불은 생명원리의 불꽃이며, 불은 남근, 나무는 여성이므로 여성인 나무에서 솟아나는 신성한 남성원리, 나무라는 물질에 들어가 있는 영혼의 불꽃을 나타내며, 따라서 다산多産을 가져오는 영靈의 불, 광명, 예지, 진실, 불사不死를 의미하며, 또한 암흑을 비추어주며 만물을 꿰뚫어보는 신을 나타낸다. 타오르는 것이나 직립하는

칼리 여신이 내밀고 있는 혀는 항상 완전한 평형을 유지하는 여신의 창조력과 파괴력——이 여신은 창조하기 위해서 죽인다——을 상징한다.

것은 생명을 나타내며, 불이 꺼지거나 아래로 잦아드는 것은 죽음을 나타내고, 일출과 일몰, 빛과 어둠을 나타낸다. 결혼식과 풍요의례에서 햇불을 드는 것은 불의 생산력을 나타내는 것이다. **크리스트 교** : 햇불은 〈세상의 빛〉으로서 예수를 나타낸다.("요한복음" 8 : 12) 또한 예수에 대한 배신의 상징이다.("요한복음" 18 : 3) 햇불은 성 디오스쿠루스, 성 도로테아의 표지이다. 입에 햇불을 물고 있는 개는 성 도미니크의 부수물이다. **그리스** : 햇불은 생명의 상징으로 영웅 헤라클레스가 괴수 휘드라와 싸울 때 사용했던 무기이다. 햇불은 사랑의 불꽃으로서 사랑의 신 에로스와 아프로디테 여신의 표지이다. 데메테르 여신, 헤카테 여신, 페르세포네 여신, 헤파이스토스 신의 부수물이다. **유대 교(카발리즘)** : 햇불은 예지의 햇불이며, 균형의 빛이다. **미트라 교** : 〈햇불을 들고〉 있는 신 카우테스와 신 카우토파테스 — 전자는 황소(황소좌)와 연관되고 후자는 전갈(전갈좌)과 연관된다 — 는 햇불을 위나 아래로 들고 있는 모습으로 나타난다. 이 두 신은 생과 사, 일출과 일몰, 아침과 저녁, 봄과 겨울, 해가 길어짐과 해가 짧아짐 등을 나타낸다. **로마** : 햇불을 장례에 사용하는 것은 죽음의 어둠을 밝히고, 내세에 빛을 주는 것이다. 햇불은 불카누스와 영웅 헤라클레스의 부수물이다. **슬라브** : 햇불은 태양신 스바로그가 가져오는데 이것은 태양신의 재생을 나타낸다.

**Tortoise 거북** 거북은 바다나 강, 달, 〈대지모신大地母神〉, 천지창조의 시작, 시간, 불사不死, 다산多産, 재생을 상징한다. 거북은 천지창조의 시작 및 만물의 기반으로서 등에 세계를 떠받치고 있는 모습으로 종종 나타난다. 중국에서 거북은 점을 칠 수 있는 힘을 가지고 있다고 한다.(귀갑점龜甲占) **연금술** : 거북은 혼란의 덩이를 나타낸다. **아메리카 인디언** : 〈우주수宇宙樹〉는 거북의 등에서 자란다. **고대 근동** : 거북은 〈물의 왕〉인 신 에아/오아네스의 표지이다. **중국** : 거북은 사령四靈 중의 하나이며 다른 3마리의 짐승은 용, 봉황, 기린이다. 거북은 (사신四神 중의 하나로서) 〈현무〉('검은 전사'라는 뜻)를 나타내며, 오행(木, 火, 土, 金, 水) 중의 수水, 음陰의 원리를 나타내며, 계절은 겨울, 방향은 북쪽, 색은 원초의 혼돈을 나타내는 색인 검은 색이다. 거북은 또한 강함, 인내력, 장수의 상징이다. 황제 군대의 군기에는 용과 거북이 그려지는데 이것은 백전불패를 상징한다. 용은 거북을 눌러서 부서뜨릴 수 없으며, 거북은 용의 높은 곳까지 날아갈 수 없으므로 어느 쪽도 지지 않는다. 거북은 장수의 상징으로서 종종 봉황과 함께 나타난다. 거북은 토대가 되어서 대지를 받치며, 그 4개의 다리는 세계의 4구석을 나타낸다. **크리스트 교** : 거북은 아내의 얌전함, 거북이 등딱지 속으로 들어가는 것처럼 항상 집에서 가정을 지키는 여성을 나타낸다. 그러나 초기 크리스트 교 미술에서 거북은 악의 상징으로서 불침번을 의미하는 수탉과 대치되었다. **이집트** : 나일 강의 수위를 나타내는 척봉尺棒에는 천칭궁의 그림과 함께 두 마리의 거북이 그려져 있다. **그리스 · 로마** : 거북은 여성원리, 바다의 풍요를 나타낸다. 바다에서 태어난 여신 아프로디테/베누스의 부수물이고 신 헤르메스/메르쿠리우스의 표지이다. **힌두 교** : 거북은 북극성인 카스야파Kasyapa, 최초의 생물, 조상을 나타낸다. 세계의 〈수호자〉로서의 비슈누 신의 화신이며, 바다와 강의 힘을 상징한다. 배의 딱지는 지상 세계를 나타내며 등딱지는 하늘을 나타낸다. 거북이가 등에 코끼리를 지고 있으며, 코끼리는 등에 세계를 지고 있는 것은 거북은 여성, 코끼리는 남성이며, 서로 대조되는 창조력을 나타낸다. **일본**: 거북은 〈우주산〉(봉래산 蓬萊山: 거북이 지고 있는 산)과 〈신선〉이 사는 곳을 받치고 있다. 장수('거북은 만년'), 행운, 받침의 상징이다.(산행언山幸彦과 풍옥희豐玉姬의 신화에서 거북은 육지와 바다의 매개자이다.) 일설에는 선원들의 신인 금비라金毘羅Kumpira의 문장紋章이며, 변재천辯財天의 부수물이다. **도교**: 거북의 모습은 〈위대한 삼발이〉(삼재三才, 즉 천天, 지地, 인人 ──「역경」"계사하전繫辭下傳"10장)나 전우주를 나타낸다. 등딱지는 하늘, 몸은 땅이나 중간자인 사람, 배의 딱지는 바다이다.

**Totem/Totempole** 토템/토템폴 〈자연계〉에 머무는 수호신과 영, 혹은 부족의 수호자를 나타낸다.

**Touch** 접촉 접촉은 안수按手 의식에서 볼 수 있는 것처럼 힘을 위양委讓하는 행위이다. 나무를 건드리는 것은 〈우주수宇宙樹〉, 〈우주축宇宙軸〉(→AXIS), 성스러운 중심, 성소聖所를 꽉 잡는 것을 상징한다.

**Tower** 탑 탑은 상승, 불침번의 상징으로 사다리(→LADDER)와 동일한 상징성을 가지며, 둥근 탑의 상징은 원주圓柱(→PILLAR)와 통한다. 처녀나 왕녀가 갇혀 있는 탑은 폐쇄된 공간이나 담으로 둘러싸인 정원(→GARDEN)의 상징성을 띤다. 그러므로 크리스트 교에서는 성모 마리아의 상징이며, 그녀는 (기도에서의) 〈상아탑〉으로 불린다. 탑은 또한 성 바바라의 표지이다. 상아탑은 근접할 수 없음을 나타내며, 또한 여성원리와 처녀를 상징한다. 탑은 지키며 보호하는 여성적인 면과 남근

횃불을 들고 앉아 있는 페르세포네가 그려진 기원전 5세기의 명판 그림.

북쪽, 밤, 겨울, 음陰의 심연을 상징하는 거북이 뱀에게 휘감겨 있다.

상징으로서 남성적인 면을 동시에 합친 양의적兩意的인 상징이다.

**Transfiguration** 변용, 현현顯現  변용은 신성이나 신적인 존재의 현현, 신성의 가시적인 모습이다. **불교**: 부처는 3리를 비춘다. **크리스트 교**: 변용은 예수의 신성한 그 가시적인 모습을 말한다. **힌두 교**: 크리슈나 신이 (지배자) 아르주나 왕자의 앞에 나타남을 뜻한다. **이란**: 조로아스터는 어머니의 태내에서 변용했다. **샤마니즘**: 광명과 초자연적인 신적 존재의 가시적인 모습이다.

**Transformation** 변신, 변형, 전신轉身  옛날 이야기에서 동물이나 새의 모습에 갇혀버린 주인공이나 여주인공들이 그 모습에서 풀려나는 것은 저차원의 영역에서 혼이 해방된 것을 나타내는데 이런 변신은 대개 고난과 시련, 혹은 사욕이 없는 사랑을 매개로 해서 일어난다. 변신은 물질세계에서 제한받는 혼의 해방 또는 인간의 저차원적인 본성의 내적 변질을 나타낸다.

**Transvestism** 옷 도착증(이성異性의 옷을 입는 것)  옷 도착증은 그 옷을 본래 입었던 사람이나 이성의 성질 및 특징과의 동일화를 나타내며, 원초의 혼돈으로의 회귀를 상징한다. 오르기(→ORGY), 〈사투르날리아 축제〉의 축하연(→SATURNALIA), 〈크리스마스의 12일〉, 카니발(사육제), '가장무도회' 등에서 이성의 옷을 입는 것은 모두 미분화한 시원적始原的인 일체성의 상징이다. 오리엔트 신화에서 바알, 아슈토레스, 베누스 밀리타는 남녀추니 신을 숭배하는 의례에서 이성의 옷을 입는다. '바알 신이시여, 당신이 남신이든지, 여신이든지 우리들의 말을 들어주소서.'(초기 크리스트 교 호교론자護敎論者 아르노비우스) 이성의 옷을 입는 것은 샤마니즘과 여러 이니시에이션 의례에서 볼 수 있으며, 재생에 앞서는 죽음의 상징으로서 아이덴티티의 상실을 나타내는 경우이다. 이니시에이션 의례에서 여성의 옷이나 어머니의 옷을 입는 것은 자궁으로의 회귀를 상징한다.

**Treasure** 보물  보물찾기는 이중의 상징성을 지닌다. 하나는 세속적인 보물 ── 대개는 동굴이나 지하에 감춰진 황금이나 보석 ── 을 찾는 것으로, 보석을 발견하려면 시련과 고난을 겪어야 하며, 탐욕이 동기가 되어 보물을 찾을 때는 비참한 결과로 끝나게 된다. 두번째는 영적인 보물 ── 비의나 깨달음을 상징 ── 을 찾는 것으로, 다시 말하면 〈중심〉(→CENTRE), 잃어버린 〈낙원〉, 〈성배〉(→GRAIL) 등을 찾는 것인데, 찾고 있는 보물은 괴물이나 용이 지키고 있다. 이런 보물을 찾는 것은 인간이 진실한 자기를 탐구하는 것, 또는 자아의 발견을 의미한다. 일반적으로 탐구과정에 따르는 시련이나 괴수를 쓰러뜨리기 위해서는 초자연적인 도움이 필요하며 그래서 영적靈的인 보물을 획득하는 데에는 고난과 시련이 불가피하며, 인간의 힘만으로는 불충분하여, 신적 존재의 인도가 반드시 필요하다.

**Tree** 나무  나무는 현현顯現 세계의 전체, 하늘과 땅과 물의 총체, 돌의 정적인 생명에 반대되는 동적인 생명을 상징한다. 나무는 〈세계상世界像〉인 동시에 〈우주축宇宙軸〉(→AXIS)이며, 3가지 세계를 연결해서 그 사이의 교류가 가능하게 하며 또한 태양의 힘으로 가는 길을 열어주는 '한가운데의 〈나무〉'이다. 나무는 옴팔로스(→OMPHALOS), 세계의 중심이다. 나무는 또한 여성원리를 상징하며, 양육자, 비호자, 보호자, 지지자로서의 〈태모太母〉를 나타내며 〈태모〉가 지배하는 풍요의 호수로서의 모태의 힘을 상징한다. 나무는 종종 여성의 모습으로 나타난다. 뿌리는 땅 속 깊은 곳의 세계의 중심에서 뻗으며 지하수와 접촉하는 나무는 〈시간〉의 세계로 자라는 나무이며, 나이테는 나무의 수령을 알려주며, 가지는 하늘과 영원에까지 닿으며, 또한 현현 세계의 존재 단계를 상징한다.

상록수는 영원한 생명, 불사의 영, 불멸을 나타낸다. 낙엽수는 끊임없이 탄생하고 재생하는 세계, 살기 위한 죽음, 부활, 재생산, 생명원리를 나타낸다. 상록수와 낙엽수는 모두 단일함 속의 다양성을 상징한다. 여러 개의 가지가 하나의 뿌리에서 나오며, 가지에 열린 열매의 씨가 내포하는 잠재적인 가능성으로서의 하나로의 회귀를 나타낸다.

〈우주수宇宙樹〉는 가끔 나누어진 가지가 다시 하나로 합쳐지며, 하나의 뿌리에서 나온 2개의 둥치가 다시 하나로 연결되는 모습으로 나타나기도 한다. 그럼으로써 하나에서 여럿으로, 그리고 여럿에서 다시 하나로 나아가는 우주의 현현, 하늘과 땅의 합일을 상징한다. 같은 상징은 2개의 나무를 1개의 나뭇가지에 연결하는 것인데 여기에서 나온 싹은 '연결된 나무'로서 나타낼 수 있다. 연결된 나무는 예를 들면 남성원리와 여성원리의 상보적인 원리의 통일, 또는 〈남녀추니〉(→ANDROGYNE)를 상징한다. 거울에 비친, 비슷하지만 대조적인 두 그루의 나무는 같은 상징적 의미를 가진다.

〈우주축〉으로서의 나무는 산과 기둥, 모든 축의 상징과 연관된다. 나무는 숲, 산, 돌, 연못과 마찬가지로 우주 전체를 나타낸다. 우주수는 종종 산 정상에 있는 것으로 나타나며, 또 어떤 때는 기둥의 꼭대기에서 자라는 것으로 나타나기도 한다.

나무를 상징하는 것들은 기둥, 지주支柱, 조각을 새긴 기둥, 가지 등이며, 이런 모든 것들은 뱀, 새, 별, 과실, 달에 속하는 다양한 동물들과 함께 나타난다. 생명의 식량인 열매가 달린 나무 —— 포도, 오디, 복숭아, 대추야자, 아몬드, 참깨 등 —— 는 모두 성수聖樹이다.

〈생명의 나무〉와 〈지식의 나무〉는 〈낙원〉에서 자란다. 〈생명의 나무〉는 〈낙원〉의 중심에 있으며, 재생, 원초의 완전성으로의 회귀를 나타낸다. 〈생명의 나무〉는 우주축이며, 선악을 초월한 일원적인 존재이다. 여기에 대응하는 〈지식의 나무〉는 선악의 인식에 관계되는 것으로서 본질적으로 이원적인 존재이다. 많은 전통문화에서 〈지식의 나무〉는 최초의 인간 및 낙원 상실과 관계가 있다. 그것은 또한 달이 이지러졌다가 다시 커지는 모습과 죽음과 부활과 관계가 있다. 〈생명의 나무〉는 또한 하나의 순환의 시작과 끝을 나타낸다. 〈생명의 나무〉에는 열두 개(어떤 경우에는 10개)의 열매가 있는데 이것은 태양의 열두 가지의 모습을 나타내며, 한 순환 주기의 끝에 〈하나〉의 현현과 동시에 나타난다. 〈생명의 나무〉의 열매를 먹거나, 혹은 그 나무의 즙을 마시는 사람은 영원한 생명을 얻는다. 예를 들면 도교나 선교에서 〈서방정토〉 한가운데서 자라는 불사의 복숭아 열매를 먹거나 또는 이란의 하오마나 이것으로 만든 하오마 주를 마시는 자는 불사의 인간이 된다. 〈지식의 나무〉는 종종 포도나무로서 나타난다. —— '포도주 속에 진실이 있다in vino veritas.' 꽃과 열매 대신 보석이 열리는 〈낙원〉의 나무가 힌두 교, 고대 근동, 중국, 일본의 전설에서 보인다. 〈죽음의 신〉은 항상 나무 곁에서 죽는다.

석관의 장식으로 조각된 아담과 이브의 상으로 그들은 나무를 중심에 두고 서 있다.

신도를 나타내는 두 마리의 말이 예수의 상징인 나무를 지키는 모습이 그려진 로마 시대의 모자이크.

지오반니 다 모데나가 그린, 예수가 십자가에 달려 있는 그림. 이때 예수가 매달린 십자가는 아담과 이브가 열매를 먹어서 〈타락하게〉 된 나무로 만든 십자가이다. 다시 말해서 이 그림에서는 〈속죄〉의 심오한 이치가 처음부터 끝까지 하나의 상징으로서 통합되어 있다.

기원전 13세기의 이집트의 그림으로, 〈생명의 나무〉의 가지에서 음식물과 음료를 주는 모신母神이다. 이 모신은 생명의 나무와 떨어질 수 없는 존재이다.

제롤라모 다이 리브리의 "성 안나와 성 모자母子." 3명의 인물 뒤에 있는 나무는 〈타락의 나무〉를 나타내며 동시에 어린 예수가 나중에 지고 갈 십자가로 만들어질 〈십자가의 나무〉를 예언한다.

15세기 인도에서 만들어진 청동 제품으로, 생명의 나무와 열네 개의 가지이다. 가지는 중앙의 둥치를 축으로 해서 나와 있고, 그 둥치의 중심에는 모든 생명과 지속의 상징으로서 연꽃의 태양이 있다.

〈거꾸로 된 나무〉는 천계와 하계가 서로 다른 것을 비쳐서 합치는 거울을 가리키는 의미이며, 또한 지식을 그 근원에서 정리하는 것을 나타낸다. 혹은 또한 태양빛이 대지에 내리는 것, 하늘의 힘이 하계로 뻗침, 즉 광명의 상징이기도 하다. 이니시에이션 의례에서 〈거꾸로 된 나무〉는 상반됨, 역전, 이니시에이션을 받는 신참자의 죽음을 나타낸다. 납골 항아리에 그려진 〈거꾸로 된 나무〉는 죽음을 의미한다.

〈세피로스 나무〉(→SEPHIROTH)는 종종 거꾸로 그려진다. 밤에 빛나는 〈빛의 나무〉나 〈하늘의 나무〉는 재생의 나무이다. 예를 들면 불교의 우란분회盂蘭盆會(조상의 영혼을 제사지내는 불교 행사)의 등불로 장식된 나무, 크리스마스 트리, 아티스 신과 디오뉘소스 신의 소나무 가지에 매단 양초나 램프는 그 하나하나가 죽은 자의 혼을 나타낸다. 게르만의 신 보탄의 상록 교목에 달린 양초와 반짝이는 공은 〈우주수〉의 가지에 달린 태양, 달, 별들을 나타낸다. 〈나무〉에 관계되는 선물은 아티스 신과 디오뉘소스 신, 아타르가티스 여신과 퀴벨레 여신에게 바치는 제물이다. 보탄 신은 자신의 나무인 상록 교목을 숭배하는 자들에게 은혜를 베풀었다. 그 가지에 종종 성스러운 새가 나타났다.

〈감로나무〉나 〈노래하는 나무〉는 〈우주축〉인 〈성산聖山〉의 정상에서 자란다.

1) 뱀이 있는 나무 —— 이 나무는 〈우주축〉을 나타내며, 나무에 감겨 있는 뱀이나 용은 예지를 얻는 데 따르는 고난을 나타낸다. 한편으로 뱀은 인간(어떤 경우에는 여자)을 유혹하여 인간들과 또한 뱀 자신을 위해서 나무의 과실을 따서 영원한 생명과 지식을 얻으려고 한다.

2) 나무와 돌과 제단 —— 이것들 전체가 소우주를 나타낸다. 돌은 소우주의 견고하고 영속적인 면을 상징하고 나무는 끊임없는 변화와 재생의 면을 상징한다.

3) 신탁信託(신이 사람의 입을 빌리거나 꿈에 나타나 뜻을 알림)으로서의 나무 —— 나무가 성성聖性의 현현이나 그 대변자가 된다. 예를 들면 〈도도나의 떡갈나무〉, 모세의 불타는 떨기나무("출애굽기" 3 : 2-6), 뽕나무 꼭대기에서 들리는 소리("사무엘 하" 5 : 23-24) 등이 그것이다.

열 마리나 열두 마리의 새가 있는 나무는 태양의 주기를 나타내며, 세 마리의 새가 있는 나무는 달의 모습을 나타낸다. 나무타기는 지금의 존재 차원에서 다른 존재 차원으로의 이행이며, 속계를 초월해서 비의적 지식이나 그노시스知覺를 얻으려는 것을 상징한다. 샤마니즘이나 신화에서 기둥, 리아나(열대산의 덩굴식물), 그리고 콩덩굴이나 기어오르는 식물은 다른 세계로 뻗음, 마법의 지식이나 마력을 얻는 것을 나타낸다. 꼬인 나무에는 마력이나 성스러운 힘이 있으며, 인간에게 행운이나 재난을 끼친다. **연금술** : 나무는 〈작업〉의 기원이며 또한 〈작업〉의 성과인 〈제1질료〉를 나타낸다. **고대 근동** : 〈생명의 나무〉는 우주의 재생을 상징한다. 이 나무의 일곱 개의 가지는 일곱 개의 혹성과 일곱 하늘을 상징한다. 바빌로니아에서 〈생명의 나무〉는 우주의 회전축이며, 그 가지는 라피스 라줄리(→LAPIS LAZULI)로 되어 있고, 멋진 열매가 달린다. 소나무는 페니키아의 신 아티스의 성수이다. 야자나무는 바빌로니아, 프뤼기아, 칼데아에서는 〈생명의 나무〉로 여겨진다. 일설에 따르면 포도나무는 바빌로니아의 여신 시두리에게 바치는 제물이며, 아시리아에서는 〈생명의 나무〉이다. 야자나무, 측백나무, 석류나무는 셈 족에서 성수로 여겨진다. 시리아에서 아슈토레스 여신(아스타르테)을 나타내는 상징은 나무의 둥치이다. **아라비아** : 〈황도십이궁〉은 열두 개의 가지가 달린 과일나무로 나타내는데 별은 가지에 달려 있는 과일로 나타난다. **오스트레일리아 원주민** : 〈우주수〉는 하늘의 궁륭穹窿을 떠받치며, 별들은 그 가지에 매달려 있다. 〈거꾸로 된 나무〉는 마법에 속한다. **불교** : 부처가 그 그늘에서 깨달음을 얻은 〈무화과나무〉나 〈피팔 나무〉, 즉 〈인도 보리수〉는 〈성스러운 중심〉이다. 이 나무는 〈대각성大覺醒〉의 상징이며, (석가모니의 부처로의 본질과 합쳐져서) 〈지혜의 나무〉라고도 부른다. '인내라는 뿌리와 견고한 의지라는 뿌리 깊음으로 덕행의 꽃을 피움은 기억과 판단력이라는 가지를 치고 진실이라는 열매를 맺는다.'(「부다 카리타」 XIII. 65) **켈트** : 다양한 나무가 성수로 여겨지는데, 떡갈나무, 물푸레나무, 개암나무, 너도밤나무, 주목朱木 등이 그것이다. 드루이드 교에서 떡갈나무는 남성적인 힘을 나타내고 겨우살이는 여성적인 힘을 나타낸다. 에수스 신은 버드나무와 함께 나타난다. 갈리아의 오리나무와 주목은 성수로 여겨진다. 아일랜드에서는 호랑가시나무와 주목朱木이 성수이고 스코틀랜드 고지 지방에서는 마가목이 성수이며, 마가목에는 마력이 있다고 여긴다. 성 켄티건(다른 이름으로는 멍고)은 나무와 연관이 된다. **중국** : 〈생명의 나무〉로 여겨지는 것은 복숭아나무, 뽕나무, 매화나무 등 다양하다. 대만과 미아오 족(중국 남부의 베트남 주변의 민족)에서는 대나무가 〈생명의 나무〉이다. 〈감로나무〉인 〈생명의 나무〉는 〈우주축〉인 성산聖山 곤륜의 정상에서 자란다. 〈해년 나무〉의 가지에는 하늘의 십이진十二辰을 상징하는 동물, 즉 지상세계의 십이지十二支를 상징하는 열두 마리의 동물(십이속十二屬)이 달려 있다. 서로 감기는 가지(연리지連理枝)를 가진 나무는 대립물의 통일, 연인의 쌍을 나타낸다. 10개의 태양이 달린 나무는 한 순환 주기의 완성을 나타낸다. **크리스트 교** : 선의 열매와 악의 열매가 달린 것으로서 나무는 인간의 이미지이다. 예수의 책형磔刑에서는 인류의 재생을 나타내는 것으로서 나무가 부활의 상징이다. 상징적으로 십자가는 낙원의 〈지식의 나무〉로 만든다. 그래서 인간의 〈타락〉과 죽음의 계기가 되는 그 나무 위에서 구원과 생명이 성취되며, 정복자가 정복당한다. 십자가는 〈한가운데의 나무〉 — 즉 하늘과 땅과 교류하는 수직축 — 와 가끔 동일시된다. 중세 크리스트 교의 상징체계에는 〈산 자와 죽은 자의 나무〉가 있는데 이 나무에는, 한쪽에는 선행을 나타내는 선한 열매가 달려 있고 반대쪽에는 악한 행동을 나타내는 악의 열매가 달려 있다. 이 나무의 둥치는 예수이며, 이 나무는 대립물을 통합하는 〈생명의 나무〉이며, 골고다 언덕의 3개의 십자가 중 가운데의 것으로서 그려진다. 나무는 성 제노비우스의 표지이다. **이집트** : 〈생명의 나무〉인 이집트 무화과나무(→SYCAMORE)는 성스러운 팔이 있으며, 은혜가 가지에 열려 있다. 또한 나무의 가지에 달린 그릇에서 풍요의 물이 흘러나온다. 여신 하토르는 자양분을 내리는 나무, 그래서 생존을 의미하는 나무로 그려질 수 있다. 오시리스의 관棺(나일 강에서 흘러서 페니키아 해안에 도착함)은 에리카 나무에 싸여 있다. **그리스 · 로마** : 떡갈나무는 주로 하늘의 신 제우스/유피테르의 나무이다. 태양신 아폴론/아폴로의 나무는 야자나무, 월계수, 올리브 나무이다. 아르테미스 여신에게는 다양한 나무를 바친다. 첫째로 라쿠아니아에서 아르테미스는 카루아티스Karuatis라고 불리는데 이것은 호도나무라는 의미이다. 보이아의 소테이라 Soteira(수호신)로서의 아르테미스는 도금양을 부수물로 하는데, 아도니스는 이 나무에서 태어났다. 또한 에페소스의 아르테미스는 느릅나무, 떡갈나무, 삼나무를 부수물로 한다. 포도나무는 디오뉘소스/바쿠스 신의 나무이며, 올리브는 영웅 헤라클레스의 나무이다. 플라타너스는 스파르타의 헬레네에게 바쳤고 월계수는 다프네에게 바쳤다. 나무와 가지를 자르는 낫은 숲의 신 실바누스의 부수물이다. **유대 교(카발리즘)**: 〈신의 나무〉는 창조 세계, 현현 세계를 나타낸다. 〈빛의 이슬〉은 사자에게 부활의 힘을 주는 〈생명의 나무〉에서 솟아난다. 〈세피로스의 나무〉(→SEPHIROTH)에는 이원성을 나타내는 좌우의 원주圓柱가 있는데, 이원성의 조화와 통일의 회복을 나타내는 것은 중앙의 원주이다. 〈세피로스의 나무〉는 종종 〈거꾸로 된 나무〉로 그려진다. '생명의 나무는 위에서 아래쪽으로 뻗어 있으며, 만물을 비추어주는 태양이다.'(「조하르」)〈세피로스의 나무〉는 그 자신이 거대한 상징성을 가진다. 유대교의 〈생명의 나무〉는 〈성도聖都〉의 중앙에서 자란다. **힌두 교**: 우주는 한 그루의 거대한 나무이며, 뿌리는 지하 세계로 뻗어 있고, 둥치는 인간계와 지하 세계, 가지는 천계로 뻗어 있다. '브라만은 숲이며, 나무이며, 하늘과 땅은 이 나무로 이루어졌다.'(「타이티리야 브라마나」 II. 8. 9) 나무는 브라만 신이 현현한 모습이다. 〈우주수〉는 혼돈의 바다에서 떠다니는 〈우주란〉(→EGG)에서 태어난 것으로 그려지는 경우가 있다. 〈생명의 나무〉는 아디티Aditi (산스크리트 어로는 순진무구, 무한), 즉 개성의 본질이며, 반면에 디티Diti(분할)는 이원적인 〈지식의 나무〉나 〈윤회〉(→ROUND OF EXISTENCE)이며 크리슈나 신이 도끼로 잘라버렸다. 〈황도십이궁〉과 일년 열두 달을 상징하는 아디티야스 신들은 열두 개의 태양과 함께 있는 나무로서 상징되며, 그 태양은 주기의 마지막에 〈하나〉의 현현으로서 열두 개가 동시에 나타난다. 둥치가 겹쳐진 두 그루의 나무가 그려지는 경우가 가끔 있는데, 이것은 하늘의 나무와 땅의 나무가 서로 다른 것을 반영하는 모습이며, '존재는 둘이지만 본질은 하나'라는 의미이다. 세 개의 태양과 함께 있는 세 개의 나무는 〈삼위일체〉(→TRIMURTI)를 나타낸다. 「베다」에서 타오르는 관목은 불의 신 아그니의 불의 상징에 관계되는 것으로서 〈우주수〉이며, 아그니는 또한 공양의 기둥으로서 나무와 연관된다. 메루 산에는 전세계에 꽃의 향기를 퍼뜨릴 수 있는 파라지타Parajita 나무가 자란다. 「리그 베다」에는 아르바타 Arvattha 나무가 〈거꾸로 된 나무〉로 그려져서 존재하고 있다. **이란**: 〈우주수〉에는 금, 은, 청동, 동, 주석, 강철, 〈철의 합금〉으로 된 일곱 개의 가지가 있는데 각각이 천 년을 지배하는 일곱 개의 혹성을 나타낸다. 또한 상징적인 두 그루의 나무가 있는데 한 그루는 흰 하오마로, 이것은 성산이며 〈우주축〉인 알보리에 산의 정상에서 자라는 하늘의 나무이다. 나머지 한 그루는 황색의 나무인데 하오마의 반영이며, 지상의 나무이다. 아몬드 나무도 또한 〈생명의 나무〉이다. 조로아스터 교에도 두 그루의 나무의 상징이 있는데 원초의 바다에서 자라는 〈태양 독수리의 나무〉와 그 씨앗에서 '모든 살아 있는 것들의 싹'이

나온다는 〈모든 씨앗의 나무〉가 그것이다. **이슬람 교**: 〈축복의 나무〉(올리브 나무)는 동쪽도 아니고 서쪽도 아닌, 즉 (우주 세계의) 중심에 있으며, 영적 축복과 광명, 대지를 비추는 알라의 빛을 나타낸다.(「코란」 24 : 35)(이슬람에서 〈나무〉는 올리브 나무를 가리키며 이 나무에서는 생명의 식량과 등잔에 사용하는 기름을 얻는다.) 〈행복의 나무〉는 거꾸로 자라서, 뿌리는 지고천至高天에 닿으며 가지는 대지를 뒤덮는다고 한다. 〈천상의 나무〉는 투바Tuba와 시드라Sidra의 나무(「코란」 56 : 28-29)를 가리킨다. 투바는 〈낙원〉의 중심에서 자라는데, 이 나무에서 4개의 강 ― (썩지 않는) 물, 우유, 꿀과 포도주 ― 이 흘러나온다.(「코란」 47 : 15) 로테 나무(시드라 나무)는 넘을 수 없는 경계를 표시한다.(이 나무는 인간이 뛰어넘을 수 없을 만큼 높은 제천[최고천]에서 자란다. ― 「코란」 53 : 14) 〈우주수〉(투바)는 〈우주산〉(카프산)의 정상에서 자라며 전우주를 상징한다. **일본**: 신화 중에 사카키榊는 〈생명의 나무〉이다.(오백진진신五百津眞榊)(「일본서기日本書紀」) 분재한 나무는 〈자연〉에 내재한 위엄과 예지를 나타낸다. **마야**: 대지의 중앙에서는 생명수로서의 사이바의 커다란 나무가 자란다. 그 뿌리는 지하계에 깊이 뿌리를 내리고, 둥치와 가지는 열세 개의 층으로 나누어진 천상계로 펼쳐져 있다. 선조는 뿌리를 통해서 현세에 나타났으며, 사자死者는 둥치와 가지를 통해서 천상계에 다다른다. **미트라 신앙**: 〈생명의 나무〉는 소나무이다. **북유럽**: 이그드라실(→YGGDRASIL)이나 물푸레나무가 〈생명의 나무〉이고 생명의 근원이다. 발할라Valhalla 관館의 밖에는 라에라트Laerad가 자라며, 그 나무의 가지에 달린 잎을 수산양 하이드룸Heidrum이 뜯어먹고, 그 젖꼭지에서 나오는 밀주密酒를 관의 전사戰士들이 마신다. **샤머니즘**: 일곱 개의 가지가 달린 자작나무가 〈생명의 나무〉이다. 그 나무는 일곱 개의 막대기가 달린 기둥으로서 그려지며, 이것은 일곱 개의 혹성과 샤만이 하늘로 올라가는 일곱 개의 계단을 상징한다. 자작나무의 가지는 별이 빛나는 하늘의 궁륭이다. **도교**: 복숭아나무는 〈불사의 나무〉이다. 서로 감겨드는 가지가 있거나 혹은 공통의 가지를 가진 두 그루의 〈나무〉(연리목連理木)는 〈도道〉 안에서 통일되는 대립물을 상징하며 음과 양을 나타낸다. **게르만**: 보탄 신의 전나무가 〈생명의 나무〉이다. 나중에는 라임이나 린덴(보리수)으로 변했다. 전나무는 크리스마스 트리가 되었다.

**Trefoil 세 잎 모양三葉紋** 세 잎 모양은 〈삼위일체〉, 통합, 균형을 나타내며, 동시에 분해를 나타낸다. 또한 남성 음부의 모양을 나타내는 것으로서 남근의 상징(→FLEUR-DE-LIS)이며, 그 의미는 무화과나무 잎의 상징과 바꾸어 쓸 수 있다.

**Triad 삼인조** 〈삼위일체〉는 세 가지가 눈자 그대로 하나가 되지만, 이에 반해서 〈삼인조〉에서는 세 가지 요소가 서로 구별된다는 점이 다르다. 예를 들면 점성술의 〈태양〉-〈달〉-〈금성〉, 조로아스터 교의 〈불〉-〈빛〉-〈영기靈氣〉, 도교에서 〈삼재〉, 즉 천天, 지地, 인人(성스러운 것-자연스러운 것-인간적인 것의 세 가지 모습에서는 인간이 천상적인 것과 지상적인 것 사이에 있는 매개자임) 등이 〈삼인조〉이다. 〈삼인조〉는 〈삼위일체〉와 마찬가지로 종종 삼각형이나 삼지창으로 상징화된다. 도교에서 사신四神 중의 한 가지인 거북(현무)(→TORTOISE)은 〈삼인조〉를 나타낸다. 등딱지는 하늘의 돔, 배의 딱지는 바다와 대지, 중간의 몸은 인간이다. 탄생-생애-죽음의 삼인조에서는 세 여신이 종종 처녀-신부-노파의 모습으로 나타나는데, 예를 들면 페르세포네, 데메테르, 헤카테 등이 그들이다. 이들 〈삼인조〉는 또한 우주의 순환을 나타낸다.

**Triangle 삼각형** 삼각형은 우주의 삼중성, 천天·지地·인人, 아버지·어머니·자녀, 인간의 육체·혼·영靈, 신비한 숫자인 3, 삼인조를 나타낸다. 삼각형은 가장 단순한 평면도형이며, 즉 평면을 나타내는 기본형이다. '평면은 삼각형으로 구성되어 있다.'(플라톤 「테이마이오스」 53C) 이등변삼각형은 완성상태를 나타낸다.

정삼각형(△)은 태양에 속하며, 생명, 불, 불꽃, 열(이 경우, 아랫변은 4대 원소 중의 한 가지인 공기의 상징)을 나타내며, 남성원리, 링가(→LINGA, 남근상), 샤크타, 영적 세계의 상징이다. 또한 사랑, 진리, 예지의 삼위일체의 상징이다. 또한 이 삼각형은 왕위의 장려함을 나타내며, 이 경우에는 붉은 삼각형으로서 그려진다.

역삼각형(▽)은 달에 속하며, 여성원리, 모체를 나타내며, 바다, 한냉함, 자연계, 육체, 요니(→YONI), 샤크티의 상징이며 〈어머니〉로서의 〈태모太母〉의 상징이다. 수평한 변이 4대 원소(→ELEMENT) 중의 땅을 상징하는 이 삼각형은 흰색으로 나타난다. 산과 동굴의 상징체계에서 산은 정삼각형이며 남성이고, 동굴은 역삼각형이며 여성을 나타낸다.

원에 내접한 삼각형(△)은 영원의 순환의 내부에서 계속 지내는 형상들의 차원을 나타낸다. '삼각형의 내부는 모든 형상을 내포하는 화로로서의 〈진리의 평야〉를 나타내며 여기에는 〈이성理性〉, 다시 말하면 지금까지 존재해왔으며 앞으로 존재하게 될 모든 사물의 형상과 유형이 뒤섞이지 않도록 고요하게 저장되어 있다. 그 주변에는 〈영원〉이 머물며, 이곳에서부터 시간이, 샘에서 흘러나오는 냇물처럼 세계로 흘러나간다.' (플루타르코스)

서로 모여 있는 3개의 삼각형(※)은 〈삼위일체〉를 이루는 세 인격의 풀어질 수 없는 통일을 나타낸다. 두 개의 삼각형이 한 벌을 이루는 육각형 별꼴(✡)인 〈솔로몬의 봉인〉 또는 〈다윗의 별〉에는 '올바른 유추는 모든 반대의 경우에도 또한 진실이다,' '위에 있는 것같이 아래에도 있어라'(헤르메스 문서 「에메랄드 명판」)라는 뜻을 나타낸다. 육각형 별꼴은 남과 여, 긍정과 부정이어서, 정삼각형은 흰색이고 역삼각형은 검은 색인 삼각형은 이러한 대립물의 통일을 상징한다. 또한 불과 물, 바깥으로 향하는 소용돌이와 안으로 향하는 소용돌이, 서로 상대편과 비슷한 모습을 나타내는 상호침투, 남녀추니, 상호 보완력의 완전한 균형, 신의 남녀추니적인 모습, 자기 안의 본성을 들여다보는 인간, 한 쌍으로서 두 배의 창조력을 가짐을 상징한다. 육각형 별꼴은 4대 원소의 통합을 상징하며, 이 경우 정삼각형은 천상적 성질을 나타내고, 역삼각형은 지상적 성질을 나타내며, 전체는 하늘과 땅을 매개하여 통합하는 인간을 나타낸다. 〈솔로몬의 봉인〉으로서의 육각형 별꼴은 〈수호자〉를 나타내는 도형이며, 이것은 물질을 물리칠 수 있는 힘을 영에게 주며, 신령들을 지배한다. 정점과 정점이 잇닿은 채 옆으로 놓인 2개의 삼각형은 달에 속하며, 차오르는 달과 이지러지는 달을 나타낸다. 두 개의 삼각형의 접점은 새로운 달이 태어난 어둠, 죽음을 나타낸다. **연금술**: 두 개의 삼각형은 본질과 질량, 형상과 질료, 영과 혼, 유황과 수은, 안정성과 휘발성, 영의 힘과 육체 존재를 나타낸다. 4대 원소를 나타내는 것으로 불은 △, 물은 ▽, 공기는 △, 땅은 ▽이다. 연결된 두 개의 삼각형은 대립물의 통합, 즉 '물의 불'이나 '불의 물'을 나타낸다. **불교**: 삼각형은 순수한 불꽃, 〈삼보三寶〉, 즉 〈불佛〉, 〈법法〉, 〈승僧〉의 상징이다. **중국**: 삼각형이 매달린 칼은 재생을 나타낸다. **크리스트 교**: 정삼각형 — 또는 연결된 세 개의 원에서 만들어지는 삼각형 — 은 〈삼위일체〉와 〈삼위일체〉를 나타내는 세 명의 인격의 동격성을 나타낸다.(△, ⊗) 삼각형인 광배光背는 〈아버지인 신〉의 부수물이다. **이집트**: 삼각형은 〈삼주신三柱神〉을 나타낸다. '(직각삼각형의) 수직변은 남성, 밑변은 여성, 빗변은 그 둘의 자녀, 바꾸어 말하면 시작으로서의 오시리스 신, 중개자 또는 수용자로서의 이시스 여신, 완성자로서의 호루스 신이다.'(플루타르코스) 세 개의 이중삼각형이 동심원으로 둘러싸인 모양은 〈정령의 나라〉 쿠이Khui를 나타낸다. **그리스**: 델타(Δ)는 생명의 문, 여성원리, 풍요를 상징한다. **힌두 교**: 정삼각형과 역삼각형은 샤크티와 샤크티, 링가(→ LINGA)와 요니(→ YONI), 시바 신과 시바의 아내 샤크티의 상징이다. **퓌타고라스주의**: 정삼각형은 지혜의 여신으로서의 아테나를 나타낸다.

바다의 신 포세이돈의 삼지창은 낚시도구를 상징한다.

**Trickster** 마술사, 장난꾸러기, 협잡꾼
마술사는 아메리카 인디언, 중국, 그리스, 오세아니아의 상징체계에서는 이기주의자로서 혹은 무의식적으로 혼돈된 비도덕적인 인간에서 의식적이며, 인격적 통일을 이루며, 책임감이 있는 인간으로 되어가는 〈영웅〉의 성장과 발전을 나타내고, 교활하며 바보스러운 행위에 빠진 육체적 생활을 나타낸다. 이 의미에서 마술사는 인간들을 웃기며 인간의 약점을 내보이는 바보나 어릿광대와 같은 상징성을 가진다. 마술사는 〈영웅〉이나 선인을 눈에 띄게 하기 위해서 악인으로 나타나는 경우도 가끔 있다. 아메리카 인디언의 마술사는 북태평양 지역에서는 〈커다란 까마귀〉, 서부 산악지대에서는 〈코요테coyote〉, 동부 삼림지대에서는 〈토끼〉나 〈산토끼〉이다. 북유럽의 신화에서 로키Loki는 마술사이다.

**Trident/Trisula** 삼지창 삼지창은 번개, 벼락, 삼중의 불꽃, 하늘과 공기의 힘과 물의 힘의 삼중의 무기를 뜻하며 영원을 나타낸다. 벼락인 삼지창은 모든 하늘의 신, 벼락의 신, 폭풍의 신의 부수물이다. 낚시 도구로 사용되는 작살로서는 바다의 힘과 풍요의 힘을 나타내는 모든 신들의 표지이다. 삼지창은 하늘의 〈삼인조〉, 또한 과거, 현재, 미래를 상징한다. 불교에서 삼지창은 〈삼보三寶〉, 즉 〈불佛〉, 〈법法〉, 〈승僧〉을 상징한다. 또한 청화천淸火天을 나타내기도 하며, 탐貪, 진瞋, 치疾의 삼독三毒(삼불선근三不善根)(→ROUND OF EXISTENCE, TIGER)에 의한 파멸을 나타낸다. 또한 도제(→DORJE)를 나타낸다. **중국**: 삼지창은 힘, 권위의 상징이다. **크리스트 교**: 삼지창은 상반되는 의미를 가진다. 다시 말하면 〈삼위일체〉의 통일되는 셋을 나타내며 —— 이 의미의 삼지창은 붓꽃의 문장(→FLEUR-DE-LIS)에도 나타나며 —— 동시에 악마 사탄의 무기를 나타낸다. **그리스·로마**: 천둥번개의 상징으로서 삼지창은 천공신 제우스/유피테르의 무기이다. 낚시 도구의 상징으로서는 바다의 신 포세이돈/넵투누스의 상징물이다.(425쪽 그림 참조) **힌두 교**: 바즈라(→VAJRA)로서의 트리술라(삼지창)는 폭풍의 신 인드라와 파괴의 여신 두르가의 홀笏이다. 삼지창은 창조자·유지자·파괴자로서, 또한 과거·현재·미래로서의 시바 신의 무기이다. **미노아 문명**: 삼지창은 바다의 힘을 상징하며 (크레타 섬의) 크노소스와 파에스토스(파이스토스)에 나타난다.

**Trigrams** 괘상卦象, 세 가지 요소로 그려진 도형 **중국**: 〈괘상〉은 음양의 대립항에 시원적 대립을 화해시키기 위해서 만들어진 제3항이 합쳐져서 이루어진 상징체계이다.(308-09쪽 참조) 괘상은 또한 인간의 3가지 존재면으로서의 육체·혼·영, 비합리적 정감·이성적 정신·초이성적 지성을 나타낸다. →PA KUA

**Trimurti** 삼신일체三身一體 삼신일체는 신적 존재의 세 가지 모습을 나타낸다. 힌두교에서는 〈창조자〉브라마 신, 〈유지자〉비슈누 신, 〈파괴자〉시바 신이다. 또한 〈창조자〉-〈유지자〉-〈파괴자〉로서의 세 가지 모습을 한 신, 즉 엶, 유지, 닫음으로서의 시바 신을 나타낸다. 삼신일체는 또한 대지와 공포의 신으로서의 〈태모太母〉를 상징하며 〈거북〉-불꽃-해골의 세 가지 모습으로 나타나기도 한다. 또한 〈연蓮〉으로 나타나는 은혜의 〈태모〉와 지혜로서의 소피아와 자비로서의 타라로서 나타나기도 한다. 〈연금술〉의 〈대작업〉에서 거북은 혼돈의 덩어리塊, 두개골은 변성의 그릇, 꽃은 〈자기〉, 즉 전체성을 나타낸다.

**Trinity** 삼위일체 〈삼위일체〉는 〈삼인조〉와는 달리 셋에서 하나로, 하나에서 셋으로 되는 합일 상태를 나타내며, 다양성 중의 통일성을 상징한다. 또한 대립물을 통합하는 제3의 요소, 촉매이다. '매체로서 작용하는 중간자는 다른 두 개와 결합하여 하나의 완전한 질서를 이룬다.'(그리스 철학자 프로클로스) **고대 근동**: 아누 신과 에아 신과 벨 신, 달의 신 신과 태양신 샤마시와 금성의 여신 이슈타르는 각각 삼위일체이다. 삼위일체의 한 가지 형으로서 영웅 길가메시는 '3분의 2는 신, 3분의 1은 인간이다'라고 한다.(「길가메시 서사시」) **불교**: 삼위일체를 나타내는 것은 〈삼보三寶〉, 즉 〈불佛〉, 〈법法〉, 〈승僧〉이다. 또한 법신法身, 보신報身, 응신應身의 삼신三身도 삼위일체를 나타낸다. **켈트**: 삼위일체의 예는 많다. 여신 브리지트는 세 명인데 달과 연관되는 〈태모太母〉로서는 셋에서 하나가 된다. 또 가족은 셋에서 하나가 된다. **크리스트 교**: 삼위일체는 〈성부聖父〉와 〈성자聖子〉와 〈성령聖靈〉이다. 또한 마리아, 요셉, 예수를 뜻하기도 한다. 삼위일체는 상징적으로 〈성부〉는 손, 〈성자〉는 어린 양, 〈성령〉은 비둘기로서 나타낸다. 색채에서는 황색, 적색, 녹색으로 나타내며, 정신적 자질로서는 〈은총〉(→CHARITY), 〈신앙〉, 〈희망〉이다. 그밖에 삼위일체를 나타내는 상징은 삼각형, 끝이 모아진 세 개의 삼각형(⚚)이나 원(⚛), 세 개의 잎 모양이다. **이집트**: 삼위일체는 〈아버지〉와 〈어머니〉와 〈자녀〉, 즉 오시리스, 이시스, 호루스이다. **그리스·로마**: 제우스, 포세이돈, 하이데스 또는 유피테르, 넵투누스, 플루톤 즉 하늘, 바다, 명계冥界는 삼위일체를 이룬다. **유대 교(카발리즘)**: 삼위일체는 원래 남성과 여성, 그리고 둘을 합한 지성을 의미했다.→SEPHIROTH **힌두 교**: 트리무르티(→TRIMURTI) 또한 삼면의 브라만 신, 불괴不壞의 성음聖音 옴(AUM)(→OM)도 삼위일체이다. **북유럽·게르만**: 오딘/보탄 신과 토르/도나르 신과 프뤼기아/프레이야 여신은 삼위일체이다.

**Tripitaka** 삼장三藏 →BASKET 항의 **불교**

**Tripod** 삼각대  삼각대는 신성한 〈삼인

18세기 라자스탄 지방에서 숭배하던 시바 신의 삼지창. 창은 창조자, 유지자, 파괴자로서의 시바 신의 세 가지 모습을 상징하며, 숭배와 경배를 받는다.

장 벨레장이 그린 "성 삼위일체의 영광." 〈아버지〉는 권위를 나타내는 교황의 예복을 입고, 〈아들〉은 십자가에 매달려 속죄를 맡은 자로서, 성령은 지상을 초월한 (또한 물질을 초월한) 비둘기로 그려져 있다.

15세기 초에 모스크바에서 그려진 삼위일체. 아브라함과 사라를 방문한 세 천사는 신이 본질상 하나임을 나타낸

381

켈트의 세 태모신으로 나타나는 삼위일체.

13세기 캔터베리 대성당의 창에 그려진 성삼위일체.

조)를 상징한다. 또한 일출・남중南中・일몰, 과거・현재・미래를 나타낸다.

**Triquetra/Triskele/Fylfot** 3개의 뾰족한 도형으로 이루어진 장식/삼각의 무늬/卍자형  세 개의 다리, 발, 혹은 뾰족한 물건의 상징은 대개 卍(→SWASTIKA)과 같은 상징성을 가진다. 삼각으로 이루어진 무늬는 '빠른 발'을 의미하며, 아마도 태양의 운동, 혹은 일출・남중南中・일몰을 나타내는 듯하다. 달의 세 가지 모습과 생명의 탄생을 나타내기도 한다. 이 모양은 卍과 마찬가지로 행운의 상징이다. 종종 태양 상징과 함께 팜필리아(소아시아 남부)의 아스펜도스, 프뤼기아의 메네크라티아의 옛날 동전에 그려져 있다. 켈트의 십자가에 나타나는 문양은 〈삼위일체〉를 나타내는 것으로 생각되며 또한 바다의 신 마난난의 상징이다. 밖으로 소용돌이치는 무늬(卍자 무늬)는 게르만의 상징체계에서 시칠리아 섬과 만 섬(영국과 아일랜드 가운데에 있는 섬)의 표지이다.

**Trisula**삼지창→TRIDENT

**Trout** 송어  **켈트**:일설에 따르면 송어는 연어와 마찬가지로 성스러운 강이나 샘과 연관되며, 신들이 가진 예지력, 다른 세계의 예지와 지혜를 상징한다.

**Tug o' War** 줄다리기  줄다리기는 하늘신과 지상신의 힘 대결, 즉 제우스 신과 다른 신들 사이의 힘의 대결이다.

**Tulip** 튤립  페르시아에서 튤립은 완전한 사랑의 상징으로 오스만 터키 가문과 홀랜드의 표지이다.

**Tumulus** 고분  고분은 인공적인 산이지만, 산(→MOUNTAIN)과 동일한 상징성을 가지며, 〈우주축宇宙軸〉이기도 하다.

**Turban** 터번  터번은 영광, 태양의 빛남을 나타낸다. **유대 교**:레위Levi 인들의 휜 터번은 보름달의 상징이며, 또한 달의 신의 몸을 서리고 똬리를 튼 뱀을 나타낸다.(일설에 따르면 '레위'는 뱀을 의미한다.—"출애굽기" 28 : 39-40) **이슬람 교**:터번은 왕관을 나타내며, 영적靈的 권위의 상징이다. 터번은 또한 잉카에서는 두개골을 변형하기 위한 목적으로 사용했다. 히타이트, 바빌로니아, 이집트에서도 사용했다. 시크 교도(북방 인도의 힌두 교 개혁파)에게 터번은 필수적인 부수물이다.

**Turkey** 칠면조  칠면조는 고대 멕시코의 성조聖鳥이다. '보석 같은 새'로서 추수 감사제와 축제 등의 의례적인 연석에서 빠지면 안 되는 음식물이다. 칠면조, 공작, 꿩들은 폭풍이 닥쳐오면 소란스럽게 굴기 때문에 벼락과 비와 연관된다.

**Turtle** 바다거북  바다거북은 장수, 행동이 둔함, 윤활성(미끈미끈한 것)을 나타낸다. 바다거북은 또한 남근의 상징이다. **아메리카 인디언**:바다거북은 겁쟁이, 허풍선이, 호색한, 지상적인 것, 겨울, 비속함이나 매우 인간적인 것을 나타낸다. 바다거북은 상징적으로 거머리와 호환성이 있다. **중국**:바다거북은 과거시험의 신(괴성魁星)의 부수물이다. **이집트**:바다거북은 가뭄을 나타내며 태양신의 적이다. **마오리 족**:바다거북은 '땅에서 일하는 자'로서 농경, 풍작을 나타낸다. 바다거북Turtle과 비슷한 이름을 가진 쇠멧비둘기Turtle Dove에 관한 것은 비둘기(→DOVE) 참조→TORTOISE

**Twelve 12**→NUMBERS

**Twigs** 가느다란 가지  파르시 교도가 묶어서 가지고 다니는 성스러운 가지 바르좀barsom은 개개의 인간의 생명을 하나로 묶는 '생명의 묶음'이다.

**Twilight** 황혼, 여명  황혼은 불확실성,

양면 가치, 두 차원 사이의 중간 영역, 경계를 상징한다. 서양에서 황혼은 생명이 끝남, 하나의 주기가 끝나고 새로운 주기가 시작됨을 나타낸다.

**Twins 쌍둥이** 쌍둥이는 이원성의 상징이다. 하늘에 속하는 시원적 쌍둥이, 태양신의 두 명의 자녀, 쌍둥이 형제는 인간의 본성이 가지고 있는 양면성, 행동하는 인간과 생각하는 인간, 〈자아〉와 〈제2의 자아〉를 나타낸다. 쌍둥이는 종종 적대관계에 있으며, 한쪽이 다른 쪽을 살해한다. 이 경우에 형제는 빛과 어둠을 나타내며, 공희供犧와 공희 집행자, 밤과 낮, 광명과 암흑, 하늘과 땅, 현현顯現과 비현현, 생과 사, 선과 악, 두 개의 반구, 양극성, 차오르는 달과 이지러지는 달 등을 상징한다. 쌍둥이 형제는 또한 마주 보는 두 개의 원이나 기둥으로 나타나기도 한다. '구원자'로서의 쌍둥이——예를 들면, 아스빈 쌍둥이신, 그리스 신화의 쌍둥이 디오스쿠로이(→아래의 **그리스·로마**), 북유럽과 게르만의 쌍둥이신——은 인간을 불이나 물로부터 보호한다. **아프리카**: 쌍둥이는 대개는 불길한 징조이다. **아메리카 인디언**: 쌍둥이는 인류 발전의 제3안정기를 나타낸다. 종종 쌍둥이 중 한 명은 선인, 한 명은 악인이며, 서로 싸운다. 살아남는 것은 선인이지만 악인은 그 발자취를 세계에 남긴다. **이집트**: 오시리스와 세트는 투쟁하는 선과 악의 쌍둥이신이다. 자기 창조를 통해서 태어난 신이며, 공간이 신격화된 슈는 머리는 인간이며, 여러 개의 날개가 달려 있으며, 양손으로 하늘을 떠받친다. 테프너트는 비雨의 여신(정확히는 습기의 여신)이며, 수사자의 모습이거나, 머리 부분만 수사자이며 나머지는 인간의 모습이다. **그리스·로마**: 쌍둥이인 디오스쿠로이, 즉 카

아스텍 인들에게 바다거북은 교활하면서 호언장담을 일삼는 겁쟁이를 상징한다. 거북의 겉껍질은 딱딱하지만 내부는 부드럽고 미끈미끈하기 때문이다.

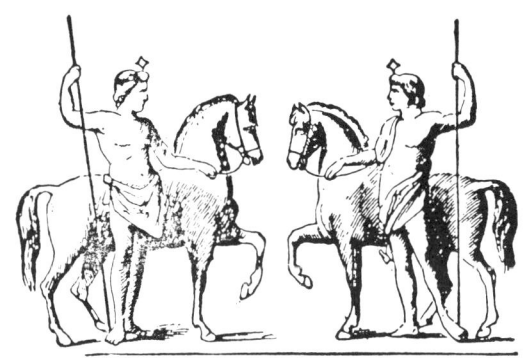

그리스·로마 신화에 등장하는 쌍둥이신 디오스쿠로이.

스토르와 폴리데우케스는 종종 한 명은 빛, 한 명은 어둠이며, 머리에 돔 모양의 모자를 쓰고 있다. 이 모자는 두 명이 태어나는 〈우주란宇宙卵〉(→EGG)의 두 반쪽이다. 이 쌍둥이는 천공신 제우스/유피테르가 백조로 변신해서 구애한 레다에게서 태어난 자녀를 나타낸다. 로마의 로물루스와 레무스는 적대적인 관계에 있는 쌍둥이의 전형적인 예이다. **유대 교**: 카인과 아벨, 야곱과 이삭은 적대하는 쌍둥이 형제로 싸우는 쌍둥이로서의 상징성을 가진다.("창세기" 4:1-16 및 7:1-45) **힌두 교**: 제사장으로서 치유자인 아스빈(나사티야스 쌍둥이신)은 어둠과 빛, 밤과 낮, 천공신 디야우스의 쌍둥이로서의 밝아오는 명성과 꺼져가는 명성이다. 이 쌍둥이신은 삼륜의 전차 —— 일출, 남중南中, 일몰이나 아침, 낮, 밤의 상징 —— 를 탄다. 두 가지 모두 은혜로운 선신善神이다. **마니 교**: 〈쌍둥이의 영靈〉은 일종의 수호 천사이다. **미트라 교**: 쌍둥이의 남신은 〈다도포로이dadophoroi 소나무 햇불〉(→TORCH)을 각각 위쪽과 아래쪽으로 가지고 다니면서 일출과 일몰, 생과 사 등을 상징한다. **북유럽·게르만**: 발두르 신과 로키 신은 적대적이며, 발두르 신은 선을, 로키 신은 악을 가리킨다. 게르만의 쌍둥이신은 알키이다.

# U

**U** U자는 여성적 수용원리, 〈태모太母〉의 상징이다. 달에 속하며, 물, 비, 요니(→YONI)를 나타낸다.

**Umbilical Cord** 탯줄 탯줄은 〈창조자〉혹은 〈태모太母〉로서의 〈위대한 직공織工 Great Weaver〉이 인간을 생명의 그물코로 묶거나 붙이는 것, 또는 과거, 현재, 미래를 만들어내기 위해서 사용하는 끈이나 실이다.(→SPIDER, WEAVING) 태반이나 옴팔로스(→OMPHALOS)는 세계의 〈중심〉이며, 성석聖石, 성산聖山 등 성스러운 중심을 나타내는 것들로 상징한다.

**Umbrella/Parasol** 우산/양산 우산은 태양 원반이나 태양 바퀴를 상징하며, 방사상으로 뻗친 우산살은 빛살, 중심의 자루는 〈우주축宇宙軸〉이다. 우산은 또한 하늘, 정치적 권력과 종교적 권력, 〈우주수宇宙樹〉의 가지를 비호함을 나타낸다. 양산은 따뜻함과 보호를 나타낸다. **불교**: 우산은 보호를 상징하며, 또한 관념과 형태를 초월한 열반의 경지를 나타낸다. 중국 불교에서 남방을 지키는 다문천多聞天은 지진, 암흑, 혼돈의 우산을 가진다. 우산은 〈팔길상인八吉祥印〉(→BUDDHIST SYMBOLS) 중의 한 가지이다. **중국**: 우산은 위엄, 고위, 보호, 행운의 상징이다. **힌두 교**: 우산은 영들에 의한 우주 지배, 왕위, 보호의 상징이다.

**Unicorn** 일각수一角獸, 유니콘 일각수는 달에 속하는 여성원리의 상징으로서 남성원리로서의 사자와 대립된다. 일각수는 정결, 청순, 처녀성, 완벽한 선善, 정신과 육체의 덕성과 힘, 고결함을 나타낸다. 일반적으로 두 개의 뿔이 하나로 합쳐지는 것이 나타내는 의미는 대립물의 통합, 왕의 권력의 일체성을 나타낸다. 일각수는 〈생명의 나무〉의 보호자로서, 〈나무〉의 좌우에 그려진다. 사자와 일각수의 싸움은 태양의 힘과 달의 힘, 반대물의 대립을 나타낸다. 일각수는 '물을 정화하는 자'이며, 그 뿔은 물 속의 독을 발견하여 정화한다. **연금술**: 일각수는 수은이며, 유황으로서의 사자와 대립된다. **고대 근동**: 셈 족에서 일각수는 달에 속한다. 또한 일각수는 처녀의 여신들에게 바치는 부수물이며, 〈생명의 나무〉 옆에 그린다. **중국**: 일각수는 종종 사령四靈 중의 하나로서 기린(→KYLIN)과 대등하게 취급되며, 오행五行(木, 火, 土, 金, 水)의 정수精髓를 나타낸다. 일각수가 흰색으로 그려지는 경우는 달에 속하는 동물이지만 기린으로서 나타나면 음양陰陽의 결합을 상징한다. 일각수는 얌전함, 인애, 선의, 행복, 장수, 장대함, 현명한 정치, 훌륭한 자손을 나타낸다. 기린의 뿔(기린은 본래 뿔이 하나)은 황제에게 길조吉兆를 뜻한다. 기린을 타는 것은 높은 명성을 얻음을 나타낸다. **크리스트 교**: 일각수는 '구원을 얻은 뿔'("누가복음" 1:69)로 일컬어지는 예수를 나타낸다. 해독제로서의 뿔은 죄를 사한 예수의 힘의 상징이다. 하나의 뿔은 예수와 〈아버지〉 신의 동일성, 또는 〈신〉의 독생자로서의 예수를 가리킨다. 청순, 여성의 정결, 처녀성을 가리키는 것으로서의 일각수는 성모 마리아 및 모든 미덕의 상징이다. 혼자 사는 사람으로서의 일각수는 수도생활을 나타낸다. 일각수는 안티오크의 성 유스티나, 파두아의 성 유스티나의 표지이다. **이집트**: 일각수는 모든 미덕의 상징이다. **그리스·로마**: 일각수는 초승달의 상징이다. 일각수는 모든 처녀신, 달의 여신, 특히 아르테미스/디아나 여신을 나타낸다. **유대 교**: 일각수는 왕위, 강함, 힘의 상징이다.("민수기" 23:22 및 "신명기" 33:17) **문장紋章**: 문장으로서 일각수는 머리와 몸은 말이고, 꼬리는 사자이며 다리와 발굽은 수사슴이고, 그리고 머리의 앞부분에는 나선형의 뿔이 나 있다. 일각수와 사자는 달의 힘과 태양의 힘을 나타낸다. **이란**: 일각수는 완전성,

15세기의 태피스트리 방석보에 그려진 일각수는 정결과 청순의 상징으로서, 순종을 나타내기 위해서 귀인의 무릎에 앞다리를 얹어놓았다.

모든 미덕의 상징이다. **도교**: 일각수(→ KY-LIN)는 도교의 상징 중에서도 중요한 것들 중의 하나인 기린으로서 오행과 오덕의 정수를 나타낸다.

**Union 결합**  결합은 모든 쌍을 이루는 대립물의 상징이다. 또한 완전한 원, 겹쳐진 두 개의 바퀴(◎), 이중삼각형(✡), 일각수의 뿔, 음양陰陽, 링가(→LINGA)와 요니(→YONI)의 결합을 나타낸다.

**Uraeus 뱀 장식**(목 부분을 부풀린 공격 자세를 하고 있는 코브라를 본뜬 것으로 신들과 왕의 목을 장식했다.) **이집트**: 뱀의 문양은 (고대 이집트의 왕관에 새겨진 왕의 표지이며) 왕의 위엄, 지상의 왕권, 힘, 빛, 생과 사의 힘, 지배력, 적의 거세, 신의 눈을 나타낸다.

**Urim and Thummim 우림과 툼밈**(신탁을 얻기 위해서 사용하는 제비 ──"출애굽기" 28：30) 유대 교의 대사제가 제의(→EPHOD)에 붙였던 물건이며 빛과 완전성의 상징이다.

**Urn 단지, 유골 단지**  단지는 여성적인 수용과 내포의 원리를 나타낸다. 헝겊으로 감싼 유골 단지는 죽음을 의미한다. 병의 입에서 불을 뿜는 항아리는 부활을 뜻하며 죽음으로부터의 재생을 상징한다. 고대 로마에서 단지는 투표상자로 사용되었으며, 운명의 상징이었다. 단지는 〈황도십이궁〉의 보병궁寶瓶宮의 표지이다.

**Urna 우르나**→THIRD EYE

**Uzat/Utchat 우자트**  우자트는 〈호루스 신의 눈〉(→EYE)이며 악이 들어오지 못하도록 액막이로 쓰는 부적이다.

# V

**Vajra 바즈라**金剛杵**, 천둥번개, 금강(석)**  **힌두 교·불교**: 바즈라는 〈천둥번개〉 또는 〈다이아몬드의 홀笏〉이라고 부르며 영력靈力을 지니는, 견고한 일종의 무기인 금강저로서 유명하다. 그것은 번개와 비를 내리는 자로서 시바 신이 가지고 다니는 삼지창 두 개를 맞댄 모양이며, 세속의 권력으로서 인드라 신과 영적인 힘으로서의 아그니 신이 이 홀을 휘두른다. 금강석으로 만들어진 바즈라는 비할 수 없을 만큼 견고함을 나타내며, 영적인 힘을 나타낸다. 이중의 금강저는 천둥번개, 벼락이며, 파괴와 풍요, 죽음의 초래와 생명의 수여를 나타내고, 서로 교체되며 상호 보완적인 우주의 힘들을 나타낸다. 금강저는 용을 죽이는 자가 사용하는 번개, 창이며, 생식력이며, 자비의 행동을 의미한다. 금강저의 자루는 〈우주축宇宙軸〉이며, 그 양 끝은 서로 비슷한 모양이고, 하늘과 땅을 향해서 뻗는다. 십자형 금강저(갈마저羯磨杵)는 수레바퀴와 같은 상징성을 가진다. 다이아몬드(금강석)는 순수하며 금강불괴金剛不壞한 물건, 어떤 것으로도 '절단할' 수 없는 ── 어떠한 일에도 흔들리지 않는 ── 인간을 상징한다. 부처의 금강저는 미래 영겁에 이루어질 초월적인 상태를 나타낸다.

**Valerian 쥐오줌풀  유럽**: 쥐오줌풀은 (의지와 감정을 감추는) 위장, 시치미떼기를 나타낸다. 헤르메스/메르쿠리우스 신에게 바치는 풀이다.

**Valley 계곡, 강의 유역**  계곡과 강의 유역은 생명, 풍요, 경작, 가축의 무리, 여성의 보호자로서의 면을 나타낸다. 중국의 상징체계에서 계곡은 음陰에 속하며 그림자의 상태를 나타내는데, 산은 양陽에 속하며, 태양의 상태를 나타낸다. 또한 산과 계곡은 높은 것과 낮은 것의 상징이다.

**Vase 꽃병, 병** 병, 꽃병, 물주전자는 우주의 호수, 〈태모太母〉, 모체, 여성적 수용원리를 나타내며, 수용, 풍요, 심장을 상징한다. 병은 〈생명의 나무〉의 상징과 연관되는 경우가 많다. 입구에서 불이 뿜어져 나오는 병은 불과 물의 결합을 나타낸다. 포도주가 들어 있는 병은 영감靈感을 의미한다. 또한 물이 가득 들어서 소리가 나지 않는 병은 지혜로운 사람을 나타낸다. 꽃이나 싹이 나오는 가지가 함께 그려진 병은 강이나 연못의 풍요를 나타낸다. 대개 여신이 손에 들고 있는, 물이 흘러나오는 단지는 은혜가 깊은 여신이나 〈태모〉가 생명과 풍요의 물을 전세계에 쏟아붓는 모습을 상징한다. 물이 솟아나오는 단지를 인간이 손에 들고 있는 것은 신에게 헌주함을 의미한다. 장례용의 단지에 대해서는 유골 단지(→URN) 참조. **고대 근동** : 병은 샘의 풍요력의 상징으로서 〈태모〉의 부수물이다. 병은 신들에게 헌주하는 모습에서 볼 수 있다. 아누 신은 영원의 생명수가 넘쳐나는 병으로 상징된다. **불교** : 병은 〈팔길상인八吉祥印〉 중의 한 가지인 〈불족석佛足石〉(→FOOTPRINTS)에서 볼 수 있다. 이때 병은 영적 승리, 탄생과 죽음(의 윤회)에서 해방됨을 나타낸다. **켈트** : 병은 치유의 샘으로 태모신들의 표지이다. **중국** : 병은 ('平'과 발음이 같아서) 영원한 조화를 나타낸다. 중국 불교에서 꽃이 꽂혀 있는 꽃병은 조화와 장수의 상징이다. 생명의 샘물이 담겨 있는 병은 자비와 풍요를 나타내는 것으로서 관음보살의 부수물이

니콜라스 스톤이 조각한 17세기 영국 시인 존 던. 그는 흰색 수의를 입고 장례식용 단지 위에 서 있다.

기원전 1190-기원전 1085년 이집트 12왕조 시대에 무덤에 그려진 그림으로 오시리스가 호루스의 눈인 우자트 앞에 서 있다.

다. **크리스트 교**: 백합꽃이 들어 있는 꽃병은 〈수태고지受胎告知〉를 나타낸다. 무덤가에 있는 빈 병은 혼이 육체를 떠남을 나타낸다. 연고軟膏가 들어 있는 병은 막달라의 성 마리아의 표지이다. **이집트**: 병은 심장, 샘, 모체, 자연의 활력을 나타내며, 오시리스 신과 이시스 여신의 표지이다. (오시리스의 축제에서는 행렬의 선두가 남근의 표상물[오시리스의 상징]과 물이 담겨 있는 병[이시스의 상징]을 운반한다.) **그리스·로마**: →URN 숲의 요정 사튀르는 포도주 병을 가진다. 병은 또한 청춘의 요정 헤베(올륌포스 산의 신들의 시종)의 부수물이다. **힌두 교**: 병은 샤크티의 힘의 상징이다. **황도십이궁**: 병은 보병궁寶瓶宮의 부수물이다.

**Vault 천장**  천장은 하늘과 땅이 만나는 장소, 영원한 생명으로 들어감, 하늘을 나타낸다. →DOME

**Vegetation 식물**  식물은 무의식적인 생명, 죽음과 부활, 풍요, 영양, 풍부함, 활발하지 않음, 부동不動의 상징이다.

**Vehicles 탈것** →CHARIOT

**Veil 베일, 막**  베일은 암흑, 여명, 우주적이거나 정신적인 의미에서의 광명 이전의 상태, 빛에게 패하는 어둠, 불가해성, 비교적祕敎的인 지식, 비밀, 현현顯現 세계에 나타나는 마야, 무지, 은폐, 상喪의 어둠을 나타낸다. 그러나 베일은 또한 가리는 것이며 동시에 계시하는 것이기도 하다. 다시 말하면 적나라한 진실들은 위험할 수도 있다. 이런 의미에서 베일은 진리 그것과 진리의 탐구자의 양쪽에서 보호의 역할을 맡는다. 베일은 지상의 신전이나 교회 등의 〈성소聖所〉와 〈지성소至聖所〉나 〈지고천至高天〉을 분리한다. 베일은 권위에 복종함을 나타내는 물건으로서 수녀나 신부가 쓴다. 이 베일은 또한 희생, 예전의 생활과 단절함을 나타낸다. 희생 짐승의 머리에 베일을 씌우거나 화환을 얹는 것은 같은 의미이다. 베일은 모자나 두건과 마찬가지로 생명력이 머무는 곳이며 머리의 내부 생명을 지킨다. 베일은 또한 고대의 사제들이 보여주는 것처럼 개성을 모호하게 하여 다른 사람들과의 융합을 가능하게 한다. 사람들이 숭배하는 신에게 종종 베일을 씌워주는 것과 같은 의미이다. 베일을 손에서 손으로 전하는 것은 이니시에이션의 단계와 비교적祕敎的인 지식의 획득을 나타낸다. 푸른 베일은 천공(여)신을 나타낸다. **고대 근동**: 셈 족의 상징에서 〈태모신太母神〉이 짠 현현顯現 세계는 베일이다. 대여신 타미트 신전의 성스러운 베일은 카르타고의 사원에 있었다. 일설에 의하면 바빌로니아의 신 나부의 신전에서 〈죽어서 소생하는 신Dying God〉이 명계冥界에 내려가는 동안에는 베일이 드리워져 있었다고 한다. **불교·힌두 교**: 현상계는 환영인 마야를 소재로 하여 짠 직물이다. 베일은 실재를 모호하게 한다. **크리스트 교**: 베일은 진실함, 정결, 세속을 버리는 것의 상징이다. 베일은 또한 예수가 책형磔刑을 당한 (골고다) 성전의 〈휘장〉이 위로부터 아래까지 찢어져 둘이 됨으로, 예수가 유대 인과 이교도 사이의 분리를 없앴음을 뜻한다.("마태복음" 27:51) 베일은 교회를 분리한 〈계약의 궤〉(→ARK)의 성단 칸막이를 상징하며, 교회의 지상적인 부분과 〈지성소〉를 분리함을 나타낸다. 예수가 무덤에 머물던 기간(죽어서 부활하기 전까지) 동안에는 제단의 십자가에 상징적으로 베일을 친다. **이집트**: 이시스 여신의 베일은 우주와 창조의 신비를 나타낸다. '나는 존재했으며, 존재하며, 존재할 모든

17세기에 네팔에서 그려진 여신 인드라니. 인드라 신의 낫만큼 강력한 무기 바즈라를 위쪽 왼손에 들고 있다. 그밖의 부수 물로는 새끼줄, 삼지창, 해골 막대가 있다.

대천사 가브리엘로부터 수태를 전해듣는 성모 마리아. 가운데 있는 꽃병에 꽂힌 백합은 성모의 죄가 없음을 상징한다.

이슬람 교에서는 예언자 무하마드와 그의 일족을 그릴 수 없다. 이 그림은 파티마, 아이샤, 움-살마가 이야기를 나누는 정경으로 이들은 베일을 쓰고 앉아 있는 것으로 그려졌다.

것이며, 인간으로서 나의 베일을 걷어낼 수 있는 자는 없다.' '베일은 여신이 짜내는 우주이다.'(그리스 철학자 프로클로스) 베일은 계시, 광명, 그리고 동시에 은폐를 상징한다. **그리스·로마**: 베일은 여신 헤라/유노의 부수물이다. **유대 교**: 〈신전〉의 〈막〉과 〈계약의 궤〉의 〈휘장〉은 〈지성소〉나 〈지고천〉을 지상의 〈성소〉에서 분리시킨다. 베일의 4가지 색은 4대 원소를 나타낸다. 삼베의 색은 대지, 자색은 바다, 적색은 불, 청색은 공기이다. 모세는 이스라엘 민족에게 말하러 나올 때 자기의 얼굴에 베일을 씀으로써 그 광채를 가렸다.("출애굽기" 34:33-35) **이슬람 교**: 영靈의 상징체계에서 베일은 특별히 중요한 의미를 가진다. 베일은 덮어서 가려진 지식과 그것을 표시함을 나타낸다. 현시顯示는 베일을 벗겨냄을 의미한다. 베일은 신의 〈성질〉을 현시하며 동시에 신의 〈본질〉을 덮어준다. 또한 신의 〈얼굴〉은 빛의 베일과 어둠의 베일로 가려진다. 신비주의자 알 할라주에 의하면 베일은 구원자와 그의 대상물을 단절시키는 커튼이다. 베일(드리워진 막)은 선택받은 자들과 지옥으로 떨어진 자들을 나누고, 믿음이 있는 자와 없는 자를 구별한다.(「코란」17:45 및 41:5) 신의 계시는 베일 뒤에서 들린다.(「코란」42:51) (신의 〈본질〉을 덮어주는) 신의 이름으로서의 베일은 신을 구하는 자들이 직접 신을 보지 못하게 하는 벽이다. 신을 직시하는 것은 인간에게는 견디기 어려운 일이다. 인간의 정열적 본성은 '베일에 가려진' 것이다. 정열적 본성은 빛을 보지 않기 때문이다. 이 경우에 베일로 가린 것은 신이 아니라 인간이다. 무하마드를 그린 그림에는 종종 베일을 친다. 베일은 또한 수치와 죄를 나타낸다. 수피(이슬람 신비주의자)들 사이에서 〈유일한 실재〉인 알라는 7만 개의 베일에 의해서 물질과 감각의 세계로부터 분리되어 있다고 한다.

**Venus** 금성→PLANETS

**Vertical** 수직垂直 수직은 수평적, 현실 존재적 평면에 대립하는 것으로서 본질적이며 초월적인 것을 나타낸다. 수직은 높은 곳에 있는 것, 영적 존재에 대한 동경을 나타낸다. 수직축은 성계聖界와 속계, 지상계와 천상계의 교류의 선이다.

**Vervain/Verbena** 마편초馬鞭抄 **켈트**: 드루이드 교에서 마편초는 마술과 주문과 마법의 풀이다. **이란**: 마편초는 소원을 들어주는 풀이다. **로마**: 마편초는 마르스 신과 베누스 여신에게 바치는 풀로 마편초 화관은 결혼의 상징이다. 이 풀은 주문이나 마법으로부터 지켜주는 부적이다.

**Vesica Piscis** (중세의 고딕 종교 건축에서 성상聖像의) 타원형 후광 후광은 종종 성상을 둘러싸는 위로 솟은 타원형이거나 아몬드(→ALMOND) 형이다. 교차하는 두 개의 원호圓弧에 의해서 만들어지는 타원형은 성스러운 기하학의 기본 도형 중의 하나이다.→MANDORLA

**Vessels** 그릇 그릇은 보편적인 여성상징이며, 〈태모太母〉의 자궁, 음의 장소, 보호, 보존, 영양분, 풍요를 나타낸다. 또한 내면성과 외면적 가치의 상징이다.→VASE **연금술**: 밀봉한 그릇은 대립물을 담는 그릇, 변성작용을 주는 물질을 넣어서 변화를 숙성하게 하는 것이다. **마야**: 뒤집어진 그릇은 무지개와 즐거움의 여신 익스첼의 부수물이다.

**Vestments** 제복祭服, 사제가 입는 성의 聖依("출애굽기" 28) 유대 교의 역사가 요세푸스에 의하면 제복에는 다음과 같은 상징적 의미가 있다. 아마포는 대지, 푸른 모자는 하늘, 석류 모양의 장식은 번개, 좋은 천둥, 제의(→EPHOD)는 4대 원소로 이루어진 우주, 황금은 광명, 가슴받이는 세계의 중심, 허리띠는 넓은 바다, 양쪽 어깨의 붉은 줄마노는 태양과 달, 열두 개의 돌은 일년 중의 열두 달과 〈황도십이궁〉, 황금관은 신의 기쁨인 빛, 에메랄드는 봄, 루비는 여름, 사파이어는 가을, 진실, 성의誠意, 절조, 정결, 다이아몬드는 겨울, 태양, 빛, 황옥은 진실한 사랑과 우정이다.

**Victory** 승리  승리를 상징하는 것들은 종려나무, 왕관, 화환, 월계수의 잎, 담쟁이, 도금양의 관(→WREATHS), 개선의 아치, 날개이다. 제우스의 옥좌는 날개를 가진 4명의 〈승리〉가 떠받치고 있다.

**Vigilance** 불침번  불침번을 상징하는 것들에는 (특히 풍향계로서) 수탉, 두루미, 거위, 사자, 개, 그밖에 뱀, 용, 괴수 등, 경호를 하는 모든 동물이 포함된다.

**Vine/Vineyard** 포도나무/포도원  포도나무는 다산多産과 생명의 상징이다. 포도나무는 〈생명의 나무〉(→TREE)이며, 어떤 전통문화에서는 〈지식의 나무〉이며, 또한 〈죽어서 소생하는 신〉의 성스러운 나무이기도 하다. 열매가 풍성하게 열린 포도나무는 풍요와 열정을 나타내고 야생 포도나무는 허위와 부실을 나타낸다. **고대 근동**: 포도나무는 식물신 타무즈와 풍요신 바알의 나무이며, 포도나무는 게슈티난나 여신의 표지이다. **불교**: 포도나무 덩굴처럼 얽매인 탐욕과 욕망은 근원에서부터 잘라버려야 한다. **크리스트교**: 예수는 〈진실의 포도나무〉이며 사도들은 그 가지이다.("요한복음" 15:1-5) 포도나무는 또한 〈교회〉와 신자를 나타낸다. 〈생명의 나무〉로서 그려지며, 그 가지에서 비둘기가 쉬는 포도나무는 예수에게서 안식을 얻는 영혼과 영적

크리스트교의 〈성찬식〉을 상징하는 포도나무. 스페인의 산 페드로 드 라 나베 성당의 기둥머리 조각.

기원전 6세기의 그리스 꽃병에 그려진 디오뉘소스의 항해 모습. 이 주신酒神의 포도나무가 배의 큰 돛대에서 나와 있다.

성숙을 상징한다. 밀과 함께 포도나무는 〈성찬식〉을 나타낸다. **이집트**: 포도나무는 오시리스 신(세라피스 신, 디오뉘소스 신)의 성수聖樹이다. **그리스·로마**: 포도나무는 무엇보다도 디오뉘소스/바쿠스 신의 나무이다. 또한 아폴론 신에게 바치는 성수이다. **유대 교**: 포도나무는 선민選民으로서의 이스라엘 민족을 나타낸다.("시편" 80:8) 전나무와 함께 포도나무는 평화와 풍요를 의미한다.

**Vinegar** 식초　식초 단지는 동방에서 생명의 상징이다. 연금술에서 안티몬antimon이 들어간 식초는 양심을 나타낸다. 크리스트 교에서 식초는 예수의 수난의 상징이다.("마태복음" 27:48)

**Violet** 제비꽃, 바이올렛, 보라색→COLOURS의 VIOLET 제비꽃은 감추어진 미덕, 감추어진 아름다움, 겸손함의 상징이며 크리스트 교에서는 겸허함과 함께 인간의 몸을 빌린 〈신의 아들〉의 겸허한 덕을 나타낸다. 흰 제비꽃은 성모 마리아와 성 피나의 표지이다. 그리스 신화에서는 이오와 아레스 신의 꽃으로 미소년 아티스가 흘린 피에서 태어났다고 한다.

**Viper** 독사靑蛇→SERPENT

**Virgin/Virginity** 처녀/처녀성　처녀는 원초의 무구한 상태에 있는 혼, 침입할 수 없는 순수함, 순수한 수동적인 면, 성스러운 것의 불가침성을 상징한다. 처녀성은 종종 불가침성과 연관된다. 예를 들면 처녀를 범하면 마력이 약해지며, 따라서 사회구조도 약해진다고 믿었던 시대의 베스타리스(베스타 여신을 모시는 여사제)가 그 예이다. 처녀는 여성의 이상으로서 나타나며, 남성〈영웅〉이 싸우고 달성하고 보호해야 할 목표이다. 〈흑처녀黑處女〉는 미분화, 〈공허〉, 〈제1질료〉의 암흑을 상징한다. 검은 것은 또한 지식의 가려진 비밀의 모습을 나타낸다. 여성의 어두운 면을 나타내는 〈흑처녀〉는 (힌두교에서는) 특히 칼리 여신으로서 〈시간〉, 파괴자, 불합리, 무자비를 상징한다. 미분화한 것으로서 〈처녀〉는 현현顯現 우주나 분화된 우주이며, 〈어머니〉의 분화되지 않은 개념이다.

**Virgin Mother/Virgin Birth** 동정녀 어머니/처녀 출산　동정녀 어머니는 〈제1질료〉, 변용력의 상징이다. 동정녀 어머니는 나무나 꽃이나 과실로도 상징되며, 특별히 〈성모〉의 달인 2월에 싹이 나는 어린 가지의 곡물여신으로서 나타난다. 처녀신은 반드시 '숫처녀'일 필요는 없지만, '미혼'이며 자유로운 여인이어야 한다. 처녀신의 주요한 부수물은 달과 뱀이다. 처녀 출산은 신성神性과 인간성, 하늘과 땅의 합일이며, 그 결과로 신이나 초월적인 존재가 태어난다. 처녀 출산은 또한 지성이나 보다 높은 능력이 인간의 내부에서 태어남을 상징한다. 〈하늘의 여왕〉인 〈태모太母〉는 처녀이며, 그녀의 자녀는 영이나 의지에서 태어났으며, 그녀는 자신의 자식에게서 태어나게 된다. 그래서 처녀는 자기 자식과의 본래적인 동일성을 상징한다.

크리스트 교의 성모 마리아는 많은 상징과 연관된다. 예를 들면 벽으로 둘러싸인 정원, 봉인된 샘("아가" 4:12), 〈계약의 궤〉(성모의 육체는 새로운 계약을 나타내며 예수를 비호하는 껍질), 물이 솟아나는 샘, 어느 것으로든 둘러싸인 장소와 연관된다. 불붙은 떨기나무("출애굽기" 3:2)가 신이 현현하는 장소인 것처럼, 성처녀 마리아는 '살아 있는 떨기나무'와 연관된다. 성처녀 마리아는 닫힌 문이나 하늘의 문, 축복의 영적인 비를 내리는, 순수하며 어떤 것도 붙어 있지 않은 '투명한 구름,' 경작되지 않은 에덴의 땅, '영원히 꺼지지 않는 등,' 하늘로 올라가는 다리, 예수가 하늘에서 내려올 때 사용한 사다리, 〈바다의 별〉, 그밖에 "아가"에 나오는 많은 부수물로 상징된다.(예를 들면 '골짜기의 백합' ── "아가" 2 : 2)

**Virgo** 처녀궁, 처녀자리→ZODIAC

**Volute** 나선, 나선형 장식→SPIRAL

**Vulture** 콘도르 콘도르는 모성으로서의 배려, 보호, 비호를 의미하며, 동시에 살육과 파괴, 탐욕처럼 정반대의 의미를 가진다. 콘도르는 모두 암컷이라고 생각되며 여성원리의 상징이다. 이에 반해서 매는 남성원리의 상징이다. 콘도르는 '중국의 연륜과 이집트의 마술과 아라비아의 교활함'을 모두 가지고 있다고 한다. 콘도르는 썩은 고기를 먹는 새로서 정화, 선행을 하는 사람을 나타낸다. 이집트에서 콘도르는 〈태모신太母神〉, 모성, 사랑을 나타내며, 여신 이시스도 콘도르의 모습이라고 한다. 콘도르는 정화와 선행의 상징이다. 여신 하토르의 머리는 콘도르의 모습일 때가 가끔 있다. 콘도르는 여신 무트의 이름을 나타내는 상형문자로서 무트와 연관된다. 무트는 여신 네이드와 여신 네케베트와 마찬가지로 콘도르의 두건을 쓰고 있다. 그리스·로마의 신화에서 콘도르는 아폴론/아폴로 신의 신성한 새이며, 또한 크로노스/사투르누스 신의 수레를 끈다.

하늘의 여왕인 성모 마리아를 그린 14세기의 그림.

# W

**Wall** 벽, 성벽 벽은 문지방(→THRESHOLD)의 상징으로서 외부의 세속적인 공간으로부터 내부의 성스러운 공간으로

Wallet

의 이행을 나타내며, 또한 보호와 동시에 제약을 하는 성스러운 둘러쌈의 상징이다. 도시를 둘러싼 성벽 — '커다란 원' — 은 둘러싸서 비호하는 것으로서 중심이나 자궁의 여성원리를 나타낸다. 둥근 모양의 성벽은 마법의 지팡이가 그려진 마법의 원이 가진 보호의 힘과 종종 연관된다. '위대한 벽'은 우주를 밖의 어둠과 분리한다. 불꽃의 벽은 이니시에이션과 마법력의 보호를 나타낸다.("스가랴" 2 : 5) 사각형 성당의 사방의 벽은 하늘의 네 면을 향해서 우뚝 솟아 있다. 힌두 교 성전 건축에서 벽은 안정과 포괄성을 나타낸다. 벽화는 절대적인 지식을 나타낸다. '문이 없는 벽'은 좁은 문이나 쉼플레가데스 바위와 같은 상징성을 가진다.→PASSAGE

**Wallet** 지갑 지갑은 여성적인 포용력, 보존의 장소, 그래서 생명과 건강을 나타낸다. 또한 귀중품과 비싼 물건을 조심해서 다룬다는 의미이다. 가방으로서의 지갑은 증거를 모아둔 곳, 또는 〈최후의 심판〉의 날에 가지고 나오는 것으로서 개인의 행위가 보존되어 있음을 암시한다. 지갑과 지팡이는 함께 순례의 부수물이며, 순례를 그린 그림에서는 '전대'가 어깨에 채워져 있거나 지팡이에 달려 있는 것으로 그려진다. 지갑은 또한 전령신, 특히 헤르메스/메르쿠리우스 신의 표지이며, 또한 생식의 신 프리아포스나 크리스트 교의 성자들 — 성 유다, 성 마태, 성 니콜라스 — 의 표장이다.

**Walnut** 호두 호두는 모든 나무의 열매와 마찬가지로 감추어진 예지를 상징하며 풍요와 장수를 나타낸다. 그리스나 로마의 결혼식에서는 이러한 의미로 호두가 사용된다. 호두는 역경에 강함을 나타내지만 동시에 이기주의를 나타내기도 하는데 이

394

것은 호두나무의 뿌리 근처에서는 아무것도 자랄 수 없기 때문이다. 카리아티드caryatid (건축에서 여인상 기둥)는 호두나무의 정령이다.

**Wand** 마법의 지팡이 마법의 지팡이는 힘을 나타내며, 초자연력을 상징하는 것으로서 모든 마법사들, 샤먼들, 주술사의 부수물이다. 상징으로서 마법의 지팡이는 메이스(→MACE), 홀, 삼지창, 사제장(→CROOK)과 연관된다. 잠의 신 휘프노스의 지팡이에는 잠과 망각을 주는 힘이 있다. 게일 사람들의 마법의 '흰 지팡이'는 주목朱木(→YEW)으로 되어 있다. 켈트의 마법의 지팡이는 개암나무(→HAZEL)로 만든다.

**Wanderer/Wandering** 방랑자/방랑 방랑자는 목적지가 있는 순례자와는 반대로 목적 없이 여행을 하는 자이다. 방랑자는 체스의 〈나이트〉(기사)의 움직임을 상징한다. 체스의 〈나이트〉는 실제로 여기저기 두루두루 돌아다니는 기사를 나타내는 '방랑자'이며, 어디로 가게 될지 알지 못하는 여행이나 모험을 떠난다. 불교에서 방랑은 〈윤회〉를 상징한다. 즉 깨달음과 해탈을 얻는 '부동不動의' 가운데에 도달할 때까지 생과 사의 순환에 사로잡혀 있는 인간의 상태를 나타낸다.

**War** 전쟁 전쟁은 해체와 재결합의 과정, 무질서에 종지부를 찍고 혼돈에서 질서를 세우기 시작함, 선과 악의 갈등, 인간 내부의 선악의 영적靈的 싸움, 통일의 달성을 상징한다. 힌두 교에서는 영웅 크리슈나와 왕자 아르주나의 싸움, 이슬람 교 (특히 이슬람 신비주의)의 〈성전聖戰〉이 이런 경우의 싸움이다.

**Warp** (직물의) 씨줄→WEAVING

**Water** 물, 바다, 강, 샘 바다는 존재의

모든 잠재적 가능성의 원천, 우주 만물의 원천으로서의 무덤이며, 미분화한 것, 비현현非顯現, 물질의 최초의 형태, '진실성을 입증하는 액체'(플라톤)이다. 모든 바다는 〈태모太母〉의 상징이며, 탄생, 여성원리, 우주의 자궁, 〈제1질료〉, 풍요와 재생의 바다, 생명의 샘과 연관된다. 물은 이를테면 액체와 쌍을 이루는 빛이다. 바다는 또한 현현 세계에서의 끊임없는 유전, 무의식, 망각이다. 바다는 항상 용해하며, 부수고, 정화하며, '씻어내리며,' 재생한다. 바다는 죽음의 건조와 경직에 대립하는 것으로서 피의 습윤과 순환 및 생명의 액체를 나타낸다. 물은 탄생하는 새로운 생명을 불어넣어주므로, 종교적 이니시에이션에서 피나 물로 세례를 하는 것은 이러한 이유에서이다. 이렇게 해서 물이나 피로서 낡은 생명은 씻겨내려지고 새로운 생명이 성화聖化된다. 물에 담그는 것은 원초의 순수상태로의 회귀, 이전의 낡은 생명의 종언, 새로운 생명으로의 탄생을 상징하는 것말고도 혼을 현현 세계에 담그는 것을 나타낸다. 〈생명의 샘〉의 물은 〈낙원〉(→ PARADISE)의 중심에 있는 〈생명의 나무〉의 근원에서 솟아나온다. 비로 내리는 물은 천공신天空神의 정액이며, 풍요를 가져오는 힘이다. 이슬로서의 물은 은총과 축복, 영적 재생과 새벽의 빛이다.

바다로 자맥질해들어가는 것은 궁극적인 신비인 생명의 비밀을 탐구하기 위해서이다. 바다 위를 걸어다니는 것은 현상계의 조건을 초월함을 나타낸다. 위대한 〈성자〉는 모두 바다 위를 걸었다. 흐르는 물은 '생명의 물'이나 '살아 있는 물'이다. 바다나 강을 건너는 것은 지금의 존재 수준에서 다른 존재 수준으로 옮겨감이다. 이것은 또한 죽음의 바다나 강을 건너는 경우

귀스타브 도레의 석판화인 "방랑하는 유대인." 묘지를 통과해서 빠져나가는 유대인의 그림자가 십자가를 등에 진 예수의 모양으로 나타나서 유대인들이 방랑하게 된 까닭에 대한 전설을 보여준다.

에는 분리를 나타내지만, 물은 생명력과 죽음의 양쪽을 의미할 수 있으므로 분리와 동시에 결합이다.

물은 불과 서로 싸우는 원소이기 때문에 궁극적으로 상대방에 침투하여 합쳐져 하나가 될 것이다. 물과 불은 4대 원소로 이루어진 물질 세계의 모든 대립관계를 대표한다. 서로 싸우는 물과 불은 생명에 필요한 열과 습기이기 때문에 '불타는 물'은 대립물의 통합을 의미한다. 물과 불은 또한 〈하늘의 아버지Sky Father〉와 〈대지의 어머니Earth Mother〉로서의 2대 원리와 연관되는데 〈하늘의 아버지〉는 대지에 내리는 비로서 풍요의 습기를 나타낼 수도 있다. 물을 섞은 포도주는 인간성과 신성의 혼합, 눈에 보이지 않지만 인간성과 융합된 신성을 나타낸다. 크리스트 교 미술에서 물은 〈절제〉를 나타낸다. 도랑이나 해자字처럼 둘러싸인 물은 단순한 방어를 의미하는 것 외에 물에 둘러싸인 장소를 정화하며 또한 그러한 성스러운 공간에 있다. 물에 섞여서 부드러워진 진흙은 창조를 의미하며 또한 우주의 창조주로서의 도공陶工을 나타낸다. 바다, 호수, 우물 등 깊은 물은 사자死者의 나라와 연관되며, 또는 초자연적 존재가 살아가는 집으로서의 〈지상〉과 아주 밀접한 관계가 있다.

〈지상의 바다Lower Water〉는 혼돈이나 유위전변有爲轉變의 현현 세계를 나타내며, 〈천상의 바다Higher Water〉는 통합력을 가지는 바다이다. 이런 두 가지의 바다는 또한 〈소밀의小密儀〉와 〈대밀의大密儀〉와 연관되며, 둘이 하나로 합쳐져서 완전한 〈하나〉를 형성하며, 우주 재생을 실현한다. 거친 바다는 인생의 부침浮沈, 환영, 허망, '감상과 관념의 몽환적 흐름'을 상징한다. 흐르는 물은 생명, '생명의 물,' 생명의 강이나 샘을 나타내며, 물결 모양이나 나선형의 곡선의 표지이다.

바다나 호수는 나무, 작은 숲, 돌, 산처럼 우주 전체를 나타낼 수 있다. 바다나 호수가 가지는 생명 수여와 생명 파괴의 힘, 분리와 결합의 힘은 서로 다른 동물을 합성한 가공의 동물이나 괴수나 용, 뱀, 매, 사자, 악어와 고래 등의 형상으로 나타난다. 풍요와 영양을 주는 힘의 경우는 암소, 가젤, 특히 물고기의 모습으로 나타난다. 물은 마술의 의례에서는 중요한 의미를 준다. → ELEMENTS **아메리카 인디언**: 흐르는 물은 〈큰 혼령〉의 흐르는 힘을 나타낸다. 물의 요정은 사람을 악으로 유혹한다. 그들은 유혹자이며, 변화와 추락을 나타내며, 또한 생명 수여와 생명 약탈의 양면을 동시에 상징한다. 물의 요정들은 또한 대지를 떠받치는 정적靜的 존재로서 하늘의 동적인 상과 대조적이다. **고대 근동**: 원초의 바다인 신 아프수는 바다와 혼돈의 여신 티아마트와 함께 우주의 시작에서부터 존재했다. 뱀의 부부신 라크무와 라카무는 물에서 태어났다. 빛으로서의 마르둑은 혼돈과 비현현을 나타내는 여신 티아마트를 정복하여 (이 여신의 몸으로부터) 대지를 창조했다. 에아/오아네스 신은 〈바다의 주인〉이며 〈하천을 다스리는 신〉이며, 물이 솟아나는 물병을 가지거나 또는 팔과 손에서 물이 뿜어져나온다. **아스텍과 잉카**: 바다는 케찰코아틀 신과 비라코차 신이 인간에게 문화의 은혜를 내린 후에 도착한 장소이다. **불교**: 흐르는 물은 현현 세계의 영원한 유전을 나타낸다. '강을 건넘'은 현실 세계의 〈마야〉를 물리치고서 깨달음이나 열반의 경지에 다다르는 것을 상징하는 데 종종 사용된다. 원초의 바다에서 태어난 거대한 연蓮의 줄기는 〈우주축宇宙軸〉이다. 켈트: 바다, 호수, 성스러운 샘 등은 마력을 가지며, 초자연적인 존재 — 예를 들면 〈호수의 처녀〉— 가 사는 집이다. 또한 이런 장소는 다른 세계로 통하며, 그 물의 영은 다른 세계의 지식과 신들이 가지는 예지력을 나타낸다. 켈트 신화의 〈낙원〉이며 〈영원한 젊음의 나라〉는 바다 저쪽에 있거나 또는 바다의 아래에 있다. 또는 〈녹색의 섬〉처럼 바다가 주변을 둘러싸고 있다. 중국: 물은 팔괘八卦에서는 감(坎 →PA KUA)에 의해서 상징되는 달에 속하는 음陰의 원리를 나타낸다. 대조적으로 불은 양이며, 태양의 힘을 나타낸다. 물은 청순함과 북쪽을 나타내며 또한 물의 상징은 〈현무玄武〉나 검은 거북(→TORTOISE)이고, 검은 색은 원초의 혼돈의 색이다. 크리스트 교: 물은 재생의 바다, 신생, 정화, 성화, 기력 회복, 세례를 나타낸다. 샘은 생명의 물의 샘으로서, 예수이다.("요한계시록" 21:6) 생명의 샘이나 살아 있는 샘은 또한 성모 마리아를 나타내는데 이는 그녀가 창조의 자궁으로서의 바다이기 때문이다. 포도주를 섞은 물은 성령의 작용을 받는 자, '물과 〈성령〉으로 난' 자("요한복음" 3:5)를 나타낸다. 또한 〈권화權化〉의 경우에 인성과 신성의 혼합을 나타낸다. 카르타고의 성 키프리아누스에 따르면 예수는 포도주이며, 물은 예수의 육체로서 신자의 모임이다. 크리스트 교 미술에서 〈절제〉는 포도주를 섞은 물로서 나타낸다. 이슬은 축복이다. 이집트: 흐르는 물은 탄생, 재생, 성장을 나타낸다. 나일 강물에 의한 다산多産은 2개의 항아리에서 물을 쏟아 내는 하피 신에 의해서 상징된다. 그리스·로마: 여신 아프로디테/베누스는 바다에서 태어났다. 바다의 신 포세이돈/넵투누스는 바다의 힘을 다스린다. 명계冥界의

바다의 신 포세이돈.

레테 강은 망각의 강, 스틱스 강은 죽은 자가 건너는 강이다. **유대 교**:〈토라〉의 물'은 생명의 물로서 성스러운 율법이다. 이스라엘 사람이 독차지해서 마시는 물은 필론(유대계 그리스 철학자)에 의하면 예지이며, 로고스이다. 천지창조 때에 '하나님의 신은 수면에 운행하시니라.'("창세기" 1 : 2) **힌두 교**: 불의 신 아그니는 바다와 대지에서 태어났으며, 존재 세계를 떠받치는 기둥이다. 바루나 신은 바다의 지배자이다. 비슈누 신은 바다에 뜬 채로 뱀 위에서 잠을 자며, 그 배꼽에서부터 연꽃의 싹이 나왔으며, 연꽃은 브라마 신, 즉 '바다 위를 걸어다니는 자'의 옥좌이다. 비슈누의 배우자 신이며 '연의 여자'인 라크슈미도 역시 '바다에서 태어난 자'이다. **이란**: 물의 신 아포는 태양의 힘이며 동시에 달의 힘이며 원초의 바다를 상징한다. **이슬람 교**: 물은 자비, 영지靈知, 정화, 생명을 나타낸다. 비나 샘물은 신이 진실을 계시함이다. 물은 또한 창조의 상징이다. '물에서부터 우리들(알라)은 모든 생물을 만들었다.'(「코란」 21 : 30) '알라의 옥좌는 물 위에 있다.'(「코란」 11 : 7) **만다 교**: 물을 탄 포도주는〈우주의 아버지〉와〈우주의 어머니〉의 결합의 상징이다. **마오리 족**:〈낙원〉은 원초의 완전성을 상징하는 바다의 밑에 있다. **북유럽 · 게르만**: 미드가르트 뱀이 사는 넓은 바다는 대지를 둘러싸고 있으며, 지하 세계는 안개에 싸여 있다.〈우주수宇宙樹〉이그드라실(→YGGDRASIL)의 뿌리는 지하 세계에까지 뻗어 있으며, 그 뿌리에서 흐베르겔미르Hvergelmir 샘이 솟아나오는데 이것이 하천의 근원이 된다. **도교**: 물은 부드러운 강함으로 지배하며, 적응과 인내의 힘, 죽음의 경직됨과 대조적인 삶의 유동성을 상징한다.(「노자」 76장, 78장) 물은 '무위無爲'의 원리의 표상이다.('상선上善은 물과 같다' ——「노자」 8장) 물은 저항을 만나면 양보하고 상대편을 받아들이고 멀리 돌아가지만, 최후에는 심지어 단단한 바위일지라도 마멸시키는 힘을 가진다.

**Waves** 파도 파도는 멈추지 않고 움직이는 물로서 인생의 영고성쇠榮枯盛衰, 변화를 상징하며, 환영幻影, 허망, 동요를 나타낸다.

**Wax** 밀랍 밀랍은 가역성可塑性, 불성실('밀랍이 없는without wax'은 '성실'의 의미)을 나타낸다. 밀랍은 지방脂肪으로서 생명 물질을 포함한다. 그래서 마술이나 주술에서 사람에게 해를 가하기 위해서 그 인물의 모양을 본딴 밀랍인형을 만든다.

**Way** 길→ASCENT, DESCENT, PASSAGE, PILGRIMAGE

**Weapons** 무기 무기는 힘, 종종 초자연적인 힘의 상징이며, 지배, 보호를 뜻하며, 그리고 동시에 파괴를 나타낸다. 무기를 빼앗는 것은 피정복자의 힘을 자신의 것으로 만드는 것을 상징한다. 무기를 장남감으로 가지고 노는 것은 전쟁에 대한 애욕의 승리를 상징한다. 신들이 손에 들고 있는 파괴의 무기는 영적 해방을 나타낸다. 무기는 이 경우, 무지와 인간의 천한 자아를 파괴하며, 의식을 해방하며, 각성에 이르도록 한다.

**Weaving** 베짜기 〈원초의 직공織工〉은〈위대한 직공〉과 함께 우주의 창조주이며, 생명의 베틀에서 만물의 운명을 짠다.〈운명〉의 여신들과〈시간〉의 여신들은 모두 실을 잣고 짠다. 베를 짜는 손도 역시〈우주 거미〉(→SPIDER)를 가리키며,〈위대한 직공〉이 사용하는 실은 인간을 그 운명과 창조주에게 연관시키는 탯줄이며, 이

실에 의해서 인간은 세계라는 직물의 모양에 짜넣어진다.

직물의 씨줄은 모든 존재 수준을 한꺼번에 꿰뚫는 수직면이며, 사물의 본질, 불변불역不變不易의 것, 형상, 남성적이고 활동적이며 직접적인 것, 태양빛의 상징이다. 이에 반해서 날줄은 수평면을 나타내며, 시간과 공간 가운데의 자연, 양적이고 인과율적이며 일시적인 것, 가변적이며 우발적인 것, 인간적 상태, 여성적이며 수동적인 질료, 수동, 달의 반사광을 나타낸다. 씨줄과 날줄은 서로 교차하며, 하나하나의 실의 교차가 이루는 십자형은 대립물의 통합, 남성원리와 여성원리의 통합을 상징한다. 실의 색이 교대로 변하는 것은 이원적이지만 상호 보완적인 우주의 지배력을 보여준다. 〈밤〉과 〈낮〉은 〈시간〉의 그물 — 즉 우주 창조의 시간과 공간의 직물 — 을 짜는 두 명의 자매이다. **고대 근동**: 셈 족의 여신 이슈타르와 여신 아타르가티스는 세계와 운명의 직포를 짜며, 생명의 실을 자른다. →SPIDER, WEB **불교**: 베짜기는 〈윤회〉, 〈마야〉의 직물 — 한정적이며 우발적인 무상유전無常有轉의 존재계의 직포 — 을 짜는 것이다. **중국**: 베짜기는 음양의 교차현상, 또한 '우주 베틀의 북의 왕복운동'(장형양蔣亨陽: 청나라 시대의 도교학자)을 나타낸다. **크리스트 교**: 씨줄은 성서의 기본 교의, 날줄은 교의에 붙은 주석을 나타낸다. **이집트**: 세계를 짜는 자로서의 여신 네이드(여신 아테나 — 그리스·로마 시대)는 거미가 부수물이다. **그리스·로마**: 아테나/미네르바 여신은 하르모니아 여신과 같이 세계를 짜는 손이다. 운명의 세 여신, 즉 모이라이 여신은 운명의 그물을 짠다. **힌두 교**: 브라마는 '씨줄과 날줄로 짜인 세계를 다스리는'(「부리하르 아라니

바다의 파도를 그린 12세기 중국의 그림. 파도는 생성과 유전流轉을 나타내는 나선형 속으로 말려들고 있다.

전쟁의 신 이난나/이슈타르가 무기를 손에 들고 있는 기원전 2000년경의 그림.

야카 우파니샤드」 III. 6. [1]) 우주의 최고 원리이다. 베짜기는 또한 생명의 호흡이며, 우주의 모든 것들은 눈에는 보이지 않는 그물로 연결되어 있다. **북유럽·게르만**: 홀다 여신과 노른 여신들은 운명의 베를 짠다. 전쟁의 여신 발퀴리에들은 장腸을 창에 꿰어 씨줄로 삼고, 붉게 한 화살을 날줄로 삼아서 승리의 그물을 짠다.

**Web** 거미줄 거미줄은 생명, 운명을 뜻한다. 시간의 거미줄은 신적 존재에 의해서 짜인다. 거미줄은 우주 설계도이며, 공간 구성의 요소가 중심으로부터 방사상으로 뻗어 있다. 즉 방사상으로 뻗은 축은 본질이고 동심원은 현실 존재와 닮은 구조를 나타낸다. 거미줄의 중심에 있는 거미는 사방으로 뻗친 광선의 중심으로서 태양을 상징하며 동시에 또한 현현顯現 세계의 경우와 생사의 순환과 존재의 바퀴(그 중심에 죽음이 있는)를 나타내는 것으로서 달에 속한다. 거미줄은 또한 혼의 위험한 여행을 나타내는 것으로서 미궁(→LABYRINTH)과 같은 상징성을 가진다. 거미줄은 힌두 교와 불교에서는 〈마야〉의 직포를 뜻하고, 크리스트 교에서는 현세나 악마 사탄이 고안한 그물, 인간의 약점이 만드는 그물, 그밖에 사악한 인간의 악의("이사야" 59:5-6)를 나타낸다.

**Weeping** 눈물, 눈물을 흘림 눈물을 흘리는 것은 비탄, 애도를 나타낸다. 눈물을 흘리는 의례는 '죽어서 소생하는 신Dying God'을 숭배하는 의식의 일부이다. 타무즈 신은 〈눈물의 왕〉이다.

**Weighing** 계량, 저울 달기 죽은 자의 혼은 생전의 선행과 악행을 평가하는 천칭으로 단다. 이집트의 상징체계에서 오시리스 신은 사자의 심장과 진리의 날개를 천칭에 단다. 천칭이 나타내는 상징은 힌두 교나 크리스트 교에서도 찾아볼 수 있다. 이슬람 교에서 대천사 가브리엘은 '혼을 달아보는 자'이다.

**Well** 우물 우물은 여성원리, 〈태모太母〉의 자궁, 마음을 나타낸다. 우물은 지하세계와 접촉하기 때문에 우물에는 종종 치유력과 소원 성취의 힘을 가지는 마법의 물이 있다. 뚜껑이 덮인 우물은 처녀성을 의미한다. 강물이 흘러드는 우물은 남녀의 결합을 나타낸다. 켈트 신화에서 성스러운 우물은 다른 세계와 통하며, 마력을 가지며, 그 물에는 치유력이 있다. 유대 교의 상징체계에서 담수가 솟아나는 우물은 〈토라〉를 나타낸다. 크리스트 교에서 우물은 구원과 정화의 상징이다. 〈낙원〉(→PARADISE)의 〈생명의 나무〉의 근원에 있는 우물이나 샘은 〈생명의 강〉("요한계시록" 22:1)과 〈낙원〉의 4개의 강("창세기" 2:10-14)의 수원水源이다.

**West** 서쪽 서쪽은 가을, 지는 태양, 초로初老를 나타낸다. 서쪽 방향은 일반적으로 죽음과 연관이 있으며, '서쪽으로 가는 것'은 죽음의 의미가 있다. **아메리카 인디언**: 서쪽은 〈벼락의 정령〉이 사는 집을 뜻한다. **중국**: 서쪽은 가을, 건조, 비탄, 오행五行(木, 火, 土, 金, 水)의 금, 색 중에서는 흰색, 사신四神에서는 〈백호〉의 의미이다. **이집트**: 서쪽은 매의 머리를 한 신의 나라이며, 그 신은 서쪽의 상징이다.(→CANOPIC JARS) **유대 교**: 서쪽은 날개가 달린 인간으로 나타낸다.

**Whale** 고래 고래는 〈우주의 바다〉의 신이며, 우주 및 개인의 재생의 상징이고, 만물을 삼켜버리는 묘지를 나타낸다. 고래의 배는 「구약성서」의 요나의 이야기에서처럼 죽음과 재생의 장소이다. 고래에게 먹히는 것은 죽음의 암흑 가운데로 들어감을 뜻하고, 고래의 배에서(달이 모습을 감추는 3일 동안) 나오는 것은 이니시에이션의 동굴에서 새로운 생명의 가운데로 드러나서 나오는 것, 즉 부활을 나타낸다. 크리스트 교에서 고래는 악마 사탄을 나타내며, 고래의 닫힌 턱은 지옥문, 배는 지옥이다.

**Wheat** 밀 →CORN

**Wheel** 수레바퀴 수레바퀴는 태양의 힘, 하늘에서 회전하는 태양을 나타낸다. 수레바퀴의 중심은 태양이고, 수레바퀴의 살은 태양의 빛이다. 수레바퀴는 태양신의 상징물이며, 또한 지상에서는 태양신의 대리자인 태양왕의 부수물이다. 수레바퀴는 세계지배, 생명의 순환, 재생과 신생, 고귀함, 현실세계의 무상無常, 변전變轉을 상징한다. 수레바퀴는 또한 현현顯現 세계를 나타낼 수 있다. 원주는 현현 세계의 한계, 바퀴의 중심은 힘과 빛을 방사하는 우주의 중심으로서, 정지점, '움직이지 않고 움직이는 자'를 나타낸다.

수레바퀴는 또한 〈시간〉, 〈운명〉, 〈업業〉, '쉬지 않고 무정하게 돌아가는 운명의 수레바퀴'를 나타낸다. 바퀴살로 나누어진 원주의 각 부분은 현현의 순환에서의 각각의 시대를 나타낸다. 생명의 수레바퀴나 존재의 바퀴(→ROUND OF EXISTENCE)의 회전은 주기적 순환, 변화, 생성, 활력을 나타낸다. 수레바퀴는 태양의 모체로서 연꽃과 연관되며 또한 특히 힌두 교의 〈차크라〉(→CHAKRA)와 연관된다. 전차(→CHARIOT)의 바퀴는 왕권과 권위를 나타낸다. 날개가 달린 수레바퀴는 아주 빠른 속도를 나타낸다. 수레바퀴를 돌리는 의식은 하늘을 건너는 태양을 상징하며, 또한 동지의 태양에 힘을 부여하는 의식으로 생각된다.

**고대 근동**: 생명의 수레바퀴와 태양의 수레바퀴는 태양신 아슈르, 샤마시, 바알의 부

죽은 자의 혼을 천칭에 달고 있다. 카탈로니아 지방 교회의 제단 정면을 장식하는 이 그림에서는 악마 두 명이 천칭의 움직임을 속이려고 하지만 착한 사람의 혼이 천국으로 들어가고 있다.

수물이며, 또한 전쟁신의 부수물이다. **불교**: 수레바퀴는 우주, 〈법과 진리의 바퀴〉, 〈존재의 바퀴〉(→ROUND OF EXISTENCE), 〈법〉의 대칭성과 완전성, 평화로운 변화의 움직임, 시간, 숙명, 왕권을 나타낸다. 〈법과 교의敎義의 바퀴〉는 〈마야〉를 밟아버린다. 이 수레바퀴의 살은 중심에서 하나로 통합되는 영적靈的 능력을 나타내며, 또한 부처 — 즉 부처가 사루나트에서 설법(초전법륜初轉法輪)을 시작하면서 돌리기 시작한 '법의 말씀의 바퀴를 돌리는 것' — 에서 나오는 광선을 나타낸다. 수레바퀴는 부처의 표상물이 될 수 있다. 황금 수레바퀴는 영적인 힘을 나타낸다. 수레바퀴는 〈우주의 지배자〉가 가진 〈칠보七寶〉 중의 하나이며, 이 의미에서 〈팔길상인八吉祥印〉 중의 한 가지로, 〈불족석佛足石〉에 나타난다. **중국**: 수레바퀴의 상징적 의미는 불교 및 도교의 경우와 같다. **크리스트교**: 수레바퀴는 성 카타리나, 성 에라스무스, 성 에우페미아, 성 퀭틴의 표지이다. **이집트**: 〈지성知性〉의 신격화이기도 한 창조신 크네무는 도공陶工의 바퀴, 즉 물레를 사용해서 인간을 만든다. **그리스·로마**: 6개의 살이 있는 수레바퀴는 천공신天空神으로서의 제우스/유피테르가 타고 다니는 전차를 나타낸다. 철학자 프로클로스에 의하면 생명의 수레바퀴는 생식의 순환을 나타내며, 익시온 왕을 붙들어매고 있는 수레바퀴도 생명의 수레바퀴이다. 수레바퀴는 또한 숙명의 상징이다. **힌두교**: 수레바퀴는 무궁하며 완전한 성취의 상징으로, 바루나 신의 상징물이며 나중에는 비슈누 신의 부수물이 되었다. 양식화된 연꽃(→LOTUS)으로서 나타나는 수레바퀴는 (신체 생리학상의) 차크라(→CHAKRA)의 상징이다. '십이궁의 수레바퀴'로 일컬어지는 〈황도십이궁〉의 바퀴는 해와 시간과 생명의 순환주기를 나타내는데, 이런 것들은 태양의 운행에 의해서 결정된다. **자이나교**: 수레바퀴는 영원히 회전하며 지속되는 〈시간〉의 바퀴를 나타낸다. **미트라 신앙**: 수레바퀴는 원을 그리면서 운행하는 태양의 상징으로 생각된다. **도교**: 수레바퀴는 현상계를 나타낸다. 수레바퀴는 또한 부동不動의 중심을 쥐고 있으면서 자신은 '움직이지 않고' — 무위無爲에서처럼 — 수레바퀴를 움직일 수 있는 〈성인聖人〉을 나타낸다.

**Whip/Lash 채찍/채찍끈** 채찍은 권위, 통치, 통괄, 지배, 형벌을 나타내며 또한 남성적인 힘을 회복한 것으로서 다산多産의 상징이다. 채찍은 번개와 폭풍의 신과도 연관된다. 또한 〈태모太母〉가 공포스러운 면을 보여줄 때에는 그 부수물이 된다. 채찍이나 채찍끈이 목자의 지팡이(→CROOK)와 함께 있으면, 채찍은 가축, 지팡이는 농업을 나타낸다. 이집트의 상징체계에서 부적 메나트(→MENAT)는 채찍이며 악령과 마음 고생을 쫓아주기 때문에 채찍은 행복의 상징으로 생각되었다. 채찍의 이런 양의성兩意性은 중국의 상징체계에서도 나타난다. 채찍은 메나트 외에, 오시리스 신, 아폴론 신, 디오뉘소스 신, 퀴벨레 여신, 복수의 여신 에리뉘에스의 표지이다. 채찍은 또한 예수의 수난("마태복음" 27:26)과 예루살렘 신전의 정화("마태복음" 21:12-13)에 등장하는 부수물 중의 하나이다. 채찍으로 때리는 것은 생식력을 자극하는 것으로 생각되었는데 남성들 외에도 로마에서는 신부도 또한 채찍에 맞았다. 로마의 루페르쿠스 축제에서는 나체의 젊은이가 채찍을 가지고 뛰어가면서 우연히 만나는 여자를 채찍으로 때리며 다산多産을 기원한다. 과수와 밤나무도 같은 이유에서 종종 채찍으로 때린다.

**Whirlpool** 소용돌이 소용돌이는 생명과 자연의 에너지의 원천이자, 마력을 가지는 것으로서 나선(→SPIRAL)과 같은 상징성을 가진다. 그리스 시인 헤시오도스에 따르면 미와 사랑의 여신 아프로디테는 바다의 소용돌이에서 태어났다.(「신통기神統記」188-200) 힌두 교, 북유럽, 게일 인의 신화에서 소용돌이는 생명 수여의 힘을 나타내는 것으로 여겨졌다. 아메리카 인디언의 주니 족의 신화에서 생명은 소용돌이치는 물에서 태어나는 것이라고 한다. 중국과 일본에서 소용돌이는 용과 연관되어 창조력의 중심에 있다. 수메르의 바다뱀의 여신은 소용돌이와 연관되어 있다. 힌두교에서 소용돌이는 '임신'을 뜻한다.

**Whirlwind** 회오리바람 회오리바람은 태양에 관계되는 순환적이며 창조적인 운동, 상승과 하강을 나타낸다. 회오리바람은 자연계에 내재하는 에너지의 현현顯現으로 생각되며, 신들이나, 회오리바람에 실려 움직이거나 회오리바람 속에서 말하는 초자연적인 존재와 연관되는 힘의 중심에서 발생한다. 따라서 회오리바람은 신들이 타고 다니는 것이다. 예를 들면 「성경」의 "욥기"에서는 '여호와께서 폭풍 가운데로서 욥에게 말씀하여 가라사대'(38:1, 40:6)라고 하거나 "에스겔"에서도 마찬가지로 환영을 본다.(1:4) 회오리바람은 풍요를 기원하는 비보다 먼저 나타나며 비의 신, 바람의 신, 벼락의 신과 연관된다. 중국과 일본에서 회오리바람은 승천하는 용과 연관되며, 벼락의 상징으로서 나타난다. 「베다」에서 벼락과 회오리바람의 신 루드라는 털을 나선형으로 짜냈고 모든 움직이는 물건의 주인인 신 푸산은 조개 모양으

숙명을 상징하는 수레바퀴와 혼을 상징하는 나비와 냉혹한 판단을 뜻하는 해골이 그려진 폼페이의 모자이크.

16세기 이탈리아의 점술서에 그려진 운명의 수레바퀴. 행운과 불운, 풍요함과 빈곤함, 안정과 변화가 영원히 돌아가는 것을 보여준다.

로 쐈다. 이집트에서 회오리바람은 악신 티폰의 한 모습이다. 아메리카 인디언의 상징체계에서 회오리바람은 〈대령大靈〉과 그 힘이다. 흑마술에서 회오리바람은 악마가 악녀와 통하는 모습이며, 마녀, 마술사, 악령은 회오리바람을 타고서 하늘을 난다. 회오리바람은 또한 혼을 내세로 운반한다. 회오리바람의 상징은 나선(→SPIRAL)의 상징과 통한다.

**White** 흰색 →COLOURS

**Whore** 매춘부, 창부  연금술에서 매춘부는 〈제1질료〉, 어둠에 잠긴 육체, 구제를 받지 못한 상태를 나타낸다.

**Willow** 버드나무  버드나무는 마력을 지닌 나무이며, 〈달의 여신〉에게 바치는 성수聖樹이다. 수양버들은 죽은 자에 대한 애도, 불운한 사랑을 나타내며, 장례식에 사용된다. **고대 근동**: 버드나무는 타무즈 신의 표지이며, 승리, 환희, 행복을 나타낸다고 생각된다. 버드나무는 아르카디아의 〈우주수宇宙樹〉이며, 아르카디아의 제우스에게 바치는 물건이라는 설명이 있다. 가는 버드나무 가지는 아르테미스 여신과 출산의 표지이다. **불교**: 버드나무는 유화柔和의 상징이다. **켈트**: 버드나무는 버드나무를 잘라서 넘어뜨린 목초의 모습을 한 신 에수스와 연관된다. **중국**: 버드나무는 봄, 여자다움, 유화, 우아한 매력, 예술적 재능, 이별의 상징이다. 버드나무는 관음보살의 부수물로 관음보살은 버드나무의 가지로 〈생명의 강〉의 물을 뿌린다. 버드나무는 달에 속하는 음陰의 나무이다. **크리스트 교**: 〈성지聖枝 주일〉(부활절 직전의 일요일)에 종려나무를 나타낸다. **그리스·로마**: 버드나무는 왕녀 에우로파의 나무이며 또한 여신 아르테미스의 표지이다. **유대교**: 버드나무는 애도의 상징으로서, 포로 생활을 하는 유대 인들은 바빌론의 버드나무 곁에서 눈물을 흘렸다.("시편" 137 : 2) 〈초막절 축제〉에서는 버드나무를 흔들어 돌린다. **일본**: 버드나무는 인내, 견인불발堅忍不拔의 상징이다. 아이누 민족은 최초의 인간의 척추가 버드나무로 만들어졌다고 여기기 때문에 버드나무를 특히 신성시한다. **도교**: 버드나무는 부드러움 속의 강함을 나타내는 것의 상징이다. 바람에 저항하다 부러지는 소나무나 떡갈나무와는 대조적으로 버드나무는 바람에도 저항하지 않고 몸을 구부려서 바람이 지나가도록 하기 때문에 살아남을 수 있다.

**Wind** 바람  바람은 〈영靈〉, 우주의 호흡을 상징하며, 또한 생명을 유지하며 분열하지 않도록 보호하는 영의 힘을 상징한다. 그래서 바람은 끈, 그물, 실 등과 연관된다. '그 실은……실제로는 바람과 같다. 그 실은 바람과 같으며……이 세계와, 저 세계와, 이 세상에 존재하는 모든 것들을 연결하는 것이다.'(「부리하드 아라니야카 우파니샤드」 III. 7. 2) 바람은 또한 손에 잡히지 않는 것, 옮겨가는 것, 실체가 없는 것, 잡아두기 어려운 것을 나타낸다. 바람은 신들의 사자使者이며, 특히 회오리바람(→WHIRLWIND)은 신의 현존을 나타낸다. 바람과 불은 함께 산과 화산의 신들을 나타낸다. 중국의 풍수사상 ── 즉 '바람과 물의 학문' ── 은 좋은 땅을 과학적으로 찾는 것이다. 〈아이온〉과 연관된 〈네 개의 바람〉은 대개 구름에서 나타나는 자녀나 자녀의 얼굴, 또는 머리가 없는 남자가 뺨이 불룩하도록 숨을 들이쉬는 것과 또는 피리를 부는 모습으로 나타낸다. 그리스의 아이올로스는 바람의 신이며, 또한 바람으로써 소리가 나는 모든 악기의 신이다.

**Windmill** 풍차  풍차는 바람(→WIND)

의 상징성과 공기(→AIR)의 상징성을 가지고 있다. 풍차는 또한 수확과 풍요를 나타낸다. 크리스트 교 상징체계에서 풍차는 천칭과 나란히 〈절제〉의 상징이다.

**Wine 포도주** 포도주는 생명의 액체이며, 계시, 진실('포도주 안에는 진실이 있다'), 활력을 상징하며, 또한 공양에 바치는 희생자의 피를 나타낸다. 포도주와 피는 상징으로서 호환성을 가진다. 그러나 조로아스터 교는 예외이다. 포도주는 또한 불로 번역될 수도 있다. 성찬식의 포도주는 신에게 바치는 잔이나 〈성배〉(→GRAIL)로 마시는 예지睿智이다. 또한 이런 포도주는 신의 피로 변화되며, 포도주를 마시는 자에게 영력靈力이나 생명력을 주며, 신의 희생을 추도하게 한다. 보리와 포도주는 함께 태양의 본질과 신의 본질을 상징하며 동시에 또한 따뜻함과 젊음을 나타낸다.

포도주와 물은 태양과 달, 불과 물 등, 우주의 두 가지 커다란 힘을 나타낸다. 포도주와 물을 섞는 것은 신성과 인성의 혼합, 인성과의 불가시不可視한 융합을 수반하는 신성을 나타낸다. 포도주와 빵은 농시에서 인간의 노동과 기술이 정확히 평형을 얻어 이룬 성과물이다. 남성으로서의 포도주, 여성으로서의 빵을 합한 것은 액체와 고체의 합체, 신성과 인성의 통합을 나타낸다. 또한 포도주는 성스러운 황홀을 나타내고, 빵은 죽음에서 다시 부활한 영의 현현체顯現體를 나타낸다. 땅에 붓는 포도주는 지하의 신들에 대한 헌주이며, 장례예식의 경우에는 사자에게 바치는 헌주이다. 결혼식에서 종종 의례적으로 마시는 포도주는 풍요의 상징이다.

그리스・로마 신화에서 포도주는 주로 디오뉘소스/바쿠스 신과 연관된다. 포도주가 인간을 취하게 함은 신들리는 것이 눈

버드나무가 그려진 고려시대의 병.(11-13 세기) 이 나무는 역경에서도 인내하는 여성적 미덕을 상징한다. 버드나무는 또한 자비의 여신인 관음보살의 나무이다.

「시편」에 그려진 1150-1200년의 영국 풍차.

에 보이게 되는 것이다. 크리스트 교에서 성찬식의 포도주와 빵은 예수의 경우에 신과 인간의 이중성의 상징이며, 예수의 속죄를 기억하게 한다. 이슬람 교에서 포도주는 〈낙원〉에 사는 선민選民이 마시는 음료(「코란」 47 : 15)이며, (금주禁酒를 지키는) 신자들이 마시는 물과 대조된다.

**Wings** 날개 날개가 상징하는 것은 서양과 중동中東의 신들이나 초자연적인 존재로 대부분 제한된다. 극동이나 인도의 신들 및 초자연적인 존재는 상징적인 날개를 거의 가지지 않는다. 예외는 성조聖鳥 가루다(→아래의 힌두 교), 〈천마天馬〉, 〈비룡飛龍〉이다. 날개는 태양에 속하며, 신성神性과 영성靈性을 나타내며, 또한 날개가 있는 신의 자유로운 움직임, 가호를 내림, 두루 퍼져 있는 힘, 그밖에 속세를 초월하는 힘, 피곤함을 알지 못함, 편재遍在, 공기, 바람, 자발적인 운동, 날아가는 시간, 사고의 비상飛翔, 의지작용, 정령의 신, 자유, 승리, 신속함을 상징한다.

날개는 신속하게 하늘을 날아가는 전령신의 부수물이며, 또한 신들과 인간 사이의 의사 소통의 힘을 상징한다. 펼쳐진 날개는 신의 가호를 상징하고, 태양의 작열함을 가리는 하늘의 휘장을 나타낸다. '날개 그늘'("시편" 63 : 7)은 보호와 신뢰를 나타낸다. 날개가 있는 태양이나 태양 원반(→DISK)은 천공을 횡단하는 태양의 지칠 줄 모르는 여행, 어둠에 대한 빛의 승리, 하늘에서 내려오는 힘, 신성을 나타낸다. 날개가 있는 신은 태양신이나 〈최고천最故天〉의 신들이지만, 악천사나 악마들에게도 날개가 있기 때문에 날개의 상징은 두 가지이다. 날개가 달린 모자, 샌들, 뱀지팡이(→CADUCEUS)는 신들의 전령(예를 들면 메르쿠리우스 신)의 부수물이다.

날개가 달린 말은 태양에 속하며, 영웅이 타고 다니는 것 또는 〈천마〉이다. **연금술**: 날개가 없는 유황의 '불휘발성'을 나타내며, 날개가 있는 수은의 '휘발성'을 보여준다. **고대 근동**: 날개가 달린 원반은 태양신인 샤마시와 아슈르의 본래의 모습이거나 그것을 상징하는 것이다. 네 개의 날개는 네 가지의 바람과 사계를 나타낸다. 셈 족의 엘 신은 6개나 4개의 날개를 가지며, 그리스의 시간의 신 크로노스와 마찬가지로 두 개의 날개는 날갯짓을 하고 두 개는 정지해 있는데 잠도 자지 않고 쉬지도 않으며 '날아가면서 쉬고 쉬면서 날아가는' 것을 상징한다. **불교**: 두 장의 날개는 지혜와 방법을 나타낸다. **중국**: 날개가 달린 용은 하늘의 힘이며, 생기이다.(→DRAGON) 〈천마〉는 날개를 가지며, 양陽에 속한다. 각각 날개가 하나뿐인데 서로 합쳐진 두 마리의 새(비익조比翼鳥)는 파괴할 수 없는 결합, 충실, 한 쌍의 연인을 나타낸다. **크리스트 교**: 천사는 신의 사자로서 또는 신성을 가진 것으로서, 날개가 있다. 악마 사탄은 종종 박쥐의 날개를 가진 모습으로 나타난다. **이집트**: 여신 네이드는 날개가 달린 모습으로 그려지는 때도 있지만, 그러나 그 외의 도상체계에서는 날개가 잘 나타나지 않는다.(정확히는 여신 이시스, 네후디스의 두 여신, 여신 네크베트, 신 호루스는 날개를 가지며, 날개가 있는 태양 원반도 종종 있다.) **그리스 · 로마**: 시간이 날아가는 것을 상징하는 크로노스(→TIME)의 네 장의 날개 중 한 쌍은 펼쳐져 있고, 한 쌍은 접혀서 쉬고 있는데 이것은 시간이 잠도 자지 않고 쉬지도 않고서 움직이는 것을 나타낸다. 시간은 '날아가면서 쉬고, 쉬면서 날아간다.' 날개는 잠의 신 휘프노스의 부수물이며, 이 신이 검은 날개로 부채질을 하면 움직이는 사람이 잠들게 된다. 신 헤르메스/메르쿠리우스는 신들의 사자로서 날개가 달린 모자, 샌들, 뱀지팡이를 가지고 다닌다. 무지개의 여신 이리스는 여신 헤라/유노의 사자使者로서 날개를 가진다.(333쪽 그림 참조) 로마의 승리의 여신 빅토리아에게도 날개가 있다. **유대교**: 대천사 및 천사 —— 치품천사熾品天使나 지품천사智品天使 —— 는 날개가 있다. **힌두교**: 성조 가루다(→FABULOUS BEAST의 GARUDA)는 날개가 있다. **이란**: 날개가 달린 원반은 빛으로서의 선신 아후라 마즈다(오르무즈드)의 상징인 듯하다. **이슬람교**: 날개가 달린 8인의 천사가 세계를 둘러싸는 옥좌를 떠받친다. **미트라 신앙**: 4개(동서남북의)의 바람과 4개의 계절은 신의 등에 달린 날개로서 나타낸다. **샤마니즘**: 날개 달린 말은 혼을 인도하는 자이다. 새의 날개나 새의 깃털로 만들어진 긴 옷은 현세와 영계의 교류를 나타낸다.

**Winnowing** 키질 키질은 차별, 선인과 악인의 선별의 상징이다. 신화에서 등장하는 키질하는 키(풍구)는 풍요의례와 연관된다.

**Witch-Hazel** 아메리카 풍년화 아메리카 풍년화는 개암나무(→HAZEL)와 같은 상징성을 가지며 그 외에 요정이나 마녀나 악령의 마력을 막아주는 부적에 속한다. 점치는 데에도 사용되었다.

**Wolf** 늑대 늑대는 대지를 나타내며 동시에 악, 욕심부리며 먹는 자, 용맹함의 상징이다. 미개사회에서 늑대와 큰까마귀는 종종 죽음의 신을 모시는 권속이었다. **연금술**: 늑대와 개는 〈철학자의 수은〉, 〈누스〉의 이원성을 나타낸다. **켈트**: 일설에 따르면 늑대는 밤에는 〈하늘의 아버지〉인 태양

아르메니아 교회당 외벽을 장식한 치품천사의 상像. 수많은 눈이 달려 있는 6개의 날개는 치품천사가 천사 중에서 가장 높은 위치에 있음을 상징한다.

을 삼킨다고 한다. **중국**: 늑대는 탐욕, 물욕을 나타낸다. **크리스트 교**: 늑대는 악, 양羊으로 나타나는 신자들의 무리를 망치는 악마 사탄, 완고한 자(전설에서 늑대는 머리를 구부릴 수 없다고 함), 잔인함, 교활함, 이단을 나타낸다. 아시시의 성 프란치스코는 구비오(이탈리아의 도시)의 늑대를 길들였기 때문에, 늑대는 이 성자의 표지이다. **이집트**: 켄티 아멘티 신과 우푸아우트 신(늑대[또는 자칼, 검은 개]의 모습임)은 늑대를 상징한다. **그리스·로마**: 늑대는 용맹함의 상징으로서 전쟁의 신 아레스/마르스의 성스러운 짐승이자, 아폴론 신과 숲의 신 실바누스의 짐승이기도 하다. 늑대는 (로마 건설자인 쌍둥이) 로물루스와 레무스를 기른 자로서 로마의 미술에 종종 등장한다. 늑대는 또한 무용武勇을 나타낸다. **유대 교**: 늑대는 피에 굶주림, 잔인함, 박해하는 영("창세기" 49 : 27)을 나타낸다. **힌두 교**: 아스빈 쌍둥이신(→TWINS)은 밤의 늑대에게서 낮의 메추라기를 구한다. **북유럽·게르만**: 늑대는 승리를 가져오는 자이며, 오딘/보탄 신이 타고 다닌다. 그러나 (오딘을 삼켜버린) 펜리스 늑대는 악을 나타낸다. **마술**: 늑대는 마녀나 마법사가 타고 다닌다. 늑대 인간은 늑대가 변신한 것이다.

**Woman** 여자  여자는 〈태모太母〉, 〈태모신〉, 달에 의해서 상징되는 여성원리, 대지와 바다를 나타낸다. 여자는 남성적 이성에 대립하는 것으로 본능적 직관력을 나타낸다. 상징으로서의 여자는 아주 복잡한 의미를 가지는데 —— 예를 들면 〈태모〉는 은혜가 깊은 보호자의 면과 사악한 파괴자의 면을 가진다. 〈태모〉는 청순한 영의 인도자이며 동시에 세이렌과 같은 유혹자, 또는 처녀인 〈하늘의 여왕〉이며, 동시에 매춘부인 하르퓌아이(→FABULOUS BEASTS)이고, 지고의 예지이며 동시에 바보스러움 등을 뜻한다. —— 그 속에는 인간성의 복잡함이 숨어 있다.

여자를 상징하는 것은 달에 속한 것, 수용적, 보호적, 양육적, 수동적인 것, 비어 있는 것이나 가운데가 들어간 것, 물결 모양이나 동굴 모양인 것, 다이아몬드 형이나 계란형의 것, 예를 들면 동굴, 벽으로 둘러싸인 정원, 우물, 입구, 문, 잔, 도랑, 덮개, 방패 등이다. 또한 바다, 산, 샘, 배, 조개, 물고기, 진주와도 연관된다. 그밖에 초승달, 달빛, 별은 여성의 부수물이다. 중국의 상징체계에서 여성은 음陰이다. 힌두 교 및 불교에서 여성은 샤크티나 프라크리티이다. 인도 미술에서 미녀는 〈태모〉인 여신 마야의 은혜가 깊은 모습을 나타내며, 한편 〈검은 여신 칼리〉나 두르가는 마야의 사악한 면을 나타낸다. 크리스트 교 미술에서 '예수의 신부'로서의 〈교회〉는 십자가나 성작聖爵(→CHALICE)을 가지는 여성으로서 혹은 왕관을 쓴 여성으로서 그려진다. 베일이나 천으로 눈을 가린 여성은 시나고그Synagogue(유대 교 예배당)를 나타낸다. 미덕과 악덕이나 사계四季를 암시하는 조각품은 여성의 모습이다.

**Womb** 자궁  자궁은 모체나 모형이며, 〈태모太母〉, 〈대지모신大地母神〉을 나타내며, '대지의 자궁'으로서 주로 동굴로 상징된다. 〈죽어서 소생하는 신Dying God〉이 동굴에서 태어나는 것은 대지의 자궁에서 태어나는 것을 나타낸다. 자궁은 또한 미현현未顯現, 모든 잠재성의 총체, 충분함을 나타낸다. 자궁은 우물이나 연못이나 호수로써 또는 도시의 성벽이나 상자처럼 둘러싸는 것들로써 상징된다. 연금술에서 자궁은 광맥, 태아는 광석이다. 광물은 대지에서 만들어진 것이며, 인간의 역할은 자연을 도와서 (광물의) 탄생을 촉진시키는 것이다.

**Wood** 나무  나무는 원초의 낙원상태가 가지는 완전성을 나타낸다. 나무는 요람과 관으로서 인간이 태어나서 죽을 때까지 피난처를 제공해준다. 또한 결혼의 침대, 교수대絞首臺로서의 십자가, 죽은 자를 태우고서 물에 흘러다니는 배, 반달의 돛단배 등도 나무로 만든다. 동양에서 나무는 〈제1질료〉이며, 그 때문에 예수는 목수로서 세상에 나왔다. 목공도구는 혼돈에서 질서를 만들어내는 신의 힘을 상징한다. 힌두교 및 티베트의 상징체계에서 나무는 〈제1질료〉이며, 만물은 나무로 만든다. '브라만은 숲이며, 나무이며, 이 나무에서 하늘과 땅이 만들어진다.'(「타이티리야 브라마나」 II. 8. 9. [6]). 중국의 상징체계에서 나무는 봄, 동쪽, 파랑색이나 녹색을 나타낸다.→ FOREST

**Woodpecker** 딱다구리  딱다구리는 예언의 새이며, 마력을 나타내며, 왕과 나무의 보호자이다. 그리스・로마 신화에서 딱다구리는 제우스/유피테르, 아레스/마르스 신(오비디우스 「행사력行事曆」 3. 37), 숲의 정령 실바누스, 티오라, 트리프톨레모스의 성조聖鳥이다. 딱다구리는 쌍둥이 형제인 로물루스와 레무스(로마 건국의 조상)를 보호했다.(「행사력」 3. 54) 아리아인들 사이에서 딱다구리는 폭풍의 새이다. 크리스트 교의 상징체계에서 딱다구리는 신앙과 인간의 본성을 갉아먹는 악마 사탄이나 이단의 상징이다. 선사시대의 아메리카 인디언들 사이에서 딱다구리는 전쟁의 새이다.

**Word** 말씀  〈말씀〉, 즉 〈로고스〉는 성스러운 소리이며, 현현과정의 제1요인이

7세기 영국의 돈지갑에 그려진 쌍둥이 늑대. 이것은 서턴 후의 유물로서 묻혀 있던 배에서 나온 물건이다. 이 늑대들은 적의 마력을 이겨내는 강한 마력을 가진 보호자이다.

기원전 269년의 초기 로마 은화에 새겨진 로물루스와 레무스에게 젖을 먹이는 암늑대.

11세기의 아메리카 인디언의 패각 원반에 그려진 순환적인 딱다구리의 상은 전쟁, 약탈, 기습을 나타내는 무서운 상징이다.

다.("요한복음" 1:1-3) 대화에는 창조력이 있다. 중앙 아메리카의 케찰코아틀 신과 후라칸 신은 '대지'라는 말을 함으로써 세계를 창조했다. 〈구세주〉는 항상 〈말씀〉이 육화된 모습이다. 힌두 교 및 불교에서 〈법〉으로서의 〈말씀〉은 말로서는 나타낼 수 없는 말씀이다. →OM

**Worm** (땅을 기어가는) 벌레 벌레는 죽음, 용해, 대지를 상징한다. 뱀은 '위대한 벌레'로 불리곤 한다.

**Wormwood** 쑥 쑥은 쓴맛, 고난, 고뇌의 상징이며, 아레스/마르스 신에게 바치는 제물이다.

**Wreath** 화환, 화관 화환은 상대적인 의미를 가진다. 한편으로는 영광, 승리, 지고성, 봉헌, 성성聖性을 나타내는 것으로서 성상을 숭배의 대상으로 장식하거나 또한 '축연祝宴의 화환'으로서 행복, 행복한 운명, 행운을 의미한다. 다른 한편으로는 '장송葬送의 화환'으로서 죽음과 애도를 의미하며, 공양물 위에 올려놓는다. 신부가 쓰는 화환은 처녀성의 꽃을 나타내며, 동시에 옛 자아의 죽음과 신생의 시작을 나타내는 장송의 화환의 상징성도 지닌다. 기둥에 걸린 화환은 태양의 주위를 회전하는 천체의 궤도를 보여준다. **아라비아**: 오렌지 꽃 화환은 풍요와 결혼의 상징으로서 신랑이 몸에 걸친다. **중국**: 올리브 화환은 문인으로서의 재능과 성공을 나타낸다. **그리스·로마**: 화환은 꽃의 여신 플로라의 관이다. 산사나무나 마편초 화관은 결혼의 시작을 뜻하고 떡갈나무 잎으로 만든 관冠은 생명구조에 대한 보상을 뜻한다. 잔디 관은 무훈을 세운 로마의 영웅이나 로마의 구세주에게 수여한다.(플리니우스「박물지」22. 6) 화관은 경기의 승리자에게 수여한다. 올림피아 경기대회의 승리자에게는 야생의 올리브 관, 이스트미아 경기대회에서는 소나무 관, 피튀아 경기대회에서는 월계관, 네메아 경기대회에서는 파슬리 관이 주어졌다. 회향茴香 관은 사바지오스 신의 숭배예식에서 사용되었다. 로마 황제는 장미 관을 썼다.

**Wren** 굴뚝새 굴뚝새는 '작은 〈왕〉'이라고 하며, 서양에서는 종종 〈새의 왕〉이라고 부른다. 굴뚝새는 또한 성령을 나타내는 것으로서 비둘기를 대신할 수 있으며, 마녀를 나타내기도 하는데 이 경우에는 사악한 새이다. 굴뚝새는 그리스의 신 트리프톨레모스와 웨일즈 시인 탈리에센에게 바치는 제물이다. 스코틀랜드에서 굴뚝새는 〈천녀天女의 암탉〉이다. 굴뚝새를 죽이는 것은 매우 불길한 일이지만, 영국과 프랑스에서는 크리스마스에 굴뚝새를 사냥해서 막대기에 매달아 천천히 보조를 맞추어가며 걷고, 마지막에는 지나간 해의 죽음과 연관지어서 교회 묘지에 묻는다.

# X

**X** X자는 역전逆轉(→INVERSION)의 상징이다. '올바른 유추는 모든 역의 경우에도 진실이다.'(헤르메스 문서「에메랄드 명판」) X는 10을 나타내는 로마 숫자로서 완전성과 성취를 나타내며, 또한 X형 십자 cross saltire의 문장으로서는 그 자체가, 하나의 완전한 성취와 균형의 모양을 나타낸다. 로마 인은 X를 경계지표로서 사용했기 때문에 X는 성 안드레아의 십자이다. X는 십자(→CROSS)의 상징성을 모두 가지고 있다.

# Y

**Y** Y자는 끝이 두 갈래로 나누어진 포크 형 십자가로서 인간의 모습을 나타낸다. 퓌타고라스에 따르면 Y자는 인생을 상징하는 모양이며, 한 갈래의 자루는 유아의 무구함, 두 개로 갈라진 팔은 성인이 되었을 때 정도正道와 사도邪道 사이에서의 선택을 나타낸다. 두 개의 팔은 또한 왼쪽 길과 오른쪽 길, 미덕과 악덕을 상징하며 힌두 교의 성조 가네샤나 로마의 두 얼굴의 신 야누스가 지배하는 갈림길이나 십자로를 나타낸다. 연금술에서 Y자는 〈레비스〉(→REBIS), 즉 〈남녀추니〉를 나타낸다. 크리스트 교의 상제복上祭服에서 보이는 Y자 모양은 십자가를 나타낸다. Y는 골고다의 십자가의 〈도적들〉로서도 알려져 있다.

**Yarrow** 서양톱풀 서양톱풀은 마술을 막는 특효약이다. 중국에서 「역경易經」의 역단易斷(역에 의한 길흉화복의 판단)에 사용하는, 점치는 데 쓰는 점대筮竹는 톱풀로 만든다.

**Year** 해年 〈대년大年Great Year〉은 우주의 창조에서 파괴에 이르는 주기이며, 그노시스주의의 〈아이온〉이다. 〈대년〉은 세계가 시원始原의 상태로 회귀하는 재생의 때, 〈만유를 회복하실 때〉("사도행전" 3:21), 〈황금시대〉로의 회귀이다. NUMBERS의 50

**Yeast** 이스트 이스트는 발효(작용)를 나타내며, 그러므로 사랑을 의미한다. 페스트의 특효약도 된다.

**Yellow** 노란 색→COLOURS

쑥은 아레스/마르스 신에게 바친다.

레비스를 상징하는 남녀추니 상像과 Y. 이 그림의 Y는 소금의 상징으로 생각된다.

**Yew** 주목朱木　주목은 장송, 애도, 비탄을 나타내며, 켈트 신화와 크리스트 교에서는 불사不死의 상징이었다. 주목은 켈트에서는 마력을 가지는 나무이며, 〈흰 지팡이〉(켈트의 마법의 지팡이→WAND)는 전통적으로 노란 색으로 만들어졌다.

**Yggdrasil** 이그드라실　이그드라실은 북유럽 신화의 〈우주수宇宙樹〉(→TREE)이며, 〈강대한 물푸레나무〉 또는 〈상록수〉이며 생명의 샘, 영원한 생명과 불사不死를 상징한다. 북유럽의 신들은 이 나무 아래에서 집회를 연다. 이 나무는 뿌리를 하계下界로 뻗고, 둥치는 수직으로 뻗어올리며, 바다와 대지와 인간 세계를 관통하면서 세 개의 세계를 통합한다. 가지는 하늘 그 자체이며 신들의 관 〈발할라〉를 덮는다. 이그드라실의 뿌리에서부터 흐베르겔미르 샘이 흘러나오며, 여기에서 흘러나오는 하천은 지상에서는 시간의 흐름을 이룬다. 이 뿌리는 〈공포의 갉아먹기Dread Biter〉로 일컬어지는 뱀인 니드호그에게 계속해서 갉아먹히는데 이 뱀은 우주의 사악한 힘을 나타낸다. 신 오딘의 말(슬레이프니르)은 이그드라실의 잎을 먹고, 우거진 가지의 속에서는 어둠을 상징하는 독수리와 뱀이 영원한 싸움을 벌인다. 못된 다람쥐는 (질투의 말을 전달해서) 계속해서 독수리와 뱀을 싸우게 한다. 가지가 우거진 곳에는 (동서남북의) 네 가지의 바람을 상징하는 네 마리의 수사슴이 있으며, 그들이 역시 나무의 잎을 먹지만 항상 새싹이 나오며, 가지도 역시 언제나 녹색이다. 불침번을 상징하는 태양의 수탉이 가지에 앉아 있는 모습으로 그려지기도 한다. 오딘 신은 자기를 희생해서 9일 동안 이그드라실 나무의 가지에 매달려 있었다. 그러므로 회춘하기 위한 희생을 상징한다.

**Yin-yang** 음陰과 양陽　음은 파선破線(--)으로 나타내고, 여성원리를 상징하는데, 양은 실선(―)으로 나타내며, 남성원리를 상징한다. 음양은 인간계, 동물계, 식물계의 여러 가지 힘이나 성질에서, 이원우주에서 나타나는 경우의 모든 상보적 대립을 상징한다. 음은 양의 창조의 빛 이전에 있는 원초의 암흑을 상징하기 때문에 양보다 항상 먼저 나온다.

음은 또한 원초의 바다이며, 수동적이며 여성적이며 본능적이며 직관적인 본성, 백魄(육체를 주재하는 생기), 심연深淵, 응축, 소극성, 유연성을 나타낸다. 음을 상징하는 것은 어두운 습의 원리에 속하는 것 ― 예를 들면 검은 색, 흙, 골짜기, 나무, 야행성 동물, 수중이나 습지에 서식하는 생물 ― 이며, 또한 꽃은 대부분 음을 나타낸다.

양은 활동적 원리이며, 혼魂(정신을 주재하는 정기), 합리성, 높이, 확장, 적극성, 강직을 나타낸다. 양을 상징하는 것은 밝음, 건조함, 높은 곳에 있는 것, 예를 들면 산, 하늘, 태양에 속하는 동물이나 새이다. 용, 봉황, 기린과 같은 가공의 동물은 음양 어느 쪽의 성질이든지 체현體現할 수 있으며 이런 가공의 동물은 음양 두 가지 힘이나 또는 '본질'의 완전한 상호작용과 둘의 일체성을 나타낸다. 마찬가지로 꽃들 가운데 연꽃에도 역시 적용된다.

음양의 상징인 〈태극〉은 우주에서의 두 가지 위대한 힘의 완전한 균형을 나타낸다. 음과 양은 서로 상대편의 힘을 배태하고 있으므로 남성적 본성도 여성적 본성도 완전히 상대를 배제하는 것은 아니다. 그러므로 각각은 상대편의 맹아萌芽를 내포한 둘의 영원한 교차현상이 나타남을 의미한다. 원환圓環은 주기적 순환운동이나 전체성을 나타내며, 그 가운데에는 음양 두 가지의 힘이 들어 있다. 〈태극〉은 전체로서 〈우주란宇宙卵〉(→EGG), 원초의 〈남녀추니〉(→ANDROGYNE), 완전한 균형과 조화, 음양 어느 쪽에도 없으며 어느 쪽에도 있는 순수한 본질을 나타낸다. 음양의 두 가지 힘은 긴장관계에 있지만 적대관계는 아니며, 상호 의존적인 반려이다. 둘은 본질적으로는 하나이며, 현현顯現에서는 두 가지이다.

**Yoke 멍에** 멍에는 합일, 통제, 평형, 훈련, 순종, 예속, 굴복, 고역, 인내의 상징이다. 이 멍에는 힌두 교에서는 개인 존재의 〈유일자〉로의 합일, 즉 존재의 조화와 통일의 궁극적 달성으로서 '요가Yoga'(yoke의 어원)이다. 크리스트 교에서 멍에는 예수의 법을 나타낸다.("마태복음" 11:29-30) 수소와 연관되는 것으로서 멍에는 공양을 나타낸다. 또한 농경과 풍요의 상징이다.

**Yoni 요니** 요니는 U자로 상징되며 여성적인 수용적 수동원리를 나타낸다. 이에 대해서 남성적 능동원리를 나타내는 것은 링가(→LINGA)이다. 요니는 또한 가운데가 비어 있는 것, 그것을 받아들이는 모양의 것, ∭ 모양으로 상징된다.

**Yule 동지제冬至祭, 율** 동지제는 갈리아 어의 'gule'(수레바퀴)을 어원으로 하며, 동지에 태양이 운행하는 바퀴, 묵은 해의 죽음과 신년의 탄생을 나타낸다. 〈사투르날리아 축제〉(→SATURNALIA)처럼 동지제는 혼돈과 원초에 있던 암흑으로의 회귀이며, 이후에는 새로운 해가 창조되고 재생될 수 있다. 동지제 때는 이승과 저승을 가로막는 벽이 없어지는데 이 혼돈의 12일 동안 밤에는 죽은 자가 지상으로 돌아온다. 동지제의 12일 동안의 각각의 날은 새해의 12달의 기후를 점치는 것도 된

세계수 이그드라실은 지하 세계에서 생겨서 인간 세계를 꿰뚫고 신들의 세계로 가지를 뻗기 때문에 세 가지 세계를 통합시킨다.

17세기 중국의 벼루에 새겨진 장식으로서의 양과 음. 태극은 지고至高이며 불가분不可分의 상징형태로서 완전성과 전우주의 대립물의 창조적인 상보성을 나타낸다.

다. 동지제는 또한 12월 25일에 탄생한 〈죽어서 소생하는 신Dying God〉의 축제이기도 하다. 이 신은 식물신 타무즈나 아티스, 술의 신 디오뉘소스와 마찬가지로 한 해의 마지막의 의례에서 태우는, 촛불이나 껍질 벗긴 통나무라는 부수물로 나타내는데, 이 껍질 벗긴 통나무를 태우는 의례는 〈겨울〉의 죽음과 태양의 힘이 되살아남을 상징한다. 이 경우에 불은 죽음을 몰아내며 그 창조적인 힘으로 태양의 힘을 다시 불타오르게 하며, 또한 모든 인간의 낡은 생명을 태워버리고 새로운 생명을 만들어내며 새로운 해를 재출발시킨다. 또한 재는 흙 위에 뿌리는데 그곳에서 〈신생新生〉과 〈봄〉이 싹튼다. 〈동지제의 껍질 벗긴 통나무〉는 드루이드 교의 〈우주수宇宙樹〉(→TREE)인 떡갈나무로 만든다. 그런 경우에 〈죽어서 소생하는 신〉의 의례에서 태우는 껍질 벗긴 통나무는 아티스, 디오뉘소스, 보탄 신의 소나무이다. 또한 껍질 벗긴 통나무에 휘감긴 담쟁이(→IVY)는 디오뉘소스의 왕관이며, '오시리스의 식물'이다. 나무에 단 등불이나 전구는 〈우주수〉의 가지에 매달린 태양, 달, 별이며, 또한 빛은 죽은 자의 연회에서는 영혼을 나타낸다. 아티스와 디오뉘소스의 나무에는 신들에게 바치는 선물이 매달려 있으며, 보탄 신의 측백나무는 이 성스러운 나무를 숭배하는 자에게 선물을 내린다.

12월 25일은 태양이 재생하는 동지이며 옛날부터 이날은 태양숭배에서 중요한 제삿날이었다. 일설에 의하면 미트라 교에서 이날은 〈정복되지 않는 태양의 탄생일Dies natalis solis invicti〉, 빛의 신들이 어둠에 승리를 거둔 날이다. 이집트에서는 이날 태양신이 호루스로서 여신 이시스에게서 재생했다고 한다. 알렉산드리아에서도 이날은 오시리스의 탄생일이다. 바빌로니아에서 이날은 황도십이궁에서 〈처녀모신處女母神〉 자리인 처녀궁에서 태양이 태어난 날이다. 북유럽 신화의 발두르 신은 12월 25일 전날 밤에 모습을 드러냈다고 한다. (신화에서는 죽었던 발두르가 로키의 방해로 명계冥界의 여왕 헬에게서 되돌아오지 못했다고 한다.) 크리스트 교에서는 여물통을 둘러싸고서 한밤중에 미사가 행해지는데 이때 '빛을 만든 자' 성모 마리아를 위하여 양초를 켠다. '〈처녀〉는 출산을 한다. 빛은 늘어난다'라는 고대 의식의 경구는 여러 지방에서 오랜 시대에 거쳐서 일컬어졌다.

**Yurt** 유르트  몽고의 유르트는 아메리카 인디언의 티피나 유목민의 천막처럼 우주의 상징적인 모형이다. 유르트의 바닥은 우주의 기반을 나타내고, 중앙에 있는 사각형의 성스러운 화로는 대지와 4대 원소(땅, 물, 불, 바람)를 나타내기 위해서 만들어졌다. 측면과 돔형의 지붕은 하늘을 나타내며, 돔 중앙에 돌출한 구멍은 〈태양의 문지방Sun Door〉이며, 〈하늘의 문〉이다. 이것은 구멍의 목제의 틀을 떠받치는 4개나 혹은 8개의 받침대로 상징된다.

# Z

Z→ZIG-ZAG

**Zenith** 천정天頂  천정은 첨단, 최고점을 의미한다. 천정을 상징하는 것은 뾰족한 것 — 산, 피라미드, 첨탑, 스투파(불탑), 기둥 등 — 의 맨 끝, 또한 사원, 성스러운 오두막(→LODGE), 티피 등의 천정 중앙에 열려 있는 천창天窓이다.

**Zero 0**→NUMBERS

**Ziggurat 지구라트** 수메르에서 지구라트 즉 신전은 신이 사는 집인 〈성산聖山〉을 상징하는 (피라미드의) 모양으로 만들어진다. 지구라트는 〈우주축宇宙軸〉이며, 수직축으로서 천계天界와 지상계, 지상계와 지하계를 통합하며, 또한 수평축으로서 나라들을 연결한다. 지구라트는 7층이며, 7개의 하늘과 7개의 존재 수준을 나타내며, 각층은 7개의 단계에 대응한다. 제1층은 검은 색, 토성, 납, 제2층은 적갈색, 목성, 주석, 제3층은 진홍색, 화성, 철, 제4층은 금색, 태양, 황금, 제5층은 백금, 금성, 동, 제6층은 군청색, 수성, 수은, 제7층은 은색, 달, 은이다.

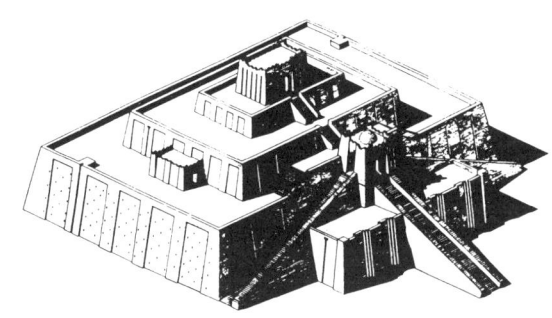

기원전 2100년경의 지구라트.

**Zig-Zag 지그재그** 지그재그는 번개, 번개에서 생기는 불, 다산多産의 상징이다. 지그재그는 모든 폭풍의 신의 부수물이다. 바빌로니아 신 아다드는 지그재그 모양의 것 또는 세 개의 불꽃 묶음을 손에 들고 있다. 지그재그에는 삼지창이나 천둥번개와 같은 상징성이 있다.

**Zodiac 황도대黃道帶, 황도십이궁黃道十二宮** 황도십이궁은 우주에서의 만물의 관계를 의미하고 주기적이고 계절적인 변용의 상징이다. 황도십이궁은 〈인생의 수레바퀴〉, 원형, 〈많은 것〉과 〈하나〉의 조화, 현상 세계로의 타락과 그곳에서의 구제를 나타낸다. 플라톤은 십이궁을 〈하늘의 문〉이라고 불렀다. 프톨레마이오스는 황도십이궁을 '밤이 낮에 연결되며, 남자가 여자와 부부를 이룸과 같이,' 여성과 남성, 태양에 속하는 것과 달에 속하는 것이 서로 번갈아가며 교대를 이루는 것이라고 했다. 남성의 궁에는 백양궁, 쌍자궁, 사자궁, 천칭궁, 인마궁, 보병궁이 있고, 여성의 궁에는 금우궁, 거해궁, 처녀궁, 천갈궁, 마

이탈리아 모데나에 있는 미트라 신의 부조浮彫. 미트라의 둘레에는 황도십이궁이 금우궁에서 순서대로 왼쪽으로 그려져 있다.

황도십이궁으로 장식된 16세기 이란의 그릇으로 처녀궁에는 달의 눈——부주의하지 않게 지켜보는 여성의 눈——이 그려져 있다.

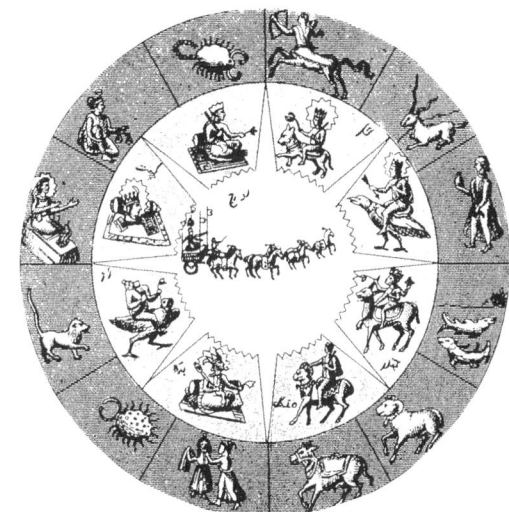

힌두의 황도십이궁.

메르쿠리우스, 미네르바, 큐피드, 유피테르의 주위에 그려진 로마의 황도십이궁.

사바지오스 신에 대한 예배에서 봉납하는 마술적인 형태의 손으로 황도십이궁이 나타나 있다.

갈궁, 쌍어궁이 있다.

1) 백양궁白羊宮, 양자리Aries

백양궁의 기능은 운동, 창조이고 4대 원소의 불이며 양으로 나타낸다. 이 궁은 창조의 열, 태양 에너지의 변신, 또한 〈제1원인〉, 미분화, 새벽을 나타낸다. 이 궁은 인간의 머리에 영향을 끼치며, 대응하는 꽃은 샐비어와 물수세미이고, 대응하는 돌은 용기, 인내, 장수, 부를 상징하는 혈옥수血玉髓와 순결, 불요불굴, 무적, 강함, 대담무쌍함을 상징하는 다이아몬드이다.

2) 금우궁金牛宮, 황소자리Taurus

금우궁의 기능은 부동, 보수이고 4대 원소의 흙이며 황소로 나타낸다. 이 궁은 태양에 속하며, 봄의 창조적 부활, 활력, '하늘의 황소'를 나타낸다. 인체의 목구멍에 영향을 끼치며, 대응하는 꽃은 마편초와 클로버이고, 대응하는 돌은 평안, 광채, 신의 호의, 행복을 상징하는 사파이어와 용기, 성공을 상징하는 터키옥이다.

3) 쌍자궁雙子宮, 쌍둥이자리Gemini

쌍자궁의 기능은 유동, 파괴이고 4대 원소의 공기이며 쌍둥이로 나타내는데 종종 그중의 한 명은 흑인, 한 명은 백인이 된다. 이원성, 긍정과 부정처럼 이항 대립을 뜻하고 분할, 생과 사, 인간의 이원성, 현현顯現 세계에 내재하는 불가피한 이원성을 나타낸다. 인체의 어깨와 팔에 영향을 끼치며, 대응하는 꽃은 야생 글라디올러스와 성스러운 마편초이고, 대응하는 돌은 활력, 강함, 성공을 상징하는 마노瑪瑙이다.

4) 거해궁巨蟹宮, 큰게자리Cancer

거해궁의 기능은 운동, 창조이고 4대 원소의 물이며 게로 나타낸다. 이 궁은 달에 대응하며, 바다, '하늘의 강에서 현현 세계로 통하는 문지방'(신플라톤주의자 포르피리우스), 현세에 들어가는 혼을 나타낸다. 이 궁은 '인간의 문,' 하지夏至의 '하계下界의 문지방Janua inferni,' 점차로 약해지는 태양의 힘을 나타낸다. 이 궁은 인체의 가슴과 위에 영향을 끼치며, 대응하는 꽃은 컴프리이고, 대응하는 돌은 달, 영감, 사랑을 상징하는 월장석月長石과 바다의 힘, 순결, 눈물을 상징하는 진주, 정절과 가정의 행복을 상징하는 에메랄드이다.

5) 사자궁獅子宮, 사자자리Leo

사자궁의 기능은 부동, 보수이고 4대 원소의 불이며 사자로 나타낸다. 이 궁은 태양에 대응하며, '용맹한 사자,' 만물을 관통하는 자, 의지, 감정, 통치, 창조성, 아량을 나타낸다. 이 궁은 인체의 심장, 폐, 간장에 영향을 끼친다. 대응하는 꽃은 시클라멘이고, 대응하는 돌은 태양에 속하는 황옥黃玉과 영감, 우정을 상징하는 전기석電氣石과 광휘, 용기를 상징하는 붉은 줄마노이다.

6) 처녀궁處女宮, 처녀자리Virgo

처녀궁의 기능은 유동, 파괴이고 4대 원소의 흙이며 여자로 나타낸다. 〈하늘의 처녀〉, 지혜를 상징하며, '옥수수의 이삭'과 〈성모 마리아〉와 연관된다. 나타내는 그림은 옥수수 이삭을 가지고 있는 여성, 또는 자녀를 팔에 안고 있는 인어의 모습이다. 인체의 위와 내장에 영향을 끼치며, 대응하는 꽃은 꿀풀이고, 대응하는 돌은 조화와 건강을 상징하는 홍옥수紅玉髓, 고귀와 청순함을 상징하는 비취이다.

7) 천칭궁天秤宮, 천칭자리Libra

천칭궁의 기능은 운동, 창조이고 4대 원소의 공기이며 천칭, 또는 천칭을 가진 여성으로 나타낸다. 이 궁은 인간의 이원성, 즉 자연 존재와 영적 존재의 균형을 나타낸다. 인체의 척추와 골수에 힘을 공급하며, 대응하는 꽃은 전갈의 꼬리 바늘 풀(맨 끝이 바늘처럼 뾰족함)이고 대응하는 돌은 선견지명, 우정을 상징하는 오팔과 용기, 성공, 신의, 호의를 상징하는 청금석靑金石이다.(비취)(→LAPIS LAZULI)

8) 천갈궁天蠍宮, 전갈자리 Scorpio

천갈궁의 기능은 부동, 보수이고 4대 원소의 물이며 전갈로 나타내지만 독수리, 불사조, 뱀 등으로도 상징될 수 있다. 이런 동물은 모두 죽음과 부활을 의미하며, 죽음, 절단, 재생을 상징한다. 인체의 신장, 생식기에 힘을 주며, 대응하는 꽃은 아르테미시아와 섬꽃마리이고, 대응하는 돌은 번영, 성공과 함께 흐르는 피를 상징하는 홍옥과 희망, 젊음, 결혼애를 상징하는 녹주석綠柱石이다.

9) 인마궁人馬宮, 궁수자리 Sagittarius

인마궁의 기능은 유동, 파괴이고 4대 원소의 불이며 궁수, 켄타우로스, 화살로 나타낸다. 이 궁은 동물성과 영성靈性을 함께 가지는 전인全人을 나타낸다. 활과 화살은 힘, 힘의 방향, 힘의 제어를 상징한다. 활이 45도 각도로 위로 향하면 힘이 완전히 효과를 나타냄을 상징한다. 인체의 넓적다리에 힘을 주며, 대응하는 꽃은 별 봄맞이꽃이고, 대응하는 돌은 현명함, 신의 호의, 충실, 강함을 상징하는 황옥이다.

10) 마갈궁摩羯宮, 염소자리 Capricorn

마갈궁의 기능은 운동, 창조이고 4대 원소의 흙이며 그것을 나타내는 그림은 염소, 또는 바다의 염소, 즉 물고기의 꼬리를 가진 염소이며, 후자는 바다의 생명원리를 나타내는 신 에아와 신 바루나의 모습이다. 또한 악어, 돌고래, 물고기의 몸을 가진 동물, 바다뱀 등으로 나타난다. 상반신이 염소이며 하반신이 물고기인 모습은 육지와 바다나, 산과 계곡의 이원성을 나타낸다. 또한 동지冬至, '천상의 문지방Janua coeli' 즉 '신들의 문,' 태양의 강해지는 힘을 나타낸다. 인체의 무릎에 영향을 끼치며, 대응하는 꽃은 쟁이밥처럼 신맛이 있는 식물과 '토스카나의 냄새나는 풀'(염소의 냄새가 남)이고, 대응하는 돌은 여신 퀴벨레에게 바치는 제물이며 여행의 안전을 상징하는 흑옥과, 영감, 강함을 상징하는 줄마노縞瑪瑙와 금강불괴, 장수의 상징인 루비이다.

11) 보병궁寶甁宮, 물병자리 Aquaris

보병궁의 기능은 부동, 보수이고 4대 원소의 공기이며 항아리에서 물을 따르는 사람으로 나타낸다. 이 궁은 물을 주는 신, 세계 창조의 바다, 세계를 파괴하는 바다, 죽음과 재생의 순환을 나타낸다. 인체의 다리에 영향을 끼치며, 대응하는 꽃은 미나리아재비, 회향, 에더워트edderwort이고, 대응하는 돌은 건강, 헌신을 상징하는 석류석柘榴石과, 지혜, 명예를 상징하는 지르콘이다.

12) 쌍어궁雙魚宮, 물고기자리 Pisces

쌍어궁의 기능은 유동, 파괴이고 4대 원소의 물이며 두 마리의 물고기로 나타낸다. 이 물고기들은 서로 반대방향으로 머리를 향하고 있으므로, 행로와 귀로, 과거와 미래, 한 가지 주기의 끝과 새로운 주기의 시작을 나타낸다. 인체의 다리에 힘을 주며, 대응하는 꽃은 쥐방울덩굴이고, 대응하는 돌은 경건, 체념, 자기 비하를 상징하는 자수정紫水晶이다.

아라비아에서 〈황도십이궁〉은 12개의 가지를 가진 나무로 나타나며, 별이 열매로서 가지에 달린다. 이집트의 도시 덴데라에 있는 태모신 하토홀의 신전에는 중앙에 북쪽 별자리의 상징이 그려져 있고, 그것을 〈황도십이궁〉이 둘러싸고 있는 그림도 있는데, 마갈궁은 물고기의 꼬리를 가진 염소로 그려지고 거해궁의 자리에는 게 대신에 풍뎅이가 그려져 있다. 열두 개의 기둥의 신들이 팔과 손을 위로 해서 〈황도십이궁〉 그림의 외륜外輪을 받치고 있다.

힌두 교에서 〈황도십이궁〉은 십이궁의 바퀴, 또는 '여회무용旅回舞踊Rasi chakra'이며 중심에 있는 태양 전차를 혹성의 신들이 둘러싸고 있다. 목성의 신은 용의 꼬리를 나타내는 계도성計都星과 용 머리를 나타내는 나후성羅睺星이고 수성의 신은 부처이며, 화성의 신은 달의 신 찬드라이다. 그밖에 외륜의 십이궁의 배열은 이집트의 십이궁과 동일하다.

중국의 〈황도십이궁〉에는 〈십이지〉를 나타내는 쥐, 소, 호랑이, 토끼, 용, 뱀, 말, 양, 원숭이, 닭, 개, 돼지가 있다. 이들은 〈성좌星座의 동물〉이며, 〈해年의 나무〉의 가지 아래에 있다. 여섯 마리는 야생동물, 여섯 마리는 가축에서 선택했으며, 또한 여섯 마리는 음陰의 동물, 여섯 마리는 양陽의 동물이다.

이슬람 교의 〈황도십이궁〉은 여섯 마리는 '북北'(濕)의 궁에 있고 여섯 마리는 '남南'(乾)의 궁에 있다. 즉 백양궁, 사자궁, 인마궁은 불, 열, 건조함, 동쪽을 나타내며, 금우궁, 처녀궁, 마갈궁은 땅, 차가움, 건조함, 남쪽을 나타낸다. 또한 쌍자궁, 천칭궁, 보병궁은 바람, 열, 습기, 서쪽을 나타내고, 거해궁, 천갈궁, 쌍어궁은 물, 차가움, 습濕함, 북쪽을 나타낸다.

아스텍에서는 〈황도십이궁〉에 해당하는 것이 발견되지 않았다. 그러나 역석曆石에는 〈황도대〉 모양에 나란히 20개의 표지가 있다.

# 용어집

**감마디온 Gammadion** 그리스의 卍이다.

**검은 태양 Sol niger** '검은' 태양은 '흰' 태양에 대립되며, 지하에 있는 신들의 힘이나 뱀을 상징한다.

**계도성計都星 Ketu** 혜성. 인도 달력에는 7개의 별七曜과 계도성, 그리고 나후성羅睺星을 합쳐서 모두 9요일이 있다. 또한 나후성은 일식, 월식을 일으킨다.

**곤륜산崑崙山 Kun-lun** 중국의 서쪽에 있는 산으로, 전설에서는 옥황상제의 도읍이 있으며, 여신인 서왕모西王母가 산다고 한다.

**구나 Guna** 힌두 교에서 프라크리티라고 부르는, 눈에는 보이지 않는 근원에서 발생하는 순질純質, 격질激質, 예질翳質의 세 가지 원리의 총칭이다.

**그노시스주의 Gnosticism** 1세기 후반에서 2세기까지 시리아, 팔레스티나, 이집트에서 발생했던 이원론적 종교 사조. 지고존재至高存在와 인간이 본질적으로는 동일하다는 인식(그노시스)을 얻으면, 구제 즉 신과의 합일을 얻을 수 있다고 주장한다. 현세나 육체를 강하게 부정하는 이원론적 세계관을 가진다. 특히 크리스트교적 그노시스주의는 2-3세기 동안에는 교회 안에서 커다란 문젯거리였고, 결국에는 이단으로서 배제되었다.

**낙원 회복 Apocatastasis** 파라다이스 상태로의 마지막 복구. 신이 지상에 다시 왕국을 세움을 뜻한다.

**넥타르 Nectar** 천상에서 신들이 마시는 생명의 술, 신주神酒.

**누스 Nous** 물질에 질서와 움직임을 일으키는 원리로 인간의 이성을 나타내기도 한다. 그노시스주의에서는 신에 관련된 근본적인 원리나 인간 등의 영혼의 가장 신성한 부분을 가리킨다.

**대작업 Great work** 라틴 어로 Magnum opus이다. 연금술에는 귀금속을 은에 용해시켜 "백석白石"을 얻는 〈소작업〉과 귀금속이나 〈소작업〉에서 나온 은을 금으로 변화시켜서 "적석赤石"을 얻어내는 대작업이 있다.

**데미우르고스 Demiurge** 제작자라는 뜻으로 플라톤 철학에서는 세계와 인간의 창조자이고 그노시스주의에서는 〈지고존재至高存在〉보다는 아래에 있는 창조자로, 기본적으로는 악의 편에 속해 있으며 이 세계를 만든 신을 뜻한다. 더 넓은 의미로는 세계를 창조했으며, 분열된 세계를 통합할 수 있는 힘이나 인물을 나타내기도 한다.

**도깨비불 Ignes fatui**→여우불

**도도나 Dodona** 번개가 심하게 치는 곳으로 유명한 그리스 북서부의 도시로 제우스 신화의 성지聖地이다.

**도추道樞 Pivot of the Law** 이원적인 대립이 사라지는 경지로 추는 문의 회전축이라는 뜻이다.(「장자 莊子」 "제물론齊物論")

**드루이드 교 Druidism** 영혼불멸, 조상숭배, 떡갈나무와 겨우살이풀을 신성시하는 특징을 가진 고대 켈트 인의 종교이다. 드루이드는 켈트 어로 떡갈나무의 현자라는 의미이며, 고대 켈트 인의 신앙을 담당하는 성직자 계급을 가리킨다.

드야나 **Dhyana** 명상, 관조하는 것으로 요가의 지적인 면을 말한다.

라피스 엑실리스 **Lapis exilis**(불모의 돌) 생명을 소생시키고, 영원한 젊음을 주는 힘을 가진 돌, 불사조不死鳥의 젊음을 되찾아준 신비의 돌이다. 〈성배〉(→GRAIL)와 동일하게 다루어진다.

로고스 **logos**(말씀) 말씀, 이야기, 이성, 척도 등을 나타내는 그리스 어로, 철학 용어로서 우주를 관철하여 지배하는 원리, 신이 가지고 있는 힘의 총체, 신의 생각을 뜻한다. 크리스트 교에서는 선지자이며, 완전한 인성을 가진 예언자 예수("요한복음") 또는 하나님의 아들을 나타낸다. 그노시스주의에서는 세계를 만들어낸 원리와 지고존재至高存在의 세계에서 보낸 구세주를 뜻하기도 한다.

루페르쿠스 축제 **Lupercalia** 고대 로마에서 2월 15일에 벌어지던 풍요신 루페르쿠스의 축제로 축제의 마지막에는 산양 가죽 채찍을 든 신관神官이 파라티노 언덕을 달리며 여자에게 다산多産과 순산順産을 기원하며 채찍을 내리쳤다고 한다.

릴리스 **Lilith** 미인의 모습을 하고 있으며, 특히 임신부나 아이들을 습격하는 요괴이다. 유대 전설에서는 이브가 만들어지기 전 아담의 전처였지만 스스로 그 자리를 버렸다고 한다. 또 악마나 뱀의 처가 되었다고 한다.

마기 **Magi** 조로아스터 교의 사제이다. 크리스트 교에서는 예수가 탄생했을 때 별에 인도되어 예수를 방문했던 동방박사 세 사람도 마기라고 부른다.

마나 **Mana** 모든 존재에 깃들어 있다고 믿었던 신비한 힘으로, 사람을 매개로 해서 사물이나 사람에게 선이되며, 마나를 받은 인간은 강한 힘을 발휘할 수 있다. 이런 종교의 원시적인 개념을 지적한 사람은 문화인류학자인 마르셀 모스였다.

마나보조 **Manabozho** 북아메리카 인디언의 알곤킨 족, 케리 족, 오타와 족 등의 신화에 등장하는 세계 창조자, 문화 영웅으로, 우둔하며 탐욕스러운 측면도 함께 나타낸다. 산토끼(위대한 토끼라고도 함)나 너구리의 모습을 하고 있다.

마니토 **Manito(u)** 북아메리카 인디언인 알곤킨 족에서 사용하는 '신비한'이나 '초자연적인'이라는 뜻의 말로, 구체적으로는 지고至高한 존재, 환영幻影 속에서 만나는 정령, 자연이나 우주의 지배력 등을 의미할 때 사용된다.

마야 **Maya**(환영幻影) 현실 세계를 실재實在와 착각하는 환상으로 무지에서 비롯된다. 세계에는 유일하며 절대적인 실재가 존재함에도 불구하고, 세계가 무수히 많은 개체나 존재들로 되어 있다고 오해하게 하는 '힘'이며 이 힘에서 생겨나는 허위의 현실성을 가리키기도 한다.

메루 산 **Meru Mountain** 힌두 교에서 인간이 사는 세계인 잠부도비파의 중심에 있다고 하는 산으로, 산꼭대기에는 신들이 사는 세계가 있다. 이 산은 또한 황금의 산, 보물의 봉峰, 연꽃 산, 신들의 산으로도 불린다.→수미산

모나드 **Monad**(전일자全一者, 태극太極) 우주의 모든 부분에 들어 있는 최고 원리, 또 반대로 우주의 모든 것을 그 자신의 내부에 포함하고 있는 〈하나一者〉를 나타낸다. 주역의 사상에서 태극은 만물의 근원이 되며, 형상을 갖추지 않은 본질이다. 여기에서 음양의 이원二元이 생긴다.

무질서의 왕 **Lord of Misrule** 15-16세기 영국(잉글랜드)의 궁정이나 귀족의 저택, 대학 등에서 크리스마스 같은 축제의

향연이나 여흥이 베풀어질 때, 신분이나 지위에 구애받지 않는 술자리의 주재자로서 선택된 인물을 말한다.

물질전개원리 **Tattva** 프라크리티가 우주에 나타나서 여러 가지 물체를 형성해나갈 때 그 각각의 단계를 나타내는 종류별 개념 범주이다.

미카엘 제祭 **Michaelmas** 영국에서 천사 성 미카엘을 기념하는 축제(9월 29일)로, 이날 구운 거위 고기를 먹는다.

반대물의 합일 **Coincidentia oppositorum**

법法 **Dharma** 불교에서 말하는 진리.

벨테인 불의 축제 **Beltane Fire rite** 5월 10일 전날 밤부터 하루 동안 벌어지는 여름의 시작을 축하하는 축제로, 축제의 불은 방목하는 소를 지켜주고 새생명을 준다.

보호의 명판銘板 **Guarded Tablet** 이슬람 교에서 천상에 있다고 하는 명판으로, 이 명판에는 무하마드에게 계시된「코란」의 원본('성전의 어머니'라고도 함)이 기록되어 있다.(「코란」 85장 22절)

부동不動의 지금 **Nunc stans** 신과 같은 고차원적 실재가 가지는 초시간성, 불생불멸不生不滅의 영원성을 뜻한다. 영원aeternitas의 관념에 대해서, 시간이 끝없이 지속되는 '흐르는 지금nunc currens'(무한성)과 구별하여 철학자 보에티우스가 사용했다.

(표상적) 부수물(表象的) 附隨物 **Attribute** →서문 (8쪽) 참조.

브라만 **Brahman**(梵, 우주의 근본 원리) 힌두 교에서 신적인 존재, 만물의 가장 심오한 본질을 말한다. 윤회 전생을 모두 끝낸 아트만은 브라만으로 귀일歸一한다.

사가 **Saga** 중세 아이슬란드와 노르웨이의 영웅, 국왕 등의 무용담이나 업적을 중심으로 서술한 (산문) 이야기이다.

사령四靈 **Four Sacred Creatures(Animals)** 기린, 봉황, 거북, 용의 네 가지 영적 동물.→사신四神

사신四神 **Four Spiritually Endowed Creatures(Animals)** 중국에서 하늘의 동서남북을 주관하는 신으로 동쪽은 청룡(창룡蒼龍), 남쪽은 주작朱雀(봉황鳳凰), 서쪽은 백호白虎, 북은 현무玄武(거북과 뱀이 한 몸을 이룬 것).→사령四靈

삼보 **Three Treasures** 불佛(깨달음을 얻은 인간), 법法(부처의 가르침), 승僧(부처의 가르침을 받아 깨달음을 얻고자 수행하는 사람들)의 세 가지를 이른다.

삿바 **Sattva**(순질純質) 힌두 교에 나오는 세계를 유지하는 세 가지의 프라크리티 중 하나로 기쁨이 그 본질이며, 아름답게 빛난다.

생명의 물 **Aqua vitae**(알콜) 생명의 물로서 연금술사의 수은.

샤크타, 샤크티 **Sakta, Sakti** 샤크티는 신성한 성性의 힘, 우주를 움직이는 근본적인 여성 원리이며, 시바 신의 배우신配偶神 두르가와 동일시된다. 힌두 교에서 샤크티를 숭배하는 종파가 샤크타이다.

성기체星氣體 **Astral body** 영혼과 육체의 중간체로 정의되는 영적靈的인 기체氣體 중의 하나로, 인간은 성기체를 통해서 다른 사람의 기분이나 장소의 분위기를 헤아린다.

성혼聖婚 **Hieros gamos** 태양과 달, 신관과 무녀, 왕과 여왕 등의 결혼을 말한다. 이 성혼을 통해서 둘의 몸이 합쳐져 완전한 남녀추니가 된다.

세계상世界象 **Imago mundi**

세계축 **Axis mundi**

세계혼 **Spirtus mundi** 생명과 우주의 혼.

소작업 **Lesser work** 연금술 용어로, 두 번째 단계의 연금술 과정을 구분하는 제1

단계이며, 〈대작업〉의 전前단계이다. 소작업의 목적은 불완전한 금속을 은으로 변성시켜서 〈백석白石〉을 만들어내는 것이다. 이 돌은 달의 나무로 상징된다.

**소피아 Sophia** 그리스 어로 예지, 지혜를 의미하며, 우주의 생성원리, 신의 영혼을 나타낸다. 특히 그노시스주의에서는 신과 함께 존재하는 여신으로서 지상에 내려온 신성神性을 뜻한다. 부수물은 소금, 방패 등이다.

**수미산須彌山 Sacred Mountain (Sumeru Mountain)** 불교에서 세계 중심에 솟아 있다고 하는 높은 산이다. 정상에는 제석천帝釋天을 비롯한 33천天이 살며, 산의 아래쪽에는 사천왕四天王과 그 권속들이 산다. 또한 이 산을 동심원상으로 둘러싼 일곱 개의 산맥 밖으로는 네 개의 섬四洲이 있다. 메루 산과 같다.

**수트라 Sutras** 불교와 자이나 교에 관련된 글이나 경전으로서 경구 형식으로 쓰여 있다.

**순결의 나무 Pura arbor** '본질적 혹은 더럽혀지지 않은 나무'라는 뜻이며, 처녀성을 나타낸다.

**쉼플레가데스 바위 Symplegades** 그리스 신화에서 흑해로 들어가는 양쪽 절벽에 있다는 바위로, 배가 지나가려고 하면 양쪽에 있는 바위가 움직여서 배를 끼이게 하여 부스러뜨린다. 이 어려운 곳을 통과한 사람이 바로 〈황금의 양털〉을 찾기 위해 떠났던 영웅 이아손이다.

**스웨트 로지 Sweat Lodge** 버드나무를 연결한 자리 위에 풀이나 모피를 걸쳐놓고서 내부에서 돌을 가열하는 오두막으로, 이 오두막 가운데에서 몸을 정淨하게 하는 의식이 치러진다.

**시나고그 Synagogue** 유대 교 예배당.

**시대時代→유가**

**시월마十月馬 October horse** 고대 로마에서 10월 15일에 행해지던 풍요, 전쟁 의례에서 제물로 사용된 동물이다. 이날 마르스 평원(현재의 호루게야 공원)에서 벌어진 전차 경기에서 우승한 전차를 끌었던 말 가운데 한 마리를 마르스 신에게 바쳤다.

**신바트 다리 Cinvat Bridge** 조로아스터 교에 나오는 천국과 지상의 사이에 놓인 다리로, 이 다리는 의인에게는 그 폭이 넓어지고 죄인에게는 좁아져서, 죄인이 발을 들여놓으면 미끄러져 지옥으로 떨어지게 된다. 이슬람 교의 쉬라트에 나온다.

**신비체神秘體 Subtle body** 신비주의 용어로, 인간의 오감으로는 식별이 불가능한 초감각 세계에 존재하는 것이다.

**십이장十二章 Twelve symbols of power** 고대 중국에서 천자天子의 옷에 들어 있던 열두 가지의 모양으로, 해, 달, 별, 산, 용, 꿩, 종이宗彝(천자의 옷에 그려진 범의 그림), 해조류, 불, 쌀, 도끼, 수黻(亞자와 비슷한 모양의 亞. 또한 이 글자에는 '무두질한 가죽 앞치마'라는 의미도 있음)이다.

**아담 카드몬 Adam Kadmon** 천지를 창조할 때 신이 창조한 인간의 원형原型으로, 모든 사람은 이 최초의 인간 원형을 지녔다고 생각된다.

**아이온 Aeon** 문자 그대로는 '(긴) 시간, 영원'을 의미하는 그리스 어이다. 그노시스 주의에서 설명하기로는 천계의 '충일充溢'한 세계에 존재하며, 신적 속성으로부터 발생한 존재를 가리킨다. 우주는 이 힘에 의해서 운행된다.

**아인 Ain(절대무絶對無)** 헤브루 어로 '아무것도 없음'을 의미하며, 초월적 존재로서의 신을 뜻한다. 아인은 위에도 아래에도, 운동중에도 정지중에도 존재하지 않는다.

아인 소프 **Ain Soph**(무한無限) 카발라에서 초월신으로서 신은 아인이라고 부르며, 그 신이 자신의 얼굴을 보려고 했을 때 끌어당겨지는 것이 아인 소프이다. 존재와 비존재를 합한 전체이다.

아트만 **Atman**(개인아個人我) 윤회의 전생에서 여러 가지 모양을 취하는 자기自己 속에 들어 있으며, 어떤 형상을 하고 있든지 결코 변화하지 않는 생명의 본질적 실체를 말한다. 중국에 가서는 만물에 내재하는 브라만을 닮게 된다. 소우주의 본체인 아트만이 대우주의 본체인 브라만과 합일을 이루면 윤회에서 벗어난다고 한다.→브라만

악마의 눈邪視 **Evil eye** 사물, 사람이나 가축 따위를 쳐다보면 재앙이나 죽음을 불러온다고 하는 불길한 눈의 힘이다.

얼 킹 **Erl King** 오리나무의 왕이라는 뜻으로, 검은 숲黑森에 나타나는 사람들을 유혹하여 파멸시키는 악의 요정이다.

업業 **Karma** '행行'을 뜻하는 산스크리트 어로, 어떤 행동은 반드시 그것에 상응하는 결과를 가져온다는 법칙이다. 인간의 행위와 그 결과에 대한 피할 수 없는 책임 법칙이다.

에세네 파 **Essenes** 1947년에 발견된 「사해문서死海文書」에서 밝혀진 바에 따르면 예수와 거의 동시대에 존재했던 교단으로 신비적인 금욕주의를 주창하고, 사해 주변에 종교적인 공동체를 형성하여 장로의 지도 아래 공동 생활을 하였다고 한다.

엘레우시스 **Eleusis** 고대 그리스 아테네 북서쪽에 있는 도시로, 이곳에서 포에도로미온(9-10월)에 개최하는 의식은 플루톤 신이 페르세포네를 유괴한 것과 페르세포네의 어머니 데메테르의 간청으로 페르세포네가 돌아온 것을 기념한다. 이 의식은 〈엘레우시스 밀의〉라고도 부른다.

엘뤼시온의 뜰 **Elysian Fields** 그리스·로마 신화에서 유덕한 사람이 사후에 산다는 선경仙境이다. 본래는 서쪽 바다의 끝에 있는 〈축복받은 자들의 섬〉이었으며, 베르길리우스에 따르면 지하 세계에도 있다고 한다.(호메로스 「오디세이아」 11. 539, 573 ; 24. 13 및 베르길리우스 「아에네이스」 6. 663 이하)

여우불狐火 **Ignes fatui** 라틴 어로 우롱하는 불, 사람을 속이는 불이라는 뜻이다. 도깨비불 will-o'-the-wisps, 사람을 기만하는 속임수, 늪지에서 발생하는 가스 불(불타는 샘)이다.

예질翳質 **Tamas** 힌두 교에서 암흑을 의미하는 말이다. 순질純質, 격질激質과 함께 세계를 유지시키는 3 가지 프라크리티의 하나로 나태, 우둔 등을 가리킨다.

오란트 **Orant** 초기 크리스트 교 미술에서 팔을 벌리고 손바닥을 위로 향한 채로 기도하던 여성상이다.

완전수 **Perfect number** 자신을 뺀 약수(1을 포함하여)의 합이 원래 자신의 수가 되는 자연수로 곧 6(1+2+3), 28(1+2+4+7+14), 496 따위이다.

용해와 응고 **Solve et coagula** 연금술 용어로 용해와 응고, 분리와 결합과 같이 양방향으로 일어나는 활동을 말한다. 불완전한 것을 용해시켜서 새롭고 고귀한 형상으로 응고시킨다.

우요右繞 **Pradakshina** 시계 바늘과 같은 방향으로 돌아가는 것으로, 인도의 예법 중의 하나이다.

우주령宇宙靈 **Anima mundi**

원형原型 **Forma**

유가**Yuga**(시대) 힌두 교에서 역사 발전에 들어 있다는 네 시대로 〈황금〉, 〈은〉,

용어집

〈동〉, 〈철〉의 4 가지 유가(크리타 기 즉 황금의 시대[1200년], 트레타기 즉 박명博明의 시대[900년], 드바파라 기 즉 어둑어둑한 시대[600년], 칼리 기 즉 암흑의 시대[300년])가 있다.

**유령 사냥꾼 Wild Huntsman** 게르만 신화에 등장하는 정령으로 공중에서 춤을 추는 사냥개를 데리고 다니며 사냥을 한다.

**유령 춤 Ghost Dance** 영혼과 영적 교류를 하기 위해서 추는 춤이다. 특히 19세기 후반에 일어났던 아메리카 인디언의 메시아적 종교 운동에서는 죽은 자에게서 가르침을 받는 집단무용을 뜻한다.

**윤회 Samsara** 변화하고 우연적이며 비본질적인 세계를 경험하는 것으로서 삶과 죽음이 계속되는 악순환이다.

**이니시에이션 Initiation** 문화인류학의 개념으로, 미개인 사이에서 청년 남녀에게 씨족 또는 종교, 주술 단체 등의 성원으로서 가입할 자격을 주기 위하여 행하는 공공행사나 훈련을 말한다.

**이니시에이션을 받는 젊은이 Ephoeboi**

**이 표지로서 In hoc signo** 이교도였던 콘스탄티누스 대제가 꿈속에서 십자 표지를 보면서 들었던 말(라틴 어)이다. 원래의 문장은 〈이 표지(십자가)로서 그대가 (적에게) 승리하리라In hoc signo vinces〉였다.

**이르민술 Irminsul** 지혜의 신 이르민의 혼이라는 뜻으로 게르만 민족, 특히 색슨 족이 숭배했던 우주수宇宙樹이다. 선조의 영혼이나 신들이 머무는 곳이며, 풍요 의례에서는 제물을 바치던 장소이다.

**잃어버린 말씀 Lost Word** 프리메이슨의 극히 소수의 사람들에게만 일찍이 알려졌던 초월적인 가치를 지닌 〈말씀〉으로 이 말씀이 구체적으로 어떤 것이었는지는 알 수 없다. 〈말씀〉을 〈잃어버렸다〉는 것은 죽음을 극복하고 부활한다는 프리메이슨의 전형적인 사고방식을 반영한 것으로 이 〈말씀〉을 부활시키기 위해서 탐구가 시작되었다.

**자궁퇴행 Regressus ad uterum** 태어나기 이전의 상태로 회귀하는 것이다.

**자궁의 돌 Petra genetrix** 완벽한 남녀추니를 생성해내는 돌이다.

**자기 생식 Parthenogenic** 스스로 생산해냄, 곧 성적인 관계를 가지지 않고서도 번식하는 것을 말한다.

**장례식의 왕관 Corona funebris** 죽음을 나타낸다.

**정복되지 않는 태양 Sol invictus** 무적의 태양, 봄철 태양의 고양된 힘을 말한다. 태양신을 숭배하는 미트라 교에 의하면 미트라는 동지冬至에 바위에서 태어났고, 그 날은 정복되지 않는 태양의 탄생일Dies Natalis Solis Invicti이라고 불린다.

**제5원소第五元素 Quinta essentia** 4대 원소(땅, 물, 불, 바람)에 이은 다섯번째의 원소이지만 영적인 원소이다. 연금술에서 수은을 가리킨다. 십자가의 교점이나 원의 중심점으로 상징한다. 제5의 점, 4원소에 모두 통하는 궁극, 지고의 본질을 말한다.

**제2의 자아 Alter ego**

**제1질료 Prima materia** 시원 상태나 시원 물질로서의 자연이다. 세계 창조의 원료가 되는 물질이며 어떠한 형상 속에 잠재적인 가능성을 숨기고 있다. 연금술의 최고 단계에서 사용하는 원료 물질의 호칭이기도 하다.

**「조하르」 Zohar** 모세 오경에 대한 신비주의적인 주해를 붙인 책으로 카발라의 성전이다.

**주신主神 All-Father(최고신)** 지고신至高神이 인격적으로 나타나는 한 형태로 태초 이전에서부터 존재하며, 창조 활동을 하며, 도덕적인 보호자로서의 성격을 가진다.

**지모地母 Tellus mater**

**초막절草幕節 축제(수코프sukkoph) Feast of Tabernacles** 이집트에서 탈출했던 유대인들이 황야에서 보냈던 초막 생활을 기념하는 축제로 정원에 초막(수코프)을 짓고, 루랍(관목과 버드나무 가지 또는 종려나무 잎을 묶은 나무다발)과 레몬을 들고서 예배를 드린다.

**축제의 왕관 Corona convivialis**

**충일充溢 Pleroma** 충만함, 풍부함을 뜻한다. 그노시스주의에서는 〈신적 속성〉과 거기서 비롯된 모든 〈아이온〉을 가리킨다.

**카발라 Kabbālāh** 중세부터 근세에 걸쳐서 퍼진 유대 교 신비주의이다.

**카프 산 Qaf** 이슬람 지리학에서 세계를 둘러싸고 있다고 하는 산이다.

**쿠르타나 Curtana(칼끝이 없는 칼)** 프랑스의 영웅 롤랑이 지녔던 칼의 이름이다. 이 칼로 철귀신鐵鬼神을 찔렀을 때 부러진 끝부분 때문에 이러한 이름이 붙었다. 또한 무선도는 영국 왕의 대관식에서 자비의 상징으로 왕 앞에 높이 받들어올린다.

**탄트라 불교 Tantric Buddhism** 탄트라를 중심에 두는 밀교를 서양에서는 탄트라 불교라고 한다. 일본에서는 밀교, 우리나라에서는 좌도밀교左道密敎라고도 한다.

**태고의 운동 Primaeval motion** 세피로스(→SEPHIROTH) 사이의 관계를 지배하는 세 개의 보이지 않는 신비한 원리(원초적 의지, 자비, 준엄)의 영향을 받으며 세피로스에 나타나서 흐른다. '번개의 섬광'이라고도 한다.

**테오파네이아 Theophany(신의 현현顯現)** 신이 나무, 돌, 조각 등을 통해서 현현하는 것이다. 신의 현현물은 일상적인 시간과 공간을 파괴하여, 성스러운 중심을 이룬다. 또한 이것은 성聖과 속俗, 절대와 상대, 눈에 보이지 않는 것과 보이는 것과의 모순적인 결합에서도 나타난다.

**테트라그라마톤 Tetragrammaton** 유대교에서 신(여호와)을 의미하는 신성한 네 개의 헤브루 문자(IHVH)이다. 여호와의 이름을 신성시하기 위해서 사용한 상징이다. JHVH로도 YHWH로도 표기되었다.

**토라 Torah** 모세 오경五經을 가리키는 해석서의 총칭이다. 좁은 의미로는 오경 중에서도 제의 규정, 윤리 규정, 율법만을 가리킨다.

**트로이 Troy** 트로이(또는 트로야나 트로이아)는 켈트 어 어근 tro(돌다) — 즉 급회전, 미로를 빠져나감 — 에서 파생된 말이다. 트로이는 또한 바빌로니아 어의 트리아니triani 즉 '내장內臟'과 관계가 있다.

**티피 Tepee** 아메리카 평원에 사는 인디언의 들소 사냥꾼들이 사용하는 원추형 천막이다.

**파타 모르가나 Fata morgana** 신기루, 사람을 속이는 것으로 특히 이탈리아의 메시나 해협에 출몰하는 신기루는 이 이름으로 불린다.

**팔보八寶 Eight Precious Things** 중국에서 학자들의 생활을 상징하는 여덟 가지 보물로 다양한 조합들이 있는데, 그 한 예와 상징적 의미는 다음과 같다. 보물 구슬은 광명, 방승方勝 매듭은 무한, 연속, 경쇠(꺾자 모양의 돌을 매달아서 두들겨 울리는 아악기)는 기쁨, 코뿔소의 뿔은 승리, 엽전은 부富, 거울은 아름다움, 책은 지혜, 쑥의 잎은 악귀를 물리침이다.

**팔선八仙 Eight Immortals** 도교의 여덟 선인을 말한다. 여동빈呂洞賓을 중심으로 용어집                                                                  428

하여 조국구曹國舅, 한종리漢鐘離(종리권鐘離權),남채화藍采和, 한상자韓湘子, 이철괴李鐵拐, 장과로張果老, 하선고何仙姑 등의 여덟 명으로 구성되어 있다.

**표지表識 Emblem**→서문(8쪽) 참조.

**푸루샤 Purusa(영아靈我)** 힌두 교의 수론파數論派(Sankhya) 철학에서 프라크리티에 대립하는 순수 정신이다. 무지無知가 개재되어 영적인 자아가 원물질에 섞이게 되면, 원물질이 전개하는 윤회의 고통이 담긴 세계가 나타난다. 그렇게 하여 영적인 자아와 원물질을 식별하는 예지를 획득하여 원물질로부터 자유로운 상태가 되는 것이 곧 해탈解脫이다.

**프누마 Pneuma(영혼, 생명의 호흡)** 그리스 어로 바람, 공기, 숨결을 의미한다. ('푸'하는 숨소리를 흉내낸 의성어이다.) 호흡에 의해서 공기로부터 몸 속으로 들어가는 생명원리이다.

**프라크리티 Prakriti(근본 물질)** (수론파數論派Sankhya에서) 세 가지 성질을 지니는 구나로 이루어진 근본적인 물질과 그 물질이 전개되면서 현상계를 만들어내는 물질 세계의 원리이다.→푸루샤

**프리메이슨 Freemason** (원래 이 조합원은 각 지방의 길드 지배를 받지 않고 도시에서 도시로 자유롭게 이동했던 데에 그 어원을 두었다) 중세의 석공 중에서 숙련공들의 우두머리와 직공들로 조직된 비밀 결사, 석공 기술에 연관된 독특한 이니시에이션 의례와 상징 기호를 사용한다.

**하얀 여신 White Goddess** 유럽 토착 문화의 최고 여신이다. 달로 상징된다.

**하얀 여인 Femina alba** 연금술 작업에 사용되는 수은을 의인화하여 나타낸 상으로 흰 옷을 입은 왕비의 모습을 하고 있다.

**하오마 Haoma** 조로아스터 교에 나오는 신성한 식물로 그 즙은 불사不死의 영약이다. 하늘의 대천사가 조로아스터의 영혼을 하오마에 넣어서 그것을 지상의 조로아스터 산에 심었다. 조로아스터의 부모는 이 식물의 즙을 마시고 동침하여 조로아스터를 낳았다.

**헤르메스 사상 Hermetism**→헤르메스 트리스메기스투스

**헤르메스 트리스메기스투스 Hermes Trismegistus(세 배 더 위대한 헤르메스 신)** 이집트 신 토트와 관련지어서 생긴 신의 이름으로 학문의 신이며, 마술, 점성술, 연금술 등의 창조자로 알려져 있다. 헤르메스에서 유래한 그노시스주의, 신비주의적 경향의 문서를 헤르메스 문서라고 한다. 이것의 신비적 교리를 일반적으로 헤르메스 사상이라고 부른다.

**헤스페리데스의 정원 Hesperides** 그리스 신화에서 서쪽 끝에 있다고 하는 낙원으로 황금 사과가 열리는 나무들로 우거져 있다. 헤스페리데스는 원래 거인 아트라스의 딸들의 이름이었다.

**호수의 처녀 Lady of the Lake** 호수 위에 떠 있는 궁전에서 사는 정체불명의 소녀로, 아무도 그녀에게 근접할 수 없다.

**혼란의 덩이 Massa confusa** 제1질료이다. 또는 연금술에서 〈대작업〉에 의해서 변질되는 시원始原의 혼돈 상태를 말한다.

**혼을 인도하는 자 Psychopomp** 죽은 자의 세계로 영혼을 인도하는 자.

**황소 공양 Taurobolium** 고대 지중해 문화, 특히 태모신太母神 키벨레 신앙의 의식에서는 황소를 죽이고 그 피로 새로 개종한 사람에게 세례를 주었다. 이 의식의 참가자가 미트라 신에게 봉헌을 하는 경우도 있다.

**시올 Sheol(황천黃泉의 나라)** 지하에

있다고 생각되는 죽은 사람들이 사는 곳이다. 신과의 교류가 완전히 단절되며, 신을 찬미하는 것도 허락받지 못하는 아주 무시무시한 곳이다.

회순回巡 **Tawaf** 이슬람 교의 순례자가 카파 신전의 둘레를 시계 반대 방향으로 일곱 바퀴 도는 것이다. 이슬람 교가 있기 이전의 아랍 인들에게는 아름다운 돌을 보면 그것을 세워놓고 공물을 바치고, 돌의 둘레를 도는 관습이 있었다.

흑화 黑化 **Nigredo** 연금술 작업에서 금속을 연금 화로에 넣고서 가열하는 최초의 단계이다.

힐라리아 제祭 **Hilaria** 여신 퀴벨레를 숭배하는 축제로 춘분春分에 개최되는 밝고 쾌활한 축제이다.

# 참고문헌

ABBOTT, J. *The Keys of Power: A Study in Indian Ritual and Belief*, 1932.
ALLCROFT, A. H. *The Circle and the Cross*, 1927.
ALLEN, Grant. *The Evolution of the Idea of God*, 1904
ALLEN, M. R. *Japanese Art Motives*, 1917.
ALLENDRY, René Félix. *Le Symbolisme des nombres*, 1948.
ALVIELLA, Goblet d'. *The Migration of Symbols*, 1894.
ANDRAE, W. *Die ionische Säule, Bauform oder Symbol?*, 1933.
APULEIUS. *The Golden Ass.*
*Archaeologia, or Miscellaneous Tracts relating to Antiquity*. Society of Antiquaries of London, XLVIII.
ASHE, Geoffrey. *All About King Arthur*, 1957. *The Quest of Arthur's Britain*, 1957. *From Caesar to Arthur*, 1960. *The Virgin*, 1976.
AYNSLEY, H. Murray. *Symbolism of East and West*, 1900.
BACHOFFEN, J. J. *Mutterrecht und Urreligion*. 1927.
BAILEY, II. *The Lost Language of Symbolism*, 1912.
BAKHTIAR, Laleh. *Sufi*, 1976.
BALL, Katherine. *Decorative Motives in Oriental Art*, 1927.
BANERJEE, P. *The Development of Hindu Iconography*, 1956.
BASHAM, A. L. *The Wonder that was India*, 1971.
BAYNES, C. F. *Change. Eight Lectures on the I Ching*, 1964.
BENTHALL, J., and POLHEMUS, T. (eds). *The Body as a Medium of Expression*, 1975.
BERNOULLI, Rudolf. Spiritual Development as Reflected in Alchemy, *Eranos Year Book*, 1960.
BEVAN, Edwyn. *Symbolism and Belief*, 1938.
BHARATI, Agehananda (Leopold Fischer). *The Tantric Tradition*, 1961.
BLACK ELK. See Neihardt, G. J.
BLINKENBERG, C. *The Thunder-weapon in Religions and Folklore*, 1911.
BLOUNT, G. *The Science of Symbols*, 1905.
BORD, Janet. *Mazes and Labyrinths of the World*, 1976.
BOWRA, C. M. *The Heritage of Symbolism*, 1943. *The Greek Experience*, 1957.
BRANDON, S. G. F. *Religion in Ancient History*, 1973.
BRANSTON, Brian. *Gods of the North*, 1955. *The Lost Gods of England*, 1974.
BREASTED, James Henry. *Development of Religion and Thought in Ancient Egypt*, 1912.
BRELICH, A. *Vesta*, 1949.
BRIFFAULT, R. *The Mothers*, 1927.
BROMWICH, Rachael. *The Welsh Triads*, 1961.
BROWN, Joseph Epes. *The Sacred Pipe*, 1953. 'The Persistence of Essential Values Among North American Plains Indians', *Studies in Comparative Religion*, Autumn, 1969. 'The Unlikely Associates', *Studies in Comparative Religion*, Summer, 1970.
BROWN, Robert. 'On the Origin of the Signs of the Zodiac', *Archaeologia*, XLVII, 1883. 'Remarks on the Gryphon, Heraldic and Mythological', *Archaeologia*, XLVIII, 1885.
BUDGE, E. A. Wallis, *The Divine Origin of the Cult of the Herbalist*, 1928. *Amulets and Talismans*, 1930. *From Fetish to God in Ancient Egypt*, 1934.
BURCHARDT, Titus. 'Le Symbolisme du jeu des échecs', *Etudes Traditionelles*, Oct.–Nov. 1954. *Sacred Art in East and West*, 1967. *Alchemy*, 1967. 'The Heavenly Jerusalem and the Paradise of Vaikuntha', *Studies in Comparative Religion*, Winter, 1970.
BURLAND, Cottie Arthur. *North American Indian Mythology*, 1968.
BURROWS, Eric. 'Some Cosmological Patterns in Babylonian Religion', *The Labyrinth* (Ed. S. H. Hooke), 1935.
CAMMANN, Schuyler. 'Symbolism of the Cloud Collar Motif', *Art Bulletin of the College Art Association of America*, XXXIII, 1.
CAMPBELL, John Francis. *The Celtic Dragon Myth*, 1911.
CAMPBELL, Joseph. *The Hero with a Thousand Faces*, 1969.
CARPENTER, Edward. *Pagan and Christian Creeds. Their Origin and Meaning*, 1920.
CARR, H. G. *Flags of the World*, 1969.
CARUS, Paul. *Chinese Thought*, 1907.
CASE, P. F. *The Tarot*, 1947.
CHADWICK, Nora. *Celtic Britain*, 1964.
CHAMBERS, E. K. *Arthur of Britain*, 1927.
CHANDLER, Howard. 'On the Symbolic Use of Number in the "Divina Commedia" and Elsewhere', *Transactions of the Royal Society of Literature of the U.K.* 2nd Series, XXX, 1910.
CHAPLIN, Dorothea. *Matter, Myth and Spirit*, 1935.
CHARBONNEAU-LASSAY, L. *Le Bestiaire du Christ*, 1940.
CHATTERJI, Usha. 'Shakta and Shakti', *Studies in Comparative Religion*, Autumn, 1968.
CHEVALIER, Jean (Ed.) *Dictionnaire des Symboles*, 1973.
CHÖGYAM TRUNGPA. *Visual Dharma*, 1975.
CHU, W. K. and SHERRILL, W. A. *The Astrology of the I Ching*, 1976.
CHURCHWARD, A. *Signs and Symbols of Primordial Man*, 1913.
CIRLOT, J. E. *A Dictionary of Symbols*, 1962.
CLARK, R. T. R. *Myth and Symbol in Ancient*

참고문헌 432

Egypt, 1960.
COLLINS, A. H. Symbolism of Animals and Birds in English Church Architecture, 1913.
CONDER, Claud Reignier. Syrian Stone-Lore: the Monumental History of Palestine, 1886.
COOK, Arthur Bernard. Zeus. A Study in Ancient Religion, 1940.
COOK, Roger. The Tree of Life, 1974.
COOMARASWAMY, Ananda K. Elements of Buddhist Iconography, 1935. The Transformation of Nature in Art, 1956. 'Symplegades', Studies and Essays in the History and Science of Learning, 1946. Time and Eternity, 1947. Art and Thought, 1947. Hinduism and Buddhism, 1943. Christian and Oriental Philosophy of Art, 1956. The Dance of Siva, 1958. 'Khawaj Khadir and the Fountain of Life in the Tradition of Persian and Mughal Art', Studies in Comparative Religion, Autumn, 1970. 'The Symbolism of Archery', Studies in Comparative Religion, Spring, 1971.
CORY, William. Ancient Fragments, 1828.
CRAWLEY, A. E. The Mystic Rose, 1902.
CREEL, H. G. Studies in Early Chinese Culture, 1937.
CREUZER, F. G. Symbolik und Mythologie der alten Völker, 1836–42.
CROSS, F. L. (ed.). The Oxford Dictionary of the Christian Church, 1966.
CUMONT, Franz. The Mysteries of Mithra, 1903. Astrology and Religion Among the Greeks and Romans, 1912. Recherches sur le symbolisme funéraire des romains, 1942.
DABU, Dastur Kurshed S. Message of Zarathushtra. A Manual of Zoroastrianism, 1959.
DALE-GREEN, Patricia. The Dog, 1966.
DANIÉLOU, J. 'Le Symbolisme du temple de Jerusalem chez Philon et Josephe', Le Symbolisme cosmique des monuments religieux, 1957. Primitive Christian Symbols, 1964.
DAVIDSON, H. R. Ellis. The Sword in Anglo-Saxon England, 1962.
DAWSON, R. (ed.). The Legacy of China, 1964.
DEANE, J. B. The Worship of the Serpent, 1830.
DEEDES, C. N. 'The Labyrinths', The Labyrinth (ed. H. S. Hooke), 1935.
DEREN, Maya. Divine Horsemen, 1953.
DICKSON, L. E. History of the Theory of Numbers, 1919.
DOANE, T. W. Bible Myths and their Parallels in Other Religions, 1908.
DORESS, J. The Secret Books of the Egyptian Gnostics, 1960.
DORSEY, George A. 'The Arapaho Sun Dance', Anthropological Series, IV, 1895.
DORSON, R. M. (ed.). Peasant Customs and Savage Myths, 1968.
DROWER, E. S. Water into Wine, 1956.
DUCHESNE-GUILLEMIN, J. The Western Response to Zoroaster, 1958.
DUNBAR, H. Flanders. Symbolism in Mediaeval Art, 1929. Symbolism in Mediaeval Thought and its Consummation in the Divine Comedy, 1929.
EISLER, Robert. Orpheus the Fisher, 1921. Orphisch-dionysische Mysterien-Gedanken in der christlichen Antike, 1925.

ELIADE, Mircea. The Myth of the Eternal Return, 1954. Le Symbolisme cosmique des monuments religieux, 1957. Patterns in Comparative Religion, 1958. The Sacred and the Profane, 1961. Images and Symbols, 1961. The Forge and the Crucible, 1962. Shamanism, 1964. The Two and the One, 1965. Myths, Dreams and Mysteries, 1968.
ELWORTHY, F. T. The Evil Eye, 1895. Horns of Honour, 1900.
Eranos Yearbooks. Ostwestliche Symbolik und Seelenführung, 1934. The Configuration and Cult of the Great Mother, 1938. Ancient Sun Cults and Light Symbolism, 1943. Zur Idee des Archetypischen, 1945. Man and Time, 1951. Spirit and Nature, 1954. The Mysteries, 1955. Spiritual Disciplines, 1960.
EVANS, A. J. Mycenaean Tree and Pillar Cult, 1901.
EVANS-WENTZ, W. Y. The Fairy Cult in Celtic Countries, 1911. Tibetan Yoga and Secret Doctrines, 1958.
FAGAN, C. The Symbolism of the Constellations, 1962.
FARBRIDGE, M. H. Studies in Biblical and Semitic Symbolism, 1923.
FARNELL, L. R. The Evolution of Religion, 1905.
FARRER, Austin. A Rebirth of Images, 1949.
FERGUSON, G. W. Signs and Symbols in Christian Art, 1954.
FERGUSON, John. Illustrated Encyclopaedia of Mysticism, 1976.
FLETCHER, J. B. Symbolism of the Divine Comedy, 1921.
FORLONG, G. J. R. Faiths of Man. Encyclopaedia of Religions, 1964.
FOWLER, W. W. The Roman Festivals, 1899.
FRANKLAND, Edward. The Bear in Britain, 1944.
FRASER, T. T. (ed.). The Voices of Time, 1966.
FRAZER, J. G. Adonis, Attis, Osiris, 1906. The Golden Bough, 1911.
FREEMAN, Rosemary. The English Emblem Books, 1948.
GARSTANG, John. The Land of the Hittites, 1910. The Hittite Empire, 1929.
GELLING, Peter, and DAVIDSON, H. E. The Chariot of the Sun, 1969.
GILES, Herbert A. History of Chinese Pictorial Art, 1905.
GIVRY, Grillot de. Witchcraft, Magic and Alchemy, 1931.
GLEADOW, Rupert. The Origin of the Zodiac, 1968.
GLUECK, N. Deities and Dolphins, 1966.
GOLDSMITH, Elizabeth E. Sacred Symbols in Art, 1912. Life Symbols as Related to Sex Symbolism, 1924. Ancient Pagan Symbols, 1929.
GOODENOUGH, E. R. Jewish Symbols in the Graeco-Roman Period, 1953.
GOODYEAR, William H. The Grammar of the Lotus, 1891.
GOULD, S. Baring. Strange Survivals, 1892.
GOVINDA, Lama Anagarika. Foundations of Tibetan Mysticism, 1960.
GRABAR, André. Christian Iconography, 1969.
GRAVES, Robert. The White Goddess, 1952.
GREG, R. P. 'The Meaning and Origin of the Fylfot and Swastika', Archaeologia, XLVIII, 1885.

참고문헌

GRUBECH, V. *The Culture of the Teutons*, 1931.
GUÉNON, René. *Introduction to the Study of Hindu Doctrines*, 1945. *Man and His Becoming According to the Vedanta*, 1945. *L'Esotérisme de Dante*, 1949. *La Grande Triade*, 1957. *The Symbolism of the Cross*, 1958. *Symboles fondamentaux de la science sacrée*, 1962.
GUENTHER, H. V. *The Jewel Ornament of Liberation*, 1959.
GUILLAUME, Alfred. *The Legacy of Islam*, 1931.
HALL, James. *Dictionary of Subjects and Symbols in Art*, 1974.
HALLIDAY, W. R. *The Pagan Background of Early Christianity*, 1925.
HAMILTON, H. C. (trans.). *The Geography of Strabo*, 1912.
HARGRAVES, Catherine Perry. *A History of Playing Cards*, 1930.
HARRIS, J. Rendel. *The Cult of the Heavenly Twins*, 1906.
HARRISON, Jane. 'Bird and Pillar Worship in Connection with Ouranian Divinities', *Transactions of the Third International Congress for the History of Religions*, 1908. *Prolegomena to the Study of Greek Religion*, 1908. *Ancient Art and Ritual*, 1911. *Themis*, 1927.
HARRISON, Raymond. *The Measure of Life*, 1936.
HARTLAND, E. S. *The Science of Fairy Tales*, 1891.
HARTLEY, Christine. *The Western Mystery Tradition*, 1968.
HEINDEL, Max. *Ancient and Modern Initiation*, 1931.
HENDERSON, J. L., and OAKES, M. *The Wisdom of the Serpent*, 1963.
HENTZE, Carl. 'Cosmogonie du Monde dressé debout et du Monde, renversé, *Mythos et symboles lunaires*, 1932.
HESIOD. *Theogony*.
HIRST, Désirée. *Hidden Riches*, 1964.
HOCART, A. M. *Kingship*, 1931. *The Life-giving Myth*, 1952.
HOLIDAY, F. W. *The Dragon and the Disc*, 1973.
HOLMYARD, E. J. *Alchemy*, 1956.
HOOD, Sinclair. *The Minoans*, 1971.
HOOKE, S. H. (ed.). *The Labyrinth*, 1935. *Some Cosmological Patterns in Babylonian Religion*, 1935. *Myth and Ritual*, 1933. *Babylonian and Assyrian Religion*, 1953.
HOPPER, Vincent Foster. *Mediaeval Number Symbolism*, 1938.
HOWEY, M. Oldfield. *The Cat in the Mystery Religions and Magic*, 1956.
HULME, F. Edward. *Symbolism in Christian Art*, 1894.
HULTKRANTZ, Ake. 'Attitudes to Animals in Soshone Indian Religion', *Studies in Comparative Religion*, Spring, 1970.
HYAMS, E. and ORDISH, G. *The Last of the Incas*, 1963.
HYDE, James. 'The Under-thought of the "Elder Edda"', *Transactions of the Royal Society of Literature of the U.K.*, Second Series, XXX, 1910.
IAMBLICHUS. *On the Mysteries of the Egyptians, Chaldeans and Assyrians*.
INCE, R. *Dictionary of Religion and Religions*, 1935.

INMAN, Thomas. *Ancient Faiths Embodied in Ancient Names*, 1868. *Ancient Pagan and Modern Christian Symbolism*, 1869.
JACKSON, Wilfred. *Shells as Evidence of the Migration of Early Culture*, 1917.
JAMES, E. O. 'The Sources of Christian Ritual', *The Labyrinth*, ed. S. H. Hooke, 1935. *The Cult of the Mother Goddess*, 1959.
JAMES, T. G. H. *Myths and Legends of Ancient Egypt*, 1970.
JASTROW, M. *Die Religion Babyloniens und Assyriens*, 1902-12.
JENNINGS, Hargrave. *The Rosicrucians, Their Rites and Mysteries*, 1870. *The Obelisk. Notices of the Origin, Purpose and History of Obelisks*, 1877.
JENSEN, Hans. *Sign, Symbol and Script*, 1970.
JOHNSON, F. E. (ed.). *Religious Symbolism*, 1955.
JOHNSON, O. S. *A Study in Chinese Alchemy*, 1928.
JONES, Owen. *Grammar of Ornament*, 1856.
JOSEPH, B. L. *Elizabethan Acting*, 1964.
JOSEPHUS. *Antiquities*. Book XVIII.
JUNG, C. G. *Aion*, 1952. *Complex, Archetype, Symbol*, 1953. *Symbols of Transformation*, 1956.
KARSTEN, R. *The Civilization of the South American Indians*, 1926.
KENDRICK, T. D. *The Druids*, 1927.
KERÉNYI, Karl. *Labyrinth-Studien. Labyrinthos als linien reflex einer mythologischen Idee*, 1950. *Essays on a Science of Mythology*, 1950. *The Heroes of the Greeks*, 1959.
KING, C. W. *Antique Gems and Rings*, 1860. *The Gnostics and Their Remains*, 1864. *The Natural History of Precious Stones and of Precious Metals*, 1867.
KING, E. G. *Akkadian Genesis*, 1888.
KIRK, G. S. *Myth, its Meaning and Functions in Ancient and Other Cultures*, 1970.
KNIGHT, R P. *Le Culte de Priape*, 1866.
KNIGHT, W. F. Jackson. *Cumaean Gates. A Reference in the Sixth Aeneid to the Initiation Pattern*, 1936.
KOCH, Rudolf. *The Book of Signs*, 1930.
KOZMINSKY, Isadore. *The Magic and Science of Jewels and Stones*, 1922.
KRAMRISCH, Stella. *The Hindu Temple*, 1946.
KUNZ, G. F. *The Curious Lore of Precious Stones*, 1912. *The Magic of Jewels and Charms*, 1915. *The Book of the Pearl*, 1908.
LAJARD, Felix. *Le Culte de Mithra*, 1847. *Recherches sur le culte de Vénus*, 1854.
LANGDON, S. H. 'Semitic Mythology', *The Mythology of All Races*, 1931.
LANGER, Susanne K. *Philosophy of Reason, Rite and Art*, 1942.
LAROUSSE. *New Encyclopaedia of Mythology*, 1959.
LAUFER, Berthold. *Jade. A Study in Chinese Archaeology and Religion*, 1912.
LAYARD, J. *The Lady of the Hare*, 1944.
LEHNER, Ernst. *Symbols, Signs and Signets*, 1950. *Folklore and Symbolism of Flowers, Plants and Trees*, 1960.
LEISEGANG, H. 'The Mystery of the Serpent', *Eranos Yearbooks*, 1955.
LETHABY, W. R. *Architecture, Mysticism and Myth*, 1892.
LEWIS, H. Spencer, *The Rosicrucian Manual*, 1938.

LEWIS, R. M. *Behold the Sign. Ancient Symbolism*, 1912.
LINGS, Martin. 'The Qoranic Symbolism of Water', *Studies in Comparative Religion*, Summer, 1968. 'Old Lithuanian Songs', *Studies in Comparative Religion*, Winter, 1969. 'The Seven Deadly Sins', *Studies in Comparative Religion*, Winter, 1971.
LU K'UAN Yu. *Ch'an and Zen Teaching*, 1962.
LUM, Peter. *Fabulous Beasts*, 1952.
MACCULLOCH, J. A. *The Religion of the Ancient Celts*, 1911.
MACKENZIE, D. A. *Teutonic Myth and Legend*, 1912. *The Migration of Symbols*, 1926.
MACROBIUS. *Saturnalia*.
MASANI, Ruston. *The Religion of the Good Life*, 1954.
MATHERS, M. *The Kabbalah Unveiled*, 1957.
MATTHEWS, W. H. *Mazes and Labyrinths*, 1922.
MCKAY, J. G. 'The Deer Cult and the Deer Goddess of the Ancient Caledonians', *Folklore: Transactions of the Folklore Society*, XLIII, 1932.
MCNEILL, F. Marian. *The Silver Bough*, 1959.
MEAD, G. R. S. *Orpheus*, 1896. *Quests Old and New*, 1898. *Fragments of a Faith Forgotten*, 1931.
MEES, G. H. *The Revelation in the Wilderness*, 1951-4.
MILLS, J. *Sacred Symbology*, 1853.
MÖHLER, J. A. *Symbolik*, 1832.
MOULTON, J. H. *Early Zoroastrianism*, 1913.
MURRAY, Gilbert. *Five Stages of Greek Religion*, 1930.
MURRAY, H. J. R. *A History of Chess*, 1913.
MURTI, T. R. V. *The Central Philosophy of Buddhism*, 1955.
NASR, Seyyed Hossein. *An Introduction to Islamic Cosmological Doctrines*, 1964.
NEEDHAM, J. *Science and Civilization in China*, 1954-.
NEIHARDT, J. G. *Black Elk Speaks*, 1932.
NEUMANN, Erich. *The Great Mother*, 1955. *Amor and Psyche*, 1956.
NEWTON, John. *Origin of Triads and Trinities*, 1909.
NILSSON, M. P. *The Mycenaean Origin of Greek Mythology*, 1932. *Greek Popular Religion*, 1946.
NOTT, Stanley C. *Chinese Culture in the Arts*, 1946. *Chinese Jade*, 1962.
O'FLAHERTY, Wendy. *Origins of Evil in Hindu Mythology*, 1976.
OESTERLEY, W. O. E. 'The Cult of Sabazios', in S. H. Cooke (ed.), *The Labyrinth*, 1935.
OKAKURA-KAKUZO. *The Book of Tea*, 1919.
ONIONS, R. B. *The Origins of European Thought*, 1951.
OTTO, Walter F. *The Homeric Gods*, 1954.
OUSPENSKY, L. and LOSSKY, V. *The Meaning of Icons*, 1969.
PALLIS, Marco. *Peaks and Lamas*, 1940. *The Way and the Mountain*, 1961.
PAPUS. *The Tarot of the Bohemians*, 1910. *La Science des nombres*, 1934.
PAVITT, W. T. and K. *The Book of Talismans, Amulets and Zodiacal Gems*, 1914.
PERRY, W. J. *The Children of the Sun*, 1923.

PETRIE, W. M. Flinders. *The Gods of Ancient Egypt*, 1905. *Religious Life in Ancient Egypt*, 1932.
PETRUCCI, R. *La Philosophie de la nature dans l'art d'Extrême Orient*, 1910.
PETTAZZONI, R. *Essays on the History of Religions*, 1954.
PIGGOTT, Stuart. *Ancient Europe*, 1965. *The Druids*, 1975.
PIKE, E. Royston. *Encyclopaedia of Religion and Religions*, 1951.
PITT-RIVERS, G. *The Riddle of the Labarum*, 1956.
PLINY. *Natural History*.
PLUTARCH. *On the Cessation of Oracles*.
POWELL, T. G. E. *The Celts*, 1958.
PROCLUS. *The Sphere*.
PURCE, Jill. *The Mystic Spiral*, 1974.
QUINTILIAN. *Institutio Oratoria*.
RADIN, Paul. *The Story of the North American Indian*, 1928. *The Culture of Winnebago*, 1949. *The Trickster*, 1956. *The Road of Life and Death*, 1968.
RAGLAN, Lord. *The Temple and the House*, 1964.
RAINE, Kathleen. 'Traditional Symbolism in Kubla Khan', *Studies in Comparative Religion*, Summer, 1967.
RANSOME, Hilda M. *The Sacred Bee in Ancient Times and Folklore*, 1937.
READ, John. 'Alchemy and Alchemists', *Folklore, Transactions of the Folklore Society*, XLIII, 1933.
RÉAU, Louis. *Iconographie de l'art chrétien*, 1955.
REDGRAVE, Herbert Stanley. *Alchemy, Ancient and Modern*, 1922.
REES, Alwyn. *The Celtic Heritage*, 1974.
REINACH, S. *Cultes, mythes et religions*, 1908.
RHYS, J. *Studies in the Arthurian Legend*, 1891.
RIDLEY, M. R. (trans.). *Sir Gawain and the Green Knight*, 1962.
RINGGREN, H. and STROM, A. V. *Religions of Mankind*, 1967.
ROBERTSON, J. M. *Pagan Christs*, 1928.
ROHEIM, Géza. *Animism, Magic and the Divine King*, 1972.
ROSS, Anne. *Pagan Celtic Britain*, 1967.
ROUT, E. A. *Maori Symbolism*, 1926.
RULAND, Martin. *Lexicon of Alchemy*, 1892.
SAYCE, A. H. 'The Origin and Growth of Religion as Illustrated by the Religion of the Ancient Babylonians', *Hibbert Lectures*, 1887.
SCHLESINGER, M. *Geschichte des Symbols*, 1912.
SCHOLEM, G. G. *Major Trends in Jewish Mysticism*, 1955.
SCHUON, Frithjof. *L'Oeil du coeur*, 1950. *Spiritual Perspectives and Human Facts*, 1954. *Understanding Islam*, 1963. *Light on the Ancient Worlds*, 1965. *In the Tracks of Buddhism*, 1968. *Dimensions of Islam*, 1969.
SCHWAB, Gustav. *Gods and Heroes*, 1947.
SÉJOURNÉ, Laurette. *Burning Water*, 1958.
SEWARD, Barbara. *The Symbolic Rose*, 1954.
SEZNEC, Jean. *The Survival of the Pagan Gods*, 1953.
SHARKEY, John. *Celtic Mysteries*, 1975.
SHEPHERD, Odell. *The Lore of the Unicorn*, 1930.

SHORT, Ernest H. *The House of God. A History of Religious Architecture and Symbolism*, 1925.
SILBERER, H. *Problems of Mysticism and its Symbolism*, 1917.
SILCOCK, Arnold. *Introduction to Chinese Art and History*, 1936.
SILLAR, F. C. and MYLER, R. M. *The Symbolic Pig*, 1961.
SIMPSON, William. *The Buddhist Praying Wheel*, 1896.
SIRÉN, Osvald. *Gardens of China*, 1949.
SMITH, D. Howard. *Chinese Religions*, 1968.
SMITH, G. Elliot. *The Evolution of the Dragon*, 1919.
SNELLGROVE, David. *Buddhist Himalaya*, 1957. *Himalayan Pilgrimage*, 1961.
SPENCE, Lewis. *The Myth of the North American Indians*, 1914. *The Gods of Mexico*, 1923. *Myths and Legends of Ancient Egypt*, 1930. *British Fairy Origins*, 1946. *The Mysteries of Britain*, 1970.
SQUIRE, Charles. *The Mythology of the British Isles*, 1905. *Celtic Myth and Legend*, 1912.
STEWART, T. M. *Symbolism of the Gods of the Egyptians*, 1927.
STUART, J. *Ikons*, 1975.
SYKES, E. *Dictionary of Non-classical Mythology*, 1962.
SZEKLEY, E. B. *The Teaching of the Essenes*, 1957.
TACITUS. *Germania*.
THIERENS, A. E. *The General Book of the Tarot*, 1928.
THOMAS, E. J. *The Life of Buddha*, 1975.
TIZAC, H. d'Ardenne de. *Les Animaux dans l'art chinois*, 1923.
TOLKOWSKY, S. *Hesperides. A History of the Culture and Use of Citrus Fruit*, 1938.
TOYNBEE, J. M. C. *Death and Burial in the Roman World*, 1971.
TREDWELL, W. R. *Chinese Art Motives*, 1915.
TUCCI, Giuseppe. *The Theory and Practice of the Mandala*, 1969.
TURVILLE-PETRIE, E. O. G. *Myth and Religion of the North*, 1964.
TWINING, L. *Symbols and Emblems of Early and Mediaeval Christian Art*, 1852.
URLIN, Ethel. *Festivals, Holy Days and Saints' Days*, 1915.
VAN BUREN, E. Douglas. *The Flowing Vase and the God with Streams*, 1933.
VAN GENNEP, Arnold. *The Rites of Passage*, 1959.
VAN MARLE, Raimond. *Iconographie de l'art profane au moyen-âge et à la renaissance*, 1931.

VERMASSEREN, M. J. *Mithras, the Secret God*, 1963.
VINYCOMB, John. *Fictitious and Symbolic Creatures in Art, with special reference to British Heraldry*, 1906.
VISSER, M. W. de. *The Dragon in China and Japan*, 1913.
VRIES, A. de. *Dictionary of Symbols and Images*, 1974.
WAITE, A. E. *The Book of the Holy Grail*, 1921. *The History of Magic*, 1930.
WALTHER, W. *Lehrbuch der Symbolik*, 1924.
WATTS, A. W. *Myth and Ritual in Christianity*, 1954.
WEBBER, F. R. *Church Symbolism*, 1927.
WEIGALL, Arthur. *The Paganism in Our Christianity* (n.d.).
WESTON, Jessie L. *The Quest of the Holy Grail*, 1913.
WESTROPP, H. M. and WAKE, C. S. *Primitive Symbolism as Illustrated in Phallic Worship*, 1885. *Ancient Symbol Worship in the Religions of Antiquity*, 1874.
WHEATLEY, Paul. *City as Symbol*, 1969.
WHITTICK, Arnold. *Symbols, Signs and their Meaning*, 1960.
WHYMANT, Neville. *A China Manual*, 1948.
WILKINS, Ethne. *The Rose-garden Game*, 1969.
WILLETTS, R. F. *Cretan Cults and Festivals*, 1962. *Everyday Life in Ancient Crete*, 1969.
WILLIAMS, C. A. S. *Outlines of Chinese Symbolism and Art Motives*, 1931.
WILSON, T. 'The Swastika', *Annual Report of the U.S. National Museum*, 1896.
WIND, Edgar. *Pagan Mysteries in the Renaissance*, 1968.
WISSLER, Clark. *The American Indian*, 1950.
WOODROFFE, John (Arthur Avalon). *Shakta and Shakti*, 1919. *The World as Power*, 1922-3. *The Serpent Power*, 1931.
WORNUM, Ralph N. *Analysis of Ornament*, 1877.
WOSEIN, Marie-Gabriele. *Sacred Dance*, 1974.
WRIGHT, A. R. *British Calendar Customs*, 1940.
YAP YONG and COTTERELL, A. *The Early Civilization of China*, 1975.
YETTS, W. Percival. *Symbolism in Chinese Art*, 1912.
ZAEHNER, R. C. *The Dawn and Twilight of Zoroastrianism*, 1961.
ZIMMER, Heinrich. *Myths and Symbols in Indian Art and Civilization*, 1946. *The King and the Corpse*, 1956.

# 감사의 말

Ankara Museum 361上 ; Ashmolean Museum, Oxford 47上 ; Bewdley Museum, Worcs. 107左上 ; Biblioteca Apostolica Vaticana 49下, 135下 ; Biblioteca Estense, Modena 277 ; Biblioteca Marciana, Venice 75下, 355下 ; Biblioteca Mediceo-Laurenziana, Florence 331下 ; Bibliothèque de l'Arsenal, Paris 283下 ; Bibliothèque Nationale, Paris 51下, 181上, 351上, 395 ; Bodleian Library, Oxford 99下, 275上 ; British Library 27上 ; British Museum, London 17上, 33下, 55上, 69上, 103上, 113下, 125, 177下, 221上, 225, 227, 243下, 257下, 283中, 289上, 301下, 337下, 349中, 409上 ; Cairo Museum 27下, 85上, 275上 ; Chester Beatty Library and Gallery of Oriental Art, Dublin 389左下 ; Delphi Museum 335上 ; Field Museum of Natural History, Chicago 325下 ; Galleria Estense, Modena 416 ; Germanisches Nationalmuseum, Nuremberg 93上 ; Government Museum, Madras 17下 ; Gulbenkian Museum of Oriental Art, Durham 33上, 45下, 145下, 265上, 303下, 365上 ; Haffenreffer Museum of Anthropology, Brown University 99上 ; Instituto Nacional de Anthropología e Historia, Mexico 321左上, 383上 ; Izmir Museum 49上 ; Kupferstichkabinett, Berlin 37上 ; Louvre, Paris 61上, 79, 117下, 161上, 219上 ; Musée de l'Oeuvre Notre-Dame, Strasbourg 37上 ; Musée Municipale, Douai 379下 ; Musei Vaticani 75上, 281下, 317左下 ; Museo de Arte de Cataluña, Barcelona 401 ; Museo Laterano, Rome 317左上 ; Museum Antiker Kleinkunst, Munich 363 ; Museum of Fine Arts, Boston 291下, 399上 ; Museum of the American Indian, New York 33中, 101上, 169上, 409下 ; National Gallery, London 13上, 109, 371左下 ; National Gallery of Art, Washington D.C. : Kress Collection 317右上 ; Nationalmuseet, Copenhagen 55下, 59下 ; National Museum of Korea 405上 ; National Museum of Man, Ottawa 93上, 287下 ; Ny Carlsberg Glyptothek, Copenhagen 287上 ; Rheinisches Landesmuseum, Bonn 91下 ; Royal Scottish Museum, Edinburgh 73左上, 85下 ; Staatsbibliothek, Berlin 15下 ; Stadtmuseum, Cologne 385 ; Statens Historiska Museum, Stockholm 39下 ; Victoria and Albert Museum, London 59上, 131下, 153中, 159下, 265下, 271, 283上, 291上, 327上, 365下 ; William Rockhill Nelson Gallery of Art, Kansas City 371左下.

## 역자후기

한 독실한 크리스천 의사 친구의 결혼 축하연에서의 일이었다. 한 군의관 친구도 참석한 자리였다. 축하 예배를 이끌던 목사는, 더할 나위 없이 훌륭한 설교거리를 찾아내었다고 생각했던지, 그 군의관의 군복 깃에 달린, 지팡이를 감고 오르는 뱀의 형상이 수놓인 기장旗章을 가리키면서 이런 말을 했다.

'여러분, 이 군의관의 기장을 보세요. 지팡이와 뱀을 보세요. 「구약성경」 "출애굽기"에 나오는 모세와 아론의 지팡이랍니다. 하느님께서 모세와 아론에게 이르셨지요? "애굽 왕이 너희에게 이적을 보일 것을 요구하거든 그 앞에다 지팡이를 던져라. 그러면 내가 그 지팡이로 하여금 뱀이 되게 하리라." "십계"라는 영화에서도 보셨지요? 모세와 아론이 이 지팡이를 던지자 지팡이는 애굽 왕 앞에서 정말 뱀으로 변하지 않던가요? 정말 뱀으로 화하여, 애굽 마술사들이 마술로 만들어낸 뱀을 모조리 잡아먹지 않던가요? 군의관의 기장에 있는 지팡이와 뱀은 바로 이 지팡이와 뱀인 것입니다. 사악한 시대가 표적을 요구하거든, 여러분도 여러분의 지팡이를 던지세요. 그러면 하느님께서 기적을 일으키실 것입니다.……'

나는 속으로, 아닌데, 그것은 아닌데……싶었지만 가만히 있었다. 목사는 설교를 계속했다.

'……「구약성경」 "민수기"를 보세요. 하느님께서 모세에게 이르셨지요? "불뱀을 만들어 기둥에 달아놓고, 뱀에 물린 사람마다 그것을 쳐다보게 하라, 그리하면 죽지 아니하리라.……" 모세가 어떻게 했던가요? 하느님의 말씀을 좇아, 구리로 뱀을 만들어 매달아놓으니, 뱀에 물렸어도 그 구리뱀을 쳐다본 사람은 죽지 않았어요. 군의관의 기장에 있는 기둥과 뱀은 바로 이 기둥과 구리뱀입니다. 사악한 시대가 뱀에 물려 고통을 받거든 여러분도 기둥에다 구리뱀을 매달아놓으세요. 믿음을 버리지 말고 하느님께서 모세에게 시키신 대로 하세요. 그러면 하느님께서 기적을 일으키실 것입니다.……'

끝내 가만히 있었으면 좋았을 것을, '상징 해석을 그렇게 마구잡이로 하면 안 된다'는 투로 한마디를 건넸다가, 독실한 기독교인들이자 용한 의사들인 친구들로부터 성경의 말씀을 잡학雜學으로 해석한 독신자瀆神者로 몰려 말 몽둥이에 오지게 조리돌림을 당하지 않으면 안 되었다.

프로이트의 정신분석학이 억압된 본능의 충동에 눈을 돌린 것은 좋은 일이다. 그러나

역자후기

정신분석학은 다른 것을 도외시함으로써, 말하자면 억압된 본능에만 현미경을 들이대는 바람에 인간에게 상처를 입히고 만 것 같다는 느낌을 나는 뿌리치지 못한다.

그 목사가 현미경으로 성경을 들여다보듯 하는 태도에서도 나는 같은 느낌을 받곤 한다. 현미경으로 보아야 할 것이 따로 있고 망원경으로 보아야 할 것이 따로 있다. 현미경으로 보아야 할 것을 망원경으로 보아서도 안 되겠지만, 그날 그 목사의 말을 듣자니 망원경으로 보아야 할 것을 현미경으로 본다는 느낌을 참을 수가 없었다.

내 친구 의사들이 뱀의 상징적 의미에 무지하다는 것은 슬픈 일이다. 상징 해석의 전문가여야 할 사제인 목사가 신화가 지니는 보편적인 의미에 무지한 것은 다시 한번 생각해야 할 일이다. 사제의 직분이 무엇이던가? 세멜레가 제우스의 본 모습을 보고는 그 광명의 열기에 타죽고 말았다는 신화가 암시하듯이, 인간은 맨눈으로는 절대자의 광명을 볼 수 없다. 절대자와 인간 사이에는 상징이 있다. 사제가 서야 할 자리는 바로 이 상징의 자리인 것이다.

목사는 오해하더라도 의사들은 알고 있어야 한다.

신화 시대 그리스의 의신醫神 아폴론에게는 아스클레피오스라는 아들이 있었다. 아폴론은 이 아들을, 당시의 용한 의사이자 현인賢人이었던 케이론에게 맡겨 의술을 가르치게 했다. 아스클레피오스는 케이론의 가르침을 받아 대단한 의사가 되었다.

아스클레피오스는 트라카라는 도시에다 요즈음의 의과대학 겸 부속병원 비슷한 걸 세우고 의술을 가르치는 한편 환자를 보았는데, 어찌나 용했던지, '아스클레피오스는 죽은 사람도 능히 살려낸다'는 소문까지 돌았다고 한다. 그리스 신화를 보면 이 아스클레피오스는 실제로 죽은 자를 살려내었다가, 이승의 이치와 저승의 이치를 분별하지 못하는 것을 밉게 본 제우스의 손에 죽음을 당한다는 대목이 나온다. 그는 제우스가 던진 불벼락에 맞아죽은 것으로 신화는 기록하고 있다.

이 아스클레오스에게는 트로이아 전쟁 때 종군한 두 아들 이외에도, 이아소, 판아케아, 아이글레, 휘게이아, 이렇게 네 딸이 있어서 딸들은 아버지를 도와 간호사 노릇을 했다. 맏딸 〈이아소〉의 이름은 〈의료〉라는 뜻이고, 둘째 〈판아케아〉의 이름은 〈만병통치〉, 셋째 〈아이글레〉의 이름은 〈광명〉, 넷째 〈휘게이아〉의 이름은 〈위생〉이라는 뜻이다. 이 네자매의 이름 중 막내인 〈휘게이아〉의 이름은 지금도 의과대학에서 쓰이고 있다. 〈하이지닉스hygienics(위생학)〉라는 말은 〈휘게이아〉의 이름을 그 어원으로 하는 것으로 알려져 있다.

이 아스클레피오스의 의과대학醫塾은 수많은 명의를 배출했는데, 그중에서도 가장 이름 높은 명의가 바로 오늘날 〈의성醫聖〉으로 불리는 히포크라테스이다.

의과대학과 그 부속병원과 아스클레피오스의 사당祠堂을 두루 겸하는 곳에다 제관祭官들은 흙빛 뱀을 기른 것으로 전해진다. 제관들이 이 흙빛 무독사無毒蛇를 아스클레피오스의 사자使者로 여겨지기 때문이다. 그러니까 지팡이는 아스클레피오스의 지팡이, 뱀은 바로 아스클레피오스의 사자인 흙빛 무독사인 것이다.

　의술을 상징하는 엠블렘(표상)에 지팡이와 뱀이 그려지는 것은 이 때문이다.

　그렇다면 뱀은 결국 무엇을 상징하는가?

　조금 더 전문적으로 말해도 좋다면, 그리스 신화는 뱀을 일단 죽음의 상징으로 기록한다. 의신醫神 아폴론은 어린 나이에, 죽음을 상징하는 거대한 뱀 퓌톤을 죽인다. 바로 이 때문에 아폴론은 〈퓌티온〉이라는 별명으로 불리기도 한다. 〈퓌톤을 죽인 자〉, 즉 〈죽음의 정복자〉라는 뜻이다. 영웅 헤라클레스는 생후 아흐레 만에 두 마리의 뱀을 죽이고, 장성한 뒤에는 머리가 아홉 개나 되는 거대한 물뱀 휘드라를 죽임으로써 인간을 죽음의 공포로부터 구해낸다. 헤라클레스 역시 〈헤라클레스 칼리니코스〉, 즉 〈죽음으로부터의 빛나는 승리자 헤라클레스〉라고 불리는 것은 이 때문이다. 가인歌人 오르페우스와 신부 에우뤼디케의 이승과 저승에 걸친 긴긴 드라마는 한 마리의 뱀이 등장하면서 시작된다. 이 의미심장한 드라마는 신부 에우뤼디케가 뱀에게 발뒤꿈치를 물리면서 시작되는 것이다. 저승의 나라, 곧 명계冥界의 문을 지키는 괴악한 번견番犬 케르베로스의 갈기, 의롭지 못한 자를 찾아 저승으로 데려가는 증오의 여신 에뤼뉘에스의 머리카락, 그 얼굴을 보는 사람을 돌로 만들어버리는 저 무서운 요괴 메두사의 머리카락은 올올이 뱀이다. 파충류 시대에 인간의 유전자에 찍혀버린, 파충류에 대한 공포 때문일까? 그리스 신화는 죽음의 상징으로 무수한 뱀을 등장시킨다.

　그리스 신화는 뱀을 재생의 상징으로 기록하기도 한다.

　폴뤼이도스라는 사람은 죄를 지어 석실石室에 갇히는 몸이 되었다가, 어느날 우연히, 수뱀이 몸에 약초를 문질러 죽은 암뱀을 소생시키는 것을 본다. 다음날 석실에는, 그 나라 왕자가 뱀에 물려죽었다는 소문과, 왕자를 살려내는 사람에게는 큰 상을 내린다는 소문이 들려온다. 폴뤼이도스는 뱀이 쓰다 남긴 약초를 거두어 왕자를 살리고 자신도 석실에서 살아나온다.

　「구약성경」의 요나가 그랬듯이, 그리스의 영웅 이아손도 거대한 뱀의 뱃속에 들어갔다가 사흘 만에 새 생명을 얻어 나오고, 헤라클레스도 거대한 뱀이 삼키는 바람에 그 뱃속에 들어가 있다가 사흘 만에 그 뱀의 배를 가르고 나온다. 뱀이 허물을 벗는 것을 목격하는 데서 시작된 것일까? 그리스 신화는 재생의 상징으로 무수한 뱀을 등장시킨다.

　그리스 신화는 뱀을, 이승과 저승을 번갈아 오르내리는 중재자의 상징으로 기록한다. 중재자의 상징은 죽음의 상징과 재생의 상징 사이에 위치한다. 멜람푸스라는 사람은 어미 잃은 새끼뱀을 구해주는데, 뒷날 이 새끼뱀이 귀를 핥아주는 바람에 이승과 저승 일을 두루 꿰어 아는 신통력을 얻는다. 〈점쟁이 멜람푸스〉는 이로써 이승의 이치와 저승의 이치를 중재한다. 아폴론의 손에 서방인 수뱀 퓌톤을 잃은 암뱀 퓌티아는 땅 틈에서 솟아오르는 뜨거운 김을 쐬고는 신통력을 얻어, 신의 뜻을 인간에게 일러주는 탁선당托宣堂의 무녀巫女가 된다. 이로써 퓌티아는 신과 인간을 중재한다. 산 것을 잠재우는 최면장催眠杖을 들고 이승과 저승 출입을 임의로 하는 제우스의 사자 헤르메스의 지팡이에도 뱀 한 마리가 기어오른다. 헤르메스의 별명이 〈프쉬코폼포스〉, 즉 〈영혼의 안내자〉인 것은 참으로 의미심장하다.

뱀이 죽음의 터밭이자 저승의 하늘인 이 땅에 온몸을 붙이고 다녀서 그렇게 보였던 것일까? 그리스 신화는 이승과 저승의 중재자, 순환하는 것, 돌고 도는 것의 상징으로 무수한 뱀을 등장시킨다.

죽음의 상징, 재생의 상징, 이승과 저승을 오가는 중재자의 상징은 서로 다른 것이 아니다. 서로 다르지 않은 것의 세 가지 다른 모습이다.

〈오르훼와 유리디스〉로 불리기도 하는 저 유명한 오르페우스와 에우뤼디케 이야기가 어쩌면 이 간단하지 않은 이치를 간단하게 설명해줄 수 있을지도 모른다.

오르페우스와 에우뤼디케는 갓 결혼한 신랑과 각시이다. 그런데 어느날 이 신부가 그만 뱀에게 발뒤꿈치를 물려서 저승으로 가고 만다. 신랑은 눈물로 세월을 보내다가 산 몸으로 저승에 내려가 저승왕과 담판하고 천신만고 끝에 신부를 찾아나오는 데 성공한다. 그러나 이승에 도달하기까지 각시를 돌아다보아서는 안 되는 것을, 이 금기를 지키지 못해서 신부를 놓치고 만다는 슬픈 이야기이다.

이들의 팔자가 왜 이렇게 기박한가? 이 신화는 우리에게 무슨 메시지를 전하는가?

신랑의 이름 〈오르페우스〉는 〈어둠〉이라는 말에서 생긴 것이다. 오르페우스는 어둠에 가까이 닿아 있는 가인歌人이다.

신부의 이름 〈에우뤼디케〉는 바로 〈넓은 것을 다스리는 여자〉라는 뜻이다. 넓은 것은 무엇인가? 에우뤼디케의 별명인 〈아르기오페〉는 〈얼굴이 흰 여자〉라는 뜻이다. 얼굴이 흰 것이 무엇인가? 〈넓은 것을 다스리는 얼굴이 흰 여자〉는 결국 무엇인가? 이 여자가 뱀에 물려 저승에 갔다가는 신랑의 손에 이끌려 저승을 나오고, 나오다가는 다시 저승으로 되돌아갔다. 이것이 무슨 뜻인가? 〈넓은 것을 다스리는 얼굴이 흰 것〉은 달이다. 차고, 기울고, 이우는 달이다. 달에게 이러한 운명을 부여한 것이 무엇이었던가? 뱀이다. 뱀은 이로써 달의 운명과 합류한다. 뱀이 그렇듯이, 달이 죽음과 재생과 순환의 상징인 것은 이 때문이다.

뱀을 죽음과 재생과 순환의 상징으로 기록하고 있는 것이 그리스 신화뿐인 것은 아니다.

불교와 더불어 인도에서 가장 유력했던 종교의 하나였던 자이나 교는 돌고 도는 시간을 바퀴로 상징해낸다. 자이나 교는 이 점에서만은 불교와 같다. 자이나 교는 시간을 〈칼라카크라〉, 즉 〈시간의 바퀴〉라고 부른다. 영원히 순환하는 이 시간의 바퀴에는 두 종류의 바퀴살이 있다. 〈아바사르피니〉와 〈우트사르피니〉가 그것이다. 자이나 교는 시간이 〈최선의 때〉에서 〈최악의 때〉를 순환한다고 믿는다. 최선에서 최악으로 흐르는 것이 〈아바사르피니〉, 최악에서 최선으로 흐르는 것이 〈우트사르피니〉인 것이다. 〈사르피니sarpini〉가 무엇인가? 〈뱀serpent〉이 아닌가. 상승과 하강을 상징하는 뱀이 아닌가. 자이나 교는, 시간의 순환을 상징하는 뱀이 몸으로 우주를 한 바퀴 휘감고는 제 꼬리를 입으로 물고 있다고 믿는다. 자이나 교에 의한 이 시간의 순환관은 중세 연금술사들의 〈우로보로스ouroboros〉를 연상시킨다. 〈우로보로스〉라는 말은 〈제 꼬리를 삼키는 뱀〉이라는 뜻이다. 우로보로스는, 영원히 계속되는 죽음과 재생의 상징이다. 우로보로스가 어떤 모양을 하고 있는지 궁금해할 것은 없다. 〈음陰〉과 〈양陽〉이 끝없이 생멸하는 태극의 모양을 상상하면 된다.

뱀의 이러한 상징성은 흘러간 옛 이야기에서 끝나고 만 것일까? 이 죽음과 재생과 순환의 상징성은 오늘날의 우리에게는 계승되고 있지 않는 것일까? 우리 한국의 작가 윤흥길의 소설 「장마」에 나오는 다음과 같은 한 구절은 이 물음에 대단히 시사적인 답을 내린다.

이 소설에 나오는 한 할머니는, 아무 날 아무 시에 살아서 돌아온다던 사돈의 빨치산 아들 대신, 상처 입은 구렁이 한 마리가 집 안으로 기어들어오자 사돈을 대신해서 구렁이에게 이렇게 말한다.

"……아이고, 이 사람아, 집안 일 못 잊어서 이렇게 먼 길 찾아왔는가.……자네 보다시피 노친께서는 기력이 여전하시고 식구들도 모두 잘 지내고 있네. 그러니 집안 일 아무 걱정 말고 어서어서 자네 갈 데로 가소.……자꾸 이러면 못 쓰네. 자네 심정을 내 짐작은 하겠네만 집안 식구들 생각도 해야지. 자네 노친 양반께서 자네가 이러고 있는 꼴을 보면 얼마나 가슴이 미어지겠는가.……"

불교의 〈나가(뱀)〉가 무엇이던가? 역질이나 기근에 시달리는 중생을 고치려고 변신變身해서 세상에 나오는 부처가 아니던가?

십자가를 타고 오르던 뱀이 무엇을 상징하던가? 〈생명의 나무〉를 타고 오르는 예수의 원형이 아니던가? 초대 교부 테르툴리아누스는 예수를 〈선한 뱀〉이라고 부르지 않았던가?

그러므로 의사들 앞에서 목사가 한 말은 경솔했다. 병통에 사로잡힌 그의 대롱 시각管見은 사악하기까지 했다. 그 병통의 대중요법에는 이 「세계문화상징사전」의 〈뱀serpent〉 항목 하나만으로도 탁효가 있을 것이다. 그러나 그보다 중요한 것은 상징을 향하여 마음을 여는 일이다. 상징을 향하여 마음을 열어야 보편적인 우주를 향한 마음도 비로소 열릴 것이므로.

신화의 보편적인 상징 체계가 이해되지 못하던 시절인 17세기에, 한 기독교 선교사가 서인도 제도에서 교황청으로 보냈다는 한 장의 보고서는 교조적인 조직 종교가 인류의 문화 유산에 얼마나 무지한가를 여지없이 드러낸다.

역자후기

 기독교의 한 경외전經外傳은 마리아의 회임과 관련된 부분을 이렇게 기술하고 있다.
 '어느날 마리아는 항아리를 들고 우물가에 서 있었는데, 주의 천사가 나타나 이렇게 말했다. "마리아여, 복을 받으라, 네 자궁은 하느님이 거하실 차비가 끝났음이라. 하늘에서 빛이 내려와 너에게 거할 것인즉, 그 빛은 너로 인하여 세상을 비출 것이라."……'
 그런데 문제는 당시의 선교사들이 세계의 도처에서 이와 유사한 신화의 모티프를 발견하게 되었다는 데 있다. 선교사들은 그 신화의 주제나 흐름이 「신약성경」의 앞부분과 어찌나 똑같았던지, 악마가 성경 이야기를 위작僞作하여 세계 도처에 뿌리고 다닌다고 주장했을 정도였다니 기가 막히는 일이다.
 페드로 시몬이라는 선교사는 「서인도 본토 이야기」라는 저서에서 실제로, '그 땅의 악마가 선교에 불리한 교리를 펴기 시작했다'는 보고서를 썼다. 그의 보고서에는 다음과 같은 흥미로운 대목도 있다.
 '……그중에서도 가장 기가 막히는 것은 선교사들의 수태受胎에 대한 교리 설교가 시작되기도 전에 사람들은 구아케타 마을의 처녀 이야기를 알고 있다는 것입니다. 태양이 구아케타 마을 처녀의 자궁을 빌려 빛으로 수태시키고, 처녀의 몸은 그대로 둔 채로, 말하자면 동정녀에게 아기를 가지게 했다는 것입니다. 이야기인즉 이렇습니다.
 구아께타 마을의 촌장에게는 두 딸이 있었는데 이들은 서로가 자기를 통해서 그 기적이 이루어지기를 바랐습니다. 그래서 두 딸은 동이 틀 때마다 마을 뒤의 산에 오른 다음, 첫 햇살을 온몸 가득히 받을 수 있도록 다리를 벌리고 있었다는 것입니다.……이렇게 햇살을 받은 두 딸 중 하나가 수태하고 아홉 달 뒤에 아기를 낳습니다. 이름이 〈고란차초〉라는 이 아이는 스물 네 살이 될 때까지 외조부되는 촌장의 집에 머물다가 당당하게 수도에 입성해서 〈태양의 아들〉이라는 칭호를 얻게 되었다는 것입니다.'
 그런데 '촌장에게는 두 딸이 있었는데 이들은 서로가 자기를 통해서 그 기적이 이루어지기를 바랐습니다.……' 이하의 대목은, 「삼국유사」에 나오는 다음과 같은 대목을 연상하게 한다.
 '……[김유신의 누이] 문희가 왕비로 되기 전의 일이다. 문희의 언니 보희는 어느날 밤, 서악에 올라가 오줌을 누었는데 그 오줌에 온 서울이 잠기는 꿈을 꾸었다. 꿈에서 깨어난 보희가 문희에게 그 꿈 얘기를 했을때 문희는 대뜸 그 꿈을 사겠다고 말했다.……'
 결국 문희는 비단 치마 한 벌로 상징적으로 값을 치르고 그 꿈을 제 것으로 만듦으로써 뒷날 태종무열왕의 문명황후文明皇后가 된다. 상징적인 값으로 꿈을 사들임으로써 문희는 상징의 세계를 향하여 마음의 문을 열고 운명의 메시지를 감청感聽한 셈이 된다.
 우리에게 짐이 되는 것은 우리의 상징 체계도 언젠가는 이러한 「세계문화상징사전」에 편입되어야 할 것이라는 점이다. 가령 풍요를 상징하는 로마 신화의 〈코르누코피아(풍요의 뿔)〉는, 크리스마스 전날 밤에 서양의 아이들이 벽에다 걸어두는 양말의 상징성과 무관하지 않다. 게다가 크리스마스가 사투르날리아冬至祭의 변형이라는 것은 너무나 잘 알려진 사실이다. 그렇다면 동지 때마다 장독에 서양의 양말에 해당하는 버선을 내거는 우리의 민속이 어떻게 저 로마 신화의 코르누코피아와 무관할 수 있을 것인가?

우리의 상징 체계를 보편적인 상징체계라고 불리는 큰 흐름에 편입시키는 작업이 이 방면에 종사하는 사람들에게는 큰 숙제거리가 된다. 이 작업이 열매를 맺는 날, 이 사전의 부피는 지금에서 훨씬 늘어날 것이다. 상징의 의미가 그렇듯이 이 사전도 최종적인 것이 아니다. 따라서 이 사전 또한 나날이 부풀어갈 것인데, 이것은 단순한 사실의 진술이기보다는 역자가 독자에게 하는 약속이기도 하다.

번역의 오류는 발견되는 대로, 지적되는 대로 바로잡혀나갈 것이다. 그리스·로마 신화에 등장하는 것들의 영어식 발음은 그리스 식, 라틴 식으로 고쳤다. 그러나 쿠피도를 큐피드로 표기하고 무사이를 뮤즈로 표기하는 것들은 너무나 일반적인 것이어서 그대로 두었음을 밝힌다.

저자 진 쿠퍼는 중국 태생의 영국인으로 유년시대를 중국에서 보냈다. 그녀는 양친을 따라서 세계 각지를 여행했으며 1930년에 스코틀랜드의 세인트 앤드루스 대학교에서 철학과 비교종교학을 전공한 뒤 상징체계에 관한 연구를 해왔는데 그 소산이 바로 이 사전이라고 할 수 있다. 그녀의 또다른 저서로는 *Taoism, the Way of the Mystic, Yin and Yang, Symbolism and Fairy Tales and Chinese Alchemy*가 있다.

1994년 봄, 미시건 주립대학교 학사에서

이윤기 씀

## 우리말 표제어 색인

가느다란 가지 Twigs   382
가는 펜 Stylus   336
가마 Oven   258
가마솥 Cauldron   54
가면 Mask   210
가슴 Breasts   43
(갑옷의) 가슴받이 Breastplate   43
가시 Thorn   358
가위 Scissors   303
가재 Lobster   201
가젤 Gazelle   146
가죽 Skin   319
가지 Bough   41
가지친 뿔 Antlers   18
갈고리 Hook   168
갈대 Reed   288
갈색 Brown   45
갈증 Thirst   356
감柿 Persimmon   269
감탕나무속屬 Holly   167
갑옷 Armour   21
갑충석甲蟲石 Scarab   302
강 River   290
강 Water   394
강의 유역 Valley   386
강한 힘 Might   212
개 Dog   102
개구리 Frog   144
개두포蓋頭布 Amice   14
개미 Ant   17
개암나무 Hazel   161
거문고 Lute   205
거미 Spider   324
거미줄 Web   400
거북 Tortoise   366
거북의 등딱지 Shells   315
거세去勢 Castration   54
거울 Glass   148

거울 Mirror   213
거위 Goose   151
거인 Giant   147
거인족 Titans   364
거조 巨鳥   292
거해궁巨蟹宮 Cancer   50
건조 Dryness   114
검은 색 Black   36
게 Crab   84
겨우살이 Misteletoe   214
결합 Union   386
결혼 Marriage   210
경계 Boundary   41
계곡 Valley   386
계단 Stairs   330
계단 Steps   332
계란형 Oval   258
계량計量 Weghing   400
계약의 궤 Ark   20
계절 Seasons   304
계피 Cassia   53
고대 페르시아 인의 관 Tiara   362
고둥 Conch   80
고둥 Sea Snail   304
고래 Whale   400
고르곤 Gorgon   152
고리 Loop   201
고리 Ring   289
고분 Tumulus   382
고삐 Bridle   44
고삐 Halter   156
고삐 Reins   288
고사리 Fern   133
고슴도치 Hedgehog   165
고양이 Cat   54
고인돌 Dolmen   105
고치 Cocoon   74
고행苦行 Labours   184

우리말 표제어 색인

곡물 Corn  82
곡선 Crooked Line  86
곡식 Grain  154
곤룡포 Robe  291
곤봉 Club  72
골고다 Golgotha  151
골수骨髓 Marrow  210
골짜기에 핀 백합 Lily of the valley  196
골풀 Rush  288
곰 Bear  28
공간 Space  323
공간의 방위 Directions of Space  101
공양 Sacrifice  299
공작孔雀 Peacock  265
공주 Princess  280
과자 Cakes  49
관棺 Coffin  74
관冠 Crown  93
광대 Clown  72
광선 Rays  287
광휘光輝 Radiance  283
괘상卦象 Trigrams  378
교반攪拌 Churning  65
교차 Intersection  175
구球 Ball  25
구球 Globe  148
구球 Sphere  323
구름 Clouds  72
구멍 Hole  167
구슬 Beads  28
구체球體 Orb  256
구체球體 Sphere  324
국화 Chrysanthemum  64
굴 Oyster  260
굴곡 Meander  211
굴뚝 Chimney  64
굴뚝새 Wren  410
굽이 Meander  211
궁수자리 Sagittarius  300
귀 Ear  117
귀뚜라미 Cricket  86
규방 Bower  42

규칙 Rule  298
그뤼폰 Gryphon  154
그릇 Bowl  42
그릇 Cask  53
그릇 Vessels  390
그림자 Shadow  315
그물 Cord  82
그물 Net  228
그물망 Network  228
극極 Pole  279
근친상간 Incest  174
금강(석) Vajra  386
금강장金剛杖, 금강좌金剛座 Diamond Mace  101
금 도금 Gilding  147
금성 Venus  390
금속 Metals  212
금우궁金牛宮 Taurus  354
금작화 Broom Plant  44
금잔화 Marigold  210
기旗 Banner  26
기념제 Jubilee  180
기둥 Pillar  272
기둥 Pole  279
기러기 Goose  151
기름 Oil  254
기름기 있는 고기 Fat  131
기린麒麟 Ky-lin  184
기본 방위(동서남북) Cardinal Points  52
기사騎士 Knight  182
기타 Guitar  154
기화氣化 Evaporation  122
긴옷 Robe  291
길 Way  398
깃 Collar  74
깃털 Feather  131
깃털 Plumage  278
깃털로 만든 태양 Feathered Sun  132
까마귀 Crow  92
까치 Magpie  206
꼬리 Tail  353
꽃 Flowers  140

우리말 표제어 색인

꽃병 Vase  387
꿀 Honey  167
꿀벌 Bee  29
꿩 Pheasant  270
끈 Cord  82
끌 Chisel  64
끝이 굽은 지팡이 Crozier(Crosier)  86, 94

나가(뱀) Nagas  228
나르키소스 Narcissus  228
나륵풀 Basil  26
나무 Tree  368
나무 Wood  409
나무망치 Mallet  206
나방 Moth  220
나병 환자 Leper  194
나비 Butterfly  48
나선 Spiral  326
나선, 나선형 장식 Volute  393
나체 Nudity  280
나침반 Compasses  80
낙원 Paradise  262
낙지 Octopus  254
낙타 Camel  50
낙하 Fall  130
낚시 Angling  16
난蘭 Orchid  256
난로 Hearth  164
난쟁이 Dwarf  114
날개 Wings  406
날기 Flying  140, 142
남근男根 Phallus  301
남녀추니 Androgyne  14
남녀추니 Hermaphrodite  166
남옥藍玉 Aquamarine  19
남자 Man  206
남쪽 South  322
납 Lead  193
낫 Sickle  318
낮 Days  99
낮은 것 The Low  204
낮음 Lowness  204

내실 Bower  42
내장 Bowels  42
너도밤나무 Beech Tree  31
넓적다리 Thigh  356
4가지 형상 Tetramotphs  356
4개가 한 벌(4인조) Quaternary  282
노 Oar  253
노동 Labours  184
노란 색 Yellow  411
노랑머리꾀꼬리 Golden Oriole  150
노인 Old Man  254
녹주석綠柱石 Beryl  32
농경農耕 Agriculture  11
농신제農神祭 Saturnalia  301
눈 Eye  123
눈雪 Snow  322
눈가리개 Blindfolding  36
눈물 Weeping  400
느릅나무 Elm  122
늑대 Wolf  407
니치 Niche  278

다듬은 돌 Ashlar  22
다라니 Mantra  210
다람쥐 Squirrel  328
다리 Bridge  43
다리 Leg  194
다림줄 Plumb Rule  278
5개가 한 벌 Quinary  282
다섯 눈 모양 Quincunx  282
다수 Multiplicity  226
다양성 Multiplicity  226
다이아몬드 Diamond  101
다이아몬드 옥홀玉忽 Diamond Mace  101
단 Sheaf  315
단검短劍 Dagger  97
단식 Fasting  131
단일암체單一巖體 Monolith  215
단지 Cask  53
단지 Jar  178
단지 Pot  280
단지 Urn  386

우리말 표제어 색인 448

단추 Buttons 48
단풍잎 Maple Leaf 210
달 Moon 215
달팽이 Snail 322
담쟁이 Ivy 176
당나귀 Ass 23
당나귀 Donkey 106
닻 Anchor 14
대나무 Bamboo 26
대변 Excrement 123
대양大洋 Ocean 253
대장간 Forge 143
대장장이 Smith 320
대지 Earth 117
대천사 Archangels 19
대추야자 Date 99
대홍수 Deluge 100
댈매틱 Dalmatic 97
덧나무 Elder 120
데이지 Daisy 97
델타 Delta 100
도가니 Crucible 94
도금양桃金孃 Myrtle 227
도끼 Axe 24
도리깨 Flail 139
도마뱀 Lizard 201
도약 Jumping 180
도제 Dorje 108
도토리 Acorn 10
독미나리 Hemlock 165
독사 Adder 11
독사 Asp 22
독사 Viper 392
독수리 Eagle 115
돌 Stone 333
돌고래 Dolphin 105
동굴 Cave 55
동물 Animals 16
동백나무 Camellia 50
동정녀 어머니 Virgin Mother 392
동지제冬至祭 Yule 413
동쪽 East 118

돛 Sails 300
돼지 Hog 167
돼지 Pig 271
돼지 Swine 349
두개골 Skull 319
두건 Hood 167
두꺼비 Toad 364
두더지 Mole 215
두들기기 Beating 29
두루마리 Scroll 304
두루미 Crane 84
둥근 천장 Cupola 96
들판 Field 133
등불 Lantern 192
따오기 Ibis 173
딱다구리 Woodpecker 409
딱정벌레 Beetle 31
딸기 Strawberry 336
딸랑이 Sistrum 319
땅 Earth 117
땅반딧불 Glow-worm 149
많은 근 Plait 274
많은 머리 Plait 274
떡 Cakes 49
떼 Flock 140

라미아 Lamia 192
라바룸 Labarum 184
라임 Lime 196
라피스 라줄리 Lapis Lazuli 192
램프 Lamp 192
레몬 Citron 71
레몬 Lemon 194
레비스 Rebis 288
로마 교황의 삼중관三重冠 Tiara 362
로브 Robe 291
로사리오 Rosary 294
로즈메리 Rosemary 296
로크 Roc 292
루비 Ruby 298
류트 Lute 205
리라 Lyre 205

리바이어던 Leviathan 194
링가 Linga 197

마가목 Rowan 298
마갈궁宮摩蠍宮 Capricorn 52
마녀 Enchantress 122
마노瑪瑙 Agate 11
마늘 Garlic 146
마르멜로 Quince 282
마름모 Lozenge 204
마법의 지팡이 Wand 394
마술사 Trickster 377
마스크 Mask 210
마음 Heart 163
마카라 Makara 206
마편초馬鞭草 Vervain/Verbena 390
막 Screen 303
막 Veil 388
(가축을 모는 데 쓰이는) 막대기 Goad 149
만나 Manna 208
만다라曼陀羅 Mandala 207
만돌라 Mandorla 208
만물萬物 Ten Thousand Things 355
만성절萬聖節 Hollowe'en 155
卍자형 Fylfot 382
말 Horse 169
말 다루기와 고삐 Bit and Bridle 36
말뚝 Stake 330
말씀 Word 409
말코손바닥사슴 Moose→Elk 122
말편자 Horseshoe 172
망상조직 Network 228
망치 Hammer 156
망토 Mantle 208
매 Hawk 160
매니플 Maniple 208
매듭 Knot 182
매미 Cicada 65
매춘부 Whore 404
매화 Plum 278
맨드레이크 Mandrake 208
맷돌 Mill/Millstone 212

맹꽁이자물쇠 Padlock 260
맹목성 Blindness 36
머리 Head 162
머리 가죽頭皮 Scalp 302
머리카락 Hair 154
멍에 Yoke 413
(서양의) 메꽃 Convolvulus 81
메나트 Menat 212
메노라 Menorah 212
메뚜기 Grasshopper 154
메이스 Mace 206
메추라기 Quail 281
멘히르 Menhir 212
멧돼지 Boar 37
명정酩酊 Intoxication 175
명판銘板 Tablet 352
모기 Mosquito 220
모놀리스 Monolith 215
모닥불 Bonfire 40
모란牡丹 Peony 268
모래 Sand 301
모래시계 Hourglass 167
모루 Anvil 18
(차양이 없는) 모자 Cap 51
(차양이 있는) 모자 Hat 160
모자와 방울 Cap and Bells 52
목걸이 Necklace 228
목련 Magnolia 205
목욕 Bathing 28
목자 Shepherd 316
목자의 지팡이 Crook 86
목 장식 Necklace 228
몰약沒藥 227
못 Nail 228
묘지 Grave 154
무기 Weapons 398
무덤 Tomb 364
무드라 Mudras 226
무릎 Knee 182
무릎꿇기 Kneeling 182
무리 Flock 140
무명 Anonymity 17

## 우리말 표제어 색인

무용 Dancing　98
무지개 Rainbow　284
무화과 Fig, Fig Tree, Pipal　133
무화과나무 Fig, Fig Tree, Pipal　133
묵주 Rosary　294
묶음 Sheaf　315
문 Door　106
문 Gate　146
문지방 Threshold　358
물 Water　394
물고기 Fish　136
물고기자리 Pisces　274
물병자리 Aquarius　19
물 뿌리기 Sprinkling　327
물소 Buffalo　45
물총새 Kingfisher　182
물푸레나무 Ash　22
물항아리 Ewer　123
뮤즈들 Muses　227
미궁迷宮 Labyrinth　184
미나리아재비 Buttercup　48
미노타우로스 Minotauros　213
미로迷路 Maze　211
미르라 Myrrh　227
미의 세 여신 Graces　152
밀 Corn　82
밀 Wheat　401
밀랍 Wax　398
밀집 Straw　336

바 Ba　25
바곳 Aconite　10
바구니 Basket　26
바늘두더지 Echidna　118
바다 Ocean　253
바다 Sea　304
바다 Water　394
바다거북 Turtle　382
바라 Cymbals　96
바람 Wind　404
바보 Fool　142
바실리스크 Basilisk　26

바위 Rock　292
바이올렛 Violet　392
바즈라 Vajra　386
박쥐 Bat　26
반딧불 Firefly　136
반영反映 Reflection　288
반지　289
(원圓, 구球의) 반지름 Radii　284
발 Feet/Foot　132
발걸음 Steps　332
발뒤꿈치 Heel　165
발삼 나무 Balsam　26
발자국 Footprints　142
발효 Fermentation　132
밝음 Light　194
밤 Night　230
밤나무 Chestnut　63
방 Room　293
방랑 Wander　394
방랑자 Wanderer　394
방울 Bell　31
방적 Spinning　328
방주方舟 Ark　20
방추紡錘 Spindle　328
방패 Shield　316
배 Belly　32
배胚 Embryo　122
배梨 Pear　266
배 Boat　38
배 Ship　316
배꼽 Navel　228
배설물 Excrement　123
백양궁白羊宮 Aries　20
백조 Swan　344
백합 Lily　196
뱀 Serpent　306
뱀 Snake　322
뱀 장식 Uraeus　386
뱀장어 Eels　118
뱀지팡이 Caduceus　48
뱃머리 Prow　280
버드나무 Willow　404

우리말 표제어 색인

버마재미 Mantis 208
버섯 Fungus 145
버클 Buckle 45
번개 Lightning 195
번데기 Chrysalis 64
벌거벗음 Nakedness 228
벌거숭이 Nudity 232
(땅을 기어가는) 벌레 Worm 410
벌집 Beehive 31
벌통 Hive 167
범람 Inundation 176
벗나무 Cherry 60
베어냄 Reaping 288
베일 Veil 388
베짜기 Weaving 398
베틀 Loom 201
벼락 Lightning 195
벽 Wall 393
벽감壁龕 Niche 230
벽옥碧玉 Jasper 178
변신 Transformation 368
변용 Transfiguration 368
변형 Transformation 368
별 Star 330
병 Bottle 41
병 Vase 387
보라색 Violet 392
보리 Barley 26
보리수 Linden 196
보물 Treasure 368
보병궁 Aquarius 19
보석 Jewels 178
복숭아 Peach 265
봄 Spring 327
봉인封印 Seal 304
봉헌물奉獻物 Oblation 253
봉화烽火 Beacon 28
봉황鳳凰 Phoenix 270
부동不動, 부동성不動性 Immobility 174
부센타우르 Bucentaur 45
부싯돌 Flint 140
부유傅油 Anointing 17

부유浮遊 Floating 140
부채 Fan 130
부추 Leek 193
부패 Putrefaction 280
부활 Resurrection 288
부활절의 달걀/토끼 Easter Egg/Rabbit 118
부활제의 초 Paschal Taper 264
북 Drum 113
북쪽 North 230
북극성 Pole Star 279
분노 Anger 16
분수 Fountain 144
분할 Breaking 42
불가사리 Starfish 332
불가시不可視, 불가시성不可視性 Invisibility 176
불교의 상징물 Buddhist Symbols 45
불 Fire 134
불꽃 Flame 134, 139
불꽃 Spark 326
불도마뱀 Salamander 300
불룩한 배 Rotundity 296
불사조 Phoenix 270
불침번 Vigilance 391
불타는 나무 Burning Bush 48
불탑 Stupa, Chörten 336
붉은색 Red 288
붉은 줄마노 Sardonyx 301
붓꽃 Fleur-de-lis 139
비 Rain 284
비늘 Scales 302
비둘기 Dove 108
비둘기 Pigeon 271
비버 Beaver 29
비비 Baboon 25
비상 Flight 140
비장脾臟 Spleen 327
비취 Jade 177
비히모스 Behemoth 31
빗 Comb 80
빛 Light 194
빛의 구름 Nimbus 230

우리말 표제어 색인

빵 Bread   42
빵덩어리 Loaf/Loaves   201
뻐꾸기 Cuckoo   96
뼈 Bones   40
뽕나무 Mulberry   226
뿔 Horns   168

사각형 Square   327
사계 Seasons   304
사과 Apple   18
사냥 Hunt   172
사냥꾼 Huntsman   172
사다리 Ladder   189
사려 Prudence   280
사마귀 Praying Mantis   280
사막 Desert   100
사수 Archer   20
사슬 Chain   58
사슴 Deer   100
사시나무 Aspen   22
사원 Temple   354
사육제 Carnival   53
사이렌 Siren   319
사자 Lion   197
사자궁 Leo   194
사자자리 Leo   194
사지절단四肢切斷 Dismemberment   102
사제가 입는 성의 Vestments   390
사투르날리아 Saturnalia   301
사튀로스 Satyr   302
사파이어 Sapphire   301
사프론 Saffron   300
삭발 Shaving   315
삭발 Tonsure   365
산 Mountain   225
산사나무 Hawthorn   161
산족제비 Ermine   122
산토끼 Hare   158
산호 Coral   82
살구 Apricot   19
살라만드로스 Salamandros   300
살쾡이 Lynx   205

452

삼각대 Tripod   379
삼각의 무늬 Triskele   382
삼각형 Triangle   376
삼나무 Cedar   56
삼베옷 Sackcloth   298
삼신일체三神一體 Trimurti   378
삼위일체 Trinity   378
삼인조 Ternary   356
삼인조 Triad   375
삼장三藏 Tripitaka   379
삼지창 Trident   378
삼지창 Trisula   382
삽 Spade   323
상록수 Evergreens   122
상상의 동물들 Fabulous Beasts   124
상승 Ascension   22
상아 Ivory   176
상자 Box   42
새 Birds   33
새끼 사슴 Fawn   131
새끼양 Kid   181
새 발톱 Talon   353
새벽 Dawn   99
새해 New Year   229
색 Colours   74
샌들 Sandals   301
샘 Fountain   144
샘 Spring   327
샘 Water   394
생쥐 Mouse   226
서양톱풀 Yarrow   411
서양호랑가시나무 Holly   167
서쪽 West   400
석관石棺 Sarcophagues   301
석류 Pomegranate   279
석류석析榴石 Garnet   146
석영石英 Quartz   282
석질운석石質隕石 Aerolite   11
석판 Table   352
선 Line   196
선돌 Menhir   212
섬 Island   176

우리말 표제어 색인

성城 Castle 54
성게 Sea Urchin 305
성단聖壇 칸막이 Rood Screen 292
성대聖帶 Maniple 208
성막聖幕 Tabernacle 352
성배聖杯 Grail 152
성벽 Wall 393
성상聖像 Icon 173
성석聖石 Baetylic Stones 25, 32
성수 살포식 Asperges 23
성작聖爵 Chalice 58
성지聖地 Baetyl 25, 32
성채 Citadel 70
세 가지 약초 Shamrock 315
세 가지 요소로 그려진 도형 Trigrams 378
3개의 뾰족한 도형으로 이루어진 장식 Triquetra 382
세례 Baptism 26
세례반洗禮盤 Font 142
세이렌 Seiren 319
세 잎 모양三葉紋 Trefoil 375
세정洗淨 Ablutions 10
세피로스 Sephiroth 306
소금 Salt 300
소나무 Pine 274
소리나는 판 Bullroarer 48
소마 Soma 322
소용돌이 Whirlpool 403
속박 Bonds 38
손 Hand 156
손가락 Finger 134
솔기가 없는 긴 옷 Seamless Robe 304
솔로몬의 봉인封印 Seal of Solomon 304
솔방울(원뿔) Pine(Cone) 81
솔방울 지팡이 Crutch 95
송골매 Falcon 130
송아지 Calf 50
송어 Trout 382
송진 Resin 288
쇠르텐 Chörten 64, 336
수數 Numbers 232
수갑 Manacle 207

수난 Passion 264
수달 Otter 258
수레바퀴 Wheel 401
수사슴 Hart 160
(성숙한) 수사슴 Stag 329
수선화 Narcissus 228
(거세된) 수소 Ox 259
수액樹液 Sap 301
수염 Beard 29
수유受乳 Suckling 336
수은水銀 Quicksilver 282
수의 Shroud 318
수정水晶 Crystal 95
수준기水準器 Level 194
수지樹脂 Resin 288
수직垂直 Vertical 390
수탉 Cock 72
수돼지 Sow 323
수확 Reaping 288
순례 Pilgrimage 271
순례자 Pilgrim 271
순록 Reindeer 288
순행巡行 Circumambulation 70
숟가락 Spoon 327
숫양 Ram 285
숲 Forest 143
쉼플레가데스 바위 Symplegades 352
스와스티카 Swastika(卍자) 344
스톨 Stole 332
스핑크스 Sphinx 324
승리 Victory 391
시간 Time 363
시내 Stream 336
시카모어 나무 Sycamore 351
시클라멘 Cyclamen 96
시턴, 시터 Cithern(Cither, Cittern) 70
시트론 Citron 71
식물 Plants 278
식물 Vegetation 388
식사 Eating 118
식초 Vinegar 392
신발 Shoe 318

## 우리말 표제어 색인

신비한 매듭 Mystic Knot  228
신 예루살렘 New Jerusalem  229
신장腎臟 Kidneys  182
신전 Temple  354
신주神酒 Libations  194
신천옹信天翁 Albatross  12
실 Thread  358
실감는 막대 Distaff  102
실잣기 Spinning  325
실톳대 Distaff  102
심벌즈 Cymbals  96
심연深淵 Abyss  10
심장 Heart  163
십문자十文字 Cross  86
십이지十二支 Terrestrial branches  356
십자十字 Cross  86
십자가十字架 Cross  86
십자로 Crossroads  92
싸리비 Broom  44
싸리비 Brush  45
쌀 Rice  288
쌍둥이 Twins  383
쌍둥이자리 Gemini  147
쌍어궁雙魚宮 Pisces  274
쌍(짝)을 이루는 것 Pairs  260
쑥 Artemisia  22
쑥 Wormwood  410
쓸개즙 Gall  145
씨뿌리기 Sowing  323
씨앗 Seed  305
(직물의) 씨줄 Warp  394

아궁이 Oven  258
아네모네 Anemone  15
아네모네 Snowdrop  322
아들 Son  322
아마포 Linen  197
아메리카 풍년화 Witch-Hazel  407
아버지 Father  131
아세라 Asherah  22
아스포델 Asphodel  23
아욱 Mallow  206

아이기스 Aegis  11
아이리스 Iris  176
아치 Arch  19
아카시아 Acacia  10
아칸서스 Acanthus  10
아쿠아마린 Aquamarine  19
악 Evil  122
악귀 Imp  174
악어 Crocodile  86
안개 Mist  214
알로에 Aloe  12
알콜 Alcohol  12
알파 Alpha  12
암말 Mare  210
암소 Cow  83
암탉 Hen  165
암흑 Darkness  99
앞머리 Forelock  142
앞치마 Apron  19
애머랜스 Amaranth  14
애스터 Aster  24
앨브 Alb  11
앨시라트 Alsirat  12
앰풀러 Ampulla  14
앵무새 Parrot  263
앵초櫻草 Primrose  280
앵크 Ankh  16
야생 염소 Ibex  173
양 Sheep  315
양귀비 Poppy  280
양모羊毛 Fleece  139
양산 Parasol  263, 384
양산 Umbrella  384
양상추 Lettuce  194
양육 Nourishment  232
양자리 Aries  20
양치기 Shepherd  316
양파 Onion  256
어린양 Lamb  190
어린이 Child/Children  63
어릿광대 Fool  142
어릿광대 Jester  178

우리말 표제어 색인

어머니 Mother 220
어민 Ermine 122
어치 Jay 178
언덕 Mound 225
얼굴 Face 130
얼음 Ice 173
엄지손가락 Thumb 360
엉겅퀴 Thistle 356
에덴 Eden 118
에워쌈 Enclosing 122
에포드 Ephod 122
엘크 Elk 122
여걸 Heroine 166
여마법사 Enchantress 122
여명 Twilight 382
여왕 Queen 282
여우 Fox 144
여의如意 Ju-i 180
여자 Woman 408
여제女帝 Empress 122
여행 Journey 180
역전逆轉 Inversion 176
연連 Lotus 202
연기 Smoke 320
연꽃 Lotus 202
연어 Salmon 300
연체동물 Slug 320
열매 Fruit 145
열쇠 Keys 180
염소 Goat 149
염소자리 Capricorn 52
염주 Beads 28
영대領帶 Stole 332
영상映像 Reflection 288
영양羚羊 Antelope 17
영양분 Nourishment 232
영웅 Hero 166
예배벌레 Praying Mantis 280
예복 Robe 291
오각형 별꼴 Pentacle/Pentangle/Pentagram 268
오두막 Lodge 201
오디 Mulberry 226

오렌지 Orange 256
오르기 Orgy 257
오른쪽 Right 289
오리 Duck 114
오리나무 Alder 12
오만 Pride 280
오메가 Omega 256
오벨리스크 Obelisk 253
오색방울새 Goldfinch 151
오셀롯 Ocelot 254
오소리 Badger 25
오월제五月祭의 기둥 Maypole 211
오크 Oak 253
오팔 Opal 256
옥 Jade 177
옥수玉髓 Chalcedony 58
(미국에서는) 옥수수 Corn 82
옥수수 Maize 206
옥좌 Throne 358
올가미 Noose 230
올라감 Climbing 71
올리브 Olive 255
올빼미 Owl 259
옴 OM(AUM) 256
옴팔로스 Omphalos 256
옷 도착증 Transvestism 368
완력 Might 212
왕 King 182
왕관 Diadem 101
왕비 Queen 282
왕자 Prince 280
왕좌 Throne 358
왜가리 Heron 166
외투 Cloak 71
왼쪽 Left 193
요니 Yoni 413
요람 Cradle 84
요새 Citadel 70
요정妖精 Nymphs 252
용龍 Dragon 110
용광로 Furnace 145
우로보로스 Ouroboros 258

## 우리말 표제어 색인

우르나 Urna  386
우림과 툼밈 Urim and Thummim  386
우물 Well  400
우산 Umbrella  384
우슬초牛膝草 Hyssop  173
우유 Milk  212
우자트 Uzat/Utchat  386
운향芸香 Rue  298
울새 Robin  292
웅비 Jumping  180
원 Circle  65
원반 Disk  101
원뿔(솔방울) Cone(Pine)  81
원뿔 모자 Phrygian Cap  271
원소 Elements  120
원숭이 Ape  18
원숭이 Monkey  215
원주圓周 Circumference  70
원탁 Round Table  298
월계수 Bay  28
위성류渭城柳 Tamarisk  353
유골 단지 Urn  386
유니콘 Unicorn  384
유럽 들소 Aurochs  24
유르트 Yurt  414
유리 Glass  148
유방 Breasts  43
유아 Infant  175
유황 Sulphur  337
육각형 별꼴 Hexagram  166
윤회 Round of Existence(The Wheel of Becoming)  297
율 Yule  413
은 Silver  319
은색 Silver  319
은총 Charity  60
음陰과 양陽 Yin-Yang  412
음란 Luxury  205
음악 Music  227
음주飮酒 Drinking  113
이 Teeth  354
이그드라실 Yggdrasil  412

이니시에이션 Initiation  175
이물 Prow  280
이방인 Stranger  336
이상異常 Abnormality  10
이스트 Yeast  411
이슬 Dew  100
이집트 무화과나무 Sycamore  351
익명 Anonymity  17
익사溺死 Drowning  113
익살꾼 Fool  142
인간 Man  206
인계印契 Mudras  226
인도보리수 Bo Tree  37
인도보리수 Fig, Fig Tree, Pipal  133
인마궁人馬宮 Sagittarius  300
인어 Mermaid  212
인장印章 Seal  304
인형 Doll/Dolly  105
일日 Days  99
일각수一角獸 Unicorn  384
잃어버린 물건 Lost Object  201
입 Jaw  178
입 Mouth  226
입맞춤 Kiss  182
잉어 Carp  53
잉크 Ink  175
잎 Leaf  193

자고류 Partridge  264
자궁 Womb  408
자루 Bag  25
자식 Son  322
자작나무 Birch Tree  32
자칼 Jackal  177
자패紫貝 Cowrie  84
작약芍藥 Peony  268
잔 Cup  96
잔가지 Branch→Bough  41
잠자리 Dragonfly  113
잡아찢기 Rending  288
장腸 Intestines  175
장갑 Glove  148

457　　　　　　　　　　　　　　　　　　　　　　　　　　우리말 표제어 색인

장난구러기 Trickster　377
장뇌樟腦 Camphor　50
장미 Rose　294
장미꽃 장식 Rosette　294
재災 Ashes　22
재규어 Jaguar　178
재생하는 신 Dying Gods　114
재스민 Jasmine　178
재신스 석石 Jacinth　177
재채기 Sneeze　322
쟁기 Plough　278
쟁기질 Ploughing　278
저울 달기 Weighing　400
전갈 Scorpion　303
전갈자리 Scorpio　303
전나무 Fir Tree　134
전동箭筒 Quiver　283
전신轉身 Transformation　368
전쟁 War　394
전차 Chariot　59
절구 Mortar　220
절구공이와 절구 Pestle and Mortar　269
절름발이 Lameness　192
절제 Temperance　354
점點 Point　279
접촉 Touch　367
정령精靈 Nymphs　252
정수精髓 Quintessence　283
정원 Garden　145
정육면체 Cube　95
정의 Justice　180
젖 Milk　212
젖소 Cow　83
제단 Altar　12
제드 Djed　102
제드 기둥 Djed-Pillar　102
제복祭服 Ephod　122
제복 Vestments　390
제비 Swallow　343
제비꽃 Violet　392
제3의 눈 Third Eye　356
제5원소 Quintessence　283

제웅 Doll/Dolly　105
제의祭衣 Chasuble　60
조개 Shells　315
조개껍데기 Shells　315
조수潮水 Tide　362
존재의 바퀴(유전流轉의 바퀴) Round of Existence(The Wheel of Becoming)　297
종 Bell　31
종려나무 Palm　261
종마種馬 Stallion　330
주교관主敎冠 Mitre　214
주머니 Bag　25
주목朱木 Yew　412
주문 Japa　178
주문 외우기 Mantra　210
주사위 Dice/Die　101
주석 Tin　363
주연酒宴 Orgy　257
주전자 Kettle　180
주전자 Pitcher　274
죽어서 소생하는 신 Dying Gods　114
죽음 Death　100
줄기 Stem　330
줄다리기 Tug o'war　382
중심 Centre　56
쥐 Rat　286
쥐오줌풀 Valerian　386
즙 Juice　180
증기 Steam　332
증발 Evaporation　122
지갑 Wallet　394
지구라트 Ziggurat　415
지그재그 Zig-Zag　415
지방 Fat　131
지붕 Roof　293
지일至日 Solstice　322
지점至點 Solstice　322
지팡이 Crutch　95
지팡이 Rod　292
지팡이 Staff　329
지품천사智品天使 Cherubim　61
지휘봉 Baton　28

우리말 표제어 색인

직선 Straightness   336
진달래 Azalea   24
진사辰砂 Cinnabar   65
진언眞言 Mantra   210
진주 Pearl   266
진흙 Mud   226
질경이 Plantain   278
짐승 Beasts   29
집 House   172
집게 Tongs   364
짝(쌍)을 이루는 것 Pairs   260

차바퀴의 바퀴살 Radii   284
차크라 Chakra   58
참새 Sparrow   323
참월계수 Laurel   192
(긴) 창 Lance   192
창 Spear   323
창부 Whore   404
채찍 Scourge   304
채찍 Whip   402
채찍끈 Lash   402
채찍질 Flogging   140
책 Book   40
처녀 Virgin   392
처녀궁 Virgo   393
처녀성 Virginity   392
처녀자리 Virgo   393
처녀 출산 Virgin Birth   392
척추 Spine   325
천갈궁天蝎宮   303
천개天蓋 Baldacchino   25
천개天蓋 Canopy   51
천둥 Thunder   360
천둥번개 Thunderbolts   360, 386
천사 Angels   16
천장 Vault   388
천정天頂 Zenith   414
천체天體 Orb   256
천칭 Balance   25
천칭 Scales   302
천칭궁 Libra   194

천칭자리 Libra   194
철 Iron   176
철퇴 Mace   206
첨탑 Spire   327
청금석靑金石 Lapis Lazuli   192
체 Sieve   318
체스 Chess   62
체크 무늬 Chequers   60
초승달 Crescent   85
촛불 Candle   50
촛대 Candle   50
추락 Fall   130
축 Axis   24
춤 Dance   98
측백나무 Cypress   97
치기 Beating   29
치자나무 Gardenia   146
치품천사熾品天使 Seraphim   306
칠면조 Turkey   382
침 Spittle   327
침례浸禮 Immersion   174

카네이션 Carnation   52
카노푸스의 단지 Canopic Jars   51
카누 Canoe   51
카드 Cards   52
카드놀이 Cards   52
카드놀이 Playing Cards   278
카멜레온 Chameleon   58
카바 신전 Ka'aba   180
카스트 제도 Caste   53
칸막이 Screen   304
칼 Knife   182
칼 Sword   350
캐니벌리즘 Cannibalism   51
캐스터네츠 Castanets   53
캘루멧 Calumet   50
컵 Cup   96
케르베로스 Cerberos   58
켄타우로스 Centauros   56
코끼리 Elephant   121
코브라 Cobra   72

## 우리말 표제어 색인

코요테 Coyote  84
코가트리스 Cockatrice  74
콘도르 Vulture  393
콩 Bean  28
쿠바 Qubbah  282
쿤달리니 Kundalini  183
크롬렉 Cromlech  86
크리소탐누스 Chrysothamnus  64
크리스마스 트리 Christmas Tree  64
큰가리비 Scallop Shell  302
큰 가위 Shears  315
큰게자리 Cancer  50
큰까마귀 Raven  286
큰 낫 Scythe  304
클로버 Clover  72
(배의) 키舵 Rudder  298
키-로 Chi-Rho  64, 184
키마이라 Chimaera  64
키스 Kiss  182
키질 Winnowing  407

타락 Fall  130
타로 Tarot  353
타액 Spittle  327
타원 Ellipse  122
타원형 Oval  258
타원형 후광後光 Mandorla  208
(중세의 고딕 종교 건축에서 성상聖像의) 타원형 후광 Vesica Piscis  390
타이탄 신족神族 Titans  364
타작 마당 Threshing Floor  358
타조 Ostrich  257
타트 Tat  354
탈것 Vehicles  388
탈곡장 Threshing Floor  358
탑 Tower  367
태모 Great Mother  220
태모신 Mother Goddess  220
태아胎兒 Embryo  122
태양 Sun  337
태양춤 Sun Dance  342
탬버린 Tambourine  353

탯줄 Umbilical Cord  384
터번 Turban  382
턱 Jaw  178
턱수염 Beard  29
테트라모프 Tetramorphs  356
테트락티스 Tetraktys  356
토끼 Rabbit  283
토성 Saturn  301
토템 Totem  367
토템폴 Totempole  367
톱 Saw  302
통桶 Coffer  74
통과 Passage  264
통로 Door  106
통로 Passage  264
투구 Helmet  165
툴레 Thule  360
튀르소스 Thyrsos  362
튤립 Tulip  382
T자 Tau  354
티탄 신족神族 Titans  364

파고다 Pagoda  260
파괴 Breaking  42
파도 Waves  398
파라솔 Parasol  263
파리 Fly  142
파리채 Fly Whisk  142
파슬리 Parsley  264
파인애플 Pineapple  274
팔 Arm  20
팔각형 Octagon  254
팔괘八卦 Pa Kua  260
패시즈 Faces  130
팬지 Pansy  262
팽이 Top  365
펜 Pen  268
펠리컨 Pelican  268
편달鞭撻 Flogging  140
편도扁桃 Almond  12
평판平板 Tablet  352
평화 Peace  264

우리말 표제어 색인

460

평화의 파이프 Calumet  50
폐 Lungs  204
포도 Grapes  154
포도나무 Vine  391
포도원 Vineyard  391
포도주 Wine  405
포플러 Poplar  280
폭풍 Storm  336
표범 Leopard  194
(수컷) 표범 Panther  262
표주박 Calabash  50
표주박 Gourd  152
푸른 색 Blue  37
풀 Grass  154
풍뎅이 Beetle  31
풍요의 뿔 Cornucopia  83
풍차 Windmill  404
퓌톤 Python  281
프뤼기아 모자 Phrygian Cap  271
프리뮬러 Primrose  280
플라타너스 Plane Tree  274
플루트 Flute  142
피 Blood  37
피난처 Shelter  316
피라미드 Pyramid  281
피리 Flute  142
피리 Pipe  274
피부 Skin  319

하강下降 Descent  100
하늘 Heaven  164
하늘 Sky  320
하르퓌아이 Harpy  160
하마 Hippopotamus  166
하이에나 Hyena  173
하천 River  290
하프 Harp  160
학 Crane  84
할례割禮 Circumcision  70
합금 Alloy  12
항아리 Jar  178
해年 Year  411

해골 Skeleton  319
해바라기 Sunflower  343
행성 Planets  275
향香 Incense  174
향나무 Juniper  180
향로 Censer  56
향유香油 Balm  26
허리띠 Belt  32
허리띠 Girdle  147
헌납 Oblation  253
헌주獻酒 Libations  194
헤르메스의 지팡이 Caduceus  48
헬리오트로프 Heliotrope  165
혀 Tongue  364
현현顯現 Transfiguration  368
협잡꾼 Trickster  377
형제 Brothers  44
혜성 Comet  80
호弧 Arc  19
호두 Walnut  394
호랑이 Tiger  362
호리병 Calabash  50
호리병 Gourd  152
호박琥珀 Amber  14
(서양) 호박 Pumpkin  280
호수 Lake  190
호흡 Breath  43
혹성 Planets  275
혼 Soul  322
홀笏 Sceptre  303
홀리 Holly  167
홍수 Flood  140
홍옥紅玉 Carbuncle  52
홍옥수紅玉髓 Cornelian  83
화관花冠 Anadem  14
화관 Wreath  410
화덕 Oven  258
화로 Hearth  164
화롯가 Hearth  164
화살 Arrow  21
화살통 Quiver  283
화해 Peace  264

화환 Garland  146
화환 Wreath  410
환상구조토環狀構造土  86
환상열석環狀列石  86
활 Bow  41
황금 Gold  150
황금 가지 Golden Bough  150
황금 꽃 Golden flower  150
황금나무 Chrysothamnus  64
황금색 Gold  150
황금 양털 Golden Fleece  150
황도대黃道帶, 황도십이궁黃道十二宮 Zodiac  415
황새 Stork  335
황소 Bull  46
황소자리 Taurus  354
황옥黃玉 Topaz  365
황제 Emperor  122
황혼 Twilight  382
햇불 Torch  365

회오리바람 Whirlwind  403
회향茴香 Fennel  132
후광 Aureole  24
후광 Halo  156
후광 Nimbus  230
휘드라 Hydra  172
흐름 Stream  336
흑요석黑曜石 Obsidian  253
흑조黑鳥 Blackbird  36
(전후좌우로) 흔들림 Rocking  292
흔들이樴子(의 움직임) Swinging  350
흙 Soil  322
흙무덤土冢 Mound  225
희망 Hope  168
희생 Sacrifice  299
희생양 Scapegoat  302
흰독말풀 Mandrake  208
흰색 White  404
히야신스 Hyacinth  172
히포그뤼프 Hippogryph  166